Der

Deutsc

Volkszahl und S

in den europäische

Eine statistische Un

von

Richard Bö

Berlin,
Verlag von J. Gu
1869.

Der Erinnerung

an

Ernst Moritz Arndt

zu

seinem

hundertjährigen Geburtstage,

dem 26. December 1869,

gewidmet.

Inhaltsverzeichniß.

Vorworte.

Sprache und Nationalität.

Beschreibender Theil.

Das deutsche Sprachgebiet.

Tabellarischer Theil.

Ergebnisse der Nationalitäts-Ermittelungen in den einzelnen Staaten.

Vorworte.

Sprache und Nationalität.

Allgemeines Vorwort: das Nationalitätsprincip. — Methodisches Vorwort: die statistische Ermittelung der Nationalität.

Allgemeines Vorwort.

Das Nationalitätsprincip.

Inhalt. Das Nationalitätsprincip erfordert die freie Entwickelung jeder Nation in ihrer Weise; die Vertretung desselben liegt im Sinne und Interesse des deutschen Volkes. Das Nationalitätsprincip ist in der Stammesgliederung der Menschen begründet und zeigt sich in dem Vorhandensein der Völkerindividuen. Das charakteristische Zeichen der Völkerindividuen ist die Volkſprache, weil die Sprache das naturgemäße gesellschaftliche Organ des Menschen ist; jede Nation erstreckt sich so weit, wie die Verständigung mittels einer Volkſprache erfolgt. Das Bestehen der Völkerindividuen ist unabhängig von dem Grade der Ausbildung der Sprache, wenngleich die letztere zur Entwickelung der Völker in mittelbarer Beziehung steht. Der Uebergang des einzelnen zu einer anderen Sprache ist in der Völkermischung begründet; er geschieht der menschlichen Freiheit gemäß, jedoch nicht nach der Willkür des einzelnen. Die Aufdrängung fremder Volkſprachen und insbesondere die Verdrängung der Volkſprache durch die Staatſprache ist dem Nationalitätsprincip zuwider; sie ist ein Frevel gegen die geistige Ordnung der Völker. Die Aufgabe gesitteter Völker ist die Beförderung der Entwickelung jeder Nation in ihrer Sprache und durch ihre Sprache; zur allgemeinen Verwirklichung derselben ist es nothwendig, daß das Recht der Nationalität in das gemeinsame Staatenrecht aufgenommen werde. Die deutsche Nation hat hiermit, sowohl zu Gunsten der Deutschen wie zur Sicherung des Völkerfriedens überhaupt, voranzugehen; sie hat die Verbrüderung derjenigen Nationen herbeizuführen, welche sich zur Achtung und Förderung des Nationalitätsprincips verpflichten.

In der Anerkennung des Nationalitätsprincips liegt der Keim zu einem unermeßlichen Fortschritt in der Entwickelung der Völker.

Sie begreift die Anerkennung der Besonderheit jeder Nation und gewährt damit einer jeden Nation die freie Uebung der schöpferischen Kraft ihres eigenen Geistes, mithin die Freiheit vom Drucke fremdes Geistes; sie enthält weiter die Anerkennung der Einheit jeder Nation und verbürgt damit den Angehörigen derselben die Gemeinschaft ihres Wirkens und Schaffens, mithin die Befreiung von unberechtigter Sonderbestrebung; sie enthält endlich die Anerkennung der Gesammtheit jeder Nation und gewährt damit jedem Einzelnen das Recht, daß diejenige

Nationalität, der er nach unverkennbarem, in seiner Natur selbst begründetem Kennzeichen angehört, in ihm geachtet werde.

Bei grundsätzlich richtiger Auffassung muß die Anerkennung des Nationalitätsprincips im gemeinsamen Interesse aller Völker liegen. Keinem Volke ist die ihm eigenthümliche Geistesgabe zum Zweck der Unterdrückung anderer verliehen, und keinem kann diese Unterdrückung wahren Nutzen bringen; in deutlichen Beispielen zeigt die Geschichte früherer und neuer Zeit, wie von einem herrschenden Volke geübte Unterdrückung ihm selbst wenig fruchtet, wie im Gegentheil der Unterdrückte, indem er selbst in den Geist der unterdrückenden Nation hinübergeht, dort ändernd und verderbend eingreifen und sogar zum unerwünschten und tyrannischen Führer der herrschenden Nationalität werden kann.

Am meisten aber muß die Anerkennung des Nationalitätsprincips im Sinne des **deutschen Volkes** liegen, das die fremde Art oft über das Maaß beachtet, geschätzt und geehrt hat. Und dieser deutsche Sinn, wie nachtheilig er auch auf unsere Nation gewirkt hat, ist in der Art dieser Nation selbst begründet. Die Ableugnung der Rechte fremder Nationalität, wie sie von zur Zeit in Macht stehenden, über andere herrschenden Regierungen im Sinne anderer Nationen geübt wird, muß dem Deutschen widerstreben, und nur wiederum die kurzsichtige Beobachtung fremder Handlungsweise kann sie als eine schlechtgewählte Retorsion deutschen Regierungen zur Nachahmung empfehlen. Die Ableugnung der Rechte der Nationalität würde, von deutschen Regierungen grundsätzlich geübt, für einen nichtigen und scheinbaren, wenn nicht vielmehr schädlichen Zuwachs, zahlreichere Glieder unserer Nation den fremden Volksgeistern preisgeben, — es müßte denn, um dieses zu vermeiden, zugleich eine maßlose Eroberung zum Princip erhoben werden, wodurch aber wiederum die Aufnahme so vieler Fremden in die deutsche Nation herbeigeführt werden würde, daß der deutsche Geist, wie einst der römische, an ihnen zu Grunde ginge.

Daß es keiner anderen Nation wichtiger ist als der deutschen, die nationale Einheit zu ihrem festen Dogma zu erheben, bedarf in einer Zeit, wo das Wort der deutschen Einheit den Unverständigen nachgerade eben so geläufig ist, wie den Verständigen, keiner weiteren Ausführung. Bei der Verwirklichung bedarf es aber für eine Nation, deren Geschichte bei den einzelnen Bruchtheilen zahlreiche Sonderinteressen erzeugt hat, und namentlich bei solchen, die sich am Leitseile der fremden Regierungen befinden, dem fremden Interesse den Schein des eigenen gegeben hat, der grundsätzlichen Unterscheidung des nationalen Gemeinsamen von dem local und landschaftlich berechtigten Besonderen, und diese kann nur gewonnen werden durch richtiges Erkennen des Wesens der eigenen Nationalität.

Drittens aber und hauptsächlich ist es für keine Nation wichtiger als für die deutsche, die Gemeinschaft aller Angehörigen der Nation grundsätzlich zu erkennen und ihre allgemeine Anerkennung zu fordern. Im eigensten deutschen Gebiete in eine Anzahl ganz und halb selbständiger staatlicher Gemeinschaften zersplittert, denen theilweise selbst der Name deutscher Staaten bestritten wird, weiter mit Bruchstücken anderer Nationen zu Staatsganzen verbunden, von deren Leitern theilweise dem Deutschen das Recht auf den Gebrauch seiner angestammten Sprache versagt wird, in beträchtlichen Theilen sogar unter die Herrschaft eines fremden Stammes gestellt, der geradezu die deutsche Nationalität zu vertilgen bestrebt ist, und endlich außerhalb ihres angestammten Gebietes in weit verzweigten Colonien über fremde Nationalgebiete verstreut, — bedarf der Deutsche am meisten der richtigen Anwendung des großen Grundsatzes, der in unserer Zeit zur Regelung der Geschicke der Völker geltend gemacht und von seinen Gegnern gemißbraucht wird, der Anerkennung der Nationalität jedes Einzelnen, also der Zugehörigkeit jedes Einzelnen zu seiner Nation, damit auch demjenigen, welchem die äußere Verbindung mit seinem nationalen Lande abgeht, doch die geistige Verbindung mit der großen Gesammtheit gesichert sei, von welcher er seiner eigenen Natur nach selbst ein Theil ist.

Die erste Grundlage des Begriffs der Nationalität ist die Annahme der gemeinschaftlichen Abstammung, der Gemeinschaft der Geburt innerhalb der einzelnen Völker. In ihr liegt der größte Gegensatz unter den Menschen, ein Gegensatz, der entweder als ein ursprünglicher, von der Entstehung menschlicher Wesen an vorhandener angesehen, die einzelnen Völker als von vorn herein von Gott gesetzte verschiedene Einheiten auffassen läßt, oder aber, wenn man ihn nicht oder etwa nur für gewisse Menschenrassen als einen von jeher bestandenen betrachten will, dennoch nicht geringer erscheint, da sein Vorhandensein eine so abweichende Entwickelung der in ihrer Abstammung vereinigten, dann aber auseinander gegangenen Familien voraussetzen würde, daß die ursprüngliche Verwandtschaft nicht mehr kenntlich wäre, aus dessen Dasein mithin sogar eine zunehmende Verschiedenheit der Menschen durch ihre Theilung nach der Abstammung gefolgert werden müßte.

Das anerkannte Vorhandensein der Verschiedenheit der Abstammung zwischen den einzelnen Rassen, Völkerfamilien und Völkern und, wenn wir weiter gehen wollten, auch engeren Gemeinschaften innerhalb desselben Volkes finden wir in den verschiedensten Zeiten der Völkergeschichte. Diesem gegenüber finden wir ebenso aus jeder Zeit die Thatsachen national vermischter Abstammung einzelner Individuen, sei es geschichtlich als nachgewiesen, sei es als in der Sage gesetzt, welche namentlich in der Erzählung der Ursprünge neu hervortretender Völker die vermischte Abstammung ihrer Herrscher behauptet; und wieder finden wir, daß weder durch die sagenhafte noch durch die historische Vermischung der Abstammung des Einzelnen aus verschiedenen Völkern die Besonderheit des betreffenden Volkes aufgehoben oder scheinbar auch nur abgeschwächt würde.

Die gemischte Abstammung der Individuen hat hiernach nicht dieselbe Bedeutung, wie die gemischte Abstammung ganzer Völker. Zwei Volkstämme, Jahrhunderte lang völlig durch einander gemischt, verwachsen dergestalt, daß sie im Stande sind, eine neue Volks-Einheit und Besonderheit darzustellen, wie umgekehrt zwei Hälften eines Volkstammes Jahrhunderte lang von einander völlig geschieden und somit der fortdauernden Gemeinschaft allmählich entrückt, unter der Einwirkung abweichender Naturverhältnisse möglicherweise zu verschiedenen Völkern werden können.

1*

Der Einzelne aber, der seiner Abstammung nach zwei verschiedenen Völkern angehört, kann nur dem einen oder dem anderen hinzutreten. Unzweifelhaft geht von den besonderen Volks-Eigenthümlichkeiten jedes der Eltern etwas auf ihre Kinder über. Hierbei wird immer ein Theil der überwiegende sein, da völlige Gleichheit in der Natur nirgends vorkommt, und die Zugehörigkeit zu der in dem Individuum überwiegenden Volksart würde somit das Naturgemäße sein. Aber dieses überwiegende Element kann dem Einzelnen selbst, wie den ihn umgebenden unbekannt sein, und es kann durch die bessere Ausbildung der minder vorherrschenden Volkseigenthümlichkeit dieser das Uebergewicht gegeben werden. Oft wird erst die weitere Vermischung für die neue Generation durch die Verstärkung des einen oder des anderen Volkselements der Zugehörigkeit nach der Gemeinschaft der Abstammung wieder einen bestimmten Ausdruck geben, so daß die stattgehabte einzelnstehende Mischung sich allmählich wieder verwischt und selbst bei rassenhaftem Gegensatze, sobald sie weit genug durch die jedesmalige Theilung, also beispielsweise durch die vierte Theilung auf ein Sechszehntel reducirt ist, nicht mehr bekannt oder doch nicht mehr beachtet, in einzelnen Fällen vielleicht nicht einmal mehr kenntlich bleibt.

Ganz unvermischter Abstammung, d. h. aus lauter solchen Individuen bestehend, deren Vorfahren ohne Ausnahme immer diesem einen Volke angehört haben, ist schwerlich irgend ein Volk; nur der Grad der Mischung sowohl nach der Zahl der in dem betreffenden Volk zur Zeit enthaltenen Einzelnen, wie nach der Stammesabweichung derjenigen Personen, deren Nachkommenschaft in das betreffende Volk übergegangen ist, ist ein verschiedener, wie umgekehrt auch bei gemischten Völkern die einzelnen Individuen keineswegs immer gleichmäßig diejenige Mischung haben werden, welche den Typus für ihre Gesammtheit darstellt.

Wenn daher auch im Allgemeinen die Gemeinschaft der Abstammung als die erste Grundlage des Nationalitätsbegriffes anzunehmen ist, so wird dies doch offenbar nur für die Völkerindividuen im Ganzen, nicht für die einzelnen ihnen zugehörigen Individuen gelten können, da nicht jede neue Mischung ein neues Volk entstehen läßt, sondern nur Individuen etwas abweichender Art dem einen oder dem anderen Volke hinzufügt und diese neuen, nicht selbst nationalen Individuen bei gleicher Abstammung sowohl zum einen wie zum anderen Volke ihrer zwei Vorfahren hinzutreten können. Soll nun der Begriff der Nationalität nicht ein unklarer und unsicherer sein, so muß es auch für denjenigen, welcher seiner Abstammung nach zwei verschiedenen Völkern angehört, ein bestimmtes Kennzeichen geben, welches ihn der einen oder anderen Nation zuweist. Es muß dies ein solches Zeichen sein, welches einerseits zur Abstammung in unmittelbarster Beziehung steht, und dessen natürliche Grundlage in das Individuum gleichsam forterbt, welches aber nicht selbst derart der Mischung unterworfen ist, daß es am einzelnen Individuum als neue persönliche Einheit erschiene, vielmehr in jedem einzelnen Falle sich der bestehenden Einheit und Besonderheit der vorhandenen Volksganzen völlig unterordnet, das also seinem ganzen Wesen nach ein national-gesellschaftliches Zeichen ist.

Dieses allgemeine unverkennbare, seinem inneren Wesen nach allein berechtigte Kennzeichen ist die Sprache, deren Gemeinsamkeit und annähernde Uebereinstimmung bei den ganzen Völkern als eine eben so wunderbare Thatsache erscheint, wie ihre Verschiedenheit unter dem Menschengeschlecht überhaupt, und namentlich ihre systematische Gliederung, welche nachgewiesener Maßen zur Verwandtschaft der Völkergruppen in naher Beziehung steht, ja unter Umständen derselben geradezu identisch ist. Auch die Sprache ist ein Abstammungszeichen; auch sie hat eine körperliche Basis; sie wird durch die körperliche Natur des Menschen mitbedingt und befindet sich in gewissem Grade in Abhängigkeit von derselben; sie hat eine bestimmte organische Grundlage, welche je nach der Abstammung des Menschen eine verschiedene ist, und durch welche der einzelne mit seiner Geburt schon körperlich für eine bestimmte Sprache so zu sagen prädestinirt erscheint, so daß sie ohne ablenkende Einwirkung aus seinem mitgebrachten körperlich-geistigen Erbtheil von selbst aufs neue erwachsen müßte, wie sie bei seinen Vorfahren einst erwachsen ist. Und dies ist nicht bloß Theorem: wer den Menschen in der ersten Entwickelung seiner Sprache beobachtet, wird oft wahrnehmen, wie derselbe seine Ausdrucksweise über dasjenige hinaus, was ihm von außen zukommt, in bewundernswürdig folgerichtiger Weise fortbildet. Schon in der sprachlichen Uebereinstimmung des Ausdrucks der Zunge und der Sprache wird die körperliche Grundlage der letzteren angedeutet, jedoch keinesweges in ihrem ganzen Umfange bezeichnet.

Aber unerachtet der organischen Grundlage ist die Sprache doch geistiger Art. Sie ist es, die den Menschen von allen anderen Geschöpfen unterscheidet und über sie hinaushebt; ihre Verschiedenheit ist schon deshalb die wichtigste zur Unterscheidung der Menschen untereinander, ihre Einheit zur Erkennung der Gemeinschaft derselben. Daher wirkt sie bestimmend und begründend auf das Völkerleben ein, was eine rein körperliche Eigenschaft nicht kann; denn es giebt keine Volksgemeinschaft der Blauäugigen, der Blondhärigen oder der Dünnbeine und Plattköpfe. Eine solche gesellschaftliche Gemeinschaft ist ebenso undenkbar, wie umgekehrt die gesellschaftliche Zusammengehörigkeit der eine Sprache redenden unleugbar ist. Denn die Bedingung der menschlichen Gemeinschaft ist die Verständigung durch das Wort, das selbst in seiner gleichmäßigen Gemeinsamkeit der Ausfluß des gemeinsamen Volksgeistes und das Zeichen seines Daseins ist.

Die alte jüdische Sage vom babylonischen Thurmbau, indem sie auch schon für die damalige Zeit die seitdem fortgesetzte äußerliche Mischung durch die Wanderungen und Verwandelungen der Völker anerkennt, dann aber zeigt, wie diese Mischung durch die von Gott in den menschlichen Geist gesetzte Verschiedenheit dieser vornehmsten menschlichen Eigenschaft, der Sprache, wieder aufgehoben wird, ist von ergreifender innerer Wahrheit, und in gleicher Würdigung der Bedeutung der Sprache wurde auch in der christlichen Ueberlieferung die Erhebung des Christenthums aus dem national-jüdischen Kreise zur Weltreligion durch die feurige Ausgießung in alle Zungen verkündigt.

In einer Abhandlung über die Volkssprache, welche der Verfasser vor drei Jahren voranschickte,*) ist die Unmöglichkeit, die Verschiedenheit der körperlichen Eigenschaften zur bestimmten Sonderung der Nationen zu benutzen, das ungenügende aller äußeren Abstammungszeichen zu diesem Zwecke dargethan worden. Hier wurde gleichfalls gezeigt, wie auch von demjenigen, was im äußeren Volksleben als Ausfluß des menschlichen gesellschaftlichen Daseins bei einer größeren Anzahl von Personen und unter Umständen selbst bei ganzen Völkern in einer gewissen Uebereinstimmung zur Erscheinung tritt, keins als unbedingt nationale Eigenschaft betrachtet werden kann. Der Wechsel der Tracht, der Nahrungs-, Wohn- und Wirthschaftsweise ist nicht verbunden mit dem Wechsel des Volksthums als solchen. Ja man kann nicht einmal behaupten, daß es so viele Trachten, Nahrungs-, Wohn- oder Wirthschaftsweisen giebt, als Nationen vorhanden sind, selbst wenn man annehmen will, daß eine jede dieser Besonderheiten von vorn herein nationales Ursprungs sei; denn nicht nur der Umtausch, sondern auch die Mischung ist eine völlig unbeschränkte und nach Maaß und Art in das Belieben des Einzelnen gestellt. Und das unzureichende solcher Nationalitätszeichen hat seinen inneren zwingenden Grund: alles dies den Menschen in verschiedener Art gemeinsame ist nicht — wie die Sprache — erzeugt durch das alleinige Bedürfniß der Beziehungen der Menschen zu einander, sondern die Form, in der es zur Erscheinung tritt, war von vorn herein wesentlich mitbestimmt durch die äußere Natur, weil eben die ganze Richtung der entsprechenden menschlichen Thätigkeit begriffsmäßig gewissen Gegenständen der äußeren Natur zugekehrt ist. Aber auch umgekehrt, von allem demjenigen, worin die Verschiedenheit des menschlichen Geistes, ohne vorwiegende Beziehung zur äußeren Natur, zur Erscheinung tritt, — von allen Grundlagen einer höheren geistigen Gemeinschaft kann, wie gleichfalls in der angeführten Schrift erörtert ist, wiederum nur die Sprache geeignet sein, eine allgemeine nationale Eigenschaft darzustellen. Und auch dies folgt aus dem Wesen der Sprache, da dieses allgemeine und einfachste Zeichen des Nationalgeistes allein eine solche geistige Grundlage bildet, die dem menschlichen Organismus unmittelbar anhängend mit der menschlichen Natur und weiter mit der ganzen Organisation des Menschengeschlechts verwachsen ist, während jede über diese Unmittelbarkeit hinausgehende Geistesfrucht, — wie Religion und Rechtsformen, wissenschaftliche und Kunsterzeugnisse, — mag sie auch nationales Ursprungs sein, dennoch nicht mehr als ein allgemeines und ausschließliches Nationalgut betrachtet, oder wenigstens nicht als solches nachgewiesen werden kann.

Alles, was in dem menschlichen Leben, sei es am Menschen selbst, sei es in seiner äußeren Lebensweise und in seinen gesellschaftlichen Einrichtungen, als übereinstimmendes und verschiedenes erscheint, steht zu der menschlichen Natur und, insofern diese nach der Verschiedenheit der Völker gegliedert ist, zum Volksthum in einer gewissen Beziehung; diese Beziehungen darzustellen ist auf dem körperlichen

*) Die statistische Bedeutung der Volksprache als Kennzeichen der Nationalität. Berlin, 1866. Verlag von Ferd. Dümmler. Aus der Zeitschrift für Völkerpsychologie.

Gebiete ebenso Sache der erst in ihren Anfängen befindlichen Völkerphysiologie, wie es auf dem Gebiete des gesellschaftlichen Lebens von der Völkerpsychologie angestrebt wird. Alle die hier zu erwartenden Fortschritte und Aufklärungen können jedoch denjenigen Vorzug nicht beseitigen, welcher der Sprache des Menschen ihrem eigenen Wesen nach als äußeres Zeichen des Volksthums und namentlich als Zeichen der Volkschaft des einzelnen zukommt; denn das äußere Zeichen muß eben ein geistiges sein, weil der Begriff der Nation, des Volks im hervorragenden menschlichen Sinne, ein gesellschaftlicher Begriff ist, und es darf zugleich von allen geistigen Zeichen nur das Zeichen der formalen Einheit, der gemeinsamen geistigen Grundform, der Gemeinschaft des Log'os sein, weil nur dieses ein unmittelbarer Ausfluß der allgemeinen menschlichen Natur ist und sein kann. Von diesem Gesichtspunkte aus betrachtet, ist eben umgekehrt gegenüber der Mischung aller körperlichen und gesellschaftlichen Eigenschaften die Verschiedenheit der Sprache der unwiderlegliche Beweis der thatsächlich vorhandenen Verschiedenheit der Völker, und ihre Gemeinsamkeit und persönliche Besonderheit, also die Thatsache, daß es Völkerindividuen giebt, ist zugleich der Beweis, daß die Verschiedenheit der Menschen durch eine höhere, auf geistiger Grundlage beruhende Individual-Ordnung beschränkt ist, welche der Mensch zur möglichsten eigenen Vervollkommnung zu erkennen, zu achten und zu fördern berufen ist.

Mit der wissenschaftlichen Anerkennung der Sprache als des eigentlichen Trägers der Nationalität ist also die Frage nach der Verschiedenheit der Abstammung der Menschen eben so wenig als unnütz beseitigt, wie die Frage nach dem nationalen Ursprung menschlicher Sitte und Handlungsweise, ja selbst menschlicher Gedanken und Empfindungen irgendwie an Wichtigkeit zurückgestellt ist. In dieser Anerkennung ist im Gegentheil allen solchen Betrachtungen erst der für jede Geschichtsperiode geltende Untergrund der thatsächlichen Erscheinung der vorhandenen nationalen Verschiedenheit gegeben, weil die Sprache der Völker in ihrem einheitlichen und verschiedenen Dasein und in ihrer Verbreitung auf die Menschenindividuen als das deutliche Bild der jederzeitigen Völkergliederung erscheint und diese auch wirklich bedeutet.

Die Frage nach dem thatsächlichen Vorhandensein und nach der thatsächlichen Ausbreitung der Nationen kann daher nur auf dem Wege der Erforschung des Sprachverhältnisses gelöst werden; die Ermittelung des Sprachverhältnisses ist deshalb auch das unbedingte Mittel, dessen sich diejenige Wissenschaft zu bedienen hat, deren Aufgabe es überhaupt ist, die in den jeweiligen Umständen hervortretenden Verschiedenheiten nach der dem innern Wesen derselben entsprechenden Gliederung als Maaß und Zahl zur Anschauung zu bringen, also die sogenannte Statistik. Welche Grundsätze hierbei zur Feststellung maßgebend sind, ob eine Nation als vorhanden und ob sie als ein besonderes Volksindividuum anzuerkennen ist, auch dafür würde es genügen, auf die vorher erwähnte Abhandlung hinzuweisen, wenn es nicht gewissermaßen geboten erschiene, das hier in Betracht kommende so weit mit aufzunehmen, wie es zur allgemeinen Beurtheilung der Nationalitätsfrage unentbehrlich ist.

Mit dem Ausdrucke der Volksprache kann man die Sprache bezeichnen, deren sich die zusammenlebenden Menschen im engsten Kreise der Familie und im weiteren Kreise des örtlichen und landschaftlichen Verkehrs zu ihrer Verständigung bedienen; sie ist das ihrem gemeinsamen Verständnisse entsprechende, ihr geistiges Gemeingut. Die Sprache, welche so als eine und dieselbe innerhalb eines Volkes gesprochen wird, bekundet in ihrer Anwendung das Dasein der Nation, und die letztere geht als wirkliche Einheit so weit, wie sich die Sprache von Familie zu Familie, von Ort zu Ort als eine der gemeinschaftlichen Geistesform entsprechende fortpflanzt. Die nationale Besonderheit zeigt sich erst da, wo die bis dahin gemeinsame mit einer anderen Nationalsprache, also mit einer abweichenden Geistesform zusammentrifft, wo also die Menschen, die einen dieser, die andern jener Sprache sich so bedienen, daß die Verständigung der einen mit den andern entweder nicht mehr, in welchem Falle also der Fremde als Stummer betrachtet und auch als solcher behandelt wird, oder nur auf dem Wege der Erlernung der Sprache des andern, also des wissenschaftlichen Eindringens in den Geist derselben und der hierauf beruhenden Verdolmetschung oder Uebersetzung stattfindet.

Dazu, daß man dieselbe Sprache gebrauche, bedarf es nicht der völligen Gleichheit der Ausdrucksweise; diese ist nirgends möglich. Vielmehr finden sich auch bei den zusammenwohnenden und selbst innerhalb derselben Familie und überhaupt durchweg bei allen einzelnen Menschen gewisse leichte Verschiedenheiten, deren im einzelnen nur kleine Summe sich von Ort zu Ort unter dem Einflusse der örtlichen sowie der gesellschaftlichen und Bildungs-Verhältnisse und des hierauf beruhenden Mangels der Häufigkeit persönlicher Beziehungen vermehrt, so daß innerhalb derselben Sprache eine Mannigfaltigkeit entsteht, in der sich wiederum die feineren Verschiedenheiten der menschlichen Denkart innerhalb desselben Volkes spiegeln. Aber man fühlt leicht heraus, daß diese Verschiedenheiten der geistigen Volkseinheit in der Sprache keinen Abbruch thun, da sie eben wie alles Individuelle nur die Erscheinung des Gemeinsamen nach den mannigfachen Beziehungen des menschlichen Lebens durch Verbindung, Vermischung und Vermengung abtönen, während über ihnen mit der Bestimmtheit einer höheren Individualität des Völkerlebens die aus der Gliederung der Menschheit sich ergebende Einheit und Gemeinschaft, Besonderheit und Vielheit der Volksprachen fortbesteht.

In richtiger Beobachtung der Gränzbezirke einer Nation wird es dem einer bestimmten Nation angehörigen nicht schwer fallen, die Gränze zu bezeichnen, wo die Herrschaft des gemeinsamen Volksgeistes ihr Ende erreicht. Unbeirrt durch das stets neue, das ihm nicht als fremdes entgegentritt, wird ihn die eigene Sprache bis zu einer Stelle begleiten, wo die Bevölkerung selbst bei friedlicher äußerer Gemeinschaft an allen Interessen des öffentlichen Lebens doch sprachlich in zwei Feldlager zerfällt. Und wie der einzelne, an den Gränzen seiner Nation herumwandelnd, es wahrzunehmen vermag, und schon mancher unserer deutschen Landsleute auf diesem Wege thatsächlich wahrgenommen hat, wie er selbst jenseit der Gränzen schnell die heimischen Klänge in versprengten Volksdialekten herauserkennt, an welchen dem dort herrschenden Nationalen nicht mehr das Volksthümliche, sondern nur die Unverständlichkeit auffällt, so muß es überall der gemeinsamen Wissenschaft, der vergleichenden Sprachkunde gelingen, in ihrem weiten, für die Beobachtung des größten wie des kleinsten Sprachlautes unbeschränkten Gebiete die wirklichen sprachlichen Volkseinheiten zu bezeichnen, innerhalb deren die Verschiedenheit der einzelnen Volksglieder kaum anders erscheint, als die weitere, höhere Verschiedenheit der Völkerindividuen innerhalb derjenigen höheren Gesammtheit, die überhaupt nach körperlichem und geistigem Organismus der Gedankenäußerung durch die Sprache fähig ist, mithin der menschlichen Gemeinschaft im Gegensatze zu den nur zu unvollkommenem Ausdrucke entwickelten thierischen Organismen.

Aber in allen diesen Bestrebungen steht auch die Wissenschaft den Thatsachen gegenüber nicht als die thatsächlich schaffende, sondern nur als die forschende. Die Sprachwissenschaft, wenn sie sich auf den Standpunkt des Nationalitätsprincips stellt, kann in der Gliederung der Sprachen die Gliederung und Verwandtschaft der Nationen nachweisen. Sie kann — und sie hat hierin ihre eigene nationale Aufgabe — den Ausdruck einer Nation in allen derselben angehörigen Mundarten finden, ihre geistige Zusammengehörigkeit und Einheit nachweisen, innerhalb der vorgefundenen Mannigfaltigkeit das dem eigenen Geiste entsprechende hervorheben und das vorgefundene fremdartige, für den eigenen Volksgeist geistlose bezeichnen; aber selbst eine lebende Sprache schaffen kann sie nicht.

Das thatsächliche Dasein der Nationen ist unabhängig von dem Wirken der Sprachkunde. Durch die grammatikalische Darstellung einer Sprache wird nicht erst eine Nation hervorgebracht, wie überhaupt das Leben und Sterben einer Nation nicht in die Willkür des Einzelnen gestellt ist. Wie vielen Völkern haben die Deutschen ihre Grammatiken verfaßt! Sie haben sie damit nicht erst zu Völkern gemacht, so wenig, wie umgekehrt diejenigen Völker, welche noch keine Grammatik haben, deshalb keine Nationen, mit andern Worten — denn jeder Mensch gehört einer Nation an — keine Menschen sind.

Durch das Entwickeln mehrerer Grammatiken aus einer Volksprache wird eine Nation nicht getheilt; durch die grammatikalische Darstellung eines Volksdialektes diesem nicht die Eigenschaft der besonderen, aus der Gemeinsamkeit heraustretenden Volksprache, noch den gerade diesen Dialekt gebrauchenden die Eigenschaft einer besonderen Nation verliehen. Wollte man solches annehmen, so würde, da es freistände, alle örtlichen und unter Umständen selbst individuellen, mitunter nur auf Unwissenheit und Unbildung beruhenden Eigenthümlichkeiten, ja selbst die für die thatsächliche Völkergliederung ganz bedeutungslose Orthographie — wie es ja bei einzelnen niederdeutschen Dialekten wirklich versucht worden war — als Sprachbesonderheit von nationaler Bedeutung zu behandeln, jeder einzelne sich oder seine Schule als Nation constituiren können.

Die Vernachlässigung der Sprachpflege oder die Verwilderung derselben kann auf die nationale Entwickelung eines Volkes lähmend einwirken, und die Sprachpflege selbst wird immer der nationalen Cultur förderlich sein; aber dieser Einfluß ist nur ein mittelbarer, und er bedarf überall der geistigen Mitwirkung der Nation; die Sprachwissenschaft ist nicht im Stande, eine Sprache am Leben zu erhalten, welche nicht als wirkliche Volksprache fortdauert. Ob sie fortdauert, wird durch die Lebenskraft des Volksindividuums bestimmt, dessen Absterben sich in dem Aufhören des Gebrauchs der Volksprache kundgiebt. Mit ihrem Erlöschen im Volksmunde ist die Sprache todt, und ihr Studium hat von da ab wohl einen noch erhöhten wissenschaftlichen, doch keinen unmittelbar nationalen Nutzen mehr.

Das Leben der Sprache pflanzt sich fort im Leben der Nation. Von den leiblichen Eltern geht sie in das Leben des Kindes über, indem sie als erstes sicheres Zeichen des vorhandenen Menschengeistes, zugleich als treues Abbild des gemeinsamen Volksgeistes, als Träger einer angestammten Familienähnlichkeit erscheint. In diesem Gefühl der Einheit wächst das Kind in der Sprache der Familie heran; die Muttersprache ist es, die in ihrem der Natur des Kindes entsprechenden Aufblühen den geistigen Grund legt, auf welchem Schule und äußere Lebensgemeinschaft weiter zu bauen haben, — die Schule, deren unentbehrliches Mittel zur Entwickelung des geistigen Keimes die Sprache ist, und deren erste und nicht zu erschöpfende Aufgabe daher das Erkennen der Sprache bildet, — die äußeren Lebensverhältnisse, deren vielseitige Ordnungen des maßgebenden Wortes nirgends entbehren können, und in welchen die Wirksamkeit des Einzelnen wesentlich dadurch bedingt wird, daß seine Rede der gemeinsamen Beschaffenheit des Volksgeistes, dem Verständniß der mit ihm lebenden gemäß sei.

Wenn so das geistige Wachsen des neuen Geschlechts auf dem angestammten Boden, das Fortleben der Nation und aller ihr angehörigen in der gemeinsamen Sprache als das naturgemäße und gleichsam selbstverständliche erscheint, so ist doch auch der an sich naturwidrige Uebergang von einer Sprache zur andern nicht ausgeschlossen. Er findet vielmehr seine unmittelbaren oder mittelbaren Veranlassungen gleichfalls in den menschlichen Eigenschaften, in der Ausübung menschlicher Freiheit, wie in der Beschränkung der Freiheit anderer.

Die menschliche Freiheit des Ueberganges von einer Nation zur andern ist eine nothwendige Folge der individuellen Willensfreiheit in Bezug auf diejenigen menschlichen Handlungen, welche für die Entwickelung der Bevölkerung von Bedeutung sind. Die natürliche und gesellschaftliche Zulässigkeit der körperlichen und ehelichen Verbindung der Angehörigen verschiedener Nationen, der Bewegung der einzelnen von einer Nation zur andern und des dauernden Lebens unter den fremden ermöglicht den Uebergang von einer Sprache und

Nationalität zur andern, und sie läßt denselben, wenigstens äußerlich, in gewissem Grade gerechtfertigt erscheinen.

Bei Kindern gemischter Geburt ist nach der allgemeinen Annahme die Muttersprache das entscheidende; dennoch kann man nicht sagen, daß nothwendig gerade nur diese in der Natur des Kindes ihre rechte Grundlage finde, und nicht ebenfalls und vielleicht kaum weniger häufig die Sprache des Vaters. Das Kind, das in der Sprache des einen der Eltern erzogen ist, sollte demnach, wenn es herangewachsen, die Wahl haben, zu derjenigen Nation zu treten, welche ihm nach seinem ganzen innern Zuge die seiner geistigen Naturanlage gemäßere erscheint, und dieser Gebrauch der menschlichen Freiheit erscheint nicht als eine Entnationalisirung, sondern vielmehr als die rechte Einkehr zu der eigenen Nation.

Auch für denjenigen, sei es Frau oder Mann, welcher unter ein fremdes Volk heirathet, entsteht der innere Zwiespalt zwischen dem Familienleben und dem angestammten Geistesleben, welcher entweder auf die folgende Generation übertragen oder durch die auch geistige Unterwerfung gelöst wird, eine Unterwerfung, die durch eigene Handlungen vorbereitet werden kann, doch aber nur dem Uebertretenden selbst unbewußt sich bei ihm verwirklicht. Und auch ohne die eheliche Verbindung kann das dauernde Leben unter und mit einem fremden Volke, der ausschließliche Gebrauch seiner Volks- und Familiensprache eine solche Unterwerfung unter den fremden Geist herbeiführen, wenn der in die Fremde gezogene von seinem Volksgeiste gleichsam abgelöst, und dieser in ihm gleichsam erstorben ist. Doch auch hier glaube man nicht, daß der gegen die eigne geistige Natur gerichtete Wille schon genüge, diesen Uebergang hervorzubringen, da vielmehr das der angestammten Natur gemäße wohl zu verdecken, aber nicht so leicht zu vertilgen ist. Wie tief die angestammte Sprache in dem Innern begründet ist, wird die Rückkehr in das Vaterland zeigen, und wenn dem Verfasser gegenüber ein seit langer Zeit dem französischen Leben angehöriger Deutscher behauptete, daß er in Paris nur französisch, in Berlin aber wieder deutsch denke, so ist hierin nicht ein Beweis für das schnelle und beliebige Uebergehen von einer Nation zur andern zu sehen, sondern der zähe Widerstand der eigenen Natur gegen das durch die ganzen Lebensverhältnisse aufgedrängte fremde. Die Unterwerfung unter eine fremde Sprache ist gleich dem Eintritt in ein fremdes Haus, in eine fremde Familie; der Uebergetretene ist dort nur das Stiefkind, welches, wenn auch die Vortheile fremder Cultur genießend, doch derselben nicht völlig angehört; aber die Rückkehr in das angestammte Haus steht auch dem seiner Nation zur Zeit verlorenen offen.

Aus dieser innigen und unlösbaren Verbindung des geistigen Lebens des Menschen mit seiner Sprache, wie aus dieser Möglichkeit des Ueberganges von einer Sprache zur andern, ergiebt sich eben als unbedingtes Erforderniß: daß die Volksprache allgemein als ein heiliges Nationalgut geachtet und daß sie durch jedes Glied des Volkes in seinem Kreise gepflegt werden sollte, vor allen aber durch diejenigen, welche zu Leitern solcher Ordnungen gesetzt sind, die für die Glieder der Nation bestehn. Die Pflege und Lehre der Muttersprache in den Schulen, der gemeinsame Gottesdienst in der Muttersprache, die Gewährung der Möglichkeit, daß jeder Nationale beim Gebrauch seiner Muttersprache in öffentlichen und persönlichen Angelegenheiten sein Recht vertrete und sein Recht finde, dies alles sind Folgerungen, welche aus der richtigen Erkenntniß des Wesens der Nationalität mit Nothwendigkeit hervorgehen. Im Gegensatze hierzu übt allzuoft Unwissenheit, Irrthum und Willkür eine der Nationalität feindliche Thätigkeit: Eltern, indem sie dem Kinde statt des Gebrauches der Muttersprache eine fremde Sprache gleichsam im kindischen Spiele aufdrängen, unterbinden die leichte und schöne Weiterbildung des von ihnen selbst überkommenen Geisteserbes und entfremden das Kind sich selbst. Die Volksschule, wo sie zur Erlangung von Kenntnissen die Fähigkeit des Gebrauchs einer fremden Sprache als unerläßliche Vorbedingung fordert, setzt damit gleichsam die geistige Verstümmelung zur Bedingung geistiger Vervollkommnung. Die Kirche, wenn sie den Gebrauch fremder Sprachen im Gebete herbeizuführen bestrebt ist, erschwert damit die Gottesverehrung, die, wie Schenkendorf richtig sagt, die heiligsten Gedanken redet „wie der Mutter Mund". Gemeinde und Staat, wenn sie die Wahrnehmung der Rechte und die Theilnahme an öffentlichen Angelegenheiten von dem Gebrauch einer ihren Angehörigen fremden Sprache abhängig machen, begründen damit eine schwere Rechtsungleichheit und schädigen zugleich sich selbst, weil sie die Anerkennung ihrer eigenen Rechtsgrundlage bei ihren Angehörigen untergraben. Alle diese Bestrebungen, mit welchen eine nationale Einseitigkeit, mag sie sich als Ueberhebung gegenüber den Angehörigen einer andern Nation gebärden, oder mag sie im Gefühl des eigenen Culturmangels absichtlich deren höhere Bildung verhindern und zurückdrängen wollen, schaden vor allem demjenigen Culturzweige, auf welchen sie sich beziehen, — und sie müssen ihm schaden, weil ihr Vorgehen einen Frevel gegen die geistige Ordnung der Völker enthält.

Je mehr das Nationalitätsprincip in unserer Zeit durch den Fortschritt der Bildung und nicht wenig gerade durch die Sprachwissenschaft in den Gemüthern der denkenden und lernenden Eingang findet, um so mehr werden die Gegner derselben in die Richtung gedrängt, das Nationalitätsprincip durch die Umkehrung seiner eigenen Waffen zu bekämpfen. Die Ueberzeugung von der Kraft desselben, wie sie sich in unserer Zeit bei der Neubildung und Umbildung von Staaten wirksam gezeigt hat, gerade diese ist es, welche die Gegner derselben zur Unterdrückung der vorhandenen Nationalitäten reizt und sie in der Unterdrückung der Volksprachen die Stärkung der Macht des Staates suchen läßt, zunächst allerdings in der Unterdrückung derjenigen Sprache, welche von der Landesregierung nicht als ihr Organ anerkannt wird. Was Vegezzi Ruscalla in seiner trefflichen Schrift über die Nationalität für eine Unmöglichkeit erklärt, und worin er den unbedingten Schutz aller Nationen findet: daß auch nicht der mächtigste Despot die Sprache einer Nation verändern könne, das wird zur Stärkung ihrer staatlichen Macht von denen versucht, welche zu Gunsten einer bestimmten Staatsprache den Gebrauch und die Fortpflanzung der in der Verschiedenheit der Menschennatur beruhenden Volksprachen verhindern, verringern und verbieten möchten.

Es ist bezeichnend, daß diese Bestrebungen gerade ihre meisten Anhänger unter Mischvölkern haben, welche wohl am ersten darauf sinnen können, die Angehörigen der nahestehenden reineren Stämme mit in ihr Gemisch hineinzuziehen, und daß ihre eifrigsten Vertreter Renegaten zu sein pflegen, die, selbst dem Geiste ihrer Nation entfremdet, mit der Achtung vor dem eigenen zugleich die Achtung vor jedem Volksgeiste verlernt haben. Bald erscheinen sie mit dem Deckmantel weltbürgerlicher Civilisation verhüllt, als ob diese erforderte, daß der Deutsche in seinen angestammten Sitzen am Rhein und der Saar von dem Franzosen, der Pole und Littauer von dem Russen Civilisation erlerne! — bald stützen sie sich auf die Zustimmung oder Duldung einer Bevölkerung, deren Willensfreiheit zugleich mit der geistigen Unterwerfung in Fesseln geschlagen ist; am häufigsten aber stellen sie sich anscheinend auf den Boden des historischen Rechts des Staates, zu dessen Erhaltung die Unterdrückung aller abweichenden Nationalitäten innerhalb desselben eine Nothwendigkeit sei. Aber kann es wohl einen stärkeren Beweis für die Unrechtlichkeit eines Territorialbesitzes geben und für die Nothwendigkeit, ihm diesen Besitz zu entziehen, als wenn der Staat, welcher ein neues Gebiet erobert oder sonst hinzuerlangt hat, sich dieses nicht anders meint erhalten zu können, als durch die Ausrottung der Sprache, mit anderen Worten durch die Entgeistigung der Bevölkerung? und giebt es eine bessere innere Rechtfertigung für das Bestehen und Fortbestehen von Staaten, die aus den Nationalgebieten verschiedener Volkstämme zusammengesetzt sind, als wenn, wie es bei der schweizerischen Eidgenossenschaft am deutlichsten hervortritt, die staatliche Gemeinschaft der freien Entwickelung der Nationalgeister der verbundenen Stämme keinen Eintrag thut? Ein Zusammenwirken der Nationen in dem Sinne, daß jede in ihrem Machtgebiete die Berechtigung hätte, die Volksprache zu unterdrücken, eine solche Brüderlichkeit der Unterdrückung steht nicht nur im Widerspruch mit dem Nationalitätsprincip, sondern überhaupt mit den Anforderungen menschlicher Gesittung, und es ist ein gefährlicher Irrthum derer, die, durch keine Vergangenheit belehrt und deshalb auch blind für die Zukunft, die jeweiligen Staatenordnungen für unveränderlich halten, wenn sie meinen, daß die Uebung der Willkür innerhalb jedes Staatsgebietes ein Schutz gegen weitere Eroberungen sei, da doch derjenige, welcher sich vermöge seiner Macht berechtigt hält, die Zerstörung des Volksgeistes innerhalb seines Gebietes zu üben, gewiß über dasselbe so bald hinausgreifen wird, wie er sich stark genug fühlt, um seine vernichtende Thätigkeit über weitere Gränzen zu erstrecken.

Die Aufgabe derjenigen Nationen, welche sich zu den civilisirten zählen, kann gegenüber der Gliederung der Menschen nach den Volksprachen keine andere sein, als die Beförderung der Entwickelung der geistigen Anlage jedes Volkes. In Staaten, welche aus verschiedenen Nationalgebieten zusammengesetzt sind, wird dieselbe darin bestehen, daß in jedem dieser Nationalgebiete die Sprache des Volkes auch als Landessprache anerkannt werde. Der höheren Geltung einer Staatsprache bedarf es nur für diejenigen Angelegenheiten, welche gemeinsam und ihrem Wesen nach innerhalb eines Staates örtlich nicht theilbar sind, mit anderen Worten, die Staatsprache kann nur den Vorzug beanspruchen, die erste unter gleichen zu sein, also da als die maßgebende betrachtet zu werden, wo im Zusammentreffen mehrerer Sprachen einer die entscheidende Geltung zuerkannt werden muß. In gleicher Weise wird es sich da stellen, wo ein Landestheil aus Gemeinden verschiedener Volksprache, Gemeinden aus Bevölkerungen verschiedener Familiensprache zusammengesetzt sind: immer wird die Aufmerksamkeit der Verwalter des Staats- und Gemeinwesens sich darauf zu richten haben, daß jede Nation ihre gemeinschaftliche Ordnung, vor allem die Gemeinschaft des Gottesdienstes und der Bildungsanstalten für sich haben könne, und zwar mit Einschluß der höheren Bildungsanstalten, da auch diese auf die bestimmten geistigen Anlagen des besonderen Volkes berechnet sein müssen.

Für die Wahrnehmung gemeinsamer Angelegenheiten nach dem Verhältniß des Zusammenwohnens und Zusammenwirkens einer verschiedenen Nationalitäten angehörigen Bevölkerung bedarf es der Erlernung der zusammentreffenden Sprachen durch diejenigen, welche sich an solchen Angelegenheiten zu betheiligen haben. Der Staat hat daher die Erlernung der Volksprachen auch durch andersredende zu fördern und unter die Unterrichtsgegenstände der höheren Bildungsanstalten des betreffenden Landes oder Landestheiles aufzunehmen; jedoch nicht allein nach der Richtung hin, daß die Erlernung der Centralsprache des Staates oder aber derjenigen Sprache gefördert wird, in welcher die Bildung der Staatsangehörigen zur Zeit am meisten ihren Ausdruck findet, sondern ebensowohl in der Verbreitung der Kenntniß der nur in gewissen Theilen geltenden und der zur Zeit in der Cultur niedriger stehenden Volksprachen, — das letztere insbesondere deshalb, weil diese Volkstämme der mitwirkenden Geistesbildung der höher stehenden mehr bedürfen und derjenige Volkstamm, welcher der culturgeschichtlich entwickeltere ist, naturgemäß auch höheren geistigen Ansprüchen genügen kann.

Die Förderung der Bildung jedes Volkstammes in seiner eigenen Sprache und durch die Ausbildung derselben ist also eine Consequenz der wirklichen Anerkennung des Grundsatzes der Nationalität. In diesem Sinne dem Nationalitätsprincip Geltung zu verschaffen, zu Gunsten des eigenen Volkes, wie zu Gunsten aller Völker, welche unter dem Drucke fremdes Sprachzwanges leiden, und welche die Geltendmachung des Nationalitätsprincips von diesem Drucke erlösen kann, ist die würdige Aufgabe unserer deutschen Nation. Es bedarf hierzu nicht der äußeren Herrschaft durch irgend ein bestimmtes Volk; wohl aber bedarf es der Herrschaft des gemeinsamen Principes, also der allgemeinen grundsätzlichen Anerkennung der vollen Freiheit jedes Volkes, seine Sprache in denjenigen Wohnsitzen zu üben, denen es angestammt ist, oder in welche es seine Ansiedelungen erstreckt hat. Und solchen Staaten gegenüber, welche das Nationalitätsprincip nicht anerkennen, mithin die höhere Ordnung des Volksgeistes leugnen, bedarf es des wirklichen Schutzes derjenigen, welche abweichender Nationalität sind, und nöthigenfalls der Ablösung ihrer Wohnsitze von dem unterdrückenden Staate.

An Verheißungen, welche bei der Vereinigung eroberter Territorien mit einem Staatswesen oder bei freisinnigen Umgestaltungen im Innern eines Staates der abweichenden Nation die Erhaltung ihrer Nationalität und den Gebrauch ihrer Sprache zusicherten, hat es bisher schon nicht gefehlt: Die Verträge von 1815 gaben sie der polnischen Nation; aber sie stellten Art und Maaß der Ausführung in den Willen jedes der drei Vertragschließenden für seinen Theil. Die neueste Entwicklung zeigt im russischen Antheil die massenhafte Austreibung der Polen aus den angestammten Wohnsitzen und selbst die Unterdrückung der Sprache und Nationalität im eigensten geschlossenen Gebiet. Im Gegensatze hierzu sehen wir im österreichischen Antheil die Rechte, welche den Polen allein für dieses Gebiet zustanden, bei der Neugestaltung des Staates grundsätzlich allen Kronländern und allen Nationalitäten verliehen; wir finden hier ein fortgesetztes Streben nach der Verwirklichung des Nationalitätsprincips, wenn auch zeitweise von der durch die besonderen Staatsverhältnisse begünstigten Herrschsucht einer und der anderen Nation die Waage zu Gunsten derselben und zum Nachtheil anderer erleichtert und beschwert wird. Im preußischen Antheil endlich hat das nationale Recht der Polen, gesetzlich auf ein sehr enges Gebiet beschränkt, kaum eine andere Grundlage als die Gewissenstreue einer deutschen Regierung.

Ein weiteres Beispiel nationaler Garantien geben die Capitulationen, in welchen die russischen Herrscher den baltischen Herzogthümern die Erhaltung ihrer Landesrechte zusicherten. Sie boten eine nationale Rechtsgrundlage, deren fortdauernde Geltung so lange unzweifelhaft schien, als für das russische Reich die Einwirkung deutscher Cultur als unentbehrlich betrachtet wurde, während seit dem Sinken des deutschen Einflusses in der Centralregierung auch die nationale Fortentwickelung der deutschen Ansiedelungen in Frage gestellt ist.

Ein drittes Beispiel giebt die Verfassung des Königreichs Belgien, indem sie der von ihren Stammesbrüdern getrennten niederdeutschen Bevölkerung die Gleichberechtigung ihrer Volksprache mit der französischen zusicherte, — eine Zusicherung, deren Verwirklichung die im deutschen Volksgeiste lebenden bis jetzt vergeblich, aber stets nur um so beharrlicher erstreben, welche jedoch von den dem Franzosenthum angehörigen für das Unterrichtswesen dahin ausgelegt wird, daß die Cultur allein in der französischen Sprache zu suchen und zu finden sei, für das öffentliche Leben aber dahin, daß nicht der der französischen Sprache angehörige Beamte verpflichtet ist, die Volksprache innerhalb der niederdeutschen Landestheile zu kennen, sondern daß die dortige Bevölkerung zur Erlernung der fremden Sprache genöthigt ist, wenn anders sie im Stande sein will, im Verkehr mit den Staatsbeamten ihre Rechte zu wahren.

Alle solche Garantien sind nur Schein, solange ihre Achtung und Nichtachtung in die Willkür desjenigen gestellt ist, der sie gegeben hat. Erst ihre Aufnahme in das gegenseitige Staatenrecht, das man heut mit dem ungenauen Ausdruck des internationalen oder Völker-Rechts bezeichnet, kann dem Nationalitätsprincip diejenige feste Grundlage geben, mit welcher die Nationalität von dem geistigen Druck der Staatsangehörigkeit gelöst wird.

Der Mangel solcher bestimmten, den vertragschließenden Regierungen gegebenen Zusicherungen hatte die Uebergriffe möglich gemacht, mit welchen die dänische Regierung, selbst im Widerspruche mit der Volksvertretung des Herzogthums Schleswig, die deutsche Bevölkerung des gemischten Districts heimsuchte. Die Klagen, welche durch Deutschland gingen, blieben unerhört; denn der Schutz der deutschen Nationalität, um den es sich für das deutsche Nationalgefühl wirklich handelte, schien nach dem zeitigen Staatenrecht unmöglich. Zur Verwirklichung desselben mußten solche diesem Staatenrechte entsprechende Rechtsgründe dienen, die ihre Vertreter selbst nicht lange zuvor vertragsmäßig preisgegeben hatten.

Die Verhandlungen über die Theilung des Herzogthums Schleswig können für die geschichtliche Entwickelung des Nationalitätsprincips einen um so bedeutsameren Stoff bieten, als gerade hier, wo es sich um die Auseinandersetzung einer seit vielen Jahrhunderten zusammengehörigen Bevölkerung handelt, die vollen Schwierigkeiten der vereinigten Verwirklichung der Bestrebungen beider betheiligten Nationen an das Licht treten. Zunächst erblicken wir ein Hineinziehen der verschiedenen Nützlichkeits-Interessen, welche jeder von beiden Mächten die Gewinnung der für Kriegs- und Verkehrszwecke brauchbarsten Stellen wünschenswerth erscheinen und, wie anfangs die Vertreter der skandinavischen, so nachmals die vertretende Macht der deutschen Seite ihre territorialen Ansprüche erweitern ließen; dann die Berufung auf die derzeitige Volkstimmung, welche, vor etwa zwanzig Jahren auf Seiten der Deutschen nicht ungewöhnlich, jetzt beim dänischen Volke und der dänischen Regierung ihren Ausdruck findet, während die Entscheidung der wichtigsten politischen Fragen auf diesem Wege in Deutschland heut nur noch von einer Partei verfochten wird, welche in Betreff der Wandelbarkeit der Volkstimmung und der Leichtigkeit ihrer vorübergehenden Beeinflussung durch die gemachten Erfahrungen am gründlichsten belehrt sein sollte. Erst spät und auch dann noch von denjenigen verlacht, welche gewohnt sind, ihre Anschauungen nach dem von außen kommenden zu regeln, wurde von deutscher Seite diejenige Forderung geltend gemacht, welche den dauernden Frieden zwischen beiden Nationen herzustellen geeignet ist, mag auch die Entscheidung der Machtfrage zu Gunsten dieses oder zu Gunsten jenes Staates ausfallen.

In der Forderung von Garantien für die Achtung der Nationalität der in Nordschleswig lebenden deutschen Bevölkerung ist der Grundsatz gegeben, welcher eine neue Grundlage des künftigen Staatenrechts geben kann, sobald ihm von deutscher Seite die entsprechende Zusicherung der Achtung der dänischen Nationalität bei denjenigen mit Norddeutschland vereinigten Wohnsitzen, welche theilweise dänische Bevölkerung enthalten, als richtige Ergänzung hinzugefügt und diese gegenseitige Versicherung unter den Schutz aller derjenigen Mächte gestellt wird, welche sich in gleicher Weise verpflichten, das Nationalitätsprincip, das heißt die Achtung der geistigen Selbständigkeit jeder Bevölkerung in ihrer Volksprache auch innerhalb ihres Machtgebietes zur Anwendung zu bringen.

Die Abgränzung der Staaten nach der angestammten Volksprache ist nicht die nothwendige Folge der Anerkennung des Nationalitätsprincips und kann es nicht sein, da der Entwickelung der Völker gemäß diese nur zum Theil in geschlossenen Gebieten leben, weiterhin aber in größeren und kleineren Wohngruppen unter andere zerstreut sind und sogar das dauernde Zusammenwohnen mehrerer Völkerschaften in demselben Wohnplatze den äußeren Interessen derselben gemäß sein kann. Das nur erfordert das Nationalitätsprincip, aber dies ohne Einschränkung, daß nicht derjenige, welcher einem Staatsverbande nicht angehört, der seine Sprache als Staatsprache betrachtet, damit für geistig rechtlos erklärt sei.

Die Anerkennung der Nationalität, wie sie die angestammte Volksprache zeigt, ist die Forderung, in welcher das Nationalitätsprincip seinen vollberechtigten Ausdruck findet. Deutsche Sprache als Geschäfts- und Gerichtssprache in allen deutschen Wohnsitzen, deutscher Gottesdienst in den Gemeinden deutscher Nation, deutsche Volksschulen für die Kinder deutscher Eltern und die Geltung des deutschen Geistes an den höheren Bildungsanstalten der Deutschen, das sind die Forderungen, welche die deutsche Nation im Namen des Nationalitätsprincips als ihr volles Recht in Anspruch zu nehmen hat. Ihre thatsächliche Durchführung würde in der That die „Tilgung langer deutscher Schanden" sein, vor allem derjenigen, welche das westliche Nachbarvolk unter Leitung seiner Bourbonen, Convente und Cäsaren in beharrlicher Unterdrückung der deutschen Nationalität auf unser Volk gehäuft hat, und deren Tilgung für die deutsche Nation eine ebenso unverjährbare Pflicht, wie der Anspruch auf Achtung der angestammten Nationalität ein unverjährbares Recht ist. Die Wiedereinsetzung der deutschen Sprache im Elsaß und Westreich in ihr altes Recht als geltende Landessprache und die Zurücksetzung der französischen Sprache in jene Stellung, welche ihr als gemeinsamer Staatsprache und als der Volksprache eines kleinen Theiles der angestammten und eingewanderten Bevölkerung zukommt, wäre die unerläßliche Bedingung, unter welcher der erstarkende deutsche Volksgeist die fortdauernde Verbindung eines wichtigen Theiles der Nation mit einem fremden Reiche ohne Entwürdigung betrachten könnte; sie allein könnte, ohne Veränderung der Staatengrenze, der deutschen Nation, das rechte Pfand des Friedens und der Freundschaft geben. Wenn nun im Gegentheil die neuesten Verhandlungen des französischen Senats den Regierungen dieses Staates die Anerkennung geben, daß sie kein Mittel unversucht gelassen haben, die deutsche Sprache in diesen Landestheilen zu vernichten, und wenn der französische Senat die Beseitigung des Deutschen aus dem Unterricht für eine nationale Aufgabe ersten Ranges erklärt, was ist dies anders als eine offene Kriegserklärung gegen die deutsche Nation!

Aber nicht nur zum Schutze der deutschen Nationalität in jenem weiten zusammenliegenden und zusammengehörigen Gebiete, das diese Nation seit vielen Jahrhunderten bewohnt, sondern für alle Gebiete, über welche der Wanderzug der Deutschen seine äußerlich schaffende und innerlich bildende Cultur verbreitet hat, soweit die größeren und kleineren Vereinigungen der Glieder unseres Volkes sich erstrecken, oder kurz gesagt mit dem Worte, das das rechte Symbol der deutschen Nationalbestrebungen ist und bleibt: **„soweit die deutsche Zunge klingt“**, hat die deutsche Nation, und haben diejenigen, welche sich als die berufenen Vertreter dieser Nation betrachten dürfen, der deutschen Sprache auch die Anerkennung zu sichern, welche die Nation nach dem besonderen Umfange und der besonderen Art ihrer Ansiedelungen in jedem Lande in Anspruch nehmen kann. Und nicht für sich allein hat der Deutsche diese Forderung geltend zu machen, sondern in dem gemeinsamen geistigen Interesse, das die Völker zur freien Fortentwicklung verbindet, auch zu Gunsten aller derjenigen Nationen, unter welche der deutsche Volkstamm seine mächtige Einwanderung erstreckt hat, und denen die Mitwirkung der Deutschen zu ihrer eigenen Culturentwickelung unentbehrlich ist; diesen durch den Schutz der deutschen Cultur die Entwickelung ihres eigenen Nationalgeistes zu sichern, ist eine schönere und unserer Nation würdigere Aufgabe, als die Vernichtung desselben, die vielmehr ein Mißbrauch der eigenen Gaben und eine Fälschung der fremden ist.

Bei der Geltendmachung des Nationalitätsprincips in diesem Sinne, im Sinne der Gleichberechtigung jedes nationalen Geistes, würde die deutsche Nation nicht vereinzelt stehen; ihre südlichen und nördlichen Nachbarn, in der Culturentwickelung den Deutschen nicht unähnlich, würden sich diesen Bestrebungen um so bereitwilliger anschließen, je eher ihnen gegenüber die deutsche Nation selbst das Nationalitätsprincip in gerechter Handhabung zur Anwendung brächte. Es würde damit der Grund zu einer Völkerverbrüderung gelegt sein, welche geeignet wäre, eine der geistigen Natur des Menschen entsprechende Ordnung und mit ihr eine Zeit des Völkerfriedens herbeizuführen. Zu dieser Verwirklichung des Nationalitätsprincips im Sinne wahrer Freiheit und Bildung ist aber die deutsche Nation, welche an Zahl keinem anderen Volke der weißen Rasse nachsteht, vorzugsweise berufen, da sie vor anderen jene Eigenschaften besitzt, welche einem Volke ein maßgebendes Vorangehen auf geistigem Gebiet zuweisen, Eigenschaften, welche wir am besten mit den Worten unseres deutschen National-Dichters bezeichnen:

„Einfältiger Sitte bist du und weise, — bist ernstes tieferes Geistes. Kraft ist dein Wort, — Entscheidung dein Schwert. Doch wandelst du gern es in die Sichel und triefst —, wohl dir, von dem Blute nicht der andern Welten!“

Methodisches Vorwort.

Die statistische Ermittelung der Nationalität.

Inhalt. Die Volksprache ist durch statistische Aufnahme für jeden Einwohner festzustellen. Kein Theil der thatsächlichen Bevölkerung darf von der Aufnahme ausgeschlossen sein, und eben so wenig darf sie sich auf die Angabe einzelner Landessprachen beschränken. Die Angabe zweier Sprachen für einen Einwohner ist unzuläsig. Die Aufnahme hat sich der ganzen Mittel der Volkszählung zu bedienen, sowohl der Auskunft der Familienhäupter, wie der amtlichen Organisation. Nachrichten über die Sprache einzelner Bevölkerungsclassen und über die Sprache, welche im öffentlichen Leben gebraucht wird, sowie auf persönlichen Wahrnehmungen beruhende Angaben, sind eine unsichere Grundlage für die Nationalitätstatistik. Ebenfalls unsicher sind statistische Ermittelungen über die Abstammung oder solche über die Nationalität, welche ohne festes Kennzeichen der letzteren erlangt sind. Das Kennzeichen väterlicher Abstammung im Familiennamen läßt sich mit Vorsicht zu Nebenaufnahmen über die Abstammung benutzen, wie auch aus der Benennung der Ortschaften auf Nationalitäts-Verhältnisse früherer Zeit geschlossen wird. Nachrichten über Geburtsort und Heimathsort, namentlich aber über Parteistellung der Einwohner, sind für die Nationalitätstatistik ungenügend Aus der Volkszählung ist für jede einzelne Ortschaft die Zahl der jede einzelne Volksprache redenden Einwohner abzuleiten; diese Zahlen dienen dann nicht nur zur Kenntniß der Volksangehörigen, sondern auch der Zahl der Wohnsitze und des Umfangs des Sprachgebietes jeder Nation. In der speciellen Bearbeitung mittels Tabellen und Karten sind die Volksmischungen in den Wohnplätzen in regelmäßig fortschreitenden Gruppen zu unterscheiden; in der Gesammtdarstellung bleibt der überwiegende Charakter wie für den einzelnen Menschen, so auch für die Wohnsitze und die örtlichen Gebiete der letzteren entscheidend.

Ist die Volksprache erwiesenermaßen das alleinige allgemeine Kennzeichen der Nationalität, so folgt daraus mit Nothwendigkeit, daß die methodische Statistik zur Kenntniß des Nationalitäts-Verhältnisses ihre Aufnahme grundsätzlich und vor allem auf die Volksprache zu richten hat. Und wie die Statistik in allen Bevölkerungs-Aufnahmen alle allgemein an den Menschen zur Erscheinung kommenden Verschiedenheiten an jedem einzelnen Menschen aufzeichnet, so hat sie zu diesem Zwecke für jeden einzelnen festzustellen, welche Volksprache er redet.

Welcher Ausdruck auch hierbei für die Bezeichnung der Volksprache gebraucht wird, ob man sie Haussprache oder Familiensprache oder Muttersprache nennt, immer wird es darauf ankommen, den Grundsatz festzuhalten, daß innerhalb des Haushaltes die Angabe eine individuelle sein muß. Denn wenn auch statistisch mit Recht solche Familienglieder, welche sich thatsächlich keiner Sprache bedienen, also diejenigen, welche noch auf einer so weit zurückliegenden Entwickelungstufe sind, daß der menschlichste Ausdruck, die Sprache, an ihnen noch nicht wahrgenommen wird, der Sprache ihrer Eltern, Ernährer, Erzieher zugerechnet werden, — wie man ebenso auch die Kinder der Religion der Eltern als derjenigen zurechnet, welcher sie selbstverständlich zuwachsen, — so darf doch eine solche Einrechnung bei denjenigen nicht stattfinden, welche über diese Entwickelungstufe hinaus sind. Es bleibt vielmehr zu berücksichtigen, daß diejenigen, welche aus Familien, Orten, Ländern mit anderer Volksprache in einen Haushalt eingetreten sind, ihre abweichende Sprache auch unter den neuen Verhältnissen beibehalten haben können; und daß sogar — wozu ebenfalls die Religionstatistik analoge Verhältnisse aufweist — innerhalb desselben Kreises der Blutsverwandten zwei Sprachen fortdauern können, in Folge dessen bei gemischter Ehe ein Kind vorzugsweise für diese, das andere für jene Sprache erzogen werden kann.

Erst für den Einzelnen ist die Zweiheit der Sprachen in der Statistik auszuschließen, hier aber unbedingt: Der Einzelne kann die Volksprache wechseln, aber nicht zweien zugleich angehören, da etwas vollkommen gleiches, das in der Natur selbst nicht vorhanden ist, auch von der Statistik nicht angenommen werden soll. Nur der Zweifel bleibt auch für die Statistik bestehen, und eben deshalb hat sie danach zu streben, durch bestimmte theoretisch scheidende Begränzungen die zweifelhaften Fälle der einen oder der anderen Seite zuzutheilen. Es soll deshalb zur Ergänzung der offenkundigen Thatsache die persönliche Beurtheilung desjenigen hinzu treten, welchem die Statistik die Fähigkeit zu dieser Angabe zutraut, vor allem also des declarirenden Familienhauptes selbst, das, sofern es überhaupt urtheilsfähig ist, für sich und die Seinigen das Recht hat, auch diese wichtige Frage zu beantworten, sonst aber und weiter des mit der Aufnahme beauftragten, welcher wieder seinerseits zuvor sich durch persönliche Kenntniß und Wahrnehmung in die Lage versetzt haben muß, den zweifelhaften Fall im Dienste der Statistik zu entscheiden.

Nach dieser Seite hin ist es also grundsätzlich richtig und ausreichend, wenn in den bei der Zählung auszufüllenden namentlichen Einwohnerlisten eine durchlaufende Spalte für die Volksprache eingerichtet wird. Die Bezeichnung der Langue parlée habituellement in Belgien (1846) oder der Lingua parlata ordinariamente in den italiänischen Aufnahmen von 1857 und 1861 steht dem Begriff der Haussprache nahe genug, um annähernd richtige Ergebnisse in Aussicht zu stellen, wogegen der jetzt in Belgien gebrauchte Ausdruck gesprokene Landtalen, oder was dasselbe sein soll: Langues nationales parlées, weder zutreffend noch ausreichend ist. Genaue Angaben ließen sich auch da erwarten, wo die Bestimmung, nach welcher den preußischen Regierungen die Einschiebung einer Spalte für die „Muttersprache" gestattet war, zur Ausführung kam, und auch die vom statistischen Bureau für 1861 gewählte Ausdrucksweise „Familiensprache" oder „Sprache, welche in der Familie gewöhnlich gesprochen wird", sowie die in einzelnen Regierungsbezirken thatsächlich vorgekommene Bezeichnung „Sprache oder Nationalität" konnte ausreichend correcte Ermittelungen herbeiführen.

Mit Recht ist jedoch gegen die preußischen Aufnahmen von 1861 der Vorwurf erhoben worden, daß, indem die statistische Tabelle die Angabe der jeder Sprache angehörigen Familien oder Haushaltungen und der diesen zugehörigen Personen erforderte, die innerhalb der Familien möglichen und insbesondere die in Ansehung des häuslichen Dienstpersonals nicht seltenen Verschiedenheiten, sowie auch die in öffentlichen Anstalten, welche als eine besondere Art Haushaltungen behandelt werden, vorgekommenen Abweichungen in den Aufnahmen unbeachtet geblieben seien. Die numerische Tragweite dieser Unvollkommenheit darf allerdings gegenüber anderen, welche damals unvermeidlich waren, nicht überschätzt werden; der gänzliche Wegfall dieser Aufnahme bei der Militär-Bevölkerung, auf welche diese statistische Tabelle keine Anwendung fand, hatte eine weit empfindlichere Lücke in den Zahlen zur Folge. Andererseits hängt das Resultat nicht allein von der Correctheit des Ausdruckes ab; so sieht man, daß in der Ausführung der systematisch richtigen belgischen Aufnahme von 1846 dennoch einzelnes durch nicht genügende Befolgung der maßgebenden Grundsätze verfehlt wurde, und so hat sich umgekehrt bei den preußischen Aufnahmen gezeigt, daß das richtigere Verständniß ausführender Behörden hier und da selbst das mangelnde in den Anweisungen ergänzte.

Ein stärkerer Uebelstand ist es eben, wenn nicht hinsichtlich der ganzen Bevölkerung die Nachricht über das Sprachverhältniß verlangt wird. Zunächst wenn die Ermittelung sich überhaupt nur auf die Zahl der Haushaltungen erstreckt und die der zugehörigen Einwohner gar nicht stattfindet. In dieser Beschränktheit geschahen 1860 in der Schweiz die betreffenden Ermittelungen, deren Mangelhaftigkeit noch dadurch gesteigert wurde, daß es nicht die Familienhäupter selbst waren, welche die Declaration zu geben hatten, sondern daß nur der Zähler sie nach seinen Wahrnehmungen in eine von ihm gefertigte Zusammenstellung einzutragen hatte, hierzu aber wiederum nur so weit verpflichtet war, als entweder die Gemeinde zu den sprachlich gemischten gehörte, oder als der Zähler in einem Haushalte eine Ausnahme von der in der Gemeinde allgemein angewandten Sprache bemerkt hatte. Daß bei den betreffenden Aufnahmen solche, die keine der schweizerischen Landessprachen reden, fast gar nicht wahrgenommen wurden, während deren Zahl doch nach anderweiten Nachrichten nicht unbeträchtlich ist, beruht auf dem Zusammenwirken dieser Verhältnisse. Und schon das zweite allein, also daß nur die von der herrschenden Volksprache abweichende Sprache von den Zählern notirt wird, wie dies und zwar in noch weit beschränkterer Weise in Ireland ausgeführt wird, muß nothwendig unvollständige Aufnahmen herbeiführen.

Auch darin muß sich die Aufnahme auf die ganze Bevölkerung erstrecken, daß nicht ein bestimmter, gewissen Voraussetzungen nicht entsprechender Theil derselben davon ausgeschlossen werden darf. Dies gilt nicht nur von der oben erwähnten Nichtberücksichtigung der sogenannten Militär-Bevölkerung in den preußischen Aufnahmen, oder von der allzu wörtlichen Auffassung, welche in einzelnen Bezirken die Taubstummen ausschloß und früher einmal in einem rein deutschen Kreise tausende von Personen (kleine Kinder) als der deutschen Sprache nicht hinreichend mächtig bezeichnete, sondern es gilt dies auch von der abweichenden Auffassung des Begriffes der Bevölkerung selbst. Wie die Fortschritte der Statistik mehr und mehr die Nothwendigkeit der Erfassung der ganzen thatsächlichen Bevölkerung herausgestellt haben, so trifft dies auch nach allen besonderen Seiten der Bevölkerungstatistik zu. Eine vollständige Auskunft ist daher in Staaten, in denen überhaupt die factische Bevölkerung als solche noch nicht gezählt wird, nicht zu erwarten; hier bleibt vielmehr für die Vergangenheit eine unausfüllbare Lücke. In solchen Staaten aber, wo im allgemeinen die Ermittelungen sich auf die ganze anwesende Bevölkerung richten, ist es doppelt zu bedauern, wenn gerade in Betreff des Sprachverhältnisses nur die einheimische Bevölkerung ins Auge gefaßt worden ist. Daß beide Bestandtheile, der heimische und der nicht heimische, gerade in Betreff des Sprachverhältnisses verschiedene Erscheinungen bieten, ist an sich klar; die fremder Sprache angehörigen sind unter den nicht Einheimischen zahlreicher. Nun könnte man zwar sagen, daß die Verschiedenheiten unter den letzteren für den nationalen Charakter des Orts selbst nicht solche Bedeutung hätten, wie diejenigen, welche unter den Einheimischen selbst bestehen, daß die Ermittelungen sich also fürerst auf die einheimische Bevölkerung zu richten hätten. Dies wäre jedoch nicht richtig; denn um die Tragweite der Abweichungen zwischen den einheimischen und den nicht einheimischen Bevölkerungstheilen zu messen, müßte vor allem das Sprachverhältniß innerhalb der Gesammtbevölkerung bekannt sein, und wenn statt dessen nur das Sprachverhältniß unter der gesammten einheimischen Bevölkerung gegeben wird, also einschließlich derjenigen abwesenden Personen, die sich seit langer Zeit nicht mehr oder vielleicht niemals in dem betreffenden Orte befunden haben, so haben wir es hier von vorn herein mit Zahlen zu thun, deren ganze statistische Beziehung nur ein Rechtsverhältniß ist, und die sich somit zur Ermittelung anderweiter besonderer thatsächlicher Verhältnisse innerhalb der betreffenden Wohngruppen nicht eignen.

An dem letzteren Fehler leiden namentlich die Zahlen, welche aus den wichtigen Ermittelungen in den österreichischen Ländern für das Zählungsjahr 1857 abgeleitet worden sind, sowie die bei Buschen und in den Gouvernements-Beschreibungen vorkommenden Ermittelungen aus den westrussischen und littauischen Provinzen (Aufnahmen, welche, aus den Ergebnissen zu schließen, auch in der Methode den österreichischen ähnlich sind), wogegen zu der Klasse derjenigen Ermittelungen, welche überhaupt nicht die thatsächliche Bevölkerung, sondern nur eine dieser nahestehende zum Gegenstande haben, die vorliegenden Aufnahmen aus deutschen Zollverein = Staaten zu zählen sind, gewissermaßen sogar die belgischen Aufnahmen, insofern auch diese die Durchreisenden von der Zusammenstellung ausschließen.

Noch in einer anderen Beziehung muß sich die Sprachaufnahme auf die ganze Bevölkerung erstrecken, insofern nämlich, als sie sich auch nach dem bezeichneten Gegenstande nicht bloß auf die bestimmten Sprachen angehörigen beschränken darf, sondern die Angabe jeder Sprache zulassen muß. Die Vorschrift eines bestimmten Schemas in der Weise, daß in der Liste selbst der Bevölkerung nur die Angabe einer von gewissen vorgeschriebenen Sprachen freigestellt wird, ist ein Fehler, dem mindestens dadurch abgeholfen werden muß, daß für die keiner der benannten Sprachen angehörigen die Angabe ihrer Sprache gestattet bleibt. Diesen Fehler haben die belgischen Aufnahmen von 1866, wo nur die Angabe der Landessprachen (fransch of waalsch, nederduitsch of vlaamsch, duitsch of luxemburgsch) erfordert worden ist. Dieser Vorwurf trifft auch die preußischen Aufnahmen von 1861 insofern, als in der aufzustellenden statistischen Tabelle nur gewisse Sprachen (hier sogar Sprachen und Dialekte) genannt waren, während eine Spalte für alle übrigen nicht gegeben war. Da nun die Summen die ganze gezählte Bevölkerung enthalten, so ist zu vermuthen, daß alle diejenigen, welche keiner der genannten Sprachen angehörten, entweder, wie wohl in der Regel geschehen, der deutschen oder, wie z. B. mit den Russen in Masuren der Fall war, der dort vorherrschenden (also der polnischen) Sprache zugerechnet worden sind. In der besonderen Gestaltung der einzelnen Bezirks=Urlisten ist dieser Mangel dadurch gesteigert worden, daß in manchen Theilen, wo man die Allgemeinheit der deutschen Sprache voraussetzte, und namentlich in der Stadt Berlin, die Behörde nicht einmal für die Angabe der in der statistischen Tabelle bezeichneten abweichenden Sprachen gesorgt hatte.

Nothwendig ist es überhaupt nicht, daß zur Eintragung der Sprach=Angabe eine Sprach=Classification hinausgegeben werde; es genügt vielmehr vollständig, wenn der Bevölkerung oder den Aufnehmenden klar gemacht wird, daß es sich lediglich um die wirkliche Volksprache (Nationalsprache, Haussprache, Familiensprache, Muttersprache jedes Einzelnen) handelt. Für die Statistik selbst hat die Hinausgabe einer solchen Sprachverzeichnung keinen unmittelbaren praktischen Vortheil. Denn was mit derselben etwa bezweckt worden ist, das unmittelbare Erhalten von Zahlen für bestimmte von vorn herein ausgedachte Unterscheidungen, hat sich da als unnütz und unzutreffend gezeigt, wo diese Unterscheidungen dem wirklichen nationalen Gegensatze nicht entsprachen; so bei der versuchten Unterscheidung der Deutschen von den Vlaamen und Holländern im belgischen Herzogthum Limburg, bei der Unterscheidung der Kaszuben und Polen in Pommerellen. Auch in den österreichischen Aufnahmen, bei welchen es sich gerade um die Unterscheidung der einzelnen slawischen Volkstämme handelte, wurde dieselbe Wahrnehmung gemacht; denn während nach Czörnig's Bericht die hier zum ersten Male versuchte

Feststellung der polnischen Nationalität gegenüber der czechisch-slowakischen und der mit derselben stark durchmischten ruthenischen Schwierigkeiten darbot, so stellte sich für die beabsichtigte weitergehende Unterscheidung der Volkstämme in Czechen, Mährer, Slowaken (sowie bei den Südslawen in Kroaten und Serben) nach dem in der Ethnologie S. 25 gesagten das Mittel der Sprachverschiedenheit als unzureichend heraus. Der aus der vorherigen Sprachangabe der Statistik erwachsende Vortheil besteht also vielmehr in der Belehrung, welche der Statistiker selbst sich aus der Brauchbarkeit oder Unbrauchbarkeit seiner Anordnungen entnehmen darf. Der Bevölkerung gegenüber darf die Hinausgabe eines solchen Sprachverzeichnisses höchstens den Sinn haben, daß darin jede derselben gefällige Bezeichnung unter Angabe passender Abkürzungen ihren Platz findet, welche alsdann der Statistiker selbst richtig unterzuordnen weiß. In diesem Sinne darf auch die Statistik auf die Unwissenheit der Masse der Bevölkerung, welche ja mitunter selbst tendenziös genährt wird, Rücksicht nehmen, und sie kann dies ebenso in der Nationalitätstatistik thun, wie sie in anderen Zweigen dazu genöthigt ist; sie darf also dem Sprachparticularismus die Wahl von Unterscheidungen freigeben, welche seiner Neigung entsprechen, sie kann z. B. das Masurische ausdrücklich erwähnen, damit der dem preußischen Staate zugethane nicht genöthigt sei, seine Sprache als polnische zu bezeichnen; sie wird jedoch in den Zahlenergebnissen nur einen nach der individuellen Neigung abgetönten Ausdruck für die gleiche Nationalsprache finden dürfen. Und selbst diese Einwirkung der Statistik bleibt entbehrlich; denn das Material, das ohne eine solche Nomenclatur erlangt wird, wird in der Besonderheit der Sprachangabe höchstens zu weit gehen. Das Umgekehrte, daß die Auskunft so unbestimmt gehalten wäre, um die Unterordnung nach der Nationalität nicht zuzulassen, daß also statt der Volksprache die Sprachenfamilie angegeben werde, ist nicht zu besorgen; der Deutsche wird sich nur in einem englischen Formular als Germane bezeichnen, der Romane wird seine Sprache so nur dann angeben, wenn er nicht italiänischer, französischer oder spanischer Nationalität ist. Die einzige Besorgniß könnte die sein, daß etwa bei besonderer Unwissenheit ein Ausdruck gewählt würde, welcher überhaupt zum Sprachverhältniß in keiner unmittelbaren Beziehung stände; es würde eben alsdann, wie bei allen Mißverständnissen, die ja nie völlig zu vermeiden sind, eine nachträgliche Ergänzung und Berichtigung eintreten müssen.

Das aber bleibt die unerläßliche Anforderung an jede Sprachdeclaration, daß sie die bestimmte Angabe derjenigen Sprache herbeiführen muß, welche das Organ der geistigen Thätigkeit des Individuums ist; daß also entweder die Angabe zweier Sprachen von vorn herein ausgeschlossen werde oder, sofern dies nicht geschehen, und wiederum soweit die betreffende Vorschrift nicht befolgt ist, bei der weiteren Prüfung der Aufnahme jeder seiner Volksprache nach den für den besonderen Fall obwaltenden Anzeichen zugewiesen werde, wie solches schon 1842 bei der ersten Sprachaufnahme in der Stadt Brüssel gehandhabt worden ist.

Das Umgekehrte, nämlich die möglichste Beförderung der Angabe zweier

Sprachen ist grundsätzlich falsch und für die Erforschung der Nationalitäts-Verhältnisse geradezu verwirrend; dieses Verfahren, in vier preußischen Bezirken angewendet, hat hier nur das Gegentheil von dem erreichen lassen, was damit beabsichtigt zu sein schien. Daß solche Aufnahmen überhaupt vorkommen konnten, davon ist der Grund in einer theoretisch fehlerhaften Bestimmung der preußischen Gesetzgebung für das Großherzogthum Posen zu suchen, welche in der dieser Gesetzgebung eigenen casuistischen Weise den Fall voraussetzte, daß jemand der deutschen und der polnischen Sprache gleich kundig sei, also eine Kategorie hinstellte, deren Vorhandensein doch an keinem Individuum nachgewiesen worden ist. In der That ging man in Folge dessen zur Frage nach der Kenntniß fremder Sprachen über, einer Frage, an deren Verbindung mit der Volkszählung fürerst noch nicht gedacht werden kann, da ihre Erörterung auf dem Wege der Zählung für die declarirenden Einwohner einen hohen Grad von Selbstprüfung, und für einen zur Ausfüllung verpflichteten Zähler die Befähigung eines Examinators in neueren Sprachen voraussetzen würde. Gewiß könnte man sich auch hierfür durch nähere Bestimmungen helfen, beispielsweise indem man, wie dies an manchen Stellen 1831 geschah, die Frage darauf richtete, ob jemand die deutsche Predigt verstehe; aber man vergegenwärtige sich nur die Schwierigkeiten, welche selbst der zutreffenden Beantwortung dieser Frage durch jeden Einwohner entgegenstehen, so wird man schon aus solchen praktischen Gründen lieber auf die einfache Frage nach der Familiensprache zurückgehen.

Diese letztere wird auch durch solche Ermittelungen der Kenntniß mehrerer Sprachen nicht entbehrlich gemacht. Denn wenn man durch dieselben erfahren wollte, wie viele Polen noch kein Deutsch und wie viele Deutsche in vormals polnischen Landestheilen kein Polnisch sprechen, so könnte doch diese Kenntniß nur dann nützen, wenn man wüßte, wie viele Polen und wie viele Deutsche in denselben überhaupt vorhanden sind. Mit der bezeichneten Verkehrung der Frage aber war man gerade für die Hauptfrage, deren Beantwortung erst die Bedeutung der Angaben über die obwaltende Kenntniß der anderen Sprache ermessen ließ, lediglich auf Schätzung angewiesen, und bei dieser Schätzung fiel dann die Zahl der Deutschen niedriger aus, als sich dieselbe bei der nachmaligen Ermittelung der Familiensprache wirklich herausstellte. Das nämlich hatte man nicht berücksichtigt, daß der Einfluß der wirklichen Volksprache auf die neu hinzuziehenden ein stärkerer ist, als der der herrschenden fremden Sprache auf das die angestammte Landessprache redende Volk, eine Thatsache, die nicht nur an den Deutschen in national-polnischen Landestheilen, sondern, wie mir ein Kenner der Zustände des französischen Reiches versichert, selbst an den in die deutschen Theile Frankreichs zuziehenden Franzosen beobachtet wird. So ist es denn allerdings für uns Deutsche werthvoll, wenn wir aus unter der französischen Herrschaft stehenden deutschen Landestheilen erfahren, wie vielen die französische Sprache unbekannt ist, und wichtiger noch würde es sein, wenn wir, was nicht der Fall ist, auch darüber Nachricht erhielten, wie viele des Deutschen unkundig sind; die Frage aber, die für uns die erste Hauptfrage ist, die Frage, deren Beantwortung man möglichst lange versuchen wird hinzuhalten, die Frage nach der wirklichen Nationalsprache, sie ist es doch, welche den Kern der statistischen Aufgabe bildet.

Eine richtigere Verbindung beider Principien zeigt dagegen die dänische Gendarmerie-Aufnahme für das mittlere und südliche Schleswig, indem hier zwar auch die Vorschrift zunächst dahin ging, zu ermitteln, wie viele Einwohner dänisch, deutsch, oder beide Sprachen sprächen, unter den letzteren aber wieder die Zahl derjenigen unterschieden werden sollte, welche einer oder der andern Sprache angehörten. Allerdings konnte dieser Vorzug die anderweiten Mängel nicht ausgleichen, mit welchen gerade diese Aufnahme in der angewandten Methode behaftet war.

Was demnach bei den Sprachaufnahmen durch den Census zu beobachten ist: die Angabe der Familiensprache jedes ortsanwesenden Einwohners, dürfte hiermit genügend beleuchtet sein. Das nur bleibt noch hinzuzufügen, daß es unbedingt den Vorzug verdient, eine solche Aufnahme mit der Zählung unmittelbar vorzunehmen, im Vergleich mit dem Verfahren, welches die Sprachaufnahme hintennach ohne wirkliches Zurückgehen auf die einzelnen Haushaltungen und Einwohner an die Volkszählung anknüpft. Es muß dies um so mehr hervorgehoben werden, als das letztere Verfahren, welches schon in den ersten allgemeinen preußischen Aufnahmen, wie auch bei den österreichischen, welche sich an die Zählung von 1846 anschlossen, und in noch höherem Maaße bei den dänischen von 1856, welche der Bevölkerung ausdrücklich verborgen bleiben sollten, Platz gegriffen hat, offenbar dasselbe ist, worauf beim berliner statistischen Congreß der gewandte und thätige russische Statistiker Buschen hinarbeitete, als er die Trennung der früher für facultativ erklärten Aufnahmen über die Sprach-, Religions-, Wohn- und Aufenthalts-Verhältnisse von der Volkszählung forderte und hierzu sogar in gewissem Maaße die Sanction des Congresses erlangte. Denn wenn er auch den Widerspruch deutscher Statistiker, nämlich der Delegirten für Oesterreich und die Schweiz, sowie des greisen wälschen Meisters der Statistik erfuhr und in der Section mit seiner Ansicht vereinzelt dastand, so vermochte er doch bei der Plenarversammlung einen Antrag durchzusetzen, welcher die gleiche Tendenz unter der unbestimmten und unverfänglichen Fassung verbarg, daß ein Programm für die Praxis der Volksbeschreibung, insofern dieselbe nicht durch die Zählung bewerkstelligt werden könne, auf dem nächsten Congresse aufgestellt werden sollte.

Der Fehler dieser Anschauung liegt darin, daß sie sich des wichtigsten Hülfsmittels der Statistik selbst beraubt. Denn aus dem Umstand, daß durch die Declaration der Familienhäupter oder durch die unmittelbare Forschung des Zählers, von welchen beiden die erstere oder die letztere je nach dem Bildungstande der Bevölkerung in dem einzelnen Lande überwiegen wird, nur unvollkommene Angaben erreicht werden, mithin aus einem Umstand, der hinsichtlich aller Auskunft in der Statistik Platz greift, kann doch unmöglich gefolgert werden, daß jede Ermittelung durch unmittelbare mündliche oder schriftliche Vernehmung des Einzelnen fallen gelassen werden müsse. Dieser Umstand sollte vielmehr darauf hinweisen, daß die Statistik ihren Anfragen diejenige Schärfe und Bestimmtheit verleihe, durch welche die Zahl der unbrauchbaren Angaben auf das geringste Maß eingeschränkt wird.

Daß die eingetragene Auskunft der amtlichen Controle nicht entbehren kann, bedarf nicht erst des Beweises. Wie nothwendig diese ist, sieht man daraus, daß bei den österreichischen Ermittelungen darauf aufmerksam gemacht wurde, wie unrichtige Angaben namentlich von den damals noch bestandenen Patrimonial-Obrigkeiten ausgegangen waren, und es ist nicht zu bezweifeln, daß das Fortbestehen solcher mangelhaften Einrichtungen auch auf die Zuverlässigkeit dieser Nachrichten im preußischen Staat seinen Einfluß geübt hat. Wie wenig aber andererseits das Zurückgehen auf die einzelnen Familienhäupter durch die amtlichen Angaben entbehrlich wird, geht daraus hervor, daß durch die grundsätzliche Trennung der Sprachaufnahme von der Volkszählung die Behörden genöthigt werden, entweder eine förmliche neue Aufnahme zu veranstalten, — hierhin dürften z. B. die bei Czörnig erwähnte Aufnahme in der Woiwodina und wohl auch die dänische Gendarmerie-Aufnahmen zu rechnen sein, — oder aber auf das Gebiet der Schätzung überzugehen; im letzteren Falle ist dann der Erfolg, daß man an einigen Stellen aus Volkszahlen berechnete Bruchtheile, an andern aus Bruchtheilen berechnete Bevölkerungszahlen erhält, wie dies bei den preußischen Aufnahmen von 1831 und theilweise bei den österreichischen Aufnahmen der Fall war.

Was sonst für Nachrichten über die Sprachverhältnisse der Bevölkerung vorkommen, haben alle das gemein, daß sie die Gesammtbevölkerung nicht ins Auge fassen oder sie zu erfassen nicht im Stande sind, daß also nach Art und Zweck der Ermittelung oder der zu Gebote stehenden Mittel sie im Umfange der Wahrnehmungen beschränkt sind. Dies gilt zunächst von den Nachrichten über bestimmte Bevölkerungsklassen, wie Schüler, Studirende, Militärs, Gutsbesitzer, von welchen die Kenntniß der bezüglichen Zahlen immer nur in zweiter Linie von Interesse ist, nämlich nur dann, wenn zuvor das Gesammtverhältniß genügend erforscht worden war. Ueberdies würde man irren, wenn man annähme, daß solche Nachrichten, welche regelmäßig aus einseitigeren Wahrnehmungen von Behörden genommen sind, die sich hierbei außerhalb des statistischen Organismus befinden, den bei allgemeinen Aufnahmen gewonnenen an Zuverlässigkeit voranstehen. Im Gegentheil macht sich der Mangel des statistischen Urtheils bei solchen Fach-Aufnahmen meist in hohem Grade fühlbar, und mit Recht hat Ficker, der gerade die Nationalitäts-Verhältnisse mit wissenschaftlichem Ernst und wahrhaft deutscher Unparteilichkeit behandelt, in seiner Arbeit über die Bevölkerung Böhmens den Werth der Nachrichten über die Muttersprache der Schüler angezweifelt; daß in solchen Fällen, wo überhaupt nicht nach der Muttersprache gefragt, sondern die Kenntniß zweier Sprachen in Betracht gezogen wird, die betreffenden Zahlen noch weniger genau und verläßlich sind, bedarf keiner Ausführung.

Unter diesen Gesichtspunkt fallen auch alle Nachrichten, welche in irgend einer Weise auf den Gebrauch einer Sprache im öffentlichen Leben der Bevölkerung Bezug nehmen. Ihre Anwendung für die Nationalitätsstatistik beruht auf der Fiction, daß der Gebrauch der Sprache im öffentlichen Leben der Sprache des Hauses gemäß sei, — eine Annahme, welche, wo nicht die Uebereinstimmung nach den besonderen örtlichen Verhältnissen von vorn herein feststeht, auch nicht als zutreffend angenommen werden kann, bei welcher jedoch der Grad der Unrichtigkeit von den besonderen Beziehungen der Sprachen wie der Völker zu einander abhängt, so daß für diese Wahrnehmungen nur das allgemein behauptet werden kann, daß sie um so mehr täuschen werden, je mehr die Landesregierung sich mit dem Nationalitätsprincipe im Widerstreite befindet.

Diese Unsicherheit ist mehr oder weniger allen denjenigen Nachrichten eigen, auf welche die Statistik in Ermanglung methodischer Ermittelung gewiesen ist, und die — oft mühsam herbeigeschafft und deshalb dankenswerther, als das von ihr selbst gewonnene — ihr dennoch nur als Lückenbüßer dienen. So die Notiz über die Zahl der in wälscher (kymrischer) Sprache vertheilten Volkszählungslisten. So die zahlreicheren Nachrichten über die Kirchen- und Schulsprache und die Zahl der zu den betreffenden Gemeinden gehörigen Personen, welche für Ungarn die älteste von magyarischer Seite wiederholt geltend gemachte Quelle bildeten, welche ferner im preußischen Staat 1827 zuerst gesammelt wurden und auch später noch für einige Landestheile in Ermangelung besserer Ermittelungen von Hundrich und selbst von H. Berghaus benutzt worden sind, und welche innerhalb des russischen Gebietes z. B. Köppen's Zahlen für die Deutschen in der petersburger Gegend zu Grunde liegen. Unter Umständen, nämlich bei dauernd scharfer Sonderung der Volkstämme zutreffend, lassen sie dagegen bei Vermischung derselben leicht kleine Reste einer früher allgemeinen Volksprache als vorwiegende Sprache des Ortes erscheinen und, umgekehrt, sie da nur als Sprache eines Theils betrachten, wo sie fast durchaus die allgemeine ist. So auch die Nachrichten über die frühere Geltung des Deutschen oder bez. des Französischen als Gerichts- und Geschäftsprache in Lothringen aus der gepriesenen Zeit, wo dieses Land in zwei sprachlich bestimmt geschiedene Hälften zerfiel. Auch sie können nur eine wichtige Andeutung, aber nicht ein sicheres Zeugniß für die Volksprache jeder Ortschaft abgeben; denn sie zeigen nur an, daß die Bevölkerung eines Ortes entweder ganz oder doch zu einem gewissen, vielleicht aber nur kleinen Theile der betreffenden Sprache angehörte.

Wesentliche Abweichungen von der Sprache des öffentlichen Gebrauches sind selbst in den Fällen möglich, wo die Wahl dieser Sprache der Bevölkerung freigestellt wird, wo also die öffentliche Gewalt in Anerkennung des Rechts auf die Muttersprache die Bevölkerung selbst fragt, in welcher Sprache sie die Predigt für sich, den Unterricht für ihre Kinder wünsche; und namentlich in letzterer Beziehung erscheint in Gegenden, welche mit ihren Gewerbs- und Handels-Interessen auf den Verkehr mit den eine andre Sprache redenden hingewiesen sind, und überhaupt in Verhältnissen, wo die Kenntniß einer andern Sprache bestimmte

Vortheile in Aussicht stellt, die Erlernung dieser so wichtig, daß die Bevölkerung selbst die Ausbildung in der eigenen Sprache geringer anschlägt. Es ist außer Frage, daß die Abstimmungen, welche in dieser Beziehung im gemischten Bezirk des Herzogthums Schleswig stattfanden, eine größere Mehrheit für die deutsche Kirchen- und Schulsprache ergaben, als welche eine richtige Ermittelung der Familiensprache ergeben haben würde, und es gereichte der Regierung zur Ehre, daß sie bei Regelung dieser Angelegenheit auch die Wünsche weniger Einwohner auf Beibehaltung dänischer Predigt nicht außer Acht ließ und somit in etwas dem vorbeugte, daß wichtigste Verhältnisse des öffentlichen Lebens zum Spiegel der wandelbaren Volkswünsche des Tages geworden wären. Wo aber umgekehrt die Anwendung der fremden Sprache im öffentlichen Gebrauch das Ergebniß roher Gewalt ist, wie in Littauen, jetzt auch in Polen und theilweise schon weitergreifend in den baltischen Ländern, oder wo sie wenigstens durch die einer despotischen Herrschaft zur Verfügung stehenden Mittel oder durch die wohlorganisirte Macht einer herrschenden Partei herbeigeführt wird, wie ersteres heut im Elsaß und in Lothringen, letzteres im größeren Theile von Brabant und Flandern der Fall ist, da ist dieselbe eben nur das Zeichen einer geistigen Unterdrückung, deren Beseitigung das dringende Interesse der menschlichen Entwickelung gebietet.

Von gleicher Unbestimmtheit, wie die vorerwähnten sind auch diejenigen Nachrichten, welche ohne deutliche Quellenangabe sich in historisch-geographischen Werken finden, und bei welchen wohl eine Art amtlicher Auskunft als zu Grunde liegend vorausgesetzt werden kann, jedoch statistische Ermittelungen offenbar nicht vorangegangen sind oder wenigstens die Art derselben unaufgeklärt bleibt. Beispiele hiervon sind Lepage's Angaben darüber, daß gewisse lothringer Communen deutsch oder französisch seien, Büsching's Angaben, daß gewisse elsässer Kirchspiele der einen oder der andern Sprache angehören, Zimmermann's etwa gleichzeitige Angaben über die Sprachverhältnisse schlesischer Ortschaften.

Hierhin sind ferner solche persönliche Wahrnehmungen zu rechnen, durch welche der Einzelne an den Gränzen der Nation herumgehend die Volksprache im Orte möglichst sicher zu erforschen sucht; auch diese leiden an gleicher Unsicherheit. Wer selbst, mit der Kenntniß der nationalen Zustände ausgerüstet, die Gebiete mehrerer Sprachen besucht hat, wird sich überzeugt haben, daß er gelegentlich in fremdem Territorium und bei fast ausschließlich fremder Volksprache dennoch sich von heimischen Lauten umgeben fand, wie umgekehrt er vielleicht fremder, also beispielsweise nur französischer Rede begegnet sein kann an Orten, wo diese Sprache die Muttersprache keines einzigen Bewohners und sogar keines einzigen unter den gerade Anwesenden war. Jedenfalls kann sich die Volksprache der augenblicklichen Wahrnehmung des Reisenden entziehen; das aber zu beurtheilen, zu welchem Antheil bei der Mischung zweier Volksprachen die eine und die andre an einem Orte vertreten ist, geht vollends über die Mittel der Wahrnehmung des Einzelnen hinaus, und ebensowenig kann er mit Bestimmtheit wissen, ob nicht, wo eine Sprache schon aufzuhören scheint, sie dahinter wieder von neuem auftaucht und jenseit der vermeintlichen Grenze wieder für einen Theil der Bevölkerung oder für ganze Ortschaften die wirkliche Volksprache bildet. Mit solcher Vorsicht müssen denn auch die mit unendlicher Sorgfalt gesammelten Nachrichten aufgenommen werden, die über die Grenzen deutscher und französischer Nationalität und über die englisch-gaelische Sprachgrenze Heinrich Nabert zusammentrug, sowie die Angaben derjenigen, welche in neuerer Zeit im Elsaß und in Lothringen seinen Spuren gefolgt sind, unbekümmert des argwöhnischen Auges, mit welchem eine ihres Frevels wider den Volksgeist bewußte Herrschaft in jedem von diesen Verhältnissen Kenntniß nehmenden Deutschen den Rückforderer gestohlenes Nationalgutes erblickt. Auf Wahrnehmungen ähnlicher Art beruhen auch die verschiedenen, mitunter gleichfalls mit großer Sorgfalt gesammelten Nachrichten, welche über das Sprachverhältniß der schleswiger Ortschaften in verschiedenen deutschen Werken und Karten Eingang gefunden haben, und welche für den gemischten Bezirk bis zur dänischen Gendarmerieaufnahme der Statistik die einzige — in Zahlen kaum darstellbare — Auskunft gaben.

Als eine zweite Art der Aufnahmen über die Nationalität sind diejenigen zu erwähnen, welche nicht ausdrücklich die Sprache als entscheidendes Kennzeichen setzen, sondern entweder durch Unbestimmtheit des Ausdruckes anderer Auffassung Spielraum lassen oder ausdrücklich über die Abstammung der Bevölkerung Auskunft erfordern. Zu den ersteren werden aller Wahrscheinlichkeit nach die Nachrichten zu rechnen sein, weche Köppen über die nicht-slawischen Volkstämme im russischen Reiche und über die Deutschen im Königreich Polen von den Localbehörden einzog, sowie auch die Nachrichten über die Zahl der Finnen und Lappen in Norwegen und Schweden; zu den letzteren würde beispielsweise die in Canada beim Census erfolgende Aufnahme über die Einwohner französischer Abstammung (French Origin) und die in einzelnen westindischen Colonien stattfindende Ermittelung der Abstammung (Anglosaxon Race, Spanish Race etc.) gehören.

Ehrlich und sorgsam ausgeführt, würde die Nachfrage nach der Abstammung den Vorzug haben, daß da, wo eine Nationalität durch eigentlichen Sprachzwang, also so zu sagen durch die Entgeistigung eines Volkes diesem aufgedrängt worden ist, die betreffenden Aufnahmen über den Umfang der Entnationalisirung, soweit solche zu ermitteln ist, Auskunft darböten. Dieser Nutzen würde jedoch nur dann vollständig zu Tage treten, wenn zuvor oder zugleich bestimmte Nachrichten über die wirklichen derzeitigen Nationalitätsverhältnisse, also über die thatsächliche Volksprache eingezogen wären. Schon deshalb stehen Aufnahmen dieser Art erst in zweiter Stelle; für den Statistiker aber nehmen sie die geringere Stelle auch wegen der Unsicherheit ein, mit welcher sie nothwendig verknüpft sind, und welche am meisten hinsichtlich derjenigen Personen Platz greift, welche gemischter Abstammung sind. In solchen Landestheilen, wo bestimmte Vortheile sich an die Geltendmachung einer gewissen nationalen Abstammung knüpfen, wird dieselbe von den Personen gemischtes Stammes eher hervorgehoben werden, während sie von solchen, die keine Vortheile davon erwarten können, nach Ablegung der Sprache leicht ignorirt werden wird. Beständen nicht die Fonds für Personen wendischer Abstammung in der Niederlausitz, so würde wahrscheinlich die Zahl der „Nachkommen der Sorben oder Wenden" weniger hoch angegeben worden sein, als dies 1858 der Fall war. Eine wirkliche Abweichung von den eigentlichen Sprachaufnahme wird man immer als vorhanden annehmen dürfen, und in den königlich sächsischen Aufnahmen, bei welchen einfach die Frage: (Nationalität) „ob Wende" gestellt wird, werden als Wenden manche bezeichnet sein, die des Wendischen nicht mehr kundig, und vielleicht sogar manche, die nicht einmal auf mehrere Generationen zurück ausschließlich wendischer Abkunft sind.

Ein Zusammentreffen von Aufnahmen über die Sprache mit solchen über die Abstammung findet sich in seltensten Fällen. Was in dieser Beziehung vorliegt, sind Ermittelungen aus einzelnen Kreisen des Großherzogthums Posen, welche eine geringe, allerdings höchst unzuverlässige Zahl germanisirter Polen ergeben, und die Zahlen-Angaben in Czörnig's Ethnographie in Betreff der slowakisirten Deutschen und Ruthenen, während die entsprechende, allerdings nicht leicht herzustellende Angabe der Zahl der magyarisirten Deutschen, Ruthenen und Rumänen und ebenfalls die der czechisirten Deutschen in Böhmen und Mähren und der germanisirten Czechen und Slowenen, sowie der italiänisirten Deutschen vermißt wird, obwohl ihr Vorhandensein in demselben Werke erwähnt ist. Die Andeutung, welche sich in der Vorrede zum Czörnig'schen Werke findet, daß die magyarische Sprache durch äußere Mittel eine Ausdehnung auf von Magyaren nicht bewohnte Bezirke erlangt hatte, weist darauf hin, daß die magyarisirten Bewohner derselben, soweit solches anging, dem magyarischen Volkstamme nicht zugerechnet worden sind, während nach dem bei Venedig und Tyrol gesagten gegenüber den Italiänern die Sprache für die Nationalität entscheidend blieb. In Betreff der Deutschredenden czechischer Abstammung hat man sich anscheinend damit begnügt, in solchen Städten und Flecken, in welchen zwar vorwiegend Deutsch gesprochen wird, die Bevölkerung aber dem czechischen Stamme fast ausschließlich angehört, von der Ermittelung der Zahl der Deutschen abzusehen. Da nun gleichzeitig in den zusammengestellten Zahlen die Zahl der Juden als eines eigenen Stammes angegeben worden ist, obwohl diese sich in den deutschen Ländern zumeist der deutschen Sprache als Haussprache bedienen, so ergiebt sich für denjenigen, welcher aus den Czörnig'schen Aufstellungen die Sprachverhältnisse ermitteln will, das eigenthümliche, mitunter allerdings auch wohl zutreffende Verhältniß, daß in einer Anzahl Städte und Flecken Böhmens die Juden als die einzigen Deutschen erscheinen. Selbst in Ansehung der Abstammung ist es übrigens nicht richtig, wenn die Einwohnerzahl jüdisches Glaubens als zusammenfallend mit der der Bewohner jüdischer Abkunft angenommen wird, da die letztere meist höher sein müßte. Will man in dieser Weise, nämlich unter Berücksichtigung der Religionsangaben auf die Abstammung zurückgehen, so müßte man, wie bei den Aufnahmen im Königreich Polen neuerdings geschehen ist, noch die Zahl der getauften Juden hinzufügen. Und dies ist etwas auch bei anderen Bekenntnissen wiederkehrendes: Die

Zahlen der einzelnen Bekenntnisse, indem sie die Nachkommen eines gewissen einem Staatsganzen mit einer herrschenden Staatskirche einverleibten oder in dieses eingewanderten Volkstammes ergeben, welcher ursprünglich andere Staats- oder Volksreligion besaß, sind immer nur als Minimalzahlen zu betrachten, wie umgekehrt die des herrschenden Bekenntnisses, namentlich wenn von demselben der Rücktritt nicht gestattet ist, wie dies in Rußland mit der dortigen Staatskirche gegenüber allen übrigen Bekenntnissen der Fall ist, nur als Maximalzahlen für das Nationalitätsverhältniß von Bedeutung sind.

Die große Schwierigkeit, die Ermittelungen über die Abstammung in den Bereich der statistischen Aufnahmen zu ziehen, liegt, wie schon anderweit ausgeführt ist, in der geringen und nicht weit zurücktragenden Kenntniß derselben. Die Frage, auf welche sich hier die Statistik zu richten haben würde, könnte nicht sowohl die Abstammung überhaupt betreffen, sondern nur dahin gehen, ob nicht die Eltern, Großeltern, Urgroßeltern des Einzelnen einer anderen Nation angehört haben, als derjenigen, deren Sprache jetzt der Nachkomme redet. Die Ermittelung träte damit in die richtige Stellung einer Nebenaufnahme, gegen deren methodische Ausführung indeß immer noch die ungleiche Bekanntschaft des Einzelnen mit den Schicksalen seiner Vorfahren ein Hinderniß bildete, namentlich sobald, wie es zur vollständigen Ermittelung gehören würde, die Nachfrage sich auch auf die Mütter richtete. Solche directe Nachrichten über die Abstammung selbst wären, soweit sie überhaupt allgemein erlangt werden können, der sicherste Weg der statistischen Feststellung. Dagegen auf Anzeichen solcher Art, wie sie in der Einleitung zur Czörnig'schen Ethnographie eine große Rolle spielen, nämlich auf Tracht und Sitte einen besonderen Werth zu legen, widerspricht nicht nur der statistischen Betrachtungs- und Anschauungsweise, sondern es läßt auch den Forscher in den wirklich zweifelhaften Fällen am leichtesten im Stich, wie dies schon aus Czörnig's eigener Schilderung der Ermittelungen in Istrien (S. 9 der Vorrede) hervorgeht, da an solchen Stellen, wo die Tracht auf das eine, die Sitte auf das andere Volk hinwies, doch wieder die Sprache den Ausschlag geben mußte. Ja es wäre ein solches Verfahren bei der Leichtigkeit des Wechsels dieser Zeichen je nach obwaltender Liebhaberei für das eine oder das andere sogar geeignet, den Forscher gründlich irre zu führen. Beispiele hierfür giebt es genug; als ein neuester schätzbarer Nachweis, daß auf Tracht und Sitte nicht allzuviel gegeben werden darf, kann die Beleuchtung der Verhältnisse der bamberger Colonien um Posen durch Beheim-Schwarzbach angeführt werden.

Beschränkt man sich darauf, nach der Abstammung von *Vaters Seite* zu forschen, was freilich für Mischlinge ungenügend ist, so können die *Namen* selbst, welche sich in der *Familie* fortpflanzen, einen beachtenswerthen Beitrag auch zur statistischen Aufklärung dieser Frage geben; bei unbestimmter Anfrage nach der Abstammung der Einwohner wird sogar die Vermuthung naheliegen, daß in Ermangelung anderer Nachrichten der Familienname für die Zurechnung zu einer bestimmten Nationalität entscheidend gewesen sei. Ein Rückschluß aus den Namen ist allerdings selbst für die väterliche Herkunft nur in gewissem Maaße zulässig;

denn der sprachliche Charakter des Namens, welcher den Einfluß einer bestimmten Nationalität zeigt, hat für die Beurtheilung der Abstammung abweichenden Werth, je nachdem der Name eine von der Person oder vom Besitz hergenommene Bezeichnung ist. In ersterem Falle würde es wieder darauf ankommen, ob der Träger desselben ihn durch die eigene Nation erhalten hat, oder ob er von dem Zuwandernden angenommen und durch die fremde Nation ihm beigelegt worden ist, wovon zahlreiche Fälle aus neuester Zeit, namentlich für die Deutschen in Ungarn in Poinz' „Staat oder Nationalität" angeführt werden. Ist er aber eine vom Besitz hergenommene Bezeichnung, so kann er gleichfalls ganz oder theilweise den Stempel fremder Sprache tragen, wenn das Besitzstück vorher durch eine andere Nation den Namen erhalten und solchen beibehalten hat. Demnach sind solche Nachrichten über die Namen der Einwohner, schon in der Allgemeinheit, wie sie sich in Ristelhuber's Alsace finden, außerordentlich schätzbar, und es wäre zu wünschen, daß diese Untersuchungen geradezu in die Statistik hineingetragen würden, daß man also aus den Zählungsaufnahmen z. B. in Preußen die Zahl der Personen mit preußischen, polnischen, deutschen Familiennamen ermittelte, eine Arbeit, die freilich nur durch ausreichend gebildete und zugleich unbefangene Persönlichkeiten bewirkt werden dürfte. Und auch dann dürfte man in den Ergebnissen nichts anderes sehen wollen, als was sie wirklich sind, nämlich die thatsächliche Geltung einer Bezeichnung von bestimmtem nationalen Ursprung, für die Abstammung aber nur den statistischen Ausdruck eines unter Umständen zutreffenden, unter anderen (wie beispielsweise gegenüber der jüdischen Bevölkerung in Deutschland) fast ausnahmelos nicht zutreffenden Zeichens.

Der ausdrücklichen Erwähnung und der Aufmerksamkeit der Statistiker bedarf dieser Punkt umsomehr, als auf ihn die fortschreitenden Studien über die Ausbreitung der Sprachen und Völker hinlenken, welche bis jetzt vornehmlich auf den sprachlichen Ursprung der Namen der **Wohnsitze** und **Oertlichkeiten** gerichtet worden sind. Auch die Kenntniß dieses letzteren ist für die Statistik nicht werthlos, am wenigsten die des nationalen Charakters der Namen der Wohnplätze, da die zusammenfassende statistische Darstellung der Bevölkerung gerade in den Wohnplätzen eine wichtigste verbindende Gesammtheit finden muß. Und dieser Gegenstand ist um so bedeutender, als die nationale Bezeichnung der Oertlichkeiten gleichfalls ein Ausfluß des Nationalitätsprincips ist. Mit Recht wurde die Feststellung der richtigen topographischen Bezeichnungen mit unter denjenigen Zwecken genannt, welche die österreichische Statistik in den Aufnahmen über die Nationalität verfolgte, und die Ortsbenennung müßte überall da, wo eine aufgeklärte Regierung die naturgemäße geistige Fortentwickelung ihrer Staatsangehörigen wünscht, in diesem Sinne geregelt werden, nämlich so, daß die wirkliche Nationalität in diesen Benennungen zur Geltung käme, wobei jedoch einer namhaften Minderheit auch die Beibehaltung ihrer Sonderbenennungen gestattet werden müßte. Wie sich diese Verhältnisse historisch gestaltet haben, so gilt auch hier, was von den Personennamen gesagt ist, daß nämlich die Ortsnamen den Ausdruck der nationalen

Zustände einer bestimmten Zeit nur unvollkommen geben, einerseits weil häufig früher bestandene Ortsnamen bei der Gründung neuer oder Neubesiedelung alter Wohnplätze durch eine andere Nation völlig oder mit nur geringer Aenderung beibehalten worden sind, und andererseits weil auch umgekehrt — und dieser Unfug hat eher zugenommen — durch herrschende Regierungen fremder Nation Ortsnamen in einer Sprache beigelegt worden sind, welcher kein namhafter Bruchtheil der Ortsbevölkerung angehörte, gelegentlich sogar das vorgekommen ist, daß aus zeitweiser Vorliebe für eine fremde Sprache Worte derselben zu Ortsbenennungen gewählt worden sind. Eben deswegen ist es wichtig, daß Ermittelungen dieser Art sich zugleich auf die Zeit der Anlage und Benennung der Wohnplätze richten.

In wie hohem Maaße Abweichungen vom Princip der Anwendung nationaler Namen dann Platz greifen, wenn ein wenig bevölkertes Land von einem anderen Volkstamme besiedelt wird, ist für einen in dieser Beziehung wichtigen Landestheil in meiner Statistik des Regierungsbezirks Potsdam mit Zahlen belegt und hiermit vielleicht der erste Versuch gemacht worden, solchen Ermittelungen die für statistische Zwecke nothwendige Allgemeinheit zu geben. Gerade diese statistische Allgemeinheit ist es aber, von der sich ein wirklicher Nutzen für die Ermittelung der Ansiedelungsverhältnisse der Nationen erreichen läßt, und eben die Ausdehnung der betreffenden Studien auf die Gesammtheit der örtlichen Namen eines Bezirks würde dazu beitragen, die Tragweite der literarischen Spielereien einzuschränken, in welchen unsere deutschen Keltomanen, die C. F. Neumann's treffliche Kritik in den „Völkern des südlichen Rußlands" nicht auf die Dauer gebändigt hat, und unsere deutschen Slawomanen, unter denen z. B. der Verfasser einer vor etwa drei Jahren erschienenen Abhandlung über slawische Ortsnamen den Beweis des slawischen Ursprungs eines Dorfes darin erblickt, daß sich bei demselben ein Stück Land, genannt der „Erbsgarten" befindet, nachgerade unglaubliches leisten.

Die Benutzung des nationalen Gepräges der Ortsnamen zum Nachweise der angestammten Nationalität einer Bevölkerung findet sich bereits auf H. Berghaus' Nationalitäts-Karten von Deutschland, indem derselbe solche Landstriche, deren Ortschaften ausschließlich oder neben dem französischen zugleich deutschen Namen tragen, heut aber nicht mehr dem deutschen Sprachgebiet anzugehören scheinen, als vormals deutschredend bezeichnet hat. Und gewiß, wenn irgendwo, ist gerade an den Gränzen der deutschen und französischen Nation, welche sich hier einst auf dem Wege einer friedlichen naturgemäßen Völkerentwickelung gebildet haben, die Sprachgränze der Ortsnamen zur Ermittelung der Gränzen der Volksprache brauchbar. Dennoch würden die Deutschen zu weit gehen, wollten sie alle doppelnamigen Orte für ihren Stamm in Anspruch nehmen, da einmal (von beibehaltenen Namen älteres Ursprungs ganz abgesehen) hüben und drüben Ortsnamen vorkommen, deren abweichendes nationales Gepräge oder deren zweiter Name seine Ursache in örtlichen, auf Besitz- oder Verkehrs-Verhältnissen beruhenden Beziehungen hatte, zweitens aber in Ermangelung anderer Erklärung, und namentlich der Erklärung aus absichtlicher Umgestaltung durch ein fremdes Regiment, eine unparteiische

Würdigung der Verhältnisse vielmehr für die doppelt benannten Orte das dauernde Nebeneinanderbestehen zweier Volksprachen in denselben annehmen müßte.

Noch weiter und gewiß allzuweit ging Allen, indem er, wie nach Clement's Schilderung anzunehmen, soweit er in Angelns Dörfern eine Spur vormaliges Gebrauches dänischer Bezeichnungen fand, also für ein Gebiet, von dessen Einwohnern er weder die skandinavische Abstammung, noch den derzeitigen überwiegenden Gebrauch dänischer Sprache nachweisen konnte, die Bevölkerung als Dänen betrachten und behandeln wollte. Denn Studien dieser Art können doch nur dann einen nationalen Rechtsgrund abgeben, wenn sie glaubhaft zeigen, daß die Bevölkerung selbst anderes Stammes ist und nur durch eine vom Nationalfeinde mit unrechten Mitteln bewirkte Entgeistigung dem angestammten Volke zur Zeit entfremdet und entnationalisirt ist.

Sind nach dem oben gesagten die Nachrichten über die Abstammung zwar als Hülfsmittel zur Kenntniß der Nationalitätsverhältnisse schätzbar, und ist dagegen ihre Anwendung in der Statistik wegen der inneren und äußeren Schwierigkeiten ihrer wirklichen Durchführung nicht ohne Bedenken, so sind umgekehrt gewisse statistische Aufnahmen, die gelegentlich zu gleichen Zwecken benutzt werden, nämlich solche, in denen die Hin- und Herzüge der Bevölkerung ihren Ausdruck finden, also die Ermittelung des Geburtsortes und die des Heimathortes aller Einwohner, ihrem gegenständlichen Inhalt nach selten geeignet, als Hülfsaufnahmen für die Nationalitätstatistik zu dienen. Und ist in Ermangelung wirklicher Sprachaufnahmen die Benutzung solcher Nachrichten zur ungefähren Schätzung, also z. B. wie viel Deutsche in England, Dänemark, Schweden seien, und für ähnliche Fragen unvermeidlich, so muß man sich doch der Mangelhaftigkeit derselben bewußt sein. Diese liegt wesentlich darin, daß selbst, wenn der Geburts- oder Heimathort genau angegeben wäre, und in der Regel wird doch nur das Geburts- oder Heimathland bezeichnet, zunächst schon die Unterscheidung für Orte gemischter Nationalität fehlen würde, weiter aber hierdurch auch nur eine Andeutung für die Abstammung gegeben wäre, indeß das wirkliche Sprachverhältniß, nämlich die Frage, ob der betreffende Einwohner seit dem Verlassen des Geburtsortes seine Nationalität noch beibehalten hat, offen bleiben würde. Bei gemischten Orten aber und, wo die Angabe für den Ort fehlt, bei gemischten Landestheilen, wird in der Regel, soweit nämlich nicht eine besondere Verkehrs- oder Erwerbsbeziehung oder die Besonderheit eines Volkstammes selbst diesen zum häufigeren Wechsel des Wohnortes veranlaßt, der Zug jeder Nation nach einem gleicher Nationalität angehörigen Orte der überwiegende sein, so daß man also beispielsweise, wenn man von den in der Provinz Posen geborenen berliner Einwohnern die Hälfte als der polnischen Nationalität angehörig annehmen wollte, jedenfalls viel zu hoch gehen würde. Und in gleicher Weise sind auch die Nachrichten über das Heimathverhältniß selbst da, wo, wie in Oesterreich, die Ermittelungen der Nationalität gerade auf die heimathberechtigte Bevölkerung sich richteten, doch nur eine ungenügende Aushülfe, und die unter ihrer Benutzung sich ergebenden Summen für die

Angehörigen fremder Nationen dürfen nur als die höchstmöglichen betrachtet werden. Noch viel beschränkter ist die Anwendbarkeit der Zahlen über die Staatsangehörigkeit, besonders dann, wenn erhebliche Bruchtheile der Bevölkerung desselben Staates abweichenden Nationalitäten angehören.

Schließlich bliebe noch eine Art der Aufnahme zu erwähnen, die neuerdings zur Beleuchtung der Nationalitäts-Verhältnisse benutzt worden ist, jedoch sich nicht einmal als Hülfsaufnahme für dieselbe eignet: die Nachrichten über die politische Stimmung der Bevölkerung, entnommen aus der Betheiligung derselben an einer zur Vertretung der Interessen einer bestimmten Nation bestehenden politischen Partei. Daß überhaupt die Ermittelung von Thatsachen, und um diese handelt es sich in der Statistik der Nationalität, nicht auf dem Wege der Summirung persönlicher Ansichten erreicht wird, bedarf für den Denkenden keiner Erwähnung. Wichtig sind also solche Nachrichten nur insofern, als sie einerseits zeigen, wie innerhalb der einzelnen Staaten das Gemeingefühl der derselben Nationalität angehörigen mächtig genug sein kann, sie zur Vertretung ihrer Angelegenheiten im öffentlichen Leben zu vereinigen, und andererseits, wie die Hintenansetzung der Achtung der eigenen Nationalität und die Versäumniß ihrer rechten Pflege es so weit hat bringen können, daß innerhalb deutscher Staaten eine große Zahl Deutschredender sich als Glieder von Parteien gebrauchen läßt, deren ausgesprochener Zweck die Vertretung des Sonderinteresses einer anderen Nation ist.

Daß aber in Ansehung der Nationalität die Berufung auf Zahlen solches Ursprunges überhaupt möglich ist, daß ferner der Statistiker selbst, wenn er zur Gesammtbetrachtung des Gegenstandes die Lücken durch irgend welche annähernde Zahlen zu ergänzen sucht, hierbei auf die Benutzung von Nachrichten über den Geburtsort, das Heimathland, die Religion der gezählten Einwohner, oder auf die Benutzung von Einzelnachrichten und Wahrnehmungen über die Sprach- und Völkergränzen und den Gebrauch der Sprache im öffentlichen Leben, kurz auf eine Menge von Unzuverlässigkeiten, ja unter Umständen selbst auf Analogien und auf Benutzung fremder Schätzung angewiesen ist, — woran liegt dies anders, als daß es von den Regierungen versäumt wird, das Sprachverhältniß, das nicht nur seiner wirklichen Bedeutung nach, sondern auch schon wegen der thatsächlichen Beachtung, welche dem Nationalitäts-Verhältniß von den Gebildeten verschiedener Staaten und Völker zugewendet wird, zur Zeit nicht mehr ignorirt werden kann, durch einfache statistische Ermittelung klar zu stellen. Möchten sie wenigstens das erkennen, daß gerade das Nichtwissen es ist, welches, falsche Vorspiegelungen und Täuschungen erzeugend, auch sie selbst zu täuschen geeignet ist und sie im Unklaren läßt, auf was sie zu rechnen und was sie zu besorgen haben, daß eben nur die Kenntniß der wirklichen Thatsachen auch deren rechte Würdigung herbeiführen kann, und daß gerade der Beruf der Statistik, die in den Thatsachen gefundenen Verhältnisse in objectiver Darstellung zur Erscheinung zu bringen, für solche Ideen in Wirksamkeit treten muß, auf deren Betrachtung die weltgeschichtliche Entwickelung hinlenkt.

Die Anforderung, welche hiernach an die amtliche Statistik jedes Staates gestellt werden muß, geht auf die Erhebung der Sprache jedes Einwohners durch die Volkszählung unter Zurückgehen auf die wirkliche Volksprache desselben. Der Beschluß des londoner Congresses, der die Ermittelung der Sprache unter die facultativen Erhebungen setzte, ist daher ein ungenügender; sie muß, wenn anders die durch die statistischen Congresse vorbereitete Verbindung der Statistik aller Staaten auch für diesen Zweig derselben eine Wahrheit werden soll, für alle Staaten obligatorisch sein, und zwar, wo häufige Volkszählungen erfolgen, wenigstens für diejenigen, denen eine allgemeinere statistische Bedeutung beigelegt wird, also z. B. für diejenigen, welche in zehnjährigen Zwischenräumen und namentlich beim Beginne jedes Jahrzehnts erfolgen, — denn diese sind es, auf welche die vergleichende Statistik das Hauptgewicht zu legen hat.

Bei der Feststellung des Volkszählungsergebnisses aber ist es nothwendig, daß die Zahl der jede Sprache sprechenden in jedem einzelnen Orte ermittelt werde. Daß auch die Veröffentlichung in solchem Umfange, also mit den Zahlen für jede Ortschaft, stattfinde, ist an sich nicht erforderlich, solches auch in den wenigsten Fällen (wohl nur im Königreich Sachsen) geschehen. Es muß vielmehr schon das dankbar erkannt werden, wenn, wie in Belgien, der schweizerischen Eidgenossenschaft und, soweit es von Interesse schien, auch in Italien geschehen, die Zahlen für jeden Gemeindebezirk (durch die Volkszählungswerke) oder wie im preußischen Staat die Zahlen für alle Städte und für die Kreise (sowohl durch das statistische Bureau wie durch Regierungen und Kreisbehörden) von Amts wegen veröffentlicht worden sind. Das aber bleibt der unumgängliche und (mit Ausnahme der mehrerwähnten Gendarmerie-Aufnahme) noch nie in Abrede gestellte Anspruch an die amtliche Statistik, daß, auch soweit diese Veröffentlichung nicht stattfindet, die Nachrichten in aller Specialität zu wissenschaftlichen Arbeiten allgemein zugänglich und benutzbar seien, wie sie dies im Preußischen schon seit 1843 in vollem Umfang gewesen und geblieben sind, — damals wurden sogar verschiedene Bezirks-Regierungen ausdrücklich angewiesen, die Ergebnisse der Sprachaufnahme dem hochverdienten H. Berghaus zuzusenden, was auch fortgesetzt und zwar unter Mittheilung der von ihm gewünschten Specialangaben stattgefunden hat; — wie dies ferner nach den zahlreichen Mittheilungen in nichtamtlichen Werken österreichischer Statistiker (bei Häufler, Hain und namentlich in Ficker's Böhmen, wo die Zahlen für die einzelnen Kreise publicirt sind) auch dort der Fall gewesen ist und sich aufs neue in der Behändigung von speciellen Angaben in Betreff der Ortschaften einzelner österreichischer Kronländer und Verwaltungsbezirke dem Verfasser gegenüber bestätigt hat. In den russischen Ländern wurde sogar dem mit wissenschaftlichen Untersuchungen dieser Art beschäftigten die Inanspruchnahme der Ortsbehörden zur Sammlung der Nachrichten über die Nationalität gestattet, so daß Köppen's treffliche Arbeiten über die Nationalitätsverhältnisse dieses Reiches und die sehr ins einzelne gehenden Darstellungen desselben, welche die Verbreitung der deutschen Nation in einzelnen Provinzen behandeln, in der That als mit amtlichen Mitteln ausgerüstete wissenschaftliche Untersuchungen zu betrachten sind.

Was die weitere Bearbeitung der Aufnahmen über die Nationalität betrifft, so hatten die Normativ-Bestimmungen, welche nach Czörnig's Vorlage auf dem statistischen Congresse in Wien beschlossen wurden, für die Erforschung „der ethnographischen Verschiedenheiten der Bevölkerung eines Staates" folgende Momente der Berücksichtigung empfohlen: — die territoriale Vertheilung der Volkstämme innerhalb des Staatsgebietes, — die Begränzung ihrer Wohnsitze mit Bezeichnung der ethnographischen Inseln, der Uebergänge zweier Volkstämme und der gemischten Gruppen, deren Bevölkerung mehreren Volkstämmen angehört, — die Darstellung der einzelnen Volkstämme nach der Zahl ihrer Angehörigen und dem Gebietsumfang ihrer Wohnsitze, — und viertens die Charakteristik der Volkstämme nach ihrer geistigen Eigenthümlichkeit, ihren Sitten und Gewohnheiten, nach ihrer körperlichen Beschaffenheit, und nach ihrer Sprachverschiedenheit mit eingehender Erörterung der Dialekte jedes Volkstammes.

Der letzte umfangreiche Punkt kann hier unberührt bleiben, da er in der beschlossenen Weise nicht die Statistik, sondern nur die Charakteristik zum Gegenstande hat; die Aufnahme desselben in eine wirkliche Nationalität-Statistik würde voraussetzen, daß zur Feststellung der hierbei in Betracht kommenden Verhältnisse, also der geschlechtlichen, ehelichen und Fortpflanzungs-Verhältnisse, der Körpergröße, Körperbeschaffenheit und Sterblichkeit, der Seßhaftigkeit und Wohnart, der Besitz- und Wohlstands-, Beschäftigungs- und Arbeitsverhältnisse, der gesetzwidrigen Handlungen, der religiösen und Unterrichts-Verhältnisse in allen Formularen solche Einrichtungen getroffen würden, welche nach der betreffenden Seite hin die Unterscheidung der Nationalität ermöglichten. Daß dieses bis jetzt in den seltensten Fällen thatsächlich geschehen ist, kann nicht auffallen; es erscheint dies auch weniger wichtig, solange die Grundlage der Nationalitätstatistik, nämlich die Kenntniß der Anzahl der Angehörigen jeder Nation und ihrer Wohnsitze noch so unvollkommen ist, wie solches oben dargestellt wurde. Und was insbesondere die ebendaselbst erwähnte Verschiedenheit der Sprachen und Dialekte betrifft, so gehört auch dieser Gegenstand, soweit er nicht unbedingt mit der nationalen Verschiedenheit zusammenfällt, einem Kreise wissenschaftlicher Untersuchungen an, für welche der Stoff nicht unmittelbar durch die großen statistischen Aufnahmen gewonnen werden kann. Dies gilt sowohl mit der obenerwähnten Maaßgabe für die etwaige Ermittelung der Verschiedenheit der Volksprache der Einwohner von ihrer Abstammung, wie namentlich für die Dialekt-Verschiedenheit, indem über die letztere, wie die vorn erwähnten Beispiele deutlich gezeigt haben, bei den Volkszählungen eine irgend brauchbare Auskunft nicht erlangt worden ist. In den ersten drei Punkten der wiener Beschlüsse ist jedoch die Hauptgrundlage der Sprachstatistik, wie sie oben bereits bezeichnet worden, insofern enthalten, als eben für die Begränzung der Gebiete der Volkstämme in Verbindung mit der Angabe der Zahl ihrer Nationalen, sowie für die Bezeichnung der hier sogenannten Uebergänge, nämlich der von zwei

Volkstämmen gemeinschaftlich bewohnten Orte, und der gemischten Gruppen die vorgängige Ermittelung der Zahl der Angehörigen jeder Nation in jeder einzelnen von ihnen bewohnten Ortschaft, also in der untersten topographischen Einheit, nothwendig gehört und zwar am meisten da, wo eine solche Mischung zweier oder mehrerer Nationen stattfindet.

Daß alsdann in der Darstellung bestimmte Grade der Völkermischung unterschieden werden müssen, welche gleichsam als besondere Schattirungen in den graphischen oder tabellarischen Bildern, deren sich die Statistik bedient, zur Anschauung kommen müssen, ist hiervon nur die weitere Consequenz. Und auch hinsichtlich der Classen, welche hierbei zu unterscheiden sind, ergeben sich die festen Regeln von selbst. Sie ergeben sich aus dem Zahlensystem, in welchem die Statistik das zu Grunde liegende Material zur Anschauung bringt: das Decimalsystem ist es, das, für die statistische Form zur Zeit maaßgebend, seine Abtheilungen nach Zehnteln oder in der Verbindung der Zwei und Fünf vorschreibt. So wird für die österreichische Statistik in Betreff der Haupt-Unterscheidung der gemischten von den ungemischten Theilen durch die Nachricht der Czörnig'schen Ethnographie, daß Beimischungen von weniger als einem Zehntel in der kartographischen Darstellung nicht berücksichtigt worden seien, die Durchführung der allgemein richtigen Eintheilung bestätigt. Ob dann bei der ursprünglichen, in größtem Maaßstabe (wahrscheinlich eins zu 100,000) erfolgten Auftragung noch weitere Zehntel-Abstufungen unterschieden worden waren, ist nicht bekannt, jedenfalls aber war auch die Fünf für die Darstellung der vorwiegenden Nationalität unentbehrlich. So sind ferner auf der Sprachkarte vom preußischen Staate fünf gleiche Mischungsgruppen unterschieden worden, deren mittlere wegen ihrer Zugehörigkeit zu verschiedenen Sprachgebieten wiederum getheilt werden mußte; auch hier würde den ganzen Ansprüchen erst die volle Ausführung nach einzelnen Zehnteln genügt haben, in welcher Weise die Darstellung von vorn herein beabsichtigt worden war. Erst als sich herausgestellt hatte, daß hierzu nach den obwaltenden Bewohnungs- und Mischungsverhältnissen ein noch größerer Maaßstab (nämlich mindestens eins zu 500,000) erforderlich war, blieb nur die Wahl, ob den ungeraden Zehnteln (den Fünfteln von der Hälfte ab gerechnet) oder den geraden (den Fünfteln) der Vorzug gegeben werden sollte; dadurch daß die letztere Art der Abtheilung gewählt wurde, ist nicht allein die Herstellung sehr erleichtert, sondern auch der Uebelstand vermieden worden, eine Abtheilung kartographisch darzustellen, deren correcte Abgränzung in einzelnen Gegenden zweifelhaft schien. Dagegen war, um einer früheren, aber bis jetzt unübertroffenen Arbeit zu gedenken, die leider niemals veröffentlicht worden ist, auf der kartographischen Darstellung der Sprachverhältnisse, welche Heinrich Berghaus nach den Aufnahmen von 1846 für den preußischen Staat angefertigt hatte, der Gliederung nach der Zweitheilung (Hälfte, Viertel, Achtel) der Vorzug gegeben. Die Abtheilungen auf der Erckert'schen Karte des vormaligen Polenreiches schließen sich zwar an das Decimalsystem an, haben aber so erhebliche Sprünge, daß sie, selbst wenn man davon absieht, daß sie für jede Nation verschieden sind, schon durch die Unregelmäßigkeit weniger anschaulich werden; und auch Ficker's Farben-Darstellung der ethnographischen Verhältnisse Böhmens, in welcher die Mischungsgruppen wahrscheinlich nach der annähernden Aehnlichkeit der in einzelnen Bezirken vorkommenden Mischungsverhältnisse abgegränzt worden sind, würde durch eine Gliederung nach Zehnteln gewonnen haben.*)

*) Dieselbe Art der Darstellung findet sich auch auf den Nationalitäts-Karten, welche der so eben erschienenen Abhandlung des Directors Dr. Adolf Ficker: „die Völkerstämme der österreichisch-ungarischen Monarchie" beigegeben sind, und welche, wie es den besonderen Verhältnissen der dortigen Völkermischung entspricht, für jede Nation (bez. je zwei nicht zusammenwohnende Nationen) den Antheil an der Bevölkerung der Landestheile in zehn abgestuften Schraffirungen der gleichen Farbe zeigen. Diese Abstufungen sind unregelmäßig und gehen bei den Deutschen bis 1, von 1 bis 7, 8 bis 20 (bei anderen Nationen bis 29) 23 bis 37 (bei anderen bis 39), 44 bis 47 (bez. 49), 51 bis 61 (bez. 69), 72 bis 81 (bez. 82), 89 bis 92 (bez. 84 bis 93), 96 bis 99 (bez. 94 bis 99) und über 99 pCt. der Einwohner. Diese Unregelmäßigkeit und namentlich die Abstufung von 1, 7, 94, 99 pCt. entspricht der Tendenz, möglichst wenig Landestheile als einer Nation angehörig zu bezeichnen, worin sich Ficker's Darstellungsweise von der seiner Vorgänger unterscheidet. Nimmt man hinzu, daß es sich hier nur um den Antheil der einzelnen Nationen an der Bevölkerung der Verwaltungsbezirke zweiter Ordnung handelt, daß aber hierhin noch ganze Kronländer und sonstige Landestheile von einer halben Million Einwohner gehören, so ist klar, daß diese Darstellungsweise der Nationalitäts-Verhältnisse nicht ausreicht. Beispielsweise bringt das Vorhandensein einiger czechischen Dörfer in den Kreisen über und unter dem Mannhardsberge diese in die zweite Mischungsclasse, die Zugehörigkeit kleiner czechischer Bezirke zu den Kreisen Saaz und Leitmeritz diese in die dritte Mischungsclasse, und Kreise, welche zur Hälfte aus deutschem, zur Hälfte aus nicht deutschem Territorium bestehen, wie Jung-Bunzlau, Olmütz, Znaim, Oedenburg erscheinen in der fünften und sechsten Mischungsclasse, obwohl die Zahl der gemischten Orte in denselben nur eine geringe ist; mit einem Worte, man erfährt gerade nicht, was man wissen möchte, nämlich ob wirklich eine Mischung vorhanden, oder ob die scheinbare Mischuug die Folge davon ist, daß die administrative Eintheilung den Gegensatz der Nationalgebiete nicht berücksichtigt hat.

In dieser bedeutenden Schrift hat Ficker auch eine große Anzahl früher noch nicht veröffentlichter Einzelheiten aus den Ergebnissen der österreichischen Nationalitätsaufnahme mitgetheilt, allerdings nur in reducirten Zahlen. Für unsere auf die österreichischen Länder bezügliche Tabelle und für die entsprechenden Abschnitte des Textes hat diese Schrift noch nachträglich benutzt werden können, während ein gleiches für die Vorworte nicht mehr anging. Gerade hier muß sie jedoch vorzugsweise erwähnt werden, da Ficker sich in derseblen zugleich über das Princip der Nationalitäts-Ermittelungen ausspricht und hierin von der Ansicht des Verfassers wesentlich abweicht, während sonst seine Anschauungen, namentlich in Betreff der nationalen Verhältnisse der österreichischen Länder mit denen des Verfassers, mitunter sogar in überraschender Weise, zusammenstimmten. Ficker hält nämlich die Feststellung der Familien- oder Muttersprache jedes Individuums bei der Volkszählung zwar unter gewöhnlichen Verhältnissen für zweckmäßig und ausführbar, meint jedoch, daß die Frage nach der Nationalität jedes Einzelnen damit noch nicht gelöst sei.

Seine vier Gegengründe sind theils begrifflicher Art, theils aus der Praxis der Ermittelungen hergenommen; nur die ersteren würden mithin unter allen Umständen zutreffen. In dieser Beziehung meint Ficker, daß, wenn die Muttersprache das entscheidende wäre, Juden und Armenier denjenigen Nationen zugerechnet werden müßten, deren Sprache ihre Familiensprache geworden wäre, während doch ihre Nationalität eine sehr abgeschlossene und ausgeprägte sei. Dieser Einwand dürfte durch das im allgemeinen Vorwort gesagte widerlegt sein; bei aller hier und da noch vorkommenden natürlichen Abneigung wird man sich gewöhnen müssen, die germanisirten Ju-

Denn nicht allein, daß durch die Annahme eines solchen Maaßstabes, dessen Vorzüge überall die gleichen sind, während die Vorzüge anderer doch immer nur für das besondere Land und auch da nur für die augenblicklichen Verhältnisse gelten können, die Vergleichbarkeit für verschiedene Zeiten und für verschiedene Länder bewirkt wird; auch für jedes Land und für jede Zeit an sich geben die nach glei-

den als Deutsche anzusehen, eben weil mit dem Aufgeben ihrer Sprache die nationale Scheidung fortgefallen ist. Denn die Verschiedenheit der Religionsgemeinschaft als Zeichen der nationalen Verschiedenheit aufzufassen, kann sicher nicht die Absicht sein, da der Wechsel der ersteren nach Belieben zuläßig ist, sogar in größtem Maaßstabe erzwungen werden kann und in ganzen Ländern erzwungen worden ist; und doch wäre diese der einzige bestimmt abschließende Gegensatz. Was dagegen Ficker im Auge hat, die Verschiedenheit der Abstammung, so ist gerade in dieser Beziehung die jüdische Nationalität keine so abgeschlossene mehr und nicht einmal eine so stark ausgeprägte mehr, wie er annimmt. In Landschaften, wo die Juden seit lange unter den Deutschen wohnen, und Eheschließungen unter Angehörigen beider Stämme völlig an der Tagesordnung sind, würde es erst genealogischer Ermittelungen bedürfen, um festzustellen, wer zu einem viertel, wer halb und selbst wer ganz jüdischer Abstammung ist, namentlich unter den gebildeten, wohlhabenden und sogenannten vornehmen Bevölkerungsclassen; noch weniger wird eine solche Unterscheidung beim Zusammenleben von Romanen und romanisirten Juden möglich sein.

Sein zweiter Einwand ist, daß, wo einer Sprache ein politisches Uebergewicht zukommt, wo sie in der Schule, vor Gericht, in der Volksvertretung bevorzugt ist, es natürlich sei, daß sich auch Angehörige anderer Nationalitäten beim Census zu derselben bekennen, weil sie bemüht sind, dieselbe in ihrem Hause einzubürgern; dies habe sich besonders in Ungarn, theilweise sogar in Galizien und Siebenbürgen gezeigt, wo je nach dem Gange der Verhältnisse der deutschen, polnischen, magyarischen, ruthenischen Sprache der Vorzug gegeben sei. In ähnlichem Sinne sagt Ficker auch an anderer Stelle, die Verhältnisse seien leider hier und da in Oesterreich so abnorm, daß selbst Studirende an den Hochschulen sich weigerten, diese Rubrik ihres Nationales (also die der Muttersprache) auszufüllen, und daß bei den Aufnahmen der Muttersprache der Schüler die Angaben mit der Nationalität des Aufnehmenden gewechselt hätten. Aber auch diese Gründe sind nicht durchgreifend: es ist ein allen auf Selbstdeclaration beruhenden Ermittelungen anhaftender Mangel, daß sich unter den Antworten sowohl ungenaue, wie absichtlich falsch gegebene befinden, und es liegt hierin, wie gesagt, kein Grund, von Zählungsaufnahmen überhaupt Abstand zu nehmen; denn gerade deshalb sind die statistischen Aufnahmen in die Hände besonderer Fachbehörden gelegt, damit diese die vorkommenden Mängel vermeiden, verbessern und, wenn auch das nicht geht, wenigstens klarlegen können. Die Wirksamkeit derselben bildet mit Hülfe der Oeffentlichkeit der Behandlung dieser Gegenstände ein genügendes Correctiv für kleinere und größere Irrthümer und Fälschungen. Erst wenn man annehmen müßte, daß die Regierung eines Landes selbst die Absicht hätte, durch ihr ergebene, nur dem Namen nach statistische Behörden gefälschte Aufnahmen herbeizuführen und zum Zwecke der Bedrückung anderer Nationalitäten zu benutzen, erst dann könnte die Frage entstehen, ob eine solche Aufnahme nicht besser bis zur Beseitigung dieser Mißregierung aufzuschieben wäre; bis jetzt aber liegt innerhalb der österreichisch-ungarischen Monarchie noch keine Veranlassung vor, derartige Fälschungen zu befürchten. Noch weniger fallen der dritte und vierte Einwand ins Gewicht, nämlich daß die Sprachen der Civilisation gewissermaßen neutrale Sprachen der Gebildeten seien, und daß in gemischten Bezirken Sujets mixtes, Utraquisten vorhanden seien, indem man dort oft deutsche Kinder in slawische Häuser gebe und umgekehrt, damit ihnen die zweite Sprache gleichfalls zur Muttersprache werde, nicht bloß als eine erlernte neben derselben dastehe.

Was übrigens Ficker nach allem dem an die Stelle der von uns gewünschten Ermittelung auf dem Wege der Erforschung des Sprachverhältnisses setzen will, nämlich daß die Nationa-

chen Abstufungen gebildeten Gruppen erst diejenige Klarheit der Anschauung, welche die Statistik darbieten soll, möge sie sich der kartographischen Mittel oder der gleichfalls durch die Angemessenheit der Form wirkenden tabellarischen Darstellung bedienen. Die Gruppenbildung nach Mischungs-Zehnteln, wie sie sich aus der vorliegenden Sprachaufnahme im preußischen und sächsischen Staatsgebiete, auch annähernd im belgischen und schweizerischen und nach einer Seite hin für mehrere österreichischen Kronländer entwickeln ließ, ist eine so lebendige, daß sie in der That nicht nur den augenblicklichen Stand, sondern durch die in demselben sich darstellenden Verhältnisse sogar die zeitweise obwaltende Bewegung zu zeigen scheint.

Für eine solche specielle Darlegung ist aber das Eingehen auf die unterste Einheit, also wie bei der auf die Einwohnerzahl gerichteten Ermittelung das Individuum, ebenso da, wo es sich um Rückschlüsse in Betreff der örtlichen und Wohnverhältnisse der Völker, mithin um die Abgränzung von Sprachgebieten handelt, und namentlich bei kartographischen Darstellungen, das Zurückgehen auf die einzelnen Ortschaften oder Wohnplätze erforderlich. Schon die Aufstellung von Tabellen oder Karten nach Gemeinden kann falsche Anschauungen hervorrufen; denn es können Gemeinden als stark gemischte erscheinen, die es in der That nur durch die Ungeschicklichkeit der staatlichen Organisation sind, und die wie solches z. B. in einzelnen Fällen im belgischen Staat vorkommt, aus deutschen und französischen Orten zusammengesetzt sind. Eher könnte man noch weiter gehen und noch innerhalb solcher größeren Wohncomplexe, die aus bestimmt geschiedenen Theilen bestehen, bei welchen entweder besondere communale Einrichtungen, oder besondere historische Bildung, oder bestimmte in der Oertlichkeit liegende Gegensätze auf die verschiedene nationale Zusammensetzung ihrer Bevölkerung von Einfluß gewesen sind, auch noch diese einzelnen Theile unterscheiden, und so ist es werthvoll, daß gerade die Verschiedenheit der brüsseler Stadt-Theile bei der dortigen ersten Sprachaufnahme berücksichtigt worden ist.

Ungenügend aber, weil in der Regel trügerisch, ist die Unterscheidung und Angabe des Mischungsverhältnisses für größere Landes-Abtheilungen (Bezirke, Kreise, Gouvernements), wie wir sie in Erckert's Atlas des polnischen Reiches und an anderen Stellen finden. Denn da gerade in neuerer Zeit bei den administrativen Eintheilungen auf die Nationalitäts-Verhältnisse — mit Ausnahme einiger wenigen Fälle — keine Rücksicht genommen worden ist, so zeigen die betreffenden Bruchtheile in mehr Fällen nur die äußere Verbindung von national verschiedenen Landestheilen, als das Vorhandensein wirklich gemischter Bezirke dieser Größe, welche

---

litätstatistik vielmehr den Gegenstand wissenschaftlicher Untersuchung bilden solle, weil sie sich auf tausende von ethnographischen Punkten und vielerlei charakteristische Momente zu erstrecken habe, steht mit dem von uns gesagten nicht im Widerspruch; denn gerade diese wissenschaftliche Untersuchung führt eben nothwendig wieder darauf zurück, daß zunächst die Sprache als das wirkliche Kennzeichen der Nationalität aufgefaßt und festgestellt werden müsse, alle übrigen Ermittelungen aber erst in zweiter Linie in Betracht kommen dürfen.

letzteren zwar auch vorkommen, wie z. B. in der posener Gegend, doch aber selten einen erheblichen Umfang erreichen. Ueberhaupt ist es nicht richtig, auf die neueste administrative Eintheilung das Hauptgewicht zu legen, wenngleich dieselbe schon wegen der gleichmäßigen Einfügung aller sonstigen statistischen Aufnahmen nicht übergangen werden kann. Bei der Betrachtung der betreffenden Zahlen aber wird man nicht vergessen dürfen, daß den früher bestandenen Landeseintheilungen und der natürlichen, namentlich also der hydrographischen Zusammengehörigkeit oft insofern eine größere Beachtung zukommt, als sie mit der Bildung der Sprachgebiete im Zusammenhang gestanden haben, indem entweder, was in Betreff der natürlichen Verhältnisse allein zutrifft, diese auf die Abgränzung der Sprachgebiete oder umgekehrt die letzteren auf die Landes-Eintheilungen von Einfluß gewesen sind.

Mit der Feststellung des Sprachverhältnisses für jeden Ort ist auch für die des wirklichen Sprachgebietes die volle Unterlage gewonnen, weil in Ansehung dieser ersten und wichtigsten Beziehung des Menschen zum Grund und Boden, also in Ansehung des Wohnverhältnisses, die Individualität der Wohnplätze die letzte Einheit bildet. Die Gränze im zwischenliegenden unbewohnten Lande ist nicht statistisch bestimmbar, weil ihre Ableitung zu dem Gegenstande der Forschung selbst außer Beziehung steht, und wenn ebensowohl bei der Eintragung auf Karten, wie bei der Zahlenermittelung des betreffenden Flächenraums der Umfang der Gemeindebezirke als maßgebend angenommen wird, so ist dies eben nur eine wegen des Zusammenfallens der Gegenstände der Bevölkerungszahlen und der räumlichen Zahlen meist angemessene und namentlich gefällige Form, die aber unter Umständen, z. B. wenn ein ausgedehntes Forstrevier nach der Nationalität eines darin wohnenden Forstbeamten bezeichnet wird, auch zu falschen Anschauungen führen kann. Denn Sprachgebiet und Besitz oder Eigenthum der Nation ist nicht dasselbe; Ermittelungen über das Besitzverhältniß, dessen unterste Einheiten für die Ableitung der Zahlenangaben die einzelnen Grundstücke sind, haben nicht nur eine begrifflich abweichende Grundlage, sondern sie würden auch selbst für manche ausgedehnte Territorien ganz andere Zahlenergebnisse als die Aufnahmen über das wirkliche Sprachgebiet liefern. Beides, Karte und Zahlenberechnung, mag sich vielmehr mit jener ungefähren Gränze begnügen, welche die Besonderheit der einzelnen Orte ergiebt, deren genaue kartographische Darstellung allerdings schon — für Mitteleuropa wenigstens — einen Maaßstab erfordert, wie er selbst auf der bis jetzt publicirten größten Karte (der vom preußischen Staat, auf welcher nur die Wohnplätze unter 25 Einwohnern unberücksichtigt geblieben sind), noch nicht erreicht ist.

Je weiter aber die statistische Betrachtung, aus dem einzelnen aufsteigend, sich der Darstellung des Gesammt-Verhältnisses nähert, um so mehr müssen auch die Schattirungen zurücktreten, welche die Wirklichkeit im einzelnen Falle uns zeigt. Und wie von den gewonnenen Zahlen solche, die nur mit Mißtrauen und in Ermangelung besserer aufzunehmen sind, in den Summen selbst sich mit den sichersten

Ergebnissen nothwendig mischen, so müssen auch die nebensächlichen Gesichtspunkte schließlich hinter diejenigen zurücktreten, deren Verfolgung die der statistischen Ermittelung zu Grunde liegende Idee gebietet.

Die Einheit jeder Nation und ihre Verschiedenheit von den übrigen statistisch zur Anschauung zu bringen, oder um mit dem Beschlusse des statistischen Congresses zu reden: die Darstellung der einzelnen Volkstämme nach der Zahl ihrer Angehörigen und dem Gebietsumfange ihrer Wohnsitze, das ist es, worin die statistische Betrachtung ihr Ziel erblickt.

Nicht das Vermischen und Verwischen ist es, was die Statistik da im Auge haben darf, wo sie ihre Betrachtung auf die Allgemeinheit der Thatsachen ausdehnt, sondern vor allem das Herauskehren desjenigen, was die zu Grunde liegende Idee als wirklichen Gegensatz darstellt; denn darin besteht ihre bildende Thätigkeit, daß sie die Thatsachen zur Darstellung des Gedankens benutzt und für das körperlose in dem thatsächlichen sein Gleichniß findet.

Es dürfen daher in der Gesammtdarstellung auch die Mischungen verschwinden, die gemischten Orte den Nationalgebieten sich anfügen; und so erhalten die Darstellungen ihre volle Berechtigung, in welchen Bernhardi, Berghaus, Kiepert die nationale Einheit in Farben zur Erscheinung gebracht haben, — Darstellungen, die endlich auch auf die Schulkarten übergehen sollten, damit das heranwachsende Geschlecht gewohnt werde, bei der Betrachtung der bewohnten Erde auch die auf ihr lebenden geistigen Elemente wahrzunehmen. So müssen auch die in den tabellarischen Zusammenstellungen entwickelten Besonderheiten sich zu dem einen Gesammtbilde verbinden, welches, nach dem jetzigen Stande der Statistik noch in den engen Rahmen Europa's gebannt, sich künftig auf die Unterscheidung der ganzen Menschheit nach dem Gesichtspunkte der Nationalität erstrecken würde, in seinen Summen die nationalen Wohnsitze und ihr Gebiet, vor allem aber diejenige Anzahl menschlicher Einheiten zeigend, welche für jede Nation in dem gegebenen Zeitpunkt den lebenden Ausdruck ihres Geistes bildet.

Beschreibender Theil.

Das deutsche Sprachgebiet.

Die Deutschen gegenüber den Engländern, — den Skandinaviern, — den Letten und Esthen, — gegenüber den Russen, — den Polen, — den Wenden und Czechen, — gegenüber den Magyaren, — den Rumänen, — den Serben und Slowenen, — gegenüber den Italiänern und Rhätoromanen, — gegenüber den Franzosen; — Gesammtüberblick.

I.

Die Deutschen gegenüber den Engländern.

Inhalt. Räumliche Trennung des deutschen und englischen Sprachgebietes. Die nordfriesische Insel Helgoland. Deutsche in England, Engländer in deutschen Staaten.

Für die Darstellung des deutschen Sprachgebietes, seiner Gränzen gegen die Gebiete anderer Nationen, der diesseit und jenseit vorhandenen Uebergänge und Sprachinseln und wiederum der an diese anschließenden oder für sich bestehenden gemischten Wohnsitze, ist die nothwendige Grundlage der Betrachtung das Verhältniß dieser Nation zu denjenigen anderen Nationen, mit welchen ihr Sprachgebiet in Berührung steht, oder in welche sich ihre Wohnsitze hinein erstrecken. Sie muß eine Rundsicht sein, welche vom deutschen Lande sich auf die Gränzen desselben und über sie hinaus in die Sprachgebiete der einzelnen Nationen richtet. Ihr Anfang und ihr Ende wird naturgemäß durch das Meer bestimmt, und zwar durch das Meer, das, selbst den deutschen Namen tragend, schon manches deutsche Dorf in sich verschlungen hat. Von der Rechten dieses Meeres, vom heutigen Herzogthum Schleswig gingen die deutschen Stämme aus, welche sich in ihrer Verbindung mit den keltoromanischen Bewohnern Englands und unter dem Einflusse französirter Einwanderer zu einer neuen Nationalität geformt haben.

Das deutsche Meer, welches heut die Engländer als das ihrige betrachten, bildet seitdem die Gränze der Sprachgebiete beider Nationen, wie es mit geringen Ausnahmen auch die Gränze der Staatsgebiete beider gebildet hat und noch bildet. Das Uebergreifen des englischen Staates in das deutsche Sprachgebiet auf dem Continent, welches während zweier Jahrhunderte im westlichsten Theile Flanderns stattfand, ist seitdem zu Ungunsten beider Nationen gewichen: das freie Land, das unter englischer Herrschaft, wie der ebenso benannte flandrische Küstensaum, der unter deutscher Herrschaft stand, ist unter die Obermacht französischer Staaten gestellt, gegen deren fremde Sprache theilweise noch das deutsche Idiom sich aufrecht hält. Das Uebergreifen des englischen Gebietes ist jetzt auf den äußersten Osten des deutschen Meeres verlegt, wo die südwestlichste Insel des Herzogthums Schleswig während der französischen Kriege unter Englands Herrschaft gebracht worden ist. Die Insel Helgoland, deren 2200 Einwohner friesisches Stammes und deutscher Nationalität sind, ist das deutsche Glied in jener Reihe von Posten, welche sich die englische Seeherrschaft längs der fremden Nationalgebiete errichtete, von denen die ionischen Inseln und Minorca schon zu verwandten Gebieten zurückgekehrt, Malta, Gibraltar und die normannischen Inseln noch politisch von ihnen getrennt sind. In keiner dieser fremden Besitzungen hat England die dortige Nationalität verletzt, und vom Standpunkte des Nationalitätsprincips kann die deutsche Nation in dieser politischen Verbindung keine Gefahr für ihre dortigen Stammesglieder erblicken, deren Wohnsitz, der südwestliche Rest des einst ausgedehnten Nordfrieslands, überdies einst das Schicksal so vieler friesischen Wohnstätten theilen wird.

Bei der scharfen Scheidung der Sprachgebiete durch das Meer besteht die Berührung beider Nationen innerhalb Europa's — die Verhältnisse der anderen Continente und Inseln bleiben hier unerwähnt, — nur in dem Aufenthalt zerstreut lebender Engländer im deutschen, und zerstreut lebender Deutscher im englischen Sprachgebiete. So gering nun die Kenntniß der betreffenden Zahlen ist, so kann doch das bestimmt behauptet werden, daß die Zahl der deutschredenden im englischen Sprachgebiete größer ist, als die der englischredenden in Deutschland. Nach dem Census von 1861 betrug in England und Wales die Zahl der in den eigentlich deutschen Staaten geborenen 32000, der in den österreichischen Ländern 1900, in der Schweiz 2300, in Belgien gebornen 2000. Für Schottland und Ireland liegen keine entsprechenden Nachrichtenvor, doch ist in diesen Landestheilen, und namentlich in dem letzteren seit der Englisirung der dortigen deutschen Colonie, die deutsche Nationalität nur wenig vertreten.

Die Zahl der Engländer im deutschen Sprachgebiete stellte sich nach den Ermittelungen über die außerhalb des vereinigten Königreiches befindlichen englischen Staatsangehörigen, welche erfahrungsmäßig sehr vollständig ausgefallen sind, auf 7400 in den deutschen Staaten (einschließlich der deutschen Cantone der Schweiz), 1000 in allen österreichischen Ländern, 4100 in Belgien; von den beiden letzten Summen war bei weitem die Mehrzahl in den deutschen Landestheilen befindlich. Sie werden zum größten Theile der englischen Sprache angehören, und die Summen für die letztere sind insofern noch zu klein, als sie die americanischen Staatsbürger nicht mit enthalten, deren Zahl z. B. in der Schweiz ein Drittel, in Frankreich ein Fünftel, im preußischen Staate drei Fünftel der englischen Staatsangehörigen beträgt, und von welchen wahrscheinlich der größere Theil englischer Nationalität ist. Nach all dem ist anzunehmen, daß die Zahl der im deutschen Sprachgebiete befindlichen Engländer ein Drittel bis höchstens die Hälfte der im englischen Sprächegebieten befidlichen Deutschen beträgt.

II.

Die Deutschen gegenüber den Skandinaviern.

Inhalt. Berührung beider Nationen in Schleswig; weiteste nationale Ansprüche der Dänen daselbst. Vorhandene Angaben über die Sprache der einzelnen Kirchspiele in den Propsteien Flensburg und Tondern. Deutsche in Nord-Schleswig. Abgränzung der beiden Sprachgebiete, geringer Umfang des zweifelhaften Territoriums. Deutsche in Dänemark, Schweden und Finnland; Skandinavier in Nord-Deutschland und in Ehstland.

Obwohl seit der Herausbildung des Gegensatzes zwischen den nordgermanischen Skandinaviern und den Deutschen der Kampf zwischen den Staaten dieser Nationen sich um alle die weiten Küstenstriche bewegte, welche sich von der Mündung der Weser bis zur Narwa ziehen, ist das Gebiet, um dessen sprachliche und somit nationale Zugehörigkeit beide Nationen stritten und noch jetzt streiten, ein sehr beschränktes, beschränkt auf dieselbe Stelle, wo beide sich seit früher Zeit auf dem Continente berühren. Das Herzogthum Schleswig umfaßte seit der Zeit seiner Errichtung deutsche und dänische Gebiete, deren politische Verbindung, indem sie den nationalen Gegensatz weniger zum Bewußtsein kommen ließ, gerade die Verrückung der Grenze befördern mußte, so daß deutsche Einwanderer einzelne Gemeinden in Nord-Schleswig, dänische Einwanderer solche in Süd-Schleswig gründen konnten, und daß im mittleren Schleswig sich zeitweise der Einfluß der dänischen Sprache über deutsches Land, der der deutschen Sprache über dänisches Land verbreitete.

Das mittlere Schleswig, nämlich die Propsteien oder Aemter Flensburg und Tondern, welche jedenfalls seit ihrer Errichtung Wohnsitze beider Nationen umfaßten, diese sind es insbesondere, in welchen und um welche sich der Streit der beiden Nationen in dem Herzogthum Schleswig bewegt hat. Ueber dasselbe hinaus nach Süden gingen die äußersten Ansprüche der Dänen nur hinsichtlich einer kleinen Anzahl von Kirchspielen, welche den südlichen Rand des Amtes Flensburg umgab. Die 13 Gemeinden, welche Allen als vormals dänische wieder gewinnen wollte, liegen nordwestlich der Linie von Töstrup auf Fahrenstedt, also nordwestlich des Wasserzuges der Oxbecke gegen den See südlich von Idstedt, von wo seine Gränzlinie auf Treya geht. Von Treya zog Allen die Gränze seiner Ansprüche bis nahe Husum nach Westen und von dort nordwärts auf die westliche Spitze des Amtes Flensburg: alle innerhalb derselben liegenden Gemeinden wurden in Folge dessen zum gemischten Bezirk gezogen, welcher auch das ganze Amt Flensburg und einen Theil des Amtes Tondern, im ganzen (abgesehen von den Städten in Nord-Schleswig) ein zusammenliegendes Gebiet von 52 Kirchspiel-Gemeinden mit 67800 Einwohnern enthielt.

In einigen dieser 13 Gemeinden fand sich damals offenbar eine dänische Beimischung vor, da von den 8 Gemeinden des Amtes Gottorf nordwestlich der Oxbecke sowohl Geerz wie Biernatzki die vier westlicheren als etwas dänisch gemischt bezeichneten; doch kann diese Beimischung sich damals und auch früher auf eine geringe Anzahl von Personen beschränkt haben. Von den 5 Gemeinden westlich der Treene war nach Biernatzki und Geerz Joldelund ganz, Viöl überwiegend dänisch, Olderup hielt Geerz für halb, Biernatzki für überwiegend deutsch, das Kirchspiel Treya erklärte Geerz für etwas dänisch gemischt. Dem gegenüber ergab achtzehn Jahre nach dem Erscheinen der Geerz'schen Karte die dänische Gendarmerie-Aufnahme nur noch in Joldelund und Viöl dänische Beimischung; doch bezeichnet sie bereits beide Gemeinden schon als überwiegend deutsche. Die Gemeinde Viöl, wahrscheinlich der südlichste Ort skandinavischer Niederlassung auf der schleswiger Landhöhe, denn ihre Einwohner sollen von dänischen Ansiedlern aus Schonen abstammen, war schon zur Zeit der Gendarmerie-Aufnahme so sehr deutsch geworden, daß die von der Regierung dort hingesetzten Beamten für die einzigen Dänen galten, und gegenwärtig wird Joldelund die einzige Gemeinde des südlichen Schleswig sein, in der noch ein ansehnlicher Bevölkerungstheil die dänische Sprache redet.

Daß dagegen im Amte Flensburg (der Propstei Flensburg mit Ausschluß von Gelting) das Dänische zeitweise durchgehends Verbreitung gewonnen hatte, ist nach dem, was Kohl sagt, nicht zu bezweifeln. In diesem Amte (und dem damals damit verbundenen Bredstedt) wurde auch die Verbreitung des Dänischen durch seine Zugehörigkeit zum königlichen Antheil des Herzogthums wesentlich erleichtert, und aus dieser Zeit dürfte der alte Gegensatz zwischen den Aemtern Gottorf und Flensburg stammen. In Ansehung der Abstammung der Bevölkerung besteht in diesem Amte die Verschiedenheit, daß die östliche Hälfte, der nördliche Theil des Landes Angeln, eigentlich deutsch, der westliche Theil vorherrschend jütisch oder wenigstens gemischt ist. Der alte deutsche Stamm der Angeln scheint sich in seinem Urlande als solcher erhalten zu haben, wenngleich er im Sprachverhältnisse weniger fest blieb, als der friesische Stamm (eine Thatsache, welche die aus der äußeren Erscheinung der Angeln sich ergebende Vermuthung, daß dieselben den mitteldeutschen Stämmen zugehören, noch bestätigt); und so brauchte man für die Sprache dieses Theiles von Angeln vormals die Bezeichnung der angeldänischen Mundart. Noch Geerz und Biernatzki bezeichnen den ganzen zur Propstei Flensburg gehörigen Theil von Angeln (mit Ausschluß des geschlossenen anglischen Güterdistricts bez. des Kirchspiels Gelting) nur als überwiegend deutsch; dagegen behauptet schon Clement, daß das eigentliche Angeln deutsch sei, nur in dem nordwestlichsten Theile, insbesondre den Kirchspielen Adelby, Husby, Hürup, Munkbrarup und Steinberg sei die Sprache stark dänisch tingirt. Die dänische Gendarmerie-Aufnahme bezeichnet hier nur noch die Dörfer Adelby, Rüllschau und Neukirchen, 4 kleinere Orte nahe bei Neukirchen, zwei bei Rüllschau und bei Adelby sowie Holnis (zu Munkbrarup) als überwiegend dänisch, ferner die Gemeinde Steinberg, 5 Ortschaften des Kirchspiels Adelby, drei des Kirchspiels Grundhof und eine der Gemeinde Husby als überwiegend deutsch, so daß nach derselben nordwärts der Linie Steinberg, Quern, Grundhof, Husby schon 30 rein deutsche Ortschaften liegen. Leider giebt dieselbe, soviel bekannt, die Zahl der in den gemischten 26 Ortschaften dieses nördlichen Theils von Angeln befindlichen Dänen nicht an; jedenfalls war diese nach dem Fortgange der dänischen Beamten so gering, daß die bezeichneten Gemeinden von der neuen Regierung sogleich als völlig deutsche betrachtet wurden.

Von dem südlichsten Theile des Amtes Flensburg scheint die Uggelharde, (welchen Ausdruck Schröder gleich Angel-Harde hält), gleichfalls ein Theil des alten Angeln gewesen zu sein, welches in diesem Falle sich über das Flußgebiet der Treene erstreckte. Diese Harde erscheint in den verschiedenen Ermittelungen als ein gemischtes oder Uebergangs-Gebiet. Von derselben waren die östlich der Treene gelegenen Gemeinden (Sieverstedt und beide Sölt) nach der Gendarmerie-Aufnahme, also im Jahre 1856 schon rein deutsch, während bei Geerz wie bei Biernatzki beide Sölt noch als halb dänisch bezeichnet werden. Die drei Gemeinden westlich der Treene: Oeversee, Eggebeck und Jörl galten bei Geerz und bei Biernatzki als überwiegend deutsch; Clement bezeichnet dagegen Eggebeck und Jörl noch als dänische Gemeinden, wobei er jedoch anführt, daß das Deutsche daselbst stark zunehme. In der Gendarmerie-Aufnahme erscheinen diese drei Gemeinden im wesentlichen als deutsche, nur 5 zugehörige Weiler längs der Eisenbahn werden daselbst als überwiegend dänisch redend, einer nur als überwiegend deutsch bezeichnet. Der ganze bisher erwähnte Theil des Amtes Flensburg, in welchem die dänische Bevölkerung nur eine verschwindende Minderheit bildet und wohl selbst zur Zeit der Gendarmerie-Aufnahme an vielen Stellen nur aus Schiffern und Arbeitern bestanden haben mag, einschließlich der Stadt Flensburg selbst, begreift 22 Gemeinden mit 49100 Einwohnern. Daß in Flensburg selbst, wo neben den größeren deutschen Kirchengemeinden auch eine kleine dänische bestand, der Antheil der dänischen Nationalität nur ein geringer ist, zeigt die Thatsache, daß die dänische Regierung, während sie das ganze Amt Flensburg und den übrigen gemischten Bezirk dem Sprachdrucke unterwarf, dennoch die ihr ergebene Stadt Flensburg grundsätzlich als deutsche Stadt betrachtete und diesem Bezirk nicht einverleibte; und gewiß kann man annehmen, daß gerade diese Schonung der

Nationalität dazu beitrug, die dänische Gesinnung in Flensburg zu befestigen. Auch der Gegensatz in der Stadt selbst, daß die südlich vom Markte gelegene Hälfte im allgemeinen deutsch, die nördliche dänisch gesinnt ist, hat mit dem nationalen Gegensatze nichts gemein; selbst während der Zeit des dänischen Sprachdruckes war auch im nördlichen Theile von Flensburg kaum eine dänische Anschrift an den Häusern bemerkbar.

Die sechs Kirchspiele der Wiesharde (mit 8040 Einwohnern), welche den nordwestlichen Theil des Amtes Flensburg bildet, sind noch jetzt sprachlich gemischt. Clement hält dieselben für vormals friesisches Land, und in der alten Eintheilung Schleswigs (in Waldemar's Landbuch) war dieselbe allerdings mit dem deutschen (oder mindestens vorherrschend deutschen) idstedter Syssel verbunden; später war sie jedenfalls dänisch, und Clement selbst sagt, daß sich erst in der jetzigen Zeit die deutsche Sprache in die Dörfer Wanderup und Nord-Hackstedt verbreitet habe. Von den sechs Gemeinden der Wiesharde ist die nördlich von Flensburg gelegene Gemeinde Bau noch jetzt überwiegend dänisch; so bezeichnet sie in ihrem größten Theile auch die Gendarmerie-Aufnahme, und zwar die nördlichsten drei Ortschaften derselben als rein dänisch, nur Kupfermühle bei Flensburg als überwiegend deutsch. Auch die westlich Flensburg belegene Gemeinde Handewitt ist wahrscheinlich jetzt noch überwiegend dänisch; so bezeichnet sie zum größten Theile die Gendarmerie-Aufnahme, nach welcher jedoch drei dorthin gehörige Weiler schon überwiegend deutsch sind. Von den vier südlichen Gemeinden sind die beiden südöstlichen Groß-Wiehe und Wanderup nach der Gendarmerie-Aufnahme gleichfalls noch überwiegend dänisch, ebenso nach Biernatzki, nach Geerz sogar Wanderup ganz dänisch, und der Verfasser kann hinzufügen, daß Wanderup noch kurz vor der Gendarmerie-Aufnahme in der That den Eindruck eines dänischen Dorfes machte. Dagegen sind die beiden westlichsten Gemeinden Nord-Hackstedt und Walsbüll nach der Gendarmerie-Aufnahme schon überwiegend deutsch, während Geerz beide, Biernatzki Nord-Hackstedt noch für dänisch erklärte. Jedenfalls ist in diesen Gemeinden die deutsche Sprache stark fortgeschritten, und zwar, und das ist das wichtige an dieser Thatsache, gerade während die dänische Regierung die Verbreitung des Deutschen möglichst zu hindern und dasselbe zurückzudrängen suchte.

Vom Amte oder der Propstei T o n d e r n sind die längs der Soholm-Au gelegenen beiden Kirchspiele der Karr-Harde, Stedesand und Enge deutsch (nur Holzacker in der letzteren Gemeinde ist nach der Gendarmerie-Aufnahme dänisch); ebenfalls deutsch sind die Böcking-Harde, die Widing-Harde und die Inseln Föhr, Amrum und Sylt, im ganzen also 22 Gemeinden mit 21,300 Einwohnern. In den beiden genannten Harden und auf den Inseln ist jedenfalls die deutsche Sprache schon seit frühester Zeit heimisch, da sie schon zur Zeit Waldemar's zu Nord-Friesland, nämlich dem sogenannten Außenlande gehörten. Dagegen bildete wahrscheinlich die Karrharde damals schon einen Theil des dänischen Schleswig, nämlich des Ellum-Syssels, wenigstens gehörte sie nach der geistlichen Eintheilung zu der betreffenden Propstei; erst bei der nach der Reformation eingetretenen Aenderung der Kirchensprengel wurden die zu beiden Seiten der Widau liegenden friesischen und dänischen Theile verbunden und damals oder in späterer Zeit die Karrharde demjenigen Theile angefügt, welcher überwiegend deutsche Kirchen- und Schulsprache erhielt. Clement hält allerdings diese Gränze für älter und die Karrharde für einen Theil der alten friesischen Geest, und auch von anderer kundiger Seite wird behauptet, daß sich das Friesische einstmals auch auf die übrigen vorderen Gemeinden der Karrharde erstreckt habe.

Innerhalb des vorbezeichneten Theiles des Amtes Tondern ist die Nordspitze von Sylt, welche vormals zu Jütland gehörte (List), ein dänischer Ort, und sind die längs der Wid-Au gelegenen Gemeinden etwas dänisch gemischt. Die Gendarmerie-Aufnahme bezeichnet sogar Klanxbüll als halb, Rodenäs (nebst Rattebüll) als überwiegend, Aventoft als ganz dänisch, während Neukirchen überwiegend deutsch sei; nach den Angaben bei Clement und in anderen deutschen Quellen ist Klanxbüll deutsch, ebenso nach Biernatzki Rodenäs, nach Geerz auch Neukirchen (die Ortschaft Rattebüll jedoch nur halb deutsch); Aventoft ist nach Clement und Biernatzki überwiegend dänisch, nach Geerz überwiegend deutsch. Der Umstand, daß nur Aventoft zum gemischten Bezirke gelegt wurde, spricht aber deutlich dafür, daß in den anderen genannten drei nordfriesischen Gemeinden der Antheil der Dänischredenden in der That nicht erheblich sein konnte; auch in Aventoft selbst kann bei der Einstimmigkeit der Bevölkerung in Ansehung der deutschen Predigt 2c. ein eigentliches Vorwiegen der dänischen Sprache nicht mehr vermuthet werden.

Angehend die übrigen acht Kirchspiele der Karrharde (nämlich mit Ausschluß von Enge und Stedesand), welche 9600 Einwohner zählen, so war die Ortschaft Leck nach Geerz und Biernatzki halb dänisch, halb deutsch, nach Clement mehr deutsch; nach der Gendarmerie-Aufnahme ist dagegen dieser Ort selbst sowie drei kleinere zugehörige überwiegend dänisch, fünf andere ganz dänisch, ein zugehöriger Ort überwiegend, einer (Klintum) ganz deutsch; für Leck selbst ist die Anführung der Gendarmerie-Aufnahme jetzt jedenfalls nicht mehr zutreffend. Die vier westlichen Gemeinden längs der Straße von Leck nach Tondern: Klixbüll, Braderup, Humtrup und Süd-Lygum sind nach Geerz, Biernatzki und der Gendarmerie-Aufnahme, ebenso wie die drei östlichen Gemeinden ganz dänisch, nach Clement sind sie gemischt. In den genannten vier Gemeinden wie auch in Karlum waren die Einwohner in ihrer Aeußerung wegen Einführung deutscher Predigt und deutsches Unterrichts ganz oder fast einstimmig; demunerachtet wurde in Braderup und Süd-Lygum abwechselnd dänische Predigt beibehalten, ebenso wie in den südlich der Scheidebecke gelegenen Gemeinden Ladelund und Medelby, in einem Theil der letzteren sogar die dänische Schulsprache. Diese beiden Kirchspiele wird man auch jetzt noch als überwiegend dänisch anzusehen haben, während in den westlicher gelegenen die deutsche Sprache schon überwiegen dürfte.

In der nördlichen Hälfte des Amtes Tondern ist nur die Tonder-Harde noch theilweise deutsch, nämlich der südliche Theil derselben, die Stadt Tondern und die Gemeinde Uberg (3800 Einwohner). Nach Biernatzki waren beide überwiegend dänisch, nach der Gendarmerie-Aufnahme wie nach Geerz ist Uberg ganz dänisch, die Stadt Tondern ist nach der Gendarmerie-Aufnahme überwiegend dänisch, nach Geerz und Clement überwiegend deutsch. Als überwiegend deutsch gilt Tondern jetzt allgemein, auch waren dort kaum irgend welche Stimmen für die Beibehaltung der dänischen Predigt und Schule; dagegen ist Uberg noch stärker dänisch gemischt, weshalb dort abwechselnd die dänische Predigt beibehalten ist.

Nördlich dieser Linie, also im allgemeinen nördlich der Widau und Scheidebecke finden sich nur zwei Gemeinden, in welchen das Deutsche als überwiegend angenommen wird: der Flecken Christiansfeld und die Stadt Hadersleben, die letztere bei Geerz als halb deutsch bezeichnet; nach Geerz, Biernatzki und Clement gehörte hierhin ferner die Ortschaft Grafenstein (was jedoch für die heutigen Verhältnisse zweifelhaft ist), vormals auch Augustenburg, welches nach Geerz ganz deutsch war, jetzt wohl nur noch wenig deutsch ist. Stark deutsch gemischt, aber schwerlich überwiegend deutsch sind ferner die Städte Apenrade und Sonderburg, welche Geerz gleichfalls als halb deutsch bezeichnete; außerdem ist nach Biernatzki, sowie nach neueren mündlichen Berichten im Flecken Hoyer (welcher für altfriesisch gilt) die deutsche Sprache erheblich vertreten. Was die Verbreitung des Deutschen in den übrigen Flecken und in den Landgemeinden des nördlichen Schleswig betrifft, so fehlt es an näheren Angaben, welche eine irgend zutreffende Schätzung ermöglichen könnten; aber eben deshalb darf wohl vorausgesetzt werden, daß der Bruchtheil der Deutschen überall, und selbst in denjenigen Gemeinden, welche vormalls gemischte Kirchensprache hatten, nämlich im Flecken Lygum-Kloster und in Kliplef, sowie in Broaker, der südlichsten Gemeinde des Sundewitt nur ein geringer ist, und daß hier die Vertheilung derselben derjenigen nicht unähnlich ist, welche die dänische Sprache zur Zeit der letzten dänischen Herrschaft in der südöstlichen Hälfte des gemischten Districts erlangt hatte. Insbesondere würde es nicht gerechtfertigt sein, aus der politischen Abstimmung, bei welcher Hoyer, Lygumkloster und Rapstedt als überwiegend deutsch, Christiansfeld, Apenrade, Hadersleben als fast zur Hälfte, Sonderburg, Augustenburg mit Kettwig und vier Gemeinden der Schluxharde als zu über 3 Zehntel, 11 andere Gemeinden als zu über 2 Zehntel und noch 33 als zu über 1 Zehntel deutsch erscheinen, auf eine irgend annähernde Verbreitung der deutschen Sprache zu schließen, so wenig wie es gerechtfertigt ist, aus derselben Abstimmung den entsprechenden Schluß in Ansehung der Verbreitung des Dänischen in Flensburg und den anglischen Gemeinden längs der flensburger Föhrde zu ziehn.

Nach den vorstehenden Erörterungen würde sich also das zusammenhängende überwiegend dänische Sprachgebiet in Schleswig auf $67\frac{1}{2}$ Quadratmeilen, 121 Gemeinden, 149,300 Einwohner stellen, von welchen letzteren wahrscheinlich noch nicht ein Zehntel der deutschen Sprache angehört. Nach der dänischen Gendarmerie-Aufnahme geht dagegen das dänische Sprachgebiet weiter, indem es die ganze Wiesharde mit Ausnahme von Nord-Hackstedt, acht Gemeinden der Karrharde, die ganze Tonderharde und Aventoft mit enthalten würde, also noch etwa

8 Quadratmeilen, 13 Kirchspiele und 13,700 Einwohner, von denen nach dänischer Auffassung nur ein ganz geringer Theil (vielleicht 1600), nach der diesseitigen Schätzung aber 8500 der deutschen Sprache angehören würden. Dagegen gehört selbst nach der dänischen Aufnahme das ganze übrige Schleswig dem deutschen, d. h. nach der dänischen Bezeichnung dem deutschen und friesischen Sprachgebiet an, ein Territorium von 88½ Quadratmeilen mit 145 Gemeinden, 238,900 Einwohnern, unter welchen sich nach der auf Grund der Gendarmerie-Aufnahme ausgeführten Berechnung (abzüglich Flensburgs, wo dieselbe nicht stattgefunden hat) etwa 5500 und bei Zurechnung eines Fünftels der flensburger Bevölkerung (was bei weitem zu hoch ist) 9500 Dänen, nach diesseitiger Schätzung aber nur etwa 3600 Dänen befinden würden.

Jedenfalls ist es klar, daß die früher vorhandenen dänischen Schätzungen Paulsen's, Wimpfen's und Allen's, deren Bestreben, eine wirkliche Mehrheit dänischer Bevölkerung im Herzogthum Schleswig nachzuweisen, bis zur Schätzung der letzteren auf 209,200 ging, was nach dem heutigen Gränz- und Bevölkerungstand 224,000 bedeuten würde, durch die dänische Aufnahme von 1856 vollständig widerlegt sind, daß diese letztere, bei vielen Abweichungen im einzelnen, sich im ganzen der Schätzung Clement's nähert, welche selbst wieder hinter dem heutigen Zustande, dessen thatsächliche Verhältnisse sich während des Sprachdruckes bildeten, dennoch zurückbleibt, und daß die Fläche, über deren Zugehörigkeit zum deutschen oder dänischen Sprachgebiet man zweifelhaft sein kann, gegenüber den Uebertreibungen, an denen es von beiden Seiten her nicht gefehlt hat, außerordentlich klein ist. Von praktischer Bedeutung für die Entscheidung der noch schwebenden politischen Frage sind indeß auch die noch unaufgeklärten Differenzen der Schätzungen schwerlich, solange von deutscher Seite ein Sprachdruck nicht stattfindet und überdies die Bereitwilligkeit vorhanden ist, bei Gewährung von Garantien für die deutsche Nationalität der Einwohner, und gerade diese würden die richtige Verwirklichung des Nationalitätsprincipes sein, auch überwiegend deutsche Gemeinden an Dänemark abzutreten. Denn dänischerseits wird man nicht denken können, ihre südlich der Linie Tondern-Flensburg liegenden Kirchspiele der Karrharde und Wies-Harde der skandinavischen Nationalität zu erhalten, da diese, umgeben von den deutschen Städten und den wohlhabenderen deutschen Landterritorien, sich selbst germanisiren; andererseits aber würde das deutsche Interesse durch die Gewährung solcher Garantien befriedigt sein, und die Nichtabtretung des nordwärts der flensburger Föhrde gelegenen Landes würde, sobald nur noch die Gründe politischer Machtstellung in Betracht kämen, sich auf ein weit geringeres Territorium beschränken können, als heut, wo der deutsche Flecken Christiansfeld bereits die Gränze gegen Dänemark bildet.

Daß die Deutschen auch über die Gränze des Herzogthums Schleswig hinaus in kleineren Zahlen durch das Königreich Dänemark zerstreut sind, zeigt die auf Grund der Zählung von 1850 herausgegebene Statistik über die Geburtstelle der Bevölkerung des Königreichs. Nach derselben beträgt die Zahl der in deutschen

Ländern geborenen, wenn man nur den dritten Theil der in Schleswig geborenen einrechnet, schon über 11,000, in Kopenhagen allein etwa 3400. Die schwedischen Aufnahmen geben die Zahl der in Deutschland geborenen auf etwa 2350 an; für die in Norwegen befindlichen Deutschen fehlt jede Angabe. Anderseits ist auch die Zahl der in Deutschland lebenden in Skandinavien geborenen noch nicht ermittelt; jedenfalls ist sie der der Deutschen in den skandinavischen Ländern auch nicht annähernd gleich, vielmehr wird man nicht zu niedrig schätzen, wenn man sie (dem Verhältniß der in England lebenden Deutschen und Skandinavier entsprechend) auf nur ein Fünftel der in Skandinavien lebenden Deutschen schätzt; diesem Verhältniß entspricht es auch, daß die neueste Volkszählung in den königlich preußischen Ländern südwärts der Eider nur 1770 den skandinavischen Staaten angehörige ergeben hat.

Neben dem Zusammentreffen der deutschen und der skandinavischen Nation im Herzogthum Schleswig findet sich ein solches auch in denjenigen osteuropäischen Theilen, über welche die beiden Nationen längere Zeit ihre Herrschaft erstreckten und eine dauernde Geltung ihrer Sprache als Landessprache begründeten, in den Ländern östlich des baltischen Meeres; und hier unter finnischen Völkern und russischer Oberherrschaft hat auch das Gefühl der Stammesverwandschaft beider germanischer Nationen weniger gelitten als in den westlichen Staaten. Die Zahl der Schweden, welche in Ehstland, hauptsächlich in einigen Kirchspielen des Kreises Wieck, außerdem auch in der Stadt Reval neben und mit den Deutschen leben, deren Sprache noch heut die Cultursprache dieses Landes ist, wird auf 5600 (bei Graß) bis 6500 (bei Erckert) geschätzt. Umgekehrt hat sich die deutsche Einwanderung auf die Nordseite des finnischen Meerbusens in ein unter skandinavischer Cultur stehendes Land erstreckt, nämlich nach der Stadt Wiborg, wo schon Büsching die deutsche lutherische Gemeinde neben der schwedischen und der finnischen erwähnt. Die Zahl der in Finnland lebenden Deutschen wurde vor dreißig Jahren von Köppen auf noch nicht 400 geschätzt, vermuthlich den damaligen Bestand der betreffenden Kirchengemeinde in Wiborg. Erckert giebt dieselbe für die jetzige Zeit auf 5000 an, wobei jedoch der Verdacht der Ueberschätzung um so näher liegt, als auch bei anderen Landstrichen längs des baltischen Meeres Erckert's Angaben für die Deutschen zu hoch sind.

III.

Die Deutschen gegenüber den Letten und Ehsten.

Inhalt. Uebersicht des lettischen Nationalgebietes. Die Deutschen und Letten im Preußenlande; deutscher und preußischer Theil Schalauens und Sprachverhältniß der Kirchspiele, die Preußen in Nadrauen. Abnahme der preußischen Bevölkerung und Fortschritt der Germanisirung in den Mischungsgruppen der Ortschaften sichtbar.

Nationalitäts-Verhältnisse und Antheil der Deutschen in Kurland, Semgallen und Lettland; Nachrichten über die entsprechenden Verhältnisse im vormals polnischen Lettland, den altlittauischen Gebieten des russischen Reiches und dem national-littauischen Theile des Königreichs Polen. Die Deutschen gegenüber dem russischen Sprachdruck und der national-lettischen Richtung.

Die anstoßenden finnischen Stammesgebiete, Nationalitäts-Verhältnisse im ehstnischen Livland und in Ehstland.

Die Verschiedenheit der Nationalitäts-Verhältnisse derjenigen Gebiete, in welchen der deutsche Volkstamm mit und unter dem lettischen wohnt, läßt sich dahin zusammenfassen, daß ein Theil des alten lettischen Nationalgebietes, das alte Preußenland, jetzt schon wesentlich als ein deutsches Land erscheint, in welchem allerdings der lettische Stamm in den Nachkommen der Preußen und Littauer und ebenfalls seine Sprache noch verbreitet ist, die deutsche Nationalität jedoch bereits selbst in der äußersten Landschaft schon das numerische Uebergewicht hat, — daß zweitens diejenigen weiteren Theile des lettischen Gebietes, welche lange Zeit unter deutscher Herrschaft standen, Kurland, Semgallen und das eigentliche Lettland, insofern auch jetzt noch als deutsche Länder erscheinen, als der gebildete und besitzende Theil der Bevölkerung, d. h. ein großer Theil der Stadt- und ein kleiner der Landbevölkerung in diesen Gebieten der deutschen Nationalität angehört, welche auch über alle Theile derselben thatsächlich verbreitet ist, wogegen die unter deutscher Leitung stehenden Letten numerisch fast überall bei weitem vorwiegen, — daß endlich drittens in denjenigen Theilen, welche nicht lange unter deutscher, aber bis zur Theilung Polens unter polnischer Herrschaft standen, namentlich im eigentlichen Littauen, sich zwar gleichfalls deutsche Einwanderer, hier und da sogar deutsche Gemeinschaften vorfinden, das deutsche Element jedoch in diesen Theilen nicht nur hinter dem numerisch überwiegenden lettischen, sondern großentheils auch hinter dem vormals herrschenden polnischen zurückgeblieben ist, welches letztere, wie das deutsche das lettische aus dem Stammgebiete der Preußen, eben so seinerseits das lettische aus dem alten Stammgebiete der Jadwingen (Podlachien) bereits fast gänzlich verdrängt hat.

Der heutige Stand der Nationalitäts-Verhältnisse im Lande Preußen geht aus der ersten Seite der Nationalitäts-Tabelle Nr. II. vom preußischen Staate und der Zusammenstellung auf der Beilage 1 zu dieser Tabelle, welche die Ergebnisse der Aufnahmen von 1817 bis 1861 enthält, sehr deutlich hervor. Von dem ganzen Gebiete, auf welchem einst der preußische Volkstamm der herrschende war, und das auf 735 Meilen jetzt etwa 1,930,000 Einwohner zählt, gehören jetzt 493 Meilen zum deutschen, 185 zum polnischen, 57 zum lettischen (d. h. preußisch-littauischen) Sprachgebiete, und zählen 1,450,000 Einwohner zur deutschen, 340,000 zur polnischen, kaum 140,000 zur lettischen oder, wie man hier auch sagen kann, zur preußischen Nation. Auf die Geschichte der Verdrängung des preußischen Volkstammes komme ich hier nicht zurück; die wichtigeren Thatsachen derselben sind S. 356 f. der Abhandlung über die Volksprache erwähnt worden. Dem heutigen Stande nach ist das preußische Volk lettischer Nation fast allein auf die Landschaften Schalauen und Nadrauen beschränkt oder, nach der Eintheilung des vorigen Jahrhunderts zu reden, auf die Kreise Insterburg (vormals auch Klein-Littauen genannt) und Labiau, und auch in diesen Landestheilen steht ihnen eine wirklich deutsche Bevölkerung sowohl in den Nachkommen der alten Colonisten, welche zu einem vorwiegend niederdeutschen Stamme zusammengewachsen sind, als in denen der neueren Einwanderer, namentlich derjenigen fränkisches, alemannisches und bayerisches Stammes gegenüber.

Die lettische Nation findet sich mithin nur noch in Landschaften, von denen es sogar bezweifelt wird, ob ihre ursprünglichen Bewohner dem eigentlich preußischen Stamm der Letten, oder dem littauischen Stamm derselben, bez. nordwestlich der Minge dem kurischen Stamme angehören, und in denen jedenfalls zu den Einwohnern preußisches Stammes nicht nur die massenhafte deutsche Einwanderung sondern auch Zuzüge aus Littauen selbst hinzugetreten sind; so erklärte schon 1845 Berghaus in seiner Statistik: es giebt kein preußisches Volk! Nichts desto weniger kann den littauischen Einwohnern dieser Landschaften der Name der Preußen mit vollem Rechte beigelegt werden, da sie, im Preußenlande und sogar buchstäblich „am Ruß" wohnhaft, offenbar gleicher Nationalität, wie der Stamm der Preußen angehören, wogegen die Bezeichnung der deutschen Bewohner des Preußenlandes als Preußen eine entschieden mißbräuchliche und somit verwerfliche ist, die, da sie nur Mißverständnisse und Begriffsverwirrung hervorrufen kann, der Deutsche sorgfältig vermeiden und durch die richtige Bezeichnung als Preußenländer ersetzen sollte, wie man ja allgemein Kurländer, Livländer, Ehstländer für die Deutschen dieser Landschaften sagt.

In dem nordwärts der Memel und Szeszuppe gelegenen Theile der Landschaft Schalauen, welcher nach der heutigen Eintheilung den Kreis Memel, den größeren Theil von Heidekrug und Tilsit, den kleineren von Ragnit und Pillkallen und einige Ortschaften des Kreises Niederung enthält, ist die lettische Nation noch die überwiegende. Von seinen 121,000 Einw. sind fast 67,000 Preußen (bez. Littauer und Kuren), nämlich bei Abrechnung der deutschen Stadt Memel mit 17,500 Einwohnern fast zwei Drittel der gesammten Land-Bevölkerung, und zwar ziemlich gleichmäßig in allen betheiligten Kreisen. Dagegen sind in den südlich jener Flüsse gelegenen Theilen Schalauens unter gegen 160,000 Einwohnern nur etwa 46,000, also insbesondere der dritte Theil der Landbewohner, preußischer Nationalität.

Unterscheidet man in diesem Landestheile die einzelnen Kirchspiele, so überwiegen die Preußen im Kreise Pillkallen nur in den beiden nördlichen an der Szeszuppe gelegenen Kirchspielen Schillehnen und Lasdehnen mit 11,300 Einw., während in den fünf südlichen Kirchspielen die Zahl der Preußen nur 9 bis höchstens 23 pCt. der Bevölkerung ausmacht. — Im Kreise Ragnit ist von den beiden rechts der Szeszuppe gelegenen Kirchspielen mit etwa 10,200 Einw. Wischwillen mehr preußisch, das rings von littauischen Kirchspielen umgebene Schmalleningken schon mehr deutsch. Am linken Ufer der Szeszuppe sind die beiden östlich gelegenen Kirchspiele Budwethen und Friedrichswalde und das westliche Kirchspiel Szillen zu über 2 Fünfteln preußisch, während in den mittleren Kirchspielen Kraupischken, Langwethen und Ragnit die Preußen nur etwa 3 Zehntel der Bevölkerung ausmachen; die Stadt Ragnit ist deutsch.

Im Kreise Tilsit enthalten die vier nördlich des Niemen gelegenen Kirchspiele Willkischken, Plaschken, Pictupönen und Coadjuten mit etwa 28,700 Einw. 54 bis 70 pCt. an preußischen Einwohnern. Auch im Kirchspiel Tilsit ist bei Abrechnung der fast durchaus deutschen Stadt die preußische Nationalität überwiegend, und zwar auf beiden Ufern des Niemen (55 pCt. von 11,800 Einw.), dagegen bei Einrechnung der Stadt die deutsche Nationalität (75 pCt.); im südlichsten Kirchspiel Jurgaitschen ist, bei Einrechnung der zu den Kreisen Ragnit und Niederung gehörigen Theile desselben, die Zahl der Deutschen die größere.

Im Kreise Niederung beträgt die Zahl der Preußen in dem vom Niemen durchschnittenen Kirchspiele Kaukehmen 2 Fünftel der Bevölkerung, noch etwas höher steht sie in den Kirchspielen Skaisgirren und Inse, dagegen beträgt sie in den übrigen Kirchspielen, welche man als die neueste Erwerbung der deutschen Colonisation im Preußenlande bezeichnen kann, nur 2 bis 3 Zehntel der Bevölkerung. — Im Kreise Heidekrug sind die Deutschen nur in den beiden südwestlich des Flusses gelegenen Kirchspielen Kinten und Karkeln (mit 2500 Einw.) zahlreicher; die preußische Bevölkerung überwiegt in den vom Ruß durchschnittenen Kirchspielen Schakuhnen und Ruß (3 Fünftel Preußen), ebenso hoch steht sie im Kirchspiel Werden mit Heidekrug; 7 Zehntel beträgt sie in den drei anderen nordöstlichen Kirchspielen des Kreises. — Im Kreise Memel ist auch die kurische Nehrung (700 Einw.) vom lettischen Volkstamme bewohnt. Nach Kirchspielen abgegränzt, begreift daher der überwiegend preußische Theil Schalauens mit Einschluß der deutschen Stadt Memel etwa 52 Qu.-M. mit 138,600 Einw., von denen 75,200 preußischer Nationalität sind.

In Nadrauen, zu welcher Landschaft im wesentlichen die Kreise Gumbinnen, Stallupönen, Insterburg, der östlich der Deime gelegene Theil der Kreise Labiau und Wehlau und der südlich der Arge gelegene Theil des Kreises Niederung gehören, sind unter ungefähr 210,000 Einw. kaum 20,000 littauisch-preußischer Zunge, auch diese so vertheilt, daß ein zusammenhängendes Gebiet sich nur im Kreise Labiau (im Anschlusse an den Kreis Niederung) findet. Hierzu kommen weitere etwa 1800 Preußen in dem südlich anschließenden Landestheile (zwischen der Angerap, Goldap und Pissa), welcher bald zu Barten, bald zu Sudauen gerechnet worden ist, und in welchem an der Landesgrenze bei Przerosl in dem überwiegend deutschen Dorfe Loyen die littauische Nationalität mit der polnischen zusammentrifft.

Wie die Zusammenstellung in der Beilage 1 zur Tabelle II zeigt, ist in diesem südlichsten Theile des vormaligen Klein-Littauens die preußisch-littauische Sprache in starkem Rückgange begriffen; auch in den nadrauischen Theilen nimmt die Zahl der Littauer ab; im südlichen Theil von Schalauen scheint sie wenigstens in der letzten Zeit nicht mehr gestiegen zu sein, während in den nördlichen Theilen eine gewisse Zunahme bisher noch stattgefunden hat. Im ganzen scheint die Zahl der Preußen mit der Aufnahme von 1843 ihren Höhepunkt gehabt zu haben, von welchem sie nun durch das allmähliche Aufgehen der vorgeschobenen Volkstheile in der überwiegenden deutschen Bevölkerungszahl herabgeht, eine Abnahme, welche, wie in vorigen Jahrhunderten, und namentlich im Anfang des achtzehnten Jahrhunderts, durch eingetretene Mißernten und Nothstand noch beschleunigt wird, indem die entstehende Verminderung der Preußen durch Vermehrung und Zuzug Deutscher ergänzt wird.

Den Umfang des preußisch-littauischen Sprachgebietes hatte H. Berghaus für 1849 (in der „Preußischen Zeitung") auf 120 Qu.-M. angegeben; die jetzt vorliegenden Ermittelungen stellen denselben bei Unterscheidung der Ortschaften innerhalb jedes Kreises auf 57,1 Qu.-M. heraus. Hierbei sind aber nur die überwiegend preußischen Ortschaften zu diesem Sprachgebiet gerechnet, während Berghaus, wie es scheint, alle Orte, in denen über ein Achtel der Einwohner lettischer Zunge war, schon als preußische mit einrechnete. Rechnet man für 1861 alle Orte mit mindestens zu einem Achtel preußischer Bevölkerung als preußisches und gemischtes Sprachgebiet, so würde dieses noch etwa 103 Qu.-M. betragen.

Eine eigentliche Aussonderung zusammenhängender Sprachgebiete beider Nationen durch eine anschauliche Linie ist nämlich bei der Eigenthümlichkeit der Wohn- und Mischungsverhältnisse hier nicht recht ausführbar; schon die Sprachkarte, welche die Wohnplätze unter 25 Einwohnern nicht berücksichtigen konnte, und in diesem Theile des Staates enthalten die einzelnen Ortschaften durchschnittlich nur 150 Einw., zeigt namentlich südlich und längs der bezeichneten Flüsse eine bunte Mischung deutscher und preußischer und gemischter Ortschaften jedes Grades. Ebenso zeigt die Tabelle eine auffallend starke Vertheilung auf die einzelnen Mischungsgruppen, welche in den Kreisen Pillkallen und Ragnit eine fast gleichmäßige ist, wogegen in den Kreisen Insterburg, Niederung und Labiau die Gruppen um so größer werden, je deutscher, in den Kreisen Tilsit, Heidekrug, Memel, je preußischer die Mischung ist. Wirklich ungemischte preußische Landestheile giebt es kaum mehr; denn während die Gruppen jeder einzelnen Zehntel-Mischung ziemlich regelmäßig etwa 180 Ortschaften mit etwa 29,000 Einwohnern enthalten, so hat die am stärksten preußische Gruppe, welche die zwei Mischungen (der Ortschaften mit 0 bis ein Zehntel deutschen Einwohnern, und der Ortschaften mit ein bis zwei Zehntel deutschen Einwohnern) zusammen enthält, nur 47,800 Einwohner in 457 Wohnplätzen. Gerade die kleinsten Wohnplätze, diese namentlich im Kreise Memel, sind es also, in denen die preußische Bevölkerung sich noch am abgeschlossensten erhalten hat.

Die Gleichmäßigkeit der einzelnen Gruppen zeigt, daß die Germanisirung derselben regelmäßig fortschreitet, die Ortschaften rücken eben allmählich aus einer Gruppe in die andere deutschere hinüber. Die Zersplitterung desjenigen Gebietes, welches heute noch auf der Karte als überwiegend preußischer Nation erscheint, und welches östlich an beiden Ufern der Szeszuppe, dann rechts des Riemen und um die Ausflüsse desselben (bis Loyen im Kreise Niederung) belegen ist, wird immer mehr zunehmen, wogegen die zahlreichen preußischen Enclaven im deutschen Gebiete sich durch die wachsende deutsche Beimischung zusehends vermindern und verschwinden, bez. nach Nordosten weiterschieben werden.

Von den übrigen Ländern lettischer Nationalität ist Kurland und Semgallen dasjenige, in welchem die deutsche Sprache am meisten verbreitet ist, und zugleich dasjenige, aus welchem die besten Nachrichten über die thatsächlichen Nationalitäts-Verhältnisse vorliegen. Die Beilage 1 zur Tabelle IV vom russischen Reiche enthält eine Zusammenstellung aus den Aufnahme-Ergebnissen von 1861. Sie zeigt, daß in allen Städten und Flecken von Kurland und zum größten Theile auch von Semgallen die deutsche Nationalität die entschieden überwiegende ist, in beiden Landschaften zwei Drittel der städtischen Einwohner Deutsche sind; allerdings bei Einrechnung der Juden zu den Deutschen, was jedoch, da sie sich des Deutschen als Familiensprache bedienen, und überhaupt diese Aufnahme ausdrücklich die Muttersprache als Kennzeichen der Nationalität bestimmte, vollkommen gerechtfertigt ist; bei Abrechnung der Juden würden fast nur die größeren Städte (Mitau, Libau, Windau) als überwiegend deutsche erscheinen, da in den übrigen die Juden unter den Einwohnern deutscher Zunge die Mehrheit bilden. Nur in der Stadt Illuxt steht die Zahl der Deutschen hinter der der Polen, in zwei Flecken dieses östlichsten Kreises von Semgallen hinter der der Russen zurück, wie überhaupt im Kreise Illuxt die Deutschen nur 9 bis 10, die Letten 55 bis 56, die Russen 22, die Polen 13 pCt. der Bevölkerung ausmachen. Auf dem Lande in Kurland ist schwerlich eine deutsche Ortschaft, durchweg aber ist die deutsche Nationalität zu nicht unerheblichem Theile, in den einzelnen Kreisen Kurlands zu

4 bis 7 pCt. der Bevölkerung, in Semgallen zu 2 bis 5 pCt. der Bevölkerung verbreitet.

Verhältnißmäßig geringer ist die Zahl der Deutschen im lettischen Livland, dem eigentlichen Lettland. Die neueste Zählung (von 1867) hat über die Bevölkerungsverhältnisse der livländischen Städte ein den Deutschen unerwartetes Licht verbreitet, indem sie herausgestellt hat, daß von 148,000 städtischen Einwohnern nur 67,100 Deutsche, 28,300 Letten, 18,200 Ehsten und fast 30,000 Russen sind. Für das lettische Livland insbesondere hat sich gezeigt, daß in Riga selbst, wie auch in Wolmar, Wenden, Lemsal und Schlock nur noch die verhältnißmäßige, aber nicht mehr die absolute Mehrheit auf Seiten der Deutschen ist, so daß diese zwar noch als deutsche Enclaven im lettischen Gebiete zu betrachten sind, doch aber schon eine überwiegende fremde Beimischung haben. In Riga insbesondere wurden neben 47,469 Deutschen, 25,647 Russen, 23,718 Letten und 5199 anderen Nationen angehörige gezählt. Für die Zahl der Deutschen auf dem Lande in Lettland fehlen die Nachrichten, das aber kann nach den Ständeverzeichnissen bestimmt gesagt werden, daß die deutsche Beimischung auch hier viel geringer ist als in Kurland; nur ein großes deutsches Dorf, Hirschenhof, ist bekannt. Die hohe Schätzung der Zahl der Deutschen in Livland (und in Ehstland), wie sie sich bei Erckert findet, erscheint den neuesten Zählungs-Ergebnissen gegenüber als eine ganz übertriebene; sie ist nicht einmal für den heutigen Stand, geschweige denn für die von ihm selbst angenommene Zeit von 1858 glaubwürdig. Umgekehrt sind durch die neueste Zählung die anderweiten Schätzungen (von Köppen und Graß) annähernd bestätigt worden. Im ganzen sind, wenn man die vorliegenden Nachrichten auf den Bevölkerungstand von 1860 zurückführt, unter gegen 1,040,000 Einwohnern der lettischen Theile der bisher sogenannten deutschen Ostseeprovinzen des russischen Reiches nur 122,000 Deutsche neben etwa 840,000 Letten, die übrigen etwa 80,000 Einwohner sind zu mehr als zwei Dritteln russischer, dann polnischer Nationalität (etwa 12,000), endlich ehstnischer (eigentliche Liven und Ehsten).

Weitere Länder, in welchen die lettische Nationalität angestammt und so zu sagen historisch berechtigt ist, sind das sogenannte polnische Livland (d. h. das östliche Lettland) und das alte Littauen. Für das polnische Livland, die Kreise Dünaburg, Rositten und Lutzin mit etwa 240,000 Bewohnern ist nach den spärlichen Angaben, die sich bei Köppen und Erckert finden, die Zahl der Letten auf 150—160,000 anzunehmen; die der Deutschen ist bei Erckert (und ebenso bei Buschen) auf 9500 geschätzt; auch diese Angabe ist vermuthlich zu hoch, denn sie scheint sich auf die Zahl der evangelischen Einwohner zu stützen, welche doch nur theilweise Deutsche sind. Werden freilich die Juden in diesen Kreisen, von welchen sich jedenfalls ein erheblicher Theil des Deutschen als seiner Familiensprache bedient, den Deutschen hinzugerechnet, so würde sich die Zahl der letzteren noch beträchtlich höher herausstellen. Die übrigen 80—90,000 Einwohner werden vielleicht zur Hälfte der russischen Nationalität angehören, die andere Hälfte Juden, Polen und zu einem kleinen Theile (angeblich 10,000) Ehsten sein.

Das eigentliche Littauen in seinem Bestande bis zur Theilung des polnischen Reiches umfaßte die heutigen Gouvernements Kowno und Wilna, einen kleinen Theil des Gouvernements Grodno (die Kreise Grodno und Sokol) also im wesentlichen das rechtseitige Flußgebiet des Niemen mit dem der Disna und weiter ungefähr denjenigen Theil des zum bisher sogenannten Königreiche Polen (Congreß=Polen) gehörigen Gouvernements Augustowo, welcher zum linkseitigen Flußgebiet des Niemen (unterhalb Grodno) gehört, nämlich die Kreise Maryampol, Kalwarya, Seyny und theilweise Augustowo. In diesen Landestheilen ist, wie die Zusammenstellungen auf der Beilage 1 zur Tabelle IV für das Jahr 1858 ergeben, der größte Theil der Einwohner lettischer (littauischer) Nationalität. In den an Weiß= und Schwarz=Rußland gränzenden Theilen sind jedoch zahlreiche Russen; insbesondere enthalten die schon bei der zweiten Theilung Polens an Rußland gekommenen Kreise Disna und Wileika bereits mehr Russen als Littauer (Wileika 48,000 Russen neben 30,000 Littauern), und sollen die Kreise Oszmiana, Lida und Grodno gleichfalls stark russisch gemischt setn. Die ungefähre Grenze der russischen und lettischen Nationalität, wie sie um das Jahr 1860 bestand, wird auf Erckerts Karte am richtigsten bezeichnet sein, während auf der Köppen'schen (und der dieser entsprechenden Sprachkarte vom preußischen Staate) das lettische Gebiet zu eng angegeben ist, weil eben Köppen's Ermittelungen in Ansehung der Zahl der Littauer offenbar unvollständig ausgefallen waren. Der südwestlichste Theil von Littauen, nämlich der Kreis Augustowo, der größte Theil von Sokol und der westliche Theil des Kreises Seyny sind (wie das vor Zeiten gleichfalls lettische, nämlich von Jadwingen bewohnte Podlachien) bereits polonisirt, sowie auch über das ganze Gouvernement Wilna Polen in großer Anzahl zerstreut sind.

Im ganzen läßt sich für 1860 annehmen, daß unter der Bevölkerungszahl von Alt=Littauen nördlich des Niemen (unter 2,010,000 Einw.) reichlich 1,310,000 Littauer neben 700,000 abweichender Nationalität wohnten, davon etwa 240,000 Russen (diese großentheils im Anschlusse altrussischer Gebiete), 230,000 Polen, über 200,000 deutsch=polnische Juden und 20—23,000 nach Sprache und Abstammung Deutsche. Von den Deutschen befindet sich der größte Theil im westlichen Samogitien, von welcher Landschaft auch zeitweise der westlich der Dubissa gelegene Theil (ungefähr die Kreise Rosienie, Telsze und Szawle) zum Gebiete des deutschen Ordens gehört hat. Die Gouvernements=Beschreibung von Kowno giebt eine statistische Tabelle der Familienzahl nach der Nationalität, nach welcher, wie die Beilage I zeigt, in dem unmittelbar an das preußische Gebiet anschließenden Kreise Rosienie allein etwa 11,000 Deutsche leben, mithin 7 bis 8 pCt. der dortigen Einwohner Deutsche sind; von diesen befindet sich nach Matthiä's Angabe ungefähr die Hälfte in und um Tauroggen, welche Herrschaft vormals im Besitze des preußischen Königshauses war.

Von nicht geringerer Stärke als nordwärts des Niemen ist die Zahl der deutschen Eingewanderten in dem anschließenden national-littauischen Theile des Königreichs Polen, welcher gleichfalls an das in der Germanisirung begriffene preußische Territorium grenzt. Die Zahl der Deutschen in den Kreisen Maryampol, Kalwarya und der Osthälfte von Seyny ist nach den Nachrichten bei Köppen und in Busch's Darstellung der lutherischen Gemeinden auf etwa 22—25,000 für das Jahr 1860 zu veranschlagen; als ihre Hauptsitze sind bei Köppen: Gilgudischken, Kwiecischken, Lesnietwo, Zyplo, Schilgallen, Pojewon, Pogiermon und Freda bezeichnet. Die Zahl der Littauer in diesen Theilen ist nahezu eine viertel Million.

Betrachtet man das ganze heut unter russischer Oberherrschaft stehende Gebiet des lettischen Stammes, so enthält dasselbe über 3,650,000 Einwohner, von denen reichliche 70 pCt. Letten und Littauer, kaum 4 pCt. (140—145,000) nach Sprache und Abstammung Deutsche sind, außerdem deutsch der Sprache nach mindestens die 30,000 Juden in Kurland ꝛc. und wahrscheinlich ein sehr erheblicher Theil der in den vormals polnischen Theilen wohnenden reichlich 260,000 Juden. Die weitere Bevölkerungszahl vertheilt sich ziemlich gleichmäßig auf Russen (9 bis 10 pCt.) und Polen (8 bis 9 pCt.), wobei jedoch zu den letzteren noch ein Theil der jüdischen Bevölkerung zu rechnen sein wird.

Handelt es sich um das Verhältniß der Einwohner deutsches Stammes zu denen lettisches Stammes, so ist die Zahl der eigentlichen Deutschen in Littauen und Lettland kaum größer als die Zahl der lettischen Preußen in dem Territorium, welches jetzt unter deutscher (d. h. königlich preußischer) Herrschaft steht. Nach dem vorgesagten ist klar, daß wir es auf diesem ganzen lettisch-littauischen Gebiete für keine größere Landstrecke mit wirklich deutschem Lande zu thun haben, da, wie ein großer Staatsmann bei der Besprechung dieser Angelegenheit in der Volksvertretung des königlich preußischen Staates richtig hervorhob, die deutsche Bevölkerung dieser Länder überall nur wenige Procente der Gesammtbevölkerung ausmacht. Auch die aus dem Jahre 1860 vorliegenden Zahlen werden sich in ihrem Verhältnisse seitdem geändert haben, schwerlich zum Vortheil der Deutschen, gewiß zum Vortheil der Russen, deren Nationalität sich durch Austreibung, Unterdrückung und Entgeistigung der altansässigen Völker vermehrt und erweitert. Welche Erfolge die Russificirung Littauens bereits ergeben hat, darüber fehlen die Angaben, und sie müssen fehlen, wo eben die abweichende Sprache sich öffentlich nicht mehr zeigen darf. Das aber bleibt festzuhalten, daß eine förmliche Entgeistigung der Bevölkerung durch den Sprachzwang, wie sie im lettischen Stammesgebiet zunächst in Littauen geübt worden ist, und für die übrigen Theile dieses Gebietes schon vorbereitet wird, vom Standpunkte des Nationalitäts-Princips betrachtet das Recht des Unterdrückers nicht erweitern, sondern nur verwirken kann.

Die deutsche Nation, nachdem sie der Unterdrückung der Polen in Littauen fast theilnahmlos zugesehen, sieht jetzt folgerichtig die Russificirung sich auf das littauische Volk selbst und zugleich auf die unter den Littauern wohnenden Deutschen erstrecken. Im littauischen, wie im ganzen lettischen Sprachgebiete zu wenig verbreitet, um diese Länder als deutsche betrachten und um ihre Einverleibung in

Deutschland wünschen zu können, konnte sie doch derjenigen Nation, welche in Kurland und Livland so lange des Schutzes deutscher Cultur genoß, auch ferner ein Schutz sein. Statt mit der Vorliebe für den Namen des Lettenstammes im Preußenlande einen leeren und thörichten Prunk zu treiben (denn thöricht ist der Cultus dieses Volksnamens bei uns Deutschen, gleichviel ob die Bezeichnung „Preuße" nach der älteren Ansicht einen „Russanwohner", oder ob sie nach H. Berghaus Darlegung einen „Waldmenschen" bedeutet), sollten die Deutschen lieber auf die noch lebensfähigen Brudervölker desselben Stammes ihre Blicke richten und namentlich würde das bisher allzuwenig beachtete Streben der junglettischen; Partei nach Erhaltung und Förderung der lettischen Nationalität, welche eine den slawischen Nationen vollkommen ebenbürtige ist, die Unterstützung der deutschen Nation verdienen.

Unmittelbar an das lettische Sprachgebiet und theilweise mit demselben vermischt, schließen sich die Gebiete finnischer Stämme an, deren südlichster, der bereits erwähnte Stamm der Liven, einst bedeutende Theile des lettischen Gebietes zu beiden Seiten der Düna bewohnt hatte, jetzt aber in beiden Landschaften auf wenige Kirchspiele beschränkt ist. Der nördlichere, ebenfalls schon erwähnte Stamm der Ehsten hat sich dagegen in seinem alten Gebiete räumlich getrennt erhalten, obwohl er durch die mehrhundertjährige Verbindung mit dem der Letten äußerlich zusammengewachsen ist. Das einst zusammenliegende Sprachgebiet der finnischen Nation, welches sich von Kurland bis an die Gränze der Lappen erstreckte, ist in Folge der verschiedenen politischen Entwickelung seiner einzelnen Theile, indem der südwestliche unter die Herrschaft des deutschen Ordens, der nordwestliche unter die Schwedens, der südöstliche unter die Rußlands kam und die herrschenden Nationen selbst sich in die unterworfenen Länder verbreiteten, nicht allein in Ansehung der in jedem Theile bevorrechteten Sprache, in drei besondere Länder zergangen, sondern diese Theile sind anscheinend auch schon räumlich durch Wohnsitze überwiegend fremder Nationalität von einander getrennt, indem der westliche Theil, Ehstland, an den Mündungen der Narwa (nach Köppen's und Erckert's Karten) durch russisches Land von den Wohnsitzen der finnischen Völker in Ingermanland, und andrerseits der nördliche Theil (Finnland mit Karelien) durch gleichfalls russische Wohnsitze an der Mündung der Newa von denselben getrennt wird.

In allen drei Theilen des finnischen Gebietes findet ein örtliches Zusammensein von Finnen und Deutschen statt, jedoch in Finnland nur in dem oben angegebenen geringen Umfange, in Ingermanland so, daß zwar die Deutschen unter Finnen (namentlich Kareliern) aber noch mehr unter Russen leben, in Ehstland und ehstnisch Livland aber so, daß dieses Land selbst ein geschlossenes Gebiet bildet, welches nahezu das ganze ehstnische Stammesgebiet umfaßt, und daß hier ganz ähnlich wie in Lettland die Deutschen den hervorragenden Theil der Städtebevölkerung bilden und überdies als Träger der Bildung und des Besitzes über den größten Theil des Landes zerstreut sind.

Die Verhältnisse dieser nördlichen Hälfte des vormaligen deutschen Ordensgebietes, welche ebenso wie der lettische Theil Livlands auch unter schwedischer sowie bisher auch unter russischer Herrschaft als deutsches Land betrachtet worden war, gleichen so sehr denen der südlichen Hälfte dieses Landes, daß es der weiteren Darlegung derselben nicht bedarf. Eine Vergleichung der Zahlen jedoch, welche in der Beilage 1 zur Tabelle der Nationalitäts-Verhältnisse im russischen Reich zusammen mit denen für lettisch Livland gegeben ist, zeigt, daß das deutsche Element hier verhältnißmäßig noch schwächer vertreten ist, als in Lettland, eine natürliche Folge der weiteren Entfernung vom zusammenhängenden deutschen Sprachgebiet.

Nach der neuesten Volkszählung ist unter den Städten des ehstnischen Livlands nur in Fellin und Werro die verhältnißmäßige Mehrheit auf Seiten der Deutschen, während an dem Sitze der deutschen Hochschule, in Dorpat, sowie auch in Pernau die Ehsten etwas zahlreicher als die Deutschen sind. Die Zahlen, welche für die ehstländischen Städte vorliegen, sind zwar anscheinend günstiger, da für Wesenberg, Weißenstein und Habsal zwei Drittel der Einwohner als Deutsche gerechnet werden; doch sind dies eben nur Schätzungen, deren relatives Ergebniß durch eine wirkliche Zählung, wenn diese, wie wahrscheinlich ist, die Zahl der den abweichenden Nationalitäten angehörigen höher herausstellte, verändert werden würde. Für Reval ist die Zahl der Deutschen unter 15,040 Einwohnern auf 8,200 geschätzt; nach den Zahlen aber, welche sich aus Kluge's Werk über die Bewegung der Bevölkerung der Stadt Reval ergeben, ist anzunehmen, daß in der Hauptstadt Ehstlands kaum mehr die relative Mehrheit, jedenfalls nicht mehr die absolute auf Seiten der Deutschen ist.

Die Gesammtzahl der Deutschen im ehstnischen Sprachgebiet, welche nach den vorliegenden Angaben für das ehstnische Livland auf 17—21,000, für Ehstland selbst auf 11—18,000 anzunehmen wäre, und welche für die geschichtlich und national zu Ehstland gehörige Stadt Narwa in Köppen's Abhandlung über die Deutschen im Gouvernement St. Petersburg damals auf 1200 angegeben worden ist, würde somit auf 35,000 zu veranschlagen sein, welche unter 770,000 Bewohnern, worunter an 700,000 Ehsten, und zwar in größerer Zahl in den Städten, in kleinerer über das ganze Land zerstreut sind. Die Gefahren für die Nationalität der Deutschen im ehstnischen Sprachgebiet sind dieselben wie für die Deutschen in Lettland.

IV.

Die Deutschen gegenüber den Russen.

Inhalt. Uebersicht der Nationalitäts-Verhältnisse in den übrigen Theilen des europäischen Rußlands. Deutsche Ansiedelungen und Zahl der Deutschen in Ingermanland. Deutsche Wohnsitze in den vormals tartarischen Ländern an der Wolga und nördlich des schwarzen Meeres, sowie in Klein- und Groß-Rußland.

Der österreichische Antheil des russischen Sprachgebiets; Nationalitäts-Verhältnisse und Vertheilung der Deutschen in Ost-Galizien.

Die Ansiedelungen der Deutschen unter der russischen Nation können beim ersten Blicke auf das ungeheure Gebiet, welches der russische Volkstamm in Europa bewohnt, verhältnißmäßig unbedeutend erscheinen. Betrachten wir den Theil des russischen Reiches, welcher nach Abzug der oben erwähnten baltischen Gebiete der Letten und Ehsten (sowie Finnlands und Polens) zum größten Theil als russisches Nationalgebiet bezeichnet werden kann, so wohnten hier auf einer Fläche von 85,800 geogr. Quadratmeilen, für das Jahr 1860 geschätzt, etwa 56,200,000 Menschen, unter denen etwa 47,900,000 der russischen Nation angehörten, und zwar etwa 31,000,000 dem eigentlich herrschenden finnisch-tartarisch gemischten großrussischen Stamme insbesondere. Von den übrigen 8,300,000 gehörten gegen 4,750,000 Völkern gelber Rasse (finnischen, tartarischen, mongolischen Stämmen), und 3,550,000 Völkern der weißen Rasse an. Die ersteren, nämlich die finnischen und tartarischen Völker, wohnen theils von den Russen getrennt in alten Stammgebieten, wie ein Theil der Karelier und die Lappen im Anschluß an Finnland, ein Theil der Permier und der Baschkiren am Ural, die Kalmücken und die astrachaner Tartaren an der unteren Wolga, die krimischen Tartaren auf Taurien, theils als Ueberreste alter Bevölkerungen unter den Russen zerstreut oder, wenn auch in zusammenhängenden Wohnsitzen, doch (wie die Wolga-Finnen und kasaner Tartaren) von denen der Russen ganz oder (wie die ingermannischen Finnen) größtentheils umgeben. Unter den Völkern der weißen Rasse sind am zahlreichsten die zerstreut wohnenden Juden, für 1860 etwa 1,170,000, davon über 1 Million in den vormals polnischen Landestheilen wohnhaft; sie bedienen sich (mit Ausnahme der wenig zahlreichen Karaiten) theils des Deutschen, theils des Polnischen als ihrer Familiensprache. Nächst ihnen sind am zahlreichsten die Polen; ihre Anzahl kann für 1860 auf höchstens 800,000 angenommen werden, von welchen 300,000 in Weiß-Rußland, 480,000 in Klein-Rußland lebten, wobei dahingestellt bleiben muß, wieviele derselben seitdem bereits ausgetrieben und sonst durch die russischen Maaßregeln vertilgt worden sind. Ferner leben etwa 700,000 Rumänen in dem östlich des Pruth gelegenen Theile des alt-rumänischen Gebietes der Moldau und in den angränzenden Landestheilen, nämlich in dem alten Bessarabien und zu beiden Seiten des Bug. Dann erst folgen in der Zahl von 420,000 bis 450,000 die Deutschen; die übrigen sind Littauer (hauptsächlich in den an alt-littauische Gebiete gränzenden Kreisen südlich des Niemen), Serben (zwischen dem Dnjepr und Bug angesiedelt), Bulgaren (meist in Bessarabien), Griechen (hauptsächlich am azowschen und schwarzen Meer), Armenier und Zigeuner.

Die Stellung, welche die Deutschen in der Bevölkerung des eigentlichen Rußlands einnehmen, wird durch die Art der Vertheilung ihrer Wohnsitze genugsam bezeichnet. In einem weiten Kreise umgeben sie die national-russischen Gebiete mit ihren Ansiedelungen, welche eine für europäische und insbesondere für deutsche Cultur empfängliche Regierung bei der Erweiterung des russischen Territorialbesitzes hier auf die neu gewonnenen, nur wenig bevölkerten Landstrecken verpflanzte. Drei große Gruppen sind es hauptsächlich, in denen die deutschen Ansiedelungen zwischen der russischen Nation und den anwohnenden Völkern gelber Rasse hervortreten: die Ansiedelungen am finnischen Meerbusen, die nordwärts des schwarzen Meeres und die längs der Wolga.

Für die Geschichte und den Bestand der Ansiedelungen in Ingermanland und den anstoßenden Territorien ist Köppen's Abhandlung über die Deutschen im Gouvernement St. Petersburg die bedeutendste, von anderen stets auf's neue benutzte Quelle. Ein Kranz von 31 Dörfern, deren Anlage sich auf die Zeit von 1765 bis 1812 vertheilt, beginnt bei Gdow am Peipus-See und zieht sich durch die Kreise Jamburg (5 Colonien), Oranienbaum (11 Col.), Zarskoje-Selo (6 Col.), Petersburg (4 Col.) und Schlüsselburg bis nach Neu-Ladoga hinüber; in diesen Ortschaften wurden schon um 1843 10,700 deutsche Einwohner gezählt. Für Petersburg selbst hat Köppen im Jahre 1849 durch die Nachrichten aus den einzelnen Kirchengemeinden über 39,000 Deutsche ermittelt; neuere Schätzungen von allerdings sehr zweifelhaftem Werthe gehen über das doppelte dieses Betrages hinaus. Jedenfalls ist die Annahme, daß die Deutschen dieses Gouvernements um 1860 etwa 56,000 zählten, als Minimalschätzung zu betrachten. Sie bilden auf diesem ursprünglich finnischen Boden, auf welchem sie theils unter Russen, theils unter den Nachkommen der finnischen Stämme (Woten und Karelier), deren einige mit ihnen noch jetzt durch die Gemeinschaft des lutherischen Bekenntnisses verbunden sind, in der Hauptstadt selbst aber mit zahlreichen West-Europäern (darunter allein 6000 Skandinaviern) zusammenleben, eine Verbindungskette westeuropäischer Gesittung, deren Posten sich von Narwa, der letzten deutsch-ehstnischen Stadt um den finnischen Meerbusen gegen die östlichste (gleichfalls deutsch gemischte) schwedisch-finnische Stadt Wiborg ziehen.

Die zweite große Masse deutscher Ansiedelungen ist die der deutschen Wolga-Colonien. An der Gränze der Russen und der Wolga-Finnen gegen die Tartaren und Kirgisen angelegt, zählten sie im Jahre 1774 schon 25,780 Bewohner. Theils durch Zuzüge, theils aus sich selbst herangewachsen und noch in unserer Zeit alljährlich etwa um 2 pCt. sich mehrend, zählten sie nach Köppen 1834: 109,000, 1850: 166,000, nach Matthäi's Angaben um das Jahr 1861: 222,000 Einwohner in 173 Dörfern, darunter 128,700 lutherische, 36,100 reformirte, 1200 mennonitische und 56,800 römisch-katholische Einwohner, außerdem 400 Herrnhuter in dem südlicher gelegenen Sarepta. Von ihren Dörfern haben nach den bei Matthäi mitgetheilten Verzeichnissen 33 mehr als 2000, drei mehr als 5000 Bewohner. Ueber 100 derselben haben russische, 70 deutsche Ortsnamen, unter denen die — meist im nördlichen Theil belegenen — Solothurn, Luzern, Zug, Unterwalden, Glarus, Zürich, Schaffhausen, Straßburg, Mannheim und Weimar an die besondere Heimath der Ansiedler erinnern; aber nicht allein aus der Schweiz, dem Elsaß, dem Rheinlande, auch aus Schwaben und Bayern, Hessen, Westfalen, Niederland, Holstein, Meißen, Schlesien und Preußenland sollen die Ansiedler herbeigekommen sein. Die ersten Dörfer wurden 1768 im weiten Steppenlande gegründet; dann schritten die Ansiedelungen fort, sobald den Bewohnern der alte Raum zu eng wurde, und erweiterten nach den Seiten hin ihre blühende Colonie, die jetzt ein ausgedehntes, fast durchgängig zusammenliegendes und zusammenhängendes Territorium bildet.

Die dritte Masse deutscher Ansiedelungen ist die im sogenannten Neu-Rußland. Sie zählt etwa 140,000 Deutsche und besteht aus einer Anzahl größerer und kleinerer Ortschaftsgruppen und Ortschaften, welche vom azowschen Meer am Lande der donischen Kosaken bis zur rumänischen Grenze zerstreut liegen. Auch sie sind auf vormals tartarischem Boden, beziehungsweise nächst denselben auf kosakischem Boden angelegt und allmählich in ähnlicher Weise erweitert worden, wie hier die russische Krone ihr Reich durch die fortschreitende Eroberung der Krim, des Nogaier-Landes und Bessarabiens ausdehnte. Die am meisten übersichtliche kartographische Darstellung derselben hat Stricker im dritten Theil seiner Germania gegeben.

Die ältesten Ansiedelungen in diesen Gegenden sind die Mennoniten-Colonien an der Westseite des Dnepr bei der Insel Chortitz, deren Anlegung 1789 begann, und denen in neuester Zeit einige Dörfer am östlichen Ufer (Kreis Alexandrowsk) hinzutraten, im ganzen 23 Dörfer mit etwa 11,500 Einw. Nördlich derselben liegen noch einzelne deutsche Colonien (zum Theil Uebersiedelung aus Ingermanland) längs des Dnepr. Gleichfalls zum Gouvernement Jekaterinoslaw gehört die östlichste Gruppe dieser deutschen Niederlassungen, welche im Kreise Mariupol in der Nähe des azow'schen Meeres und der dortigen griechischen Ansiedelungen an der Gränze der Klein-Russen und Kosaken liegt; sie besteht aus etwa 20 Dörfern mit 11,800 Einwohnern.

Nicht weit von der letzteren schließen sich auf dem Festlande des Gouvernements Taurien (in Ost-Nogai) die 1822 gegründeten Dörfer der evangelischen Separatisten an der Berda an. Dann folgt die große Gruppe der deutschen Ansiedelungen an der Molotschna, am östlichen Ufer derselben 54 Mennonitendörfer mit über 20,000 Einw., am westlichen 34 von Lutherischen bewohnte Dörfer mit etwa 18,000 Einw.; die ersten dieser Dörfer wurden im J. 1804 gegründet, fast alljährlich folgten bis 1825 neue Dörfer; die Anlegung einzelner ist erst in neuester Zeit erfolgt. Auf der Halbinsel Krim selbst liegen 11 deutsche Dörfer mit 3500 Einwohnern, theils an der Südküste, theils längs der nördlichen Abdachung zerstreut, meist im tartarischen Gebiete. Die Namen dieser Colonien sind fast sämmtlich deutsch; auf der Halbinsel zeigen die Namen Zürichthal und Heilbronn, auf dem Festlande Neu-Stuttgart, Durlach, Carlsruhe, Heidelberg, Darmstadt, Hochheim die Heimathorte der Ansiedler.

Von den Colonien im Gouvernement Cherson sind Alt- und Neu-Danzig, östlich des Bug belegen, erst neu angelegt. Die bedeutendsten Gruppen liegen westlich des Bug (in West-Nogai), und zwar nicht weit von diesem Flusse im Bezirke Beresan 13 Dörfer mit 13,600 Einw.; dann gegen den Ausfluß des Dnjestr im Bezirk Liebthal 17 Dörfer mit 12,700 Einw., südwestlich der Stadt Odessa, welche gleichfalls viele deutsche Einwohner zählt; ferner nördlich davon im Bezirk Kutschurgan 7 Dörfer mit 8000 Einw., und noch weiter aufwärts im Bezirk Glücksthal 9 Dörfer mit 8000 Einwohnern. Unter den Namen der Colonien sind Cassel, Worms, Speier, Landau, Sulz, Carlsruh, Rastatt, München, Selz, Kandel, Baden, Mannheim, Straßburg und Elsaß.

Die deutschen Colonien in Bessarabien, 27 Dörfer mit etwa 26,000 Einw., liegen zwischen den Wohnsitzen der Rumänen und der Bulgaren längs des Kogolnik-Flusses in einer Gruppe. Sie sind in den Jahren 1814 bis 1822 gegründet und tragen großentheils Schlachtennamen aus dem französischen Kriege. Ihre Einwohner gelten in der Mehrzahl für Schwaben, doch stammen sie angeblich auch aus Bayern, Rheinland und Meißen, in einzelnen Dörfern sind sie norddeutscher Abkunft aus Niedersachsen und dem Preußenlande.

Neben diesen an den Gränzen der russischen Nation gegründeten Massen deutscher Ansiedelungen bestehen noch eine Anzahl kleinerer oder einzelner deutscher Colonien, die zahlreichsten in Wolynien, wo Matthäi 36 kleine deutsche Colonien namhaft macht, außerdem in den Gouvernements Woronesch, Tschernigow und Podolien; zusammen mit den Deutschen in den Städten und Flecken Klein-Rußlands, namentlich auch in Kiew, Charkow, Poltawa, ergeben sie für diese Landestheile ungefähr eine Gesammtzahl von 15,000 Deutschen; die Zeit der deutschen Einwanderung fällt auch hier theilweise in den Anfang dieses Jahrhunderts. Die Zahl der Deutschen in Groß-Rußland (mit Ausschluß des petersburger und voronescher Gouvernements) ist auf 17—18,000 zu veranschlagen; nur wenige in Ackerbau-Colonien (am Wolchow), die meisten in Städten, reichlich die Hälfte in Moskau, für welches schon Köppen die Zahl der Deutschen auf 8000, Kohl auf 6—12,000, jetzt Erckert auf 10,000 geschätzt hat.

Welche Blüthe die deutsche Colonisation dem russischen Reiche zugeführt hat, mögen diejenigen, welchen der Gegenstand fremd ist, aus den zahlreichen Schriften von Kohl bis auf Matthäi entnehmen; sie bildet eine hauptsächliche Quelle des Wohlstandes dieses Reiches, die selbst der heut sich kundgebende Fanatismus der russischen Nationalpartei schwerlich zu ersticken wünscht. Aber liegt nicht im Hinblick auf das, was die Deutschen dem eigenen russischen Nationalgebiete geleistet haben, ein klarer Beweis, wie verkehrt es ist, wenn in den demselben angeschlossenen polnischen, littauischen, lettischen, ehstnischen Ländern die Gewalt des Russenthums gegen das deutsche Element gekehrt wird? Denn der Ueberzeugung wird man sich nicht verschließen können, daß dasjenige, was die Deutschen seit einem Jahrhundert zur Förderung der Cultur des russischen Reiches geleistet haben, von ihnen eben nur deshalb geleistet werden konnte, weil sie Deutsche sind, und daß sie Gleiches nicht mehr leisten würden, wenn sie aufhörten Deutsche zu sein. Und gerade aus dem Nutzen, den hier die befruchtende deutsche Arbeit gewährt hat, und täglich fort gewährt, folgt, daß auch der politische Vortheil dafür spricht, die Nationalität der Einwanderer zu achten, am meisten in Staaten einer wenig entwickelten Nation, welche die Früchte höherer Cultur allenfalls zerstören, aber nicht ohne den Beistand der höher stehenden Nationen hervorbringen kann.

Außerhalb des heutigen russischen Reiches kommt hier noch ein zweites russisches Land in Betracht, der westlichste Theil Klein-Rußlands, das alte Roth-Rußland, dessen nördlichste Spitze jetzt einen Theil des sogenannten Königreichs Polen bildet, dessen große Masse aber ungefähr dem heutigen österreichischen Kronlande Ost-Galizien (Verwaltungsbezirk Lemberg) entspricht. Hierüber hinaus begreift der ruthenische Theil der österreichischen Monarchie noch den Nordosten des ungarischen Karpatenlandes und die nordwestliche Hälfte der Bukowina, von welchen Gebieten beim slowakischen und rumänischen Sprachgebiete die Rede sein wird.

Vormals erstreckte sich Roth-Rußland weiter nach Westen, indem es das Gebiet der kleinen Wisloka mitbegriff, von welchem jetzt nur ein kleiner Theil hierhin gehört. Bei der Theilung Galiziens in den westlichen (polnischen) und den östlichen (ruthenischen) Theil wurde der gegenwärtige nationale Unterschied zu Grunde gelegt, wie er aus den Aufnahmen hervorging, jedoch unter Abrundung der Gränzen beider Volkstämme; es wurde daher der westlichste Theil des ruthenischen Sprachgebietes, nämlich die Karpaten-Thäler westlich der großen Wisloka (bei Dukla), noch zu West-Galizien gelegt, und umgekehrt wurden einige polnische oder polonisirte Orte im Gebiete der kleinen Wisloka zu dem ruthenischen Theile (den Kreisen Sanok und Przemysl) gelegt. Eine kleine Erweiterung des ruthenischen Theiles über die große Wisloka hinaus fand nachmals bei der Auflösung des Kreises Jaslo statt. Aber auch in dem östlich anstoßenden Sangebiete, namentlich im Kreise

Przemysl und den vorderen Theilen der Kreise Sanok, Lemberg und Zolkiew (und ebenso nördlich der Landesgränze im Kreise Zamosc) ist das ruthenische Land mit polnischen Elementen so durchsetzt, daß Hain in seiner ausführlichen Beschreibung der Sprachgränzen in den österreichischen Kronländern hier ein Gebiet von etwa 100 Quadrat-Meilen als polnisch-ruthenisches bezeichnet. Auch weiter hin lebt die polnische Bevölkerung, namentlich in fast allen größeren Ortschaften, unter der ruthenischen zerstreut; wie die Beilage 3 zur Tabelle V ergiebt, macht die polnische Bevölkerung in allen Kreisen nördlich des Dnjestr über ein Sechstel der Bevölkerung (im Kreise Sanok in seinem heutigen Bestande zwei Fünftel der Bevölkerung) aus. Von den 3,320,000 Einwohnern, welche die 1025 Quadratmeilen Ost-Galiziens bewohnen, sind fast zwei Drittel (66 pCt.) Ruthenen, über ein Fünftel Polen. Die Juden machen ein Neuntel der Bevölkerung aus, unter diesen ein nicht näher zu bestimmender, jedenfalls aber beträchtlicher Theil der deutschen Sprache angehörig; die Zahl der nach Sprache und Abstammung Deutschen ist für 1861 auf ungefähr 75,000 (ein 45stel der Bevölkerung) anzunehmen, nach Ficker's neuester Tabelle in den Völkerstämmen der österreichischen Monarchie wäre die Zahl der Deutschen noch um ein Fünftel höher.

Als Wohnsitze der deutschen Bevölkerung zählt Hain's Verzeichniß 16 reindeutsche Gruppen mit 41 Dörfern, und weitere einzeln liegende 34 deutsche Ortschaften auf, welche bis auf 12 alle deutsche Namen führen; die ersteren, namentlich um Lemberg und in südwestlicher Richtung bis Ustryk, in nordöstlicher bis Stojanow (an der Grenze Wolyniens), von den letzteren viele im Kreise Zolkiew. Von diesen Ortschaften kommen in Czörnig's Verzeichniß 7 nicht vor, wogegen das letztere 14 Ortschaften mehr als das Hain's enthält; zwei Drittel der deutschen Ortschaften bezeichnet Czörnig als in dem polnisch-ruthenischen Theile, den Kreisen Lemberg (20), Przemysl (5), Zolkiew (12), Sanok (8), Sambor (9) belegen; von den deutschen Ortschaften im ruthenischen Theile liegen die meisten in den Kreisen Zloczow (11) und Stry (8). Außerdem sind nach Hain in den größeren Städten und Flecken (nach Czörnig in 19 derselben) Deutsche verbreitet. In der Hauptstadt Lemberg machen die Deutschen zusammen mit den Juden über die Hälfte der Einwohner aus; unter den Kreisen stehen Stry, Lemberg, Sambor, Zloczow und Przemysl sowohl in der absoluten Zahl der Deutschen wie in ihrem Antheile an der Gesammtbevölkerung voran.

V.

Die Deutschen gegenüber den Polen.

Inhalt. Das vormalige polnische Nationalgebiet und der heutige deutsche Antheil desselben die Polen diesseit, die Deutschen jenseit der Sprachgränze. Der jetzige preußische Staats-Antheil am polnischen Gebiet: Kaszuben und Pommerellen; polnische Ortschaftsgruppen im deutschen Sprachgebiet, Mischungsverhältniß und zunehmende Verdeutschung. Polnisches Sprachgebiet im Preußenlande, Sprachgränze und Fortschritt des Deutschen in Masuren; Vertheilung und Mischung beider Nationalgebiete im Kulmerland. Der preußische Staats-Antheil an Groß-Polen; Sprachverhältnisse im Netzdistrict, Gränze des deutschen Theiles, Polen diesseit, Deutsche jenseit derselben. Der bei der zweiten Theilung erlangte Theil von Groß-Polen; zusammenhängendes deutsches Gebiet und dessen Gränze, polnische Ortschaften diesseit derselben. Weiteres Territorium diesseit der vormaligen Demarcationslinie, insbesondere Posen und das gemischte Viereck nordöstlich davon; die Erweiterungen der Demarcationslinie; Mischungsverhältnisse in den jenseit der Sprachgränze liegenden großpolnischen Landestheilen und Zunahme der Deutschen daselbst. Schlesien und insbesondere der preußische Staatsantheil, vormalige Ausdehnung der polnischen Wohnsitze in Nieder-Schlesien; frühere Sprachverhältnisse Nieder-Schlesiens nach Zimmermann und Hundrich; Fortschritte und Rückschritte des Deutschen; heutige Sprachgränze und deutsche Ortschaften jenseit derselben. Sprachgränze im preußischen Oberschlesien und deutsche Ortschaften jenseit derselben; Germanisirung und Polonisirung; die zwölf Aufnahmen über das Sprachverhältniß.

Deutsche Niederlassungen im österreichischen Theile von Ober-Schlesien und in West-Gälizien.

Die Deutschen im vormals österreichischen Theile von Klein-Polen Der vormals preußische Theil des Königreichs Polen mit Einschluß von Bialystock (dagegen ohne den zum littauischen Nationalgebiet gehörigen Theil); Verschiedenheit der Zahlen je nach dem Sprachverhältniß der jüdischen-Bevölkerung, sonstige Unvollständigkeit der Nachrichten in Betreff der Zahl der Deutschen. Vertheilung der Deutschen und ihrer Wohnsitze im östlichen Groß-Polen und Kujawien, in Mazowien und Podlachien; Stellung der Deutschen im Königreiche Polen zur Unterdrückung der polnischen Nationalität durch die russische Regierung.

Das polnische Nationalgebiet in seinem ursprünglichen Bestande vor der Einwanderung oder richtiger Rückwanderung der Deutschen umfaßte das Flußgebiet der Oder mit Ausschluß der meisten Theile des linken Ufers unterhalb des Bober und der Quellgegenden der Oder und Neiße, ferner das Weichselgebiet mit

Ausschluß der Theile des rechtseitigen Flußgebietes nordwärts Graudenz, sowie des oberen Laufes des Bug (oberhalb Biala) und einiger anderer Nebenflüsse. Von diesem Gebiete ging der vorderste Theil, nämlich das eigentliche Pommern mit der demnächst so genannten Neumark, hauptsächlich in Folge der Kriege, welche die Polen selbst gegen ihre pommerischen Stammesbrüder führten, der polnischen Nationalität so zeitig und so gänzlich verloren, daß dieser Theil alt-slawisches Besitzes (ebenso wie die westlich anschließenden Länder der Wilzen und Obotriten) für den hier behandelten Gegenstand außer Betracht fällt. Von den national polnischen Ländern ging dann Nieder-Schlesien im Laufe des dreizehnten Jahrhunderts durch die friedliche Einwanderung der deutschen Bevölkerung zum großen Theile in deutschen Besitz über; nur in den Oder-Niederungen und in den an Polen gränzenden östlichen Theilen hielt sich die polnische Nationalität. Von Pommerellen wurde der an die pommerischen Fürsten übergegangene Theil am ersten und stärksten mit Deutschen besiedelt; aber erst spät bildete sich hier durch die Verbindung mit den deutschen Ansiedelungen längs der Weichsel eine Kette, welche die polnisch-kaszubischen Niederlassungen umschloß und von dem polnischen Nationalkörper ablöste. Im Osten der Weichsel nahmen Deutsche und Polen zusammen von dem eroberten Preußenlande Besitz, wobei die Deutschen mehr die nördlicheren Landschaften mit der Weichselniederung besiedelten, die Polen, zeitweise selbst unter Zurückdrängung der Deutschen, ihre masurischen Stammessitze über die vormals von den Preußen besetzte Hochfläche erweiterten.

So hat sich im Verlaufe von sechs Jahrhunderten, theilweise schon in der ersten Zeit und seitdem unverändert, theilweise seitdem vor- und zurückgeschoben, theilweise auch erst in Folge neuerer Colonisation wenig bewohnter Landstriche durch eingewanderte Deutsche (wie insbesondere in den Gebieten der Netze und Obra) die heutige Sprachgränze beider Nationen gebildet, welche in einem vielfach gebogenen, doch ununterbrochenen Zuge von dem Zusammentreffen der Letten, Polen und Deutschen an der Rominte bei Przerosl bis zum Zusammentreffen der Czechen, Polen und Deutschen bei Bauerwitz nahe der Zinna im ganzen und großen die Wohnsitze der Deutschen und Polen scheidet.

Diesseit dieser Linie findet sich eine große Anzahl polnischer Ortschaften (etwa 2400) im deutschen Gebiete, und eine große Anzahl von Polen (etwa 470,000) unter Deutschen zerstreut; sie machen in diesem ganzen vormals polnischen Gebiete (Schlesien, Groß-Polen, Pommerellen und der südwestlichen Hälfte von Preußen) nur ungefähr ein Neuntel der Einwohner aus, sind jedoch sehr ungleich vertheilt und etwa die Hälfte derselben allein in Pommerellen. Jenseit dieser Sprachgränze findet sich eine schwerlich weniger große Anzahl deutscher Ortschaften im national polnischen Gebiete und fast die doppelte Zahl Deutscher unter den Polen, im Vergleich mit der Zahl der Polen, welche unter den Deutschen leben. Insbesondere sind die unter königlich preußischer Herrschaft stehenden Theile des polnischen Sprachgebietes von Masuren, Groß-Polen und Schlesien, ungefähr 788 Quadratmeilen mit 2,283,000 Einwohnern enthaltend, stark mit Deutschen durchsetzt, so daß diese über ein Fünftel der Bevölkerung derselben ausmachen (483,000 Deutsche einschließlich 70,000 Juden neben 1,800,000 Polen, 1420 überwiegend deutsche Ortschaften neben 9120 überwiegend polnischen), und diese Ansiedelungen verbreiten sich, nur allmählich abnehmend, in die vormals königlich preußischen Theile Polens hinüber, von deren Bevölkerung, selbst abgesehen von den meist deutsch redenden Juden, schon der zehnte Theil deutscher Nationalität ist. Im österreichischen Theile des national-polnischen Schlesiens ist etwa der neunte Theil der Einwohner deutsch, dagegen begreift die deutsche Nationalität in dem noch jetzt österreichischen Klein-Polen bei Ausschluß der Juden nur etwa ein Vierzigstel, in den vormals österreichischen, jetzt russischen Theilen Polens kaum ein Hundertel der Gesammt-Bevölkerung.

Nachdem hiermit das heutige Verhältniß beider Nationen im allgemeinen bezeichnet ist, möchten wir auf die Wohnverhältnisse beider Nationen in den hierhin gehörigen und insbesondere in denjenigen Gebieten, welche die heutige Sprachgränze durchschneidet, so weit eingehen, daß der Leser in das Verständniß der ihm vorgelegten tabellarischen Zusammenstellungen eingeführt und deren Zusammenhang mit dem auf der Sprachkarte hervortretenden vermittelt wird. Auf eine eigentliche Beschreibung unter Berücksichtigung der Verhältnisse der einzelnen Orte, wie sie vordem gerade für den wichtigsten, nämlich den zum preußischen Staate gehörigen Theil der polnischen Länder in der Absicht des Verfassers lag, mußte derselbe verzichten, und er kann dies um so mehr, als die Sprachkarte die Verhältnisse aller Ortschaften von mindestens 25 Einwohnern nach sechs Mischungsgraden anzeigt, auch die Tabelle II in jeder historischen Abtheilung und jedem Kreise und Kreis-Antheil neun nationale Mischungsgruppen unterscheidet, und für jede die Zahl der Ortschaften, der Einwohner und der Deutschen insbesondere angiebt, zu welcher dann die Zahl der Polen die Ergänzung bildet; überdies zeigen die vier Beilagen zur Tabelle II die Hauptergebnisse sämmtlicher Aufnahmen für jeden Kreis in zeitlicher Folge, unter Anführung des Antheils jeder Nation, so daß eben hier das vorliegende Material reicher ist, als an irgend einem andern Theile, in welchem Deutsche mit einer fremden Nation zusammenleben.

Von den vorerwähnten sprachlich gemischten Landestheilen liegt Pommerellen gegenwärtig bereits innerhalb der Gränzen des deutschen Nationalgebietes. Pommerellen oder Kaszuben im weitesten Sinne umfaßte das Land zwischen der Persante, Küddow, Netze, Weichsel und Ostsee; im engeren Sinne bezeichnet es denjenigen Theil, welcher unter die Herrschaft des deutschen Ordens kam, im Gegensatz zu den an Groß-Polen und an Pommern gelangten Theilen. Von den letzteren ist der vorderste Theil, das speciell sogenannte Kaszuben zuerst germanisirt worden; in welcher Zeitfolge dies geschah, ist für den südöstlichen, am spätesten besiedelten Theil desselben in der 1863 erschienenen Beschreibung des Kreises Neu-Stettin vortrefflich gezeigt. Gegenwärtig sind im eigentlichen Kaszuben Einwohner dieses Volkstammes nicht mehr vorhanden, wenigstens kommt ihre Sprache nicht mehr vor. Stärker als in Kaszuben ist die slawische Volksbeimischung in dem vormals sogenannten Wenden, dem östlichsten Theile von Pommern, den Kreisen Rummelsburg, Schlawe und Stolp, in denen schon über die Hälfte der Ortsnamen slawisch ist, was in den westlicheren Kreisen nur stellenweise der Fall ist. Aber auch hier ist die slawische Sprache im Erlöschen; es finden sich kaum noch kaszubisch gemischte Orte an der Gränze des vormals zu Preußen gehörigen Pommerellens. Auch in dem schon seit zwei Jahrhunderten wieder unter deutscher Herrschaft stehenden Theile des preußischen Pommerellens, den Landschaften Lauenburg und Bütow, ist das Kaszubische offenbar im Rückgange; es genügt hinsichtlich des Kreises Lauenburg die Vergleichung der in der Beilage 2. mitgetheilten Zahlen von 1843 und 1849 einerseits mit denen von 1858 und 1861 andererseits, und selbst in der Herrschaft Bütow, deren kaszubischer Theil sich an die große Masse der slawischen Bevölkerung Pommerellens anlehnt, ist in neuester Zeit schon eine wirkliche Abnahme der Zahl der Slawen bemerkbar.

Die zusammenwohnende Masse der Polen oder Kaszuben — denn der polnischen Bevölkerung Pommerellens kommt der Name der „Kaszuben" wirklich zu, ein Name, der nach Matthäi in den deutschen Colonialgebieten, abwechselnd mit dem Namen der „Preußen", dem Norddeutschen gegenüber als Schimpfwort gebraucht wird, — die Masse der Kaszuben beginnt im Kreise Bütow (mit 20 kaszubischen Ortschaften) und dem Kreise Schlochau (63 zusammenliegende kaszubische Ortschaften); sie umfaßt dann die östlich der Brahe gelegene Hälfte des Kreises Konitz (der 205 polnische Ortschaften enthält), reicht bis zu einer von der Brahe auf Schwetz gezogenen Linie in den Kreis Schwetz (174 polnische Ortschaften), dessen südwestlicher Theil von deutschen Niederlassungen stark durchsetzt und in welchem die Weichselniederung (bis zur Linie Schwetz-Neuenburg) deutsch ist; sie begreift ferner den links der Weichsel gelegenen Theil des Kreises Marienwerder (76 polnische Ortschaften), dann etwa zwei Drittel des Kreises Stargard (ungefähr 187 polnische Ortschaften), den südlich und westlich der Ferse gelegenen Theil des Kreises Berent (151 polnische Ortschaften), den westlich und nördlich der Radaune gelegenen Theil des Kreises Carthaus (249 polnische Ortschaften) mit dem anschließenden hügeligen Theile des Kreises Danzig (23 polnische Ortschaften) und einem Theil des neustädter Kreises (etwa 213 polnische Ortschaften), in welchem letzteren Kreise die kaszubische Bevölkerung auf der Linie Danzig-Neustadt durch die deutschen Wohnsitze durchbrochen wird. So umschließt die Masse der kaszubischen Bevölkerung im Bogen ein deutsches Gebiet, welches sich von Nordosten, von Danzig her zwischen der Ferse und Radaune aufwärts erstreckt, ein neugewonnenes Land, welches ebenso wie die westlich an das Kaszubische anschließenden Theile den niederdeutschen Ansiedelungen, dem sächsischen Stamme, verdankt wird.

Südwestlich dieser von Deutschen umschlossenen slawischen Bevölkerung beginnt ein buntes Gemisch deutscher und polnischer Ortschaften, welches aus den Kreisen Schwetz und Konitz in den vormals zu Pommerellen gehörigen Theil Groß-Polens hinüberreicht und im Anschlusse der letztgenannten Kreise sich mit größeren polnischen Gruppen in den nördlichen Theil des Kreises Bromberg (101 polnische

Ortschaften mit 18,800 Einwohnern), ferner mit kleineren polnischen Gruppen in die Kreise Flatow (39 polnische Ortschaften) und Wirsitz (78 polnische Ortschaften) bis gegen Uszcz im Kreise Chodziesen (4 polnische Ortschaften mit 2400 Einw.) am Einfluß der Küddow in die Netze erstreckt.

Bei der Veröffentlichung der Sprachkarte vom preußischen Staate hatte der Verfasser aufgefordert, daß auf derselben bemerkte Unrichtigkeiten zu seiner Kenntniß gebracht werden möchten. Dies ist von keiner Seite geschehen, nur in einer ausführlichen Besprechung der Karte ist die Richtigkeit der Angaben in Pommerellen angezweifelt worden, ein Zweifel, zu dem wahrscheinlich der Verfasser selbst durch eine vorgängige Aeußerung gegen den Recensenten Veranlassung gegeben hatte. Der letztere sucht jedoch den betreffenden Irrthum im kösliner Bezirk (in den Kreisen Lauenburg und Bütow), während derselbe in der That an einer andern Stelle liegt, nämlich im danziger Bezirk, in den Kreisen Neustadt und Stargard, wo er als eine Folge der früheren methodisch verkehrten Zählung der beide Sprachen sprechenden im Gegensatze zu den nur eine Sprache sprechenden in die Aufnahmen von 1861, welche grundsätzlich von solchen Ermittelungen der Sprachkenntniß nichts wußten, übergegangen zu sein scheint. Jedenfalls sind die Zahlen der polnisch sprechenden in diesen beiden Kreisen unvollständig ermittelt worden; ein richtigeres Bild wird man sich verschaffen, wenn man sich hier die Schattirungen der Karte in's röthere verändert vorstellt, und wenn man in der Tabelle II die gemischten Ortschaftsgruppen, welche je 30 bis 60 Ortschaften mit 5—11,000 Einwohnern enthalten, sich um drei Mischungsgrade ins Polnische verschoben denkt. Nach Lage der Ermittelungen ist im danziger Bezirk auch rückwärts nur die Vergleichung der Zahl der der deutschen Sprache unkundigen Polen zulässig, denn auch die Aufnahme von 1831 hatte nur eine solche Bedeutung. Hierbei zeigt sich jedoch in allen pommerellischen Kreisen dieses Bezirks noch immer eine Zunahme der nur polnisch könnenden, wenn auch im Vergleich mit der Zahl der deutsch könnenden ein verhältnißmäßiges Zurückbleiben.

Bei weitem besser sind dagegen die Aufnahmen aus dem Bezirke Marienwerder, wie sich schon aus dem regelmäßigen Fortgange der seit 1843 ermittelten Zahlen schließen läßt. Sie zeigen, daß im Kreise Schlochau die slawische Bevölkerung bereits zum Stillstand gekommen, daß sie in den Kreisen Konitz, Schwetz und Marienwerder zwar noch im Zunehmen ist, jede folgende Zählung aber schon einen geringeren Procentantheil der Polen an der Gesammt-Bevölkerung aufweist.

Daß das deutsche Element sich stärker in die polnischen Ortschaften Pommerellens verbreitet, als das polnische in die deutschen Ortschaften, in welchen letzteren dasselbe nicht dauernd haften kann, ergiebt sich auch bei Betrachtung der Mischungsgruppen. Es ist nämlich zur Zeit die Zahl der Ortschaften, welche zwischen 50 und 70 Procent an Deutschen zählen, die geringste; etwas, jedoch nur wenig größer ist die Zahl der Ortschaften mit noch mehr deutschen Einwohnern; dagegen nehmen die Ortschaften von geringerer deutscher Beimischung mit jedem Mischungsgrade an Zahl zu, wobei dann nur ungefähr noch ein Drittel der letzten Mischungsstufe als völlig ungemischt übrig ist. Daß die zunehmende Deutschheit dieses Landestheils wesentlich deutscher Zuwanderung verdankt wird, ist daraus zu schließen, daß von 1831 auf 1861 die Einwohnerzahl der Bezirke Danzig und Marienwerder auf andere Weise als durch die Fortpflanzung der Bevölkerung, mithin wahrscheinlich durch den Ueberschuß der Zuzüge über die Abzüge, um 80,000 gewachsen war. Dadurch wird nicht ausgeschlossen, daß außerdem hier eine gewisse Germanisirung der kaszubischen Bevölkerung stattfindet; vielmehr wird das letztere — abgesehen von äußerlicher Wahrnehmung — durch die Vergleichung der Aufnahmen über die Zahl der beide Sprachen redenden mit den Aufnahmen über die Zahl der zu jeder der beiden Nationen gehörigen Einwohner bestätigt. Das aus den letzteren sich ergebende Verhältniß in Ansehung der beide Sprachen sprechenden ist nämlich, daß in den Kreisen Carthaus und Berent 5 Neuntel der zweisprachigen polnischer, 4 Neuntel deutscher Nationalität sind; und ist dies richtig, so würde hier die Hinüberführung von Kaszuben zur deutschen Nationalität leichter eintreten, als die von Deutschen zur polnischen.

Geht man nach der Nationalität der einzelnen Ortschaften, so begreift das überwiegend polnische Gebiet im preußischen Pommerellen auf ungefähr 110 Quadratmeilen 1400 Ortschaften mit 237,000 Einwohnern, darunter etwa 194,000 Polen, während von demselben Gebiete 160 Quadratmeilen, 1940 Ortschaften mit 386,000 Einwohnern (darunter 29,000 polnischen Einwohnern), überwiegend deutsch sind. Außerdem enthält der südwestliche, vormals zu Groß-Polen gehörige Theil Pommerellens noch 230 überwiegend polnische Ortschaften mit 56,000 (darunter 42,000 polnischen) Einwohnern, welche gleichfalls von deutschen Gebieten umschlossen sind. Ganz Pommerellen von der Persante und Netze bis zur Weichsel (also mit Einrechnung der alten Lande Wenden und Kaszuben mit 404,000 Einwohnern) zählt unter seinen etwa 1,243,000 Bewohnern nur noch zwei Neuntel polnischer Nationalität, nämlich etwa 282,000, ein Betrag, mit welchem die Polen dieses Landestheils nach der anscheinend sehr geringen Zunahme zwischen den letzten Zählungen ihren numerischen Höhepunkt schon erreicht haben könnten.

Von dem eigentlichen Preußenlande (also dem Lande rechts der Weichsel) wurde am frühsten das Land Kulm durch die Polen in Anspruch genommen. Bekanntlich gab der Krieg mit den Preußen um diesen Landstrich, der von den Polen als ein Theil Kujawiens betrachtet wurde, den Anlaß zur Herbeiziehung des deutschen Ordens und damit zur Germanisirung des Preußenlandes. Die gemeinschaftliche Besetzung des Kulmerlandes durch Deutsche und Slawen stammt schon aus dieser Zeit, und hieraus wie aus dem wiederholten Wechsel polnischer und deutscher Herrschaft erklärt es sich, daß in diesem Lande eine so gleichmäßige Vertheilung und so starke Mischung beider Nationen sich vorfindet, wie kaum auf einer anderen Landstrecke. Seitdem wurden während der Kämpfe mit den Preußen und der nachmaligen Kriege zwischen den Polen und Deutschen auch die an das zum Kulmerland gehörige Sassen östlich anschließenden Landschaften Galindien und Sudauen von den Mazuren besetzt; sie galten noch im vorigen Jahrhundert so sehr für ein polnisches Land, daß der größere Theil der dorthin gehörigen Territorien in den damaligen Tabellen die Bezeichnung der Prussia polonica führte. Sie entsprachen ungefähr demjenigen, was in der Tabelle II auf der ersten Seite als südlicher Theil des Bezirks Gumbinnen (Masuren) bezeichnet ist, bei Abrechnung des westlich der Angerap gelegenen Theiles des Kreises Angerburg und bei Zurechnung des Kreises Ortelsburg, sowie des nordöstlichen Theiles vom Kreise Neidenburg, des östlichen von Allenstein, des südlichen von Rössel. Außerdem hat sich die polnische Nationalität noch über den zum alten Ermelande gehörigen, westlich der Alle belegenen Theil des Kreises Allenstein verbreitet, hauptsächlich wohl während der bis zur ersten Theilung Polens bestandenen polnischen Oberherrschaft, ferner über den zum Flußgebiet der Drewenz gehörigen Theil Süd-Pogesaniens oder des Hockerlandes (nämlich den mittleren Theil des Kreises Osterode bis in den Kreis Rosenberg) und über die Gränzen Galindiens hinaus noch in eine Anzahl von Ortschaften der Landschaft Barten, so daß die polnische Nationalität in ihrer größten Ausdehnung auf der ganzen Strecke des preußischen Höhenlandes über die Wasserscheide nach Norden hinüberreichte.

Dagegen blieb die Landschaft Pomesanien mit Ausschluß der polnischen Sprachinsel bei Stuhm (88 polnische Ortschaften mit etwa 21,000 Einwohnern), welche ursprünglich mit den Wohnsitzen der pommerellischen Kaszuben zusammengehangen haben mag, wesentlich deutsch, ebenso der größere Theil Pogesaniens und der untere Theil des Ermelandes, so daß also in der letzteren Landschaft, welche ebenso wie Pomesanien drei Jahrhunderte lang zur Hälfte unter polnischer Herrschaft stand, dieses Verhältniß auf die Ausdehnung der polnischen Nationalität nur geringen Einfluß geübt hat.

Jenseit dieser Sprachgränze waren in Masuren anfänglich nur die Städte deutsch geblieben oder von Deutschen neu angelegt worden; erst in neuerer Zeit hat hier theilweise unter Anlehnung an die Städte eine so wirksame Bewegung der deutschen Bevölkerung in den nördlichen Theil Sudauens und den anschließenden Galindiens begonnen, daß durch dieselbe die Gränze verrückt und das deutsche Element bis über die Wasserscheide nach Süden vorgeschoben worden ist. Diese Erweitrung des deutschen Gebietes ist Hand in Hand gegangen mit der Verdichtung der Bevölkerung dieser Landestheile, wie sich auch darin zeigt, daß die Dichtigkeit der Bevölkerung der hier in Betracht kommenden Kreise sowohl des gumbinner als des königsberger Bezirks (Spalte 2 und 31 der Tabelle II) eine ganz ähnliche Folge aufweist, wie der Antheil der Deutschen an der Bevölkerung derselben Spalte 33 der Tabelle II). Gegenwärtig steht im Kreise Goldap und auf der Ostseite des Kreises Oletzko nur noch eine kleine Anzahl polnischer Ortschaften in Verbindung mit dem hier anschließenden polnischen Theile des vormals littauischen Kreises Seyny; dann geht eine auf der Karte erkennbare Sprachgränze von der Kreisstadt Margrabowa nordwestlich durch diesen Kreis, von dem etwa zwei Drittel (105 Ortschaften, 23,600 Einwohner) auf der polnischen Seite bleiben; dann umzieht die Sprachgränze einen kleinen Theil des Kreises Angerburg (18 Ortschaften, 4400 Einwohner), läßt einen kleinen Theil der Kreise Lötzen (5 Ortschaften, 2400 Einwohner) und Sensburg (7 Ortschaften, 1800 Einwohner) auf der deutschen Seite, schneidet den südlichen Theil des Kreises Rössel (34 Ortschaften, 10,500 Einwohner) zur polnischen Seite ab, geht längs der Nordgränze des Kreises Allenstein (von welchem 16 Ortschaften, 4500 Einwohner im deutschen Theile liegen) und durch den Kreis Osterode, von dem ein Sechstel (53 Ortschaften, 11,000 Einwohner) auf der deutschen Seite bleibt, und berührt so die nördliche Spitze des Kreises Löbau, in dessen Anschluß westlicher noch einige polnische Ortschaften des rosenberger Kreises (13 mit 2000 Einwohnern) liegen.

Innerhalb dieses Gebietes, welches etwa 210 Quadratmeilen enthält — Berghaus berechnete das mazurische Sprachgebiet für 1849 auf 230 Quadratmeilen — sind von den 386,000 Einwohnern 81,500 Deutsche. Insbesondere finden sich hier noch 319 überwiegend deutsche Ortschaften mit etwa 52,000 Bewohnern eingestreut. Davon sind 130 ganz oder über 9 Zehntel deutsch; dann schreiten die Mischungsgruppen so fort, daß fast jede folgende Mischung mehr Ortschaften als die vorige enthält (33, 45, 43, 68, 98, 140, 180 u. s. f.). Von den nordwärts der Sprachgränze gelegenen polnischen Ortschaften (162 mit 47,000 Einwohnern, von denen 38,000 Polen sind) kommt etwa die Hälfte auf die obenerwähnte Sprachinsel zwischen Marienburg, Christburg und Marienwerder, 31 liegen im südöstlichen Theile des Kreises Rosenberg mit deutschen Orten gemischt, 24 in dem jetzt deutschen Theile von Sudauen (Kreis Oletzko ꝛc.).

Die **Veränderung** der Sprachverhältnisse Masurens zeigt sich in der Zusammenstellung Beilage 1. Die Aufnahmen, deren aus dem Bezirke Gumbinnen sechs, aus dem Bezirk Königsberg nur drei vorliegen, zeigen, wie in den Kreisen Rastenburg, Goldap, Angerburg, dann namentlich in Oletzko und, wie es scheint, bereits auch in Sensburg die Zahl der polnischen Bevölkerung im Rückgange ist, so daß hier vermuthlich schon eine gewisse Germanisirung Platz greift. Dagegen ist in den südlichen Kreisen Masurens und alles zusammengenommen in Masuren überhaupt die Zahl der polnischen Einwohner noch im Zunehmen, wenn auch in mehreren derselben (den Kreisen Lyk, Lötzen, Allenstein und Ortelsburg) die Zunahme der Deutschen eine schnellere ist als die der Polen, und somit der verhältnißmäßige Antheil der Polen an der Bevölkerungszahl etwas zurückgeht. Auch in den hier eingerechneten, vormals zu West-Preußen (Polnisch-Preußen) gerechneten und durchweg römisch-katholischen Kreisen Rössel und Allenstein nimmt die Zahl der Polen noch zu, wie denn gerade hier die Gränze der Polen gegen die Deutschen (obwohl diese mehr rheinländischer und meißnisch-schlesischer Abstammung sein sollen) eine sehr scharfe und ständige ist.

In dem westpreußischen Theile des **Kulmerlandes**, den Landschaften Kulm und Löbau (letztere östlich der Drewenz gelegen) stehen nach den einzelnen Ortschaften gesondert 442 überwiegend deutsche Orte mit 113,500 Einwohnern (87,900 Deutschen) 809 überwiegend polnischen mit 138,700 Einwohnern (darunter 111,400

sich gegenüber. Die starke Durchdringung beider Volkstämme zeigt sich nicht nur in der großen Zahl der gemischten Ortschaften (indem neben 267 Orten mit zu über 4 Fünfteln deutscher und 476 mit zu 4 Fünfteln polnischer Bevölkerung 508 stärker gemischte Ortschaften vorhanden sind), sondern auch in der Art dieser Ortschaften, da hier sogar die Städte von beiden Nationen gemeinsam bewohnt werden. Allerdings läßt sich auch im Kulmerlande ein gewisser Theil als überwiegend deutscher, ein anderer als überwiegend polnischer bezeichnen; denn der Kreis Graudenz enthält nur eine Anzahl polnischer Enclaven im deutschen Gebiet, und vom Kreise Straßburg schließt sich ein nordöstliches Stück überwiegend deutsches Land (mit 33 Ortschaften, 8600 Einwohnern), dann vom Kreise Kulm der Theil nördlich von Briesen und nordöstlich der Linie von Briesen auf Sarnowo, ferner von diesem und dem thorner Kreise die Weichselniederung bis zur Breite einer Meile an das deutsche Sprachgebiet in Pomesanien, Pommerellen und Groß-Polen (Kujawien) an. Indeß würden bei einer derartigen Unterscheidung zum überwiegend deutschen Theile (35 Meilen, 536 Ortschaften, 122,000 Einwohner) immer noch 209 polnische Ortschaften und 40,000 Polen gerechnet werden, namentlich im südlichen Theile des Kreises Graudenz (um Lessen), in der kulmer Weichselniederung, wo die zusammenhängenden polnischen Ortschaften stellenweise bis zum Flusse hinabgehen, und in der Niederung des Kreises Thorn; und dagegen würde der überwiegend polnische Theil (55 Meilen, 715 Ortschaften, 130,000 Einwohner) noch 115 in demselben zerstreut liegende überwiegend deutsche Ortschaften (sowie 33,000 deutsche Einwohner) enthalten, die Hälfte dieser Ortschaften im Kreise Straßburg, die übrigen meist in den Kreisen Löbau und Thorn zerstreut.

Nach den in der Beilage 2 mitgetheilten Zählungsergebnissen nimmt auch in diesem, man kann wohl sagen altpolnischen Landestheile die deutsche Bevölkerung stärker als die polnische zu; denn der numerische Zuwachs der ersteren hat seit 1852 ungefähr das Doppelte des Zuwachses der letzteren betragen. Fast in allen fünf betheiligten Kreisen tritt die verhältnißmäßig stärkere Vermehrung der Deutschen, wenn auch nicht zwischen jeden zwei Zählungen, hervor; in den westlichen drei Kreisen scheint die polnische Bevölkerung schon auf ihren Höhepunkt gelangt zu sein, im Kreise Thorn hat sie ihn schon überschritten.

Von dem gegenwärtig unter königlich preußischer Herrschaft stehenden Theile Groß-Polens, dem zweiten in der Tabelle II besonders behandelten größeren Landestheile des preußischen Staates, wurde der an beiden Ufern der Netze liegende Theil schon gleichzeitig mit Westpreußen durch die erste Theilung Polens erworben. Dieser Theil Polens wurde damals als ein von deutscher Seite zurückgewonnenes Land betrachtet, und die Netze als der alte Gränzfluß Pommerns gegen Polen in Anspruch genommen. Die weitere Ausdehnung des erworbenen Gebietes nach Süden, nämlich die Hinzufügung eines Streifens von zwei Meilen Breite längs der Netze, welcher demnächst bis zum Südende des Goplo-Sees und nach Osten bis zur Länge von Thorn ausgedehnt wurde, stand mit der beabsichtigten Colonisirung des Netze-Bruches in Verbindung, welche wiederum eine

Fortsetzung der Colonisirung des Oder- und Warthe-Bruches war und nun durch die Colonien am neu eröffneten bromberger Canal sich an die Colonien der Weichselniederung anschloß. Indem jedoch dieser Landerwerb über Schubin aufwärts ausgedehnt wurde, fügte man hier einen schon dichter bewohnten polnischen Landstrich den königlichen Landen hinzu, einen Theil des eigentlichen Kujawiens, in dessen Bevölkerung zwar auch nachmals deutsche Niederlassungen eingestreut worden sind, in welchem jedoch das deutsche neben dem polnischen Element auch jetzt noch nicht zu größerer Verbreitung gelangt ist.

Schon in den Procentantheilen der deutschen Bevölkerung Sp. 32 der Tabelle II zeigt sich der Gegensatz zwischen dem nördlichen Theile des Netzdistricts und dem südöstlichen Theile desselben. Das Land nördlich der Netze und westlich der Küddow, das im dreizehnten Jahrhundert ein Theil der Markgrafschaft Brandenburg war (also der Kreis Deutsch-Krone, die nördliche Hälfte des Kreises Czarnikau und die Stadt Schneidemühl) war unter der lange andauernden polnischen Herrschaft deutsch geblieben; dagegen war der zwischen der Küddow und Weichsel gelegene Theil Groß-Polens, also der großpolnische Antheil an Pommerellen damals jedenfalls nur wenig von Deutschen bevölkert. Erst die hauptsächlich durch schwäbische Einwanderer bewirkte Besiedelung des Netzebruches und dessen Verbindung mit der Weichsel bahnte den Weg für die Germanisirung des südlichen Pommerellens. Ein breiter Streifen deutsches Land legte sich nun von der polnischen, noch jetzt gemischten Stadt Uszcz die Netze aufwärts und bedeckte weiterhin die Fläche, welche sich von der Netze und dem gegen Thorn hinziehenden Bruche bis zur Weichsel und dem neuen Canal erstreckt, an welchem sich als die Hauptstadt eines neuen deutschen Bezirks die deutsche Stadt Bromberg erhob.

Seitdem verbreiteten sich die Deutschen auch nordwärts zahlreicher unter die polnische Bevölkerung, und die Anlegung deutscher Dörfer in den ausgedehnten Wald-Territorien führte das eigenthümliche Bild der Mischung von Ortschaften beider Nationen herbei, das schon oben erwähnt wurde. Die hierdurch entstehende Veränderung des Nationalitäts-Verhältnisses in den Kreisen Flatow, Wirsitz und Bromberg lassen die Beilagen 2 und 3 ungefähr ersehen, in den ersten beiden nämlich die positive Abnahme der Polen, in allen dreien aber die starke Zunahme der Deutschen; denn soviel darf man selbst aus Aufnahmen schließen, welche der Gleichmäßigkeit so sehr entbehren, wie die hier in Betracht kommenden aus dem bromberger Bezirk. Auch mag hier schon eine gewisse, aber jedenfalls ihrem Umfange nach nur mäßige Germanisirung polnischer Einwohner Platz greifen; und ist die Angabe richtig, welche sich in der bromberger Kreisbeschreibung findet, eine Angabe, für welche einstweilen die nähere Begründung fehlt, daß die Zahl der Einwohner deutscher Abstammung 51,798, die der Deutschredenden aber 56,304 sei, so würde dies voraussetzen, daß mindestens 1500 Einwohner polnischer Abkunft sich unter den deutschsprechenden befinden.

Südlich der Netze wird der überwiegend deutsche Theil zunächst im Kreise Inowraclaw von dem national polnischen Theile Kujawiens durch eine ziemlich scharfe und regelmäßige Linie geschieden, welche von Ottlocin nach Westen über Johannisdorf auf Penchowo führt; nördlich derselben liegen 58 Ortschaften dieses Kreises mit 7400 Bewohnern. Weniger scharf ist die Scheidung im Kreise Schubin, von welchem der Theil nordwestlich einer Linie von Antonsdorf über Labiszyn auf Gutenwerder, dann nordöstlich der Linie Gutenwerder-Skorzewo und nordwestlich der Linie Rostrzembowo-Exin (190 Ortschaften mit 32,900 Einwohnern) zwar wesentlich deutsch ist, doch aber noch 61 überwiegend polnische Ortschaften (mit 7300 Einwohnern) enthält, welche theils in Verbindung mit dem polnischen Sprachgebiet (westlich von Labiszyn und von Schubin), theils von deutschen Ortschaften umschlossen liegen. In der westlichen Hälfte des Netzedistricts, nämlich dem größten Theile der Kreise Czarnikau und Chodziesen und einem kleinen Theile des Kreises Wongrowiec liegen gleichfalls eine Anzahl polnischer oder, richtiger gesagt, gemischter Ortschaften theils am Ufer der Netze, theils auch in Verbindung mit andern polnischen (aber in deutschem Gebiet eingeschlossenen) Ortschaften südlich der Gränze dieses Districts. Der deutsche Theil des Netzdistricts setzt sich ferner östlich vom Kreise Inowraclaw in denjenigen kleinen Theil Kujawiens fort, welcher südlich und südöstlich der Stadt Thorn von dem bei der zweiten Theilung Polens erworbenen Territorium dem preußischen Staate verblieben ist; wie die Tabelle II zeigt, enthält dieser Theil (mit Ausschluß der Südspitze) meist deutsche Ortschaften, und hier erstreckt sich die deutsche Bevölkerung auch weiter in die anschließenden unter russischer Herrschaft stehenden Kreise des Königreichs Polen: Wroclawck und Lipno.

Der nördlich der bezeichneten Sprachgränze gelegene Theil des Netzedistricts mit dem anschließenden Gebiete südöstlich von Thorn (49 Ortschaften, 5200 Einwohner) umfaßt ein Gebiet von 182 Quadratmeilen mit 1564 Ortschaften, 415,000 Einwohnern, unter denen 324,000 Deutsche sind. Davon sind über 1000 Ortschaften mit 270,000 Einwohnern zu über 4 Fünfteln der Einwohner deutsch; die weiteren Mischungsgruppen (von Zehntel zu Zehntel) enthalten je über 60 Ortschaften und 14—25,000 Bewohner; nur in etwa 150 Ortschaften mit noch nicht 30,000 Einwohnern sind über 4 Fünftel der Bevölkerung Polen. Auf dem Streifen südwärts der Netze, der also vordem fortdauernd groß-polnisches Land war, sind jetzt nur 113 überwiegend polnische Ortschaften (mit 22,200 Einwohnern, von welchen 16,200 Polen sind) neben der mehr als vierfachen Zahl deutscher Orte mit einer mehr als fünfmal so zahlreichen ganz überwiegend (nämlich zu 9 Zehnteln) deutschen Bevölkerung.

Fast das entgegengesetzte Bild giebt der südlich der angegebenen Linie gelegene Theil des Netzedistricts, nämlich der größere Theil (5 Sechstel) des Kreises Inowraclaw mit Theilen der Kreise Mogilno und Schubin. Er enthält auf einer Fäche von 40 Meilen 646 Ortschaften mit 94,800 Einwohnern, unter diesen aber nur 27,800 Deutsche. Ueberwiegend deutsche Ortschaften sind hier nur 93 mit 20,600 Bewohnern, von welchen überdies nur zwei Drittel Deutsche sind, da die betreffenden Orte theils nur kleine Niederlassungen, theilweise aber erheblich polnisch gemischt sind. Diese Ortschaften liegen theils in der Gegend von Barcin, dann eine größere Gruppe westlich der Netze-Seen gegen Mogilno, kleinere im Südwesten des Goplo-Sees und östlich von Inowraclaw. Von den hier belegenen Städten sind nur Inowraclaw, Strzelno, Barcin (sowie nördlicher Exin und Schubin) durch die Mitrechnung der jüdischen Bevölkerung überwiegend deutsch, alle übrigen sind mehr polnisch als deutsch. Unter den mehr polnischen Ortschaften sind viele gemischt (44 zu 4 Zehntel, 59 zu 3 Zehntel, 73 zu 2 Zehntel deutsch); doch läßt sich hieraus, sowie aus der verhältnißmäßig stärkeren Zunahme der Deutschen in diesen Kreisen von 1858 auf 1861 (Beilage 3), keineswegs folgern, daß die dem polnischen Stamme angehörige Bevölkerung germanisirt werde. Denn die Aufnahmen über die Zahl der zweisprachigen Einwohner von 1846 und 1849 lassen in Verbindung mit den neueren nicht schließen, daß der größere Theil der letzteren polnischer Abstammung sei, vielmehr scheint hier das Verhältniß das umgekehrte von demjenigen, welches oben bei Pommerellen bezeichnet ist; es scheint nämlich die Zahl der beider Sprachen mächtigen Deutschen (einschließlich der Juden) größer zu sein, als die der zweisprachigen Polen.

Der südlich des Netzdistricts gelegene Theil von Groß-Polen westlich der Prosna umfaßt 387,6 Quadratmeilen, 4884 Ortschaften mit 1,110,000 Einwohnern, von denen fast 435,000 Deutsche sind. Von diesem ausgedehnten Gebiete ist beinahe ein Drittel deutsch; der Zahl der Ortschaften nach sind 1393 mit 406,500 Einwohnern (worunter 67,500 Polen) ganz oder überwiegend deutsch, 3491 Ortschaften mit 703,200 Einwohnern (worunter 95,800 Deutsche) ganz oder überwiegend polnisch. Nur ein kleiner Theil dieses Territoriums ist schon älterer deutscher Besitz; es ist dies das fraustädter Ländchen, der deutsche Theil des Kreises Fraustadt, der schon unter schlesischer Herrschaft von Deutschen besiedelt wurde, und der vorderste diesseit der Obra belegene Theil der Kreise Birnbaum und Meseritz, zusammen kaum ein Fünftel desjenigen Territoriums, welches heut in diesem Theile Groß-Polens als ein zusammenhängendes deutsches Gebiet erscheint. Die weitere Erstreckung des Deutschen erfolgte hauptsächlich an drei Stellen: im Süden mit der Besiedelung des westlichen Theiles des Kreises Kröben, welche von Schlesien aus vor zwei Jahrhunderten stattfand; dann in der Mitte durch die Gründung einer großen Zahl deutscher Hauländereien östlich der Obra um Neu-Tomysl und durch deren Verbindung mit dem deutschen Gebiete an der unteren Obra; nördlich aber erst neuerdings durch eine Kette von deutschen Ortschaften, welche sich längs der Warthe aufwärts gezogen und von Obornik aus nordwärts mit den deutschen Ansiedelungen im Netzdistrict (Kreis Chodziesen) verbunden hat.

Will man gegenwärtig innerhalb des vormaligen Süd-Preußens den überwiegend deutschen Theil von den übrigen überwiegend polnischen Theilen unterscheiden, so beginnt die Gränzlinie südwärts Margonin bei Alt-Witkowitz am See, wo ein Stück vormals südpreußisches Land mit 6 polnischen Ortschaften jetzt zum Kreise Chodziesen gehört; sie geht dann längs der Gränze des Kreises Wongrowiec über 6 anschließende deutsche Orte zur Welna, dann links der Welna im

Kreise Obornik von der deutschen Stadt Rogasen auf die halb polnische Kreisstadt, wobei etwa die Hälfte des Kreises, 108 Ortschaften mit 29,000 Einwohnern (darunter 17,900 Deutsche), zur deutschen Seite zu rechnen ist. Sie geht ferner von Obornik links der Warthe auf die deutsche Stadt Samter, von da auf Wronke und Neubrück und bis zur Gränze des Kreises Birnbaum, dessen östlichste Spitze, von Mylin auf Kl. Czypsko (4 Ortschaften) im polnischen Theile liegt; dagegen ist der südwestliche Theil des Kreises Samter und die (jüdisch-deutsche) Stadt Pinne bis Psarkie-Hauland und Konin noch zum deutschen Theile zu rechnen, der somit fast 2 Fünftel des Kreises Samter mit 81 Ortschaften, 21,900 Einwohnern (darunter 14,800 Deutsche) umfaßt. Von der überwiegend deutschen Stadt Neustadt zieht sich eine bestimmte Sprachgränze durch den Kreis Buk bis zur (jüdisch-deutschen) Stadt Grätz, welche diesen in zwei gleiche Hälften theilt, auf deren deutscher 70 Ortschaften mit 29,400 Einwohnern (darunter 20,700 Deutsche) liegen. Westlich von Grätz schneidet die Sprachgränze eine Spitze des Kreises Bomst zur polnischen Seite ab, sowie weiterhin denjenigen Theil desselben, welcher südlich der Linie Rothenburg-Wollstein und östlich des Nelke-Sees und von Mauche und Alt-Kloster liegt, so daß nordwestlich derselben drei Viertel dieses Kreises mit 139 Ortschaften, 44,000 Einwohnern (darunter 32,400 Deutsche), auf deutscher Seite bleiben. Die Sprachgränze berührt dann östlich von Scharne im Kreise Fraustadt die Provinz Schlesien, läßt den nördlich der Linie Ilgen-Neugütel gelegenen Theil des Kreises Fraustadt auf der polnischen Seite, schließt den östlich und südöstlich der Linie von Schmidtschen auf Neugut bei Schmiegel und von dort nach Polnisch-Poppe gelegenen Theil des Kreises Kosten (19 Ortschaften, 6500 Einwohner, davon 5100 Deutsche) der deutschen Seite an, folgt im Kreise Fraustadt der auf der Karte sichtbaren Linie von Storchnest (einer jüdisch-deutschen Stadt) bis Przybin, so daß vom Kreise Fraustadt fast drei Viertel (120 Ortschaften mit 48,400 Einwohnern, darunter 45,300 Deutsche) auf deutscher Seite bleiben, und umfaßt vom Kreise Kröben den westlichen Theil bis zu den vorspringenden deutschen Orten Ziemlin, Carolinenthal und Sikoczyn (im ganzen ein Viertel dieses Kreises: 62 Ortschaften mit 29,100 Einwohnern, darunter 25,700 Deutsche); sie schließt endlich noch einige an den deutschen Kreis Militsch gränzende Orte des Kreises Kröben (Bialykal, Jutroschin rc.) und des Kreises Krotoschin (Ruda, Zduny, Stadt Krotoschin und Umgegend, 24 Ortschaften mit 12,200 Einwohnern, wovon 9200 Deutsche) der deutschen Seite an.

Innerhalb dieses überwiegend deutschen Territoriums, das auf 112 Quadratmeilen 1110 Ortschaften mit 323,300 Einwohnern, darunter 255,000 Deutsche, enthält, liegen nur 243 überwiegend polnische Ortschaften mit 58,800 Einwohnern (darunter noch 14,800 Deutsche), davon sind die wenigsten rein polnisch; die einzelnen Mischungsgruppen enthalten durchschnittlich 46 Ortschaften mit 14,000 Einwohnern und sind unter einander an Volkszahl nur wenig verschieden. Wie die Karte zeigt, befinden sich die überwiegend polnischen Ortschaften dieses vordersten Theiles von Groß-Polen auf gewissen Landstrichen, welche sich an das polnische Sprachgebiet anschließen. Sie ziehen sich insbesondere im Kreise Bomst längs der Obra vom Nelke-See abwärts bis um Bentschen im Kreise Meseritz, ferner auf der Südseite der Warthe in den Kreis Birnbaum bis Kähme und südwärts bis in die Kreise Buk und Meseritz, endlich von Welna im Kreise Obornik nordwestlich über die (jüdisch-deutsche) Stadt Ryczywol in die zum Kreise Czarnikau gelegten vormals südpreußischen Ortschaften und so fort bis zur Netze.

In der Tabelle II ist innerhalb dieses Theiles von Groß-Polen, der bei der zweiten Theilung unter preußische Herrschaft kam, der diesseit und der jenseit der Demarcationslinie von 1848 gelegene Theil unterschieden. Die Landstriche, welche dort zu dem diesseit gelegenen Theile gezählt sind, sind weit umfangreicher, als die vorstehend bezeichneten, und eine Vergleichung zeigt, daß außer den schon genannten Theilen, welche fast durchgängig innerhalb der Demarcationslinie belegen waren, noch weitere 111,5 Quadratmeilen mit 1376 Ortschaften, darunter nur 430 überwiegend deutsche, und mit 334,500 Einwohnern, darunter nur 105,300 Deutsche, von dem polnischen Theile getrennt und mit dem deutschen verbunden worden waren. Der Grund dieser weiten Erstreckung des deutschen Theiles lag in der eigenthümlichen Vertheilung der deutschen und gemischten Orte zwischen den polnischen, und weiter oder vielmehr tiefer darin, daß die Besorgniß vor einer mangelhaften Durchführung des Nationalitäts-Princips die möglichste Ausdehnung des deutschen Theiles als im deutschen Interesse geboten erscheinen ließ. Nach den Vorschlägen vom 3. April 1848 hatten, außer dem Netzdistrict, die Kreise Birnbaum, Meseritz, Bomst, Fraustadt, sowie die westliche Hälfte der Kreise Kröben und Buk von dem polnischen Theile des Großherzogthums Posen getrennt werden sollen, mithin stellenweise noch weniger als der obenbezeichnete, dem deutschen Nationalgebiete zugehörige Theil. Unmittelbar darauf wurde jedoch die Folge klar, daß alsdann die Stadt Posen dem deutschen Theile verloren ging. Daß Posen überwiegend deutsch war, war aus den damals vorliegenden Aufnahmen von 1846 (8900 nur deutsch, 6300 nur polnisch redende, 23,700 zweisprachige) noch nicht mit Bestimmtheit zu entnehmen; dennoch galt es als feststehende Thatsache, und die nächste Zählung, welche 15,400 nur deutsch, 4400 nur polnisch, 16,200 beide Sprachen redende herausstellte, konnte dieselbe eher bestätigen; aber erst die Zählung von 1861 ergab, daß über zwei Drittel der Einwohner Deutsche seien.

Für die Zuziehung von Posen zum deutschen Theile konnte auch der Umstand geltend gemacht werden, daß bis zur Breite von Posen hinauf das deutsche Element sich ostwärts der Warthe stark verbreitet hatte. Eine Reihe deutscher Kolonien zieht sich von Rogasen aus über Schocken die Welna hinauf und zwischen Kiszkowo und Murowana-Goslin (welche durch Zurechnung der Juden mehr deutsch sind) auf die schrodaer Kreisgrenze; hier erreicht sie eine große Gruppe deutscher Ortschaften, welche, um die (jüdisch-deutsche) Stadt Pudewitz liegend, den nördlichen Theil dieses Kreises und den anschließenden Theil des Kreises Gnesen füllt, und welche westlich durch gemischte Orte mit den überwiegend deutschen Städten Schwersenz und Posen in Verbindung steht. Die so zusammenhängende Masse deutscher Bevölkerung ist hier so beträchtlich, daß, obwohl links der Warthe die meisten und selbst längs dieses Flusses viele Ortschaften polnisch sind, dennoch das ganze Viereck, welches im Anschluß des oben bezeichneten Gebietes östlich durch eine Linie von Woiciechowo=Hauland (Kreis Wongrowiec) bis Neu=Barczewo=Hauland (Kreis Gnesen) und westlich durch die Linie Posen=Samter begränzt wird, und welches den südlichen Theil des Kreises Obornik, 140 Ortschaften des Kreises Posen, 66 des Kreises Schroda, 28 des Kreises Gnesen, 15 des Kreises Wongrowiec, im ganzen 368 Ortschaften mit 101,600 Einwohnern umfaßt, noch etwas mehr deutsche (52,200) als polnische Bewohner enthält. Daß wir es hier hauptsächlich mit einer landwärts gewanderten deutschen Bevölkerung zu thun haben, zeigt auch die Mundart derselben, indem sich dieser nördliche Theil des Kreises Schroda durch die niederdeutsche Mundart von den südlicheren Niederlassungen der mitteldeutschen Bevölkerung unterscheidet, welche bis in die Umgebung der Stadt Posen hinabgehen, wo die fränkischen Ansiedler ihre deutsche Nationalität nur theilweise bewahrt haben.

Der Erlaß vom 16. April, welcher Posen mit dem deutschen Theile verband, hatte jedoch weniger den vorbezeichneten gemischten Bezirk als nur die Stadt Posen im Auge; denn er bestimmte, daß außer den obengenannten Gebieten nur der westliche Theil der Kreise Obornik und Posen nebst den ganzen Kreisen Samter und Buk (sowie Theile der Kreise Krotoschin und Schildberg) von dem nationalpolnisch zu constituirenden Staatsgebiete zu trennen seien. Erst die Bekanntmachung des Generals Pfuel vom 12. Mai schloß den ganzen Kreis Obornik, sowie den größten Theil des Kreises Posen (nämlich mit Ausschluß des südwestlich von der Seenreihe bei Jaroslawice gelegenen Theils um Stenszewo) der deutschen Hälfte an. Diese Bekanntmachung bestimmte die Begränzung beider Theile so, daß vom Kreise Schildberg die Herrschaft Kempen, von welcher fast nur die Stadt deutsch ist, ferner vom Kreise Adelnau die (deutsche) Stadt Ostrowo, mit einem Gebiet zum Anschlusse derselben an Schlesien (welches Gebiet nur polnische Ortschaften enthalten konnte) abgetrennt werden sollte; von den Kreisen Krotoschin und Kröben sollte der südlich der Linie von Krotoschin über die (jüdisch=deutsche) Stadt Kobylin auf Smilowo gelegene Theil, dessen große mittlere Masse rein polnisch ist, vom Kreise Kosten der südwestlich der Linie Klein=Woynitz=Seide und südlich der Linie Schmiegel=Barchlin gelegene Theil (4,2 Qu.=M., 53 Ortschaften mit 13,000 Einw., wovon die östliche Hälfte, wie oben erwähnt, überwiegend deutsch, die westliche aber polnisch ist), abgetrennt werden. Dann folgte die Demarcationslinie der Gränze der Kreise Buk und Kosten, umfaßte den südöstlichen Theil des Kreises Posen bis zur Linie Podlosiny=Jaroslawice (3,8 Quadratmeilen), fügte anderseits vom Kreise Schrimm den nordwestlichen Theil, welcher um Moschin eine Anzahl deutscher Dörfer enthält, bis Petzen=, Baranowo= und Daszewice=Hauland zum deutschen Theile, desgleichen vom Kreise Schroda den nördlichen (deutschen) Theil bis zur Linie Golun=Gortatowo, ferner vom Kreise Wongrowiec den westlich der Linie Mlynki=Koninek (bei Lekno) und nördlich der Linie Koninek=Podolin=

Nadborowo gelegenen Theil, in welchem ersteren die (jüdisch-deutsche) Stadt Wongrowiec und eine Anzahl deutscher Dörfer südwestlich und nordwestlich derselben liegen, und schnitt endlich vom Kreise Mogilno ein an deutsche Ortschaften des Netzdistrictes anschließendes deutsches Territorium südwestlich von Niestronno und Mogilno (1,3 Quadrat-Meilen, 25 Ortschaften, 2100 Einw.) vom polnischen Theile ab; dagegen wurde südöstlich hiervon ein kleiner Theil des Netzdistricts zum polnischen Theile gelegt.

Durch die Bekanntmachung dieser Linie, aus deren Zuge genugsam hervorgeht, wie wenig die vorhandenen Aufnahmen die wirkliche Sprachgränze klargestellt hatten, sollte ebensosehr den diesseits derselben befindlichen Orten polnischer Nationalität, wie den jenseit derselben befindlichen deutschen Orten Gelegenheit gegeben werden, ihre Einwendungen geltend zu machen und eine Abänderung herbeizuführen. Dies geschah denn auch an mehreren Stellen, und zwar zu Gunsten der Polen insofern, als die östliche Masse der Ortschaften des Kreises Kröben, sowie das anschließende westliche Stück des Kreises Krotoschin (südlich von Kobylin) wieder zum polnischen Theile gelegt wurden, wobei man der längs der Gränze liegenden rein deutschen Ortschaften vergaß, welche ja ihrerseits auch keine Veranlassung gehabt hatten, ihre deutsche Nationalität hervorzuheben. Ebenso wurde vom Kreise Fraustadt der östlichste polnische Theil (jenseit der Linie Robrzysko-Storchnest) und vom Kreise Wongrowiec der nördlich der Linie Koninek-Podolin gelegene Theil wieder zur polnischen Hälfte gelegt. Dagegen blieb ebensowohl der südliche Theil des Kreises Schildberg wie ein Streifen des Kreises Adelnau mit der gleichnamigen polnischen Stadt auf der deutschen Seite, und vom Kreise Krotoschin wurde durch den Anschluß einer Anzahl deutscher Colonien nebst den zwischenliegenden polnischen Ortschaften noch ein weiteres Territorium ausgeschnitten, welches sich in Kreuzesform von der schlesischen Gränze über Krotoschin nordwärts erstreckte.

Die bedeutenste Aenderung war jedoch ausschließlich politischer Natur und zwar, soviel erinnerlich ist, durch ein von dem Reichscommissar gestelltes Verlangen veranlaßt, nämlich die Vereinigung des westlich der Linie von Czempin und Kosten zum Woynitz-See gelegenen Theiles des Kreises Kosten, welcher außer einigen Obrabruch-Colonien keine deutschen Ortschaften enthält, mit der deutschen Hälfte (10,1 Quadratmeilen, 126 Ortschaften mit 33,300 Einw., von denen nur der siebente Theil Deutsche sind); und auf ähnliche Gründe, nämlich auf die Gewinnung eines Umkreises von mindestens drei Quadratmeilen um die Festung Posen, stützte es sich, daß die Demarcationslinie noch über die Gränze des Kreises Posen ungefähr eine Meile nach Osten in die Kreise Schroda und Schrimm hinausgeschoben wurde. Ueberdies wurde in letzterem Kreise die Linie noch bis zu einigen deutschen Hauländereien (bis Emon- und Blazejewo-Hauland) erstreckt, und von ersterem Kreise die an den Kreis Gnesen gränzende Gruppe deutscher Colonien um Nekla-Hauland und im Anschlusse derselben die jenseitige Gruppe deutscher Ortschaften im gnesener Kreise (1,2 Qu.-Meilen, 23 Ortschaften, 2500 Einw.), sowie eine aus deutschen und polnischen Ortschaften zusammengesetzte Gruppe um Kiszkowo (1 Qu.-Meile

21 Ortschaften, 2700 Einw.) mit der deutschen Hälfte verbunden. Vom Kreise Wongrowiec wurden noch einige deutsche Ortschaften westlich von Janowiec der deutschen Hälfte angeschlossen, ebenso vom Kreise Mogilno einige Ortschaften an der südöstlichen Ecke des Netzdistricts (0,8 Qu.-M., 15 Ortschaften, 1800 Einw.), und hier eine vorspringende deutsche Spitze gebildet, welche noch ein Stück des Kreises Gnesen (0,6 Qu.-Meilen, 13 Ortschaften, 1100 Einw.) bis gegen Powiedz in sich schloß.

In solcher Weise bildete sich das Gebiet, welches in der Tabelle II nach den einzelnen Kreis-Antheilen dargestellt ist, und welches (abgesehen vom Netzdistrict) 1338 überwiegend polnische Ortschaften mit (jetzt) 294,700 Einwohnern diesseit der Demarkationslinie mit umfaßte, während in dem jenseit gelegenen Theil, der nunmehr als national-polnischer organisirt werden sollte, noch 263 überwiegend deutsche Ortschaften mit (jetzt) 47,300 Einwohnern neben 2153 überwiegend polnischen mit 408,400 Einwohnern verblieben.

Die Verhandlungen wegen der Demarcationslinie waren mit den Bestimmungen vom 4. Juni noch nicht geschlossen. Wie im unteren Theile des Kreises Schrimm, so liegen auch weiter aufwärts Gruppen deutscher Hauländereien die Warthe hinauf, namentlich um Santomysl und Xionz, deren Vorhandensein die Zuziehung beider Wartheufer bis gegen Neustadt zu rechtfertigen schien; hierzu kam ferner eine Erweiterung des deutschen Antheils bei Krotoschin, so daß er auch die im nordöstlichen Theile dieses Kreises gelegenen Gruppen deutscher Colonien mit umfaßte, und dann eine große Abrundung des deutschen Gebiets auf der ganzen Linie: Kempen, Ostrowo, Dobrzyce, Kobylin, Kröben, Kriewen, Czempin, sowie auch nordwärts Santomysl, so daß auch die Städte Kostrzyn, Lopieno, Janowiec, und Lekno zum deutschen Theile gelegt wurden. Daß demungeachtet auch in dem so auf das äußerste beschränkten polnischen Gebiete noch eine Anzahl deutscher Ortschaften zerstreut liegen (namentlich in den Kreisen Adelnau und Pleschen und in der gnesener Gegend), bedarf keiner Erwähnung; bemerkenswerth aber ist, daß selbst die Hauptstadt des so gebildeten Territoriums, die Stadt Gnesen, bei Einrechnung der Juden noch etwas mehr deutsche als polnische Einwohner zählt. Eine consequente Fortsetzung solcher Erweiterungen, die man hier wirklich als Annectirungen bezeichnen kann, würde überhaupt nach der Art der Verbreitung der Deutschen in den polnischen Ländern nicht nur die gänzliche Streichung eines polnischen Theiles, sondern auch die Hinüberziehung des übrigen, d. h. des jetzt russischen Groß-Polens zur richtigen Folge gehabt haben, da in diesem stellenweise das deutsche Element weit stärker vertreten ist, als in manchen Theilen des Großherzogthums Posen.

Betrachtet man den ganzen jenseit der oben bezeichneten Sprachgränze gelegenen vormals südpreußischen Landestheil, so hat man hier ebenso ein deutsch gemischtes polnisches Territorium vor sich, wie diesseit derselben ein polnisch-gemischtes deutsches Territorium. Rein deutsche Ortschaften giebt es nicht viele, Orte mit über 9 Zehntel deutscher Bevölkerung überhaupt 168, dann 84 zu über 8 Zehnteln, 69 zu über 7 Zehnteln deutsche Ortschaften, und nun steigen die Mischungsgruppen auf 94, 111, 149, 195, 300 Ortschaften, so daß die Doppel-Gruppe der zu mindestens 4 Fünftel polnischen Ortschaften 2601 mit 497,000 Einwohnern enthält. Und während diesseit der obenbezeichneten Sprachgränze kaum eine polnische Stadt ist, und einzelne durch Einrechnung der Juden deutsche Städte auf dieser Gränze liegen, befinden sich jenseit derselben nur sechs Städte, in denen die Deutschen ohne Beirechnung der Juden zahlreicher als die Polen sind, 14, in denen sie durch die Juden das numerische Uebergewicht erlangt haben, 47, in denen die Polen noch zahlreicher sind als die Deutschen mit Einschluß der Juden.

Daß das Deutsche in diesem Theile wie überhaupt im vormaligen Süd-Preußen im Zunehmen ist, ist nicht zu bezweifeln; es genügt der Hinweis auf die fortschreitenden Procentsätze, welche die Aufnahmen des Regierungsbezirks Posen von 1846 bis 1861 ergeben, so wie auch die selteneren Aufnahmen im bromberger Bezirk ein ähnliches fortschreitendes Verhältniß zeigen. Nach diesen Aufnahmen hatte binnen 15 Jahren die Bevölkerung des Großherzogthums um etwa 95,000 Deutsche, dagegen nur um 30,000 Polen zugenommen, eine Zunahme, von welcher überdies bei den Deutschen drei Fünftel, bei den Polen nur die Hälfte auf die mehr polnischen Kreise kommen. Und dies trifft sogar eine Zeit, in der das Großherzogthum Posen mehr Einwohner nach außen abgegeben, als von außen empfangen hat, wozu das stärkere Ueberfluthen der Deutschen in das Königreich Polen jedenfalls mitwirkte; für die vorangegangene fünfzehnjährige Periode stellt eine Vergleichung der Zählungsergebnisse und der Nachrichten über die Fortpflanzung umgekehrt einen Zuzug von 70,000 in das Großherzogthum als wahrscheinlich heraus.

Zu welchem Theile bei der größeren Zunahme der Deutschen eine günstigere Entwickelung des deutschen Stammes aus sich selbst, und namentlich eine geringere Sterblichkeit mitgewirkt hat, und wieweit andererseits der Uebergang von Polen zur deutschen Sprache zur Vermehrung der deutsch redenden beigetragen hat, dafür fehlt es um so mehr an genügendem Anhalt, als die Aufnahmen, mit welchen die Vergleichung des heutigen Standes zulässig ist, nicht auf die Nationalität oder Volksprache, sondern auf die Sprachkenntniß gerichtet waren, weshalb die Zahlen der älteren Jahre wenig brauchbar sind. Denn, wenn in der Beilage 3 der Versuch gemacht worden ist, die Zahl der Polen durch Zurechnung eines Drittels, die der Deutschen durch Zurechnung zweier Drittel der beide Sprachen redenden zu vervollständigen, so ist dies eben nur ein ungefähres Maaß, das aus dem allgemeinen Ergebniß für den Regierungsbezirk Posen abgeleitet worden ist, in welchem nach den Aufnahmen von 1858 68 pCt. der zweisprachigen Deutsche gewesen wären. In den einzelnen Kreisen stellt sich dieses Verhältniß abweichend, nämlich so, daß in überwiegend oder halb deutschen Kreisen, wie in Birnbaum, Fraustadt, Buk, Obornik, Bomst und in der Stadt Posen die Zahl der Deutschen und die der Polen unter den zweisprachigen, zu denen namentlich viele Juden gehören, nicht sehr verschieden sind, während in den stark polnischen Kreisen die Zahl der Polen unter den zweisprachigen nur einen geringen Theil ausmacht. Eben hierin liegt aber auch ein sicheres Zeichen, daß die Zahl germanisirter Polen in den noch jetzt überwiegend polnischen Theilen nicht groß sein kann, gewiß weniger groß als in den vorderen, jetzt überwiegend deutschen Theilen; auch die Angaben, welche in dieser Beziehung bei Bromberg gemacht sind, und die, welche sich für den Kreis Kosten finden, nach welchen letzteren unter 14,117 Deutschen 632 Personen polnischer Abkunft sein würden, bestätigen dieses, denn sie geben, auch wenn ihnen eine wirkliche statistische Grundlage fehlt, ein Zeichen dafür, daß am Orte selbst dieser Antheil nur für gering gehalten wird.

Bei der eigenthümlichen Art der früheren Aufnahmen in diesen Landestheilen, in welchen Unzulänglichkeit der Methode und Ungenauigkeit der Handhabung ihre Einflüsse mit den wirklichen Aenderungen mischte —, was um so deutlicher hervortritt, je mehr man zur Vergleichung des einzelnen schreitet —, kann auch für die einzelnen Kreise die in der Beilage 3 hervortretende Bewegung des Nationalitäts-Verhältnisses (welche übrigens fast nirgends eine gleichmäßige ist) nur hier und da als richtig angenommen werden. So zeigt sich auf den ersten Blick, daß selbst die Aufnahmen von 1858 in den Kreisen Adelnau und Schildberg ungenügend ausgefallen waren, und wenn man bei Vergleichung der Aufnahmen von 1846 und 1861 die Zunahme der Zahl der Polen in den Kreisen Birnbaum und Bomst, die Abnahme derselben in Wreschen und Pleschen wahrnimmt, so zeigt sich auch hierin die Mitwirkung der bezeichneten Einflüsse. Umgekehrt hat man keine Veranlassung, das durch das Verhältniß der Aufnahmen von 1858 und 1861 bestätigte Ergebniß in Zweifel zu ziehen, nach welchem die Zahl der Polen im Kreise Meseritz im Abnehmen ist, in den Kreisen Samter, Obornik, Buk und Kröben (wie auch wohl in Fraustadt und Birnbaum) die Zahl derselben bereits zum Stillstand gekommen, in den meisten südlich der Netze gelegenen Kreisen aber noch im Zunehmen ist, wobei diese Zunahme jedoch nur in dem südöstlichen Theile des posener Bezirks mit der Zunahme der Deutschen noch Schritt hält.

In **Schlesien** steht der nationale Gegensatz dem landschaftlichen zwischen Ober- und Nieder-Schlesien ziemlich nahe. Nieder-Schlesien ist fast ganz deutsch, da es bei einem Umfange von 432¼ Quadrat-Meilen 5,969 Ortschaften, 2,075,000 Einwohner, oder bei Einrechnung des österreichischen Theiles, nämlich des Fürstenthums Neiße, und des mit der Provinz Brandenburg verbundenen Theiles, d. h. des krossener Landes, 487 Quadrat-Meilen, 6350 Ortschaften, 2,245,000 Einw., nur 86,400 slawische Einwohner zählt, oder nach der Nationalität der Ortschaften unterschieden 448 überwiegend slawische Orte mit 91,200 Einwohnern (80,000 Slawen). Dagegen ist Oberschlesien (bei Abrechnung des alt-mährischen Theiles, welcher theils deutscher, theils czechischer Nationalität ist,) ein fast durchgehends polnisches Land; denn es enthält im königlich preußischen Antheil auf 189½ Quadrat-Meilen in 3028 Ortschaften und unter 848,700 Einwohnern nur 201,500 Deutsche, oder bei Einrechnung des österreichischen Antheils, d. h. des Fürstenthums Teschen, auf 223 Quadrat-Meilen, in 3265 Ortschaften und unter 1,012,000

Einwohnern nur 221,000 Deutsche, von denen über 80,000 in den 233 überwiegend deutschen Ortschaften wohnen.

Was Nieder-Schlesien insbesondere betrifft, so kann man von dem der oberdeutschen Mundart angehörigen, also vom Sudetenstamme bewohnten Theile sagen, daß er, obwohl er lange unter polnischer Herrschaft stand, doch niemals zum polnischen Nationalgebiete gehörte; denn nach den Ortsnamen zu schließen, haben hier, namentlich in den Kreisen Landshut, Reichenbach, Bolkenhain, Schönau, Hirschberg (schon weniger in Frankenstein) slawische Ansiedelungen zu den Ausnahmen gehört, sowie sich solche auch in den westlichen, gegen die Lausitz gelegenen Theilen, den Kreisen Löwenberg, Bunzlau, Sprottau, Hainau nur in geringer Anzahl finden. In der Häufigkeit slawischer Ortsnamen folgen dann die unteren Theile der Fürstenthümer Liegnitz, Jauer, Schweidnitz, Münsterberg und das Fürstenthum Neiße, dann das Fürstenthum Breslau, und je nach den besonderen Landstrichen verschieden die Fürstenthümer Glogau und Brieg; die meisten slawischen Ortsnamen haben die Fürstenthümer Oels und Wohlau und die Landschaft Militsch-Trachenberg. Offenbar hatten in einem großen Theile Nieder-Schlesiens bei dessen Besiedelung durch die Deutschen die letzteren schon zeitig jene slawische Beimischung erhalten, welche in dem Volkscharakter des dortigen deutschen Stammes merkliche Spuren zurückgelassen hat, während ein gleiches in den nördlicheren eine Zeit lang unter polnischer Herrschaft gestandenen Landschaften anscheinend nicht der Fall ist. Dabei hielt sich in Schlesien das polnische nicht allein noch längere Zeit an einzelnen Stellen, sondern es wurde sogar durch neue Zuwanderungen, wahrscheinlich aus Groß-Polen verstärkt, so daß fast zu gleicher Zeit, wo die aus Schlesien ausgewanderten Deutschen in die Wälder Groß-Polens ihre Hauländereien schlugen, und längs der Gränzen dieses Landes deutsche Städte erbauten, hiermit auch den Grund zu der Germanisirung des militscher Ländchens legten, sich umgekehrt das polnische Element aufs neue in die schon deutschen Landschaften südlich von Breslau verbreitete.

Bei Zimmermann, dessen treffliches topographisches Werk von 1787 zugleich über die nationalen Verhältnisse verschiedener Theile Schlesiens beachtenswerthen Aufschluß giebt, ist die Stadt Ohlau fast ringsum von polnischen oder gemischten Ortschaften umgeben, welche sich westwärts bis gegen die Linie Cattern-Großburg ziehen, und jenseit deren im Nordwesten Domslau (südlich von Breslau) als Sprachinsel, im Südwesten aber eine größere polnische Gruppe gegen Strehlen und Wansen liegt, welche letztere Stadt Zimmermann als gemischt bezeichnet. Auf der Südseite der Oder führt Zimmermann beim Kreise Ohlau 32 Dörfer als deutsch, 18 als überwiegend deutsch, 13 als überwiegend polnisch auf. Auf der Nordseite derselben bezeichnet er in den Kreisen Ohlau und Brieg 19 Dörfer als überwiegend polnisch, 8 als überwiegend deutsch; das linke Ufer des Kreises Brieg war deutsch geblieben, und die deutsche Bevölkerung noch durch angesiedelte Elsässer verstärkt worden.

Nördlich der Oder ging damals das polnische am linken Ufer der Weida abwärts bis Schwoitsch, eine Meile von Breslau; vom Kreise Namslau waren zwei Drittel polnisch, im Kreise Oels außer dem südlich von Bernstadt gelegenen Theile die Gegend um Pontwitz und gegen Frauwalde, wo sich dann der polnische Theil der Herrschaft Militsch anschloß. Im Kreise Trebnitz bildeten die Stiftswald-Dörfer, nordöstlich der Straße auf Rawicz, eine polnische Gruppe, und auch in den Gränzdörfern des Kreises Militsch gegen Groß-Polen sprach man noch polnisch. Ferner lag an der unteren Oder von Neusalz bis Bobernig hinab eine Gruppe polnischer Ortschaften, von dem polnischen Dorfe Kleinitz nur wenig entfernt, welches damals wahrscheinlich noch eine äußerste Spitze des zusammenhängenden polnischen Nationalgebietes bildete.

Einen Uebergang zu den heutigen Zuständen bieten die Schilderungen Hundrich's für die Zeit um 1840, bei welchem noch polnische Dörfer in den Kreisen Trebnitz und Oels, sowie in Ohlau an beiden Ufern der Oder erwähnt werden, während, wie die Tabelle II ergiebt, sich jetzt kaum eine überwiegend polnische Ortschaft dort vorfindet; auch an der unteren Oder erwähnt Hundrich noch eine größere polnische Sprachinsel, von welcher Berghaus jedoch bei späterer Erkundigung nur einen unbedeutenden Ueberrest vorfand. Leider hat Hundrich nirgends wirkliche Zahlen, sondern nur die Verbreitung der Sprache im allgemeinen und ihren Gebrauch in Kirche und Schule behandelt, so daß eine specielle Vergleichung mit den heut vorgefundenen Verhältnissen nicht angeht. In Betreff des Ergebnisses seiner Beobachtungen aber ist hervorzuheben, daß Hundrich die Fortschritte der Germanisirung, die er längs der unteren Weida und Oder allerdings wahrnehmen konnte, zu sehr verallgemeinert. Seine und anderer mit ihm übereinstimmende Angaben sind namentlich durch Koschützky aus Groß-Witkowitz widerlegt worden, der in klarer Schilderung der wirklichen Ortsverhältnisse diesen entgegenstellt, wie umgekehrt deutsche im polnischen Theile angelegte Ortschaften in neuer Zeit polonisirt worden seien, eine Wahrnehmung, welche durch Vergleichung der Angaben Zimmermann's beim Kreise Kreuzburg bestätigt wird, da von 10 dort angelegten Colonien, von denen Zimmermann fünf ausdrücklich als deutsche bezeichnet, jetzt nur noch zwei überwiegend deutsch sind.

Das schnellere Aufgehen in der Bevölkerung mit abweichender Nationalität findet eben in Schlesien nicht nur, so zu sagen, zu Gunsten, sondern auch zum Nachtheile der Deutschen statt, und die Nationalgränze ist bei diesem überwiegend mitteldeutschen Territorium eine regelmäßigere und mehr durchgehende als weiter nördlich und namentlich in den Gegenden, wo der Niederdeutsche verbunden mit dem schwäbischen Ansiedler dem Polen gegenübertritt und neben der Verschiedenheit der Abstammung auch die des Religionsbekenntnisses den Gegensatz in der Bevölkerung schärft.

Daß jenseit der allgemeinen Sprachgränze das polnische schnell im deutschen aufgeht, mag auch aus der Zusammenstellung der allerdings an sich unvergleichbaren Aufnahmen von 1858 und 1861 in der Beilage 4 entnommen werden, in welcher für den Kreis Ohlau zuerst die Zahl der des polnischen kundigen

Personen auf 7671, dann aber die Zahl der Polen nur auf 752 angegeben wurde. Andererseits zeigen die seit 1828 und gleichmäßiger seit 1831 im Kreise Kreuzburg erfolgten Aufnahmen, wie die Deutschen in diesem Kreise zwar meist von Zählung zu Zählung zahlreicher erscheinen, doch aber ihr verhältnißmäßiger Antheil gegenüber der Zahl der Polen bald zu-, bald abnimmt. Für die Kreise Namslau und Polnisch-Wartenberg aber, in denen gleichfalls die Zahl der angeblich beide Sprachen redenden auffallend groß ist (über 2 Fünftel der Bevölkerung), giebt nur die Vergleichung mit Zimmermann's Angaben einen Anhalt für die allmähliche Bewegung der Sprachgränze, indem der Kreis Namslau dort zu einem Drittel deutsch angegeben wurde, jetzt aber fast zur Hälfte deutsch ist, im Kreise Polnisch-Wartenberg damals die Stadt Mittelwalde unter ihren Einwohnern nur zu einem Viertel Deutsche zählte, diese Stadt dagegen jetzt fast rein deutsch ist, und hier den äußersten Punct des zusammenhängenden deutschen Sprachgebietes bildet.

Die auf der Karte erkennbare Sprachgränze in Nieder-Schlesien geht von der Gränze des Großherzogthums Posen auf der der Kreise Militsch und Trebnitz gegen den Kreis Polnisch-Wartenberg; dann wendet sie sich an der Nordspitze des Kreises Oels nordöstlich, umfaßt Goschütz zum deutschen Theile, tritt wieder etwas zurück und geht aufs neue nordöstlich von Rudelsdorf bis Mittelwalde vor und von hier in südlicher Richtung über die deutsche Stadt Polnisch-Wartenberg auf das Dorf Nieder-Stradam; sie schneidet vom Kreise Polnisch-Wartenberg 4 Qu.-M. 70 Ortschaften mit 18,000 Einw. zur deutschen Seite ab. Vom Kreise Namslau läßt sie den westlichen Theil bis Paulsdorf, Michelsdorf, Namslau (3 Quadratmeilen, 28 Ortschaften, 9900 Einwohner) auf der deutschen, vom Kreise Brieg den nordöstlichen Theil ($1\frac{1}{2}$ Quadratmeilen, 28 Ortschaften, 6500 Einwohner) auf der polnischen Seite. Diesseit dieser Linie bleiben nur 19 überwiegend slawische Orte (mit 4000 Einwohnern, darunter 700 Deutsche) im deutschen Gebiet, mit Einschluß der südlich von Strehlen befindlichen Gruppe czechischer Colonistendörfer, welche von ihrer Anlegung ab eine Enclave im deutschen Lande bildeten. Jenseit dieser Linie begreift das polnische Nieder-Schlesien jetzt noch 30,9 Qu.-M. mit 514 Ortschaften und 103,200 Einw., darunter 24,100 Deutsche; in dasselbe eingestreut sind etwa 80 überwiegend deutsche Ortschaften mit 16,000 Einwohnern, darunter die Städte Konstadt, Kreuzburg, Pitschen und Reichthal.

Noch schärfer als in Nieder-Schlesien ist in Ober-Schlesien die deutsch-polnische Sprachgränze. Sie beginnt bei Golschwitz an der Oder und schneidet hier ein nordöstliches Stück des Kreises Falkenberg und dann im Anschlusse des Kreises Neustadt einen südöstlichen Streifen desselben Kreises zur polnischen Seite ab (21 Ortschaften mit 4100 Einwohnern); sie läßt ferner den südwestlichen Theil des Kreises Neustadt bis Steinau, Zülz und Deutsch-Rasselwitz auf der deutschen Seite. Demnächst folgt sie der Gränze des leobschützer Kreises, über welche jedoch an einzelnen Stellen das polnische noch etwas hinausgeht, so daß wahrscheinlich fünf von den neun längs der Nordostgränze dieses Kreises liegenden slawischen Ortschaften (mit 2000 Einwohnern, worunter 300 Deutsche) noch zum polnischen, die anderen 4 zum czechischen Sprachgebiet gehören. In Ober-Schlesien scheint diese Sprachgränze schon lange festzustehen; was Zimmermann von der Verbreitung der Deutschen im groß-glogauer Bezirk sagt, läßt sogar eher auf ein Vordringen des polnischen schließen; und dies wird auch dadurch bestätigt, daß die längs der Sprachgränze gelegenen Dörfer Deutsch-Prosnitz und Deutsch-Millmen jetzt polnisch sind; umgekehrt bezeichnete Zimmermann Zülz noch als polnisch und deutsch, während es jetzt überwiegend deutsch ist.

Diesseit dieser Sprachgränze liegen auf 14,2 Quadratmeilen 233 Ortschaften, welche fast sämmtlich ganz oder überwiegend deutsch sind, mit 68,200 Einwohnern, darunter 65,000 Deutsche. Jenseit derselben umfaßt der polnische Theil des königlich preußischen Ober-Schlesiens 175,3 Quadratmeilen, 2795 Ortschaften mit 782,000 Einwohnern, darunter 136,500 Deutsche; die Zahl der in denselben eingestreuten deutschen Ortschaften beträgt 286 mit 107,400 Einwohnern (70,200 Deutschen). Unter den deutschen Enclaven sind nächst der Sprachgränze Ober-Glogau und die gegen Kosel liegenden Herrnhuter-Colonien, dann an der Oder selbst: Ratibor, Kosel, Krappitz und Oppeln; ferner im Kreise Oppeln eine Anzahl einzeln liegender Colonien und die Gruppe derselben um Carlsruhe; hier (wie im Kreise Rosenberg) werden jedoch, wenn man Zimmermann's Angaben vergleicht, eine Anzahl der von diesem aufgeführten Colonien unter den deutschen Ortschaften vermißt, selbst zwei solche, die er ausdrücklich als mit Deutschen besetzt bezeichnet. Weiter ostwärts liegen als deutsche Enclaven Tost, Gleiwitz und Pleß, das alt-schwäbische Schönwald und das neuangelegte Anhalt; außerdem die gemischten Städte Tarnowitz und Beuthen mit einer ausgedehnten gemischten Gruppe, welche sich von letzterer Stadt südwestlich bis Zabrze, südöstlich bis Myslowitz erstreckt, und die überwiegend jüdisch-deutschen Städte Groß-Strelitz und Rosenberg.

Die Beilage 4 giebt eine Uebersicht der Nationalitätszahlen aus zwölf aufeinander folgenden Zählungen; obwohl schwerlich in allen Kreisen stets unter Festhaltung gleicher Grundsätze erfolgt, können sie doch den Nachweis liefern, daß die Zunahme der deutschen Nation im Vergleich zu der der polnischen keineswegs so stark ist, um die Annahme einer schnell fortschreitenden Germanisirung zu rechtfertigen. In den letzten 30 Jahren hat sich allerdings die deutsche Bevölkerung Oberschlesiens verdoppelt, die polnische nur um drei Fünftel erhöht, und die deutsche Bevölkerung, welche vor 30 Jahren erst 19,5 Procent der Bevölkerung ausmachte, enthält jetzt bereits 23,8 pCt. der Einwohner. Berücksichtigt man aber, daß anscheinend in derselben Zeit die Bevölkerung einen Zuzug von mehr als 80,000 Bewohnern von außen her erhielt, so wird man nicht unter der vermehrten Zahl der Deutschen einen Zuwachs durch germanisirte Polen suchen. Eine starke und gleichmäßige Zunahme der deutschen Bevölkerung tritt eigentlich nur im Kreise Beuthen, wo die Zuwanderung Deutscher in die Bergwerksorte stattfindet, und im Kreise Tost-Gleiwitz hervor. Auch aus den Mischungsgruppen der Ortschaften läßt sich vermuthen, daß der Fortschritt der Germanisirung nur ein langsamer ist; denn die kleinste derselben (37 Ortschaften) ist die Gruppe der zu 4 bis 5 Zehntel deutschen Orte, die deutscheste Gruppe (über 9 Zehntel Deutsche) enthält nur 105 Ortschaften, und ebensoviel die Gruppe, welche 2 bis 3 Zehntel an deutschen Einwohnern begreift.

Noch viel geringer ist die Zahl der deutschen Ortschaften im österreichischen Antheil des polnischen Oberschlesiens. Dieser begreift den Kreis Teschen mit Ausschluß des czechischen Bezirks Friedeck, ein Territorium von 33 Quadratmeilen, 159,000 oder bei Berücksichtigung der nicht einheimischen Bevölkerung mindestens 163,000 Einwohnern. Die Zahl der Deutschen daselbst ist nach den in der Beilage 3 zur Tabelle V. gegebenen Einzelzahlen auf etwa 20,000 anzunehmen. Sie sind abgesehen von der gemischten Stadt Teschen und den zerstreut lebenden Juden auf Bielitz und dessen Umgebung (11 Ortschaften) beschränkt, und auch hier läßt die Aufeinanderfolge der Ortschaften nach der Volksmischung vermuthen, daß dieselben im Uebergange von der deutschen Nationalität zur polnischen begriffen sind. In neuerer Zeit soll allerdings gerade auf diese rSprachinsel das lebhaftere Bestreben hervortreten, durch die Pflege der deutschen Bildung dem polnischen Elemente Widerstand zu leisten.

Im unmittelbaren Anschluß an die deutschen Dörfer des bielitzer Ländchens liegen jenseit der Biala noch sieben überwiegend deutsche Orte. Dieser vorderste Theil West-Galiziens, welcher ursprünglich einen Theil von Schlesien bildete und von der österreichischen Regierung den deutschen Bundes-Territorien zugezählt wurde, zeigt eine ähnliche nationale Mischung, wie das am linken Ufer der Biala belegene Ober-Schlesien, indem hier ein Elftel der Bevölkerung, oder mit Einrechnung der Juden ein Achtel deutsch ist. Abgesehen von der Gruppe um Biala sind es hauptsächlich die Bezirks-Hauptorte, in welchen sich Deutsche in namhafter Minderheit befinden; die Zeit der Ansiedelung der Deutschen in denselben geht nach Czörnig bis in das dreizehnte Jahrhundert zurück.

Weiter ostwärts folgen in West-Galizien gemischte Gruppen um Bochnia (nach Hain 2 deutsche, nach Czörnig 5 gemischte Dörfer), um Wieliczka, und namentlich um Sandec am oberen Dunajec, wo Hain 12 deutsch-polnische Ortschaften namhaft macht. Ferner liegen fünf deutsche Dörfer bei Mielce an der großen Wisloka, acht weiter östlich unterhalb Rzeszow in der Gegend von Lezeisk. Außerdem bezeichnet Czörnig noch 14 Städte und größere Ortschaften als deutsch gemischt. Die numerische Vertheilung der Deutschen auf die einzelnen Kreise ist annähernd aus der Tabelle für West-Galizien (Beilage 3) zu ersehen. Nach Inhalt derselben hatte die Hauptstadt Krakau selbst im Jahre 1857 unter 34,210 einheimischen Bewohnern nur 13,163 Polen neben 8000 Deutschen. Die Zahl der Juden ist fast der der Polen gleich, so daß in der That die Sprache der Juden entscheidet, ob Krakau als überwiegend polnisch oder als überwiegend deutsch zu betrachten ist.

Das Fehlen der Nachrichten über die Sprachverhältnisse der jüdischen Bevölkerung macht es in diesem Lande schwierig, eine sichere Gesammt-Anschauung derselben zu erlangen. Auch scheint das Verhältniß innerhalb der jüdischen Bevölkerung keineswegs gleichförmig zu sein; denn wenn auch diese Stiefkinder Deutschlands die angenommene deutsche Sprache in die polnischen Länder mitnahmen, so folgt hieraus noch nicht, daß dieselbe durchgängig beibehalten sei. Nach glaubwürdigen Wahrnehmungen bedienen schon in Krakau sich viele Juden vorzugsweise der polnischen Sprache und gerade in neuerer Zeit scheint ein dem Polnischen günstiger Umschwung in dem österreichischen Theile Polens eingetreten zu sein; nach Czörnig's Ethnographie würde allerdings die bei den westlicheren Kronländern gemachte Bemerkung, daß die Sprache der jüdischen Bevölkerung, wenn auch nicht ausschließlich, doch überwiegend die deutsche sei, auch auf die jüdischen Gemeinden Galiziens Anwendung finden.

Von den ungefähr 1,650,000 Einwohnern West-Galiziens oder des krakauer Verwaltungsbezirks sind über 6 Siebentel (86 Procent) polnischer Nationalität; die Juden machen 7 Procent der Bevölkerung aus (112,000); ohne dieselben stellt sich die Zahl der Deutschen nur etwa auf 50,000 (3 Procent der Bevölkerung); außerdem leben, wie oben erwähnt, in diesen Landestheilen und namentlich in den Beskiden ostwärts des Poprad etwa 60,000 Ruthenen.

Verhältnißmäßig am geringsten ist der Antheil der eigentlichen Deutschen in dem vormals österreichischen, jetzt russischen Klein-Polen, dem südöstlich der Pilica und zwischen der Weichsel und dem Bug gelegenen Theile des Königreichs Polen. Wie die Tabelle IV nebst der Beilage 2 ergiebt, betrug die Zahl der Deutschen in den Gouvernements Radom und Lublin (von welchem letzteren den historischen Bestandtheilen nach der westlich der Linie Tarnograd-Biala und südlich der Linie Biala-Siedlce gelegene Theil klein-polnisches, der nördlichste mazowisch-podlachisches, der östliche alt-russisches und zwar in den Kreisen Krasnystaw, Hrubieszow, Zamoszcz ruthenisches Land ist) im Jahre 1851 nur 10,527, 1858 13,236, davon ein Drittel in 19 überwiegend deutschen Ortschaften. Die bedeutendsten unter den deutschen Ortschaften des Gouvernements Lublin liegen im Kreise Siedlce nahe dem Bug (Sadoles, Platkowa, Oziele); die deutschen Orte im Gouvernement Radom liegen theils längs der Weichsel, theils an der Pilica. Dagegen stellt sich die Zahl der Juden in diesen beiden Gouvernements auf ungefähr ein Achtel der gesammten Einwohnerzahl, die der Russen (welche mit Polen vermischt in den altrussischen Theilen wohnen) auf ein Neuntel derselben.

Wirklich bedeutend ist jedoch der Antheil der Deutschen in der nordöstlichen Hälfte des Königreichs Polen, in dem vorübergehend preußisch gewesenen Theile desselben oder in dem jetzt russischen Theile von Groß-Polen und Mazowien, also in den heutigen Gouvernements Warschau, Plock und Augustowo. Denn diese verschiedenen historischen Begriffe fallen im wesentlichen zusammen und weichen nur darin ab, daß der vormals preußische Antheil außer dem klein-polnischen Czenstochau (Gouvernement Warschau) noch einen Theil des krakauischen Klein-Polens, das sogenannte Neu-Schlesien (Gouvernement Radom), und die podlachischen Kreise Bjalystok, Bielsk und Sokol (Gouvernement Grodno) enthielt, dagegen den mazowischen Kreis Stanislawow (Gouvernement Warschau) und den theils mazowischen, theils podlachischen Kreis Siedlce (Gouvernement Lublin) nicht mit umfaßte. Betrachtet man nun die genannten drei Gouvernements (Warschau, Plock, Augustowo) unter Zurechnung des vormals königlich preußischen Theiles des heutigen Gouvernements Grodno, dagegen unter Abrechnung des schon oben besprochenen national-littauischen Theiles des Gouvernements Augustowo, so haben wir nach den Zahlen von 1860 (welche allerdings durch neuere Zählung als zu niedrig erwiesen worden sind) eine Bevölkerung von etwa $2\frac{5}{8}$ Millionen vor uns, von welchen ziemlich genau drei Viertel polnischer, ein Zwölftel deutscher Nation und Abstammung und über ein Achtel (13 Procent) Juden sind. Aber gerade von den Juden in dem vormals preußischen Theile Polens gilt es, daß sie die deutsche Sprache, angeblich sogar in dem aus ihrer zweiten Heimath überkommenen rheinfränkischen Dialekte, bewahrt haben, und hier war die Erhaltung der deutschen Sprache auch neuerdings um so leichter, als das Land eine Zeit lang unter deutscher Regierung stand und eben von dieser Zeit ab, in welcher die Anlegung von Colonien auf den Staatsgütern stattfand, auch die Zahl der Einwohner deutsches Stammes sich durch Zuzüge vermehrte. Von welcher Tragweite die Zurechnung der Juden zu den deutschredenden in den polnischen Städten ist, zeigt sich bei Warschau selbst, das zwar angeblich nur 4 Pct. an Einwohnern deutscher Abstammung zählt, wo aber die Zahl der Deutschen bei Zurechnung der Juden auf 30 Procent der Bevölkerung anzunehmen sein würde. Der Fall, welcher im Großherzogthum Posen bei 18 von den 111 dortigen Städten vorlag, daß durch die deutschredenden Juden die deutsche Sprache in denselben das Uebergewicht hat, kehrt jedenfalls auch jenseit der Prosna wieder, und das hier um so mehr, als in diesen Gegenden die deutsche Bevölkerung theilweise gerade eine städtische ist, nämlich den wesentlichen Theil der dort befindlichen Fabrikbevölkerung ausmacht.

Der Ueberblick über die Vertheilung der deutschen Bevölkerung im russischen Königreich Polen, wie ihn die Beilage 2 nach Köppen's Abhandlung giebt, ist nicht allein insofern unvollkommen, als dieselbe die Juden nicht mit berücksichtigt, sondern weiter deshalb, weil sie auch in Ansehung der deutschen Bevölkerung nur dürftige Angaben enthält, — nämlich nur diejenigen, welche aus der betreffenden Köppen'schen Arbeit entlehnt werden konnten, wobei hinsichtlich derjenigen Deutschen, welche nicht in einer größeren Anzahl als zu 100 in den betreffenden Orten zusammenwohnten, sich ihr Verhältniß innerhalb der Bevölkerungszahl derselben gar nicht, für die in größerer Zahl zusammenwohnenden Deutschen aber nur annähernd angeben ließ, da die Bevölkerungszahlen für die einzelnen Orte einem älteren Ortsverzeichnisse entnommen werden mußten. Daß aber mit den hiernach als überwiegend deutsch ermittelten 264 Ortschaften (mit je über 100 deutschen Einwohnern) die Zahl der deutschen Ortschaften im vormals preußischen Theile Polens keineswegs erschöpft wird, vielmehr unter den 2000 Ortschaften, in welchen Deutsche in geringerer Anzahl lebten, sich gleichfalls zahlreiche überwiegend deutsche befinden, wird schon dadurch sehr wahrscheinlich, daß die vortreffliche Engelhard'sche Karte von diesen Landestheilen 43 deutschbenannte Orte, deren manche von der schwäbischen, meißnischen und niedersächsischen Herkunft ihrer Erbauer zeugen, mehr enthielt, als in dem Köppen'schen Verzeichniß vorkommen. Hierzu kommt, daß die stärkere Zunahme der Deutschen zwischen 1850 und 1858 von angeblich 149,000 auf 229,000, während einer Zeit, wo die Gesammtbevölkerung sich anscheinend sogar vermindert hat, auch das Verhältniß innerhalb der von Köppen benannten Orte jedenfalls zu Gunsten der Deutschen geändert haben wird, sofern nicht überhaupt die Köppen'schen Angaben zu niedrig waren. Allerdings liegen in Busch's Materialien zur Statistik der lutherischen Gemeinden in Polen noch gewisse neuere Angaben in Betreff der Zahl der Deutschen in einzelnen Ortschaften vor; aber diesen kann schon deshalb der verhältnißmäßige Antheil der Deutschen nicht entnommen werden, weil sie sich eben nur auf die Mitglieder dieser Kirchengemeinden beziehen.

Erst eine genaue Kenntniß der Zahlen, welche Erckert bei der Anfertigung seines Atlas der polnischen Provinzen zu Gebote standen, nach denen er den Antheil der Deutschen in den Kreisen Lipno, Kutno (Gostynin) und Konin auf über 10, in den Kreisen Lenczyca, Sieradz, Piotrkow, Kalisch, Lowicz, Warschau und Plock auf zwischen 5 und 10 Procent der Bevölkerung angiebt, würden zusammen mit den Zahlen der Juden (welche bei Erckert nicht für die einzelnen Kreise angegeben sind) eine annähernde Anschauung der wirklichen Verbreitung der deutschen Sprache ergeben; und eine hiernach gefertigte kartographische Darstellung würde die Fortsetzung der deutschen Ansiedelungen jenseit der königlich preußischen Gränze in ganz anderem Lichte zeigen, als auf meiner Sprachkarte vom preußischen Staate durch die Aufnahme derjenigen Gruppen deutscher Colonien geschehen konnte, welche in den Kreisen Kalisch und Konin einerseits, im Kreise Lipno andererseits nach Köppen's Verzeichniß auf den Karten gefunden wurden. Aber auch eine solche Darstellung würde eben nur eine annähernde sein, da Erckert's und überhaupt alle vor 1864 ermittelten Bevölkerungszahlen des Königreichs Polen unvollständig waren, und diese Unvollständigkeit vorzugsweise die deutsche Bevölkerung traf. Denn die Zählung von 1864 stellte nicht nur die einheimische Bevölkerung des Königreichs Polen um eine halbe Million höher heraus, sondern sie ergab auch, daß außerdem 207,000 nicht einheimische daselbst vorhanden waren, welche bei früheren Zählungen nicht berücksichtigt zu sein scheinen. Ist ferner die Angabe richtig, daß am Jahresschlusse 1867 außer 356,000 der einheimischen Bevölkerung angehörigen Deutschen noch 213,800 nicht einheimische Deutsche im Königreiche Polen gezählt worden seien, so würde sich auch rückwärts schließen lassen, daß im Jahre 1860 neben den bei der Zählung ermittelten 269,000 Deutschen noch über 100,000 nicht einheimische derselben Nation vorhanden gewesen sind, von welchen sich in dem vormals preußischen Theile Groß-Polens und Mazowiens zwar nicht wie von der einheimischen Bevölkerung 6 Siebentel, immerhin aber die größere Hälfte befunden haben wird.

Was für die einzelnen Kreise, Gemeinden und Ortschaften aus den vorliegenden Materialien entnommen werden kann, ist folgendes: Ungefähr die Hälfte der einheimischen deutschen Bevölkerung dieser Landestheile, mit Ausschluß der Juden pro 1860 gegen 120,000 Deutsche, und zwar mindestens 130 überwiegend deutsche

Ortschaften kommen auf den jetzt russischen Theil des eigentlichen Groß-Polens, also auf die sechs in der Beilage 2 nach der damaligen Landeseintheilung bezeichneten Kreise. Von dieser Anzahl kommt etwa ein Drittel auf die Kreise Kalisch und Konin; hierher gehört im ersteren Kreise die städtische Bevölkerung von Kalisch, Opatowek, Turek, dann auf der Gränze beider Kreise in ausgedehnter Gruppe und außerdem über den Kreis Konin als einzelne zerstreut die deutschen Hauländereien, deren größte Obory-, Lazienki- und Borowice-Hauland sind. Das zweite Drittel derselben befindet sich im Kreise Lenczyca; hierhin gehört die zweitgrößte Stadt des Königreichs, die Fabrikstadt Lodz, welche mit Einrechnung der Juden jedenfalls überwiegend deutsch ist, auch geradezu als deutsche Stadt betrachtet wird (sie zählte 1865: 13,400 lutherische Deutsche), dann die ebenfalls überwiegend deutschen Städte Zgierz, Ozorkowo, Konstantinow, dann an deutschen Dörfern Neu-Sulzfeld, Babiszki, Lucmierz, Zawadka rc.; ein Theil der deutschen Orte liegt um die Fabrikstädte in einer Gruppe zusammen, welche sich nach Nordwesten und nach Südosten (in den Kreis Piotrkow) verzweigt. Das dritte Drittel ist in den drei anderen Kreisen zerstreut, namentlich über den Kreis Piotrkow (in Kozierzew, Dobrzelewo, Kleszczewo, Kotliny, Grabie rc.), den östlichen Theil des Kreises Sieradz, wo sich die zahlreichsten Deutschen in Zdunskawola, Pabianice, Xawerowo, Olechowo befinden, sowie über den nordöstlichen Theil des Kreises Wielun und bis Polnisch-Kamienice.

Im königlich polnischen oder vielmehr russischen Theile Kujawiens liegen 50 bis 60 überwiegend deutsche Ortschaften und sind über 25,000 Einwohner deutscher Abstammung; die deutschen Ortschaften südlich der Weichsel im Kreise Wloclawek liegen zerstreut, die im Kreise Lipno großentheils in mehreren Gruppen und zwar sowohl die Weichsel aufwärts wie auch östlich der Stadt Lipno, ferner in der Richtung von dort gegen Straßburg und südöstlich gegen Dobrzyn (die zahlreichsten Deutschen waren nach Köppen in Lonkie, Jastrzembie, Gozdy rc.).

Von den gegen 90,000 Einwohnern und den etwa 150 überwiegend deutschen Ortschaften in Mazowien und dem östlich anschließenden Podlachien kommen reichlich zwei Drittel auf den südlich der Weichsel gelegenen Theil. Im Kreise Gostynin verdichten sich die die Weichsel hinaufliegenden deutschen Orte zu zusammenhängenden Gruppen südwärts bis zur Linie Gostynin-Ilow; dann liegen kleinere Gruppen längs der Weichsel im Kreise Lowicz und einzelne durch den Kreis Warschau, ferner zerstreute deutsche Ortschaften in den Kreisen Lowicz und Rawa (Warszewice, Gluchow rc.), und in dem vormals österreichischen Theile Mazowiens zwischen der Weichsel und dem Bug. Auf der Nordseite der Weichsel findet sich eine stärkere deutsche Bevölkerung, und zwar noch im Kreise Plock, hauptsächlich um diese Stadt, dann weiter östlich einige deutsche Ortschaften längs der Wkra bis Modlin hinab und eine deutsche Coloniengruppe bei Ostrow in den Kreisen Ostrolenka und Lomza. Die deutsche Bevölkerung in dem zum Gouvern. Grodno gehörigen Theile Podlachiens (3400) ist am zahlreichsten in Sapral, Bjalystok, Chrostsch.

Aus der gesammten vorstehenden Darstellung der Wohnsitze der Deutschen und Polen ergiebt sich, daß nicht allein ein Theil des vormals polnischen Sprachgebietes jetzt wirklich **deutsches Land** geworden ist, sondern daß selbst das heutige polnische Sprachgebiet, insbesondere das ganze dorthin gehörige Groß-Polen, Schlesien und Kujawien und, wenn auch in geringerem Maaße, Mazowien, also 3 Fünftel des ganzen polnischen Sprachgebietes, so mit deutschen Ortschaften und Bewohnern durchsetzt sind, daß hier geradezu beide Nationen **zusammenleben**. Faßt man nämlich die vorbehandelten Landestheile, also den polnischen Theil Preußens, Posens, Schlesiens, West-Galiziens und den größten Theil des russischen Königreichs Polen (ohne den littauischen Theil, aber mit Bjalystok) als polnisches Sprachgebiet zusammen, so leben hier auf etwa 3570 Quadrat-Meilen unter 8,850,000 Bewohnern gegen 7 Millionen (etwa 6,950,000) Polen, so daß dieser Nation 78 bis 79 Pct. der ganzen Bevölkerung angehören, ferner mindestens 730,000 Deutsche, also über 8 Pct., bei Ausschluß aller Juden (sowie bei Ausschluß der im Königreich Polen befindlichen nicht einheimischen Deutschen), außerdem aber gegen 800,000 oder gegen 9 pCt. Juden, von denen die 72,000 in Preußen, Posen und Schlesien sämmtlich, von den übrigen aber ein großer Theil, von den in Groß-Polen und Mazowien wohnenden jedenfalls der größte Theil gleichfalls als deutschredend den Deutschen zuzurechnen ist. Endlich leben auf dem betreffenden Territorium etwa eine Drittel Million Russen, von denen jedoch die Mehrzahl räumlich getrennt (auf dem altrussischen Gebiete) längs des Bug wohnt.

Das Verhältniß zwischen der polnischen und der deutschen Nation hat sich im Laufe der Zeit wesentlich geändert. Auf dem größten Theile des betreffenden Gebietes hat die deutsche Colonisation zunächst unter der polnischen Herrschaft selbst, dann auch abwechselnd unter der deutschen Eingang und gedeihliche Entwickelung gefunden. Polonisirungen Deutscher waren in allen Theilen nichts seltenes, aber soviel bekannt, waren sie von polnischer Seite nicht durch gewaltsame und unsittliche Mittel herbeigeführt, selbst nicht in Westpreußen, wo die allmähliche Zurückdrängung des Deutschen im amtlichen Verkehr zwar mit den Verträgen im Widerspruche stand, sich jedoch auf das Vorwiegen der polnischen Sprache bei der Landbevölkerung stützte; in der Regel waren sie freiwillige Entsagungen der deutschen Einwanderer, hervorgegangen aus mangelhafter Ausbildung ihres nationalen Sinnes und aus Vorliebe für das neue Vaterland und für die Nation, in deren Gemeinschaft und Schutz sie sich begeben hatten. Heut hat sich dies im ganzen nnd großen dahin umgewandelt, daß thatsächlich die polnische Nation dem **deutschen Schutze** anheimgegeben ist. Sie bedarf dieses Schutzes, seitdem ihre politische Selbständigkeit vernichtet ist und selbst die Vernichtung ihrer nationalen Selbständigkeit von den maaßgebenden Führern ihres slawischen, aber in seinem Hauptstamme finnisch-tartarisch gemischten Brudervolkes versucht wird. Die Wahrnehmung dieses Schutzes gebietet den Deutschen selbst das gemeinsame Interesse nicht weil in dem halb von preußischen Provinzen umschlossenen Königreiche schon jetzt die deutsche Nationalität durch russische Maaßregeln wesentlich geschädigt ist (denn die Angabe bei Busch, daß sich die Zahl der Lutheraner von 1860 auf 1865 um mehr als 40,000 vermindert habe, kann den oben mitgetheilten Zahlen gegenüber schwerlich den wirklichen Rückgang des deutschen Elements feststellen); — wohl aber, weil diese Schädigung eine nothwendige Consequenz des Vorgehens der jetzt in Rußland maaßgebenden Partei sein würde; denn ein Streben, das grundsätzlich auf die Vernichtung jeder abweichenden Nationalität gerichtet wäre, würde sich doch vor allem gegen das höher stehende Culturvolk richten müssen. Die Gemeinschaft des Interesses aber ist nicht nur in den hunderttausenden von Deutschen begründet, deren Preisgebung zunächst eine Beeinträchtigung der deutschen Nation, dann aber durch die Anerkennung, daß die jenseit der Gränze vorhandenen Deutschen preisgegeben seien, eine fortdauernde Quelle nationaler Erniedrigung sein würde, — denn der Deutsche kann von seinem Wesen nicht lassen, er muß über seine Gränze hinaus wandern; — sondern sie liegt in noch höherem Maaße darin, daß die Gefahren für die deutsche Nation nicht auf diesen oder jenen bestimmten Theil des polnischen Sprachgebietes beschränkt sind, daß also die Preisgebung der Deutschen im Königreich Polen folgerichtig demnächst sich auf das hülflose Galizien, dann auf das mit deutschen Territorien vereinigte polnische Sprachgebiet und schließlich auf deutsches Land selbst erstrecken würde. Oder wer wäre so kurzsichtig, zu meinen, daß, wenn die Vernichtung der Polen und Deutschen im Königreich Polen erst gelungen ist, die hereingebrochene Verwüstung an den Ufern der Drewenz, Prosna und Przemza Halt machen würde! — Und gerade angesichts dieser Verhältnisse, welche sich eben heut für die deutsche Nationalität ungleich drohender gestalten, als vordem der Fall war, mag daran erinnert werden, daß bereits vor 25 Jahren E. M. Arndt, welcher kein Gegner der Russen war, in seiner Völkergeschichte, einem Buche, das an treffenden Urtheilen über die nationalen Verhältnisse überreich ist, auf die Befreiung Polens und Littauens (sowie, wenn dies nicht ausreichte, um im russischen Reiche das Recht und die Vernunft zur Geltung zu bringen, auch Livlands, Ehstlands und Finnlands), mit einem Worte auf die Nothwendigkeit des Schutzes der polnischen Nation durch die Deutschen hinwies und zu diesem Zwecke, sowie zur eigenen Sicherung der deutschen Staaten die Zurückwerfung der Russen auf ihre „Sprachgränze" für nothwendig erklärte.

VI.

Die Deutschen gegenüber den Wenden und Czechen.

Inhalt. Das wendische Sprachgebiet in seiner früheren und jetzigen Gestalt; das Gebiet der Lausitzer in der Niederlausitz und der Sorben in der Oberlausitz; Verschiedenheit des preußischen und des sächsischen Staats-Antheils in Ansehung der Fortschritte der Verdeutschung; Vergleich mit Büsching's Angaben über die Kirchensprache.

Das czechische Sprachgebiet im preußischen Staate; czechische Wohnsitze im deutschen und polnischen Gebiet; Sprachgränze im alt-mährischen Theile Ober-Schlesiens.

Die deutschen Theile des österreichischen Schlesiens, des nördlichen Mährens und Böhmens längs der Sudeten mit Einschluß des schönhengstler Ländchens. Vergleichung der heutigen Sprachgränze in Böhmen mit Phrostnus' Angaben; die Sprachgränze des thüringisch-fränkischen Theiles und des bayrisch-österreichischen Theiles von Böhmen; deutscher Theil des südlichen Mährens und czechische Theile von Oesterreich. Vermuthliche Zahl der Czechen unter den Deutschen und der Deutschen unter den Czechen, unvollkommene Kenntniß, Angaben Czörnig's und Schnabel's; deutsche Sprachinseln und gemischte Ortschaften im czechischen Böhmen und Mähren.

Der slowakische und der ruthenische Theil Nord-Ungarns, Zahl und Wohnsitze der Deutschen in denselben. Verhältniß der Deutschen im czechisch-slowakischen Gebiete überhaupt.

Das gesammte Sprachgebiet der Wenden, wie es sich heut in den überwiegend wendisch-redenden Ortschaften darstellt, begreift fast 60 Quadrat-Meilen, 694 Ortschaften und 140,600 Einw., von denen 122,400 wendisch reden. Außerdem befinden sich 13,300 Wenden in überwiegend deutschen Ortschaften zerstreut, davon 10,300 in 114 Ortschaften, wo ihre Nation noch über ein Zehntel der Bevölkerung ausmacht. Umgekehrt wohnen fast ungemischt, nämlich in Ortschaften, die zu mehr als 9 Zehnteln wendisch sind, 70,000 Wenden, die Hälfte davon in der Ober-, die Hälfte in der Nieder-Lausitz. In beiden Lausitzen (und zwar für die Ober-Lausitz gleichmäßig im königlich preußischen und im königlich sächsischen

Theile) macht die wendische Bevölkerung gegenwärtig noch 16 Pct. der Gesammt-Bevölkerung aus.

Dennoch ist den Wenden in der Nieder-Lausitz ein weit größeres Stammesgebiet verloren gegangen, als in der Ober-Lausitz. Im ersteren Landestheile erstreckten sich ihre Wohnsitze nicht nur über die in der Tabelle II und auf der Beilage 4 dazu gerechneten sieben Kreise des heutigen frankfurter Bezirks, sondern ostwärts mindestens bis zum Bober, westwärts bis zur schwarzen Elster, nordwärts über einen Theil der Kreise Beeskow und Teltow, in welchem letzteren vor drei Jahrhunderten noch zehn Dörfer als wendische bezeichnet wurden. Umgekehrt scheint der südliche Theil der Ober-Lausitz, welcher ursprünglich auch politisch nicht zu dieser Landschaft, sondern zu Böhmen gehörte, und in dem es äußerst wenig slawische Ortsnamen giebt, von dem Stamme der heutigen oberlausitzer Wenden überhaupt nicht bewohnt gewesen zu sein.

Betrachtet man die Form, in welcher sich heut das wendische Sprachgebiet darstellt, so bilden seine beiden Haupttheile, nämlich das der eigentlichen Lausitzer, d. h. der Wenden in der Niederlausitz und das der Sorben oder Serben in der Oberlausitz, jedes ein den vier Himmelsrichtungen entsprechendes Viereck, das nach Norden hin eine breitere, nach Süden eine schmale Kante hat, nach Osten rechtwinklig, nach Westen hinübergelehnt ist, dabei beide auffallend geschlossen und regelmäßig. Aber das nördliche Viereck ist schon auf einen engeren Raum zusammengeschmolzen, als das südliche, dessen Nordrand es noch lose berührt.

Den Kern des eigentlichen lausitzer Sprachgebietes bildet der Kreis Kottbus, dessen Städte deutsch sind; die ländlichen Ortschaften desselben hatten sich, durch die verschiedene Landeszugehörigkeit von den umliegenden kursächsischen Kreisen getrennt und von deutscher Colonisirung unberührt, rein wendisch erhalten, während die umliegenden Landestheile in ihrer Verbindung mit einem deutschen Lande, dessen Bevölkerung sich damals besonders günstig entwickelte, zeitiger verdeutscht wurden. Dann folgt der Kreis Spremberg, dessen gleichnamige deutsche Stadt, ebenso wie weiter nördlich die Stadt Kottbus, nach Westen hin bereits durch gemischte Ortschaften mit dem deutschen Sprachgebiete zusammenhängt. Der wendische Theil des kalauer Kreises gehört, abgesehen von einigen gemischten Ortschaften, welche vormals (wie der ganze Kreis Kottbus) brandenburgische Enclaven waren, zur vormals meißnischen Herrschaft Senftenberg und steht längs der schwarzen Elster in unmittelbarem Zusammenhang mit dem wendischen Sprachgebiete der Oberlausitz.

Die Aufnahmen, welche über die Zahl der Wenden in der Nieder-Lausitz aus den Jahren 1843 bis 1861 vorliegen, zeigen namentlich im letztgenannten Kreise und ebenso in den jetzt nur noch an das wendische Gebiet gränzenden Kreisen Sorau und Lübben, in denen Berghaus noch einige Dörfer als wendisch bezeichnete, die rasche Abnahme der Zahl der Wenden. Die hohen Zahlen, welche für diese beiden Kreise in den Aufnahmen von 1858 erscheinen, rühren von abweichender Auffassung des Gegenstandes der Aufnahme her; denn wir haben es hier offenbar mit Ermittelungen oder Schätzungen zu thun, welche sich auf die Abstammung der Bevölkerung beziehen, wie auch die in diesem Bezirke ermittelte Zahl als die der „Nachkommen der Sorben und Wenden“ bezeichnet ist. Auch in den Kreisen Spremberg und Kottbus hat die Zahl der Wenden ihren Höhepunkt bereits überschritten.

Die zusammenhängende Masse des südlichen Vierecks, des sorbischen Sprachgebietes, ist etwa dreimal so groß wie die des nördlichen. Sie begreift bei Einrechnung der gemischten Ortschaften fast den ganzen Kreis Hoyerswerda (nämlich mit Ausschluß der westlichen Spitze bei Ruhland) und die westwärts von Niesky gelegene Hälfte des Kreises Rothenburg, sowie die Gerichtsbezirke Bautzen, Königswarte und Weißenberg; ferner die an den letzteren anschließende Spitze des Kreises Görlitz, den westwärts und nordwärts Löbau gelegenen kleinen Theil des so benannten Gerichtsbezirkes, den nördlichsten gegen Bautzen vortretenden Theil des Gerichtsbezirks Schirgiswalde, und denjenigen Theil der Gerichtsbezirke Bischofswerda und Kamenz, welcher nordöstlich einer Linie liegt, die von der Südostspitze des bautzener Gerichtsbezirks an Kamenz vorüberführt. Ziemlich gleichmäßig erscheinen an den Seiten zuerst überwiegend deutsche, dann überwiegend wendische, dann rein wendische Ortschaften; im Innern des wendischen Theiles sind zwar schon viele Ortschaften deutsch gemischt, jedoch fast nur die Städte Bautzen, Hoyerswerda und Wittichenau ganz überwiegend deutsch.

Der Fortschritt der deutschen Nationalität in der Ober-Lausitz läßt sich für den königlich preußischen Theil derselben durch die Aufnahmen, welche einander hier seit 1843 regelmäßig gefolgt sind, deutlich ersehen; die Zahlen in der Beilage 4 zeigen für die Deutschen eine regelmäßige Zunahme des Antheils, und zeigen, daß die Zahl der Wenden im Kreise Rothenburg (und Kreise Görlitz) im Jahre 1855, im Kreise Hoyerswerda im Jahre 1858 ihren Höhepunkt hatte. Für den königlich sächsischen Theil zeigen die Aufnahmen von 1849 und 1861 nicht solchen Fortschritt; denn die Zahl der Wenden hat zwischen beiden Aufnahmen noch erheblich zugenommen. Eine Vergleichung der Mischungsgruppen in den Jahren 1849 und 1861 zeigt ebenfalls nur, daß einerseits die Zahl der ungemischten wendischen, anderseits aber ebenso die der ungemischten deutschen Orte sich vermindert, die Zahl der gemischten Orte aber sich auf beiden Seiten vermehrt hat. Die in dieser Weise hervortretende Verschiedenheit zwischen dem preußischen und dem sächsischen Staatsantheile könnte allerdings mit dadurch herbeigeführt sein, daß bei dem preußischen die Sprache der Einwohner bestimmend war, bei dem sächsischen die Frage „ob Wende“ ebenso sehr die Unterscheidung nach der Abstammung zuließ, daß also germanisirte Wenden, welche hier als Deutsche zu rechnen waren, dort als Wenden bezeichnet sein konnten. Indeß hat nach den neueren Zählungen im Königreiche Sachsen auch dort das Wendische seitdem seinen Höhepunkt erreicht; denn wie die Erläuterung zur Tabelle III ergiebt, ist von 1861 auf 1864 die Zunahme der Wenden hinter der der Deutschen zurückgeblieben, von 1864 bis 1867 aber überhaupt keine Zunahme, sondern eine Abnahme in der

Zahl der Wenden eingetreten, während die Zahl der Deutschen in der Zunahme fortgeschritten ist.

Dafür daß auch im königlich sächsischen Antheil das Wendische allmählich zurückweicht, spricht ferner eine Vergleichung mit den älteren Angaben, welche Büsching in Ansehung der Kirchensprache in diesen Landestheilen gegeben hat. Abgesehen von den Städten, in denen Büsching das Vorhandensein wendischer neben deutschen Kirchen erwähnt, macht derselbe 42 wendische Kirchdörfer namhaft. Von diesen sind heut (also nach fast einem Jahrhundert) 7 deutsch, 5 überwiegend deutsch, 20 überwiegend wendisch, 10 ganz wendisch; die überwiegend deutsch gewordenen Dörfer aber liegen 6 an der östlichen, 6 an der südwestlichen Seite der heutigen Sprachgränze.

Vom czechischen Sprachgebiete reichen zwei Enden in das Territorium des königlich preußischen Staates hinüber; beide in Landschaften, welche zu den früheren Besitzungen der czechisch-böhmischen Krone gehörten, nämlich in der Grafschaft Glatz und in dem vormals zu Mähren gehörigen Theile Ober-Schlesiens, dem Fürstenthum Troppau. Hierüber hinaus finden sich im preußischen Staatsgebiete noch eine Anzahl czechischer Colonien als Sprachinseln, und zwar theils im polnischredenden Theile desselben, wie die 2 Ortschaften im Kreise Polnisch-Wartenberg (Friedrichstabor ꝛc.) und eine im anschließenden Kreise Schildberg, 4 im Kreise Oppeln (Friedrichsgrätz ꝛc.) und eine im Kreise Gr. Strelitz (Petersgrätz), welche zusammen etwa 6200 Czechen enthalten, theils im deutschredenden Theile, nämlich die 7 Ortschaften bei Strehlen: Hussinetz, Podiebrad ꝛc. mit etwa 2600 Czechen, und eine im Kreise Birnbaum, während andere im vorigen Jahrhundert innerhalb des deutschen Gebietes angelegte czechische Colonien, namentlich die in der Mark Brandenburg, ihre Nationalität bereits verloren haben.

Das kleine südöstliche Stück der Grafschaft Glatz, das heut zum czechischen Sprachgebiete gehört (6 Ortschaften mit 3800 Bewohnern, davon 300 Deutsche), bildete, wie Zimmermann mittheilt, ein Zubehör einer anschließenden, der czechischen Sprache angehörigen böhmischen Herrschaft, so daß hier die heutige Sprachgränze als eine seit langer Zeit feststehende betrachtet werden kann.

Im alt-mährischen Theile Ober-Schlesiens sind auch auf der preußischen Seite beide Sprachen ziemlich scharf geschieden. In der hierhin gehörigen Landschaft, welche den größten Theil des Kreises Leobschütz, vom Kreise Ratibor aber den südlich der Zinna gelegenen Theil bis an Oderberg hinunter, im ganzen 19 Quadratmeilen umfaßt, sind von 226 Ortschaften mit 119,100 Einwohnern (worunter 69,200 Deutsche) nur 27 mit 6400 Einwohnern so gemischt, daß die minder starke Nationalität über ein Fünftel der Bevölkerung enthält. Die Sprachgränze beginnt auf der nordöstlichen Seite des Kreises Leobschütz, wo vier czechische Ortschaften (Bauerwitz ꝛc.) mit 4400 Einwohnern im Anschluß an das polnische Sprachgebiet liegen, zu dem sie auch mitunter gerechnet worden sind. Dann tritt die Gränze in den Kreis Ratibor, von dem sie noch drei deutsche Dörfer mit 2400 Einwohnern umfaßt, berührt in der Nähe der gemischten Stadt

Troppau die österreichische Gränze und zieht von dort erst nordwestlich, hernach südwestlich um den im Süden des Kreises Leobschütz gelegenen, überwiegend czechischen Theil (24 Ortschaften, 10,100 Einwohner), welcher bei Branitz endet. Das czechische Sprachgebiet in diesem alt-mährischen Theile enthält auf $8\frac{3}{4}$ Quadratmeilen 129 Ortschaften mit 53,400 Einwohnern, darunter 4200 Deutsche.

Von Weissack an der Oppa geht die Sprachgränze in den österreichischen Theil Ober-Schlesiens über, welcher, wie aus der Beilage 2 zur Tab. V. zu schließen, bei Abrechnung des oben erwähnten national-polnischen Gebietes $46\frac{1}{2}$ Quadratmeilen mit 356 Ortschaften und 248,000 Einw. (für 1861) enthält. Der nordwestliche Theil desselben mit Einschluß des Bezirkes Hotzenplotz ist rein deutsches Land. Die Gränze desselben geht zunächst südöstlich gegen Eckersdorf, indem sie 5 deutsche Ortschaften des Bezirks Troppau zur rechten läßt, dann südwestlich an Wiegstädtl vorüber auf die mährische Landesgränze bei Markersdorf und Fulnek, so daß der größere Theil des Bezirks Wiegstädtl und der Bezirk Odrau auf der deutschen Seite liegen; dann umfaßt sie in nordwestlichem Umbuge noch einen Theil der Bezirke Wagstadt (10 deutsche Ortschaften, worunter Wagstadt selbst) und Königsberg (3 deutsche Ortschaften und die gemischte Stadt Königsberg). Unter den überwiegend deutschen Orten des Fürstenthums Troppau, wie sie die Beilage 2 bezirksweise zeigt, scheint nur die zur Hälfte deutsche Stadt Troppau mit ihrer nächsten Umgebung nicht im unmittelbaren Anschluß an das deutsche Sprachgebiet zu liegen; von den gegen 157,000 Deutschen dieser Gegenden kann man daher etwa 144,000 (in 200 Ortschaften auf 26 Quadratmeilen) dem deutschen Nationalgebiete zurechnen.

Südlich anschließend enthält hier ferner das deutsche Sprachgebiet einen Streifen nordmährisches Land; einestheils südöstlich im Kuhländchen, nämlich längs der Oder bis zum Sedlnitzbach hinab den Bezirk Fulnek (17 Ortschaften, 15,000 Einwohner) und Theile der Bezirke Freiberg und Neu-Titschein mit der gemischten Stadt Freiberg und der deutschen Kreis-Hauptstadt Neu-Titschein bis nach Seitendorf im letztgenannten Bezirk und einen Theil des Bezirks Weißkirchen bis Litschel. Anderntheils gehört hierhin südöstlich der anschließende Theil des mährischen Gesenkes gegen die obere March, welche das deutsche Sprachgebiet bei der gemischten Stadt Littau berührt, doch erst nahe ihren Quellen überschreitet. Dieser Theil begreift vom Kreise Neu-Titschein den Bezirk Liebau (23 Ortschaften, 15,000 Einwohner) mit anschließenden Ortschaften des Bezirks Weißkirchen, ferner vom Kreise Olmütz die Bezirke Hof, Römerstadt, Wiesenburg und Altstadt ganz (97 Ortschaften mit 77,000 Einwohnern), die Bezirke Sternberg und Mährisch-Neustadt (82 Ortschaften, 67,000 Einwohner) größtentheils, ferner im Bezirk Schönberg 29 von 48 Ortschaften, im Bezirk Schildberg 15 von 23 Ortschaften und einige anschließende Orte der Bezirke Olmütz und Müglitz. Auf dieser ganzen Gränzstrecke sind in Hain's sehr genauer Beschreibung, welcher der Verfasser bei der Abgränzung dieses Gebietes gefolgt ist, nur 3 an der Gränze selbst (nahe Olmütz) gelegene und zwei im deutschen Gebiete liegende gemischte

Ortschaften (Mährisch-Neustadt und Babitz) genannt; in den vom Director Ficker zusammengestellten Materialien werden auch im Bezirk Schönberg 9 von den 19 slawischen Ortschaften als deutsch gemischt bezeichnet, jedoch nur mit einem bis zwei Zehnteln der Einwohner. Im ganzen schließt sich hier ein nordmährisches Territorium von ungefähr 41 Quadratmeilen, 310 Ortschaften, 223,000 Einwohnern (die Einwohnerzahlen immer auf den Stand von 1861 erhöht) an den deutschen Theil des vormals mährischen Ober-Schlesiens an.

Um die Quellen der March steht dieses deutsche Gebiet mit einer weiteren ausgedehnten deutschen Gruppe, dem schönhengstler Ländchen in Verbindung, das es auch bei Littau schon fast berührt hat; zwischen beiden zieht sich in dem ebeneren Theile des Marchthales eine Strecke slawisches Land aufwärts, etwa 9 Quadratmeilen mit 53,000 Einwohnern enthaltend, die ungefähr ebenso von deutschem Lande umschlossen ist, wie das Schönhengstler-Land von slawischem; in Folge dieser eigenthümlichen Durchkreuzung beider Gebiete wird von den österreichischen Statistikern (bei Hain, Czörnig und Ficker) das Schönhengstler-Land als im czechischen Gebiete eingeschlossen betrachtet. Dieses Ländchen, welches für einen niemals von Slawen besetzten Theil Ost-Deutschlands und somit einen eigentlichen Ursitz des oberdeutschen, meist zum Stamme der Bayern gerechneten Sudeten-Stammes gilt, enthält auf der mährischen Seite die Bezirke Mährisch-Trübau und Zwittau im Kreise Brünn, mit einem Theile des Bezirkes Hohenstadt (südlich der Sassawa und gegen Schildberg hin) und des Bezirks Müglitz, in welchem letzteren es längs der Sassawa durch die slawische Ebene von der sudetischen Hauptgruppe (der Linie Aussee-Zittau) getrennt ist. Auf der böhmischen Seite begreift es den größeren Theil des Bezirks Landskron (wie die Beilage 2 ergiebt, 21 Ortschaften desselben), ferner den kleineren des Bezirks Leitomyschl und Stücke der Bezirke Wildenschwert (9 Ortschaften) und Policka. Im ganzen liegen auf mährischer Seite ungefähr 12 Qu.-Mln., 120 Ortschaften mit 74,000 Einwohnern, auf böhmischer etwa 7 Quadratmeilen, 50 Ortschaften mit 54,000 Einwohnern. Auf der mährischen Seite schließen sich nach Hain 6 gemischte slawische Orte an (hauptsächlich längs der Trzebowka), außerdem diejenigen drei gemischten Orte, welche gegen Schildberg hin das Schönhengstler-Land mit der sudetischen Hauptgruppe verbinden (Zotkittel, Czerhof, Steinmetz). Auf der böhmischen Seite sind nach Ausweis der Beilage 3 zur Tabelle V gleichfalls einzelne gemischte Orte im Bezirk Landskron vorhanden; dagegen wird hier das deutsche Schönhengstler-Land von dem deutschen Lande in den Sudeten durch einen bis zur mährischen Gränze vortretenden slawischen Streifen, insbesondere durch das czechische Dorf Hermanitz getrennt.

Der Gränzstreifen, in dem sich nun das deutsche Sudeten-Gebiet auf böhmischem Boden längs der Sudeten fortsetzt, beginnt an dem oben bezeichneten deutschen Theile Mährens um die Marchquellen und schließt sich an die Grafschaft Glatz. Er beginnt im Bezirke Landskron, begreift alsdann den Bezirk Grulich, dann die Theile der überwiegend czechischen Bezirke Senftenberg, Reichenau und

Böhmisch=Neustadt, die in der Beilage 3 sich unterscheiden lassen, im ganzen 7 Quadratmeilen, 99 Ortschaften mit etwa 38,000 deutschen Einwohnern; außerdem sind in diesem Bezirke 9 slawische Orte etwas deutsch gemischt. An der Südwest=Spitze der Grafschaft Glatz greift nun das czechische Sprachgebiet auf preußisches Staats=Territorium hinüber, von welchem es die zur Herrschaft Böhmisch=Neustadt gehörigen Ortschaften, wie oben erwähnt, mit enthält.

Demnächst tritt die Sprachgränze wieder auf österreichisches Gebiet: die nordöstlichste Spitze Böhmens, der Bezirk Braunau und ein Theil des Bezirks Policz ist deutsch, dann der anschließende Theil des Kreises Iiczin: die Bezirke Trautenau (bis auf 4 Ortschaften), Marschendorf, Arnau, Hohenelbe, Schatzlar; von da nach Süden geht das Deutsche in die nächsten Theile des Kreises Königgrätz: nämlich über den größeren Theil des Bezirks Königinhof und in den Bezirk Jaromirz hinab, nach Westen in den Bezirk Starkenbach, sowie anscheinend in den Bezirk Neu=Paka, und über die größere Hälfte des Bezirks Rochlitz bis zur Iserquelle. Diese deutsche Gruppe, welche an den königlich preußischen Theil Nieder=Schlesiens und zwar hier gleichfalls an das sudetische Stammgebiet anschließt, enthält etwa 23 Quadratmeilen, 324 Ortschaften, 167,000 größtentheils deutsche Einwohner. Gemischt sind, wie die Beilage 4 zeigt, in den Bezirken Policz, Königinhof, Neu=Paka 10 deutsche und 10 slawische Ortschaften, wobei in den gemischten Orten um Neu=Paka, welche vom slawischen Gebiete entweder großentheils oder (nach Czörnig und Ficker) ganz eingeschlossen sind, das Czechische zuzunehmen scheint.

Dasselbe Verhältniß zeigt sich in den gemischten Bezirken der westlich der Iserquelle gelegenen sudetischen Gruppe, dem oberen Neisse=Thale, welches auf 17,7 Quadratmeilen 194 Ortschaften, 171,000 meist deutsche Einwohner enthält. Hier sind die Bezirke Reichenberg, Gablonz, Kratzau, Friedland ganz deutsch, Morchenstern zum größeren, Böhmisch=Aicha zum kleineren Theile; die letzteren enthalten 4 gemischte deutsche, zwei gemischte czechische Ortschaften. Im ganzen stellt sich hiernach das von dem deutsch=sudetischen Stamme im Anschluß deutsches Landes besetzte Gebiet im Königreich Böhmen auf ungefähr 55 Quadratmeilen, 667 Ortschaften, 430,000 Einwohner, in Mähren und dem österreichischen Schlesien auf etwa 93 Quadratmeilen, 738 Ortschaften, 514,000 Einwohner.

Die letzterwähnte westliche Gruppe steht nun mit der Hauptmasse des deutschen Landes in Böhmen im Zusammenhange, welche durch Bewohner von überwiegend mitteldeutscher (thüringer und fränkischer) Abkunft besetzt ist. Der nordöstliche Theil derselben, dessen Bewohner Czörnig als Ober=Sachsen, also als Thüringer bezeichnet, gilt für ein nach der deutschen Besiedelung Meißens germanisirtes Land; der westliche fränkische Theil wird auch bei böhmischen Geschichtsschreibern als in deutschem Besitze verbliebenes alt=deutsches Land betrachtet. Die Nachrichten, welche sich in Schneller's Geschichte Böhmens über die Ermittelungen des Anton Phrosinus vom Jahre 1700 finden und welche in der Beilage 4 zur Tabelle V mit den heutige Daten zusammengestellt sind, lassen in allen diesen Theilen darauf schließen, daß eine wesentliche Verrückung der Sprachgränze in den letzten Jahrhunderten nicht stattgefunden hat. Man muß nämlich berücksichtigen, daß seine Berichte offenbar aus czechischer Auffassung herstammen. Denn wenn er in den Angaben für die Kreise Leitmeritz (der früher sich noch etwas weiter westlich, aber weniger weit nach Süden erstreckte) und Jung-Bunzlau den Umfang des deutschen Gebietes auf $\frac{1}{2}$ bez. $\frac{1}{4}$ desselben angab, so war ihm, der die Gränzen des czechischen Gebietes zu ermitteln suchte, das Areal des letzteren offenbar größer erschienen, weil er nicht wußte, wie weit darüber hinaus sich noch das deutsche Land bis zur böhmischen Gränze erstreckte; er hätte sonst nicht den bei Melnik gelegenen kleinen czechischen Theil des leitmeritzer Kreises für die Hälfte desselben erklären können. Im Kreise Bunzlau meint er mit dem Viertel bei Böhmisch-Leippa offenbar nur die westlichen (meißnischen) Bezirke, vom Neisse-Thale und daß dieses deutsch ist, scheint er nichts zu wissen; ebenso giebt er auch beim Kreise Königgrätz zwar an, daß Trautenau eine deutsche Stadt ist, vergißt aber zu erwähnen, daß eben mit Trautenau ein deutsches Hinterland seinen Anfang nimmt. Was Phrosinus beim Kreise Saaz sagt, paßt nahezu auf den heutigen Zustand, denn Laun ist jetzt gemischt; auch die Beschreibung beim Kreise Pilsen kann für die des heutigen Zustandes gelten, namentlich in Ansehung der Bevölkerung ist die Zahl der Czechen im alten pilsener Kreise auch jetzt fast der der Deutschen gleich, nur das deutsche Territorium ist auch hier größer; daraus endlich, daß Phrosinus für die damalige Zeit Bischof-Teinitz als deutsch bezeichnet, welches heut dicht an der Sprachgränze liegt, ergiebt sich deutlich, daß hier die Gränze nicht zum Nachtheile der Czechen seitdem verschoben sein kann.

Im ganzen wird man die czechische Gränze des meißnischen Theiles, die vom Jeschkenberge ungefähr auf der Wasserscheide gegen die prager Kreisgränze unterhalb Melnik hinab und hernach von der Egermündung zum Mittelgebirge hinaufzieht, ebensowohl als eine seit lange feststehende zu betrachten haben, wie die noch ältere Gränze des fränkischen Theiles von Böhmen, welche letztere jedoch wahrscheinlich jetzt weniger regelmäßig ist, als sie früher war. Welche Bezirke zum meißnischen Theil zu rechnen sein möchten, ist auf der Beilage 3 ersichtlich gemacht. Zum Antheile am Jung-Bunzlauer Kreise gehören außer den 3 namhaft gemachten Bezirken noch 12 deutsche Ortschaften des Bezirks Weißwasser; auch schließen sich 2 deutsche Ortschaften des Kreises Prag (Bezirk Melnik) hier an. Umgekehrt schließen sich die 26 czechischen Ortschaften der Bezirke Leitmeritz und Lobositz und die eine im Mittelgebirge gelegene des Kreises Saatz, Bezirk Bilin, an den czechischen Theil an. Auf der ganzen Strecke dieses Gebietes, das 82$\frac{3}{4}$ Quadratmeilen mit 1237 Ortschaften und etwa 542,000 Einwohnern enthält, sind nach Ficker nur 4 czechisch-gemischte deutsche Ortschaften, von denen zwei innerhalb des deutschen Sprachgebietes liegen, und anderseits 4 deutsch-gemischte czechische Ortschaften vorhanden.

Die Gränze des fränkischen Theiles von Böhmen gegen den czechischen überschreitet die Eger bei der gemischten Stadt Laun, welche Ficker noch zum czechischen Sprachgebiete rechnet, zieht auf der Höhe jenseit des Egerthales gegen

Tuschkau, von da in einem Bogen auf Pilsen und bald am rechten, bald am linken Ufer der Radbuza zum Czerkow-Berge, von wo sie sich nach Osten wendet. Was die einzelnen Bezirke angeht, so durchschneidet sie den Bezirk Laun, von dem nach Hain 2 Ortschaften deutsch, 5 gemischt sind, geht dann auf der Bezirksgränze und durch den vordersten Theil des Bezirks Rakonitz (Kreis Prag), in welchem Hain 3 deutsche und 2 gemischte Orte namhaft macht. Im Kreise Pilsen durchschneidet sie den Bezirk Manetin, dessen kleinerer nördlich und westlich der gemischten Stadt Manetin gelegener Theil deutsch ist; sie greift dann in die deutschen Bezirke Weiß-Tuschkau und Stab über, wogegen sie zwischen beiden ein südöstliches Stück vom Bezirke Pilsen bis zu der gemischten, aber überwiegend deutschen Stadt Pilsen umfaßt; sie durchschneidet ferner den Bezirk Bischof-Teinitz, dessen größerer westlicher, und den Bezirk Tauß, dessen südlicher und westlicher Theil deutsch ist, umfaßt die südwestlichsten Ortschaften des Bezirks Neugedein, den Bezirk Neuern und die südlichste Spitze des Bezirks Klattau; hier schließt sich noch der südliche Theil des Bezirks Schüttenhofen vom Kreise Pisek an, der ebenfalls zu diesem Theile Böhmens zu rechnen ist. Die Bewohner der südlich vortretenden Spitze des slawischen Gebietes im Bezirke Tauß sollen nicht czechischer, sondern polnischer Abkunft (also erst spätere Zuwanderer) sein; der südlich dieses slawischen Einbuges wieder vortretende deutsche Theil ist das Ländchen der Freibauern, welche die Czörnig'sche Ethnographie als gleichfalls dem fränkischen Stamme angehörig bezeichnet. Im Kreise Pilsen macht Hain längs der Sprachgränze 25 gemischte Ortschaften namhaft, darunter Manetin und Pilsen selbst, im Bezirke Schüttenhofen noch weitere 7.

Bei Abrechnung der gemischten Ortschaften längs der Sprachgränze würde der fränkische Theil Böhmens ungefähr 132 Quadratmeilen, 1680 Ortschaften und über 580,000 Einwohner enthalten; sie sind fast rein deutsch, da hinter der Sprachgränze, wie sie Hain beschreibt, angeblich nur 11 czechisch gemischte Ortschaften um Mies und 11 dergleichen südlich von Schüttenhofen liegen.

Der südlichste Theil Deutsch-Böhmens, nämlich derjenige, welcher von Deutschen bayerisch-österreichischer Abkunft bewohnt ist, beginnt am Arber und wird durch eine Linie, welche über die gemischten Städte Winterberg und Prachatic und nördlich von der gemischten Stadt Krumau und von Gratzen zieht, von dem czechischen Sprachgebiet getrennt. Dieser deutsche Landstrich enthält den größten Theil der Bezirke Berg-Reichenstein und Winterberg, die südliche Hälfte von Prachatic, ferner im budweiser Kreise den größten Theil des Bezirks Kalsching, mit der westlichsten Spitze vom Bezirke Budweis, die südliche Hälfte des Bezirks Krumau mit der überwiegend deutschen Stadt Krumau, die ganzen weiter oben liegenden Bezirke Ober-Plan und Hohenfurt, die Bezirke Kaplitz und Gratzen fast ganz und einige anschließende Orte des Bezirks Schweinitz. Von der Südostspitze des Bezirks Wittingau geht die Sprachgränze in das Erzherzogthum Oesterreich hinüber, von dem sie die in Beilage 1 zur Tabelle V näher bezeichneten 5 überwiegend czechischen Gemeinden der Bezirke Libschau und Schrems mit etwa 3000

Einwohnern umfaßt. Dann tritt sie an der Gränze des Bezirks Neu-Bistritz nach Böhmen zurück, wo sie diesen deutschen Bezirk und den mittleren Theil des Bezirks Neuhaus umschließt, von dem der südwestliche und nordöstliche Theil czechisch und die Bezirksstadt selbst gemischt (nach Ficker meist czechisch) ist. Gemischte Ortschaften werden längs dieser ganzen Strecke bei Hain 8 im Kreise Pisek, nämlich das gemischte Gebiet des Bezirks Nettolitz, welcher nördlich an den Bezirk Kalsching anschließt, und 3 im Kreise Budweis erwähnt. Der bayerisch-österreichische Theil des deutschen Sprachgebiets in Böhmen enthält ungefähr 57 Quadratmeilen, 730 Ortschaften und über 170,000 fast durchweg deutsche Einwohner.

Der an die Gegend von Neuhaus und die Nordgränze des Erzherzogthums Oesterreich anschließende deutsche Theil von Mähren erstreckt sich auf beiden Seiten der Thaya bis zu der überwiegend deutschen Stadt Znaim; von da wendet sich die Sprachgränze nordöstlich nach den czechisch (d. h. mährisch) gemischten Städten Kanitz und Selowitz, und geht dann jenseit und längs der Iglawa und Schwarzawa über die gemischte Stadt Auspitz südöstlich bis Eisgrub, wo sie nach Oesterreich hinübertritt und dort die auf der Beilage 1 bezeichneten 8 überwiegend czechischen Dörfer der Bezirke Feldsberg und Zistersdorf mit etwa 8500 Einwohnern umfaßt; hierauf folgt sie der March bis zu deren Mündung bei dem deutschen Orte Theben, östlich von welchem bei Preßburg die Sprachgebiete der Deutschen, Czechen und Magyaren zusammentreffen. Der bezeichnete deutsche Theil des südlichen Mährens begreift die Hälfte der Bezirke Datschitz und Jamnitz, fast den ganzen Bezirk Frain, ungefähr die Hälfte der Bezirke Znaim und Kromau und die ganzen Bezirke Joslowitz und Nicolsburg, ferner kleinere Theile der Bezirke Auspitz, Selowitz und Lundenburg, im ganzen ungefähr 34 Qu.-M., etwa 200 Ortschaften und (schätzungsweise) 137,000 Einwohner. Gemischte Ortschaften längs der Gränze werden bei Hain 4, im deutschen Sprachgebiet eingeschlossene czechische Ortschaften 2, gemischte 8 erwähnt.

Nach dem vorstehenden ergiebt sich, daß der zum zusammenhängenden deutschen Nationalgebiete gehörige Theil der böhmischen Kronländer, also Böhmens, Mährens und Oesterr.-Schlesiens etwa 454 Qu.-M. mit 5260 Ortschaften und 2,376,000 Einwohnern enthält, diese so unvermischt, daß die Zahl der in denselben wohnenden Czechen vielleicht ein halbes oder, wenn man auch die nicht einheimische Bevölkerung in Betracht zieht, schätzungsweise 1 Pct. betragen wird. Ganz anders jenseit der bezeichneten Sprachgränze; denn bei Abrechnung der betreffenden deutschen Theile bleibt in Böhmen ein czechisches Gebiet von 617 Qu.-M., 8540 Ortschaften, 3,310,000 Einwohnern, worunter nach den in der Tabelle V gegebenen Zahlen sich noch mindestens 250,000 Deutsche befinden werden, für Mähren ein Gebiet von 316 Qu.-M., 2650 Ortschaften, 1,550,000 Einw., worunter 130,000 Deutsche, für die ganzen drei Kronländer ein czechisches Gebiet von 950 Qu.-M., 11,360 Ortschaften, über 4,960,000 oder bei Einrechnung des kleinen Antheils am Erzherzogthum Oesterreich 4,975,000 Einwohnern, darunter gegen 400,000 Deutsche mit Einschluß von über 100,000 Juden, so daß die Zahl der unter den Czechen wohnenden Deutschen reichlich 8 Pct. der Einwohner dieser Gebiete beträgt.

Diesen steht nach den Zahlen der Tabelle V für 1861 die Summe von etwa 110,000 Czechen gegenüber, welche innerhalb der deutschen Bundesländer der österreichischen Monarchie im deutschen Sprachgebiete leben, der größere Theil derselben, also schätzungsweise 80,000, in der Hauptstadt Wien und deren Umgebung. Die Zahlen, welche Ficker für den Zustand um 1868 in seinen Völkerstämmen gegeben hat, lassen, auf den Bevölkerungstand von 1861 reducirt, die Zahl der Nordslawen in den österreichischen (nicht böhmischen) Kronländern um 20,000 höher erscheinen, als dieselbe bei unserer Berechnung angenommen ist; umgekehrt aber erscheint bei der gleichen Reduction für die drei böhmischen Kronländer die Zahl der Deutschen in denselben um reichlich 40,000 höher, als sie hier angenommen worden, und die der Czechen um so viel niedriger. Nach Ficker's Angaben würde also das Mischungsverhältniß in Ansehung der Deutschen ein noch beträchtlicheres sein.

Aber auch andere Gründe sprechen dafür, daß die Zahl von 400,000 Deutschen, die zerstreut unter den Czechen leben, nur als eine Minimalschätzung anzusehen ist. In der Beilage 4 zur Tabelle V sind die Zahlen mitgetheilt, welche in Schnabel's Tabellen zur Statistik Böhmens veröffentlicht worden sind. Sie beruhen auf Verzeichnissen der Kirchenbehörden, welche im Anfange des Jahres 1847 angefertigt wurden; sie beruhen mithin auf der gleichen Zählung, auf welche nach den stattgehabten Vorarbeiten Czörnig's Feststellungen für die Zahlen der Ethnographie sich gründeten. Wenn nun dennoch Schnabel 94,000 Czechen weniger und 83,660 Deutsche mehr hat, als Czörnig (selbst bei Einrechnung sämmtlicher Juden) in seiner Ethnographie anführt, so hat man es hier offenbar mit verschiedener Auffassung derselben Thatsachen zu thun. Diese Differenz steigert sich noch, wenn man berücksichtigt, daß bei Schnabel nicht einmal die sämmtlichen Juden als Deutsche gerechnet zu sein scheinen. In dieser Beziehung sagt Schnabel nämlich, daß die Juden die Sprache ihres Ortes reden, und wie die Beilage 3 zeigt, sind es 70,000 Juden, welche in dem czechischen Theile Böhmens wohnen, freilich hier auch in Orten, die Czörnig als überwiegend czechische, Schnabel dagegen als überwiegend deutsche betrachtet, wie z. B. in der Hauptstadt Prag. Daß aber die Juden in Böhmen mit Recht zu den Deutschen gezählt werden, indem nur hinsichtlich der ganz vereinzelt wohnenden Ausnahmen hiervon vorkommen, entspricht sowohl den glaubwürdigen Versicherungen derjenigen, welche das czechische Sprachgebiet aus eigener Anschauung kennen, wie namentlich der Anführung in Czörnig's allgemeiner Ethnographie, daß die jüdischen Gemeinden Böhmens und Mährens in sprachlicher Beziehung deutsche Inseln bilden, weil sich dieselben, wenn auch nicht ausschließend, doch vorzugsweise der deutschen Sprache bedienen.

Der grundsätzliche Gegensatz scheint ferner auch darin nicht zu liegen, daß etwa Schnabel alle deutsch verstehenden als Deutsche gerechnet hätte und deshalb zu weit gegangen wäre; denn hiervon spricht er in einer Bemerkung zu seiner Tabelle, wo er sagt, daß außer den angegebenen Zahlen noch eine große Anzahl slawischer Einwohner, welche genöthigt sei, sich deutsche Bildung anzueignen, den Deutschen zugerechnet werden könnte, und er rechnet hierhin weitere 36,328 Einwohner als deutsch gebildete Czechen, davon die Hälfte in Prag. Auch kann man nicht sagen, daß Schnabel es nur mit ganz unbestimmten Schätzungen zu thun gehabt hätte, wie etwa zu des Phrosinus Zeit der Fall war, zu welcher der nationale Gegensatz sich erst seit kurzem entschiedener geltend gemacht hatte; sondern gerade damals war das ausführliche Werk von Sommer, welches die einzelnen Ortschaften Böhmens darstellt, und von dem seit 1833 alljährlich ein Band für je einen Kreis erschien, ein Werk, in welchem bei jeder Ortschaft oder Ortschaftsgruppe das Nationalitäts-Verhältniß derselben besprochen ist, schon fast vollendet, so daß also der Gegenstand, wenn auch noch nicht statistisch durchgearbeitet, doch keinesweges neu war.

Vergleicht man weiter Czörnig's Angaben, wie sie nach der Aufnahme von 1857 berechnet worden sind, so sieht man, daß die Differenz gegen Schnabel's Angaben noch wesentlich erweitert ist. Schnabel fand für 1846: 41,97 Pct. Deutsche in Böhmen, Czörnig für 1850: 38,62, für 1857 aber nur noch 36,96 Pct., so daß sich eine Verschiedenheit des Antheils herausstellt, die für die inzwischen gestiegene Bevölkerungszahl dieses Landes über 240,000 beträgt; und selbst in den bei unserer Arbeit benutzten Zahlen, welchen die Czörnig'schen zu Grunde gelegt, dann aber in der durch die beigefügte Erklärung bezeichneten Weise auf die anwesende Bevölkerung umgerechnet sind, beträgt die Differenz gegen Schnabel's Antheil der Deutschen noch 155,000 Einwohner. Etwas, aber eben doch nur theilweise liegt die geringere Annahme in Czörnig's Handbüchlein darin, daß er seine Angaben auf die einheimische Bevölkerung gründete, was dem Zweck seiner Aufnahme, eine Rechtsgrundlage für die einzelnen Nationalitäten zu gewinnen, gemäß war, und da er anderseits diejenigen Czechen außer Acht ließ, welche im deutschen Sprachgebiete sich als nicht einheimische befanden, also namentlich die Czechen in Wien, deren Zahl er nach dem Geburtsorte auf 83,000 annahm, so kann man nicht behaupten, daß er hierdurch die Gesammtzahl der Czechen gesteigert habe. Diese Steigerung scheint vielmehr nur darin zu liegen, daß überhaupt die zerstreut unter anderen lebenden Nationalen zu wenig ermittelt worden sind, und daß bei der zweiten Berechnung selbst von den der einheimischen Bevölkerung czechischer Städte angehörigen Deutschen nur ein geringer Theil berücksichtigt worden ist.

Hiermit stimmt auch die Angabe bei Hain, daß außer den Deutschen in den von ihm bezeichneten Sprachinseln, auf welche ich demnächst komme, Deutsche in allen Theilen des Kronlandes Böhmen leben, und daß es kaum einen größeren Ort gebe, in dem nicht Deutsche ihre festen Wohnsitze hätten. Und so heißt es auch in Czörnig's Ethnographie, nachdem die verschiedenen deutschen Sprachinseln unter ungefährer Angabe der Zeit der Ansiedelung bezeichnet sind, wobei auch eine Anzahl Orte namhaft gemacht werden, die zu Ende des vorigen Jahrhunderts mit Deutschen besiedelt, jetzt fast czechisirt seien: es herrsche außerdem die deutsche Sprache theils als Muttersprache eines größeren oder geringeren Theils der Bevölkerung, theils als Umgangsprache in den meisten größeren Städten Böhmens und Mährens mitten im czechischen Sprachgebiete; als solche werden dann außer Prag noch sieben Städte ausdrücklich bezeichnet.

Wenn daher Ficker, welcher in seiner Statistik Böhmens noch die Czörnig'schen Zahlen beibehält, in seinem neuesten Werke über die Völkerstämme der österreichisch-ungarischen Monarchie den Antheil der Deutschen im Kronlande Böhmen bei Einrechnung der Juden auf 39,6 Pct., oder die Zahl derselben, nach dem Bevölkerungstand von 1861 reducirt, um etwa 45,000 höher veranschlagt, als dieselbe in unserer Berechnung angenommen ist, so kann man hierin wohl die Rückkehr zu der ursprünglichen Anschauung der nationalen Mischungsverhältnisse erblicken. Und diese erhöhte Schätzung der Zahl der Deutschen für den heutigen Stand ist um so wichtiger, als Ficker ausdrücklich anführt, daß in Folge der Rührigkeit der czechischen Partei, der Geistlichkeit und der größeren Grundbesitzer der Bestand des deutschen Sprachgebietes im vorigen Decennium bedroht worden sei und daß diese den Erfolg gehabt habe, einerseits die slawische Beimischung in schon vorher gemischten Orten und Bezirken zu verstärken, anderseits das deutsche Element in den größeren Orten des czechischen Sprachgebietes und in den sporadischen deutschen Niederlassungen innerhalb desselben durch Entnationalisirungen zu vermindern. Um so mehr also wird man annehmen dürfen, daß die Ergebnisse der Aufnahme von 1850, wie sie bei Czörnig und Ficker mitgetheilt worden sind, in Ansehung der Zahl der Deutschen hinter der Wirklichkeit zurückblieben.

Am meisten weichen die Angaben Schnabel's von denen Czörnig's ab hinsichtlich der Hauptstadt Prag. Schnabel rechnet 64,3 Pct. der Einwohner derselben als Deutsche, meint aber, daß außerdem noch weitere 17,8 Pct. als deutsch gebildet zu betrachten seien. Czörnig sagt in seiner Ethnographie, daß die Deutschen in der Stadt Prag: wo sie seit dem elften Jahrhundert ansässig sind, jetzt beiläufig die Hälfte der Einwohnerzahl ausmachen; in Ficker's Zahlen, welche auch Czörnig's Handbüchlein zu Grunde liegen, rechnet er jedoch nur ein Drittel der einheimischen christlichen Bevölkerung, nämlich ein Pauschquantum von 24,000, als Deutsche. Allerdings hat sich gerade in Prag die Stellung der Sprachen seit Schnabel's Zeit wesentlich geändert, da damals noch die deutsche Bildung in Böhmen die herrschende war und man so in den gemischten Städten eben auch manche Czechen den Deutschen zuzurechnen versucht war, während mit dem schrofferen Auftreten der czechischen Nationalität das Deutsche mehr zurückgetreten ist. Dies zeigen namentlich die Zahlen über die Muttersprache der Schüler der höheren und mittleren Unterrichtsanstalten, indem sie für 1864 in Prag die Zahl von 1694 deutschen und 3327 czechischen Schülern ergeben; in diesen Zahlen stellt sich also das Verhältniß ähnlich dar, wie es Czörnig in seiner zweiten Bearbeitung annimmt. Daß aber gerade diese Zahlen viel mehr ein Zeichen der czechisirenden Tendenz als der wirklichen Zustände sind, ergiebt sich schon daraus, daß die gleichartigen Zahlen für ganz Böhmen einen verhältnißmäßig noch größeren Antheil czechischer Schüler herausstellen, als selbst Czörnig Einwohner der czechischen Nationalität zurechnen will, nämlich 8945 Czechen neben 5054 Deutschen, während umgekehrt in den Angaben über die Zahl der Volksschulen unerachtet der ansehnlichen Vermehrung der czechischen in neuester Zeit noch immer der Antheil der Deutschen ein weit beträchtlicherer geblieben ist (46 Pct.), als der Antheil der deutschen Nation an der Gesammtbevölkerung Böhmens; noch mehr aber wird dies durch Ficker's interessante Beobachtung bestätigt, daß die Ziffern der Muttersprache der Gymnasialschüler ganz verschiedene Procentsätze ergeben hätten, je nachdem die Leitung der Aufnahme dieser Daten in den Händen der Angehörigen einer oder der anderen oder einer dritten Nationalität gewesen sei.

Ob Prag, das mit seinen Vororten Carolinenthal, Smichow und Liben bei Hain als gemischt bezeichnet wird, eine wirkliche deutsche Sprachinsel bildet, bleibt also einstweilen noch zweifelhaft. Dagegen erscheinen zwei andere größere deutsche Ansiedelungen aus frühester Zeit noch heute als eigentliche Sprachinseln: die um Budweis, welche bei Hain außer dieser gemischten Stadt selbst 13 deutsche Dörfer und 5 gemischte umfaßt, und die um Iglau, welche in Böhmen die westliche Hälfte des Bezirks Polna und einen Theil des Bezirks Dentsch-Brod, bis zu dieser jetzt überwiegend czechischen Stadt hin enthält, beide schon im dreizehnten Jahrhundert von Deutschen gegründet. Weiter nennt Hain 4 kleinere Ortschaften in der Nähe der Sprachgränze als deutsche; als gemischt bezeichnet er, abgesehen von den weiter oben erwähnten 76 längs der Sprachgränze gelegenen und 33 von deutschem Gebiet umschlossenen gemischten Ortschaften, noch die Städte Klattau, Böhmisch-Aicha, Josephstadt (Ficker nennt auch Königsgrätz und Kuttenberg), sowie sieben Dörfer in den Bezirken Holitz und Pardubitz (Kreis Chrudim) und drei Dörfer nahe bei Schüttenhofen.

Von den deutschen Sprachinseln in Mähren ist die um die vorwiegend deutsche Stadt Iglau die umfangreichste; ferner die deutsche oder mindestens vorwiegend deutsche Stadt Olmütz mit 7 beiliegenden deutschen und 6 gemischten Gemeinden, drittens die Hauptstadt Brünn, von deren Bevölkerung nach Ficker's Völkerstämmen fast die Hälfte deutsch ist, mit 10 umliegenden deutschen, 2 gemischten Gemeinden, dann zwei deutsche Sprachinseln mit 4 und 5 deutschen Dörfern bei den gemischten Städten Austerlitz und Wischau, und eine Sprachinsel von 6 deutschen Ortschaften bei Konitz im Südosten des schönhengstler Ländchens. Ferner giebt Hain an, daß fast in allen größeren Ortschaften Mährens Deutsche in geringerer Zahl vorhanden seien, so daß dieselben noch nicht als gemischt bezeichnet werden könnten; Czörnig dagegen führt als Städte, in denen die deutsche Sprache verbreitet sei, noch Weißkirchen, Leipnik, Kremsier, Gr. Meseritz und Lundenburg auf, mit dem Bemerken, daß hier (wie in den vorgenannten Städten) der Ursprung der deutschen Bevölkerung in das dreizehnte und vierzehnte Jahrhundert zurückreiche.

Endlich findet eine weitere Vertheilung deutscher Bevölkerung in dem nördlichen Theile des Königreichs Ungarn statt, dessen Grundbevölkerung der der czechischen Nation angehörige Stamm der Slowaken bildet, neben welchem der regierende magyarische Stamm, wie die Zahlen in der Beilage 4 zeigen, nur in geringer Anzahl, in einzelnen Theilen fast gar nicht vertreten ist. Dieser Theil Ungarns enthält im wesentlichen die Comitate Neutra (Ober- und fast ganz Unter-Neutra), Trentschin, Thurocz, Arva, Liptau, Sohl und Zips, den größeren Theil von Bars, die größere Hälfte des Comitats Preßburg, ungefähr die Hälfte von Gömör, Honth und Saros und kleinere Theile von Neograd und Abaujvar (mit Kaschau). Hier schließt sich ferner der Theil des nördlichen Ungarns an, in welchem die Ruthenen (theilweise zusammen mit den Slowaken) wohnen, deren vorderer Theil (die Sotaken) denselben bei Czörnig zugerechnet ist. Das vorwiegend ruthenische Gebiet beginnt in dem Comitat Zips und enthält die gebirgigen Theile von Saros, sowie den größeren Theil der theilweise magyarischen Comitate Zemplin, Unghvar, Beregh und Ugocsa und des theilweise rumänischen Comitats Marmaros bis zur Bukowina, welche der kleinrussische Stamm gleichfalls zusammen mit den Rumänen bewohnt. Beide slawische Sprachgebiete zusammengenommen begreifen im nördlichen Ungarn schätzungsweise ein Territorium von 940 Meilen mit reichlich $2\frac{1}{4}$ Million Bewohnern; der slowakische Theil allein kann auf 610 Quadratmeilen mit mindestens 1,700,000 Einwohnern veranschlagt werden, von welchen wahrscheinlich über vier Fünftel Slowaken sind.

Wie zahlreich in diesen Gebieten die deutsche Bevölkerung ist, kann nach den vorliegenden Materialien nur annähernd geschätzt werden, da einerseits, wie aus der Erklärung zur Beilage 4 hervorgeht, nicht einmal die Zahlen für die einzelnen Comitate nach Czörnig's und Ficker's Angaben hinlänglich genau bekannt sind, anderseits, auch wenn dies wäre, doch die Zahlen für die zu den verschiedenen Sprachgebieten gehörigen Theile der Comitate fehlen würden, — und die Sprachgränze der Magyaren durchschneidet, wie vorhin angegeben, 13 von den 20 betheiligten Comitaten.

Nicht unwichtig ist es jedoch, daß Czörnig in der Ethnographie eine andere Specialisirung der Zahlen für die Deutschen hat eintreten lassen, die Sonderung nach der Stammes-Gemeinschaft. Von den betreffenden Abtheilungen gehören die Zipser-Sachsen ganz hierher, dann die Deutschen vom Sudetenstamme fast sämmtlich, nämlich mit Ausnahme der Bewohner von Deutsch-Pilsen; diese enthalten nach dem Bevölkerungstand von 1850: 112,000 Deutsche. Es kommen aber dann noch eine Anzahl weiterer Ansiedelungen hinzu, nämlich die im slowakischen Theil des Comitats Preßburg (nicht in Preßburg selbst, das überwiegend deutsch ist) und die einzelnen im ruthenischen Sprachgebiete belegenen, welche Czörnig, wie es scheint, bei den Ansiedelungen des schwäbischen und des bayrisch-österreichischen Stammes in Rechnung gestellt hat. Mit Einschluß dieser letzteren und auf den Stand von 1861 erhöht, ist die Zahl der Deutschen in diesen slawischen Theilen auf etwa 152,000, für das slowakische Sprachgebiet allein auf 140,000 anzunehmen. In Betreff der Einzelzahlen ist überdies bemerkenswerth, daß die Schätzung von Fenyes in Ansehung der Zahl der Deutschen, wenn auch bei einzelnen Comitaten sehr abweichend, doch für diese Comitate zusammengenommen mit Czörnig's und Ficker's Annahmen sehr nahe übereinstimmt. Auch Brachelli's Angaben, nach welchen die Zahl der Deutschen in den Verwaltungsbezirken Preßburg und Kaschau sich für 1861 auf 175,000 stellt, lassen für die beiden bezeichneten Sprachgebiete die Zahl der Deutschen ungefähr auf die angegebene Summe schätzen. Von diesen sind allein 57,500 auf das Comitat Zips zu rechnen, in welchem ein Drittel der Bevölkerung deutsch ist. Zur Zahl der Deutschredenden gehört ferner ein Theil der Juden, deren etwa 80,000 im slowakischen, etwa 50,000 im ruthenischen Sprachgebiete einheimisch sind.

Die Haupt-Ansiedelungen der Deutschen in diesen Gegenden sind nach den Darstellungen bei Hain und Czörnig ungefähr folgende: Zunächst die Sprachinsel der Zipser-Sachsen um die überwiegend deutsche Stadt Käsmark (d. h. Kaisersmark); sie enthält die meisten der 16 zipser Kronstädte, welche durch drei Jahrhunderte bis zur Theilung Polens vom Königreich Ungarn getrennt waren, sowie nach Hain 6 weitere deutsche Ortschaften; sie liegen von Deutschendorf bis Kniesen und Hopgarten an beiden Seiten des Poprad, zwei derselben (Kirchdorf und Bela) werden bei Brachelli als gemischt bezeichnet. Nordwestlich liegt einzeln Altendorf am Dunajec (nach Ficker gleichfalls gemischt). Südöstlich dieser Gruppe liegen von der slowakisch-deutschen Stadt Leutschau ab, also auf der ungarischen Seite (d. h. zum Hernad) vier der zipser Kronstädte (Neudorf ꝛc.) und zwei Dörfer, welche Czörnig jedoch sämmtlich als gemischt bezeichnet. Dann folgt die deutsche Gruppe der Metzenseifer, in Verbindung mit der der Gründner bei Schmölnitz; sie enthalten zusammen 8 ansehnliche deutsche, einen überwiegend deutschen, zwei überwiegend slowakische Orte; außerdem gehören hierhin noch zwei einzeln liegende nach Hain deutsche, nach Czörnig gemischte Ortschaften in der Nähe des gleichfalls deutsch-slowakischen Göllnitz.

Westlicher liegen die Gruppe der Krikehayer (Kriegershaüer) um die überwiegend deutsche Stadt Kremnitz, zu welcher 10 bis 12 deutsche Orte in den Comitaten Neutra, Thurocz und Bars gehören, und in der Nähe derselben die deutschen Bezirke von Hochwiesen (südwestlich, zwei Ortschaften) und Deutsch-Proben (nordwestlich, 3 Ortschaften). Hierzu kommen die überwiegend deutschen Städte Kaschau und Neu-Sohl, das gemischte Dobschau, dann die Deutschen in sechs nahe bei Preßburg gelegenen Orten, und in zwei Gruppen gemischter Ortschaften in demselben Comitat, deren westliche um Groß-Schützen liegt, die östliche sich von St. Georg bis Modern erstreckt.

Als deutsche Ortschaften im ruthenischen Gebiete würden die gemischten Gruppe schwäbischer Ansiedelungen bei Munkacz (4 bis 6 Ortschaften) und die meisten der 8 bis 11 einzeln gelegenen Orte in Betracht kommen, welche von Czörnig und Ficker bei den Comitaten Beregh-Ugocsa und Marmaros erwähnt werden, vielleicht auch die Gruppe bei Satorallya-Ujhely im Comitate Zemplin; sie liegen meist längs der ruthenisch-magyarischen Sprachgränze.

Diese deutschen Sprachinseln und gemischten Gruppen enthalten nur die heut noch deutschen; Czörnig's Ethnographie erwähnt ausdrücklich, daß außerdem in den Comitaten Liptau, Thurocz, Arva und Gömör ein beträchtlicher Theil der Bevölkerung deutscher Abstammung sei, und daß die hier wohnenden von ihm auf 89,000 geschätzten slowakisirten Deutschen einst den Zusammenhang der jetzt vereinzelten deutschen Gruppen untereinander und mit den nordwärts der Karpathen wohnenden Deutschen vermittelten. Wie aus Ficker's Angaben hervorgeht, sind die dortigen Deutschen namentlich in Folge der vor 200 Jahren begonnenen Streitigkeiten zwischen der deutschen und magyarischen Partei, welche beide, wenn auch aus verschiedenen Beweggründen, das deutsche Element zu unterdrücken suchten, allmählich entnationalisirt worden; doch sind sie nach Ficker noch an den Eigenthümlichkeiten der Aussprache und der äußeren Lebensformen kenntlich. In ähnlicher Weise sind in dem östlicheren Theile nach Ficker deutsche Niederlassungen ruthenisirt worden.

Die Zahl der Deutschen innerhalb des ganzen czechischen Sprachgebietes beziffert sich hiernach mit einem Minimalbetrage von 545,000, welche auf einem Gebiete von 1580 Quadrat-Meilen unter gegen 6,800,000 Einwohnern (neben etwa 6 Millionen Czecho-Slawen) leben. Rechnet man hierzu noch die zahlreichen einzelwohnenden Deutschen, welche bei Böhmen nicht genügend in Ansatz gebracht sind, mit der Zahl, um welche Ficker daselbst die Deutschen höher ansetzt, und etwa die Hälfte der unter den Slowaken wohnenden Juden, so würde der Maximalbetrag der Deutschen in diesem Gebiete auf 625,000 anzunehmen sein. Hiernach ist, was selbst schon in dem kleinen Antheile des preußischen Staates am czechischen Gebiete hervortritt, die deutsche Nation unter der czechischen nicht so stark verbreitet, wie unter der polnischen Nation; denn im geschlossenen Sprachgebiete der Polen ist mindestens ein Zehntel bis über ein Achtel der Einwohner, im czechischen erst 8 bis 9 Pct. der Einwohner deutscher Sprache. Rechnet man dagegen, wie dies bei den österreichischen Statistikern geschieht, das schönhengstler Ländchen als Sprachinsel im czechischen Gebiete (wodurch das letztere um etwa 20 Meilen mit einer Achtel-Million Einwohnern größer erscheint), so würde sich die Zahl der Deutschen daselbst auf 670,000 bis 750,000, also auf zehn bis elf Procent der Bevölkerung belaufen.

Aber auch bei Ausschluß der Schönhengstler ist der Antheil der Deutschen beträchtlich genug, um klar zu legen, wie sehr das deutsche National-Interesse auch mit diesem Gebiete und mit seinen Bewohnern verwachsen ist. Eine äußere Abtrennung der $1\frac{1}{4}$ Millionen, welche in den böhmischen Kronländern das czechische Sprachgebiet umgeben, würde keine gänzliche Auseinandersetzung der deutschen und czechischen Nation sein, da eben Deutsche in weiterer so beträchtlicher Menge — und das seit mehreren Jahrhunderten — unter den Czechen selbst vertheilt sind. Sie bedürfen allerdings nicht da des äußeren Schutzes, wo sie wie im österreichischen Staate unter einer unparteiischen Regierung stehen; und wenn sie hier dennoch dem Czechenthum verfallen, wie vormals an hunderttausend in Nord-Ungarn, selbst unter der Regierung einer dritten Nation, demselben verfallen sind, so ist daran nicht sowohl eine ungerechte Beeinflussung, sondern vor allem die eigene

Schwäche und der hierauf beruhende Mangel deutsches National-Sinnes schuld. Das aber bleibt als Ergebniß dieser Zahlen festzuhalten, daß, wenn einmal in dem Staate, welcher gegenwärtig so verschiedenartige Nationen ohne entschiedene und dauernde Bevorzugung der einen vor der anderen zusammenhält, und dessen Erhaltung eben deshalb mit Recht gerade von nicht-österreichischen Deutschen gewünscht und erstrebt wird, die einzelnen nationalen Bestandtheile zur vollen Selbständigkeit gelangen sollten, alsdann für das czechische Sprachgebiet ebensowohl wie für die benachbarten weiteren Nationalgebiete im Norden und Süden desselben, die Erhaltung und Fortentwickelung des deutschen Elementes unter dem Schutze des Nationalitätsprincipes als eine nothwendige Forderung der deutschen Nation in Betracht kommen würde.

VII.

Die Deutschen gegenüber den Magyaren.

Inhalt. Das deutsche Sprachgebiet im westlichen Theile des Königreichs Ungarn; Gränze desselben; magyarische und kroatische Sprachinseln diesseit der Sprachgränze. Die Deutschen im Königreiche Ungarn überhaupt, Zahl derselben nach Fenyes und nach Czörnig, Verschiedenheit und Wechsel der Anschauungen. Die Nationalitätsverhältnisse im magyarischen Sprachgebiete Ungarns insbesondere, Vertheilung der deutschen Wohnsitze innerhalb desselben. Heutige Stellung der Magyaren gegenüber dem Nationalitäts-Princip.

Die deutsch-magyarische Sprachgränze liegt innerhalb des Königreichs Ungarn, wahrscheinlich schon seit dem Bestehen dieses Reiches, mindestens aber seit der ersten Zeit desselben. Um das Jahr 1000 war nach Czörnig's Ethnographie wahrscheinlich schon ein Theil der Comitate Wieselburg und Oedenburg von Deutschen bewohnt, den sogenannten Hienzen, welche dem bayerisch-österreichischen Stamme angehören, d. h. bayerischer Abstammung mit fränkischer und alemannischer Beimischung sind. Erweitert wurde das deutsche Sprachgebiet in Ungarn durch die im Anfange des 16. Jahrhunderts zugezogenen schwäbischen Ansiedler im Comitat Wieselburg, das seitdem fast völlig deutsch ist.

Die deutsch-magyarische Sprachgränze, wie sie sich nach der Czörnig'schen Ethnographie und Karte darstellt, geht von der deutsch-slowakisch-magyarischen Stadt Preßburg die kleine Donau hinauf bis oberhalb Wieselburg, wo noch eine Ortschaft jenseit des Donauarmes deutsch ist, dann südlich auf die Raab zu dem deutsch-magyarischen Leiden, und diese aufwärts bis zu dem Punkte, wo sie in das Comitat eintritt; nur eine deutsche Ortschaft liegt noch am rechten Ufer. Im Comitat Oedenburg geht die Gränze westlich zum Neusiedler-See, dessen Südspitze sie bei dem magyarisch-kroatisch-deutschen Poschendorf berührt, und von da ab südsüdwestlich auf die vorwiegend deutsche Stadt Güns im Comitat Eisenburg. Von Güns geht die Gränze südwestlich nach Rechnitz, dann nordwestlich auf Schleining, hierauf die Pinka hinab, zwei deutsche Ortschaften östlich derselben umfassend, bis

Luising und in die Nähe von Körmond, dann nördlich die Raab aufwärts, die sie mit dem deutschen Ort St. Gotthard überschreitet, von wo sie an der Raab und dann in südwestlicher Linie auf Radkersburg in Steiermark führt; von St. Gotthard ab scheidet sie das deutsche Gebiet nicht mehr vom magyarischen, sondern von dem slowenischen, das hier mit einer nordöstlichen Spitze zwischen beiden Sprachgebieten hervortritt.

Diesseit dieser Sprachgränze liegt ein deutsches Territorium von etwa 100 Quadrat-Meilen mit ungefähr 380,000 Einwohnern, welches sich an die deutsch-österreichischen Kronländer anschließt. Soweit es aus den Zahlen der Beilage 4 zur Tabelle V beurthe.lt werden kann, gehören mindestens drei Viertel, höchstens 7 Neuntel der Einwohner der deutschen Sprache an. Abgesehen nämlich von der gemischten Stadt Preßburg, welche hierher zu rechnen ist, sowie von den magyarisch-gemischten Städten Altenburg und Güns, umschließt dasselbe drei magyarische Ortschaften, ferner zwei magyarisch-gemischte Gruppen (bei Groß-Zinkendorf und Ober-Warth) und drei einzelne gemischte Ortschaften; von diesen erklärt Czörnig die Enclaven Ober- und Nieder-Pullendorf im Comitat Oedenburg und die gemischte Gruppe an der Pinka für Reste der früheren Ausdehnung des magyarischen Sprachgebiets.

Ferner enthält dasselbe eine große Anzahl kroatischer Ansiedelungen, nämlich im Comitate Eisenberg vier kroatische Gruppen, von welchen die Gruppen Schönau-Kroatischschützen und Postrum-Nadallya im Anschlusse des magyarischen Sprachgebietes liegen und zwei einzelne kroatische Ortschaften, dann im Comitat Oedenburg zwei größere und mehrere kleinere kroatische Sprachinseln, ferner im Comitat Wieselburg sowohl kroatische Gruppen längs der österreichischen Gränze, wie auch einzelne kroatische Ortschaften; doch ist in einem großen Theil dieser Ansiedelungen die Bevölkerung mit Deutschen gemischt. Die Zahl der Kroaten im deutschen Sprachgebiete Ungarns kann sich nach den Zahlen der Beilage 4 bis gegen 57,000 belaufen.

Die Sprachinseln derselben setzen sich jedoch auch jenseit der deutschländisch-ungarischen Landesgränze fort, wo theils an der Leitha, theils im Marchfelde die in der Beilage 1 nachgewiesenen 6 kroatischen, 9 kroatisch-deutschen und 4 deutsch-kroatischen Ortschaften liegen, welche etwa 7000 kroatische Einwohner enthalten, und weiterhin noch in drei gemischten Ortschaften des deutschen Theiles vom südlichen Mähren; die Ansiedelung der Kroaten in diesen Gegenden stammt aus dem siebzehnten Jahrhundert.

Von der großen Zahl der Deutschen, wie sie für das Königreich Ungarn aus den in der Tabelle IV mitgetheilten Zahlen hervorgeht, und die sich bei Einrechnung der Woiwodina für den Bevölkerungstand von 1861 auf 1,318,000, (oder wenn das niedrigere Verhältniß in Czörnig's Ethnographie zu Grunde gelegt wird, auf 1,233,000, dagegen nach dem Maßstabe von Ficker's neuester Schätzung auf 1,443,000) belaufen würde, worin die 420,000 Juden der betreffenden Kronländer auch nicht theilweise begriffen sind, kommt somit nur ein kleiner Theil (ungefähr 21 Pct.) auf das geschlossene deutsche Sprachgebiet, während die übrigen Deutschen theils unter den Magyaren, theils, wie oben erwähnt, unter den Czecho-Slawen, ferner in geringer Zahl unter Ruthenen und Rumänen, theils unvermischt, theils in gemischten Gruppen und Orten, namentlich aber auf größeren und kleineren Sprachinseln zwischen den Wohnsitzen der Slawen und Magyaren, sowie zusammen mit diesen und den Rumänen in den südlichen, zeitweise vom Königreiche Ungarn getrennt gewesenen Comitaten der Baczka und des Temeser-Banates wohnen. Daß die in der Tabelle V mitgetheilten, sowie die nach Ficker für die einzelnen Comitate berechneten Zahlen genau sind, ist, abgesehen von den für die Woiwodina angegebenen, kaum anzunehmen, wenngleich Czörnig's Ermittelungen, auf welchen eben auch unsere Berechnung beruht, Specialzahlen für die einzelnen Ortschaften zu Grunde liegen werden. Insbesondere kann es sein, daß manche deutsch besiedelte Orte zwischen den Magyaren selbst noch als deutsche gerechnet sind, obwohl sie ihre Nationalität, d. h. ihre Sprache theilweise aufgegeben haben, oder daß sie zu einem größeren Theile deutsch gerechnet sind, als bei genauer Festhaltung des Princips der Nationalsprache der Fall gewesen wäre. Denn Czörnigs Angabe, die er der Besprechung der deutschen Sprachinseln in Ungarn und hier namentlich der schwäbischen Inseln im pannonischen Gebirge voranschickt, daß ihre Bewohner den schwäbischen Charakter in ihrer Aussprache bewahrt haben, wenn sie auch ungarische Kleidung tragen und des Magyarischen mächtig sind, läßt eine gewisse Ueberschätzung der Zahlen zu; aber sie zeigt doch auch anderseits, daß jedenfalls noch ein großer Theil der dortigen Deutschen ihre Nationalität fortdauernd bewahrt hat, und daß mithin die Ueberschätzung nicht von großer Tragweite sein kann.

Nichtsdestoweniger muß hervorgehoben werden, daß man von ungarischer Seite die Zahl der Deutschen ebensowohl, wie die der übrigen nicht ungarischen Nationen niedriger, die der Magyaren höher veranschlagt hat, als dies in den auf Czörnig's Ermittelungen beruhenden Zahlen geschehen ist. Damit auch diese Anschauungen nicht unberücksichtigt bleiben, sind in der Beilage 4 die betreffenden Specialzahlen aus Fenyes' Statistik mitgetheilt, welche, auf den Bevölkerungstand von 1861 erhöht, die Zahl der Deutschen in Ungarn auf 1,140,000, die der Magyaren dagegen auf 4,875,000 ergeben würden, die erstere also um 178,000 niedriger, die letztere um 258,000 (oder, wenn man die bei den Magyaren mitbegriffenen Zigeuner abrechnet, um 200,000) höher, als nach unserer Berechnung. Von der Differenz bei den Deutschen kommt aber nicht allein über ein Drittel auf das Banat und die Baczka, wo Czörnig genaue Ermittelungen veranlaßt hat, sondern es beruhen überhaupt Fenyes' Angaben, wie die Erklärung zur Tabelle V näher angiebt, auf so wenig genügenden Unterlagen, daß Differenzen oder Unterschätzungen um durchschnittlich ein Achtel wohl möglich waren. Nun sollen allerdings Fenyes' spätere Berechnungen die Zahl der Magyaren für 1856 und 1864 noch weit höher herausgestellt haben, indem sie, auf den Bevölkerungstand von 1861 reducirt, diese nach der ersteren um 3 Zehntel, nach der letzteren noch um ein

Siebentel höher erscheinen lassen, als nach unserer sowie nach Ficker's Annahme; und auch diese Angaben sollen auf den Diöcesan-Schematismen beruhen, welche im allgemeinen die Sprache der Einwohner (wohl die Kirchen- oder Schul- oder Gemeinde-Sprache) erwähnen. In Ansehung der wirklichen Nationalitätsverhältnisse können dieselben jedoch offenbar nicht als maßgebend angesehen werden, da nicht anzunehmen ist, daß zwischen der ersten und zweiten Ermittelung ein Neuntel der Einwohner Ungarns aus Angehörigen anderer Nationen zu Magyaren geworden, noch daß von 1856 auf 1864 wieder ein Vierzehntel der Einwohner des Königreiches aus Magyaren zu andersredenden geworden wäre. Dagegen entsprechen diese Zahlen in gewissem Maaße dem Wechsel der herrschenden Richtung; denn in der Zeit, wo Fenyes seine Statistik von Ungarn verfaßte, begann ein Jahrzehnt der eifrigsten Propagation der magyarischen Sprache, welche, wie Czörnig in seiner Ethnographie sich ausdrückt, durch die angewandten äußeren Mittel selbst in solchen Gegenden, wo keine Magyaren wohnten, eine gewisse Verbreitung erlangte; dann aber wurde dies wieder aufgewogen durch das sechste Jahrzehnt, in welchem sich die österreichische Regierung die Hebung der Volksprachen, und namentlich der deutschen als der Culturſprache des Landes zur Aufgabe stellte. Seit der Herstellung des Königreichs, also seit 1860 hat umgekehrt wieder eine stärkere Hinüberführung der anderen Nationalitäten in das Magyarische begonnen, nicht nur von Seiten der magyarischen Volkspartei selbst, sondern auch durch die Mitwirkung Deutscher, welche sich des neuen Staates der Freiheit durch ihre eigene Magyarisirung würdig zu machen suchen, ohne zu erwägen, daß bei aller Anerkennung der zeitigen Culturvortheile, welche die vorwaltend freiheitliche Richtuug der Magyaren darbietet, dennoch für die Nachkommen der germanischen Stämme der Uebergang in das nationale Wesen eines der finnischen Völkerfamilie angehörigen Stammes gewiß kein Fortschritt sein kann.

Hätten die aus den Diöcesan-Schematismen entnommenen Zahlen den Sinn, die Herrschaft der magyarischen Sprache im örtlichen Leben der Bevölkerung zu zeigen, so würde sich die weitere Verbreitung des Magyarischen als Ortsprache innerhalb des fünften Jahrzehnts über ein Gebiet von $1\frac{1}{3}$ Million Einwohnern erstreckt haben, von welchem dann in der Zeit der völligen Vereinigung Ungarns mit den übrigen österreichischen Ländern ein Gebiet von ungefähr $\frac{3}{4}$ Million der äußeren Herrschaft des Magyarischen als Ortssprache wieder entzogen worden wäre. Indeß darf man auch dies nicht ohne weiteres aus Fenyes' Zahlen schließen, man wird vielmehr, solange die Erklärung für die Verschiedenheit seiner Schätzungen fehlt, annehmen dürfen, daß dieselbe in dem der Zeitrichtung entsprechenden Wechsel der magyarischen Anschauungen und Ansprüche ihren Grund hat, welcher sich theilweise wohl in den Angaben der Diöcesan-Schematismen, dagegen nur in sehr beschränktem Maße in den thatsächlichen Aenderungen der Nationalitäts-Verhältnisse verwirklichte.

Daß insbesondere die Zahl der Deutschen seit Czörnig's Aufnahmen, welche zu einer Zeit stattfanden, wo das Magyarenthum eben auf der Höhe seiner Macht gewesen war, bis zum Jahre 1864 auch nur verhältnißmäßig abgenommen habe, läßt sich nicht voraussetzen. Die zahlreichen Nachzüge Deutscher, welche schon daraus ersichtlich sind, daß man 1857 in Ungarn allein 47,000 in den eigentlichen österreichischen Kronländern heimathberechtigte zählte, werden mindestens dasjenige aufwiegen, was selbst bei herrschender magyarischer Tendenz durch Entnationalisirungen dem deutschen Volke verloren geht; im Gegentheil, der Umstand, daß Ficker für die heutige Zeit den Procentsatz der Deutschen in Ungarn auf 13,61 annimmt, während er ihn für die frühere Zeit (also für 1850 ungefähr) nur auf 12,45 annahm, zusammen mit der vorzüglichen Kenntniß der Nationalitäts-Verhältnisse jener Länder, welche gerade ihm vermöge seiner fünfzehnjährigen Studien über diese Gegenstände beiwohnt, spricht dafür, daß die Zahlen, wie sie aus Czörnig's Aufnahmen hervorgingen, im ganzen und großen für die jetzigen Verhältnisse nicht als zu hoch betrachtet werden dürfen. Außerdem ist zu berücksichtigen, daß in denselben die deutschredenden Juden fehlen.

Für unsere Zwecke würde es sich nun insbesondere darum handeln, anzugeben, wieviel Deutsche innerhalb des eigentlichen magyarischen Sprachgebietes leben; denn diese sind es, welche der Gefahr der Magyarisirung wesentlich ausgesetzt sind, während die in geschlossenen deutschen Gebieten lebenden in ihrer Nationalität eben durch ihre Masse gesichert sind, die innerhalb des slowakischen Theiles lebenden aber mehr von der czechischen als von der magyarischen Nationalität gefährdet sind. Was die Abgränzung des magyarischen Sprachgebietes betrifft, so reicht in ähnlicher Weise wie das deutsche und das czechische von Westen und wie das ruthenische Sprachgebiet von Nordosten her, auch noch das Sprachgebiet des rumänischen Volkstammes nach Ungarn hinein, von welchem es nicht nur die vier bald zu Siebenbürgen, bald zu Ungarn gerechneten Districte, sondern auch Theile der anschließenden Comitate, nämlich kleinere von Marmaros und Szathmar und ungefähr drei Viertel von Süd-Bihar und Arad bis zu den national-gemischten Städten Groß-Wardein und Arad, sowie einen Theil des Temeser-Banats umfaßt. Bringt man von dem Kronlande Ungarn in jenen engen Gränzen, in welchen es im vorigen Jahrzehnt bestand, die bezeichneten Antheile der vier genannten Sprachgebiete in Abzug, so würde als geschlossenes magyarisches Sprachgebiet nordwärts der Maros ein Territorium von ungefähr 1960 Meilen mit 5⅓ Millionen Einwohnern verbleiben. Von diesen sind nach den Czörnig'schen Zahlen zwischen drei Viertel und vier Fünftel Magyaren; zwischen denselben befinden sich schätzungsweise 475 bis 480,000 Deutsche, dann etwa 215,000 Juden, von welchen wahrscheinlich ein Theil gleichfalls deutscher Nationalität ist, etwa 400,000 Slawen (darunter die Slowenen nordwärts der Mur, die Serben längs der Drau, die Czecho-Slawen auf zahlreichen Sprachinseln theilweise mit Deutschen gemischt) ꝛc.

Außerdem gehört ferner zum magyarischen Sprachgebiet ein Theil (die nordöstliche Hälfte) der im vorigen Jahrzehnt von Ungarn getrennt gewesenen Woiwodschaft Serbien (der Baczka), sowie ein kleiner Theil des Temeser-Banats (etwa ein Sechstel des Comitats Beczkerek gegen Szegedin hin), also ein Areal von über

100 Meilen mit über einer Viertel-Million Einwohnern; beides alt-magyarische Territorien, deren Ausdehnung erst im 16. und 17. Jahrhundert durch die serbische Einwanderung vermindert worden ist. Da jedoch die zahlreichen Deutschen dieses vormaligen Kronlandes nur zum geringsten Theil inmitten der Magyaren wohnen (nach Czörnig liegen hier nur vier deutsche Ortschaften ganz vom magyarischen Gebiet umschlossen), so werden die Nationalitäts-Verhältnisse der Baczka und des Banats besser beim rumänischen und serbischen Sprachgebiete angegeben.

Von der Vertheilung der Wohnsitze der Deutschen in Ungarn (nordwärts der Maros) lassen die Zahlen der Beilage 4, wie sie aus Ficker's Procentsätzen berechnet sind, einige Anschauung gewinnen. Einen näheren Einblick giebt die Czörnig'sche Karte, sowie dessen Ethnographie und namentlich die hier, wie an vielen Stellen, ebenso eingehende wie übersichtliche Darstellung Ficker's in seinen Völkerstämmen der österreichisch-ungarischen Monarchie. Nach beiden Quellen läßt sich dieselbe dahin charakterisiren, daß — abgesehen von den vereinzelten deutsch-gemischten Orten, welche westlich in der Nähe des deutschen Sprachgebietes liegen (wie Stein-am-Anger, Körmond und einigen vordersten Orten der Insel Schütt), sowie abgesehen von den vereinzelten Ansiedelungen in den östlichen Comitaten — hauptsächlich zwei große Gruppen deutscher Sprachinseln in Betracht kommen, die eine nordwestlich des Plattensees im Bakonywalde, welcher, wie es bei Czörnig heißt, durch die deutsche Art gelichtet worden ist, bis zur Wendung der Donau bei Waitzen, die andere südöstlich des Plattensees gegen die untere Donau, jenseit deren sich dort die deutschen Ansiedelungen der Baczka anschließen.

In der ersten größeren Gruppe lassen sich drei Theile unterscheiden: zunächst die zusammenhängende Masse im Comitat Veszprim, welche strichweise stark mit Magyaren gemischt, sich von der Gränze des raaber bis an das zalader Comitat hinzieht und von vereinzelten deutschen und gemischten Orten (5 westlich, 5 südlich im Comitat Zala) umgeben ist. Dieser Theil steht nach Osten durch eine Reihe gemischter Ortschaften im Comitat Stuhl-Weißenburg mit einer ferneren zusammenhängenden Masse in dem bergigen Theile der Comitate Komorn (vormals Gran) und Stuhl-Weißenburg in Verbindung, welcher nordwärts noch ein deutscher Streifen von Süttö abwärts bis gegen Gran an der Donau vorliegt (jenseit derselben liegt nördlicher Deutsch-Pilsen vereinzelt). Die zweite Masse steht ebenfalls durch gemischte Orte mit der deutschen Gruppe in Verbindung, welche fast den ganzen westlichen Theil des Comitats Pest-Pilis einnimmt, dann von der ungarischen Doppel-Hauptstadt südwärts auf die Insel Czepel hinübergeht und am linken Ufer noch drei deutsche Orte, darunter den schwäbischen Flecken Soroksar begreift; nördlich liegt derselben die gemischte Gruppe um Vißerad und Waitzen vor. Die Masse der Deutschen in diesen Territorien läßt sich auf etwa 225,000 veranschlagen. Was insbesondere die Städte Ofen und Pest betrifft, so sagt Ficker, daß von der einheimischen Bevölkerung der ersteren Stadt (44,000) der Abkunft nach 3 Viertel Deutsche seien, und daß auch unter den Bürgern von Pest das deutsche Element überwiege; Brachelli giebt an, daß in Ofen neben den Deutschen (und

4400 Juden) 8000 Magyaren, 3000 Slawen seien, so daß fast 2 Drittel als Deutsche verbleiben würden, ferner daß in der einheimischen Bevölkerung von Pest (81,500) 35,000 Magyaren seien, in welchem Falle es von der Sprache der (13,800) Juden abhängen würde, ob wenigstens die einheimische Bevölkerung mehr deutsch oder mehr magyarisch wäre. Jedenfalls ist in beiden Städten zusammengenommen die deutsche Nationalität verhältnißmäßig unter der einheimischen Bevölkerung am zahlreichsten vertreten.

Sechs theils deutsche, theils gemischte Ortschaften im südlichen Theile des Comitats Stuhl-Weißenburg bilden den Uebergang zu der zweiten größeren Gruppe, welche bei Nemetker an der Nordgränze des Comitats Tolna beginnt und, strichweise mit Magyaren und Serben gemischt, sich durch das Comitat Baranya bis an das serbische Sprachgebiet bei Baranyavar erstreckt und sich demnächst in ähnlicher Beimischung zwischen dem serbischen Gebiet und einem magyarischen Landstriche (an der Donau) bis Eugenidorf an der Drau und auch über dieselbe nach Esseg und in dessen Umgebung fortsetzt. Westlich schließt sich innerhalb des Comitats Baranya eine weitere deutsche mit Magyaren und Serben gemischte Gruppe an, welche sich in das Comitat Somogy fortsetzt; nordwestlich derselben liegen gegen den Plattensee eine größere und zwei kleinere deutsche Sprachinseln, und südwestlich einige gemischte Ortschaften im magyarischen Gebiete sowie auch längs der magyarisch-serbokroatischen Sprachgränze. Im ganzen wird dieser Theil (der mitunter die schwäbische Türkei benannt worden ist, dessen Einwohner jedoch nach Ficker überwiegend vom Oberrhein wären) gegen 200,000 Deutsche enthalten.

Verglichen mit diesen ausgedehnten Ansiedelungen, welche nach der Wiedereroberung Ungarns durch die deutschen Colonisten in dem Lande rechts der Donau gegründet worden sind, ist die Zahl der deutschen Ortschaften in dem links derselben gelegenen Theile Ungarns (nordwärts der Maros und der Baczka) nur unbedeutend. Czörnig (und ähnlich Ficker) erwähnen daselbst in den magyarischen Comitaten nur 18 deutsche und 4 deutsch-gemischte Ortschaften, dann im Comitat Arad die deutsche und gemischte Gruppe, welche sich von Gyula im Comitat Bekes im Anschluß an das rumänische Gebiet bis zu dem aus vier Nationen gemischten Alt-Arad hinzieht und hier mit den deutschen Ansiedelungen des Banats zusammenhängt, dann fünf einzelne Ortschaften im Comitat Süd-Bihar (bei Groß-Wardein) wohl schon im rumänischen Sprachgebiet, endlich die deutschen Gruppen an der Krasna, deren westlichste aus dem rumänischen in das magyarische Sprachgebiet hinüberreicht, und die im ganzen (im Comitat Szathmar) 13 deutsche und 3 magyarisch-gemischte Ortschaften enthalten. Im ganzen enthält dieser Theil Ungarns (wie die Zahlen für die einzelnen Comitate in der Beilage 4 zeigen) etwa 80,000 Deutsche, davon über ein Drittel in den Comitaten Szathmar und Süd-Bihar. Außerdem erwähnt Ficker, daß in den nördlichsten Comitatstheilen des magyarischen Sprachgebiets, in Abauj, Torna, Zemplin und Beregh, die deutschen Ansiedelungen ebenso magyarisirt worden seien, wie die nordwestlicher belegenen slowakisirt worden sind.

Nach der gegenwärtigen Lage der Thatsachen ist nicht zu bezweifeln, daß die magyarische Nation im Stande sein werde, innerhalb ihres Sprachgebietes von neuem die Entnationalisirung Deutscher wie die der übrigen innerhalb dieses Sprachgebietes wohnenden Nationalitäten zu fördern und in einem gewissen Umfange zu erreichen. Indeß sollte von derartigen Maßregeln schon die Erwägung abhalten, daß eben dieses Sprachgebiet nur einen Theil der Länder der ungarischen Krone enthält, und daß es unmöglich sein würde, das Princip der allgemeinen Magyarisirung auf diejenigen Theile mitzuerstrecken, welche zur Zeit anderen Sprachgebieten angehören. Von den 13½ Millionen, welche die ungarischen Kronländer enthalten, also einschließlich Kroatien-Slawoniens und Siebenbürgens, sind nur etwa 5,220,000, also 38,6 Pct. Magyaren, während 2,400,000 dem ostromanischen, 3,700,000 slawischen, 2 Millionen dem deutschen und jüdischen Stamme angehören. Schon dieses einfache Zahlenverhältniß giebt den deutlichen Hinweis, daß gerade in diesem Reiche die vorherrschende, nämlich die magyarische Nationalität danach streben sollte, das Nationalitätsprincip in unparteiischer Weise zur Geltung zu bringen. Nach den Worten, welche der ungarische Minister Eötvös den Serben, welche für ihre Nation eine bevorzugte Stellung in demjenigen Landestheile in Anspruch nahmen, in welchem sie die vorherrschenden sind, auf dem Landtage entgegenstellte, und in welchem er die Freiheit aller Nationalitäten als den Grundsatz der ungarischen Regierung bezeichnete, würde das Bestreben der letzteren darauf gerichtet sein, das Nationalitätsprincip im Sinne der Gleichberechtigung zu verwirklichen; es entspricht diese Verheißung auch dem, was Eötvös in seiner Schrift über die Nationalitätenfrage verlangte: die Sicherung der politischen Interessen Ungarns gerade dadurch, daß die Ansprüche *jeder sprachlichen* Nationalität befriedigt werden, eine Befriedigung, welche er von der Herstellung der individuellen Freiheit aller Staatsbürger und von der Selbstregierung der Gemeinden und Comitate erwartet. Ob hiermit nicht bloß die Ansprüche der nicht-magyarischen Einwohner eingeschränkt werden sollen, wird die Vergleichung mit der österreichischen Reichshälfte zeigen, da offenbar das magyarische in denjenigen Gemeinden, welche nicht überwiegend magyarischer Nationalität sind, keine höhere Stellung in Anspruch nehmen kann, als die deutsche Sprache in den österreichischen Landestheilen außerhalb des deutschen Sprachgebietes einnimmt. Denn es ist nicht richtig, daß, wie die neueste Thronrede erklärte, die Einwohner nicht magyarischer Zunge ihre volle Beruhigung darin finden können, daß ein Verfassungs-Artikel jedem Staatsbürger die Freiheit und Entwickelung der Muttersprache in gleicher Weise sichere; es wird vielmehr, wie das Beispiel Belgiens gezeigt hat, darauf ankommen, in welcher Weise dieser Artikel zur Ausführung gelangt. Was die andern Nationen in dieser Richtung von der gegenwärtigen Regierung Ungarns erwarten dürfen, wird sich vielleicht schon aus dem wichtigen statistischen Acte herausfühlen lassen, welcher gegenwärtig vollzogen ist, der Ermittelung des Sprachverhältnisses bei der Volkzählung, namentlich wenn, wie zu erwarten steht, das Ergebniß derselben von competenter deutsch-österreichischer Seite eine unparteiische Beleuchtung findet.

VIII.

Die Deutschen gegenüber den Rumänen.

Inhalt. Oesterreichisch-ungarische Länder mit rumänischer Bevölkerung Die Deutschen in der ruthenisch-rumänischen Bukowina; die Vertheilung der deutschen Ansiedelungen und die Nationalitäts-Verhältnisse in Siebenbürgen. Die deutschen Coloniegebiete im temeser Banat und in der Baczka; Nationalitätsverhältnisse dieser Territorien und insbesondere des rumänischen Theils vom Banat, desgleichen in der banater Gränze. Anzahl und Stellung der Deutschen im rumänischen Sprachgebiete Oesterreichs überhaupt. Weitere rumänische Gebiete; die Deutschen im Fürstenthum Rumänien.

Das Zusammenwohnen von Deutschen und Rumänen findet sich im österreichischen Staatsgebiete in allen Theilen des einstmaligen Daciens, nämlich außer in dem schon erwähnten östlichen Theile Ungarns, in dem jedoch die größeren deutschen Niederlassungen zugleich das magyarische Sprachgebiet berühren, in dem südlich anschließenden temeser Banat, hauptsächlich aber im Großfürstenthum Siebenbürgen und ebenfalls in der Bukowina.

Von diesen Ländern gehört die Bukowina, ein alter Theil der rumänischen Moldau, allerdings nur mit einer Hälfte, nämlich in ihrem südöstlichen Theile, zum rumänischen, mit der anderen aber zum kleinrussischen Sprachgebiete, und sind nach Czörnig's Angaben die Russen (Ruthenen) innerhalb dieses Kronlandes sogar etwas zahlreicher als die Rumänen, nämlich 43 gegenüber 39 Procent der Bevölkerung. Gerade die Wohnsitze der Deutschen aber liegen überwiegend im rumänischen Theile; sie bestehen nach Czörnig in dem deutschen Theile der Bevölkerung von Czernowitz und der Umgebung, sowie 9 anderer größerer Orte, dann in 7 unter Kaiser Joseph von eingewanderten West-Deutschen angelegten Ortschaften, in 4 in neuerer Zeit von Deutsch-Böhmen gegründeten Colonien, und in den deutschen Bewohnern von 12 Ortschaften an den dortigen Berg- und Salzwerken, welche ihrer Abstammung nach überwiegend dem bayrisch-österreichischen Stamme angehören. Im ganzen sind, für 1861 berechnet, über 40,000 Deutsche in der Bukowina (fast $\frac{1}{12}$ der Einwohner), ungerechnet die 32,000 Juden, welche nach Czörnig's Angaben auch in diesem Kronlande sich überwiegend der deutschen Sprache bedienen; in der Hauptstadt Czernowitz insbesondere waren nach Ficker im Jahre 1857 unter der einheimischen Bevölkerung 7600 Deutsche neben 4700 Juden, 4800 Rumänen, 3500 Ruthenen 2c.

In Siebenbürgen entspricht der überwiegend deutsche Theil annähernd dem sogenannten Lande der Sachsen. Seit 1141 auf dem Königsboden, seit 1206 im Nösner-, seit 1211 im Burzenlande angesiedelt, haben sich die siebenbürger Sachsen in einzelnen Theilen dieser Territorien ungemischt erhalten, in anderen mit den Nachkommen der rumänischen Grundbevölkerung des Landes örtlich gemischt; nach Ficker's Zahlen sind zur Zeit über drei Achtel der Gesammtbevölkerung des Sachsenlandes Deutsche, wogegen die Rumänen fast die Hälfte der Einwohner desselben ausmachen. Außerdem aber haben sich die Deutschen, namentlich die späteren Zuwanderer, in kleineren Sprachinseln oder nur als Theil der Bevölkerung über das weitere Land, nämlich über das sogenannte Land der Ungarn verbreitet, von dessen Einwohnern nach Ficker drei Viertel Rumänen, ein Siebentel Magyaren, 46 Promille Deutsche sind; die wenigsten Deutschen sind im Lande der Szekler.

Nach der Bezirkseintheilung, wie sie bis zur Wiederherstellung der ungarischen Krone bestand, und welche der Czörnig'schen Ethnographie zu Grunde liegt, begreift das deutsche und deutsch-rumänische Sprachgebiet auf dem Königsboden den größeren Theil des hermannstädter Kreises nordwärts der Aluta, und fast den ganzen Bezirk Reps im Kreise Kronstadt, in welchem letzteren es das magyarische Gebiet der Szekler berührt, sowie zwei Ortschaften des Kreises Karlsburg. Im westlichsten Theil des Sachsenlandes liegen nur die deutschen Sprachinseln um Mühlbach und Weingarten (im Kreise Hermannstadt); außerdem sind fünf gemischte Ortschaften (Broos, Eisenhammer, Kerz) in der Nähe der bezeichneten Territorien. Das theils ganz deutsche, theils stark rumänisch gemischte Gebiet im Burzenlande bildet den Haupttheil des kronstädter Kreises; es hängt mit dem vorbezeichneten, dem Bezirke Reps, fast zusammen und gränzt östlich gleichfalls an das Land der Szekler; in seiner Nähe werden drei gemischte Ortschaften (Fogarasch 2c.) als Sprachinseln erwähnt. Das deutsche Gebiet im Nösner-Land enthält den mittleren Theil des Kreises Bistritz, oder den südwestlichen Theil des hier belegenen sächsischen Territoriums; doch wohnen hier die Deutschen meist ungemischt. Von da erstrecken sich ihre Wohnsitze südlicher in das Land der Ungarn, und kleinere deutsche Sprachinseln verbreiten sich von Idecz bis nach Birk die Maros hinab. Außerdem werden bei Czörnig 12 Städte und Ortschaften (Klausenburg, Karlsburg 2c.) genannt, in welchem sich Deutsche mit Magyaren und Rumänen gemischt befinden. Nach Ficker's Angaben für die wiederhergestellte frühere Eintheilung machen die Deutschen im Bezirke Bistritz (dem Nösner-Land) 7 Neuntel der Einwohner, im Bezirke Kronstadt (dem Burzenland) nur 2 Siebentel der Einwohner aus; im Sachsenlande bilden sie in drei Stühlen (Schäßburg, Mediasch,

Groß-Schenk) die absolute, in einem (Reps) die relative Mehrheit, ein Drittel der Bevölkerung sind in den Stühlen Hermannstadt und Leschkirch, ein Fünftel in Mühlbach, ein Sechstel in Reußmarkt, ein Elftel in Broos deutscher Nationalität; in den Comitaten Kokelburg und Ober-Weißenburg des Landes der Ungarn enthalten die Deutschen ein Siebentel bez. ein Neuntel der Bevölkerung.

Im Ganzen sind im Großfürstenthum Siebenbürgen (— mit Einschluß der jetzt wieder zu Ungarn gelegten Theile der Kreise Dees, Szilagy und Broos, deren Einwohner, wie die Angaben der Beilage 4 zeigen, etwa zu drei Vierteln Rumänen, zu einem Fünftel Magyaren, aber nur zu einem Hundertel Deutsche sind —) unter den 2,310,000 Einwohnern ungefähr 217,000 Deutsche, die 20,000 Juden hierbei nicht mitgerechnet; die Magyaren (überwiegend Szekler) sind ungefähr 4 Fünfzehntel, die Rumänen fast drei Fünftel der Einwohner Siebenbürgens.

Das dritte Gebiet, in welchem Deutsche unter Rumänen wohnen, ist das in den Jahren 1849 bis 1860 als selbständiges Kronland bestandene temeser Banat mit der Woiwodina. Von dem östlichen Theile desselben läßt sich sagen, daß er im ganzen und großen dem rumänischen Sprachgebiete angehört, während in den westlicheren Theilen des Banats eine solche Vermischung der verschiedenen Sprachgebiete stattfindet, daß diese sich keinem der umliegenden mit Bestimmtheit anschließen. Der Grund hiervon liegt in der eigenthümlichen Vertheilung der deutschen Bevölkerung, welche hier in ähnlicher Weise wie in Siebenbürgen in so ausgedehnten Ortschaftsgruppen wohnt, daß dieselben gewissermaßen ein eigenes Nationalgebiet zu bilden scheinen. Wie überhaupt Coloniegruppen sich häufig gerade an den Gränzen anderer Nationen befinden, und wie dies in den ungarischen Kronländern an den Gränzen der Magyaren und Slowaken (in Preßburg und Metzenseifen), der Slowaken, Polen und Ruthenen (in der Zips), der Magyaren und Rumänen (bei Munkacz), der Magyaren und Serben (in der Baranya und Baczka), der Magyaren und Rumänen (bei Arad und an der Krasna, ferner in Siebenbürgen auf dem Königsboden und im Burzenlande) der Fall ist, so leben auch im Banate Deutsche in größeren Massen zwischen den Sprachgebieten der Magyaren, Rumänen und Serben, als innerhalb der Gebiete der beiden letzteren Nationen.

Eben deshalb betrachtet Ficker diese Wohnsitze der Deutschen mit Einrechnung derjenigen Wohnsitze anderer Nationen, welche dieselben durchschneiden, ohne selbst mit den Sprachgebieten ihrer Nation in unmittelbarer Verbindung zu stehen, als besonderes deutsches Sprachgebiet und er erhält eine übersichtliche Abrundung der drei angränzenden Gebiete, indem er das Viereck, welches nördlich durch die Maros, südlich durch die Temes, westlich von Albrechtsflur bis Perlas durch das serbische, östlich von Morawicza bis Lippa durch das rumänische Sprachgebiet gebildet wird, von den übrigen Gebieten ausschließt. Eine zusammenhängende deutsche Masse bildet der größere nordwestliche Theil desselben, welcher nördlich durch die Maros und die hier angränzenden Wohnsitze der Rumänen und Magyaren von dem rumänisch-magyarischen Lippa bis nach Deutsch-Czanad begränzt wird, und dem sich bei Neu-Arad die oben erwähnte deutsche Gruppe rechts der Maros anschließt, während in derselben Gegend zur linken der Maros rumänische und im Anschlusse derselben serbische Ortschaften liegen. Westlich gränzt das zusammenhängende deutsche Gebiet bis Albrechtsflur an das magyarische, dann geht die Sprachgränze über Groß- und Klein-Kikinda bis Czösztelek an der Bega, woselbst sie durch einen Streifen magyarisches Gebiet unterbrochen wird, welches längs des Begacanals aufwärts liegt und östlich bis an serbische und rumänische Ortschaften reicht, von denen die ersteren an rumänisches Gebiet gränzen, die letzteren wieder durch serbische Ortschaften und das von den vier Nationen gemeinsam bewohnte Temeswar mit dem rumänischen Sprachgebiete in Verbindung stehen. Unter den südlicheren deutschen Gruppen ist die längs der Temes die bedeutendste, welche zwischen serbischen und magyarischen Ortschaften von Groß-Becskerek und dem rumänisch-gemischten Ecska bis gegen das rumänische Sprachgebiet reicht, und von welcher östlich und nordöstlich drei weitere deutsche Gruppen (nach Czörnig eine vorherrschend deutsche, eine gemischte und eine rein deutsche) zwischen den Wohnsitzen der Serben und Rumänen liegen. Außer diesem ganzen, fast zusammenhängenden, überwiegend deutschen Gebiete erwähnt Czörnig noch eine vorwiegend deutsche Gruppe südwestlich innerhalb des serbischen Sprachgebietes, ferner im Kreise Temes drei deutsche und drei gemischte Ortschaften (darunter das serbisch-deutsche Versetz und im Kreise Lugos oder Krasso 3 deutsche, 9 rumänisch gemischte, 2 rumänisch-magyarisch gemischte Ortschaften, eine rumänisch-bulgarisch, eine rumänisch-czechisch und eine czechisch gemischte Ortschaft. Im ganzen kann man sagen, daß die deutschen Wohnsitze in den beiden letztgenannten Comitaten sich mehr an das rumänische, die im Comitate Groß-Becskerek oder Torontal sich mehr an das serbische Sprachgebiet anschließen, wie denn, sobald man nur die Wohnsitze dieser beiden Nationen in's Auge faßt, ihre Gränze mit der dieser Comitate annähernd zusammenfällt, wiewohl strichweise und in Exclaven die der Serben in das Comitat Temes, die der Rumänen in das Comitat Torontal hinüberreichen. Im ganzen nimmt Hain den Flächeninhalt des deutschen Territoriums im Banate und der Baczka auf etwa 130, in Siebenbürgen auf 110 Quadratmeilen an.

Wie der westliche Theil der deutschen Colonien im Banat, so schließen sich auch die deutschen Ansiedelungen in der ganzen Länge der Baczka, bei dem serbischen Baja an der Donau beginnend, bis Palanka und nach kurzer Unterbrechung bis zu dem deutsch-serbisch-magyarischen Neusatz an das serbische Sprachgebiet an; während anderseits der nördlichste Theil derselben und die längs des Franzenscanals dazwischen liegenden deutschen Inseln zugleich das magyarische Gebiet berühren, außerdem aber einzelne deutsch-gemischte Orte (Sambor, Theresiopel 2c.) vom magyarischen Gebiet umschlossen sind.

Nach den Bevölkerungszahlen, welche in der Beilage 4 mitgetheilt sind, wird für 1861 anzunehmen sein, daß sich innerhalb des **Banats und der Baczka** unter einer Bevölkerungszahl von 1,550,000 Einwohnern etwa 384,000 Deutsche und 24,000 Juden befinden; die Deutschen sind etwa zu 7 Achteln schwäbischer Abkunft, sie begreifen auch die bei Fenyes als Franzosen bezeichneten Einwänderer aus dem französischen Lothringen, welche, unter Deutschen wohnend, nach Czörnig sich bereits germanisirt haben. Im übrigen sind unter der gesammten Einwohnerzahl über 400,000 Slawen (davon 350,000 Serben), 440,000 Rumänen und etwa 283,000 Magyaren. In dem östlichen, also überwiegend rumänischen Theile, nämlich den Comitaten Temeswar und Lugos mit 575,000 Einwohnern wohnen nur drei Zehntel der angegebenen deutschen Bevölkerungszahl (113,000); sie sind der fünfte Theil der Einwohnerzahl desselben, wogegen die Rumänen hier fast zwei Drittel (66 Pct.) der Bevölkerung ausmachen.

Von der südlich anschließenden banater Militärgränze enthält der östlichste Regimentbezirk (das walachische Regiment) nach Czörnig 5 deutsche und 5 deutsch-gemischte Ortschaften. In dem nächsten Bezirke des illyrischen Regiments, dessen östlicher Theil ebenfalls noch dem rumänischen Sprachgebiete angehört, sind Deutsche in drei Ortschaften; verhältnißmäßig die meisten Deutschen befinden sich im Bezirke des sogenannten deutsch-banater Regiments, wo sie längs der Donau von Alt-Borcza bis Kubin und nordwärts bis Glogon gemischt mit den drei angränzenden Volkstämmen und außerdem noch in einer rein deutschen und 4 gemischten Ortschaften wohnen; im titeler Bataillonsbezirk (an der Baczka) sind nur in zwei Ortschaften Deutsche. Im ganzen sind unter den etwa 320,000 Einwohnern der Banater-Gränze ein Zehntel Deutsche (davon nach Czörnig die Hälfte Schwaben, die andere Hälfte verschiedenen deutschen Stämmen angehörig), dagegen 42 Procent Slawen (meist Serben) und 46 Procent Rumänen; doch wohnt auch hier nur der kleinere Theil der Deutschen in dem zum rumänischen Sprachgebiet gehörigen Theile (nämlich im Bezirke des walachischen Regimentes, von dessen 94,000 Einwohnern sie gleichfalls ein Zehntel sind).

Faßt man diejenigen Gebiete zusammen, auf denen der rumänische Stamm innerhalb der österreichisch-ungarischen Gränze der vorherrschende ist (die ganze Bukowina miteingerechnet) so erhält man ein Gesammtgebiet von 1820 Quadratmeilen mit 4,100,000 Einwohnern. Von diesen gehört ungefähr der zehnte Theil (etwa 408,000) der deutschen Nation an, die 82,000 Juden dieser Landestheile ungerechnet, fünf Achtel (62 Procent) der rumänischen Nation selbst, etwa ein Sechstel (680,000) der magyarischen Nation, 7 Procent verschiedenen slawischen Stämmen (davon der größere Theil in der ruthenischen Hälfte der Bukowina). Von diesem ganzen Gebiet läßt sich annehmen, daß hier die Erhaltung und Entwickelung der Deutschen völlig ungefährdet ist; ja sie ist in sofern eine besonders günstige, als beide Nationen, wenn auch örtlich mehrfach vereint, sich doch als Volkstämme von einander getrennt zu halten pflegen. Noch mehr, gerade das rumänische Sprachgebiet weist das bemerkenswerthe, in diesem Umfange alleinstehende Beispiel auf, daß es möglich ist, auch die untereinander wohnenden Volkstämme in der Landesverfassung getrennt zu halten, und man kann wohl sagen, daß die Verfassung Siebenbürgens, indem sie der sächsischen Nation ihre Selbstverwaltung verlieh, hiermit seiner Zeit ein Vorbild gegeben hat, in welcher Weise das Nationalitätsprincip in gemischten Ländern zum Besten einer zugewanderten Nation verwirklicht werden kann. Allerdings hätte auch gegenüber dem Nationalitätsprincip die Verfassung dieses Landes in der früheren Weise nicht fortbestehen können, weil sie neben den beiden politisch bevorzugten Nationen (den Magyaren und Deutschen) die Rechte der Mehrheit der Bevölkerung, nämlich des altansäßigen rumänischen Volkes außer Acht ließ. Allein auch bei der heutigen, nur aus politischen Beweggründen hervorgegangenen Umgestaltung der Verhältnisse Siebenbürgens, also bei denjenigen Aenderungen, welche die jetzt vollzogene völlige Vereinigung dieses Landes mit den ungarischen Ländern nach sich zieht, würde die Aufgabe der dortigen Deutschen vorzugsweise die sein, ihrer Nationalität den inneren Zusammenhang und diejenige besondere Geltung zu erhalten, welche mit der auch dem Nationalitätsprincip entsprechenden Gleichberechtigung der übrigen vereinbar ist.

Was die nicht unter österreichischer Hoheit stehenden Theile des rumänischen Sprachgebietes anlangt, so kommen für die Verbreitung der deutschen Nation einstweilen nur die schon oben erwähnten deutschen Ansiedelungen in Beßarabien in Betracht, welche sich an die jenseit des Pruth belegenen Theile der Moldau anschließen und, wenn auch nicht auf rumänischem, sondern auf tartarischem Boden angelegt, doch insofern zum rumänischen Sprachgebiete gerechnet werden können, als auch in Beßarabien die Rumänen bis zur Küste hinab verbreitet sind; sie enthalten, wie schon beim russischen Sprachgebiete gesagt ist, etwa 26,000 Deutsche.

In den rumänischen Fürstenthümern dagegen scheinen eigentliche deutsche Colonien noch nicht zu bestehen, sondern die deutsche Bevölkerung daselbst sich wesentlich auf die Bewohner der größeren Städte zu beschränken. Indeß ist die Zahl der Deutschen hier nicht mehr ganz unbedeutend, denn es befanden sich, wie der walachische Census von 1860 gezeigt hat, allein in diesem Fürstenthume 1058 einzelne und außerdem 446 Familien (oder einzelne) unter königlich preußischem, und weiter 15,487 einzelne (welche der Agricultur-Bevölkerung angehören) und 2508 Familienhäupter unter österreichischem Schutze; von diesen letzteren ist freilich nur ein Theil als national-deutsch zu rechnen. Beim Fortbestande der seitdem eingetretenen Verhältnisse, welche dem Zuzuge Deutscher entschieden günstig sind, ist indeß wohl nicht zu bezweifeln, daß auch in diesen Theilen die Zahl der Deutschen bald eine weitere, eben hier ihrer Nationalität ungefährliche, den Interessen der deutschen Nation besonders dienliche Verbreitung finden wird.

IX.

Die Deutschen gegenüber den Serben und Slowenen.

Inhalt. Nationalitäts-Verhältnisse in der Baczka und den anschließenden Landestheilen. Deutsche in Syrmien, Slawonien, Kroatien und überhaupt im österreichischen Theile des serbisch-kroatischen Sprachgebietes. Kroatischer Theil der deutschen Kronländer.

Das slowenische Sprachgebiet in Ungarn und in den deutschen Kronländern. Die Sprachgränze in Steiermark, gemischte Theile längs und jenseit derselben; deutscher und slowenischer Theil; deutsches Sprachgebiet in Kärnthen, gemischte Gebiete nach Czörnig und Hain. Die Sprachinsel Gottschee, die Deutschen in Krain, Triest und Görz und im slowenischen Sprachgebiete überhaupt.

Die stärkste Berührung und Mischung der Wohnsitze der Deutschen und der Serben findet in und an denjenigen Theilen des serbischen Sprachgebietes statt, deren Verhältnisse schon bei der Besprechung der magyarischen und rumänischen Länder erwähnt wurden: also den serbischen Wohnsitzen nordwärts der Drau, namentlich in der Baranya, in welcher die Magyaren fast die Hälfte der Bevölkerung, die Deutschen 33, die Serben 18 Pct. ausmachen; ferner nordwärts der Donau in der Baczka, unter deren 566,000 Einw. etwa 208,000 Magyaren und fast 200,000 Slawen (etwa 177,000 Serben), ferner aber 142,000 Deutsche sind; dann im Comitate Groß-Becskerek oder Torontal, von dessen 409,000 Bewohnern etwa 3 Achtel Slawen (etwa 142,000 Serben), ferner etwa 128,000 Deutsche, 62,000 Rumänen, 55,000 Magyaren; endlich in den an die Baczka und das Temeser-Banat anschließenden Bezirken der Militärgränze (mit Ausschluß des walachischen Regimentsbezirkes) von deren 228,000 Einwohnern etwa 3 Fünftel Slawen (123,000 Serben), 2 Siebentel Rumänen, ein Zehntel Deutsche sind.

Der südlich der Donau und der Drau gelegene Theil, man kann sagen, das ursprüngliche Sprachgebiet der Serben, da sie erst durch spätere Einwanderung sich weiter nordwärts verbreitet haben, enthält, wie die Zahlen der Beilage 4 zur Tabelle V näher zeigen, nur wenige Deutsche. In Syrmien, nämlich den Bezirken Ruma und Illok, welche 1849 bis 1860 einen Theil der Wojwodschaft Serbien bildeten, werden bei Czörnig 5 serbisch-deutsche (Ruma ꝛc.) und eine serbisch-deutsch-magyarische Ortschaft, in der syrmischen Militärgränze (Regiment Nr. 9) eine deutsche und 4 gemischte Ortschaften aufgeführt.

In Slawonien ist die Oberstadt von Essеg gemischt, und schließen sich an dieses drei deutsche und zwei gemischte Ortschaften an; weiter macht Czörnig's Ethnographie 7 Ortschaften im damaligen esseger, 16 im posegaer Comitate namhaft, die theils rein deutsch, theils deutsch gemischt seien, und in der anschließenden slawonischen Militärgränze einen deutschen und einen gemischten Ort. In Kroatien, mit Einrechnung der sogenannten Murinsel, welche von 1849 bis 1860 von Ungarn zu Kroatien gelegt war, werden 4 deutsch-gemischte Ortschaften (namentlich das auf der Murinsel gelegene kroatisch-magyarisch gemischte Czakathurn), in der kroatischen Militärgränze drei deutsch-gemischte Orte genannt. In Dalmatien werden keine Deutsche erwähnt, wogegen hier die italiänische Nation eine ähnliche Stellung einnimmt, wie weiter nordwärts die deutsche.

Im ganzen kann angenommen werden, daß in den zwischen der Mur, Drau und Donau und der türkischen Landesgränze gelegenen Theilen des österreichischen Staatsgebietes die 2,230,000 Einwohner, die für 1861 zu rechnen sind, zu $\frac{17}{18}$ der serbischen Nation angehören, d. h. Serben oder Kroaten (Serben, Slawonier, Serbo-Kroaten, Sloweno-Kroaten) sind; die Zahl der Deutschen ist auf 39,000 zu schätzen. Bei Einrechnung der Baczka, des westlichen Banats und der anschließenden Banater-Gränze stellt sich dagegen auch im serbischen Sprachgebiete der Antheil der deutschen Bevölkerung als ein beträchtlicher heraus, da dieses Gesammtgebiet von etwa 1450 Qu.-Meilen mit über 3,430,000 Einwohnern, von denen gegen drei Viertel der serbischen Nation (einschließlich der Kroaten) angehören, unter dem vierten Viertel über 320,000 Deutsche zählt, und dieselben, sofern ihnen auch noch die 25,000 Juden dieser Landestheile zuzurechnen wären, den zehnten Theil der ganzen Bevölkerung ausmachen würden. Dieser Antheil der Deutschen an der Bevölkerung des serbisch-kroatischen Sprachgebietes vermindert sich allerdings wesentlich, wenn man die jenseit der Gränzen im Fürstenthum Serbien und dem türkischen Reiche liegenden Theile dieses Nationalgebietes mit in Betracht zieht, in welchem unter mindestens $2\frac{1}{2}$ Million Einwohnern fast keine Deutschen leben.

Der serbisch-kroatische Theil des vormals größerentheils zum deutschen Bunde gehörigen Küstenlandes, nämlich die Halbinsel Istrien, mit den zugehörigen Inseln ein Territorium von 76 Qu.-Meilen mit etwa 200,000 Einwohnern, kommt für die deutsche Nationalität nicht in Betracht, da auch hier Kroaten und Serben nicht mit Deutschen, sondern mit Italiänern gemischt wohnen, deren Nationalität über ein Viertel der Einwohner angehört. In Krain dagegen berührt nach Czörnig ein Streifen kroatisches Land in den Bezirken Tschernembl und Gottschee (etwa 7 Qu.-M. mit 16,000 Einw.) die Gränze der dortigen umfangreichen deutschen Sprachinsel.

Daß außerdem in Deutsch-Oesterreich im Kronlande unter der Ens, ebenso wie im deutschen Theile Ungarns Kroaten theils für sich, theils gemischt mit Deutschen wohnen, wurde schon oben bei Besprechung der deutsch-magyarischen Sprachgränze erwähnt; die Zahl der innerhalb des geschlossenen deutschen Sprachgebietes wohnenden Kroaten ist nach dem obengesagten auf etwa 70,000 anzunehmen.

Was zweitens das Sprachgebiet des slowenischen Stammes betrifft, welcher dem serbischen und kroatischen verwandt, dennoch oft als besondere Nation betrachtet wird, theils wegen der Besonderheit der Mundart, zu welcher jedoch die slowenisch-kroatische in Kroatien nordwärts der Kulpa einen Uebergang bildet, theils weil die Wohnsitze dieses (aber wohl auch des sloweno-kroatischen) Stammes einer früheren slawischen Einwanderung angehören, als die der Serben, so steht dieses Sprachgebiet nicht nur auf seiner ganzen Nordseite mit dem der Deutschen in unmittelbarer Berührung, sondern es ist auch in seinen hauptsächlichen Theilen in ähnlicher Weise mit deutscher Bevölkerung durchsetzt, wie oben in Ansehung des czechischen Sprachgebietes ausgeführt wurde.

Das slowenische Sprachgebiet umfaßt einen kleinen Theil Ungarns, nämlich den südwärts St. Gotthard gegen Steiermark zu belegenen westlichsten Theil der Comitate Eisenburg und Zala, einen Landstrich von ungefähr 10 Qu.-Meilen, welcher jedenfalls die Mehrzahl der 52,000 Slowenen enthält, deren das Czörnig'sche Handbüchlein bei Ungarn erwähnt; nur zwei Ortschaften desselben werden als deutsch-gemischt bezeichnet. In den deutschen Kronländern gehört zum slowenischen Sprachgebiete der südliche Theil von Steiermark, also ungefähr der Kreis Marburg, ganz Krain mit Ausnahme des kleinen kroatischen Landstriches südlich der deutschen Sprachinsel um Gottschee, dessen Einwohner jedoch bei Ficker gleichfalls zu den Slowenen gerechnet werden, der nordwestlichste Theil von Istrien (die Bezirke Pirano und Capodistria, deren Küste jedoch von Italiänern bewohnt wird, und ein Theil des Bezirks Castelnuovo), das slowenisch-italiänische Stadtgebiet Triest, der Kreis Görz mit Ausschluß der vier italiänischen Bezirke Gradisca, Cormons, Monfalcone und Cervignano, ferner der an Steiermark und Krain anschließende Theil von Kärnthen südlich und stellenweise auch nördlich längs der Drau.

Die Sprachgränze zwischen den Deutschen und Slowenen in Steiermark geht über die Windischen-Bühel, den Platsch, Posruck und Radl; sie hat sich an dieser Naturgränze nach dem bei Czörnig gesagten durch die Einwanderung der Deutschen in die Länder des kärnthnischen Herzogthums in der Zeit vom 9. bis 12. Jahrhundert festgestellt, wobei damals nördlich derselben (namentlich im Enslande) slowenische Sprachinseln zurückblieben; schon im 13. Jahrhundert, sagt Ficker, wohnten hier die Deutschen bis zur Drau hinab fast allein. Heut werden slowenische Sprachinseln überhaupt nicht erwähnt, wohl aber sind auch diesseit der eigentlichen Sprachgränze gemischte Districte, von denen sich jedoch, da die Zahlenverhältnisse innerhalb der einzelnen Ortschaften nicht bekannt sind, nicht einmal sagen läßt, ob ihre derzeitige Mischung mehr in der Zunahme der Deutschen oder in der der Slowenen ihren Grund hat; für die radkersburger Gegend scheint Ficker ein Fortschreiten des Slowenischen anzunehmen.

Wie Hain die Sprachgränze beschreibt, würde dieselbe zunächst bei ihrem Eintritt bis Radkersburg 5 slowenische Ort dieses Bezirkes zur linken lassen, dann auf der Strecke über Spielfeld zum Radl über drei gemischte Orte des Kreises Marburg, 4 des Kreises Gratz gehen, und außer diesen noch 5 gemischte Ortschaften des Kreises Gratz auf der Ostseite, dann 4 gemischte Ortschaften des Kreises Marburg, endlich noch 7 gemischte Ortschaften des Kreises Gratz auf der Westseite zum deutschen Theile umfassen. Außer den 5 slowenischen Orten bei Radkersburg gehörten nach Hain noch 6 Ortschaften des Kreises Gratz auf der Linie von Spielfeld bis zum Radl zum slowenischen Theile (darunter Ober-Kappel, das Ficker dagegen als gemischt bezeichnet). Die Angaben in Czörnig's Ethnographie erwähnen gleichfalls der beiden gemischten Gruppen im Kreise Gratz um den Posruck und bei Radkersburg, sowie auch der gemischten Gruppe im Kreise Marburg, welche sich von Spielfeld südwärts erstreckt; dagegen wird dort der ganze gratzer Kreis mit Ausnahme einer Ortschaft zum deutschen Sprachgebiet gerechnet. Vereinigen lassen sich beide Angaben, wenn hier eine Veränderung der der Kreisgränze stattgefunden hat, durch welche slowenische Ortschaften des Kreises Gratz mit dem Kreise Marburg, und umgekehrt einige gemischte Orte des Kreises Marburg mit dem Kreise Gratz verbunden worden sind. Außerdem wird bei Czörnig Marburg mit der Umgebung bis St. Nicolai und Bergenthal als gemischtes Gebiet noch zur deutschen Seite gerechnet, während Hain Marburg mit seiner Umgebung (und ebenso Pettau mit der Umgebung) als gemischte Sprachinseln im slowenischen Gebiete bezeichnet; beide stimmen jedoch darin überein, daß in den meisten größeren Orten des Kreises Marburg, deren Czörnig außer Pettau noch 9 namhaft macht, die Bevölkerung gemischt sei.

Was die Volkszahlen betrifft, so würde das Verhältniß in Czörnig's Handbüchlein, welches nur die einheimische Bevölkerung im Auge hat, für 1861 693,000 Deutsche, 400,000 Slowenen ergeben; ebenso stellt sich das Verhältniß, welches Ficker für die heutige Zeit innerhalb der ganzen Bevölkerung annimmt. In den Annahmen für die einzelnen Kreise scheinen dagegen Czörnig und Ficker abzuweichen, da der letztere, wie die Beilage 1 zur Tabelle V ergiebt, innerhalb der einheimischen Bevölkerung 10,000 Slowenen mehr berechnet. Wenn er nichtsdestöweniger schließlich auf das gleiche Verhältniß herauskommt wie Czörnig, so liegt dies wohl darin, daß gerade in den deutschen Kreisen die Zahl der nicht heimathberechtigten eine sehr bedeutende ist, namentlich in der Stadt Gratz selbst, wo sie sich 1857 auf mehr als 25,000 belief; anderseits werden zwar unter diesen letzteren die Slowenen zahlreich vertreten sein, dagegen nur wenig in dem nördlicheren Theile von Steiermark.

Jedenfalls wird Ficker's Annahme in Ansehung der Deutschen im Kreise Marburg nicht zu hoch sein; es werden mithin dort auf einer Fläche von 108½

Qu.=Meilen unter 391,000 Einwohnern sich mindestens 20,000 Deutsche befinden. Ebenso kann sich die Zahl der Slowenen in den deutschen Kreisen, welche auf 299½ Qu.=Meilen etwa 702,000 Einwohner enthalten, auf 19,000 (nach Ficker) bis auf 25,000 (nach unserer Schätzung für die ganze Bevölkerung) belaufen. Wieweit bei strengem Festhalten der Sprachgränze sich dieses Mischungsverhältniß noch ermäßigen würde, indem nach dem obengesagten vielleicht noch einzelne Ortschaften des Kreises Gratz zum slowenischen, und umgekehrt einige gemischte Gemeinden des Kreises Marburg zum deutschen Sprachgebiete zu rechnen sein würden, muß dahingestellt bleiben.

Die Sprachgränze in Kärnthen, wie sie bei Hain und Czörnig angegeben ist, gränzt das rein deutsche Gebiet theils gegen das rein slowenische, theils gegen das an mehreren Stellen anschließende gemischte Gebiet beider Nationen ab; sie trennt also den rein deutschen, und man kann wohl sagen, den von Alters her deutschen Theil Kärnthens von dem slowenischen und gemischten, vielleicht vormals ganz slowenischen Theile ab. Diese Sprachgränze geht bei Lavamünd zur Drau hinab, so daß fast der ganze Bezirk St. Paul der deutschen Seite verbleibt, dann geht sie vom östlichsten Theile des Bezirks Völkermarkt (von Rabenstein) zur kleinen Saualp, hält sich südwestlich auf der Gränze desselben gegen den Bezirk Eberstein, schneidet einen nördlichen Streifen des Bezirks Klagenfurt mit Einschluß von Moosburg zur deutschen Seite ab und geht südöstlich des Ossiaker=Sees gegen die Mündung der Gail in die Drau unterhalb Villach, so daß der größere Theil des Bezirks Villach auf der deutschen Seite bleibt. Von da ab folgt sie der Wasserscheide des Dobracz gegen das Gailthal, jedoch ist von diesem der obere Theil von dem deutschen Orte Hermagor ab, mithin die größere Hälfte des Bezirks Hermagor deutsch. Hier geht die Sprachgränze nach Süden in das Fellathal hinüber, von dem der unterste Theil, vom deutschen Flecken Malborget ab, also das westlichste Stück des Bezirks Tarvis (mit Ausnahme einer slowenischen Gemeinde) deutsch ist. Im ganzen schließt die so bezeichnete Sprachgränze ungefähr 132 Qu.=Meilen mit über 200,000 Einwohnern zur deutschen Seite ab; jenseit derselben würden nach Czörnig's Zahlen etwa 42,000 deutsche Bewohner Kärnthens verbleiben (nach Ficker's neuester Tabelle würde die Zahl derselben dagegen nur auf etwa 34,000 anzunehmen sein).

An das bezeichnete deutsche Territorium schließt jedoch südöstlich ein nationalgemischtes Gebiet; dieses begreift auf der Westseite den übrigen Theil des vormaligen Kreises Villach, etwa 15 Qu.=Meilen mit 34,000 Einwohnern. Hierhin gehört zunächst der größte Theil des Bezirks Tarvis, bestehend aus einer slawischen und einer deutschen Seite, von denen die slawische sich westlich mit zwei gemischten Orten an das rein deutsche Gebiet anschließt, die deutsche östlichere 5 rein deutsche Gemeinden (Tarvis ꝛc.) umfaßt und in unmittelbarer Verbindung mit dem ansehnlichen deutschen Dorfe Weißenfels in Krain steht, das dem hydrographischen Zusammenhange nach mit zum kärnthnischen Lande gehört. Nach Ficker erstreckt sich diese deutsche Gruppe noch über einen Theil des Bezirks Arnoldstein, welcher letztere sowie der Bezirk Roseck und die obenbezeichneten Theile der Bezirke Hermagor und Villach zum gemischten Gebiete gerechnet werden.

Vom vormaligen Kreise Klagenfurt begreift das gemischte Gebiet den westlichsten Theil der Bezirke Ferlach und Klagenfurt bis zu einer Linie, die von Maria-Elend auf die Mitte des Wörthsees geht, ferner die Gegend um Klagenfurt bis Ebenthal, und die von Maria-Saal bis St. Johann nordwärts der Gurk gelegenen Dörfer, sowie den nordöstlich der Linie von St. Johann auf Völkermarkt und nordwestlich der Linie von Griffen nach Völkermarkt gelegenen Theil dieses Bezirks, im ganzen etwa noch 10 Qu.-Meilen mit 43,000 Bewohnern. Ob in den genannten Bezirken die Zahl der Deutschen oder die der Slowenen überwiegt, oder welche Theile derselben mehr slowenisch, welche mehr deutsch sind, dafür fehlen leider die näheren Angaben; und gerade hier, wo eben nach Czörnig eine so starke Durchdringung beider Volkstämme stattgefunden hat, ist es besonders zu bedauern, daß nicht diejenigen Einzelzahlen veröffentlicht worden sind, auf welchen die Gesammtzahlen beruhen. Nach den Gesammtzahlen nämlich scheint es, als ob in diesen gemischten Districten die Zahl der einer jeden Nationalität angehörigen Einwohner sich gleich stände, während sie in den einzelnen Bezirken gewiß verschieden ist. Die Städte Klagenfurt und Völkermarkt werden von Häufler (Stricker, Germania I.) als deutsche Sprachinseln bezeichnet, wogegen nach Ficker Klagenfurt unter 9400 einheimischen Bewohnern 6000 Slowenen zählen würde.

Von dem östlich und südlich dieser gemischten Theile belegenen Territorium (etwa 30 Qu.-Meilen mit 66,000 meist slowenischen Einwohnern) rechnet Czörnig in der Ethnographie noch einige Ortschaften südlich von Klagenfurt bis zur Drau und südöstlich von Ebenthal an beiden Ufern derselben, dann von Lavamünd bis Unter-Drauburg im Bezirk St. Paul zum gemischten Gebiete, zu welchem auf seiner Karte auch noch die Bezirksorte Ebernburg und Bleiburg mit deren Umgebung gezogen sind, während außerdem der Bezirksort Kappel eine sprachlich gemischte Insel im rein slowenischen Gebiete bildet.

Im Kronlande Krain, welches 181½ Qu.-Meile mit etwa 471,000 Einwohnern enthält, liegt südlich an der Gränze des kroatischen Sprachgebietes in der windischen Mark die deutsche Sprachinsel Gottschee. Sie umfaßt den größten Theil des Bezirks Gottschee, von welchem 5 Gemeinden slowenisch gemischt, 2 kroatisch gemischt, 7 kroatisch sind, dann sechs Gemeinden des Bezirks Neustadt, je eine der Bezirke Reisnitz und Seisenberg und zwei des Bezirks Tschernembl, von welchem letzteren außerdem 2 kroatisch-deutsch sind. Außer dieser Sprachinsel und dem obenerwähnten Dorfe Weißenfels ist nach Ficker auch die Gemeinde Zarz noch deutsch, da, wie derselbe sagt, die Einwohner zwar alle slowenisch verstehen, aber die deutsche Sprache als Haussprache beibehalten. Ferner ist nach Czörnig (und Ficker) die Bevölkerung der Städte Laibach, Gurkfeld, Laak und Stein deutsch gemischt.

Angehend die Zahl der Deutschen in Krain, so fand Czörnig für die Ethnographie 22,898 gottscheer und außerdem 14,782 Deutsche an anderen Stellen des Kronlandes. Im Handbüchlein führt er überhaupt nur 29,783 Deutsche an, so daß er in der Verhältnißzahl von 81 auf 62 Promille herabgegangen ist. Von dieser Zahl kamen nach Ficker 5000 auf die Stadt Laibach (unter 12,300 einheimischen Bewohnern), und da der gottscheer Bezirk allein 23,600 einheimische (dagegen nur 19,400 anwesende) Einwohner zählt, so würde für die übrigen Gemeinden nur eine ganz geringe Zahl verbleiben. Die in der Tabelle V für 1861 in Ansatz gebrachte Zahl (31,000 oder der fünfzehnte Theil der Bevölkerung) entspricht auch dem Verhältniß, das Ficker für die neueste Zeit annimmt; doch sagt Ficker, daß in den genannten krainer Städten und in anderen größeren Ortschaften dieses Kronlandes das Deutschthum seit einiger Zeit beträchtlich abnehme, indem hier die Verhältnisse denen der czechischen Theile Böhmens ähnlich seien.

Dieselbe Verschiedenheit der Berechnung der Zahl der Deutschen wie für Krain finden wir auch für den südwestlichen Theil des slowenischen Sprachgebietes, den slowenischen Theil von Friaul, nämlich die Grafschaft Görz mit Ausschluß der italiänischen (furlaner) Bezirke, das Stadtgebiet Triest und den anschließenden Theil von Istrien, zusammen ein Territorium von 53½ Qu.-Meilen und 290,000 Einw. Für Triest gab Czörnig die Zahl der Deutschen in der Ethnographie auf 12,051 an, also auf ein Achtel der Bevölkerung; für den Kreis Görz auf 1500, indem hier die Gemeinde Deutsch-Ruth ganz deutsch, in der Kreisstadt Görz aber gleichfalls ein Achtel der Einwohner deutsch sei. Dagegen wird im Handbüchlein die Zahl der Deutschen im Küstenlande überhaupt nur auf 8150 angegeben, davon 6000 in Triest, nämlich nur 8 Procent der einheimischen Bevölkerung, von welcher angeblich auch die Italiäner nur 36 Procent enthalten, die Mehrzahl aber Slowenen sind, dann wahrscheinlich 1500 in der Stadt Görz. Daß diese Zahlen für die Gesammtbevölkerung jedenfalls zu niedrig sind, zeigt auch Ficker's neuere Schätzung, nach welcher die Zahl der Deutschen in diesem Landestheile für 1861 sich auf mindestens 24,000 belaufen würde; jedenfalls wird man nicht zu weit gehen, wenn man die Zahl der Deutschen in dem transalpinischen Slowenien auf 16,000 neben etwa 54,000 Italiänern veranschlagt.

Faßt man das ganze slowenische Sprachgebiet zusammen, welches innerhalb der Gränzen der deutschländischen Kronländer Oesterreichs liegt, so finden wir, bei Einrechnung der ganzen gemischten Bezirke längs der Sprachgränze in Kärnthen, auf einem Gebiete von nahezu 400 Qu.-Meilen unter einer Gesammt-Einwohnerzahl von 1,290,000 etwa 110,000 oder ein Zwölftel der Einwohner als Deutsche; bei Abrechnung der gemischten Bezirke in Kärnthen vermindert sich dagegen die Zahl der Deutschen auf 6 Procent der etwa 1,212,000 Einwohner dieses Gebietes. Vergleicht man daher die Stellung der Deutschen zu den südslawischen Nationen mit derjenigen, welche dieselben zu anderen östlichen Nachbarvölkern einnehmen, so ist klar, daß sich die deutsche Colonisation bis jetzt hier in stärkerem Maaße eigentlich nur den Gränzdistricten längs der Drau mitgetheilt hat, weiterhin aber, abgesehen von den deutschen Colonien in der windischen Mark (Gottschee), unter den Slowenen fast nur diejenige allgemeine Verbreitung hat, welche die tausendjährige Zugehörigkeit zum deutschen Reiche in Ansehung der städtischen Bevölkerung mit sich brachte. Denn in Czörnig's Zahlen, welche auf Ermittelungen des fünften Jahrzehnts beruhen, kann der angebliche Rückgang, den die slowenische Agitation zur Folge gehabt hat, noch keinen Ausdruck gefunden haben, wenngleich bei diesen Schätzungen bereits derjenige Theil der deutschredenden Bevölkerung der Städte in Abzug gebracht sein kann, von welchem angenommen wurde, daß er slowenischer Abkunft sei. Auch kann nach Ficker's neuester Schätzung auf einen erheblichen weiteren Rückgang des Deutschen noch nicht geschlossen werden, vielmehr wird sich derselbe im wesentlichen auf das beschränken, was Ficker auf Seite 39 seiner Völkerstämme anführt, daß an einzelnen Außenposten, wo sonst der deutsche Laut häufiger gehört worden, derselbe dem alteinheimischen slowenischen wieder Platz gemacht hat. Von ungleich größerer Bedeutung in Ansehung des Verhältnisses der deutschen Nationalität in Slowenien ist dagegen eine andere Anführung Ficker's: daß das Deutsche dort stärker verbreitet gewesen sei, bis die Verfolgung der Evangelischen die Auswanderung zahlreicher Deutschen zur Folge gehabt habe.

Die geringe Zahl der Deutschen in diesen Gegenden findet ferner auch darin eine wesentliche Erklärung, daß südwärts der Alpen — und das südslawische Gebiet reicht eben bis zur Adria — das italiänische als ein zweites, dem deutschen gleichstehendes Culturelement auftritt, welches in diesen Theilen vom Standpuncte des Nationalitätsprincips dieselben Rechte in Anspruch nehmen kann, welche in den nördlicheren Ländern dem hier verbreiteten deutschen zukommen. Daß das italiänische Interesse in Ansehung der Geltendmachung des Nationalitätsprincips gerade hier mit dem der deutschen Bevölkerung übereinstimmt, scheint nach dem, was Ficker (Seite 48) von den Verhältnissen in Triest und Görz sagt, bis jetzt der italiänischen Auffassung noch gänzlich fern zu liegen.

X.

Die Deutschen gegenüber den Italiänern und Rhäto-Romanen.

Inhalt. Historische Scheidung der deutschen und romanischen Wohnsitze, Romanisirung der vordersten deutschen, Germanisirung der vordersten rhäto-romanischen Gruppen. Sprachgränze und Sprachinseln in den karnischen Alpen, ladinische Thäler in Tirol, deutsche Sprachinseln im Trentino und in den venetischen Alpen, Gränze und gemischte Orte im Etschthale.

Deutsche Sprachgränze und deutsches Sprachgebiet in Graubündten, romanischer Theil Graubündtens, deutsche Sprachinseln und gemischte Orte daselbst; italiänisches Sprachgebiet in Graubündten.

Die deutschen Gemeinden auf der Südseite der wallijer Alpen; Beförderung des Italiänischen durch die kirchlichen Verhältnisse und die Verkehrstraßen. Die Deutschen im italiänischen Sprachgebiete, Stellung der Rhätoromanen zwischen beiden Nationen.

Verglichen mit den vielfachen Windungen der Begränzung und mit der mannigfaltigen Gestaltung der Sprachinseln und Sprachmischungen, welche sich bei der Behandlung des deutschen Sprachgebietes gegenüber den östlich der deutschen Lande wohnenden Volkstämmen zeigten, ist die Gränze der Deutschen gegenüber den Romanen eine auffallend gleichmäßige und feste. Die eingewanderten Deutschen, welche sich bei der Eroberung der romanischen Länder über Südwest-Europa zerstreuten, verschmolzen bei der Entstehung der neuen Nationen mit der einheimischen Bevölkerung. Eine reindeutsche Bevölkerung hielt sich, wo keine Mischung vorgekommen war, zeitweise vielleicht auch in ungemischten Enclaven, hauptsächlich aber da, wo die ungemischten Deutschen von den Romanen nicht umschlossen waren, sondern sich an deutsche oder zwischen ihnen und deutschen Wohnsitzen liegende unbewohnte Territorien anlehnten; dies gilt namentlich von jenen Alpenhöhen, welche die Römer selbst zu ihrem Italien nicht gerechnet hatten. Mit der Zunahme der italiänischen Bevölkerung aber und der hierdurch herbeigeführten Erweiterung der Wohnsitze der

Italiäner trat eine Verkümmerung der vordersten Wohnsitze der Deutschen ein. So wurden auf der östlichen Strecke der einstmaligen Sprachgränze, wie es die allgemeine von Czörnig, Steub und Stricker ausgesprochene Ansicht ist, die südlichsten Wohnsitze in den venetischen Alpen (vielleicht auch die der friauler Gebirge) zu Enclaven im italiänischen Sprachgebiete, in welchen dann das Deutsche durch den Einfluß der herrschenden Kirchen-, Landes- und namentlich der allgemeinen Verkehrsprache allmählich zurückging, und so ist die Gefahr der Romanisirung in gleicher Weise an jene südwestlichen Gränzmarken des deutschen Gebietes herangetreten, welche von den Höhen der walliser Alpen auf die Ebenen Piemonts und der Lombardie hinabschauen.

Umgekehrt gingen auf der Nordseite der großen Sprachgränze, welche in der frühesten Zeit der neuen Völkerbildung zwischen den Deutschen und den Italiänern entstanden war, die zerstreuten Reste der rhätisch-romanischen in der bayerischen und alemannischen Bevölkerung auf, namentlich in solchen Gegenden, wo die deutsche Sprache im öffentlichen und Verkehrsleben den Vorzug hatte; sie hielten sich länger in solchen Gebirgsthälern, wo sie unvermischt blieben, und sie haben sich bis auf unsere Zeit in denjenigen höchsten Theilen ihrer früheren Wohnsitze erhalten, welche sich auf der anderen Seite an das stammverwandte Italien anschließen, wie vom Pusterthal Enneberg, vom Eisakthale Val-Gradena, vom Vintschgau das Münsterthal, vom Innthale das noch jetzt fast unberührte Engadin, an welches bis zur stärkeren Zuwanderung der Walser die romanische Bevölkerung des Montafun und des Prättigau sich anlehnte, und welche jetzt noch die der Albula und des Oberhalbstein berührt. Als eigentliche Sprachinseln im romanischen Gebiete wurden dagegen die deutschen Niederlassungen am Vorderrhein begründet, vor allem die Dörfer des Rheinwaldes, welche die Höhe der Splügen-Straße im deutschen Besitz hielten; und während diese unvermischt deutsch blieben, ist ihnen im Laufe der Jahrhunderte von Norden her die deutsche Bevölkerung näher getreten, die sie nun schon mit ihren untersten Ausläufern durch gemischte Ortschaften berührt.

Betrachten wir hiernach näher die Gränze, welche sich auf der weiten Alpenstrecke vom Thal der Fella im kärnthnischen Gebirge bis Issime am Eingange des Thals von Aosta hinzieht, und in der die Natur selbst in den Alpenspitzen eine Völkergränze gezogen zu haben scheint, welche nur die Etsch an jener Stelle durchbricht, wo vormals Mezzo-tedesco, Mezzo-lombardo die politische und sprachliche Gränze beider Nationen bezeichnete, die heut ebenso sehr durch das Wachsen der italiänischen Nation, wie durch die Erweiterung der Gränzen Oesterreichs verwischt ist, so zeigt jede Abweichung nach Nord und nach Süd theils die frühzeitige Besitznahme unbewohnter Strecken auf dieser, theils das zähe Festhalten altererbter Wohnsitze auf jener Seite. So reichen die Wohnsitze der Deutschen zunächst in das Fellathal hinüber, wo sie sich zwischen Slawen und Romanen niederließen, und auch ihre Sprachinsel um Tarvis ist durch keine slawische Niederlassung, sondern nur durch das Gebirge vom romanischen Friaul getrennt. Dann reicht das

Deutsche mit der Gemeinde Timau auf der Südseite der karnischen Alpen nach Friaul hinüber, und weiter westlich an der Stelle, wo nach Osten hin die Wässer nach Friaul, nach Westen in das Thal von Cadore hinabgehen, schließt sich die deutsche Gemeinde Sappada fast unmittelbar an das deutsche Gebiet an, während südlich derselben Sauris bereits von romanisch-italiänischen Gemeinden umgeben ist. Die Sprachgränze folgt nun dem Gebirgskamm, so daß die zum Thale der Piave hinabgehenden rhätoromanischen Thäler, das Thal von Peitelstein oder Ampezzo und von Buchenstein oder Andra (6,6 Quadratmeilen mit 5800 Einw.), unerachtet ihrer dauernden Angehörigkeit zum deutschen Tirol und beziehungsweise zu den Besitzungen des deutsch-tirolischen Bisthums Brixen, nicht deutsch geworden sind. Wie Czörnig's Ethnographie besagt, sind diese Thäler vielmehr im Uebergang vom Romanischen zum Italiänischen begriffen. Von der nördlichsten Stelle des Ampezzo-Thales am Seekogl umgeht die Sprachgränze das Enneberger- oder Abtei-Thal, Val Badia (6,6 Quadratmeilen, 6000 Einw.), bis Enneberg hinab; an dieses Thal ist, wie südöstlich das Thal von Ampezzo, südlich das von Andra, so südwestlich das romanische Grödner-Thal, Val-Gradena, gelehnt, welches letztere in dem oberen, östlich der Seiser-Alp belegenen Theile des Bezirks Kastelruth, den Gemeinden Wolkenstein, St. Ulrich, St. Christian, besteht und ungefähr 2½ Quadratmeilen mit 3200 Einw. enthält; der Bezirks-Hauptort Kastelruth wird bei Hain als ladinisch gemischt bezeichnet. Von da ab wendet sich die Sprachgränze nach Süden und folgt der Wasserscheide, welche das Fleimser-Thal vom Eisak-Thal, den Kreis Brixen vom Kreise Trient trennt; über dieselbe hinaus reicht das deutsche Sprachgebiet nur mit der Gemeinde Altrey (nach Czörnig auch mit Troden, das jedoch nach der Karte diesseits liegt).

Von Altrey aus kann das deutsche Sprachgebiet mit den deutschen Sprachinseln zusammengehangen haben, welche sich südlich bis zum äußersten Rande der Alpen erstreckten und innerhalb des Trentino noch jetzt zwei Gruppen von Inseln bilden. Die eine derselben liegt südlich der Kreutzspitze im Thal der Fersina und enthält das deutsche Roveda (bei Hain auch Masetti) und die gemischten Gemeinden Palu, Frassilongo, Florutsch; hier nennt Schmeller (Bernhardi's Sprachkarte S. 37) auch noch Falesina und Vignola als deutsch, während er die nahegelegenen Gemeinden Rieslach, Rundschein und Durchschein (im Brenta-Thale) schon als verwälscht bezeichnet. Die zweite Gruppe liegt jenseit des Hochleiten und umfaßt San Sebastian, Luserna und einzelne deutsche Weiler (bei Ficker namentlich Tezzo am Astico, bei Schmeller werden ebendort Lastebasse, Carotta, Brancafora als deutsch genannt). Die Gemeinden Füllgreit und Lafraun, welche Schmeller noch als deutschredend bezeichnet, sind nach Ficker fast gänzlich italiänisirt.

Südsüdöstlich der ersteren, östlich neben der zweiten Gruppe schließen sich die sogenannten sette Communi an die tiroler Landesgränze (die vormaligen wälschen Confinien) an und reichen zwischen der Brenta und dem Astico bis zum Abhange der Alpen. Von diesen sind Enego und Lusiana bereits italiänisirt, während Asiago, Gallio, Roana, Rozzo, namentlich aber die östlichste Gemeinde

Fozza noch theilweise deutsch sind. Noch südlicher liegen die Reste der vormals ausgedehnten deutschen Sprachinsel der tredici Communi, heut nur noch Ghiazza und Fontana (in der Gemeinde Selva di Progno); auch diese Gemeinden standen durch die vormals ebenfalls deutschen Orte der Val Arsa und des Thals von Piazza mit den Deutschen im füllgreiter Thale in Verbindung.

Wie das Italiänische die deutschen Ansiedelungen auf den Höhen durchbrochen hat, so ist es auch im Grunde des Etschthales aufwärts gegangen. Deutsch-Metz und Aichholz, heut zum Trentino gehörig, sind jetzt italiänische Orte, und auch in den deutschen Kreis Brixen hat sich die zahlreichere, zugleich betriebsame und wohlhabende italiänische Bevölkerung aufwärts verbreitet, so daß Pfatten mit Kreutz und Gemund bei Czörnig als verwälscht (bei Hain als gemischt), auch Malgrein und Kürtinig, Neumarkt, Auer, Branzoll, Leifers und Alldein als italiänisch gemischt bezeichnet werden, während Salurn, der Gränzort gegen das Trentino links der Etsch, nach Czörnig noch deutsch ist. Jenseit der Etsch ist vom Gebirge ab die Sprachgränze die alte; sie geht auf dem Mendel nordwärts, und nur am Südabhange des Gampenberges reicht das Deutsche mit den höchstgelegenen Gemeinden Proves, Laurein, St. Felix und Sennle in das Val di Sole hinüber. In Betreff der Fortschritte des Italiänischen im Etschthale sagt Ficker, daß sich unterhalb Botzen kaum mehr eine Häusergruppe ohne italiänische Ansätze findet, daß bereits die nonsberger Auswanderung in die Gegend von Tramin, Eppan und Kaltern fortschreitet und das südliche Idiom bereits im Thalkessel von Meran und sporadisch gegen Brixen hinauf gehört wird.

Nach den Czörnig'schen Ermittelungen, wie sie in der Ethnographie und dem Handbüchlein, ferner in der italiänischen Statistik über das Trentino und in Ficker's Völkerstämmen mitgetheilt sind, welche allerdings in den angegebenen Zahlen die neuesten Fortschritte des Italiänischen noch nicht berücksichtigen, ist die Zahl der Deutschen, welche hier der der Deutschredenden entsprechend aufgefaßt ist, innerhalb des Trentino für 1861 nur auf etwa 6500, im Venetianischen (die der „Deutschredenden der tredici und sette Communi") auf 12,600 anzunehmen, wogegen im deutschen Kreise Brixen außer den 15,000 Ladinern, die auf einem Gebiete von 15—16 Quadratmeilen zusammenwohnen, sich nach derselben Quelle etwa 4600 Italiäner befinden würden. Sondert man das Land Tirol, nach den zusammenhängenden Sprachgebieten der deutschen einerseits (405 Quadratmeilen) und der italiänischen und romanischen Nation anderseits (129 Quadratmeilen), so machen nach der vorgeschilderten Lage der Wohnsitze beider Nationen die der abweichenden Sprache angehörigen in jedem Theile nur ungefähr ein Procent der ganzen Bevölkerung aus, im deutschen von 514,000, im italiänisch-romanischen von 342,000 Einwohnern.

Vom Stilfser-Joch folgt die Sprachgränze bis Martinsbruck der Gränze Tirols gegen Graubündten; sie ging nach dem, was Ficker anführt, hier sowohl in den Vintschgau, wie in das Ober-Innthal hinüber, bis die tirolische Geistlichkeit durch Germanisirung der ladinischen Gemeinden sie von der Verbindung mit den verwandten protestantischen Gemeinden des Münsterthales und des Engadin zu lösen suchte. In die einzelnen Gemeinden des ladinischen Münsterthales hat sich zur Zeit schon die deutsche Sprache in verschiedenem Grade verbreitet; und zwar geht die deutsche Beimischung, wie die Erklärung zur Tabelle VII. zeigt, bis höchstens auf ein Drittel der Bevölkerung. Verhältnißmäßig noch ungemischter ist das ladinische Engadin-Thal, mit Ausnahme der untersten (nördlichsten), fast gänzlich deutschen Gemeinde Samnaun; nur die dem Verkehr mehr erschlossenen Orte Pontresina, St. Moritz und Samaden enthalten eine namhafte Minderzahl deutscher Einwohner. Die Sprachgränze folgt dann dem Gebirgszuge der rhätischen Alpen gegen die Thäler von Galthür (das gleichfalls für einst romanisch gilt), Montafun, Prättigau und das zeitig von Deutschen angesiedelte Davos, zwischen welchem und dem Bergün-Thal sie auf dem Bergrücken westlich zur Albula geht. Im Anschluß an Davos umfaßt das deutsche Sprachgebiet (in Graubündten) die beiden vordersten Gemeinden des Albula-Bezirks, Wiesen und Schmitten; in den beiden nächsten Gemeinden desselben Bezirks, Filisur und Alveneu; ist gleichfalls die deutsche Sprache schon in einem ansehnlichen Bruchtheile der Bevölkerung vertreten. Dann folgt die Sprachgränze den Gebirgshöhen, welche das Schalfick-Thal gegen Süden von dem romanischen Belfort (Albula) und gegen Südwesten von dem romanischen Domleschg trennen. Bei dem größtentheils romanischen Ems geht sie zum Rhein hinab, an dessen nördlichem Ufer Tamins als letzte rein deutsche Ortschaft an die ganz romanische Gemeinde Trims gränzt. In dem nördlich anschließenden Tamina-Thal, in dem vormals gleichfalls zum Churwaldener-Gau gehörigen sarganser Ländchen ist das Romanische zu Ende gegangen, und von hier bildet die Gebirgskette bis gegen den Gotthard die Gränze zwischen den Romanen und Deutschen.

Jenseit der so beschriebenen Sprachgränze, welche in Graubündten ein Territorium von etwa 28 Meilen, 56 Gemeinden mit 30,368 Einwohnern, darunter über 30,000 Deutsche, von dem zusammenhängenden romanischen und dem hinter diesem liegenden italiänischen Sprachgebiete trennt, liegen die obenerwähnten, unter sich zusammenhängenden Gruppen deutscher Ansiedelungen, welche in der Hohenstaufenzeit ihren Anfang nahmen. Die südöstlichste ist der Kreis Avers von diesem nur durch die Berge über Ferrera getrennt, folgen die Gemeinden des Rheinwaldes, dann nordwestlich anschließend das Valser-Thal, nebst der überwiegend deutschen Gemeinde Termaus (die bisher genannten sämmtlich nach Süden an das italiänische Sprachgebiet gränzend), dann nordöstlich von Vals das Safien-Thal, in dessen Norden diese große deutsche Sprachinsel mit Versam und Vallendas zum Rhein hinabgeht, ferner östlich an das Safien-Thal gränzend: Thusis mit drei anliegenden deutschen Gemeinden, an welche sich nördlich noch drei stark deutsch gemischte Gemeinden anschließen, dann südlich der deutsche Ort Rongellen am Hinterrhein (im Kreise Schams) und jenseit desselben die deutsche Gemeinde Mutten (Kreis Alvaschein) und Sils und Fürstenau mit dem überwiegend deutschen Prattval im südlichen Domleschg. Diese ausgedehnte deutsche Gruppe ist bei Fürstenau nur durch die gemischte Gemeinde Almers vom deutschen Sprachgebiet im Schalfick, bei Versam nur durch die gemischte Gemeinde Bonaduz von dem deutschen Tamins, bei Vallendas nur durch die gemischte Gemeinde Ilanz von der altdeutschen Sprachinsel Ober-Saxen am Vorderrhein geschieden. Die 22 deutschen Gemeinden, welche noch in der Tabelle VII. bei Graubündten erwähnt und in der Erklärung besonders angegeben sind, bilden also ein fast durchaus zusammenhängendes Ganzes, auf welchem über 6000 Deutsche unter überhaupt 6760 Einwohnern leben, und das überdies an die in der Tabelle angegebenen 7 gemischten Gemeinden des Glenner Thals, des Heinzenberges (Kreise Thusis und Dolmleschg) und im Boden mit etwa 1400 deutschen Einwohnern und durch dieselben an Ober-Saxen (794 Einw., davon etwa 750 Deutsche,) und an das geschlossene deutsche Sprachgebiet heranreicht. Von dem romanischen Sprachgebiete Graubündtens, welches 148 Gemeinden und 48,142 Einw. (darunter etwa 10,300 Deutsche) enthält, ist somit nicht allein ein deutscher Theil fast abgesondert, sondern dieser selbst ist nahe daran, das romanische Sprachgebiet in drei Theile zu scheiden, von denen Albula und Schams gegen das Engadin lehnt, Domleschg von deutschem Gebiet fast rings umschlossen, Glenner und Vorderrhein auf drei Seiten von deutschen Wohnsitzen umgeben ist; denn daß die Zahl der Deutschen hier im Zunehmen ist und die deutsche Nationalität in die romanischen Ortschaften fortschreitet, ist nach den in der Tabelle VII. hervortretenden Mischungsverhältnissen mit Bestimmtheit anzunehmen. Das italiänische Sprachgebiet Graubündtens aber (etwa 15 Quadratmeilen, 30 Gemeinden mit 12,204 Einw., worunter etwa 150 Deutsche,) umfaßt zur Zeit schon nicht mehr allein die nach der Südseite der Alpen hinabliegenden Thäler von Misox, Poschiavo und Bergell, sondern auch nördlich des letzteren und nordwärts der Alpen-Kette werden schon die zwei obersten Gemeinden des Schamser-Thales, Bivio und Marmels, als italiänisch redende bezeichnet, wie auch die italiänische Nationalität wahrscheinlich in dem kleinen, zwischen Avers und Ferrera liegenden, zum Königreich Italien gehörigen Thale auf die Nordseite der Alpen hinüberreicht.

In den Walliser-Alpen reicht das Deutsche in der nördlichsten Spitze des Königreichs Italien, dem Formazza-Thal, den Gemeinden Formazza und Salecchio wiederum auf den Südabhang der Alpen, und an das Formazza-Thal schließt sich östlich die deutsche Gemeinde Bosco im Val Maggia (Mayenthal) des Cantons Tessin, so daß hier drei deutsche Gemeinden mit 1000 Einwohnern zusammenliegen. Dann bleibt die Sprachgränze wieder auf der Alpenkette bis südlich vom Visper-Thal, wo nordöstlich des Monte-Rosa Macugnago, jetzt nur noch zu drei Zehnteln deutsch, sich an das deutsche Wallis anschließt; dann folgt südlicher die deutsche Gemeinde Rimella (das vormals deutsche Rima wird nicht mehr erwähnt), ferner an der Sesia-Quelle Alagna und endlich das Thal von Gressoney, dessen oberer Theil noch rein deutsch ist, während in Issime bereits an Stelle des Deutschen das hier neben dem Italiänischen westlich angränzende Französische des Aosta-Thales die Oberhand gewinnt. Dreitausend Deutsche wohnen nach der neuesten italiänischen Aufnahme hier noch in vier deutschen, zwei gemischten Gemeinden zusammen. Welche Tüchtigkeit des Volkstammes dazu gehörte, um zwischen beiden fremden Sprachgebieten die deutsche Nationalität zu erhalten, ist an sich klar und wird durch die schöne Schilderuug, welche Schott (in Stricker's Germania) von den Einwohnern von Gressoney gegeben hat, bestätigt.

Hier wie in den obenerwähnten Gemeinden in den venetischen und trienter Alpen ist die Klage, daß die Geistlichkeit durch Begünstigung der Landessprache in Kirche und Schule die deutsche Nationalität zurückdränge. In gleicher Weise ist offenbar auch im Etschthale dem Italiänischen der Umstand günstig, daß dasselbe bis über Botzen hinauf zu dem Bisthume des italiänischen Tirols, Trient, gehört. Ja selbst die politische Verbindung des Trentino mit dem Kronlande Tirol begünstigt heut ebenso sehr das Wachsthum des Italiänischen, wie vormals die Trennung der wälschen Confinien von dem deutschen Tirol durch die Besitzungen des Bisthums Trient den deutschen Gemeinden der ersteren das Festhalten ihrer Verbindung mit dem Stammlande erschwerte.

Daß auch bei dem Vordringen des Italiänischen nach Bivio kirchlicher Einfluß mitwirkte, ist gleichfalls behauptet worden, doch spricht hiergegen die Lage des Ortes. Die Italiänisirung dieser romanischen Höhen dürfte vielmehr in der Einwirkung der Julier-Straße zu suchen sein. Werden weitere romanische Thäler dem unmittelbaren Verkehr mit den italiänischen erschlossen, wie z. B. durch die Lukmanier-Straße geschehen würde, so wird sich dem romanischen Sprachelement das italiänische auch da zugesellen, wo heut noch nicht eine italiänische Familie gezählt ist.

Was die zerstreut unter den Italiänern, namentlich in den italiänischen Städten lebenden Deutschen betrifft, so ist deren Zahl beim neuesten italiänischen Census (wie die Tabelle VII. ergiebt) auf 4500 ermittelt; an Zahl den hier zerstreut lebenden Engländern ungefähr gleich, stehen sie dagegen hinter den in den größeren Städten Italiens befindlichen Franzosen erheblich zurück. Hierzu kommen weiter die Deutschen in Rom, deren Zahl nicht bekannt ist, ferner die in den Städten des Venetischen lebenden Deutschen, auf deren Zahl nur die Nachrichten über das Heimathland im österreichischen Census schließen lassen.

Faßt man das ganze italiänische Sprachgebiet zusammen, so kann die Zahl der innerhalb desselben lebenden Deutschen auf 23,000 geschätzt werden, ungerechnet die etwa 8000 Einwohner, welche sich in den Alpen Venetiens, dem Trentino und den Walliser-Alpen zwar an das deutsche Sprachgebiet lehnen, aber doch zu italiänisch redenden Landestheilen gehören. Die Zahl der Italiäner im deutschen Sprachgebiete würde, wenn die Zahlen für das Heimathland im österreichischen und schweizerischen Gebiete die Sprache zeigten, fast die gleiche Höhe erreichen; da dieselben jedoch, besonders in Staaten von gemischter Nationalität, für die abweichende Nationalität zu hoch ausfallen, in Norddeutschland aber selbst die Zahl der in Italien heimathberechtigten ganz unbedeutend ist, so kann man annehmen, daß die Zahl der unter Italiänern lebenden Deutschen die der unter Deutschen lebenden Italiäner weit übersteigt.

So viel vom italiänischen Sprachgebiete, das, wie gezeigt wurde, heut dem dem deutschen gegenüber im Wachsen begriffen ist. Was das romanische Sprachgebiet anbetrifft, so ist es nur in dem oben bezeichneten westlichen Theile mit dem deutschen vermischt. Dennoch ist es nicht nur der politischen und kirchlichen Verbindung nach, sondern für die meisten Theile auch durch seine geographische Lage der deutschen Seite, umgekehrt aber durch die Stammesverwandtschaft der italiänischen Nation zugewiesen, mit welcher der benachbarte illyrisch-romanische Stamm der Friauler thatsächlich bereits verschmolzen ist. Daß die kleine romanische Nation Rhätiens, deren Territorien nur noch 100 Quadratmeilen mit 64,000 Einwohnern, darunter schon ein Sechstel Deutsche, enthalten, immer mehr zurückgehen werde, ist wohl nicht zweifelhaft; zwischen zwei großen Culturvölkern lebend, werden ihre Nachkommen theils der einen, theils der anderen Nation sich anschließen, je nachdem sie innerer Drang und äußerer Vortheil mehr zu der einen oder zur anderen hinführt.

XI.

Die Deutschen gegenüber den Franzosen.

Inhalt. Gestalt der deutsch-französischen Sprachgränze; Verhältniß zur natürlichen Gränze der Flußgebiete, Begründung der Abweichungen aus der Bewegung der Volkstämme. Gegensatz der sprachlichen und politischen Begränzung; von der Sprachgränze durchschnittene Territorien. Nachrichten über die Sprachverhältnisse aus der Schweiz, dem preußischen Staate und Belgien, Schlüsse auf den Antheil Frankreichs am deutschen Sprachgebiet.

Die Sprachgränze im Wallis, Vergleich mit Frank's Angaben; Sprachgränze und Sprachmischung im Canton Freiburg, Deutsche im Waadtland und in Genf; deutsche Mischung im Canton Neuenburg, im Immerthal und Münsterthal; Sprachgränze im Jura. Deutscher und französischer Theil der Eidgenossenschaft (ausschließlich Graubündtens und Tessins).

Gegensatz der schweizerischen Sprachfreiheit und des Sprachdruckes in Frankreich, Deutschheit der Elsässer; Verbreitung der französischen Sprache im deutschen Gebiete Frankreichs und Vertheilung der Deutschen im französischen Sprachgebiet. Die Sprachgränze im Sundgau im Verhältniß zur Naturgränze, früheres Sprachverhältniß nach Büsching, heutiges nach Stoffel, Angaben von Nabert und Kiepert; französisches Sprachgebiet im Ober-Elsaß und deutsche Ortsnamen daselbst. Sprachgränze in den Vogesen, romanische Ortschaften im Weißbach-, Leber-, Willer- und Breuschthale. Das deutsche Sprachgebiet im Elsaß nach der Zeitdauer der französischen Herrschaft, Hoffmann's Vorschläge.

Ermittelung der vormaligen Sprachgränze in Lothringen aus der Begränzung der vormaligen Allemagne und der Erstreckung des geschlossenen Gebiets deutscher Ortsnamen. Deutsche Ortschaften auf der lothringer Seite des Breuschthales; Ortsnamen und Sprachverhältnisse im vormals metzischen Gebiete um Türkstein, sowie um Rechicourt und Freiburg, gemischtes Gebiet an der oberen Saar. Vormalige deutsche Landesgränze zwischen Dieuze und Marsal, deutsche Ortsnamen im Anschlusse der Allemagne, vormals deutsches Territorium im Seille-Gebiet und anschließende gemischte Orte; deutsches Sprachgebiet im Meurthe-Departement überhaupt. Gränze der deutschen Ortsnamen von der Lotte bis zur Kanner; Verhältniß zur Landesgränze der vormals deutschen Territorien, zur natürlichen Gränze und zur jetzigen Sprachgränze; deutsches Gebiet im lothringer Theil des Mosel-

Departements; Hoffmann's Vorschläge. Frankreichs Antheil am deutschen Lothringen überhaupt nach der Zeit und Art der Besitznahme. Sprachgränze längs des vormals lützemburgischen Theils des Mosel-Departements, der Sprachdruck daselbst; Umfang der deutschen Ansprüche.

Sprachgränze im belgischen Lützemburg und längs des Großherzogthums. Französisches Sprachgebiet im königlich preußischen Territorium um Malmedy, Franzosen diesseit der Sprachgränze. Deutsche Gemeinden im belgischen Theil des Herzogthums Limburg; Sprachgränze in Brabant, der deutsche Theil des belgischen Brabant, Zahl der Franzosen innerhalb desselben, Sprachverhältniß in Brüssel. Sprachgränze in Flandern, deutscher oder vlaamischer Theil des belgischen Flanderns und Zahl der Franzosen in demselben; bisheriger Erfolg der Maßregeln zu Gunsten des Französischen. Deutsches Sprachgebiet und Sprachgränze in Frankreichs Antheil an Flandern, vormals deutsches Gebiet in Flandern, Artois und dem freien Lande.

In der Abgränzung des deutschen und des französischen Sprachgebietes fällt auf den ersten Blick die große Regelmäßigkeit derselben in's Auge. Die Sprachgränze wird durch zwei sehr gleichmäßige Linien gebildet, deren eine von Issime am Ausgange des Thales von Gressoney nordnordwestlich auf Visé bei Maastricht, am Ausgange der Maas in die norddeutsche Ebene, die zweite von dort in fast westlicher Richtung auf St. Omer läuft. Die erstere ist an mehreren Stellen nach der französischen Seite hin vorgeschoben, nämlich von den Berner-Alpen bis zum Ausgange des Münsterthales, dann am Elsässer-Belchen, wo sie der Naturgränze folgt, und in ähnlicher Weise in dem Bogen, welchen sie um Dietenhofen und Arlon beschreibt, und anderseits nach der deutschen Seite hin vorgeschoben, sowohl im Münsterthale des Jura und im Wasgauer-Gebirge südöstlich der Saarquelle, wie um Malmedy und Verviers in der hohen Veen; die zweite Linie richtet sich schließlich von St. Omer wieder nordnordwestlich zum Meere, während sie vormals in fortgesetzter westlicher Richtung nördlich von Boulogne zu Ende ging.

Im Vergleich mit der Naturgränze, welche die Wasserscheide des Rhoneflusses, also des Mittelmeeres, und der Seine und Somme, also des Canals, gegen das dem deutschen Meere zuliegende Gebiet des Rheins mit der Maas und Schelde bildet, ist das deutsche Sprachgebiet nur im äußersten Süden vorgeschoben, indem es, anschließend an die nach der Naturgränze zu Italien gehörenden Hochthäler um den Monte-Rosa, den oberhalb Siders liegenden Theil von Wallis begreift. Umgekehrt tritt auf der Nordseite der Berner-Alpen das französische Sprachgebiet in das Gebiet der Aar hinüber, bis zu einer ziemlich geraden Linie, welche den größten Theil des Saane-Gebietes (nämlich mit Ausschluß einiger östlichen Quell-Thäler und des Uechtlandes unterhalb Freiburg), das Broye-Gebiet mit Ausnahme des östlichen Ufers des Murten-Sees und das Gebiet des Neuenburger-Sees mit dem westlichen Theile des Gebietes des Bieler-Sees, namentlich dem Immerthal, der französischen Seite zuweist. Von diesem ausgedehnten Territorium wird jedoch der größere, südöstlich des Neuenburger-Sees gelegene Theil von H. Berghaus als vormals deutsch bezeichnet. Weiter sind im alemannischen Rhein-Gebiete, sowohl in der nördlichen Abdachung des Jura, wie in der westlichen des Wasgauer-Gebirgs, einige Thäler dem französischen Sprachgebiete verblieben: im Jura das Münsterthal bis unter Delsberg hinab, das Berghaus gleichfalls für vormals deutsch hält, in den Vogesen die obersten Theile des Urbis-, Leber-, Weiler- und Breuschthales.

Ferner gehört das ganze Moselthal oberhalb der Ornemündung (mit dem Orne-Gebiet) dem französischen Sprachgebiete an, sowie vom Niedgau das Gebiet der französischen Nied, während das der deutschen Nied noch deutsch ist. Die Sprachgränze folgt also hier nahezu den Höhenzügen, welche die Wasserscheide des Saargebietes gegen die Zuflüsse der Meurthe bilden; sie ist hier gegenwärtig im Südwesten, namentlich an der Saarquelle, und im Nordwesten gegen die deutsche Nied zum Nachtheil des deutschen Sprachgebiets vorgeschoben, während sie vormals noch einen Streifen des Meurthe-Gebiets an den Quellen des Werbaches und der Seille, sowie die Quellen der französischen Nied dem deutschen Territorium anschloß.

Weiter ist das ganze Maas-Gebiet bis zum Austritt der Maas bei Visé französisch, wobei jedoch die Sprachgränze einige Stücke der gewundenen Wasserscheide abschneidet, so daß in den Ardennen bei Arlon, in der hohen Veen bei Malmedy französische Bäche (Chiers und Semoy, Ambleve und Weser) im deutschen Gebiet und umgekehrt bei Bastogne deutsche (Sauer und Wilz) im französischen Gebiet ihren Ursprung nehmen. Westlich der Maas im Hasbain bildet die bei Maastricht einmündende Jaer die Gränze beider Gebiete. Hier anschließend gehört der südliche Theil des Scheldegebietes zum französischen Territorium; nach Westen hin immer breiter werdend, umfaßt er die Quellgebiete der Geete, Dyle, Senne und Dender, das der Schelde selbst vom Einfluß der Ronne aufwärts und das Gebiet der Lys oberhalb Meenen und Werwick, so jedoch, daß die Sprachgränze nicht weit nordwärts der Lys geht. Ebenso ist der Ausfluß der Aa unterhalb St. Omer auf beiden Seiten deutsch, während sonst das Aa-Gebiet bis zum Zusammenfluß bei Lumbres hinauf deutsch war und westlich das deutsche Gebiet hier die Wasserscheide erreichte, die sie östlich und nördlich von Boulogne um das Cap Graunese einstmals überschritt.

Nur von den Quellen der Larg bis hinüber zum Elsässer-Belchen ist die Naturgränze zugleich die Gränze beider Sprachgebiete, und hier wie auch auf der folgenden Strecke der Vogesen bis zum weißen See erklärt sich diese Uebereinstimmung durch den Auszug der Sequaner, welche vor 1900 Jahren dieses Land den Deutschen räumten. In allen übrigen Theilen blieb die romanisirte keltische Bevölkerung im Besitz des höher gelegenen Landes, entweder ausgedehnter Flußbetten, wie der Mosel und Maas, oder der zwischen den Bergen eingeschlossen liegenden Thäler, wie im Jura und den Vogesen, oder der höher gelegenen Flächen, nämlich der südlichen im Scheldegebiet, der westlichen im Uechtlande. Und auch hier wiederholt sich die Erscheinung, die in der Bildung der deutschen Ostgränze beobachtet wird: daß die Form der Gränze durch die gegenseitige Lage und die Bewegung der deutschen Stämme mit bestimmt worden ist, indem, wo geographisch das Vordringen erleichtert war, die bisherigen Besitzer den Deutschen Raum machten, umgekehrt aber zwischen den vordringenden deutschen Stämmen, durch die geographische Lage begünstigt, die kelto-romanische Bevölkerung fest blieb und nun gleichsam einen Keil im deutschen Gebiete bildete. So zwischen den Wohnsitzen der Burgunder und Alemannen im Münsterthal des Jura, dann zwischen denen der Alemannen und Franken im Breuschthale und zwischen denen der Niederdeutschen auf der Linie, welche zwischen Eifel und Maas sich über die Vesdre vorschiebt.

So einfach die beiden Nationen ihre Wohnsitze in den Gränzgebieten sonderten, so hat umgekehrt die politische Gestaltung dieser Gebiete diese natürliche Auseinandersetzung in jenen Länder- und Gränzbildungen nicht beachtet, welche sich von der Alpenkette bis zum Ufer des deutschen Meeres hin erstreckten. Wallis oder das Bisthum Sitten, die Grafschaft Greyerz oder das Saanenthal, das freiburger Gebiet im Uechtlande und das baseler Fürstenthum im Jura umfaßten Theile beider Sprachgebiete, noch mehr das berner Stadtgebiet, nachdem diese Stadt die dem Hause Savoyen abgenommenen Vogteien des Waadtlandes den eidgenössischen Besitzungen angeschlossen hatte. Auch der Sundgau hat sich wahrscheinlich schon anfangs über die deutsche Sprachgränze hinaus erstreckt, welche wohl von vorn herein mit der Naturgränze zusammenfiel; jedenfalls wurden ihm später burgundische Territorien französischer Sprache (Belfort und Delle) angeschlossen; und an den Vogesen behielt das deutsche Reich am längsten auch solche Gebiete, die jenseit der Sprachgränze gelegen waren (Mümpelgard und Salm). Lothringen und Lützemburg, Brabant und Flandern bestanden dauernd aus einem deutschen und einem wälschen Theil, welchen nicht nur der Volksmund, sondern auch die Verwaltung dieser Länder bestimmt unterschied. Und dennoch, wo es sich um die Theilung dieser Territorien handelte, immer suchten die französischen Eroberer über die Sprachgränze hinaus gerade deutsche Theile an sich zu reißen, deren Besitz für sie einen höheren Werth zu haben schien, als der von Territorien des eigenen Volkstammes; selbst der Versuch, welchen die deutsche Diplomatie machte, bei der Herstellung der neuesten Staatsgränze, nämlich bei der Theilung von Lützemburg, die nationale Gränze zur Geltung zu bringen, hat nur das herbeigeführt, daß auf eine kleine Strecke von fünf Meilen die Sprachgränze zugleich die der Territorien zweier Staaten geworden ist, deren einer damals noch als deutscher Staat anerkannt wurde, wogegen dieselbe südlicher durch das deutsche Sprachgebiet geführt wurde, so daß ein Theil desselben dem belgischen Staate angefügt wurde, welcher französischer Anstiftung und Hülfe seine Errichtung verdankte.

Die Sprachgränze verglichen mit der gegenwärtigen politischen Begränzung beginnt auf dem Boden des Königreichs Italien, auf und an dem sie etwa 5 Meilen hingeht, dann überschreitet sie in einer Länge von etwa 33 Meilen das eidgenössische Gebiet und geht weiter etwa 45 Meilen lang durch das französische, etwa 15 durch das belgische, bez. längs desselben, durchschneidet dann auf einer Strecke von 4 Meilen das königlich preußische und wiederum auf 38 Meilen das belgische, zuletzt in einer Länge von ungefähr 10 Meilen nochmals das französische Staatsgebiet.

Diese Vertheilung der Gränzgebiete und der Gränze selbst auf die verschiedenen Staaten hat mit Nothwendigkeit auch eine Verschiedenheit in der Kenntniß der Sprachverhältnisse zur Folge; denn während in denjenigen Theilen, wo die Gränze das italiänische, schweizerische, belgische und preußische Staatsgebiet durchschneidet, nicht nur der Lauf derselben genau bekannt ist, sondern auch die Sprachverhältnisse der anschließenden Gemeinden und die gemischten Gruppen ausreichend festgestellt sind, ist man für das französische Reich nur auf Beobachtungen gewiesen, welche im allgemeinen die heutige und die durch Jahrhunderte bestandene Gränze ergeben, nirgends aber mit voller Bestimmtheit den Grad der längs und jenseit der Gränze vorhandenen Mischungsverhältnisse beider Sprachen zeigen.

Aber gerade dem gegenüber, daß die französische Regierung die Feststellung der Sprachverhältnisse grundsätzlich ausschließt, weil sie nicht anerkennen will, daß auffr anzösischem Boden eine andere Sprache als die französische gesprochen werden könne, erscheint es um so wichtiger, daß auf den übrigen zwei Drittheilen der deutsch-französischen Nationalgränze die thatsächlichen Verhältnisse genau bekannt sind. In den überwiegend französischen Cantonen Wallis und Freiburg, wo das Französische die erste, deutsch die zweite Landessprache; in Neuenburg, wo bis jetzt das Französische noch die alleinige Landessprache ist; im Bernerland, wo das Französische die Stelle der zweiten Landessprache einnimmt, dennoch sich aber fortdauernd der Bevorzugung erfreut, nicht nur im französischen Theile des Cantons selbst, sondern auchbei der älteren Generation der deutschen Bevölkerung der Hauptstadt; — dann in der preußischen Eifelgegend, wo die französische Sprache als die Ortsprache des wallonischen Theiles anerkannt ist; — überall da zeigt sich, wie sich das Verhältniß beider Nationen stellt, wo eine dem Französischen nicht abholde, aber doch immerhin unparteiische Regierung die Sprachverhältnisse sich selbst entwickeln läßt. Im Königreich Belgien, wo seit der Abtrennung von Nord-Niederland die Regierung mit ganz geringen Ausnahmen stets in den Händen der französischen Partei gewesen ist, welche alle Aemter des Landes besetzt, zeigen die Aufnahmen der Sprachverhältnisse, welche Erfolge es haben kann, wenn eine fremde Sprache durch die herrschende Partei mit allen denjenigen Mitteln befördert wird, welche nach Lage der belgischen Verhältnisse weit über die verfassungsmäßigen Rechte hinaus von derselben angewendet werden konnten, — Erfolge, die übrigens in entsprechender Weise in dem Zurückbleiben der Bevölkerung auf geistigem und selbst auf materiellem Gebiete zu Tage treten.

Wenn sich aber in der Schweiz wie in Belgien zeigt, daß die Sprachgränze eine außerordentlich gleichmäßige und scharfe ist, neben welcher in der Schweiz jenseits, in Belgien diesseits eigentliche Enclaven gar nicht, überwiegend der anderen Sprache angehörige Orte nur ausnahmsweise vorkommen, so sehen wir hierin deutlich, daß zwischen der deutschen und der französischen Nation nicht das Verhältniß des Durcheinanderwohnens, wie an der deutschen Ostseite, stattfindet, ja kaum oder nur stellenweise in dem Grade, wie es sich bei der Berührung der Deutschen und Skandinavier, der Deutschen und Italiäner zeigt. Wenn aber anderseits die Aufnahmen in der Schweiz nachweisen, wie selbst in die Cantone mit überwiegend französischer Sprache hinein die deutsche Bevölkerung vordringt und sich in die französischen Wohnsitze verbreitet, während ein Vordringen der französischen Bevölkerung fast nirgends wahrzunehmen ist, und wenn wir im Vergleich hiermit in Belgien sehen, daß ein Vordringen der wallonischen Bevölkerung eigentlich nur an der einen Stelle zu bemerken ist, wo man in der Nichtachtung der Volksprache das äußerste leistet, so läßt dies auch bestimmte Rückschlüsse auf die Sprachverhältnisse im Elsaß und in Deutsch-Lothringen thun: die nämlich, daß entweder auch hier französische Enclaven und überwiegend oder auch nur stark gemischte Orte im deutschen Gebiete nicht vorhanden sind, oder daß, wo dies der Fall ist, und wo seit Einführung der französischen Herrschaft die deutsche Volksprache zurückgedrängt worden ist, dies lediglich eine Folge der geistigen Maßregelung der deutschen Bevölkerung ist, welche insofern die volle Beachtung der deutschen Nation verdient, als ihre vollständige Beseitigung von der deutschen Nation gefordert und erreicht werden muß.

Nach dieser Vorausschickung kommen wir nun zur Darlegung der thatsächlichen Verhältnisse auf den einzelnen Stellen der deutsch-französischen Sprachgränze. Der südlichste Theil derselben, der das Wallis durch eine scharfe Linie theilt, welche vom Matterhorn auf den Bergrücken zwischen dem Turtman-Thal und dem Einfisch-Thal (Val d'Anivier) nordwärts geht, bei Siders den Rhone-Fluß überschreitet und am Raspilie-Bach zum Räzli-Gletscher hinaufgeht, ist jedenfalls von hohem Alter; denn es ist an sich nicht anzunehmen, daß zu einer Zeit, wo Gressoney und die Gemeinden um den Monte-Rosa von den deutschen Burgundern besiedelt wurden, das Visp-Thal von Romanen besetzt gewesen wäre. Ebensowenig ist ein Anhalt dafür bekannt, daß die deutsche Sprache weiter hinab das ganze eigentliche Wallis bis an die Wendung der Rhone umfaßt habe. Der Bericht Sebastian Frank's vom Jahre 1539, auf welchen neuerdings Stricker aufmerksam gemacht hat, und in welchem es heißt, daß Wallis nicht fern von Sitten bis zur Rhonequelle, Brig, Naders, Münster, Gambs — alles deutsch sei, und daß ihre Nachbarn im ebenen Lande, mit welchen sie Gewerb und Handel treiben, in Vispach, Raron, Leuk, Siders und Sitten — alle wälsch seien, läßt nicht nothwendig folgern, daß auch die Seitenthäler oberhalb Siders damals romanisch, noch daß sie unterhalb Siders damals deutsch gewesen seien, sondern nur, daß die Orte an der Straße, welche durch die Ebene bis Visp hinaufführt, damals wälsche Einwohner hatten, in deren Händen sich Gewerbe und Handel befand. Gerade bei diesem letzteren Verhältnisse konnten Visp, Raron und Leuk leicht den Eindruck wälscher Orte machen; wurde doch vor wenigen Jahren dem Verfasser von einem

Reisenden versichert, daß in Leuk nur französisch gesprochen werde, während nach der kurz zuvor stattgefundenen Volkszählung sich daselbst nur eine französisch redende Familie befand, deren französische Sprache vielleicht diesen Eindruck hervorzubringen vermocht hatte; und noch heut sind oberhalb Siders neben 11 französischen 38 italienische Familien in den deutschen Ortschaften zerstreut, so daß man auch jetzt wälsche Laute daselbst hören kann. Die Straße entlang scheint jedoch das Deutsche vorzuschreiten; Siders selbst (einer der wenigen doppelnamigen Orte dieser Gegend) ist zu drei Viertheilen deutsch; weiter abwärts überwiegen die Deutschen in Bramois (Bremis) bei Sitten, und in der Hauptstadt Sitten selbst ist fast die Hälfte der Einwohner deutscher Zunge, jedenfalls die Folge deutsches Zuzuges, da über die Hälfte der Einwohner von Sitten außerhalb der Gemeinde geboren, fünf Achtel derselben in andern Gemeinden, Cantonen und Staaten heimathberechtigt sind. — Vom Räzli bis an die Dablerts bilden die Berner-Alpen die Sprachscheide zwischen dem romanischen Wallis und dem deutschen Ober-Saanen-Thal im Canton Bern, dann wendet sich die Sprachgränze nordwärts. Hier bildet zwischen den Cantonen Bern und Waadt die Landesgränze zugleich die Sprachscheide, da eben der Canton Waadt aus den wälschen Vogteien des Berner-Landes gebildet, und somit bei der Ablösung desselben das Saanen-Thal, welches, bevor es an Bern kam, geschichtlich zusammengehörte, getheilt und der obere deutsche Theil von dem romanischen geschieden worden ist.

Im Canton Freiburg scheidet die Sprachgränze sowohl die der Sense zuliegenden Theile, wie auch im Anschlusse derselben das Hochthal Jaun (Bezirk Greyerz) und dann von der Berra ab den östlichen Theil des Argeren-Thales mit St. Sylvester, im Gegensatz zu dem westlichen mit dem die Gränzscheide wohl bezeichnenden Praroman, zur deutschen Seite ab. Die Sprachgränze geht dann am Argeren-Bach zur Saane, wo einige gemischte Ortschaften sich anschließen: vor allen Freiburg selbst mit Pierrafortscha und drei links an der Saane aufwärts liegenden Orten; dann folgen ebenso unterhalb Freiburg drei gemischte Ortschaften bis zu dem fast zur Hälfte deutschen Bärfischen (Barbereche). Von Bärfischen geht die Sprachgränze nordwestlich gerade auf Greng am Murten-See, das etwas über die Hälfte deutsch ist; von den Ortschaften links derselben sind zwei zu einem Viertel deutsch gemischt, von den Ortschaften rechts derselben zwei zu einem Viertel französisch gemischt. Jenseit des Murten-Sees bildet dessen Ausfluß, die Broye, die Gränze.

Nach der Tabelle VII. macht der Saane-Kreis den Eindruck, als wenn das Deutsche daselbst im Fortschreiten wäre; dennoch ist es wahrscheinlich, daß die Stadt Freiburg selbst, in welcher von 2107 Familien 688 deutschredende sind, schon seit Jahrhunderten, vielleicht von der Gründung an, zweisprachig gewesen ist, worüber die älteren Urkunden leicht Auskunft geben könnten. Eine gewisse örtliche Scheidung beider Sprachen findet sich jedoch auch hier, indem der untere Theil der Stadt vorzugsweise deutsch, der obere, auf der französischen Seite des Flusses gelegene französisch ist; und diese Scheidung ist wohl eine ältere, da nach Büsching's

Bericht damals in den auf der Burg und der Au gelegenen Kirchen deutsch, in den auf dem Platz- oder Spital-Viertel gelegenen französisch gepredigt wurde. Allerdings scheint hiernach zu Büsching's Zeit das Deutsche in Freiburg stärker als jetzt vertreten gewesen zu sein, wie auch nach mündlichen Mittheilungen bis zur helvetischen Republik die deutsche Sprache in Freiburg als erste Landessprache galt, während sie jetzt der französischen nachsteht. Die übrigen gemischten Gemeinden um Freiburg sind so klein, daß schon der Zuzug weniger deutscher Familien sie als gemischt erscheinen läßt.

Im freiburger Seekreise zeigt die Tabelle, daß die französischen Orte nur wenig mit deutschen, die deutschen Orte stärker mit französischen Familien gemischt sind, und der Lage nach scheint auch das jetzt überwiegend französische Bärfischen eher ein deutscher Ort gewesen zu sein, wie dies von den überwiegend deutschen Orten Greng und Merlach wohl gleichfalls anzunehmen ist. Da in den andern überwiegend deutschen Gemeinden nur wenige Franzosen sind, so ist es auffallend, daß sie dennoch französische Namen führen; umgekehrt hat von den vier überwiegend französischen Orten Wallenried anscheinend nur den deutschen Namen, während die andern doppelnamig sind. Es hat hier vielleicht zeitweise ein stärkeres Durcheinanderwohnen beider Nationen stattgefunden, begünstigt durch die Territorial-Verhältnisse, da sich hier die äußersten Besitzungen der Häuser Habsburg und Savoyen vermischten; von der vormals zum letzteren gehörigen Herrschaft Murten, deren Ortschaften großentheils doppelnamig sind, sagt auch Büsching, daß die Einwohner theils deutsch, theils ein grobes und plattes Französisch redeten; jetzt ist dieselbe, soweit sie südöstlich des Sees liegt, deutsch.

Ganz scharf erscheint die Scheidung der beiden Nationen nordwestlich des Sees, wo die doppelnamige Doppelgemeinde Vuilly oder Wistenlach als rein französisch angegeben ist, während jenseit derselben die waadtländer Exclave um Avenches (Wiflisburg) und namentlich diese Stadt selbst die in der Tabelle bei diesem Cantone angegebene Mischung zeigt. Es sind dies nämlich die einzigen Orte, welche in der Tabelle des **Waadtlandes** als gemischte erscheinen, was dem wohl auffallen kann, welcher das Waadtland besucht hat und in den längs der großen Reisewege liegenden Orten unter den dort wohnenden häufig deutschredende angetroffen hat. Dies an sich würde noch nichts beweisen; wichtiger ist, daß die Zahlen der Heimathberechtigung auf eine starke Vertheilung Deutscher im Waadtlande hinweisen, da nach der Tabelle im Waadtlande nur 825 deutschredende Familien (gleich etwa 3770 Einw.) erwähnt werden, dagegen die Zahl der in deutschen Cantonen oder deutschen Staaten heimathberechtigten Personen im Waadtlande auf 22,850 ermittelt worden ist, wozu die Zahl von 3770 offenbar nicht im Verhältniß steht. Besser stimmen die Nachweise aus **Genf**, wo bei einer Zahl von 6350 in deutschen Ländern heimathberechtigten die Zahl der deutschredenden auf 2950 ermittelt worden ist; denn von einem Theile der aus deutscher Heimath gekommenen kann immerhin angenommen werden, daß er die Muttersprache mit der Landessprache vertauscht hat. Die Art der Ermittelung der Sprache, welche in den nicht stark gemischten

Landestheilen dem Zähler überließ, hinsichtlich der abweichenden Sprache eines Haushalts eine Notiz aufzunehmen, war geeignet, den Auslassungen in Betreff eingestreuter fremder Familien Vorschub zu leisten; hierzu kam, daß von den in fremden Haushalten anwesenden Einzelnen in Ansehung der Sprache keine Notiz genommen wurde, und eben hieraus erklärt sich, daß im Canton Waadtland bei 500 gezählten Engländern nur 5 englischredende Familien, in Genf bei 348 Engländern keine englischredende Familie als solche bezeichnet worden ist.

Den stärksten Fortschritt des Deutschen in neuerer Zeit zeigt der Canton Neuenburg, in welchem — offenbar eine Frucht seiner gänzlichen Vereinigung mit der Eidgenossenschaft — von 74 Gemeinden schon 35 über ein Zehntel deutsche Einwohner zählen, so daß das Deutsche, wenn auch überall erst die Sprache der Minderheit, doch bereits den Anspruch erheben konnte, als zweite Landessprache anerkannt zu werden. Am stärksten verbreitet sind die deutschen Einwohner in dem Theile, welcher sich nördlich und östlich an den bernischen Jura anschließt, gegen Südosten hin durch die Zihl von dem rein deutschen Bezirk Erlach (Cerlier) getrennt ist (dessen Ortschaften auch französische Namen führen) und nach Westen hin bis einschließlich Neuenburg und Valendys geht. In den ganzen Bezirken Neuchatel und Val-de-Ruz (Valendys) machen die Deutschen 17 beziehungsweise 16 Procent der Einwohner aus. Gleichfalls stark gemischt ist der nördliche Theil des Cantons: die in der Fortsetzung des stark gemischten Immerthals gelegenen Bezirke Chaux-de-Fonds, wo in allen Gemeinden fast 20 Procent der Einwohner deutsch sind, und Locle, wo 11 Procent der Einwohner deutsch sind; am wenigsten Deutsche sind in den südlichen Theilen des Cantons: im Bezirke Boudry nur 6, Val-Travers nur 3—4 Procent der Bevölkerung.

An den Canton Neuenburg schließt der bernische Jura an, dessen südlicher, dem Aargebiete zugehöriger Theil, die Bezirke Biel, Neuenstadt und Courtelary (oder das Immerthal), schon in der bischöflichen Zeit sich zur Eidgenossenschaft hielten. Hier verläßt die Sprachgränze den Bieler-See ungefähr auf der Hälfte der Nordwestseite desselben; der Bezirk Neuveville (Neuenstadt) gehört somit noch dem französischen Sprachgebiete an, doch machen die Deutschen dort schon ein Fünftel der Einwohner aus, in der Stadt mehr, in den Landgemeinden weniger. Die nächst anschließende Gemeinde des Bezirks Biel, Leubringen, ist noch überwiegend französisch, doch weisen die Ortsnamen darauf hin, daß die Sprachgränze diese Gemeinde durchschneidet; Biel selbst ist deutsch, aber französisch gemischt. Das Immerthal aufwärts hat sich die deutsche Bevölkerung bereits so stark verbreitet, daß das Dorf Corgemont, welches durch zwei zu einem Drittel und eine nur zu einem Neuntel deutsche Gemeinde (Sonceboz, Pery, Orvin) vom deutschen Sprachgebiet bei Bösingen getrennt wird, schon mehr deutsche als französische Einwohner zählt; dann schließt sich Cortebert mit einem Drittel, Courtelary mit einem Viertel deutscher Einwohner an, und nach kurzer Unterbrechung folgen Villeret und St. Imier und nach einer zweiten Unterbrechung die Gemeinden Ferrieres und Renan, welche sämmtlich zu einem Drittel deutsch sind, und von denen die letzteren an den obenerwähnten zu einem Fünftel gemischten Bezirk Chaux=de=Fonds gränzen.

Von der nördlichen Abdachung des bernischen Jura ist der dem Doubs=Gebiete angehörige Theil, die Bezirke Freibergen (Franches=Montagnes) und Pruntrut(Porrentruy) von der deutschen Einwanderung noch kaum berührt. Dagegen hat sich dieselbe in den östlichen Theil, vom St. Immerthal herüber, stark verbreitet. Von Reconvilier am Pierre=Pertuis das ganze Münster=Thal hinab bis Courrendlie an der Gränze des Bezirks Delsberg, am meisten aber um Münster selbst liegen die in der Tabelle VII. und der zugehörigen Erklärung bezeichneten Gemeinden, welche über drei Zehntel bis nahe zur Hälfte deutsche Einwohner zählen, so daß in diesem Bezirke nur noch wenige Gemeinden rechts und links des Thales ungemischt sind; dagegen sind am Ausgange des Münster=Thales im Bezirk Delsberg (Delemont) bis jetzt nur einzelne deutsch=gemischte Gemeinden, worunter Delsberg selbst. Abgesehen von dieser Einströmung der deutschen Bevölkerung, ist die Sprachgränze eine sehr bestimmte: sie geht längs der deutschen Gemeinde Bösingen zur solothurner Cantonsgränze hinauf und hält sich auf dieser, welche zugleich die Wasserscheide des Münster=Thales und des Dünner=Thales bildet, wobei noch zwei östlichste Orte des Bezirks Münster, Seehof und Schelten, zum deutschen Sprachgebiete gehören. Von der Winde ab wendet sie sich westlich und läuft auf dem Bergrücken, welcher den solothurner Bezirk Thierstein vom Bezirke Delsberg trennt, überschreitet oberhalb Liesberg im bernischen Bezirk Lauffen die Birs und geht dann auf der Höhe zwischen der Birs und Lützel, so daß die zum Lützel=Thal gehörigen, zwischen dem französischen Sprachgebiet des Jura und dem deutschen Sprachgebiet des Elsasses gelegenen Dörfer Ederschwyl und Roggenburg (Bezirk Delsberg) noch deutsch sind; an der Quelle der Lützel bei dem elsässischen Dorfe Lucelle oder Groß=Lützel erreicht sie die Gränze des französischen Reiches.

Faßt man das eidgenössische Gebiet mit Ausschluß der bei der italiänischen Sprachgränze besprochenen Cantone (Graubündten und Tessin) zusammen, so enthält nach der Tabelle VII. der französische Theil desselben 174 Quadratmeilen mit 949 Gemeinden, 608,628 Einwohnern, worunter etwa 36,525 Deutsche, der deutsche Theil 387 Quadratmeilen, 1626 Gemeinden, 1,694,810 Einwohner, worunter 1,687,300 Deutsche und 7500, welche eine andere Sprache reden. Berücksichtigt man das beim Waadtlande obenangeführte, so wird man annehmen können, daß die Zahl der Deutschredenden im französischen Sprachgebiet zu gering ermittelt ist, und daß sie sich um den sechsten bis vierten Theil höher herausgestellt haben würde, wäre den Einwohnern selbst die Eintragung der Sprache überlassen und die Sprache jedes einzelnen in den Zetteln notirt worden; die Zahl der Deutschen im französischen Theile der Eidgenossenschaft wird also statt auf 6 Procent auf 7 bis $7\frac{1}{2}$ Procent veranschlagt werden können. Was die 7500 anderen Sprachen angehörigen im deutschen Theile der Eidgenossenschaft betrifft, so kommt ein Drittel derselben auf diejenigen 12 Gemeinden, welche in der Tabelle als gemischte bezeichnet sind (Biel, Siders ꝛc.); die übrigen leben in deutschen Orten zerstreut. Auch diese 7500 mögen zu niedrig ermittelt sein, doch dürfte die Differenz gerade in Ansehung der hierunter gerechneten (etwa 6750) französisch-redenden verhältnißmäßig nicht größer sein, als sie sich in Ansehung der deutschredenden im französischen Theile veranschlagen ließ, da namentlich die in Frankreich heimathberechtigten zur Hälfte im französischen Theil des bernischen Jura wohnen, anderntheils aber deutschredende Elsässer sind; die Zahl der in der deutschen Schweiz lebenden Franzosen beträgt somit nur $\frac{2}{5}$ bis höchstens ein halbes Promille der Einwohner. Auch hinsichtlich der sonstigen Nationalitäten kommt die unvollständige Ermittelung gerade bei der deutschen Schweiz weniger in Betracht, da hier z. B. von den nach der Heimath ermittelten Engländern nur 260, den Italiänern und Tessinern nur 500 gezählt wurden, die große Menge der Fremden aber sich damals (im December) in den französischredenden Theilen der Eidgenossenschaft aufhielt.

Die fortschreitende Bewegung der deutschen Bevölkerung im eidgenössischen Gebiete ist um so erfreulicher, als die Deutschen, welche hier über die Sprachgränze hinausgehen, ihrer Nationalität dadurch noch nicht verloren gehen, sondern, wie sie selbst die Landes- und Orts-Sprache zu achten haben, anderseits ein gewaltthätiges Bestreben, sie der fremden Nationalität zu unterwerfen, dem Geist der Eidgenossenschaft, deren Bedeutung gerade in ihrer Achtung vor dem Rechte besteht, grundsätzlich fern liegt. Ganz anders, wenn wir bei Lützel in das Gebiet Frankreichs hinüberblicken, in das alt-alemannische Land, das angesichts des deutschen Schwarzwaldes zu den schon halb wälschen Vogesen sich hinstreckt; denn das alte Wort, das Schenkendorf beim Anblick des Elsasses vom badener Schlosse hinüberrichtete, ist heut noch wahr: „Doch dort an den Vogesen — liegt ein verlornes Gut, — da gilt es deutsches Blut — vom Höllenjoch zu lösen." Das Joch, das vor 55 Jahren das deutsche Verlangen gegenüber dem Einverständniß der russischen und französischen Herrscher und gegenüber der eigenen Zwietracht nicht zu brechen vermochte, ist seitdem fester um die deutsche Bevölkerung gelegt, indem zu dem alten Scheine der staatlichen und bürgerlichen Freiheit der lockendere des äußeren Vortheils in der Verbindung mit Frankreich gefügt ist; beide mehr Schein als Wirklichkeit, da die erstere heut auf politischem Gebiete nicht mehr vorhanden, auf socialem durch die fortschreitende Entwickelung Deutschlands bald erreicht ist, der letztere aber dadurch aufgewogen wird, daß der Elsässer, welchem ein fremdes Nationalgebiet mit allen seinen Hülfsquellen eröffnet ist, vom Gebiet der angestammten Nation abgeschlossen ist. — Diesen Anschauungen gegenüber rief, vielleicht die erste Stimme, welche in dieser Richtung aus dem Elsaß selbst erscholl, vor mehr als zwanzig Jahren ein trefflicher Vorkämpfer in Straßburg seinen Landsleuten zu, daß sie die wahre Quelle der Freiheit in ihrer Deutschheit finden müßten, hiermit dem fremden Banne die rechte Zauberruthe entgegenhaltend. Aber um so mehr sehen wir gerade seit dieser Zeit das Bestreben des Franzosenthums darauf gerichtet, die geistige Einheit des Elsasses mit Deutschland zu lockern, und durch die Verallgemeinerung des französischen Unterrichtes wie durch die systematische Verwahrlosung des deutschen Unterrichtes in den Volksschulen, Erziehungsanstalten und Lyceen des Elsasses die Ohren der deutschen Bevölkerung vor dem Anklingen deutsches Gedankens zu behüten.

Was auf diesem Wege erreicht worden ist, liegt in der von kundiger Seite behaupteten Thatsache vor, daß zwei Drittel der Schüler der Volksschulen dieselben verlassen, ohne in ihrer Muttersprache gebildet zu sein und, was kaum anders sein kann, auch ohne der französischen Sprache mächtig geworden zu sein. Die Entbildung der deutschen Bevölkerung, ihre Herunterbringung auf den Durchschnittstand der Bildung der französischen Nation, das ist es, worauf die herrschende französische Richtung bewußt oder unbewußt beharrlich hinarbeitet, nicht aufgehalten durch die kleinen Kundgebungen des Wohlwollens für deutsche Bildung, die wir dann und wann aus dem Munde des Herrschers und seines Cultusministers hörten. Ihre Tragweite widerhallt in den Kreisen, in welchen die hohe und schöne geistige Cultur des Elsasses noch fortlebt, und gewiß mit Recht hebt ein angesehenster Geistlicher des Elsasses hervor, wie unter den Ursachen wachsender Entsittlichung die Vernachlässigung der Muttersprache obenan stehe, und kommt zu dem logischen Schlußwort, daß dieser Krieg gegen die deutsche Sprache ein Angriff gegen die Religion, die Moral und die Civilisation des Elsasses sei. Mit Recht zeigt er — und hiermit stimmt die Abhandlung eines ausgezeichneten Gelehrten dieser Landschaft über diesen Gegenstand überein, welche von dem feinsten Verständniß des Wesens und der Bedeutung der Sprache Zeugniß ablegt, — daß man von dem bisherigen Wege abgehen und die Bevölkerung in ihrer Muttersprache ausbilden müsse, daß sie alsdann auch noch der französischen Sprache leichter mächtig werden würde, als auf dem bisher befolgten Wege der Fall sei, so daß es nicht mehr Mühe kosten würde, die deutsche Bevölkerung in beiden Sprachen, als die Bevölkerung überhaupt in ihrer Sprache auszubilden. Und die ausgedehnte Zustimmung, welche diese Anschauungen fanden, bekundet wiederum deutlich die Richtigkeit der Worte, mit welchen hier die Stellung der Bevölkerung des Elsasses zu dieser wichtigen Frage bezeichnet worden ist: „das System der allmählichen Unterdrückung der deutschen Sprache zum Vortheil der französischen ist weit davon entfernt, die allgemeine Sympathie zu haben, es ist im Gegentheil der Gegenstand lebhaftes Widerwillens, und man setzt ihm in den Familien eine Art Willenskraft der Trägheit entgegen.“

Wenn wir hier auf die allgemeinen Verhältnisse des Elsasses näher eingehen, als dies bei anderen Theilen des deutschen Sprachgebietes der Fall war, so rechtfertigt sich dies nicht nur aus dem Mangel der speciellen Sprachermittelungen, sondern besonders dadurch, daß gerade die allgemeinen Sprachverhältnisse für keinen Theil des deutschen Sprachgebietes dem Deutschländer selbst weniger bekannt sind, als für denjenigen, welcher unter der Herrschaft Frankreichs steht. Wer die Gränzen Frankreichs betritt, begegnet zunächst der allgemeinen officiellen Geltung der französischen Sprache, welche nur in denjenigen Kundgebungen der Regierung eine Ausnahme erleidet, bei welchen diese selbst ein Interesse hat, daß sie von der Bevölkerung verstanden werde. Aber sobald dieser erste unangenehme Eindruck überwunden ist, wird der Deutschländer mit Erstaunen wahrnehmen, wie deutsch das elsässische Volk noch ist. Um nur eins, aber ein bezeichnendes anzuführen: wir kommen in eine deutsche Stadt, welche nur französische Straßennamen trägt, aber es zeigt sich, daß die Bevölkerung sie nicht beachtet und theilweise nicht einmal kennt, vielmehr statt derselben die deutschen nicht angeschriebenen weiß und gebraucht. An Stelle des lauten Französisch der Beamten mit dem Ausrufen entstellter deutscher Namen, das dem die Verkehrswege bereisenden widerwärtig, dem Elsässer selbst lächerlich klingt, tritt uns in der Berührung mit dem Volke selbst der bei aller Härte anmuthige Klang des Alemannischen entgegen, das wie in den Thälern des Schwarzwaldes und der Schweiz, so hier in den Thälern des Wasgaues und der gemeinsamen rheinischen Ebene erklingt; und das noch wohlklingendere Hochdeutsch der Gebildeten, das mit dem Anklange der Volksmundart die Reinheit der gemeinsamen Bildungsprache verbindet, giebt die Ueberzeugung, daß dieser Theil des deutschen Volkes unter aller aufgestrichenen französischen Schminke im ganzen und großen seine Natur noch treu erhalten hat. Selbst in solchen Städten, welche als vorzugsweise französirt bezeichnet werden, wie Mülhausen und Straßburg, wird der Deutsche die Wahrnehmung machen, daß überall, wo das Volk unter sich ist, nicht nur im Verkehr mit der Landbevölkerung — wo kein französisches Wort gehört wird — sondern auch unter den Städtern selbst, bei Kindern wie bei Erwachsenen, diese anmuthige deutsche Sprache gehört wird; und er wird an solchen öffentlichen Orten, wo beide Sprachen gesprochen werden, leicht unterscheiden, wie die deutsche Sprache dem Elsässer von Herzen kommt, die französische nur als conventionelle Sprache gebraucht wird; er wird namentlich, wenn er dem Elsässer gegenüber mit dem Gebrauche beider Sprachen wechselt, die Wahrnehmung machen, wie viel innerlicher und so zu sagen gemüthlicher demselben der Gebrauch der deutschen ist. Mit der Vertilgung des Deutschen als Schriftsprache, würde daher der Kampf beider Sprachen nicht beendet sein, und die Vertilgung des Deutschen als Volksprache halten diejenigen noch für unmöglich, welche heut den geistigen Kampf für die deutsche Schriftsprache im Interesse der Bildung ihrer Bevölkerung fortführen. Der Gegensatz zwischen deutsch und wälsch, den die dem herrschenden Systeme zugethanen vergebens unter die höhere Einheit des Französischen stellen möchten, greift auch in die verschiedensten Beziehungen hinüber, eben weil er so fest in der Natur der Bevölkerungen wurzelt: Der deutsche Landbewohner mißtraut dem Wälschen und vermeidet die geschäftlichen Beziehungen zu diesem, indem er richtig herausfühlt, daß selbst hierin die Richtungen und Anschauungen abweichende sind; umgekehrt im französischen Theil des Elsasses wird der deutsche Elsässer mit Mißtrauen angesehen (die Regierung vermag es dort nicht, ihren Candidaten aus dem deutschen Theile durchzusetzen, da dieser der dortigen Bevölkerung als ein Deutscher verhaßt ist); und den des Landes kundigen würde es nicht schwer fallen, diesen Gegensatz auch nach andern Seiten hin nachzuweisen.

Daß thatsächlich bereits eine örtliche Mischung beider Sprachen vorhanden ist, kann nach dem, was in Ansehung des schweizerischen Gebietes gezeigt wurde, und bei der unausgesetzten Propagation der französischen Sprache in die deutschen Landestheile nicht anders erwartet werden. Sie besteht diesseit der Sprachgränze in der Uebersiedelung von Franzosen in deutsche Städte, namentlich in dem dorthin gelegten französischen Militär, welches sich in der Sprache, wie in der ganzen äußeren Erscheinung, Gesicht, Wuchs und namentlich durch seine geringere Körpergröße von der eingeborenen Bevölkerung unterscheidet, dann in den zahlreichen französischen Beamten, und endlich in den freiwillig dorthin übergesiedelten französischen Familien, von denen freilich schon viele durch die umgebende deutsche Bevölkerung germanisirt worden sind. Was Ristelhuber in dieser Beziehung von einer Ortschaft mittheilt, ist zwar das auffallendste, steht jedoch nach anderen Mittheilungen nicht allein. — Sie besteht weiter in einem geringen, wirklich französirten Theile der deutschen Bevölkerung, insbesondere in einer Anzahl halbgebildeter reicher Leute, welche bei Bevorzugung einer Sprache, die ihnen als Verkehrsprache und in der Verwendung für die Technik vortheilhaft erscheint, sich die Vernachlässigung ihrer Muttersprache zur Aufgabe gestellt haben; dann in einer Anzahl von geistig unselbständigen, welche in blinder Verehrung für französisch-socialistische Bestrebungen, deren Wesen gerade dem deutschen elsässer Volke widersteht, sich selbst dem fremden Idiome unterworfen haben und dieses auf ihre Landsleute zu verbreiten suchen; dann in einer Anzahl in geistiger Verstümmelung erzogener Knaben, welche, von ihren Eltern dem Franzosenthum übergeben, mit Hülfe mangelhaftes Unterrichts zu dem Bewußtsein gebracht sind, daß sie keine Deutsche seien (denn gerade viele Schüler der Lyceen bedienen sich mit Vorliebe des Französischen); endlich in einer geringen Zahl der in weiblichen Erziehungsanstalten, deren mangelhafte Unterrichtsverhältnisse in einer der neuesten Abhandlungen charakterisirt sind, erzogenen Mädchen, von denen viele jedoch nur in der Lage sind, im Verkehr mit Deutschländern die Kenntniß des „Hochdeutschen" zu verleugnen. Wie groß aber die Zahl aller dieser ist, welche ihr deutsches Wesen abgethan, oder mit den Worten eines Elsässers zu reden: sich gegen die eigenste Natur versündigt und ihre besten Kleinodien leichtsinnig verscherzt haben, dafür fehlt jede Angabe.

Um irgend einen Zahlenanhalt zu geben, mögen hier die Nachrichten erwähnt werden, die aus einem Theile des deutschen Sprachgebietes in Frankreich vorliegen, welcher schon seit fast 120 Jahren des Gebrauches der Volksprache im amtlichen Verkehr beraubt und unter französischen Unterricht gestellt worden ist. Sie können in der That in gewissem Maaße auch auf die Verhältnisse des Elsasses angewandt werden, wie umgekehrt alles das, was in der Abhandlung über die Erhaltung des Deutschen im Elsaß gesagt ist, sich nach der ausdrücklichen Angabe des Verfassers in gleicher Weise auf Deutsch-Lothringen anwenden läßt. Aber gerade diese Zahlen geben den Beweis, wie langsam dieser Druck die angeborne deutsche Art zu beugen vermocht hat. Nach einem Bericht des französischen Unterrichts-Ministeriums von 1865 befanden sich in 76 Gemeinden des Meurthe-Departements unter 46,508 Einwohnern nur 6820 französischsprechende, mithin nur der siebente Theil, wobei es sich natürlich nur um die Frage der Kenntniß der französischen Sprache handelt und keineswegs angenommen werden darf, daß diese Einwohner sich auch in ihrem Familienkreise der französischen Sprache bedienten. Unter den 6800 Schülern in diesen Gemeinden konnten 2400 angeblich schon gut französisch. Bei den Schülern würde es also der dritte Theil sein, was damit übereinstimmt, was hinsichtlich der Schüler der Volksschulen im Elsaß behauptet worden ist. In letzterer Beziehung würde nun aber das in Betracht kommen, was ein französischer Schriftsteller bei Besprechung der Verhältnisse des Elsasses sagt, welcher freilich von der irrthümlichen Anschauung ausgeht, daß die französische Regierung die Französirung dieser Landestheile gegenwärtig als undurchführbar aufgegeben habe, während diese doch gerade im Gegentheil jetzt für eine französisch-nationale Aufgabe erstes Ranges erklärt worden ist; er behauptet nämlich, daß das in der Schule erlernte Französisch nach absolvirten Schuljahren bald unter dem Einfluß der umgebenden Volksprache wieder vergessen werde; auf diese Weise kann es dann wohl sein, daß das Drittel bald wieder auf ein Siebentel hinabsinkt. Wollte man nun auch wirklich annehmen, daß allgemein in den deutschen Landestheilen Frankreichs ein Siebentel der Bevölkerung des Französischen mächtig sei, so wird doch die Zahl derjenigen, welche das Französische als Haussprache gebrauchen, sicher nicht halb so hoch anzuschlagen sein, da eben im ganzen und großen der der französischen Nationalität angehörige Theil auf die Zugewanderten und auf eine Anzahl wohlhabender ursprünglich deutscher Familien in den größeren Städten beschränkt ist.

Ungleich bedeutender ist aber die Zahl der Deutschen, welche jenseit der Sprachgränze wohnen. Schon die Census-Nachrichten über das Heimathland, welche zeigen, daß 98,000 in deutschen Staaten, gegen 35,000 in der Schweiz, gegen 205,000 in Belgien heimathberechtigte gezählt wurden, weisen hierauf hin. Und wenn auch nicht allein ein Theil derselben in den deutschen Landestheilen Frankreichs, in den Departements Mosel, Ober-Rhein und Nieder-Rhein lebt, wo er wiederum dazu dient, die deutsche Nationalität dieser Lande zu verstärken, von den jenseit wohnenden aber ein Theil die französische Sprache als Haussprache angenommen haben mag, so kommt doch anderseits die große Zahl derjenigen in Betracht, welche von der ohnehin schon starken, aber in deutscher Weise fortwachsenden Bevölkerung der deutschen Landestheile, namentlich des Elsasses, sich weiter hinausbegeben, theilweise über Frankreichs Gränzen, doch viele auch nach Paris und in andere französisch redende Theile dieses Reichs. So haben, wenn die Volkszahlen richtig ermittelt sind, in den Jahren 1841 bis 1860 83,600 Bewohner des Nieder-Rheins (und dies ist das einzige fast rein deutsche Departement) und außerdem noch so viele, als inzwischen aus anderen Theilen dorthin gezogen sein mögen, das Nieder-Elsaß mit anderen Landschaften vertauscht. Von der deutschen Bevölkerung der größeren Städte Frankreichs, deren Anwachsen nachgerade auch die Aufmerksamkeit französischer Blätter auf sich gezogen hat, machen die Elsässer einen namhaften Theil aus, unter diesen auch die elsässer Juden, welche in Ansehung der Beibehaltung der deutschen Sprache den Elsässern deutsches Stammes nicht nachzustehen pflegen. Die Gesammtzahl der Deutschen im französischen Sprachgebiete entzieht sich daher der Berechnung; nur das kann mit einiger Sicherheit behauptet werden, daß sie nicht unter 150,000, wohl aber vielleicht das Doppelte betragen kann, daß sie also zwischen 4 und 10 Promille der Bevölkerung des französischen Sprachgebietes (im weitesten Sinne) innerhalb der französischen Staatsgränze beträgt. In Paris selbst ist die deutsche Sprache unter den fremden die bei weitem am stärksten vertretene, wogegen in Südfrankreich die andern romanischen Sprachstämme, der italiänische in Lyon, der spanische in Bordeaux, dem deutschen gleichzukommen scheinen.

Die Sprachgränze selbst beginnt, wie oben erwähnt, in der südlichen Ecke des Ober-Elsasses bei Groß-Lützel (Lucelle) an den Quellen der Lützel, einem Ort von 1385 Einwohnern, den Nabert als gemischt oder jetzt französisch redend bezeichnet; dann geht sie von der Quelle der Larg über die drei doppelnamigen Ortschaften Ober- oder Wälschen-Larg, Luffendorf und Ottendorf (1166 Einw.), welche jetzt ein Theil des Cantons Pfirt sind und vormals die Herrschaft Morimont oder Morsperg bildeten, die, ein Lehn der Grafschaft Pfirt, zum Sundgau gehörte; sie sind nach Nabert gleichfalls französirt oder gemischt, wahrscheinlich nur das letztere, wenigstens ist Ober-Larg, dessen Mundart in Stöber's Alsatia (III. 83) vorkommt, noch überwiegend deutsch. Weiter folgt die Sprachgränze der Gränze des Elsasses und des bernischen Jura, indem die schweizerischen Dörfer Bonfol (Pumfel) und Beurnevoisin (Brischweiler) den deutschen Dörfern des Elsasses: Liebsdorf und Pfetterhausen gegenüberstehen. Demnächst geht sie nordwärts auf der Wasserscheide zwischen Rhein und Rhone, Ill und Doubs, der Larg und der Alle, bez. dem Nicolas-Bach. Sie beginnt zwischen den Dörfern Rechezy (Röschlitz) und Ober-Sept (Seppois le haut) von welchem letzteren Ort schon Büsching anführt, daß er (wohl als das einzige Dorf der Herrschaft Dattenried) der deutschen Sprache angehörte, dann weiter zwischen den deutschen Orten Ueberstraß, Frießen, Hindlangen, Struth, St. Ulrich (welche vormals zur Herrschaft Altkirch gehörten, jetzt zum Canton Hirsingen) und den französisch redenden Lepuix (oder Sood), Suarce (Schwerz), Chavanatte (Klein-Schaffnatt), welche vormals zu der von Dattenried abhängigen Herrschaft Blumberg (Florimont) gehörten, jetzt zu den Cantonen Delle und Damerkirch.

Auch nördlicher entspricht die Sprachgränze im allgemeinen der Wasserscheide zwischen Rhein und Rhone, welche sich nun zwischen den am Traubach gelegenen, vormals zur Herrschaft Traubach gehörigen Orten, nämlich: Mansbach, Retzwiller, Elbach, Gebenatten, Sternberg und noch westlicher Bretten, Bellemagne oder Bernhardsweiler, Eteimbes oder Wälsch-Steinbach auf der deutschen, und den im Gebiete des Nicolas-Baches, also auf der französischen Seite belegenen, nämlich den vormals zur Herrschaft Montreux oder Münsterol gehörigen Orten: Magny (oder Menglat), Romagny (oder Roth-Menglat), Lutran (Lutter) und Chavannes sur l'Etang (Schaffnatt am Weyer), Valdieu (Grün im Gottesthal), dem vormals zu Thann gehörigen Reppe (Rispach), dem zu Traubach gehörigen Brechaumont (Bruckenswiller) und den vormals zur Vogtei Ingelsod gehörigen St. Cosme (St.

Coßmann), Vautiermont (Waltersberg) und Angeot (Ingelsod) gegen die Vogesen hinaufzieht. Von den diesseits gelegenen Dörfern scheinen jedoch Bretten, Bernhardsweiler und Wälsch-Steinbach (zusammen mit 659 Einwohnern) schon im vorigen Jahrhundert, also zu einer Zeit, wo von eigentlichem Sprachdrucke noch nicht die Rede war, dem französischen Sprachgebiet angehört zu haben, da Büsching das Meierthum Bretten, welches diese drei Dörfer und Bruckensweiler umfaßte, als das wälsche Meierthum bezeichnet. Von hier ab tritt die Wasserscheide bestimmter hervor in dem Höhenzuge, welcher zum Bullenberge und weiter über den Südel und Bärenkopf zum Elsässer-Belchen ansteigt, und die deutschen Thäler des Sulzbaches und der Dolder von den französischen Thälern von Rougemont (der Herrschaft Rothenberg, von welcher Büsching sagt, daß in den 5 ihr zugehörigen Dörfern romanisch gesprochen werde) und den westlicher gelegenen, vormals der Herrschaft Rosenberg zugehörigen Thälern von Etueffont (Stauffen), Vescemont (Wessenberg) und Giromagny trennt.

Nimmt man die Wasserscheide und beziehentlich die Gränze des vormaligen Meierthums Bretten als Sprachgränze an, so bleibt jenseit derselben ein Gebiet von 12—13 Quadratmeilen mit 118 Gemeinden, 59,200 Einwohnern als französisches Land. Aber auch über diese französischen Gemeinden, und besonders über denjenigen Theil derselben, welcher schon im früheren Mittelalter zum Sundgau gehörte, hat sich jedenfalls eine bedeutende deutsche Volksmischung erstreckt. Dies zeigt sich namentlich in Ansehung des letzteren Theiles, welcher auf etwa 6—7 Quadratmeilen 60 Gemeinden mit 21,400 Einwohnern zählt, in den doppelten Namen der Ortschaften: die 6 Gemeinden der Herrschaft Blumberg sind, wie die Erklärung zur Tabelle IX zeigt, sämmtlich doppelnamig; von den 15 Gemeinden der Herrschaft Münsterol (einschließlich Valdieu) sind nur die zwei zur rechten des Nicolas-Baches gelegenen nicht doppelnamig; in der oberen Herrschaft Rothenberg sind von 6 Gemeinden 4 doppelnamige, und in dem derselben zugehörigen südwestlichen Theile (dem vormaligen Kirchspiel Pfäffingen) von 8 Gemeinden 7 doppelnamige (Pfäffingen, Bischingen, Mimingen, Egelingen, Düringen, Würtringen, Rothbach), in der Vogtei Ingelsod, welche später einen Theil der Grafschaft Belfort bildete, (mit la Chapelle) sind von 7 Gemeinden 5 doppelnamige, in der Herrschaft Granweiler mit den colmarischen Dörfern und dem nördlich der Alle gelegenen Theile der Herrschaft Dattenried 11 von 13 Gemeinden, so daß hier im ganzen nur 9 Gemeinden nicht zugleich deutsche Ortsnamen haben. Daß wir hierin nicht nur die Folgen der dauernden politischen Verbindung mit dem Elsaß zu erblicken haben, wenn auch diese mit auf die Verbreitung der Deutschen gewirkt haben wird, zeigt sich weiter bei der Betrachtung des vormals burgundischen Theiles, wo sich die deutschen Neben-Namen nach Süden über Dattenried (Delle) auf St. Störgen (St. Dizier), nach Westen in der Linie Neuwiller, Wieswald, Mörlingen bis Kestenholz und Andelnach, und am Gebirge über die Thäler von Stauffen und Wessenberg und, freilich nur in der Form eigentlicher Namenverderbungen, in die Thäler von Giromagny und Auxelles (Assel) erstrecken, namentlich aber in der Angabe Ristelhuber's, daß unter den Einwohnern des Thales von Giromagny deutsche Familiennamen häufig seien, und hier eine beträchtliche deutsche Einwanderung stattgefunden haben müsse. Auch in dem westlich an die Grafschaft Belfort anschließenden Montbeillard bestand in der Stadt Montbeillard (Mümpelgard) unter würtembergischer Herrschaft eine kleine deutsche Gemeinde unter der zahlreicheren französisch redenden Bevölkerung.

So viel hinsichtlich des Gebietes jenseit der Sprachgränze. Die Sprachgränze selbst ist noch jetzt auf diesem Gebiete unverrückt. Schon Bernhardi und jetzt wiederum Stoffel in seinem trefflichen topographischen Namenverzeichniß giebt an, daß die Sprachgränze mit der Wasserscheide zusammenfalle; Stoffel aber fügt hinzu, daß die Gränzorte der französischen Sprache: Rechezy, le Puix, Suarce, Lutran, Valdieu, Reppe, Brechaumont, Bretten und la Chapelle-sous-Rougemont seien, was genau mit den erwähnten Angaben bei Büsching übereinstimmt. Vielleicht daß diese Festigkeit der Sprachgränze dadurch gesteigert worden ist, daß die auf der Rhone-Seite gelegenen Gemeinden nicht zur Diöcese Basel, sondern zum französischen Bisthum Besançon gehörten; denn hierdurch wurde es den deutschen Einwanderern nicht in gleicher Weise möglich, ihre Nationalität auszubreiten und zu erhalten. Möglicherweise sind sogar durch die Einwirkung von Kirche und Schule einzelne deutsche Orte dieser Gegenden in früherer Zeit der französischen Sprache unterworfen worden.

Was die heutige Sprachmischung diesseit der Wasserscheide betrifft, so sind bei Nabert auf der Linie vom Bärenkopfe bis Altenach an der Larg eine Anzahl Ortschaften in besonderer Weise bezeichnet, so daß zu vermuthen wäre, daß dieselben jetzt gemischt sind. Es sind dies einmal auf der französischen Seite Rougemont mit Petite-Fontaine, Angeot und Vautiermont, St. Cosme, Brechaumont, sowie Wälsch-Steinbach, Bernhardswiller und Bretten, ferner auf der deutschen Seite die meisten übrigen traubacher Orte, nämlich Sternberg, Hecken, Gebenatten, beide Traubach, Elbach, Retzwiller, Mansbach und Damerkirch, dann im sulzbacher Thal: Mortzwiller und beide Sulzbach, und im mittleren Theile des Dolder-Thales: Maasmünster mit Sickert, Lauff und Sentheim. Daß dieselben noch nicht überwiegend französisch sind, geht außer aus dem vorhergesagten auch aus Kiepert's persönlichen Wahrnehmungen hervor, welcher 20 Jahre nach Nabert bemerkte, daß weder in und um Maasmünster, noch auch in Damerkirch die Volksprache französisch, die Verwälschung des Namens des letzteren Ortes sogar den Eingeborenen lächerlich sei; in diesen und somit auch wohl in den übrigen auf der deutschen Seite gelegenen Orten kann daher die französische Beimischung nur sehr gering sein. Anderseits dürfte in den erstgenannten 9 Ortschaften (von Rougemont bis Bretten), welche Nabert den diesseits liegenden gleich bezeichnet, die etwa vorhandene deutsche Beimischung ebenfalls nicht bedeutend sein.

Was hiervon östlich liegt, ist deutsch. Die Gränze geht vom Elsässer-Belchen den Kamm der Vogesen entlang, welcher die Thäler der Dolder (das Belchener-Thal), der Thur (das Thal von St. Amarin) und der Fecht (das Gregorienthal) von den angränzenden Thälern der Mosel und ihrer Zuflüsse im französischen Lothringen scheidet; im Moselthale führt der vorderste Ort Bussang zwar deutschen Namen, doch gehörte er schon im 16. Jahrhundert dem französischen Sprachgebiete an.

Nördlich vom Gregorienthal, wo an der Gebirgshöhe der schwarze und der weiße See liegen, geht die Sprachgränze auf die östliche Seite der Vogesen hinüber und umfaßt oder durchschneidet die fünf Gemeinden des Cantons la Poutroye oder Schnierlach, welche früher als Herrschaft Hohenack einen Theil der pfalz-zweibrückischen Grafschaft Rapoltstein ausmachten, und deren Sprache schon Büsching als romanisch oder wälsch bezeichnete. Aeltere und neuere Karten zeigen hier deutsche und französische Namen der Ortschaften und Ortsbezeichnungen. Westlich vom schwarzen See sind Schultzbach und die Steinmatt nächst der Abtei Pairis, dann Tannach südlich vom Gemeindeorte Orbay (Urbis) die letzten deutschnamigen Orte. Von dort geht wahrscheinlich das Romanische noch in das Thal von Ammerschweyer hinüber, wo la Baroche oder Zell mit den umliegenden Weilern, welche französische Namen führen, den obersten Theil bis zur Linie vom Frauenberg zum Vorhoferkopf einnimmt; nach Nabert nämlich, welcher die Sprachgränze längs des Weißbaches durch Urbis zieht, ist Zell schon deutsch, Büsching dagegen hält es für romanisch, was auch Kiepert annimmt, und was daher auch für die Tabelle IX angenommen ist. In diesem Falle geht also die Sprachgränze erst vom Vorhoferkopf nach Hachimette oder Eschelmeer hinab, wo sie dann den Weißbach überschreitet, an dem übrigens die weiter hinauf gelegenen Orte deutsche Nebennamen haben (Schnierlach, Klein-Rapoltstein, Diedolshausen, Langenwasen). Die Gemeinden Freland oder Urbach in dem hier anschließenden nordöstlichen Seitenthale (noch zum Canton la Poutroye gehörig) und Aubure oder Altweyer in dem nächsten Parallelthale (dieses schon zum Canton Markirch gehörig) sind nach Kiepert gemischt, womit auch Nabert's Zeichnung übereinzustimmen scheint; sie werden durch den siegolsheimer, seelburger und walburger Wald von den deutschen Ortschaften getrennt.

Von der Quelle des Strengbaches geht die Sprachgränze nach Nabert über den Rummelstein nordwärts in das Leberthal auf Groß-Leberau (Lievpre), das ebenfalls jetzt gemischt sein soll, während das nördlich anschließende Seitenthal von Deutsch-Rombach nach Nabert deutsch ist. In Betreff des Sprachverhältnisses der weiter aufwärts gelegenen Gemeinden des Leberthales: St. Croix oder Heiligkreuz und St. Marie-aux-Mines oder Markirch lauten die Angaben verschieden. Nach einer aus Nabert reducirten Zeichnung, auf deren Benutzung in Betreff der Forschungen desselben innerhalb des Elsasses der Verfasser leider beschränkt geblieben ist, ist nämlich die nördliche vormals lothringische Seite die deutsche, so daß die Sprachgränze den Landbach (die kleine Leber) hinauf bis Markirch geht und sich von dort nach Norden wendet, wobei dann auch Groß- und Klein-Rombach sowie Steinbach und Musloch auf der deutschen Seite bleiben; ebenso hält Kiepert die Seite links vom Landbache für die deutsche. Umgekehrt sagt Ristelhuber, daß in Markirch vormals der Landbach die Sprachgränze gebildet habe, so daß der elsässische Theil deutscher, der lothringische französischer Sprache gewesen sei, und Stoffel fügt hinzu, daß der Landbach noch heut in der Gemeinde Markirch die Sprachgränze bilde, und daß zum französischen (oder vormals lothringer) Theil St. Madeleine, zum deutschen (oder elsässer) St. Louis mit St. Blaise oder Helmansgereuth, Echery oder Eckirch, Surlatt oder Zülhardt, Fertru oder Furtelbach und Petit-Lieppre oder Klein-Leberau gehört habe. Wie dem nun auch sei, jedenfalls stimmen die verschiedenen Angaben darin überein, daß diese Gemeinden entweder mit dem protestantischen, vormals zweibrücker, oder mit dem katholischen, vormals lothringer Antheil, also halb deutsch und zur anderen Hälfte französisch sind. Daß vormals das Deutsche an der Straße von Markirch nach St. Dié sich über die Vogesen hinaus verbreitete, zeigen die Namen der beiden obersten Ortschaften des gegenüberliegenden Thales, Wissembach und Gemeingut (Gemaingoutte), zusammen mit dem Umstande, daß dieses Thal vormals in gemeinschaftlichem Besitz von Lothringen und Salm war; doch kommt in demselben heut die deutsche Sprache so wenig vor, wie in dem südlicheren Meurthe-Thale, dem Ban de Fraize, wo Calmet noch das deutschnamige Dorf Rudeling erwähnt, oder in dem Seitenthal nordwärts St. Die, wo das deutschnamige Dorf Harbach liegt.

Während oberhalb Deutsch-Rombach an den Gränzen des Ober- und Nieder-Elsasses (Sundgau und Nordgau) das deutsche Sprachgebiet die Höhe der Vogesen fast erreicht, tritt es unmittelbar darauf wieder zurück, indem das nächstnördliche Weilerthal oder Albrechtsthal in seinen oberen Theilen französisch ist. Im Weilerthal (Canton Willer oder Villé) begreift das romanische Sprachgebiet drei kleine Thäler, das des Gießen, nämlich nach Nabert die Gemeinde Urbeis, nach Kiepert auch noch Fouday oder Grub, das des Scherbaches, nämlich die Gemeinde Charbe oder Mittel-Scher (mit Wartembrett und Abscheu) und Lalaye oder Lach, und drittens das des Milbaches, nämlich nach den übereinstimmenden Nachrichten von Bernhardi und Nabert die Gemeinden Steige und Meißengott (mit Wagenbach), für welche französische Namen nicht bekannt sind, von welchen jedoch Kiepert die letztgenannte Gemeinde noch für deutsch hält. Jedenfalls deutsch ist der östlichere Theil des Albrechtsthales von der am Mühlbache gegenüber Meißengott gelegenen Gemeinde Engelsbach ab; doch finden sich hier noch die vier in der Erläuterung zur Tabelle IX angegebenen doppelnamigen Orte. Daß in diesen kleinen Thälern Reste der keltoromanischen Bevölkerung der Vogesen wohnen, wird auch durch Block's Anführung wahrscheinlich, daß die Bevölkerung dieses Cantons hinter der des übrigen Departements Bas-Rhin an Körpergröße zurücksteht; eben deshalb wird man in der französischen Sprache der Gemeinde Steige richtiger nicht den Erfolg neuerer Fortschritte des Französischen zu erblicken haben; auch diese wird eine ältere Ansiedelung sein, deren ursprünglicher romanischer Name nur in Vergessenheit gekommen ist.

Nördlich von Steige geht die Sprachgränze bis zum Sommerhofer-Wald auf dem Gebirgszuge zwischen dem Albrechtsthal und dem Breuschthale weiter, welches letztere Thal gleichfalls theils deutsch, theils romanisch ist und vormals theils zum Elsaß (den Herrschaften Willer und Stein und dem bischöflich straßburgischen Amte Schirmeck), theils zu Lothringen im weiteren Sinne (nämlich zur Grafschaft Salm) gehörte. Hiervon ist der obere Theil, welcher an den Quellen und rechts der Breusch einen Theil der Herrschaft Willer ausmachte, und dessen Ortschaften meist (6 unter 8) doppelnamig sind, jedenfalls altromanisch. Auch in der nordöstlich anschließenden Herrschaft Stein, deren südlicher oberer Theil zum Departement Bas-Rhin, der nördliche untere zum Departement Vosges gehört —, eine Eintheilung, die nicht allein der historischen Grundlage, sondern auch des geographischen Zusammenhanges entbehrt, — wurde nach Büsching ein vom französischen stark abweichender romanischer Dialekt gesprochen.

Hier sind jedoch nur im oberen Theile die Dörfer doppelnamig (Urbach, Belfuß, Schönberg, auch Blensbach), wogegen von Solbach ab die Namen der Dörfer (Waldersbach, Wildersbach, Neuwiller und Rothau) deutsch sind (nur Ringelsbach — Riaugoutte und Ober-Rothau — Haute-Goutte haben romanische Nebennamen). Von der Herrschaft Stein scheint hiernach, womit auch Nabert's Zeichnung übereinstimmt, der nördlich von Waldersbach gelegene Theil (im Dep. Vosges) deutsch zu sein. Unzweifelhaft deutsch ist der noch weiter abwärts liegende elsässische Theil des Breuschthales, die Gemeinden Natzwiller, Barenbach, Nuß und Schirmeck im Canton Schirmeck, so daß die Sprachgränze von Schirmeck aus auf der alt-elsässischen Gränze zum Kelberge (dem vermeintlichen Wasgenstein) und zum Donnon hinaufgeht, von wo sie weiter auf dieser Gränze zunächst auf der Vogesenhöhe, dann zwischen den Thälern von St. Quirin und Abreschwiller sich fortsetzt.

Die vier elsässischen Thäler, welche somit in den Vogesen dem französischen Sprachgebiete angehören, begreifen ungefähr 4½ Quadrat-Meilen, 20 Gemeinden, 30,000 Bewohner. Das ganze übrige Elsaß, — also außer den Antheilen der von der Sprachgränze durchschnittenen sechs Cantone Pfirt (la Ferrette), Damerkirch (Dannemarie) und Maasmünster (Massevaux), Schnierlach (la Poutroye), Markirch (St. Marie) und Willer (Villé), — noch im Ober-Elsaß die Cantone Thann, Sennheim (Cernay) und St. Amarin, Hirsingen, Altkirch, Hüningen (Huningue), Landser, Habsheim und Mülhausen (Mulhouse), Ensisheim, Ober-Sultz, Gebweiler, Ruffach, Neu-Breisach, Andolsheim, Colmar, Winzenheim, Münster im Gregorienthal, Kaisersberg und Rapolzweiler (Ribeauvillé), — dann im Unter-Elsaß: Markolzheim, Schletstadt (Selestad), Barr, Benfeld, Erstein, Ober-Ehenheim (Obernay) und Rosheim, Molsheim, Geispolzheim, Straßburg, Schiltigheim, Wasselnheim (Wasselonne), Truchtersheim, Brumath, Bischwiller und Hagenau, Elsaß-Zabern (Saverne), Maursmünster (Marmoutier), Hochfelden, Buchswiller (Bouxviller) und Lützelstein (la Petite-Pierre), Niederbronn, Wörth, Sultz, Selz, Lauterburg und Kron-Weißenburg (Wissembourg), — und die elsässischen Theile der theilweise zu Lothringen gehörigen Cantone Schirmeck, Lörchingen, Saarburg, Pfalzburg und Drülingen, — begreift im ganzen ein Territorium von ungefähr 140 geogr. Qu.-Meilen, 876 Gemeinden mit einer Million Einwohnern, (wobei die 10 gemischten Gemeinden an der Larg, der Leber und dem Weißbache mit über 28,000 Einwohnern zur Hälfte gerechnet sind). Dieses ganze Land gehört durchaus zum deutschen Sprachgebiet. Denn innerhalb desselben, abgesehen von einigen Ortschaften der Herrschaften Willer und Dagsburg und von dem nicht einmal französisch klingenden Chalampé (vormals Eichwald) bei Neuburg, sowie von den angeführten Verwälschungen der Namen einiger Cantons-Hauptorte und einigen vereinzelten Uebersetzungen deutscher Namen, findet sich in diesem ganzen Gebiete kaum ein Doppelname; — und abgesehen von den angegebenen 5 Gemeinden in der Herrschaft Stein mit 2800 Einwohnern, deren heutiges Sprachverhältniß nicht feststeht, ist innerhalb dieses ganzen Gebietes schwerlich irgend eine Gemeinde, in der das Französische bereits als die überwiegende Volksprache bezeichnet werden könnte.

Der Eroberung von anderthalb Jahrhunderten bedurfte es und der wiederholten Mitwirkung Deutscher selbst, um das Elsaß aus dem Bereich deutscher Landesherrschaft zu ziehen. Wie die Tabelle IX mit der beigefügten Erklärung zeigt, wurde das erste Viertel desselben, die österreichischen Besitzungen mit der elsässischen Landvogtei (285 Gemeinden mit heut 227,000 Einw.), durch den westfälischen Frieden, das zweite, die Reichstädte, die Reichsritterschaft und die Reichstifter (159 Gemeinden mit 226,000 Einw.) durch die Reunionen unterworfen, während die Republik Straßburg (so wird sie auch bei Ristelhuber bezeichnet) und der Bischof von Straßburg für seine elsässischen Besitzungen (im ganzen 160 Gemeinden mit 262,000 Einw.) sich freiwillig unter die Protection der französischen Könige stellten; durch die Erwerbung von Lothringen und den Uebergang einiger elsässischer Herrschaften aus dem Besitz deutscher Fürsten in den französischer Unterthanen wurden im Laufe des 18. Jahrhunderts noch einzelne Theile (42 Gemeinden, 47,000 Einw.) Deutschland entfremdet; das vierte Viertel, nämlich verschiedene Mediatherrschaften deutscher Fürsten und die mit der Eidgenossenschaft verbundene Republik Mülhausen (230 Gem. mit 239,000 Einwohnern), kam erst in Folge der französischen Revolution ganz unter Frankreichs Herrschaft. Nichtsdestoweniger hat in den verschiedenen Theilen des Elsasses (im Gegensatz zu Lothringen) die längere Dauer französischer Herrschaft keinen wesentlichen Einfluß auf das Sprachverhältniß geübt, und so wenig Würtemberg, Zweibrücken und Salm ihre französischen Unterthanen zu germanisiren strebten, so wenig wurde im deutschen Elsaß vor der Revolution die deutsche Nationalität der Bevölkerung in Frage gestellt; es ist nicht einmal zu sagen, ob heut in dem Grade der Anhänglichkeit an die deutsche Sprache ein Unterschied zwischen den später und den früher an Frankreich verlorenen Landschaften besteht, wenn auch in neuerer Zeit eine stärkere öffentliche Kundgebung zu Gunsten des Deutschen gerade in einer erst in der Revolutionszeit Deutschland entfremdeten Stadt erfolgt ist.

Erst mit der Revolution, deren Anhänger die Verschiedenheit der Volksprachen als einen Ausfluß des Feudalismus betrachteten, begann die Propaganda für das Französische im deutschen Sprachgebiet, wie in gleicher Weise die Revolution von 1848 mit dem zweiten Cäsarenthum den verstärkten Angriff auf die Deutschheit der elsässischen Bevölkerung zur Folge hatte. Es bedarf der Erinnerung hieran, um zu zeigen, wie kurze Zeit erst verflossen war, als sich beim ersten und wiederum beim zweiten Pariser-Frieden die Gelegenheit darbot, die deutsche Gränze in einer den Bedürfnissen und Anforderungen beider Nationen entsprechenden Weise festzustellen. Aber nicht einmal die bei den letzteren Verhandlungen vom Statistiker Hoffmann in Vorschlag gebrachte geringe Erweiterung der deutschen und eidgenössischen Gränze, welche nördlich das diesseit einer Linie vom Rothkopf auf Mummenheim am Zornfluß liegende Gebiet, südlich den Canton Hüningen von den französischen Besitzungen ablösen und mit deutschen Staaten wiedervereinigen wollte, und deren Ausführung 180,000 deutsche Elsässer vor dem mehr als halbhundertjährigen Sprachdruck und allen seinen traurigen Folgen bewahrt haben würde, (geschweige denn der weitergehenden Wünsche deutscher Vaterlandsfreunde auf Wiedergewinnung dieses ganzen deutschen Landes) fand die Genehmigung der hauptsächlich zum Schaden Deutschlands tagenden Versammlung.

Während in dem nach Osten und Norden und theilweise auch nach Süden und Westen von deutscher Sprache umgebenen Elsaß die Sprachgränze noch kaum verrückt oder verdunkelt ist, ist dieselbe dagegen in Deutsch-Lothringen, das nur nach Norden und Osten an deutsches Gebiet, mit der breiten Südwest-Seite aber an französisches gränzt, und in dem seit mindestens 120 Jahren die Aufdrängung der französischen Sprache beharrlich versucht worden ist, schon verschoben worden, so daß das Deutsche, das sonst vielfach über die Wasserscheide der Saar und der deutschen Nied hinüberreichte, jetzt meist in die nördlichen Senkungen zurückgedrängt erscheint. Gerade diesem Zustande gegenüber ist es wichtig, daß die zusammenliegende Masse der Ortsnamen und die Kenntniß der vormaligen Landeseintheilung, welche innerhalb der herzoglich lothringischen Territorien bis zur Eintheilung von 1751 mit aller Bestimmtheit den deutschen Theil, die sogenannte Allemagne unterschied, in welcher bis dahin Deutsch die Gerichts- und Gschäftsprache und die Schulsprache gewesen war, den früheren Bestand des deutschen Nationalgebietes klar legt. Ja selbst die kleinen Abweichungen, welche zwischen den beiden in dieser Weise ermittelten Linien bestehen, vermögen hier und da Anzeichen zu geben, wie gegenüber thatsächlich vorhandener Volksmischung die eine oder die andere Sprache für die örtlich vorzugsweise berechtigte gehalten wurde, solange eben in Folge der Verbindung des Herzogthums Lothringen mit dem deutschen Reiche an eine Sprachtyrannei noch nicht zu denken war. Offenbar wurde die Gränze beider Nationen bis zur Mitte des vorigen Jahrhunderts durch die des deutschen und des französischen Lothringens gebildet, wobei diejenigen bischöflich metzischen Herrschaften, welche innerhalb der Allemagne oder mit dieser vermischt lagen (Helferdingen, Hinckfingen, Hoblingen, Albestorf und Freiburg) mit zum deutschen Sprachgebiete gehörten; nordwestlicher bildete dann die Gränze des metzer Stadtgebietes gegen Deutsch-Lothringen und Deutsch-Lützemburg, weiterhin die des Herzogthums Bar gegen Deutsch-Lützemburg die der Landessprache und annähernd auch der wirklichen Sprache der Einwohner.

Mit solcher Bestimmtheit beginnt die alte Gränze zwischen dem deutschen und dem französischen Lothringen bei dem Dorfe Gisselfingen (Gelucourt) am Widlinger-Bach, das vor der Abtretung an Frankreich zur Herrschaft Dieuze, mithin zu Deutschland gehörte. Was den südöstlicheren Theil der Sprachgränze betrifft, so schloß sich hier zunächst die vormalige Grafschaft Rikingen an, die als ein Lehn von Deutsch-Lothringen gleichfalls vorwiegend deutsch gewesen sein muß; weiter aufwärts folgte die Herrschaft Türkstein, welche im bischöflich metzischen Besitz und wohl von Anfang an theilweise französisch war, dann in den Vogesen bis zur Gränze des Elsasses die Grafschaft Salm, die, obwohl sie bis zur französischen Revolution ein Theil des deutschen Reiches blieb, dennoch ursprünglich ein vorwiegend romanisches Land war und nur hier und da auch deutsche Ortschaften enthielt.

Die Grafschaft Salm, zwischen der Breusch (von Schirmeck bis Burg-Breusch) und der Plaine (von deren Quelle bis gegen ihre Mündung hin) belegen, bis 1751 auch westlich über die letztere in das Gebiet der Vesouze reichend, berührt in ihrer östlichsten Gemeinde das deutsche Sprachgebiet bei Schirmeck: la Broque (der links der Breusch gelegene Theil von Schirmeck) mit dem den Bach aufwärts liegenden Wachenau und Wachenbach, mit Vipucelle oder Zell, Albay oder Alspach scheint vormals ein Theil des deutschen Sprachgebiets gewesen zu sein. Weiter aufwärts werden die Gemeinden Plaine (Blen) mit Diespach, Champenay (bei Nabert Schampenau), Saulxure (Holenbach) mit Goutterngoutte und la Goutte (Gutbrunn) von Nabert als deutschredend bezeichnet; nach Kiepert's Mittheilungen sind die hier belegenen Ortschaften erst im vorigen Jahrhundert von deutschen Einwanderern besiedelt worden; sie würden, wenn der untere Theil der Herrschaft Stein nicht mehr deutsch ist, gegenwärtig Enclaven im französischen Sprachgebiete bilden. Das zusammenhängende Gebiet deutscher und gemischter Ortsnamen reicht also mit diesen Gemeinden bis zur natürlichen Begränzung durch die Vogesenhöhe hinauf. Die jenseit der Wasserscheide vorkommenden deutschen Ortsnamen im vormals salmischen Territorium (wie Balzweiler, Langstein und andere) und die diesseit derselben auf älteren Karten vorkommenden Namen (Pfiffers, Unsre-Frau-zum-See) lassen auf zeitweise noch weitere Verbreitung deutscher Bevölkerung, nicht aber auf eine größere Ausdehnung des deutschen Sprachgebietes schließen.

In der nördlich anschließenden Herrschaft Türkstein ist das frühere Sprachverhältniß zweifelhaft; sie reichte schon in früher Zeit (um 1350) in das Gebiet der Vesouze hinüber, da schon damals Cirey dorthin gehörte; später war sie mit der auf der Sprachgränze gelegenen Herrschaft St. Georg und dem im französischen Sprachgebiet gelegenen Val de Bon-Moutier (Chatillon) verbunden. Diesseit der Wasserscheide umfaßte die Herrschaft Türkstein die im Gebiet der weißen und rothen Saar gelegenen Ortschaften, im letzteren mit Ausnahme derjenigen, welche zur Grafschaft Dagsburg gehörten. Was die Ortsnamen in diesem Theile betrifft, so sind gegen die Quelle der weißen Saar hinauf oberhalb Türkstein die Namen der Mühlen und ebenso zur linken die Bergnamen französisch; dagegen trägt zur rechten der Rheinkopf offenbar deutschen Namen, und ebenso sind die im jenseitigen St. Quiriner-Thal liegenden Mühlen deutsch benannt. St. Quirin selbst und die Metairies von St. Quirin, sowie la Frimbole (vormals Lauferborn) sind unbestimmt und die zugehörigen Weiler theilweise doppelnamig, theilweise französisch benannt. Diese drei den südlichsten Theil des Saarthals bildenden Gemeinden sind nach Nabert gegenwärtig französisch, wogegen die nördlich anschließenden Wasperwiller, Niederhofen, Frackelfingen, und die längs des bei Lorquin in die Saar mündenden Baches belegenen Ortschaften Hattigny (vormals Hittingen), Aspach, Laudangen, sowie auch Lorquin oder Lörchingen (nach Lepage vom Lärchenwalde so genannt) mit Neuwiller nach Nabert's Angabe noch deutsch sind; die beiden letzteren Ortschaften bildeten im Anfange des vorigen Jahrhunderts einen Theil der Grafschaft Rikingen.

Die östlich anschließenden Ortschaften der elsässischen Grafschaft Dagsburg (welche bis zur französischen Revolution dem Hause Leiningen gehörte): Voyer oder Weyer, Abreschwiller oder Elbersweiler am oberen Laufe der Saar, sind nach Nabert deutsch; ebenso nach Bernhardi, da auch dieser zwischen St. Quirin und Abreschwiller die Sprachgränze zieht. Von der letzteren Ortschaft sagt Büsching, daß Elbersweiler in der dortigen „romanischen" Mundart Abreschwiller genannt werde; doch kann, da in der ganzen Grafschaft Dagsburg die Namen der Berge und Mühlen nur deutsch sind, aus dieser Angabe noch nicht geschlossen werden, daß sich das romanische Sprachgebiet auf Abreschwiller selbst erstreckt hätte.

Von Hattigny ab oder dem auf der Wasserscheide belegenen Risholz fällt nach Nabert die Sprachgränze bis Kelsing westlich von Guldersingen (Gondrexange) mit der Wasserscheide zusammen. Ueber dieselbe hinaus reichte die Herrschaft St. Georg mit Richeval (dessen deutscher Name nicht angegeben ist) und La-Haye-des-Allemands (bei Nabert Hagen), dann westlich vom Guldersinger-See die Grafschaft Rikingen, welche hier die Ortschaften Ibigny (wahrscheinlich Ibing) mit Hablutz, dann Rikingen (Rechicourt) mit Lansquenet, und nördlicher Romecourt (Kindhaus) und Azoudange (vormals Ausudingen) enthielt, vielleicht auch Xirrange (Sireckfingen, welches jedoch Lepage für Zaririm unterhalb Schwarzingen oder Xouaxange nördlich von Lörchingen hält). Außer diesen gehörten jenseit des Saargebietes nur noch die südwestlich von Rechicourt gelegenen Dörfer Avricourt und Moussey (und auch diese wohl nur theilweise) zu Rikingen, durch deren Feldmarken nach Lepage der Ruisseau de Hemburg fließt, für die jedoch ein deutscher Name nicht bekannt ist. Daß die Grafschaft Rikingen einen Theil des deutschen Sprachgebietes bildete, wird außer durch ihre Zugehörigkeit zur Allemagne noch dadurch wahrscheinlich, daß die Ortschaften des französischen Lothringens, an welche sie südlich gränzt, Foulcry und Igney, auf älteren Karten die deutschen Namen Ellingen und Folkringen führen, und daß der nordwestlich anschließende Theil des vormaligen metzischen Bezirks la Garde neben den beiden Xirrange noch die deutschen Namen la Broc (in älteren Urkunden de

Bruque), am Etang de Tuding, ferner Bagnesholz und die Breideburg-Mühle enthält.

Nördlich der vormaligen Grafschaft Rikingen schloß sich die vormalige metzische Castellanei Freiburg an, von der Freiburg und Desselingen westlich gegen den Thusweyer (den See bei Dieuze), Langenberg ungefähr auf der Wasserscheide, Roth am Stockweyer (im Saargebiet) liegt. Alle diese Ortschaften sind nach Nabert jetzt französisch, sowie nach demselben das südlich des Stockweyers gelegene Dorf Diana-Capelle (ursprünglich wohl die-Anna-Capelle) jetzt auf der Sprachgränze gelegen ist.

Ueber die Sprache dieses südwestlichsten Dorfes der vormaligen Reichsherrschaft Finstingen findet sich bei Lepage keine Angabe, während aus den Notizen desselben bei den meisten finstinger Dörfern, sowie bei der Stadt Finstingen selbst (cette ville est allemande) deutlich die Deutschheit dieser ganzen Herrschaft sowie der von derselben östlich liegenden Territorien, also der Herrschaft Saareck, der einst elsässischen, im 16. Jahrhundert an Lothringen, 1661 an Frankreich abgetretenen Herrschaft Pfalzburg, und sämmtlicher östlich von Saarburg gelegenen lixheimer Ortschaften (Hoff, Schneckenbusch und Hartzwiller werden ausdrücklich deutsch genannt) nebst den dazwischen liegenden 1661 an Frankreich abgetretenen Ortschaften der Herrschaft Saarburg hervorgeht.

Was die oberhalb Saarburg im Gebiete der Saar liegenden Ortschaften anbelangt, welche mit Ausnahme der lixheimer Dörfer Hermelingen und Nitting ganz oder theilweise bis 1661 unter französische Herrschaft gelangten, so scheint Bernhardi dieselben dem französischen Sprachgebiete zuzurechnen, da er Saarburg als den vordersten Ort dieses Sprachgebietes bezeichnet und von dort auf St. Quirin dessen Begränzung angiebt. Eine ähnliche Angabe findet sich in einem bekannten Reisehandbuch, wo gleichfalls Saarburg als Sprachgränze bezeichnet wird, mit dem Bemerken, daß in der oberen Stadt französisch, in der unteren meist deutsch gesprochen werde. Nach Nabert dagegen würden die oberhalb Saarburg liegenden Ortschaften, welche durchweg deutsche, mitunter allerdings auch verstümmelte und ins Französische übersetzte Namen führen, noch zum deutschen Sprachgebiete gehören. Beide Behauptungen lassen sich vereinigen, wenn man annimmt, daß die Stadt Saarburg in der Französirung dem umgebenden Lande vorausgegangen ist, so daß die jenseits gelegenen Dörfer, wenn auch nicht ausschließlich, doch noch in stärkerem Verhältnisse deutsch sprechen, als in Saarburg selbst geschieht. Diesseit Saarburg scheint nämlich ein ähnliches Verhältniß in Ansehung der Stadt Pfalzburg sich vorzubereiten, die, seit 200 Jahren französisch, vermöge ihrer Lage einen Stützpunkt der französischen Militärmacht bildete; diese von deutschen Ortschaften umgebene Stadt scheint gleichfalls schon ein zweisprachiger Ort zu sein, da bei Pfalzburg Lepage nur sagt, daß die Ausbauten, les Ecarts, deutsch seien.

Eine ähnliche Sprachmischung wie in der saarburger Gegend scheint in den westlich an die vormalige Reichsherrschaft Finstingen anschließenden Dörfern der Cantone

Albestroff und Dieuze vorzuliegen, welche einst einen Theil der mit Dieuze verbundenen Herrschaft Morsperg (Marimont) bildeten. Nur drei nördlichste Dörfer dieser Herrschaft, Frei-Altroff, Lening (Leiningen) und Neufvillage (Neuendorf), sowie die nur halb zu derselben gehörig gewesenen Dörfer Lauterfingen und Bermeringen bezeichnet Lepage als deutschredend, wogegen er sieben andere von Diedersberg ab südlich gelegene morsperger Dörfer, sowie die vormals bischöflich metzischen Ortschaften Albestroff (jetzt Canton-Hauptort) und Benestroff für deutsch und französisch erklärt. Nabert dagegen rechnet nicht nur alle diese Orte nebst Rodalben (vormals zur Grafschaft Mörchingen gehörig), welche sämmtlich auch diesseit der Wasserscheide belegen sind, dem deutschen Sprachgebiete zu, sondern er läßt dieses sich auch über die Wasserscheide hinaus auf die nächsten sechs vormals zu Dieuze und Morsperg gehörig gewesenen Gemeinden Burg-Altroff, Gebling, Büderstorf, Bassing, Dommenheim und Kütting erstrecken. Auch diese, welche heute schwerlich mehr als deutsch-französisch sind, stellen nur den geringen Rest des vormals deutschen Gebietes dar, welches sich in der Herrschaft Dieuze die Seille hinab bis dicht an Marsal erstreckte. — Die ganze Herrschaft Dieuze, deren westliche Begränzung die am widlinger Bach gelegenen Ortschaften Gisselfingen (Gelucourt), Gelbedingen (Gueblange) und Weißkirchen (Blanche-Eglise), und nordwärts der Seille: Mulcey (nach dem Register von 1594 „alias Metzing"), Bathelemont oder Battenberg und das mit der Herrschaft Hoblingen gemeinsame Hampont (Hudingen) bildeten, war im ganzen und großen deutsch. Es folgt dies nicht nur aus ihrer fortdauernden Zugehörigkeit zur Allemagne, deren deutsche Verwaltung zeitweise in Dieuze selbst (zeitweise auch in Saargemünd und in Wallerfangen in dem jetzt preußischen Theile Lothringens) ihren Sitz hatte, und außerdem aus den deutschen Namen sämmtlicher Ortschaften (außer Chateau-Voel), welche Namen in der Erklärung zur Tabelle IX. angegeben sind, sondern ganz vorzugsweise daraus, daß das deutsch- und doppelnamige Gebiet längs des widlinger Baches auch über diese Gränze der Allemagne hinaus sich in die einstmals bischöfliche, dann herzogliche Kastellanei Marsal erstreckte. Hier finden wir den „Kakelberg" bei Donnelay (einst Dunningen) und die Ravenmühle, nördlicher das doppelnamige Juvelize (noch 1594 Gerskirch), und nächst Marsal selbst Viller-Bettnach und die Buschmühle; auch wird Lezey bei Calmet noch Alzey genannt und der Name als Alt-See gedeutet, woraus man sieht, daß auch Calmet die Verbreitung des Deutschen in diese Gegend annahm. Fast der ganze zu Marsal gehörige Bezirk scheint somit zweisprachig gewesen zu sein, doch ist, da derselbe nicht zur Allemagne gehörte, ein Ueberwiegen der deutschen Sprache hier nicht anzunehmen. Anderseits wird auch Dieuze, dessen Entstehung weit in die vordeutsche Zeit zurückreicht, und dessen deutscher Name Thus nur als Verderbung erscheint, schwerlich ganz deutsch gewesen sein, wenngleich die deutsche Sprache hier vormals die allein amtlich gültige war; es kann eine dauernd gemischte Stadt gewesen sein, welche jedoch wegen der deutschen Sprache der umliegenden Dörfer zur Allemagne gelegt war.

Nördlich vom Kekinger-Holz (Bois de Quekin) war Wuisse (Weiße) das letzte

Dorf der Herrschaft Dieuze, dann schloß sich vormals die Grafschaft Mörchingen an, welche ebenfalls zur Allemagne gehörte und zeitweise sich im Besitz der Rheingrafen befand; sie gehörte, wie auch die alten Ortsnamen (namentlich die des Registers von 1594) bezeugen, durchweg dem deutschen Sprachgebiet an. Die westlich derselben belegene Herrschaft Hoblingen (Haboudange), in welcher fast alle Orte — Dedeling (Tietlingen), Obreck mit Zunder, Bellange und Dalhain (Dalheim, welches auch Lepage für deutschnamig hält) — deutsche Namen haben, und nur für das (halb lothringische) Burlioncourt einstweilen ein deutscher Name nicht bekannt ist, muß gleichfalls dem deutschen Sprachgebiet angehört haben, da bei dieser Herrschaft, welche mit Helferdingen und Hinckfingen zusammengenannt wird und wie diese seit früher Zeit zu den Besitzungen des zweisprachigen Fürstbisthums gehörte, die Deutschheit der Namen sich nur durch die deutsche Nationalität der Bevölkerung erklären läßt; auch entspricht dies der Angabe Joanne's hinsichtlich der metzer Besitzungen in diesem Departement, und überdies lag diese Herrschaft gemischt mit der Allemagne, da Hudingen und Burlioncourt halb zu Dieuze, Dalheim halb zu Mörchingen gehörte. Längs der Herrschaft Hoblingen von Obreck an wandte sich die alte Sprachgränze, welche bis dahin nordwestlich ging, nach Nordnordwest; im Anschlusse derselben findet sich bei Dalheim noch der deutsche Ortsname Halibac (den auch Lepage für Heiligbach erklärt); dann ging die alte Sprachgränze westlich von Achain (Eschem), welches vormals zu Mörchingen gehörte, oder vielleicht noch westlich der Gemeinde Marthil (mit Netz), welche um die Zeit der Auflösung der Allemagne zu dieser gehörte, in das Departement der Mosel hinüber.

Das deutsche Sprachgebiet im Meurthe-Departement enthielt somit nach der vermuthlich vormals überwiegenden Nationalität die ganzen Cantone Pfalzburg, Finstingen, Saarburg, Albestroff, fast ganz Dieuze, 18 Gemeinden von Lörchingen, 14 von Rikingen, 14 vom Canton Chateau Salins, eine von Vic, im ganzen 167 Gemeinden mit 86,700 Einwohnern auf einer Fläche von etwa 27 Quadratmeilen (wovon jedoch 12 Gemeinden mit 9830 Einwohnern schon oben beim Elsaß gerechnet sind). Hiervon würden nach Nabert's Gränzlinie noch 116 Gemeinden mit 65,500 Einwohnern deutsch sein; doch befinden sich innerhalb derselben, wie oben erwähnt, zwei gemischte Gebiete, das eine aus dem Canton Dieuze nördlich bis Diedersdorf und Albestroff reichend, das andere von Diana-Capelle und St. Quirin bis Saarburg, zusammen etwa 35 Gemeinden mit 13,000 Einwohnern. Auch der hiernach verbleibende Rest von 81 Gemeinden mit 52,500 Einwohnern geht noch über diejenigen Zahlen hinaus, welche in dem Berichte des französischen Unterrichts-Ministeriums erwähnt sind; höchst wahrscheinlich aber sind jene 76 Gemeinden mit 46,500 Einwohnern sämmtlich unter denen begriffen, welche nach Lepage als deutsch zu betrachten sind, so daß die Angabe, nach welcher der siebente Theil ihrer Einwohner französisch spricht, dahin zu verstehen ist, daß der französische Unterricht es so weit gebracht hat, dem siebenten Theil der Einwohner die zum Verkehr mit den französischen Behörden ausreichende Kenntniß der fremden Sprache beizubringen, in welcher diese deutschen Ortschaften regiert werden.

Vom Moseldepartement umfaßt das deutsche Sprachgebiet in seiner älteren Ausdehnung zunächst den ganzen Kreis Saargemünd, von dem jedoch nach Nabert die vordersten Dörfer, nämlich der hierher gehörige, aber jenseit der Wasserscheide im Gebiet der französischen Nied und insbesondere längs der Lotte belegene Theil der Grafschaft Mörchingen, mit Ausnahme des Dorfes Wallerangen bereits französirt ist, so daß jetzt der wildersbrucker Wald (westlich von Wallerangen) und der Matzenberg südlich der Dörfer Weiller (vorm. zu Mörchingen) und Ensweiller (das vormals zu Falkenberg gehörte) die Sprachscheide bilden würden. Ebenso sind die mit den mörchinger Dörfern zusammenliegenden vormals metzischen Orte, insbesondere Bareudorf (so heißt es noch bei Calmet), ferner am Gansbache Nieder-Sultzen und noch westlicher Brülingen jetzt französisch, wogegen die ganze nordöstlich der Linie Rodalben—Weiller, also nordöstlich der vormaligen Grafschaft Mörchingen gelegene vormals metzische Herrschaft Hinckfingen, deren Mittelpunkt Groß-Tännchen (Gros-Tenquin) bildet, nach Nabert jetzt noch deutsch ist.

Westlich von Brulange ist die Besemille (ein leicht verständliches deutsches Wort) die letzte deutsche Bezeichnung, während für das nordöstlich Brulange belegene, von deutschnamigen Orten umschlossene Thouville (vormals zu Metz) der deutsche Name noch nicht bekannt ist. Nordwestlich davon liegt Thicourt, auf deutsch Diederich, wie Calmet sagt, mit der Menspach-Mühle am „Bois Beholz". Dieser deutschnamige Ort wurde erst bei Auflösung der Allemagne mit dem deutschen Amte Bolchen vereinigt; den angeführten Namen nach scheint es zum deutschredenden Theile gehört zu haben, während umgekehrt die beiden westlicher gelegenen, vormals zur Allemagne gehörigen Dörfer Many und Arriance, für welche deutsche Namen nicht bekannt sind, wahrscheinlich nicht deutsch gewesen sind. Nordwärts von Thicourt tritt die alte Sprachgränze auf die Wasserscheide zwischen der deutschen und französischen Nied zurück; diesseit derselben liegen die Dörfer Mainviller und Chemery (für das letztere, östlich vom Beholz liegende, ist ein deutscher Name nicht bekannt, vielleicht Schümling, das Calmet in dieser Gegend erwähnt); beide reden jetzt französisch. Oestlich derselben bilden der Bromberg, der Wedderbusch, das Bonhaus und der kriechinger „Gemeinenwald" (so heißt er auf der französischen Karte) die Sprachgränze, so daß die rechts davon gelegenen vormaligen Grafschaften Falkenberg und Kriechingen —, deren erstere mit Deutsch-Lothringen unter französische Herrschaft kam, während die letztere bis zur Revolution deutsches Reichsland blieb, — auch jetzt noch deutsch sind.

Das nächste Dorf unterhalb Kriechingen an der deutschen Nied ist das deutsche Dorf Elbingen; westlicher und durch den Kahlenwald davon getrennt, liegt Hemilly. Beide gehörten zur Allemagne (zu Bolchen); Hemilly kann indeß dem vormals deutschen Sprachgebiete nicht zugerechnet werden, solange ein deutscher Name dafür nicht bekannt ist; doch könnte es sein, daß die Aufzählung der lothringer Orte von Alix Thierry, aus welcher Lepage wichtiges Material für das Meurthe-Departement geschöpft hat, auch für die äußersten Orte der Allemagne im Mosel-Departement noch eine oder die andere deutsche Bezeichnung enthielte. Dann folgt an beiden Seiten der deutschen Nied die vormalige bischöflich metzische Herrschaft Helferdingen, mit den deutschen Dörfern Ginglingen und Witringen links des Flusses; demnächst die Herrschaft Rollingen, welche, vormals lützemburgisches Lehn, im Jahre 1769 vom Hause Oesterreich unter französische Souverainetät abgetreten wurde, jedoch wie Kriechingen im Besitz des Hauses Wied verblieb. Die Ortschaften dieser Herrschaft gehörten früher sämmtlich dem deutschen Sprachgebiet an, so daß der oberhalb derselben liegende Wald (auf den Karten „Bois de Gebüsch") die Gränze bildete; jetzt sind nach Nabert's Angabe die zur linken des Flusses gelegenen Gemeinden Raville oder Rollingen und Vaudoncourt französisch, während der größere am rechten Ufer belegene Theil dieser vormaligen Herrschaft noch deutsch ist. Das etwas weiter unten zur rechten des Flusses liegende Bingendorf (Bionville), welches vormals eine Exclave des metzer Stadtgebietes war, ist nach Nabert gleichfalls jetzt französisch, nach Bernhardi stimmen die Nachrichten über die Sprache dieses Ortes untereinander nicht überein, indem es nach einer Angabe französisch, nach der andern deutsch sein soll; weiterhin ist das metzer Stadtgebiet französisches Land und war es wohl immer, wenn gleich in der Stadt Metz selbst eine bedeutende Zahl Deutscher lebt, für welche auch deutsch gepredigt wird. Das nördlich neben Bionville liegende vormals deutsch-lothringer Dorf Morlangen soll nach Bernhardi gleichfalls gemischt sein, während Nabert es noch als deutsch bezeichnet.

Auch die zwischen den beiden Nieden liegende Halbinsel am Zusammenflusse derselben war vormals deutsch, wie schon die Benennung des „Dabbelbusches" zeigt; ebenso die Ortschaft Pontigny. Nimmt man hinzu, daß dieselbe in Peigné's Ortslexikon mit dem deutschen Namen Niedbrucken bezeichnet ist, so wird man annehmen müssen, daß auch jetzt noch das Deutsche daselbst nicht erloschen ist, wenngleich Nabert sowohl Pontigny an der französischen, wie Varize oder Weibelskirchen an der deutschen Nied und wie Condé (Conthen) und Northen am Zusammenflusse beider als jetzt französisch redende Orte aufführt. Noch westlicher als diese Dörfer der Allemagne gehörte auch les Etangs mit la Bruyere (vielleicht der bei Calmet angegebene Ort Brüchen) zur deutsch-lothringischen Herrschaft Bolchen; doch kann auch diese Gemeinde in Ermangelung des deutschen Namens zum vormals deutschen Sprachgebiet nicht gerechnet werden.

Zwischen der Nied und der Kanner geht die Sprachgränze von der Nied unterhalb Northen längs des nächsten Thales hinauf, welches bei Hinksingen zur Nied ausgeht. Hinksingen selbst (vormals bischöflich metzisch) mit Petringen ist also deutsch, während das über Northen liegende Mussy l'Evêque französisch ist. Die von Petringen bis zur Kanner liegenden vordersten Dörfer der Allemagne: Renangen unter Charleville (und dieses selbst), Nidangen, Epangen, Viller-Bettnach und Gotscheuren, ebenso das 1661 an Frankreich gelangte Brettendorf, welches nördlich vom Bittersbusch, östlich vom Kahlenbusch liegt, und die am rechten Ufer der Kanner gelegenen Orte der vormaligen lothringischen Herrschaft Sierk: St. Hubert (unter Besey), Neudelangen und Aboncourt (südlich vom Katzenbusch), werden von Nabert als jetzt französisch redend bezeichnet, obwohl sie eben so sehr der alten Landeseintheilung nach, wie ihrem Namen nach dem deutschen Sprachgebiet angehörten.

Von St. Hubert bis Homburg an der Kanner und auch weiter unten gegen die Ausmündung der Kanner in die Mosel bildete dieses Flüßchen vormals die Gränze der Herzogthümer Lothringen und Lützemburg. Der östliche Theil des hier mit Aboncourt beginnenden Kreises Thionville (Dietenhofen) war noch lothringer Land, jedoch theilweise, nämlich die Herrschaft Sierk, unmittelbar nach der Erwerbung des südlichen Lützemburg gleichfalls der französischen Herrschaft unterworfen worden. Im Ganzen begreift der zu Lothringen gehörige, jetzt oder vormals deutsch redende Theil des Mosel-Departements ungefähr 43½ Qu.-Meilen, 266 Gemeinden, 189,400 Einwohner, nämlich: vom Kreise Dietenhofen den Canton Busenwiller (Bouzonville, 31 Gem.), 14 Gem. des Cantons Sierk, 4 von Metzerwisse, mit zusammen etwa 31,700 Einw., — dann vom Kreise Metz den Canton Bolchen (Boulay, 35 Gem.), den größeren Theil des Cantons Falkenberg (Faulquemont, 21 Gem.), 2 Gem. des Cantons Pange, 3 von Vigy, zusammen mit etwa 30,600 Einwohnern, — dann den ganzen Kreis Saargemünd, nämlich die Cantone Groß-Tännchen, St. Avold und Saaralbe (66 Gem. 44,900 Einw.), sowie die zwischen dem kgl. preußischen Lande an der Saar und dem zum Bas-Rhin gehörigen Theile des Saarlandes gelegenen Cantone Saargemünd (Sarreguemines), Forbach, Bitsch, Wolmünster und Rohrbach (90 Gem. mit 82,200 Einwohnern), welche letzteren fünf Cantone, ebenso wie den anschließenden Theil des nördlichen Elsasses und das ganze Arrondissement Thionville Hoffmann im Jahre 1815 dem französischen Reiche hatte wieder abnehmen wollen. Auf diesem ganzen Territorium finden sich, wie die Erklärung zeigt, meist nur deutsche, wenig doppelnamige Orte, und nur 13 Orte französisches Namens, für die der correcte deutsche Name nicht mitgetheilt werden kann, weil eben für das Mosel-Departement eine so treffliche Benutzung der Urkunden, wie Lepage für das Departement der Meurthe ausgeführt hat, noch nicht vorliegt; für eine Ortschaft in diesem Gebiete fehlt es bestimmt an einem deutschen Namen: Pourcelette bei St. Avold, das nach seinem französischen Besitzer benannt wurde. Von diesem Theile Deutsch-Lothringens sind nach Nabert's Angaben 21 Gemeinden mit 9100 Einwohnern bereits französirt. Wie weit diesseit seiner Gränze die französische Beimischung geht, darüber fehlen die Nachrichten; dafür jedoch, daß gemischte Bezirke der Art wie im Meurthe-Departement hier nicht vorkommen, spricht die größere Uebereinstimmung der verschiedenen deutschen Angaben, ferner daß das nächste südöstlich Wallerangen belegene Dorf des Meurthe-Departements bei Lepage als deutsch bezeichnet wird, dann die obige Bemerkung bei Pontigny. Anderseits aber ist vorauszusetzen, daß namentlich in denjenigen Theilen, welche zeitiger unter französische Herrschaft gelangten, und zumal in den Städten auch hier das Französische bereits einige Verbreitung gefunden hat. Wenn indeß im ganzen deutschen Sprachgebiete Lothringens von 465 Gemeinden mit 297,500 Einwohnern nach Nabert's Feststellung schon 75 Gemeinden mit 33,000 Einw., also der neunte Theil der Französirung erlegen wären, so wird man doch nicht annehmen können, daß innerhalb der übrigen Theile noch ein gleich hoher Betrag der deutschen Sprache bereits entzogen sei.

Der Anfang der Französirung Deutsch-Lothringens kann in das Jahr 1630 gesetzt werden, wo das bis dahin unter französischem Schutze gestandene Fürst-Bisthum Metz nebst der gleichnamigen Reichstadt in ein französisches Generalcapitanat verwandelt wurde; hierdurch kamen die mit der Allemagne vermischt liegenden bischöflichen Herrschaften Türkstein, Freiburg, Hoblingen, Hinckfingen, Helferdingen und Albestroff (ungefähr 61 deutschredende Gemeinden mit jetzt 27,500 Bewohnern) unmittelbar unter französische Herrschaft. Eine Erweiterung dieses Besitzes brachten die Abtretungen des vincenner Friedens, durch welche die französischen Heerstraßen, Deutsch-Lothringen auf beiden Seiten umfassend, sich mit der Herrschaft Sierk nordwestlich zur Mosel hinab, mit der nordöstlichen Linie von Gisselfingen auf Saarburg und weiter zwischen Lixheim und Hartzwiller hindurch über die Herrschaft Pfalzburg erstreckten, welche letztere den Franzosen eine feste Stellung zur Beherrschung des Elsasses gab; diese Abtretungen begreifen 43 deutsche Gemeinden mit etwa 31,000 Einwohnern. Mit der Uebernahme der Regierung des Herzogthums Lothringen selbst, welches die österreichische Politik dem Polenkönig preisgegeben hatte, begann die französische Verwaltung dieses Landes in den Jahren 1748 bis 1751 den förmlichen Krieg gegen die deutsche Nationalität der Bevölkerung. Die Aufhebung der deutschen Geschäftsprache, welche bis dahin die Allemagne von dem übrigen Lothringen bezeichnend unterschieden hatte, die allgemeine Vorschrift des französischen Volksunterrichtes, endlich die Aufhebung der Allemagne selbst und die gänzliche Umwandlung der Eintheilung derselben brachen über Deutsch-Lothringen und die hiermit verbundenen Territorien (wie Bitsch, Lixheim, Mörchingen, Falkenberg, Finstingen und Forbach) herein, von denen auch nach der Wiedergewinnung eines kleinen Theiles an der Saar noch jetzt 291 Gemeinden mit 192,800 Einwohnern unter französischer Herrschaft verblieben sind.

Was damals innerhalb Lothringens noch in deutschem Besitz war: die unter französische Hoheit gestellten Herrschaften Püttlingen, Rollingen, Welferdingen, die Reichsgrafschaft Kriechingen und ein Theil von Bliescastel, die nassauische Grafschaft Saarwerden (von welcher jedoch Alt-Saarwerden und Bockenheim d. h. Buchenhain, das letztere jetzt zusammen mit Neu-Saarwerden Sarre-Union genannt, zur Allemagne gehörten) und die Vogtei Drülingen, die Herrschaft Dimringen und die zum größten Theil im französischen Sprachgebiet gelegene Grafschaft Salm, — im ganzen noch 60 deutsche Gemeinden mit 46,200 Einwohnern, sie gehörten zu den ersten Opfern der Annexionslust des französischen Conventes. Wie hierbei die Komödie der Volksabstimmung ins Werk gesetzt wurde, mit welcher man auch heut die Unwissenden zu täuschen sucht, sieht man aus dem Werke von Chatellux über das Territorium des Mosel-Departements; dasselbe enthält insbesondere den phantasiereichen Vortrag im Convent, inhalts dessen die Bewohner der jetzt königlich preußischen Saargegenden sich danach sehnten, Franzosen zu werden, sämmtlich bereit, für die Freiheit des Convents zu sterben, in welchem aber auch der Steinkohlen-Reichthum des Landes nicht unerwähnt blieb. Erinnert man sich, wie gerade diese Gegenden die Rückkehr unter deutsche Herrschaft freudig begrüßten, so kann man den Gedanken nicht abweisen, daß auch das weiter aufwärts liegende deutsch-lothringer Land, dem durch eine mit den Bedürfnissen der Bevölkerung im Widerspruch stehende Gränzlinie der — zur unteren Saar gehende — eigentliche Lebensnerv durchschnitten, und von dem namentlich der östliche Theil geradezu gelähmt ist, erst in der Vereinigung mit Deutschland die seinem ganzen Wesen entsprechende Fortentwickelung finden würde.

An den Quellen der Kanner treten wir auf das alte Gebiet des Herzogthum Lützemburg über, in ein von Alters her zweisprachiges Land, dessen französisch redende Hälfte jetzt theils unter Frankreichs, theils unter Belgiens Herrschaft steht, aus dessen deutscher Hälfte Frankreich im Jahre 1659 den Bezirk Dietenhofen von den damals spanischen Niederlanden abriß, von der ferner bei der Theilung des deutschen Bundeslandes Lützemburg im Jahre 1839 der Kreis Arlon abgerissen wurde, das endlich mit seinem Kerne durch den napoleonischen Anschlag vom Jahre 1866 von dem neu sich gestaltenden deutschen Bunde und dessen Kriegsverbande abgelöst worden ist, so daß nur der östlich der Mosel und Elz gelegene Theil zu demjenigen Ländercomplex gehört, welcher nach heutigen internationalen Anschauungen berechtigt ist, den Namen Deutschland zu führen.

Der unter Frankreichs Herrschaft stehende Theil des Herzogthums zerfällt in zwei geographisch völlig geschiedene Theile, von denen der westliche, die südlichen Ausläufer der französischen Hälfte des Herzogthums enthaltende und im Maasgebiete belegene hier außer Betracht bleibt; der östliche, d. h. der östlich der vormaligen Grafschaft Longwy oder des Herzogthums Bar gelegene Theil gehört dem Moselgebiete und dem deutschen Sprachgebiete an. Seine Gränze fällt von Bettendorf an bis zur Mosel mit der heutigen Gränze der Kreise Metz und Dietenhofen des Mosel-Departements zusammen, links derselben waren noch Marangen, Silwangen und Talangen im Canton Metz einst lützemburgische Dörfer; dann überschritt die Gränze des Herzogthums die Orne oberhalb Gandrangen, so daß vom heutigen Kreise Dietenhofen im Orne-Thale Rosselangen, Vitry, Moyeuvre grande und petite, und nördlicher längs des Krebsbaches (also diesseit der natürlichen Begränzung) Ranguevaux und Morlangen mit Remlangen nicht mehr lützemburgisch waren. Nördlicher umfaßte dagegen das alte lützemburger Gebiet vom Kreise Briey die deutschen Orte Knütingen und Nilwingen und nach Chatellux auch den französischen Ort Fontoy; dann ging die Gränze nordwärts zur heutigen Staatsgränze, so daß die nordwestlichste Gemeinde des Kreises Dietenhofen (Oettingen) nicht mehr zu Lützemburg gehörte. Innerhalb dieser Territorien sind nach Nabert Bettendorf, ferner unterhalb Knütingen Hayangen und Herzangen jetzt französisch, außerdem auch Fontoy, das, da ein deutscher Name desselben nicht bekannt ist, auch für die frühere Zeit zum französischen Sprachgebiete gerechnet werden muß; nach den homannischen Karten würde übrigens Fontoy nicht ein lützemburger, sondern ein barischer Ort gewesen sein, in diesem Falle hätte sich also innerhalb des östlichen Lützemburg nicht ein französischer Ort befunden.

Dagegen geht das deutsche Sprachgebiet im Anschluß der vorbeschriebenen lützemburger Gränze anscheinend an mehreren Stellen in die anschließenden Territorien hinüber, welche vormals theils zur Stadt Metz, theils zum Herzogthum Bar gehörten: den Ortsnamen nach zunächst mit Hessange gegenüber Bettendorf (das jetzt ein französischer Ort ist), dann an der Mosel mit Hagendangen und Amelangen, welche wahrscheinlich jetzt noch deutsch sind, dann an der Orne um Vitry mit Böwangen, Rosselangen, Kluangen (nach Nabert auch mit Rombas, welches dieser wegen der vorkommenden Bezeichnung Rombach als vormals deutsch betrachtet); dann nördlicher am Krebsbache, also diesseit der Wasserscheide, mit Morlangen und Remlangen, welche jetzt nicht mehr deutsch sind; ferner westlich von Knütangen mit Lommerangen und Landerfangen, nordwestlich von Fontoy mit Bollingen (am Heckeholz), Hawangen und Lüdlangen, welche fünf Orte jenseit der Wasserscheide belegen und gleichfalls nicht mehr deutsch sind; dann diesseit der Wasserscheide mit Tressangen und Büre (jetzt gleichfalls französisch), ferner längs der heutigen Gränze des Großherzogthums Lützemburg mit Oettingen, Deutsch-Altheim, Rüssangen, Redangen bis Ober- und Nieder-Sonne, welche Ortschaften nach Nabert noch deutsch, und im Anschlusse derselben mit Cantelborn und Tütangen, Hussigny, Godbrangen, Herslangen und Martinsberg bei Longwy, welche, obwohl anscheinend deutschnamig, doch nach Nabert jetzt nicht mehr deutsch sind.

Das deutsche Sprachgebiet im französischen Antheile des Herzogthums Lützemburg und im Anschlusse desselben umfaßte somit ein Territorium von 13 Qu.-Meilen, 85 Gemeinden, 61,700 Einwohnern, von welchem 17 bis 18 Gemeinden mit 9400 Einw. zu Landestheilen mit von Alters her französischer Landessprache gehörten, 58 Gemeinden mit 46,800 Einwohnern durch den pyrenäischen Frieden Frankreich überlassen wurden, und nur 9 bis 10 Gemeinden mit 5500 Einwohnern (namentlich die Herrschaft Rodemachern, welche unter Frankreichs Hoheit dem Hause Baden gehörte) bis in die zweite Hälfte des vorigen Jahrhunderts in deutschem Besitze geblieben waren. Hiervon sind nach Nabert mindestens ein Siebentel (13 Gemeinden mit 8800 Einw.) französirt, und ist die Angabe bei Bernhardi richtig, welche an der Mosel Hückingen als Gränzort setzt, so würden auch die 6 bis 7 südlicheren um die Ornemündung belegenen Gemeinden (also jenseit der natürlichen Gränze, welche das Ornegebiet auf der französischen Seite läßt,) mit 3500 Einwohnern gleichfalls jetzt französisch reden. Daß aber auch diesseit der Nabert'schen Sprachgränze durch das vormals lützemburgische Gebiet die französische Sprache unter der deutschen Bevölkerung im Laufe der zwei Jahrhunderte französischer Herrschaft Verbreitung gefunden hat, zeigen die neuesten Vorgänge in Malling, wo der dienstbeflissene Gemeinderath für die Propagation des Französischen, die Geistlichkeit, die diesen Namen hier wie im Elsaß mit vollem

Recht führt, für die Erhaltung der deutschen Volksprache, also des geistigen Lebens im Volke, eintritt, und die Aeußerungen, welche bei der Behandlung dieser Sache im Senat des Kaiserreichs fielen, wo unter Anführung nichtiger und wahrhaft kindischer Gründe) wie: daß im preußischen Rheinlande das Französische auch nicht Schulsprache sei, daß man höchstens das deutsch-lothringer Patois, aber kein Hochdeutsch lehren dürfe) geradezu die Unterdrückung der deutschen Sprache gepredigt worden ist.

Die Duldung solcher Zustände war bisher theils eine Folge der Unkenntniß derselben im übrigen Deutschland, theils der auf dem Gefühl der eigenen Machtlosigkeit beruhenden Furcht vor der Uebermacht Frankreichs, welche es liebte, sich mit dem Mantel der Friedensliebe zu decken; mit dem Aufhören beider wird auch diese Duldung schwinden und die deutsche Nation die Anforderung geltend machen: daß in dem ganzen Gebiete des nordwestlichen Frankreichs, welches, von Deutschen bewohnt, einst der deutschen Sprache angehörte, also auf einem Gebiet von 230 Qu.-Meilen, etwa 1427 Gemeinden und 1,360,000 Einwohnern, die deutsche Sprache in ihr altes Recht gesetzt, die Bevölkerung im Gebrauche derselben geschützt, die Cultur der Sprache gefördert und denjenigen, welche bereits durch List und Trug zu Franzosen gemacht sind, die Rückkehr zur deutschen Sprache ermöglicht werde. Dies ist der deutsche Anspruch; daß es aber zugleich das besser verstandene französische Interesse wäre, durch Achtung der deutschen Sprache in ihrem alten Gebiete diesem Anspruch gerecht zu werden, folgt einfach daraus, daß andernfalls bei wechselndem Kriegsglücke auch Uebergriffe von deutscher Seite vorkommen können, wie schon mancher deutsche Heißsporn die Rücknahme des ganzen seit 900 Jahren streitigen Lothringens sammt Metz, Verdun und Toul gefordert hat, bei welcher die französische Nation kaum weniger an eigenem nationalen Boden und Volke aus ihrem Staatskörper verlieren würde, als sie durch die Eroberungen zweier Jahrhunderte von deutschem Lande und Volke unterworfen hat.

Vom Dorfe Sonne oder vormals von Martinsberg geht die Sprachgränze auf das überwiegend deutsche Halanzy oder Holdingen im heutigen belgischen Staatsgebiet; hier wendet sie sich nördlich, so daß sie den ganzen Kreis Arlon mit Ausnahme der überwiegend französischen (wallonischen) Gemeinde Rachecourt (Rösingen) und des mit derselben verbundenen Meix le Tige (Deutsch-Meisch) umfaßt. Sie fällt dann von Hersig bis gegen Martelangen mit der Wasserscheide zwischen der Mosel und Maas zusammen, während sie südlicher von dem obenerwähnten Redangen (in Frankreich) bis Hersig einen Theil des Maasgebietes (das Quellgebiet des Chiers) umfaßte. Die oberhalb Martelangen an der Sauer anschließende Gemeinde Fauvillers ist halb deutsch (wohl die Ortschaften Wissembach und Bodangen), die zunächst unterhalb liegende Gemeinde Tintingen ganz deutsch, die westlich davon gelegene Hollangen größtentheils wallonisch. Von hier ab fällt die Sprachgränze mit der Landesgränze des Königreichs Belgien und des Großherzogthums Lützemburg zusammen, welches durchweg dem deutschen Sprachgebiete angehört; auch ergiebt das vortreffliche neue Ortschaftsverzeichniß dieses Ländchens, daß die selbst auf in Deutschland erscheinenden Karten oft französisch benannten Gemeinden durchweg zugleich deutsche Namen haben, und daß selbst in solchen Fällen, wo mitten im deutschen Gebiete einzelnen Orten französischer Name beigelegt war, sich die deutsche Bevölkerung denselben mundrecht gemacht hat. Daß dennoch das Französische im Großherzogthum Lützemburg als dem Deutschen gleichberechtigte Sprache beibehalten ist, nachdem der ganze wallonische Theil davon getrennt worden, ist einerseits der Vorliebe des Gerichts- und Beamten-Personals für die Sprache, in welcher die jetzt gültigen Gesetzbücher des Landes verfaßt sind, sowie anderseits der der sogenannten gebildeten Klassen der Hauptstadt zuzuschreiben, welche sich durch Erlernung des Französischen dessen überhoben glauben, der ersten Anforderung der Bildung, nämlich der an gründliche Kenntniß der eigenen Muttersprache, zu genügen.

Die äußersten deutschen Orte längs der Gränze sind Sier und Soller (an der Wilz), Ober- und Nieder-Wempach, Trotten, Helzingen und Beßlingen. Links der letzteren und jenseit der Wasserscheide gehören die belgischen Orte Limmerle und Steinbach schon dem französischen Sprachgebiete an; nur die höchstgelegene belgische Gemeinde Bocholz mit Hinterhausen, welche sich längs der preußischen Landesgränze nordwärts erstreckt, ist noch deutsch. Im ganzen sind es 6½ Qu.-M. mit 18 Gemeinden und (für 1861) etwa 29,100 Einwohnern, darunter 26,400 deutscher Sprache, welche hier im belgischen Gebiete sich an das deutschredende Mosellànd (Deutsch-Lothringen oder Westrich) anlehnen; sie sind es, um deren willen die belgische Regierung „deutsch oder luxemburgsch" als dritte Landessprache des Königreichs bezeichnet hat, deren ganze Berechtigung im Volksunterricht in diesen Gemeinden besteht.

Die Sprachgränze folgt nun der belgischen Landesgränze gegen die preußische Bürgermeisterei Recht bis zur Amblève, an welcher die zu dieser Bürgermeisterei gehörigen Ortschaften Pont und Ligneuville (Brücken und Engelsdorf) französisch sprechen. Sie geht dann die Amblève aufwärts, so daß die nördlich derselben belegenen Bürgermeistereien Bellevaux und Weismes, sowie die längs der Burche aufwärts liegende Bürgermeisterei Malmedy und die anschließenden Ortschaften Faymonville und Sourbrod in der deutschen Bürgermeisterei Bütgenbach französisch sind. Von Sourbrod geht die Sprachgränze in nordwestlicher Richtung, zunächst auf der Wasserscheide, gegen Limburg hin. Der Theil des wallonischen Landes, welcher hier dem preußischen Staatsgebiete angehört, umfaßt auf etwa 2¾ Qu.-M. 84 Wohnplätze mit 10,600 Einwohnern, unter denen nur 800 (hauptsächlich in der etwas deutsch gemischten Stadt Malmedy) der deutschen Sprache angehören. Vormals gehörte dieser französische Theil des preußischen Staates nicht zum lützemburgischen Gebiete, welches denselben vielmehr östlich umgab; die drei genannten französischen Bürgermeistereien machten einen Theil des Gebiets der Abteien Stablo-Malmedy aus, so daß die Sprachgränze, wie sie jetzt besteht, mit Ausnahme von 4 oder nach Schmidt's Beiträgen zur Territorialgeschichte der Rheinprovinz von

6 kleinen Ortschaften, welche nicht mit zu Malmedy gehörten, der alten Gränze des deutschredenden Lützemburg gegen die durchweg französisch redenden Territorien entspricht. Die Nationalgränze ist auch gegenwärtig eine scharfe und zwar nach beiden Seiten hin; diesseit derselben wohnen, namentlich in dem deutschen Theil des Kreises Malmedy und in den Kreisen Eupen und Aachen, 1300 Wallonen zerstreut; in zwei Weilern des letztgenannten Kreises bildeten dieselben schon die Mehrheit. Die Unvollkommenheit der preußischen Aufnahme von 1861, welche nur die Zahl der wallonisch sprechenden, nicht der französisch sprechenden überhaupt im Auge hatte, läßt diese Angabe allerdings selbst für das preußische Rheinland nicht einmal ausreichend erscheinen; denn, wie in der Stadt Lützemburg selbst, so wird es auch in den größeren Orten des preußischen Mosellandes und namentlich in den Saargegenden an französischredenden Familien nicht fehlen. Die Nachrichten, jedoch, welche neuerdings über die Staatsangehörigkeit gesammelt worden sind, und nach welchen sich nur 3100 französische und ebensoviel belgische Staatsangehörige innerhalb der königlich preußischen Lande befinden (von den französischen etwa 1000 im trierer Bezirk), zusammengehalten mit dem geringen Ergebniß, welches im Jahre 1858 die Nachfrage nach den Nachkommen der französischen Colonisten reformirtes Bekenntnisses lieferte (im ganzen Staate angeblich nur 10,000), deren größerer Theil überdies der französischen Sprache nicht mehr angehört, reichen aus, übertriebenen Annahmen vorzubeugen.

Auf der hohen Veen an den Quellen der Roer beginnt die Gränze des wallonischen gegen das niederdeutsche Land, welche den südwestlichen Theil des vormaligen Herzogthums Limburg, nämlich den südwestlich der Linie von Limburg, welches französisch ist, auf Henri=Chapelle, einen etwas deutsch gemischten Ort, und von dort auf Visé gelegenen Theil dem wallonischen Gebiete anschließt. Das übrige limburger Land ist deutsch; doch ist die zwischen den deutschen Gemeinden Membach und Welckenraedt oberhalb Limburg liegende Gemeinde Baelen (über der Weser) fast zur Hälfte wallonisch, ebenso die beiden nordwestlicher gegen die Berwinne, also nach der wallonischen Seite zu, liegenden Gemeinden Aubel und Muland, wogegen die jenseit der Wasserscheide, also gegen die Gülpe, liegenden 9 Gemeinden des belgischen Königreichs bis zu den drei Fouron hinab deutsch sind. Die 14 Gemeinden des belgischen Gebiets, welche, vormals zum Herzogthum Limburg gehörig, einen Theil des deutschen Sprachgebietes bilden, enthalten auf ungefähr $2\frac{3}{4}$ Qu.=M. etwa 19,000 Einwohner, darunter über 15,000 Deutsche.

Von dem gemischten Muland geht die Sprachgränze die Maas hinab bis gegen Maastricht, dann umschließt sie auf der brabanter Seite den Ausgang des Thals der Jaer, so daß Lanaye, Eben=Emael, Wonck und Roclange (Provinz Limburg) wallonisch sind; zwischen Sluse und Freeren, welche beide etwas wallonisch gemischt sind, überschreitet sie das Flüßchen, so daß Heur le Tirhe (Deutsch-Heur) noch deutsch, die Gemeinde Otrange jedoch wieder wallonisch ist. Bis Corswarem, das wallonisch ist, geht sie auf der Gränze der Provinzen Limburg und

Lüttich, durchschneidet die gemischte Gemeinde Rosoux=Crenwick und schneidet demnächst den nordwestlichsten Theil der Provinz Lüttich (einschließlich Heutain-l'Evêque, Wamont, Oberwinden), ein vormals meist zu Brabant gehöriges Territorium von 16 Gemeinden mit 7000 Einwohnern (worunter gegen 6000 Deutsche) zur deutschen Seite ab. — In der heutigen Provinz Brabant fällt die Sprachgränze mit der der Kreise Löwen und Brüssel gegen den Kreis Nivelles zusammen, welcher schon im vorigen Jahrhundert (bei Büsching) die Bezeichnung des wallonischen Brabant führte; jedoch sind beim Eintritt derselben aus der Provinz Lüttich die löwener Gemeinden Neer= und Op=Heylissem und später l'Ecluse, sowie die Hälfte der Gemeinde Zetrud=Lumay (an der großen Geete) wallonisch, ferner im Kreise Brüssel westlich der Senne die Gemeinden Saintes und Bierk. Hier geht die Sprachgränze in die Provinz Hennegau hinüber, in welcher die nächste Gemeinde Klein=Edingen (Petit=Enghien) überwiegend wallonisch, die Stadt Edingen selbst überwiegend deutsch, Mark zur Hälfte wallonisch und nordwestlich davon die Gemeinden St. Peter und Bievene deutsch sind; dann folgt die etwas deutsch gemischte Gemeinde les=deux=Acren am Einfluß der Mark in die Dender. — Das nahe Zusammenfallen der Sprach= und Kreisgränze, namentlich der Umstand, daß bei der Departements=Eintheilung der nördlich der Linie vom Sogne=Wald auf Vianen an der Mark liegende Theil des alten Hennegaues damals zum deutschen Kreise Brüssel gelegt worden ist, macht es wahrscheinlich, daß bei dieser Eintheilung die nationale Verschiedenheit von Einfluß war. In diesem Falle würden die heut obwaltenden Abweichungen zu dem weiteren Schluß führen, daß auf der Ost=Seite das Wallonische, im Westen dagegen das Vlaemische seitdem sein Gebiet erweitert hätte.

Der diesseit der bezeichneten Sprachgränze gelegene Theil von Belgien, also das belgische Brabant (im älteren historischen Sinne), enthält auf 138 Q.=M. 588 Gemeinden mit 1,309,000 Einwohnern, darunter etwa 1,185,000 Deutsche, 124,000 abweichender Nationalität, insbesondere über 120,000 Franzosen. Als wallonische Enclaven in demselben erscheinen die Gemeinden Rumpendorf und Ober-Hespen nordwärts Landen, sofern (was allerdings zu bezweifeln) die Angabe richtig ist, daß ihre Einwohner sämmtlich französisch reden. Außerdem bildet Brüssel mit seinen acht Vorstädten eine gemischte Gruppe, in welcher zwar jetzt noch das Vlaemische überwiegt, da das Verhältniß desselben gegen das Französische wie 16 zu 9 ist, aber gerade deshalb die Hebung des Französischen von der herrschenden Partei, welche die Bedeutung der Hauptstadt richtig würdigt, mit aller Kraft erstrebt wird. Selbst das geringe Recht, welches den Vlaemen innerhalb ihrer Landestheile in der Geltung der Volksprache im Volksunterricht zusteht, hat für Brüssel noch nicht erreicht werden können; Brüssel wird, obwohl überwiegend vlaemisch, vollkommen als französische Stadt behandelt, so sehr wie irgend eine deutsche Stadt, welche das französische Kaiserreich dem eigenen Staatskörper annectirt hat. Welche Erfolge in der Entnationalisirung oder Entgeistigung der brüsseler Vlaemen erzielt worden sind, könnte die neueste belgische Volkszählung zeigen; ihr Vergleich mit den früheren würde schließen lassen, wie viel brüsseler Einwohner inzwischen durch die belgische Staatsweisheit in künstliche Franzosen verwandelt worden sind; der Umstand aber, daß die Ergebnisse der Zählung noch immer nicht vorliegen, scheint darauf hinzuweisen, daß der Erfolg den Erwartungen nicht entsprochen hat. Die bisherigen Ermittelungen, welche in dieser Stadt schon 1842, im ganzen Lande 1846 stattfanden, ergaben: daß in den oberen Theilen der Stadt, dem Sitze der Reichen und der Behörden des Landes, das Französische ein wenig das Vlaemische überwog, daß es in der Vorstadt St. Josse ten Noode fast dem Vlaemischen gleichkam; dann folgte in dem Antheile der Franzosen die Vorstadt Elsene, dann der mittlere Theil der Stadt (links der Senne), wo etwa 2 Fünftel der Einwohner französisch sprachen, ferner die Vorstädte Laeken und Schaerbek ($\frac{1}{4}$ französisch), dann der westlich der Senne gelegene Theil der Stadt und die Vorstädte St. Gilles und Molenbek ($\frac{1}{7}$ französisch), dann die Vorstadt Anderlecht (noch nicht $\frac{1}{10}$ Franzosen), endlich die rein vlaemische Vorstadt Etterbek. Zugleich ergiebt sich aus den ermittelten (in der Erklärung zur Tabelle VIII angegebenen) Zahlen, daß zwischen den Zählungen von 1842 und 1846 in Brüssel selbst eine Aenderung zu Gunsten des Französischen nicht stattgefunden hatte. Die übrigen 20,000 französisch redenden in Brabant sind namentlich in größeren Städten; sie bilden, wie gleichfalls aus der Erklärung zur Tab. VIII hervorgeht, nur in einzelnen, meist an der Sprachgränze gelegenen Landgemeinden, einen bemerkenswerthen Antheil der Bevölkerung.

In der Grafschaft Flandern ist die Unterscheidung des vlaemischen und wallonischen Theiles gleichfalls schon althergebracht. Nach Spruner's historischem Atlas wurden in Flandern vier Theile unterschieden: der ursprünglich zum deutschen Reiche gehörige Theil rechts der oberen Schelde und von Gent ab (als Reichs-Flandern), dann der mittlere deutsche Theil westlich bis zur Yperle bis gegen die Städte Niewport, Dixmuiden, Rousselaere und Werwik (als Deutsch-Flandern), drittens der vlaemische Theil westlich dieser Linie und nordwärts der Lys, welcher gegen Ende des 17. Jahrhunderts eine Zeit lang ganz unter französischer Herrschaft stand, viertens der wallonische Theil südlich der Lys und südlich von Mouscron. Daß die Unterscheidung eines deutschen und vlaemischen Theiles keine nationale Bedeutung hat, bedarf keiner besonderen Anführung: ganz Flandern mit Ausschluß des wallonischen Theiles spricht vlaemisch, und die Ausdehnung des Vlaemischen geht nach der jetzt herrschenden Auffassung auch über Brabant, entweder bis an das Lütticher-Land oder auch bis zur Maas, nach den belgischen Tabellen von 1846 noch darüber hinaus in den Bereich der aachener Mundart, also über das niederfränkische Gebiet bis zur Eifel. Es giebt eben keine Gränze zwischen vlaemisch und deutsch und kann es nicht geben, da der Begriff des Deutschen das Niederdeutsche mit umfaßt; daß die Ueberzeugung hiervon, die nur der Staaten-Particularismus bekämpft, auch im Belgischen anfängt, festen Fuß zu fassen, zeigen die schönen Worte, mit denen ein vlaemischer Dichter die Dreieinigkeit der deutschen Sprache besungen hat, und deren Wahrspruch dahin geht: hochdeutsch, plattdeutsch und niederdeutsch, — deutsch soll es sein, deutsch soll es bleiben!

Die Gränze des deutschen und wallonischen Flanderns ist innerhalb des Königreichs Belgien noch wenig verändert. Sie geht zunächst auf der Gränze der Provinzen Ost-Flandern und Hennegau, mit der Ausnahme, daß von der letzteren Everbek noch deutsch ist, daß dagegen westlich von der etwas wallonisch gemischten Stadt Ronsse die an dem Ronne-Bach abwärts liegenden drei Gemeinden Russignies, Amougies und Orroir wallonisch sind. Dann geht die Sprachgränze etwas die Schelde aufwärts und läßt die fünf südlichsten Gemeinden der Provinz Ost-Flandern (von Helchin und Mouscron ab) nebst dem gemischten Helchin an der Lys auf der wallonischen Seite, wobei diesen gegenüber auch die nächstliegenden vlaemischen Gemeinden wallonisch-gemischt sind. Südlich von Werwik geht sie auf das linke Ufer der Lys über, woselbst die längs derselben aufwärts liegenden Gemeinden wallonisch und das nördlich von Comines gelegene Zandvoorde gemischt (über die Hälfte wallonisch) ist; die drei angränzenden vlaemischen Gemeinden Hollebeke, Messines und Nykirke sind zu einem Viertel wallonisch.

Diesseit der angegebenen Gränzlinie enthalten die beiden flandrischen Provinzen Belgiens ein vlaemisches Gebiet von 111 Q.-M., 528 Gemeinden, 1,420,000 Einwohnern, von denen etwa 1,399,000 der deutschen Nationalität, noch nicht 20,000 der französischen Sprache angehören; so nach der Zählung von 1846. Ob bis zur Zählung von 1866 in Flandern das Französische als octroirte Sprache Fortschritte gemacht hat, läßt sich nicht beurtheilen, obwohl für Ostflandern die Haupt-Zählungsergebnisse bekannt gemacht sind. Man hat diesmal die Frage nach der Volksprache in die nach der Kenntniß der französischen, deutschen oder vlaemischen Sprache verwandelt, und die Antwort, welche die Zählung giebt, ist, daß von den vlaemischredenden Einwohnern der Provinz Ost-Flandern höchstens 65 Promille der französischen Sprache kundig sind, also verhältnißmäßig halb so viel, als die französische Regierung mit allem Sprachdruck in den deutschen Gemeinden des Meurthe-Departements zu Stande gebracht hat; ganz ähnlich ist das Verhältniß in der Provinz Limburg, wo der Antheil der französisch könnenden unter den vlaemischen Einwohnern höchstens 68 Promille beträgt. Eine eigenthümliche Beleuchtung dieses Zahlenverhältnisses giebt die gleichzeitig bei der Volkszählung erhobenen Ziffer der Analphabeten, nach welcher drei Fünftel der Bevölkerung Ostflanderns des Lesens und Schreibens unkundig sind, eine Thatsache, welche zusammen mit der in der Kammer aufgestellten Behauptung, daß gerade in den von der Regierung geleiteten Schulen der Unterricht im Vlaemischen am schlechtesten ist, darauf hinweisen sollte, wie verkehrt das der vlaemischen Bevölkerung gegenüber verfolgte Französirungsystem ist. Und dennoch wird dasselbe nach allen Seiten hin systematisch ausgebildet, um eben die Bevölkerung zur Erlernung der französischen Sprache zu zwingen; so wird, um ein gerade hierhin gehöriges Beispiel anzuführen, auch die Verwälschung der Ortsnamen nicht verschmäht, und als wenn es unzulässig wäre, daß eine Eisenbahn an einem vlaemischen Namen vorüberführt, wird selbst der deutsche Oude-God in die französischen Vieux-Dieux übertragen.

Mit welchen Opfern die herrschende sogenannte „liberale“ Partei das große Ergebniß erkauft hat, einem Fünfzehntel der vlaemischen Bevölkerung den Gebrauch der französischen Sprache beizubringen, ersieht man, wenn man dagegen hält, daß $2\frac{1}{2}$ Millionen Einwohner genöthigt sind, ihr Recht in einer ihnen fremden Sprache zu suchen und die Proceßverhandlungen nicht verstehen, auf Grund deren ihr Urtheil gesprochen wird, daß die ihnen von der Regierung gesetzten Beamten nach Bestimmungen handeln, die dem Volke unverständlich sind, und nicht genöthigt und oft genug nicht einmal im Stande sind, sich im Verkehr mit der Bevölkerung der vlaemischen Landessprache zu bedienen, daß den Soldaten die Bezeichnung „Vlaeme“ als Schimpfwort an den Kopf geworfen wird, weil sie die französischen Instructionen nicht rasch genug begreifen. Die lebhafte Schilderung der hierdurch erzeugten Zustände, wie sie die neuesten Verhandlungen der belgischen Kammer (in der Sitzung vom 2. und 3. Februar d. J.) uns vorführen, mag hier und da übertrieben sein oder richtiger übertrieben erscheinen, da die ganze Scheußlichkeit derselben natürlich nicht an allen Stellen hervortritt; für uns Deutsche aber ist das, was hier von den vlaemischen Vertretern gesprochen worden, in hohem Maaße wichtig, nicht nur, weil es die traurige Lage charakterisirt, in der sich ein werthvoller Theil unserer Nation befindet, sondern namentlich auch deshalb, weil sich darin ausspricht, wie tief bereits der durch die fremde Sprache ausgeübte Druck von dem vlaemischen Volke empfunden wird: — so die Rede Delaet's, in welcher er die Lage der Vlaemen als einen Zustand der Rechtsverweigerung, den ihnen gegenüber ausgeübten Zwang zur Annahme einer fremden Sprache als Verbastardung seiner Landsleute bezeichnet, und klagt, daß sie, die seit Jahrhunderten die Schöpfer und Träger der hohen und vielseitigen Cultur dieses Landes gewesen sind, nun als Paria behandelt würden; — die Rede Gerrits', in welcher dieser darlegt, daß die Sprachenfrage für die Mehrheit der belgischen Bevölkerung die Frage der Civilisation oder Barbarei, der Freiheit oder Knechtschaft sei, daß eine Bevölkerung, welche ihrer Sprache wegen von aller Verbindung mit der gebildeten Welt, von allen wissenschaftlichen Anstalten und dem Verkehr mit den Behörden ausgeschlossen werde, nothwendig herunterkommen müsse; der Ausgang aber gefährde die Unabhängigkeit des Staates, denn entweder es triumphire das französische System, so werde Flandern arm und unwissend Belgiens Ireland werden, oder das vlaemische Volk werde durch das Gefühl der Erniedrigung und der Schande zum allgemeinen Widerstande getrieben, dann werde die Kammer aus einer vlaemischen und einer wallonischen Seite bestehen; sie aber würden den Streit fortführen, denn ihm sage sein Gewissen und sein Verstand, daß der feige oder blödsinnig sein müsse, welcher gestatten wollte, daß die Rasse, welcher er angehört, so unwürdig und ungerecht behandelt werde, wie dies mit der vlaemischen in Belgien der Fall sei; — endlich die Worte Coremans', daß die Grundsätze der reinen Vernunft mit Füßen getreten werden, indem man Massen wallonischer Beamten nach Flandern schicke, und umgekehrt von den wallonischen Landestheilen systematisch alle Vlaemen ausschließe und sie für unfähig und unwürdig erkläre, sobald sie sich nicht eine fremde Sprache assimilirt, sobald sie sich nicht französirt, nicht ihre Abstammung verleugnet hätten; und weiter die Worte desselben, in welchen er den Gegensatz der Behandlung der wallonischen Provinzen unter der niederländischen Regierung und der jetzigen Behandlung der vlaemischen Provinzen schildert, und nun klagt: „wir Vlaemen waren so gutmüthig, euch die Hand zu reichen und unsere Anstrengungen mit den euren zu verbinden, und heut, wo wir Vlaemen kommen und euch Wallonen bitten um ein wenig Gerechtigkeit und ein wenig Gleichheit, giebt es Minister und wallonische Abgeordnete, welche uns mit Ausbrüchen des Gelächters antworten"; und seinen in nationaler Beziehung treffenden Ausspruch: „la Belgique devient petit-à-petit une succursale de la France, une antichambre de l'Empire."

Unter diesen Verhältnissen ist es natürlich, daß jenseit der Sprachgränze im wallonischen Theile des Königreichs Belgien die Zahl der Vlaemen oder Deutschen keine so beträchtliche sein kann, wie die der Wallonen oder Franzosen im vlaemischen Theile desselben, da einerseits für die Vlaemen weniger Veranlassung ist, in die wallonischen Orte hinüberzuziehen, anderseits der hinüber gehende Vlaeme dort seine Sprache schlechter erhält, als der hierher kommende Wallone, welcher alsbald in jedem vlaemischen Orte der bevorzugte ist. Nur drei einigermaßen gemischte Orte finden sich im ganzen wallonischen Gebiete, die längs der Sprachgränze liegenden abgerechnet. Der Zahl nach die meisten Deutschen sind in der Stadt Lüttich, doch auch hier nur ein verschwindender Bruchtheil; im ganzen sind im wallonischen Theile Belgiens, in 1378 Gemeinden auf 278½ Q.-M., unter 2,005,000 Einw. nur etwa 41,000 vlaemisch (deutsch) sprechende.

Verhältnißmäßig noch etwas erheblicher scheint die Zahl der Vlaemen zu sein, welche sich jenseit der französischen Reichsgränze in dem dorthin gehörigen größten Theile des wallonischen Flanderns befinden, namentlich in Lille (Ryssel) und der Umgebung; denn hier ist es, wo die 126,000 nach Belgien staatsangehörigen Einwohner des Departements du Nord vorzugsweise gesucht werden müssen. In welchem Grade jedoch in den einzelnen Fabrikorten die vlaemische Beimischung zur Zeit sich geltend macht, darüber fehlen die Angaben.

Für den kaiserlich französischen Theil des vlaemischen Flanderns sind wiederum die Nachrichten die genauesten, welche der sorgsame H. Nabert an der deutschen Westgränze zusammentrug; nach ihm sind nordwärts der Lys die Gemeinden Nieppe, Stegers (Estaires), Alt- und Neu-Berken, Merris, Meerghem (Merville), Haverskerke, Steenbek, Thienen, Bösighem, Blaringhem, Wallon-Capelle und Renescure bereits französirt, während die nördlicher gelegenen Theile des eigentlichen Flanderns westlich bis St. Marie-Kerke und St. Omer-Capelle noch vlaemisch sind, so daß innerhalb der Gränzen des Kaiserreichs noch ein vlaemisches Sprachgebiet von 23 Q.-M., 104 Gemeinden, 181,700 Einwohnern vorhanden sein würde, — eine Angabe, mit welcher die in Derode's Histoire de Lille über die Ausdehnung der vlaemischen Volksprache (unerachtet der scheinbar abweichenden Zahl der vlaemisch redenden Gemeinden) nahezu übereinstimmt.

Wichtiger noch ist es, daß Nabert die frühere weitere Verbreitung des Deutschen in diesen Gegenden an den Ortsnamen gezeigt hat. Dieselbe findet sich jedoch hier nicht in gleicher Weise, wie wir oben für Lothringen sahen, wo deutsches und französisches Sprachgebiet in den Ortsnamen in bestimmter Weise sich abgränzte, und die Zahl der jenseit der Sprachgränze getrennt liegenden deutschen Ortsnamen verhältnißmäßig unbedeutend ist; sondern wir finden hier eine Mischung der Namen aus beiden Sprachen, so daß die vlaemischen Ortsnamen, welche im Anschlusse der flandrischen Gränze über französisches Gebiet zerstreut sind, in einzelnen Theilen überwiegen, in anderen nur gruppenweise oder ganz vereinzelt vorkommen. Westlich am Einflusse der Clarence in die Lys ist das ganze Flußgebiet der letzteren und von der Aa-Quelle ab auch das jenseitige Gebiet mit deutschen Ortsnamen durchsetzt, so jedoch, daß immer zunehmend ältere (kelto-romanische) Ortsnamen zwischen denselben sich finden; man wird daher annehmen dürfen, daß, wenn auch in diesen ganzen Theilen eine größere deutsche landbautreibende Bevölkerung sich über das romanische Land vertheilte, sie dennoch in solchen Gegenden, die zeitiger von Flandern getrennt wurden, namentlich wohl in der Grafschaft Boulogne, auch schneller mit der romanischen Bevölkerung verschmolz.

Anders in der Gegend von St. Omer, welche ursprünglich mit dem eigentlichen Flandern verbunden war; folgt man der Gränze, welche Spruner auf seiner Karte von Frankreich für 1180 (und ähnlich auf der Karte des deutschen Reiches für die entsprechende Periode) angiebt, so geht die betreffende Linie anfangs zwischen der Lys und Aa, dann vom Einflusse des blekinger Baches in die Aa zur rechten des Baches aufwärts bis zur Gränze der Grafschaft Boulogne; dieselbe schneidet hiermit einen nördlichsten Theil der Grafschaft Artois ab, in dem fast nur vlaemische Ortsnamen sich vorfinden. Dieser Theil von Artois umschließt zugleich die nordwestlich liegende, noch zum Gebiete des deutschen Meeres gehörige Landschaft, welche bis ins 16. Jahrhundert unter englischer Herrschaft stand, sowohl auf einem Theil der Ostseite, wie der Südwestseite derselben. Diese Landschaft führte, wie einst der ganze Flandergau, den Namen des freien Landes, den die Franzosen nach der Eroberung in „le pays reconquis" verwandelten. Sie bestand in ihrer östlichen Hälfte aus den Grafschaften Oye (im Anschluß von Flandern) und Ardres (im Anschluß von Artois von Aud-Ruick bis Bouquehault), welche beide ganz überwiegend vlaemische Ortsnamen haben, und in ihrer westlichen Hälfte aus dem Stadtgebiet Calais und der Grafschaft Guines (nach Nabert Gingen), in welcher nur ein Theil der Ortsnamen vlaemisch ist.

Nimmt man an, daß die Sprachgränze vormals mit der Gränze des nordwestlichen Artois und des freien Landes zusammenfiiel, längs deren sich übrigens auf der ganzen Strecke von dem Ursprunge des blekinger Baches bis zum Cap Graunese und noch über dasselbe hinaus um Amblethuse eine Anzahl vlaemische Ortsnamen anschließen, so würde das vormals vlaemische Sprachgebiet sich zunächst die Lys aufwärts bis Böfighem und Blaringhem in Flandern, dann im Artois bis zur Linie Racquinghem, Ecques, Inghem, Crehem, und westlich von Lumbres bis

Affringhes, Vaudringhem, Ledinghem und Blequin im Arrondissement St. Omer erstreckt haben, im Arrondissement Boulogne aber bis zur Linie Hocquinghen, Herbinghen, Saughen, Hermelinghen (in Artois) und bis zur Linie von Guines über Pihen auf Hervelinghen in der Grafschaft Guines, deren Gränze nördlich von Wissand und dem Cap Graunese zur See ging. Bestätigt es sich also, was einstweilen nur als Vermuthung bezeichnet werden kann, daß auf diesem ganzen Landstriche das Vlaemische bis zur französischen Eroberung die Volksprache war, so würde das alte vlaemische Sprachgebiet in Frankreich eine Fläche von 50 Q.-M. mit 223 Gem. und 339,000 Einw., (bei Zurechnung der anschließenden Ortschaften der Grafschaft Boulogne sogar 249 Gemeinden und 351,000 Einwohner) enthalten haben, also fast das doppelte des heutigen vlaemischen Sprachgebiets; und selbst bei Abrechnung von Guines und Calais, wenn sich das deutsche nur bis zu den äußersten Orten der Grafschaft Oye (Marck und Walde) erstreckt hätte, würden noch 204 Gemeinden mit 297,000 Einwohnern als der heutige Antheil Frankreichs am ursprünglich vlaemischen Gebiete verbleiben. Nachdem jedoch die deutsche Nationalität westlich der Gränze Flanderns anscheinend schon seit längerer Zeit erloschen ist, ist die Wahrscheinlichkeit nicht groß, daß dieser westlichste Theil des alten deutschen Nationalgebietes seinen vormaligen Namen als „freies Land" einst wieder führen werde.

XII.

Gesammt-Ueberblick.

Inhalt. Volkszahl der Deutschen im Vergleich mit der anderer Nationen. Theil der deutschen Nation, welcher in den andern Sprachgebieten Europa's wohnt. Die zerstreuten deutschen Wohnsitze nach ihrer Zugehörigkeit zu Staaten mit Gleichberechtigung der Sprachen, zu Staaten ohne Gleichberechtigung und zu vorwiegend deutschen Staaten; Betheiligung der deutschen Stämme an den zerstreuten Wohnsitzen. Fremde Wohnsitze und fremde Nationalitäten innerhalb des deutschen Sprachgebietes, Vertheilung der Fremden auf die deutschen Stammgebiete. Das zusammenhängende deutsche Sprachgebiet und seine Stellung unter den Sprachgebieten Europas. Theile des deutschen Sprachgebietes, welche zu Staaten mit deutscher Landessprache, zu Staaten mit mehreren gleichberechtigten Landessprachen und zu Staaten mit herrschender französischer Landessprache gehören. Die politische Theilung des deutschen Sprachgebietes entspricht nicht der Verschiedenheit der deutschen Stämme und Mundarten, welche letztere sich vielmehr an die alten Stammes-Herzogthümer anschließt; diese kann daher nur innerhalb der vereinigten deutschen Staaten zum Ausdruck gebracht werden, und ist hierzu namentlich im Heerwesen und im Unterricht geeignet; ihre Pflege entspricht zugleich der Aufgabe der deutschen Staatenvereinigung für die gesammte deutsche Nation.

Nachdem in den vorstehenden Abschnitten gezeigt ist, wie sich die Wohnsitze der Deutschen gegen die verschiedenen Nationen vertheilen, welche rings das deutsche Sprachgebiet umgeben, bedarf es noch des Blickes auf die allgemeinen Zahlenverhältnisse, in welchen die deutsche Nation mit ihren Wohnsitzen an dem heutigen europäischen Staatensysteme theilnimmt. Am deutlichsten ergiebt sich dieses aus einer Uebersicht der nationalen Zusammensetzung der Staaten Europa's, wie sie schon in verschiedenen allgemein statistischen Werken, namentlich bei Brachelli, und hier in tabellarischer Form in der Tabelle X. versucht worden ist. Nach dem vielen, was über die Ermittelungen in Ansehung der Nationalitäts-Verhältnisse gesagt worden ist, bedarf es kaum mehr der Erwähnung, daß eine solche Aufstellung sich eben nur als eine Schätzung ankündigen darf; denn die Unsicherheit, welche schon hinsichtlich der Kenntniß der Zahl der Deutschen in Staaten mit vorgeschrittener statistischer Entwickelung Platz greift, muß bei einer Aufstellung, welche sich auf alle Nationen und Staaten Europa's bezieht, sich nothwendig sehr erhöhen. Aber nicht diese allein, auch die Nothwendigkeit, eine solche Darstellung auf dasselbe Jahr bei allen Staaten zu beziehen, wofür hier, wie überhaupt in unseren Besprechungen, das Jahr 1860 oder 1861 gewählt wurde, hat eine weitere Ungenauigkeit in den Zahlen zur Folge. Der Umstand, daß seit dem gewählten Zeitpunkte bald ein Jahrzehnt verflossen ist, mag sogar bei demjenigen, welcher diese Zahlen jetzt betrachtet, die Frage hervorrufen, ob denn diese Angaben, selbst wenn sie für dieses Jahr richtig waren, auch heut in gleichem Maaße zutreffend seien, da doch die Völker ebenso in ihrem Wachsthum und Abnehmen, wie in dem Wechsel ihrer Wohnsitze sich verändern; auf diese Frage aber kann erst eine neue auf einen späteren Zeitpunkt gerichtete Aufstellung die rechte Antwort geben, zu welcher hoffentlich unsere Zeit nicht versäumen wird, immer reicheren Stoff zu bieten.

Unerachtet der im einzelnen nicht unerheblichen Abweichungen, welche unsere Tabelle gegen andere Zusammenstellungen zeigt, ist doch vor allem das Hauptergebniß unzweifelhaft, daß die deusche Nation ihrer Zahl nach unter allen Nationen Europa's voransteht, sei es unbedingt als die zahlreichste Nation, oder sei es, daß die russische Nation, welche sich in unseren Zahlen derselben nähert, und welche gleich der deutschen sich reichlich aus sich selbst vermehrt, wenn auch bei nachtheiligeren Lebensverhältnissen als die deutsche, derselben an Volkszahl gleichkommt; freilich nur mit Einrechnung der Kleinrussen, welche von manchen als eine besondere Nation betrachtet werden. Als dritte Nation Europa's erscheint die französische, unter Zurechnung nicht nur der Wallonen, die ihr nach Abstammung und Sprache zugehören, sondern auch des ganzen occitanischen und catalanischen Volkstammes, welcher vielleicht richtiger als selbständige Nation zu betrachten ist. Bei Abrechnung der Occitaner würde die französische Nation in Ansehung ihrer Volkszahl innerhalb Europa's der italiänischen und der englischen ungefähr gleichstehen, mithin nur ungefähr halb so stark vertreten sein, wie die deutsche und die russische Nation. Als sechste der größeren Nationen Europa's erscheint die spanische einschließlich der Portugiesen (hier ohne die Catalanen gerechnet); als erste der kleineren Nationen die polnische (ein Dreißigstel der Bewohner Europa's), dann die skandinavische, dakoromanische, czechische, serbische, magyarische u. s. w.

Daß diesem Zahlenverhältniß gegenüber die deutsche Nation bis jetzt thatsächlich eine untergeordnete Stellung unter den Nationen Europa's einnimmt, liegt bei weitem weniger in der Zersplitterung ihres Sprachgebietes als vielmehr in ihrer politischen Zersplitterung. Denn, was die örtliche Zerstreuung der Deutschen angeht, so ist derjenige Theil der Deutschen, welcher über andere Sprachgebiete zerstreut wohnt, zwar an sich sehr beträchtlich, aber doch gering im Vergleich mit der zusammenwohnenden Masse der Deutschen. Von der Zahl der Deutschen, welche mit Einrechnung der deutschredenden Juden auf mindestens, wie in der

Tabelle angegeben, 53 Millionen und höchstens auf 55 Millionen, am richtigsten wohl auf 54 Millionen innerhalb Europa's angenommen werden kann, wohnen über 49 Millionen (genauer nach dem obengesagten 49,110,000) im zusammenhängenden deutschen Sprachgebiete; mithin wohnen nur zwischen einem Zehntel und einem Vierzehntel der Deutschen in Europa innerhalb anderer Sprachgebiete, darunter über 3½ Millionen nach Sprache und Abstammung Deutsche. Allerdings lebt, abgesehen von dem jüdischen Stamme, welcher durch seine Zerstreuung unter andere Völker allmählich seine Nationalität, nämlich seine Sprache aufgegeben hat, nur von der polnischen und der magyarischen Nation, ein größerer Antheil unter anderen Volkstämmen und Sprachen zerstreut, — der Polen, von denen ein Viertel sich in den Sprachgebieten der Russen, Letten und Deutschen befindet, auf dem Boden des vormaligen polnischen Reiches, — der Magyaren, von welchen wahrscheinlich ungefähr der sechste Theil außerhalb ihres geschlossenen Sprachgebietes über die verschiedenen Theile der ungarischen Kronländer, einschließlich Siebenbürgens (mit ihrem gesonderten Gebiete der Szekler), zerstreut ist. Auch werden dem Zahlenverhältniß nach wahrscheinlich die Czecho-Slawen, nämlich wenn man die Wenden der Nationalität derselben zurechnet, und vielleicht auch die Letten ein ähnliches Verhältniß der Zahl der zerstreut wohnenden zeigen, wie wir es bei der deutschen Nation sehen. Aber die Verhältnisse der zerstreut lebenden selbst sind anderer Art; denn bei den Deutschen sind es nicht Ueberreste früherer Ausdehnung der Sprachgebiete wie bei den letzteren, und nicht oder nur zum geringen Theile die Folge ausgedehnter Herrschaft über Territorien anderer Nationalität, sondern es ist zum großen Theile eigentliche Colonisation und als solche ein besseres und nachhaltigeres Ergebniß der sich ausdehnenden Kraft der Nation.

So ist es namentlich in denjenigen Sprachgebieten, in welchen der größere Theil der zerstreut wohnenden Deutschen sich befindet. Denn von den mehr als 800,000 Deutschen, welche im polnischen Sprachgebiete leben, wohnt ein großer Theil in den zahlreichen deutschen Dörfern, und außerdem bilden die Deutschen mit den deutschredenden Juden zusammen in Städten verschiedener Größe die Mehrheit. Mehr als eine halbe Million Deutsche leben ferner im czechischen, im magyarischen und im russischen Sprachgebiete; von allen diesen wohnt der größere Theil auf wirklichen Sprachinseln, welche aus einer deutschen Colonisationszeit herrührend in denselben zerstreut liegen; in den ersteren beiden sind die Deutschen auch die alte Städtebevölkerung, während im russischen Sprachgebiete die Deutschen in den Städten, wenn auch für sich gesondert, doch nur eine Minderheit unter Fremden sind. Nächst den genannten vier folgen nach der Zahl der innerhalb derselben lebenden Deutschen das rumänische und das serbisch-slowenische Sprachgebiet, deutsche Colonisationsländer aus dem Mittelalter und aus neuerer Zeit, welche allerdings, wie oben gezeigt, mit ihren Hauptmassen zwischen den verschiedenen Sprachgebieten liegen; dann das lettische Sprachgebiet mit seiner Viertelmillion Deutscher, die in einer großen Zahl der Städte die Mehrheit der Bevölkerung bilden, ferner das französische Sprachgebiet mit mindestens 200,000 Deutschen, welche dort in den Städten zerstreut leben, und mit geringeren Beträgen die übrigen Sprachgebiete Europas, insbesondere England, Skandinavien, Italien.

Am beträchtlichsten im Vergleich mit der Zahl der eigenen Nationalen in diesen einzelnen Sprachgebieten ist das deutsche Element in denjenigen vier Gebieten vertreten, welche Deutschland östlich begränzen, den Ländern der Letten, Polen, Czechen und Magyaren. Im polnischen Sprachgebiete verhält sich die Zahl der Deutschen zu der der Polen wie eins zu sechs bis acht, im magyarischen zu der der Magyaren ungefähr wie eins zu acht, im lettischen wie eins zu acht bis zehn zu der der Letten, im czechischen wie eins zu zehn bis elf zu der der Czechen. Und die Verbindung der Deutschen mit diesen Nationen geht insofern auch über deren Sprachgebiete hinaus, als die Letten unter den Deutschen in Preußen, die Polen mit denselben in den angränzenden nordostdeutschen Territorien leben, die Czechen, abgesehen von ihren Verwandten wendisches Stammes in der Kaiserstadt Wien einen beträchtlichen Theil der Bevölkerung ausmachen, die Magyaren in den übrigen Theilen Ungarns und in Siebenbürgen mit oder neben der deutschen Bevölkerung Wohnsitze haben. Berücksichtigt man, daß dies dieselben Nationen sind, welche über ihre Sprachgebiete hinaus in erheblichen Bruchtheilen zerstreut sind, so scheint es, als sollten die unter ihnen wohnenden Deutschen gewissermaßen einen Ersatz für die ferner wohnenden eigenen Nationalen geben, allerdings nicht durch eine der Deutschen unwürdige Entnationalisirung, wohl aber durch einträchtiges Zusammenwirken für allgemein menschliche Culturzwecke, welche den Zielen jeder einzelnen Nation nicht entgegen sind. Rechnet man die Reste der Rhäto-Romanen als eigenes Sprachgebiet, so erscheint auch hier die Zahl der Deutschen mit am beträchtlichsten, da eben diese Reste im allmählichen Uebergange zur deutschen oder italiänischen Nationalität begriffen sind. Demnächst ist die Zahl der Deutschen verhältnißmäßig am größten im rumänischen Sprachgebiete, wo sie sich etwa wie eins zu vierzehn zu der der Rumänen verhält, ähnlich (eins zu dreizehn) im slowenischen Sprachgebiete, dann im serbischen und im ehstnischen (eins zu zwanzig). In allen übrigen bilden sie nur einen kleinen Theil, und namentlich im russischen Sprachgebiete, in welchem so ausgedehnte deutsche Ansiedelungen liegen, ist die Zahl der Einwohner russischer Nationalität möglicherweise (nämlich falls hier die jüdische Bevölkerung gar nicht in Betracht kommt) die hundertfache der Zahl der Deutschen.

In Betreff der ganzen vier oder fünf Millionen zerstreut wohnender Deutscher und namentlich hinsichtlich der Wohnsitze derselben, welche sich von dem adriatischen Meere und der Donau bis zum finnischen Meerbusen und der Wolga durch das östliche Europa erstrecken, und welche von den Deutschen theils im Vertrauen auf den deutschen oder wenigstens auf den nicht widerdeutschen Sinn der Regierungen dieser Landstrecken besiedelt werden konnten, macht sich heut ein Gegensatz fühlbar, welcher aus dem herrschenden nationalen Charakter der betreffenden Staatsverbände und der Stellung hervorgeht, welche ihre Regierungen dem Nationalitätsprincip gegenüber einnehmen.

Legt man die Zahlen zu Grunde, welche in der Tabelle X. für die Deutschen angesetzt sind, so befindet sich ungefähr der siebente Theil der zerstreut wohnenden Deutschen (565,000) in solchen Theilen fremder Sprachgebiete, die unter der Herrschaft eines wesentlich deutschen Staates stehen, in welchen der deutschen Nationalität sogar ein gewisser Vorzug vor den Sprachen der sonstigen Nationen eingeräumt ist. Ueber die Hälfte der zerstreut wohnenden Deutschen steht unter der Herrschaft von Staaten, welche sich bemühen, das Nationalitätsprincip in unparteiischer Weise zur Geltung zu bringen: hierhin gehören vor allem über 2 Millionen Deutsche, welche in fremden Sprachgebieten innerhalb der österreichischen und ungarischen Kronländer wohnen, davon zwei Drittel (mindestens 1,370,000) gerade in diesen letzteren Ländern, deren Regierung gleichfalls in ihren neuesten Erklärungen die Achtung des Nationalitätsprincips verheißen hat, die übrigen theils in den vormals zum deutschen Bunde gehörig gewesenen Kronländern Oesterreichs (über 500,000), in welchen das Deutsche noch theilweise eines gewissen, in der höheren Cultur der deutschen Sprache selbst beruhenden Vorzuges genießt, theils in den seit einem Jahrhundert erworbenen Kronländern nordwärts der Karpathen (gegen 200,000); ferner gehören hierhin die gegen 50,000 Deutschen in den romanischen und französischen Theilen des schweizerischen Gebietes. Ungefähr ein Viertel der zerstreut wohnenden Deutschen (über 900,000) lebt dagegen im Bereiche der russischen Macht, welche bisher das Nationalitätsprincip thatsächlich achtete, neuerdings aber es überall da mit Füßen tritt, wo es ihr beliebt; etwa ein Zwanzigstel lebt in Staaten mit französischer Sprache, ein kleiner Theil in England, Italien und den übrigen nicht-deutschen Staaten Europas.

Von dem Theile der Deutschen, welcher im eigentlichen d. h. dem französisch redenden Frankreich und im wallonischen Belgien lebt, können wir hier absehen, da dieser ebenso wie die Deutschen in England und in Italien (mit Ausnahme der neuerworbenen deutschen Ansiedelungen in Venetien) aus den Bewohnern größerer Städte besteht, welche eine treffliche Vermittelung mit denjenigen Nationen bilden, mit und unter welchen sie ihren Erwerb finden; als solche Bevölkerungstheile können sie für sich besondere nationale Einrichtungen von den Staaten fremder Zunge nicht in Anspruch nehmen, in der eigenen Schöpfung derselben würden sie jedoch ebensowenig gehindert werden, wie dies in den fremdsprachigen Territorien jenseit des Oceans der Fall ist. Eine ganz andere Bedeutung hat es dagegen, wenn heut die Nationalität der deutschen Bevölkerung im russischen Reiche in Frage gestellt ist, und diese Wendung in der russischen Politik, welche sonst die deutsche Einwanderung und Ansiedelung zu befördern suchte, ist um so bedenklicher, als der deutschen Nation selbst der unmittelbare Schutz ihrer Angehörigen innerhalb dieses Reiches nicht möglich ist, eine äußere Einwirkung zu Gunsten derselben sich vielmehr nur auf diejenige Hälfte der Deutschen in Rußland erstrecken könnte, welche in den vordersten Gebieten des ungeheuren Reiches, namentlich in Polen, Littauen und Lettland wohnt. Unerwartet war diese Wendung insofern, als sie nicht allein im Widerspruch mit dem bisherigen Verfahren, sondern auch im Widerspruch mit dem Principe des Staates stand, welcher, seit der Czar Peter versuchte, das bis dahin nationalrussische Reich zu einem Weltreiche zu erheben, folgerichtig die Herbeiziehung fremder Nationen und den Anschluß fremder Gebiete unter Schonung ihrer Nationalität sich zur Aufgabe stellte. Erinnert man sich, wie leicht die deutschen Ostsee-Herzogthümer, dann Finnland und selbst das Herzogthum Preußen dem russischen Herrscher huldigten, da sie eben in der Verbindung mit einem solchen Staate keine Bedrohung ihrer besonderen Rechtsverhältnisse, sondern nur die Vortheile der Theilnahme an den großen Hülfsmitteln dieses Reiches erblickten, so sieht man, daß das russische Reich nicht dem seine Größe verdankt, was jetzt von der russischen Nationalpartei gleichsam zur Sicherung der russischen Nation selbst gefordert wird; und ebenso ist anderseits klar, daß der freien Entwickelung der russischen Nation, die selbst zu den zahlreichsten derjenigen Rasse gehört, zu welcher sie sich ihrer vorwiegenden Abstammung und Sprache nach rechnen darf, und ihrem Vorwiegen innerhalb dieses großen Reiches selbst (von dessen europäischer Bevölkerung ihr drei Viertel angehören) durch die angeschlossenen anderen Nationen, deren Bruchtheile und Colonien in der That keine Gefahr droht. Angehend die gegenwärtige Stellung der Deutschen in Rußland, so bezogen sich bisher die Klagen der Deutschen allerdings mehr auf die Beseitigung von Vorrechten, welche den Deutschen Ehstlands, Livlands, Kurlands bisher in ganz gleicher Weise, wie in den deutschen Staaten zustanden, Vorrechte, die selbst in ihrem vollen Fortbestande schwerlich eine Beeinträchtigung der Russen zur Folge hatten, die jedoch ebensowenig nach allen Seiten hin durch das Princip der Nationalität erfordert wurden. Sind jedoch die Nachrichten begründet, nach welchen das Vorgehen gegen die polnische Bevölkerung sich bereits in ähnlicher Weise auf die deutsche Bevölkerung einzelner Theile dieses Reichs verbreitet hat, und nach welchen von Deutschen für Deutsche gegründete deutsche Unterrichtsanstalten in russische verwandelt worden sind, so stehen wir hier bereits einer offenbaren Verletzung der nationalen Berechtigung der deutschen Bevölkerung gegenüber, und es tritt hiermit an die deutsche Nation die unabweisbare Pflicht heran, für die Achtung der deutschen Nationalität einzutreten, eine Pflicht, die, wie man nachgerade auch in den baltischen Provinzen einsieht, nur so mit Erfolg wahrgenommen werden kann, daß auch den übrigen in ihrer Nationalität schwer gekränkten Völkern dieses Reiches die nationale Selbständigkeit gewährt wird.

Eine ähnliche Stellung wie das neuere russische Reich gegenüber seinen Nachbarstaaten, hatte vormals der Staatencomplex des habsburgischen Hauses, welches, bekleidet mit den nicht nationalen, sondern universalen Ansprüchen des deutschen Kaiserthums auf die oberste weltliche Herrschaft, die Länder und Kronen verschiedenster Nationen zusammenfügte; die Verbindung mit dem deutschen Reiche und nachmals selbst die mit dem deutschen Bunde schien hierbei denjenigen Rückhalt zu gewähren, dessen das Reich zur Sicherung seines Bestandes bedurfte. Mit dem fortschreitenden Verluste deutsches Bodens entstand jedoch ein Staatsgebäude, zusammengesetzt aus acht oder neun Nationalgebieten, von denen an Umfang das deutsche und das magyarische voranstand, das rumänische, czechische, serbisch-kroatische aber, sowie auch das italiänische bedeutende Bruchtheile bildeten, unter denen ferner der Bevölkerungszahl nach das deutsche und czechische voranstand, demnächst das magyarische und italiänische folgte. Aber diese Gebiete selbst waren wiederum mit Sprachinseln und gemischten Orten durchsetzt, am meisten das rumänische mit deutschen und magyarischen, das ruthenische mit polnischen, das magyarische mit deutschen ꝛc. Im ganzen bestand die Bevölkerung des österreichischen Staatskörpers, wie er aus den Verträgen von 1815 und den Kämpfen von 1849 wieder hervorging, aus etwa 2 Neunteln an Deutschen, einem Sechstel an Czecho-Slawen, 3 Zwanzigsteln Italiänern, einem Siebentel Magyaren, einem Neuntel Südslawen, einem Dreizehntel Ruthenen, einem Vierzehntel Rumänen und einem Siebzehntel Polen. Ein solcher Staat war namentlich bei Einführung freierer Einrichtungen mit Nothwendigkeit auf die unparteiische Durchführung der nationalen Gleichberechtigung gewiesen, und er bleibt dies, auch nachdem der Hauptantheil am italiänischen Sprachgebiete abgetrennt ist, sowohl für die sogenannten deutsch-slawischen Provinzen, in denen die deutsche Bevölkerung nur zwischen 35 und 36 Procent der Gesammt-Bevölkerung ausmacht, wie für die ungarischen Kronländer, in welchen die Magyaren in gleichem Verhältniß zur Gesammt-Bevölkerung stehen wie die Deutschen in den deutsch-slawischen Ländern.

Angehend die zerstreut wohnenden Deutschen innerhalb des Staates mit deutscher Landessprache, nämlich in den Theilen des königlich preußischen Staates, welche zu fremden Sprachgebieten gehören, so stehen diese in naher Berührung mit den äußersten Ausläufern des zusammenhängenden deutschen Sprachgebietes. Der größte Theil derselben kommt aufden preußischen Staatsantheil am polnischen Sprachgebiete, der fast ein Viertel dieses Gebietes begreift, und von dessen Einwohnern ein Fünftel der deutschen Sprache angehört. Verhältnißmäßig noch viel bedeutender ist die Mischung mit der deutschen Nation in dem kleinen Theile des lettischen Sprachgebietes in Preußen. Gering, nämlich höchstens ein Zehntel Deutsche, ist sie in dem hierhergehörigen Theile des skandinavischen Sprachgebietes in Nord-Schleswig und dem kleinen preußischen Antheil am französischen Sprachgebiete. Alle diese, fremden Nationen angehörigen Gebiete machen verhältnißmäßig nur einen geringen Theil des ganzen Staatsterritoriums aus, und sie treten um so mehr zurück, je mehr durch die Erweiterung des Staats auf deutsche Territorien und durch die engere Verbindung mit andern deutschen Staaten die deutsche Grundmacht des Staates verstärkt wird.

In Betreff dieses Staatsverbandes muß auch daran erinnert werden, daß er von Hause aus deutscher zusammengesetzt war, als jetzt; man kann sich hiervon leicht überzeugen, wenn man die Nationalität derjenigen Landestheile vergleicht, welche den Bestand der Lande des großen Kurfürsten bildeten, innerhalb deren der Antheil der fremden Nationen weit geringer ist, als in dem heutigen preußischen Staat, indem er ungefähr demjenigen gleichkommt, welchen die fremden Sprachgebiete innerhalb des ganzen heutigen Zollvereinslandes einnehmen. Erst die Eroberung Schlesiens und die Theilungen Polens fügten diesem Staate beträchtliche Antheile fremder Nationalgebiete hinzu, welche während der völligen Zertheilung des polnischen Reiches so bedeutend waren, daß sie die deutsche Art des Staates in Frage stellen konnten, da vor dem französischen Kriege dem Flächeninhalt nach mindestens zwei Fünftel zu fremden Sprachgebieten gehörten. Nach dem Austausche polnisches und littauisches Gebietes gegen deutsche Lande und nach den neuesten Erweiterungen umfassen die den fremden Sprachgebieten angehörigen Theile dieses Staates noch ein Siebentel des gesammten Staats-Territoriums (ein Achtel des norddeutschen Bundes, ein Zehntel des Zollvereins), sie enthalten dagegen nur ein Neuntel der Bevölkerung des Staates (ein Elftel der Bevölkerung des norddeutschen Bundes, ein Dreizehntel der Bevölkerung des deutschen Zollvereins).

Im Gegensatz zu den beiden vorerwähnten kaiserlichen Staaten kann ein Staat, welcher sich eine *nationale* Aufgabe gestellt hat, auf die Zugehörigkeit an Territorien fremder Nationalität leicht verzichten; und es ist eine richtige Folge der deutschen Politik dieses Staates, daß bei den ersten Versuchen der Neugestaltung Deutschlands im Jahre 1848 auf die Abtrennung überwiegend polnisches Gebietes Bedacht genommen wurde, daß wiederum neuerdings nach der Besitznahme Schleswigs die Bereitwilligkeit ausgesprochen worden ist, die dänischen Theile dieses zweisprachigen Ländchens abzutreten. Länder fremder Sprache können besonders zum Austausch gegen die dem eigenen Sprachgebiete angehörigen Territorien dienen, namentlich wenn erst der Grundsatz gegenseitiger nationaler Duldung soweit durchgeführt ist, daß die während der früheren politischen Verbindung in denselben angesiedelten Angehörigen der bisher bevorzugten Nationalität durch eine solche Veränderung nicht in der Ausübung ihrer nationalen Rechte gekränkt werden. So wäre es gewiß für beide Nationen ersprießlicher gewesen, wenn die scharfe Gränze der Nationalität, welche die Deutschen östlich der Maas von den Wallonen Belgiens trennt, bei der Errichtung dieses Königreiches zugleich zur Staatengränze erhoben worden wäre, statt daß die Gränze, welche ohne Rücksicht auf die nationalen Verhältnisse gezogen worden ist, weil eben die Kenntniß derselben fehlte, einzelne Gemeinden hierhin, andere dorthin legte und von ihrem Volkstamme trennte. Ein gleiches Verhältniß nationaler Ausgleichung hätte sich seiner Zeit auch bei der Abgränzung des niederländischen Königreichs gegen Frankreich durchführen lassen; doch waren der damaligen Zeit diese Anschauungen noch so fremd, daß Hoffmann in den Vorschlägen für den zweiten Pariser Frieden nicht Dünkirchen, sondern die französische Gegend um Lille von Frankreich abzulösen beabsichtigte.

Die an sich für die Deutschen anziehende Frage, wie sich die *zerstreut wohnenden* auf die *einzelnen deutschen Stämme* vertheilen, kann nach dem, was bis jetzt hierüber mitgetheilt ist, nur auf dem Wege allgemeinster Schätzung beantwortet werden; denn die sorgsamen Ermittelungen, welche hinsichtlich der Ansiedelungen der Deutschen östlich der Leitha in den trefflichen ethnographischen Arbeiten des österreichischen statistischen Bureaus zusammengestellt sind, und welche die Abstammung der Ansiedler bei vielen einzelnen Orten angeben und in den Zahlen der allgemeinen Ethnographie die deutschen Stämme unterscheiden, haben weder im russischen, noch im preußischen Staatsgebiete ihres gleichen, indem hier vielmehr nur bei einer Anzahl von Ansiedelungen die Abstammung der Einwohner allgemein bekannt oder ersichtlich ist. Was aber einerseits aus den vorliegenden Nachrichten in der Ethnographie, wie auch aus dem einzelnen, in Betreff der russischen und preußischen Landestheile bekannten, und in Betreff der Deutschen in den westeuropäischen Staaten aus den Nachrichten über die Staatsangehörigkeit hervorgeht: hier wie bei der Colonisirung der großen neuen deutschen Territorien giebt es keinen deutschen Stamm, welcher nicht durch die Wanderungen seiner Angehörigen dazu beigetragen hätte, das deutsche Sprachgebiet zu erweitern. Zwei Stämme aber sind es, die gerade in dieser Beziehung, und dann namentlich in der festen Ausprägung und Bewahrung der deutschen Nationalität den fremden Nationen gegenüber sich auszeichnen, der sächsische Volkstamm, welcher seine Ansiedelungen längs des baltischen Meeres, aber auch zugleich südöstlich bis in die Karpathen erstreckt hat, und der schwäbisch-alemannische, welcher sich, man kann wohl sagen nach allen Seiten hin, am meisten aber in der großen Kette deutscher Ansiedelungen von den Alpen durch die Donauländer bis zur Wolga erstreckt und in den fremden Ländern oft unter schwierigsten Verhältnissen die angestammte Art erhalten und fortgeerbt hat. Diese beiden Stämme sind es, denen sich in der so häufig vorhandenen örtlichen Mischung die mitteldeutschen Stämme, welche bisher den Fremden gegenüber nicht die gleiche Zähigkeit gezeigt haben, anzuschließen pflegen; beim Zusammentreffen der Sachsen und Schwaben aber tritt jener stärkere Gegensatz der ober- und niederdeutschen Stammes-Eigenthümlichkeiten hervor, welcher, ein Ausfluß der besonderen Vorzüge eines jeden, sich zum Besten der Nation geltend machen wird, sobald, was jetzt schon an den entlegensten Punkten sichtbar ist, mit der wachsenden Einheit der Nation die Verschiedenheit ihrer Stämme als ihre Verbrüderung sich darstellt. Im ganzen läßt sich annehmen, daß unter den zerstreut wohnenden die Niederdeutschen vielleicht doppelt so stark als die Mitteldeutschen, die Oberdeutschen (Schwaben und Bayern) bis doppelt so stark als die Niederdeutschen vertreten sind, ein Verhältniß, welches auch in den deutschen Ansiedelungen jenseit des Oceans, auf welche diese Erörterung nicht eingeht, in ähnlicher Weise hervortreten dürfte, und in dem sich in wunderbar beharrlicher Weise noch heut die alte Stammesart der Sueven kundgiebt.

Im Vergleich mit den mindestens vier Millionen Deutschen, welche über fremde Sprachgebiete zerstreut sind, ist die Zahl der Fremden im zusammenhängenden deutschen Sprachgebiete verhältnißmäßig nicht groß. Die wenigen Skandinavier in der südlichen Hälfte von Schleswig, die südliche Hälfte der Preußen in Schalauen und Nadrauen, die Polen in Pommerellen, wie auch am rechten Weichselufer und auf einzelnen Strecken von der Netze bis zur Oder (im ganzen etwa 475,000), dann das ganze Volk der sorbischen Wenden (135,000), die Czechen westlich von Pilsen und in und bei Wien (schätzungsweise 125,000), die Kroaten auf den Sprachinseln von der Thaya bis zur Raab (70,000), die Magyaren, Slowenen, Rhätoromanen, Italiäner in der Nähe der Sprachgränzen, die Franzosen im vlaemischen Belgien und in den zu Frankreich gehörigen Theilen des deutschen Sprachgebietes, die Engländer, welche in Städten des nordwestlichen Deutschlands zerstreut leben, alle zusammen würden nach dem in den einzelnen Abschnitten gesagten etwa 1,240,000 zählen, mehr als diesen Betrag insofern, als die Zahlen für die abweichenden Nationalitäten wohl theilweise zu niedrig sind, weniger insofern, als die Zahl der Franzosen im deutschen Sprachgebiete vielleicht zu hoch geschätzt ist. Allerdings sind außer diesen Sprachfremden unter der deutschen Nation selbst noch eine nicht geringe Anzahl germanisirter Fremder enthalten, namentlich von den östlich anschließenden slawischen Stämmen, deren vorderste Wohnsitze sich einstmals bis an und in die Gebiete der Sachsen, Thüringer, Franken und Bayern erstreckten, auch vom preußischen Volkstamme, vom rhätoromanischen und die zahlreichen allmählich deutsch gewordenen französischen Flüchtlinge in den deutschen Staaten, wogegen umgekehrt die jetzt französisch redenden in den deutschen Theilen vom Elsaß, von Lothringen, Brabant und Flandern theilweise deutscher Abkunft sind, endlich die 540,000 und mehr germanisirten Juden.

Unterscheidet man die einzelnen Staatsgebiete, so findet sich über die Hälfte der Sprachfremden in denjenigen Theilen des deutschen Sprachgebietes, welche dem preußischen Staate angehören; sie kommen in Schleswig, Preußen und den vormals polnischen Landestheilen annähernd der Zahl der Deutschen gleich, welche jenseit der allgemeinen Sprachgränze in denjenigen Theilen des skandinavischen, lettischen, polnischen Sprachgebietes wohnen, welche zur Zeit mit diesem Staate vereinigt sind. Einen ferneren Antheil der Sprachfremden enthält das Königreich Sachsen in dem südlichen Theile der Wenden; ungefähr ein Fünftel der Sprachfremden ist auf diejenigen Theile des deutschen Sprachgebietes zu rechnen, welche zu Oesterreich und dem Königreiche Ungarn, und ebenfalls ein Fünftel auf diejenigen, welche zum Königreiche Belgien und zu Frankreich gehören. Nach den deutschen Stammesgebieten erscheint derjenige Theil am beträchtlichsten, welcher zwischen und unter den Niederdeutschen lebt, und zwar sowohl an Slawen, wie im Westen an französisch redenden; dann aber scheinen die unter den Oberdeutschen lebenden Sprachfremden zahlreicher, als die unter und zwischen den Mitteldeutschen lebenden zu sein; diese Verschiedenheiten würden sich indeß wesentlich ermäßigen und vielleicht zum Nachtheile der Mitteldeutschen verändern, ließe sich die Zahl der germanisirten Fremden ermitteln und abrechnen, welche unter den einzelnen deutschen Volkstämmen enthalten sind.

Mit Einschluß der eingestreuten Sprachinseln anderer Nationen bis zu jener Linie, welche nach Norden hin gegenüber den Skandinaviern im zweiten, den Letten im dritten Abschnitte, nach Osten hin gegenüber den Polen im fünften, dann in der am meisten gewundenen Gestalt gegenüber den Czechen im sechsten, und wieder einfacher gegenüber den Magyaren im siebenten Abschnitte, ferner nach Süden gegenüber den Slowenen im neunten, den Rhätoromanen und Italienern im zehnten, und nach Südwesten gegenüber den Franzosen im elften Abschnitte dargestellt worden ist, begreift das zusammenhängende deutsche Sprachgebiet 12,400 Quadratmeilen, also über ein Fünfzehntel des Flächenraums von Europa, und 50,350,000 Einwohner, 177 Promille oder 3 Siebzehntel der Bewohner Europa's. An Flächenraum steht es in Europa nur dem ungeheuren Sprachgebiete der russischen Nation, sowie den dünnbevölkerten Gebieten der skandinavischen Nation und der finnischen Stämme nach, wogegen es das französische Sprachgebiet (selbst bei Einrechnung von ganz Occitanien und der Bretagne) und ebenfalls das spanische an Ausdehnung übertrifft und über doppelt so groß ist, als das italiänische Sprachgebiet, das englische in Europa und die Sprachgebiete der kleineren Nationen. Allerdings möchte man einwenden, daß diese Art der Betrachtung, nämlich die Beschränkung auf das nicht einmal natürlich fest abgegränzte Europa, unstatthaft sei, da die Sprachgebiete europäischer Nationen sich über Europa hinaus, das russische nach Asien, das französische nach Africa, das englische und spanische nach Nord- und Süd-America erstrecken. Dennoch müssen wir hier bei einer Vergleichung stehen bleiben, wie sie dem Gegenstande entspricht, für dessen Erstreckung über die ganze Erde es nicht nur an den statistischen Unterlagen fehlte, sondern bei deren Vorhandensein Verhältnisse hätten in Betracht gezogen werden müssen, welche von den europäischen sehr abweichen. Gerade in Ansehung der Sprachgebiete aber ist eine solche Beschränkung gerechtfertigt; denn wie wenig beim russischen Sprachgebiete das Hinausreichen über die Gränze der europäischen Gouvernements in Betracht kommt, davon kann man sich leicht aus Erckert's Karte überzeugen, und in Ansehung der übrigen europäischen Sprachgebiete ist die Verschiedenheit keine größere; denn das bleibt festzuhalten, daß zwar die geistige Einheit der Nation sich über die ganze Erde erstreckt, die geographische Einheit der Sprachgebiete aber aufgehoben wird, sobald sie das Meer auseinanderhält.

In Ansehung der Bevölkerungszahl steht innerhalb Europa's das deutsche Sprachgebiet nur dem russischen nach, dessen Einwohnerzahl sich (im weitesten Umfange gerechnet) bis gegen 60 Millionen belaufen kann, wobei dann aber die Zahl der in das letztere eingestreuten Sprachfremden viel bedeutender ist, als die Zahl der Fremden in Deutschland. Dagegen steht es in mindestens gleichem Maaße dem französischen Sprachgebiete an Bevölkerungszahl voran, da das letztere, selbst wenn man die Gebiete der Occitaner, Catalanen und Kymren Klein-Britanniens hinzurechnet, höchstens 42 Millionen Einwohner zählt. Es ist ferner bei weitem volkreicher als das englische Sprachgebiet in Europa, auch wenn man diesem die irischen Kelten und die Kelten und Kymren in Groß-Britannien zurechnen will, und doppelt so volkreich als das italiänische.

Nachtheiliger als jene Sprachgebiete steht dagegen das Deutsche in Ansehung seiner weniger geschlossenen Lage durch das Hinüberreichen in die verschiedenen natürlichen und Strom-Gebiete, denn es ist kaum ein größeres Stromgebiet, das die Deutschen nicht mit anderen Nationen zu theilen hätten, sei es daß diese die oberen Theile deutscher Stromgebiete innehaben, wie man von den Franzosen im

Gebiete der Schelde und der linken Zuflüsse des Rheins (kaum aber von den Rhätoromanen an den Rhein- und Innquellen) sagen kann, sei es daß die Deutschen die unteren Theile anderer Stromgebiete, wie des Gebietes der Weichsel und der Warthe, oder die höheren Theile derselben, wie namentlich an den südlichen Zuflüssen der Donau, an der Etsch und dem Rhone bewohnen, oder daß die Vertheilung der Wohnsitze aus diesen beiden Verhältnissen gemischt ist, wie an der Oder, der Elbe und der March, wo die Deutschen sowohl die unteren Theile wie die Quellgebiete innehaben.

Mehr aber als die Verschlungenheit der Sprachgränze, welche ja wieder anderseits die fortschreitende Verbreitung der Nation und damit die Vergrößerung des Sprachgebietes begünstigen sollte und dies an vielen Stellen wirklich thut, ist, wie schon Eingangs gesagt, die politische Zertheilung des deutschen Sprachgebietes ein Hemmniß der vollen Geltung der deutschen Nation als der ersten unter den Völkern Europa's. Von den Zahlen der Deutschen, wie sie in der Tabelle X für die verschiedenen Staaten angegeben sind, kommen 34, oder 35, wenn man das an einigen Stellen wahrscheinlich vorkommende, aber in Zahlen nicht darstellbare Hinüberreichen deutscher Wohnsitze in das Königreich Polen in Betracht ziehen will, auf das zusammenhängende Sprachgebiet der Deutschen. Unter den Staaten, welche ganz dem deutschen Sprachgebiete angehören, steht das Königreich Bayern als größter voran, dann folgen Niederland, das Königreich Sachsen, Würtemberg, Baden, Darmstadt, die 19 norddeutschen Kleinstaaten, Lützemburg und Lichtenstein. Zum größten Theile, nämlich mit 6 Siebenteln seines Bodens, aber 8 Neunteln seiner Bewohner, gehört der preußische Staat zum deutschen Sprachgebiete; ebenfalls mit der Mehrheit der Bewohner (69 Prozent) und der größeren Hälfte des Areals die schweizerische Eidgenossenschaft, ferner mit fast der Hälfte des Territoriums und der Mehrzahl der Einwohner (58 Prozent) das Königreich Belgien, zum kleineren Theile der österreichisch-ungarische Staatskörper (19 Prozent der Fläche, 20 der Einwohner) und Frankreich (24 Promille der Fläche, 4 Prozent der Einwohner), zu ganz kleinen Theilen Italien (die Gemeinden in den Alpen) und Groß-Britannien (Helgoland).

In Betreff der Stellung der verschiedenen Theile des deutschen Sprachgebietes zur Nationalitätsfrage ist der Hauptgegensatz der, ob die betreffenden Theile zu Staaten gehören, welche als deutsche Staaten zu betrachten sind, oder ob sie zu in Ansehung der Nationalität eigentlich neutralen Gebieten, oder ob sie zu Staaten von ausgesprochen fremder und insbesondere feindselig gegen die deutsche Sprache gerichteter Nationalität gehören. In dieser Beziehung muß den 27 zuerst erwähnten deutschen Staaten der preußische Staat mit zugerechnet werden. Nicht als ob derselbe fremden Nationen innerhalb seines Gebietes grundsätzlich die Anerkennung versagte; eine solche Vermuthung wird schon durch die Ordnung der Schulverhältnisse im Großherzogthum Posen und in Schleswig widerlegt, — denn gerade bei diesem wichtigsten Punkte, in welchem die deutsche Nation den andern am meisten überlegen ist, ist die Verschiedenheit der Staatsangehörigen nach der

Nationalität am besten berücksichtigt worden, — sondern insofern die politischen Führer desselben sich gerade die Vertretung deutscher Angelegenheiten zur Aufgabe gestellt haben und bereits sechs Beherrscher dieses Staates, indem sie deutsche Territorien, welche mit fremden Staaten verbunden waren, von diesen ablösten, in wirklich nationalem Sinne die Bezeichnung als Mehrer des Reichs in Anspruch nehmen konnten; weiter aber auch deshalb, weil seit der Verwirklichung der deutschen Union in der vorläufigen Form des norddeutschen Bundes, mit einer einheitlichen Heeresverfassung, welche im Begriff steht, sich auf die im Zollvereins-Parlamente vertretenen süddeutschen Staaten zu erstrecken, der preußische Staat mit den meisten übrigen so verwachsen ist, daß ein Gegensatz desselben als eines nationalitätlosen zu 27 national deutschen Staaten den wirklichen Verhältnissen nicht entspricht. — Blickt man auf die Vertheilung der deutschen Nation, von der fast 20 Millionen (für 1861) dem preußischen Staatsverbande angehören, in welchem die Deutschen 88 Pct. der Einwohner sind, während die 24 demselben volkswirthschaftlich und militärisch verbundenen anderen Staaten nur 13,900,000 Einw. enthalten, und berücksichtigt man, daß zum preußischen Staate 4 Neuntel, zu den anderen nur 4 Funfzehntel des deutschen Sprachgebietes gehören, so sieht man deutlich, daß hier gegenwärtig der Schwerpunkt der deutschen Macht liegt, nicht wie der Verfasser einer Schrift über die Nationalität meint, indem die Führung der deutschen Angelegenheiten auf ein slawisch-lettisch-preußisches Mischvolk übergegangen wäre, sondern indem sie, und das zeigen die Zahlenangaben in der Tabelle, auf die größte Masse der Deutschen, und wenn man ja einen weiteren Unterschied machen will, auf den zahlreichsten und deshalb stärksten deutschen Stamm, den Stamm der Sachsen übergegangen ist, und zwar nicht allein, wie es bisher den Anschein hatte, auf die vorwiegend sächsischen Deutschen, sondern auch zugleich auf jenen Stamm selbst, der vor neun Jahrhunderten schon einmal zur deutschen Macht den Grund gelegt hat, und welcher schon seinem Namen nach zur Führung des deutschen Schwertes berufen scheint.

Daß der Name des preußischen Staates mit dem nationalen Charakter desselben im Widerspruch steht, wie dieses ja ähnlich bis vor kurzem in Italien hinsichtlich des gleichfalls allein national-gemischten Königreichs Sardinien der Fall war, ändert an der wirklichen Sachlage nichts. Dennoch ist dieser Widerspruch zwischen dem Namen und dem Wesen des Staates ein schwerer, von vielen empfundener, aber aus falscher Scheu nicht genügend hervorgehobener Uebelstand. Denn nicht nur, daß die Begriffe der deutschen Bevölkerung schon dadurch verwirrt werden, daß man auf den deutschen Großstaat den Namen eines vormals deutschfeindlichen, dann durch die deutsche Nation zu Deutschland annectirten Landes überträgt, sondern ein hohler Liberalismus, der es den constitutionellen Principien gemäß hält, die Einwohner eines Staates einfach mit dem Namen desselben zu bezeichnen, was in so ungeschickter Weise nicht einmal die Nationen thun, welche er nachzuahmen gewohnt ist, steigert diese Verwirrung grundsätzlich, indem er alle Angehörigen desselben zu „Preußen" machen möchte, ohne zu fühlen, daß solche Bezeichnung für die zwanzig Millionen Deutschen keine Befreiung, sondern eine begriffliche Knechtung enthält, — ein Vorgehen, dem selbst das Herrenhaus seinen Protest entgegengestellt hat, und mit Recht, da aus dem Umstande, daß Deutsche Unterthanen des deutschen Königs von Preußen sind, sicher nicht folgt daß dieselben von der Mitgliedschaft eines der höchsten Culturvölker zu Nationalen eines Volkes hinabsteigen müssen, welches für die menschliche Cultur selbst nichts geleistet hat und ohne ihre Mithülfe auch nichts leisten kann. Vor allem aber ist es dieser Widerspruch zwischen dem Namen und dem Wesen des königlich preußischen Staates, welcher den auswärtigen Gegnern desselben wirksamen Vorschub leistet; politischen Abhandlungen, wie der von Gordon über den ethnologischen Ursprung der preußischen Bevölkerung würde der ganze Boden entzogen sein, auf welchem sie ihre Angriffe entwickeln, — wollten diejenigen, welche zu solchen Anordnungen berechtigt sind, der nationalen Grundlage des Staates und eben damit der Wahrheit die Ehre geben, und an die Stelle eines vormals durch den Zwang der Umstände angenommenen Titels, bei welchem es dem Kurfürsten nicht auf den Namen des Landes oder Volkes, sondern nur auf die Bezeichnung als König ankam (denn bekanntlich wurde ihm nicht gestattet, sich „König der Wenden" zu nennen), eines Titels, der seitdem hergebrachtermaßen beibehalten worden, dessen heutige Anwendung aber in nationaler Beziehung unberechtigt (nur ein Hundertsechzigstel der Staatseinwohner sind Preußen), in territorialer Beziehung kaum für eine Provinz berechtigt ist, den echten Namen des Landes und Volkes setzen.

Die Vereinigung deutscher Staaten, wie sie gegenwärtig theils vollendet, theils schon so weit vorgeschritten und in den Gemüthern des Volkes selbst vorbereitet ist, daß ihre gänzliche Vollziehung nur noch eine Zeitfrage scheint, umfaßt somit ein Territorium von 9670 Meilen, von denen 8736 dem zusammenhängenden deutschen Sprachgebiete angehören, und 36,570,000 Einwohnern (im Jahre 1861), davon 33,430,000 Einwohner innerhalb des deutschen Sprachgebietes, und überhaupt fast 33,800,000 Deutsche (davon 33,230,000 im zusammenhängenden deutschen Sprachgebiet).

Nur zwei national-deutsche Staaten sind es, welche sich der deutschen Vereinigung noch fortdauernd entziehen, das Königreich Niederland und Lützemburg; denn die politische und insofern auch militärische Verbindung des letzteren mit Niederland wiegt schwerer, als seine Zugehörigkeit zum deutschen Zollverein Diese Absonderung wird gerade in Niederland durch die Absonderung in Ansehung der gültigen Landessprache unterstützt, indem, im Gegensatz zu dem allgemein verbindenden Hochdeutschen, der holländische Dialekt des Niederdeutschen, der doch selbst nur in einem Theile des Landes gesprochen wird, seine officielle Geltung bis an die Gränzen des Königreichs erstreckt. Wie wenig dieser Besonderheit des Holländischen, dem die dortigen Particularisten nachgerade selbst die bisherige Bezeichnung „Niederdeutsch" aus blindem Eifer gegen die eigene Nation absprechen möchten, eine nationale Berechtigung zukommt, ergiebt sich aus den Grundsätzen, welche im allgemeinen Vorwort entwickelt worden sind. Hier aber möchten wir noch an die Worte erinnern, mit welchen E. M. Arndt in seiner Völkergeschichte den wackern Niederländern, obwohl sie in keinem Punkte reizbarer seien, die unwiderlegliche Wahrheit vorhält, „daß sie nur eine der vielen Mundarten des Plattdeutschen oder Altsächsischen reden, wo sie nun freilich eine Menge unnützer und unnöthiger wälscher und lateinischer Ausdrücke und Wendungen eben nicht zur Geschmeidigung, Wohllautung und Verschönerung hineinverarbeitet haben." Richtiger freilich hat dieser Particularismus seine Grundlage in der Sondergeschichte, das heißt in der Erinnerung an die verlorene Freiheit und Macht der sieben niederländischen Provinzen; im letzteren Sinne ist vornehmlich die anonyme Abhandlung über Nationalität in dem holländischen Jahrbuch für Staatshaushaltskunde aufzufassen, wenngleich diese wunderliche Arbeit die Grundlage der holländischen Nationalität in allem möglichen, selbst in dem dortigen Rind- und Kalbfleisch findet. Aber gerade diese Erinnerung sollte vielmehr die Niederländer daran mahnen, neue Grundlagen für die Herstellung des Verlorenen zu gewinnen; denn wie weit ihre Macht gesunken ist, ergiebt sich aus dem unsicheren Verhältniß dieses Staates zu denjenigen Colonialgebieten, welche ihm heut noch übrig sind.

Und das mitteldeutsche Großherzogthum Lützemburg, oder vielmehr der so genannte Rest des deutschen Theiles dieser einstmaligen Grafschaft, verdankt der Vereinigung mit Nord-Niederland nicht nur die fortgesetzte Geltung des Französischen, welche eine förmliche Zurücksetzung des Deutschen enthält, sondern jene Personal-Verbindung wäre ohne den Einspruch vom preußischen Staate her sogar der Grund der Verhandlung dieses deutschen Ländchens und seiner 200,000 Deutschen an Frankreich gewesen. Mit dem Eintritt dieser beiden deutschen Länder, welche 643 Meilen deutsches Sprachgebiet in unmittelbarster geographischer Verbindung mit dem übrigen deutschen Rheinlande und 3,570,000 fast durchgängig deutsche Einwohner enthalten, — mit dem Eintritt dieser Länder in die deutsche Staaten-Vereinigung würde die Einheit und Macht der deutschen Nation einen gewaltigen Schritt vorwärts thun, weil eben diese Vereinigung dann alle zur Zeit wirklich deutschen Staaten umfassen würde.

Auf der ganzen Südostseite der deutschen Zollvereins-Gränze, von den Sudeten bis zum Rhein bei Basel, schließen sich demselben die deutschen Territorien an, welche mit nichtdeutschen Landstrecken zu Staatenbildungen verbunden sind, in denen wegen der Zusammensetzung aus verschiedenen Nationen die Gleichberechtigung der Sprachen den leitenden Grundsatz bildet. Daß in der schweizerischen Eidgenossenschaft 416 Meilen deutsches Land mit 1,725,000 fast durchgängig deutschen Einwohnern mit Theilen des französischen, des rhätoromanischen und italiänischen Sprachgebietes verbunden sind, ist, wie wir oben gesehen haben, der Ausbreitung der deutschen Nation nur förderlich, da diese sowohl dem Romanischen, wie auch dem Französischen gegenüber sich ausdehnt; und die glückliche Entwickelung der inneren Verhältnisse in dem Zusammenleben so verschiedener Nationen in diesem geschichtlich auf deutscher Grundlage errichteten Bundesstaate kann gerade den Deutschen ein deutliches Zeichen sein, daß die Achtung fremder

Nationalität die seinige nicht gefährdet. — Auch in Ansehung derjenigen Theile des deutschen Sprachgebietes, welche mit dem österreichisch-ungarischen Staatskörper verbunden sind, einem Territorium von etwa 2115 Qu.-Meilen mit 6,830,000 Einw., unter denen wohl höchstens der fünfundzwanzigste Theil nicht Deutsche sind, sind die nationalen Verhältnisse im Allgemeinen nicht ungünstig; denn abgesehen von dem Vordringen der Italiäner im Etschthale, wird kaum eine Stelle zu finden sein, wo der eigentliche Bestand des deutschen Sprachgebietes durch das Vordringen fremder Bevölkerungen beeinträchtigt worden wäre, im Gegentheil ist für einzelne Gränzstriche wohl eher eine allmähliche Erweiterung des deutschen Gebietes anzunehmen. Was innerhalb der österreichischen Länder vielmehr beklagt wird, ist, daß die zerstreut lebenden Deutschen ihre Nationalität leichter aufgeben und namentlich zur czechischen und zur magyarischen Nationalität übergehen. Und gerade insofern, nämlich mit Rücksicht auf die auf Sprachinseln und unter Fremden wohnenden über 2 Millionen Deutschen in Oesterreich und Ungarn war es vortheilhaft, daß der deutsche Krieg eine Schmälerung des Bestandes des österreichischen Staates nach der deutschen Seite hin nicht zur Folge gehabt hat, indem die dauernde Zugehörigkeit eines an Umfang und Bevölkerungszahl jedem andern mindestens gleichstehenden Gebietes der deutschen Nationalität und Sprache ihre volle Gleichberechtigung im ganzen Umfange der verbundenen Länder sichern konnte.

Ein gleiches Verhältniß, wie Oesterreich und die Schweiz könnte das Königreich Belgien zeigen, welches seiner nationalen Zusammensetzung nach gleichsam zu einem neutralen Gebiet zwischen den Nationalstaaten der Deutschen und Franzosen bestimmt war und ein solches auch nach Inhalt seiner Verfassung wirklich sein sollte. Wie wenig in dieser Beziehung die gerechten Erwartungen der Vlaemen erfüllt worden sind, ist im elften Abschnitte dargelegt, und in der That, wenn so oft der politische Gegensatz zwischen Belgien und Frankreich hervorgehoben wird, in Ansehung des wichtigsten nationalen Rechtes, nämlich in der Sprachenfrage, ist die politische Richtung der Regierung in beiden Staaten kaum eine verschiedene, und hier wie in Frankreich benutzt sie ihre Gewalt zur Zurücksetzung und Beeinträchtigung des deutschen Elements. Das schöne Verhältniß, daß der Verband deutscher Staaten nach Südost und Süd gegen die Gränze anderer Nationen hin von Uebergangsländern umgeben ist, in welchen eine freie Bewegung verschiedener Nationen neben einander stattfindet, ein Verhältniß, welches bei einer Nation, die groß genug ist, daß ihr Kern auch ohne diese Außenländer das nationale Banner hochhalten kann, das der friedlichen Völkerentwickelung am meisten günstige erscheint, will sich nach Westen hin ebensowenig durchführbar zeigen, wie solches auf der Nordseite, wo es in dem neutralen Schleswig Jahrhunderte bestanden hatte, in neuester Zeit haltbar geblieben ist. Die etwa 500 Meilen deutsches Sprachgebiet in Belgien und Frankreich, allerdings nur der fünfundzwanzigste Theil des ganzen Sprachgebietes, und die 4,280,000 Einwohner dieser Landestheile, also ein Zwölftel der Einwohner des ganzen deutschen Sprachgebietes, darunter mindestens 4 Millionen Deutsche, befinden sich thatsächlich unter der Herrschaft einer fremden Sprache, deren Anhänger die Volksprache dieser Länder überhaupt nicht als wirkliche Sprache anerkennen und damit einen Zustand herbeigeführt haben, dessen Beseitigung, selbst wenn die überwiegende Mehrzahl der dortigen deutschen Bevölkerung das Erniedrigende und Entwürdigende dieser Behandlung nicht empfinden sollte, im Sinne des Nationalitätsprincips aus der gesammten deutschen Nation heraus erstrebt werden muß.

Für das Königreich Belgien könnte es ausreichen, wenn — was allerdings gegenüber dem Widerstreben der amtlichen Organisation schwierig ist — die vlaemische Bevölkerung und namentlich der wahlberechtigte Theil derselben zum vollen Bewußtsein ihrer Nationalität gebracht würde, denn bei stetem Einspruche der Volksvertretung würde das Französirungsystem auf die Dauer daselbst nicht haltbar sein. Für die unter Frankreichs unmittelbarer Herrschaft stehenden Theile fehlt es jedoch an den entsprechenden Mitteln, mit welchen die Bevölkerung selbst im öffentlichen Leben den Schutz ihrer nationalen Rechte erstreben könnte. Allerdings ist die Auffassung, daß auch das Elsaß ein solches Uebergangsgebiet zwischen Deutschland und Frankreich bilde, eine dort schon gebräuchliche, und der gegenwärtige Beherrscher Frankreichs, welcher die Bedeutung des Deutschthums kennt, gab bei seiner Anwesenheit im Elsaß dieser Auffassung in Worten Ausdruck, die selbst in der zaghaften, weil in Nationalitätsfragen meist unwissenden, deutschländer Tagespresse wiederhallten. Aber hat nicht die Bezeichnung des Elsasses als eines Uebergangsgebietes eben nur dann die richtige Bedeutung, wenn eben die Deutschheit der Bevölkerung in ihrer Sprache anerkannt wird, wenn also der politischen Vereinigung desselben mit Frankreich, an welche sich die Verbindung mit diesem in allen materiellen Interessen knüpft, die Zugehörigkeit desselben zur deutschen Nation in den geistigen Interessen der Bevölkerung gegenüber steht, — dem falschen Nationalgefühl der Handelsgemeinschaft, dieser niedrigsten, weil äußerlichsten Gemeinschaft (in welcher wohl nur der Fachberichterstatter der Augsburger-Zeitung die Nationalität verkörpert findet) die höhere und wirkliche, aus dem Innern vom Menschen zum Menschen sprechende Gemeinschaft des Volkstammes gegenübergestellt ist? In der That ist diese von Frankreich her gebrauchte Bezeichnung des Uebergangsgebietes nichts als ein höfliches Zugeständniß der thatsächlichen Verhältnisse, deren Veränderung, wie oben beim Elsaß und Deutsch-Lothringen näher besprochen ist, mit allen in der Macht des Staates und der französischen Nation liegenden Mitteln erstrebt wird.

Die Staatsgränzen, welche nach Westen hin vier Millionen Deutsche vom deutschen Sprachgebiete scheiden, sie sind nicht volkliche Gränzen, nicht Gränzen eines Mischvolkes gegen ein reineres deutsches Volk. Die Elsässer Frankreichs sind dieselben Alemannen, welche im Breisgau und der Ortenau mit ihnen gemeinschaftlich das Thal des Rheinstromes bewohnen; die Westfranken des französischen Antheils an Deutsch-Lothringen sind derselbe Volkstamm wie im preußischen Staatsantheile, und die Ziehung der Gränze war nur ein politischer Handel, bei dessen Erledigung der Druck der fremden Politik auf Deutschland lastete; die Vlaemen innerhalb der Gränzen Frankreichs sind der gleiche Volkstamm wie im belgischen Staatsantheile, und die Gränze, welche Brabant von der Schelde bis zur Maas durchschneidet, ist keine Stammesgränze und meist nicht einmal die Gränze der Mundart. — Und so ist es ringsumher: an den Gränzen der Eidgenossenschaft konnte Mülhausen ebensowohl eine freie Stadt geblieben sein, wie es Schaffhausen geblieben ist, aber Frankreichs Gewalt hielt es in Banden. Am Oberrhein konnten die Alemannen Vorarlbergs eben sowohl einen Theil der Schweiz bilden, wie die des Frickthales durch Napoleon's Gnade dorthin gelegt worden sind; überall zog nur die jeweilige Politik die Gränzen. Die Gränze zwischen dem Königreich Bayern und Oesterreich durchschneidet das Gebiet des alemannischen, schwäbischen, bayerischen Stammes, und die natürliche und Staatengränze, welche Böhmen umgiebt, geht durch die Wohnsitze von vier deutschen Stämmen, welche nach Süd, West, Nord und Ost das Land der Czechen umlagern.

Der Gegensatz der deutschen Stämme, der von der liberalen Phrase, welche auch hier alles staatliche gern volklich machen möchte, obwohl doch die deutsche Staatenbildung keine volkliche, sondern vielmehr eine dynastische, also eine herrschaftliche oder so zu sagen höfische Grundlage hat, immer auf den Gegensatz der Staaten angewandt wird, indem sie heut von Stämmen der Preußen, Badenser (!), Mecklenburger (wie vormals von denen der Hannoveraner (!), Kurhessen (!), Nassauer) reden, dieser an sich so bedeutungsvolle Gegensatz der deutschen Stämme hat in der heutigen politischen Eintheilung Deutschlands keine Stelle. Nicht nur auf den später besiedelten deutschen Territorien, also in Kärnthen und Oesterreich, in Meißen und Schlesien, in den brandenburgischen Marken und dem Preußenlande, wo die Ansiedler verschiedener deutscher Stämme sich so gemischt haben, daß gerade hier die Gränzen der neuentstandenen Volkstämme, soweit sie nicht durch die dazwischen wohnenden Fremden bezeichnet werden, schwer zu bestimmen sind, um so schwerer, als stellenweise die Mundarten der zugewanderten mit denen des überwiegenden Stammes noch nicht verschmolzen sind, — sondern auch in den westlicheren Territorien, in welchen die deutschen Stämme vormals nach ihren Herzogthümern gesondert lebten, findet der Stammesunterschied in den Staatsgränzen keinen Ausdruck. Denn wo die Stammes-Verschiedenheit, welche vielfach durch Wanderung und Mischung deutscher Stämme verwischt und durch Verbreitung und Vermischung von Mundarten im Laufe der Zeit verdunkelt worden ist, sich in der Verschiedenheit der Mundart und Volksart deutlicher zeigt, ist es nicht an den Gränzen der heutigen Staaten, sondern an den Gränzen der alten Herzogthümer Deutschlands. In den Dialektverschiedenheiten, wie sie Berghaus auf seiner Karte darstellt, kehren viele dieser alten Gränzen wieder, und mit Recht; denn wo die Gränze der Mundart zweifelhaft ist, giebt die historische Stammesgemeinschaft, auf welcher doch die Gemeinschaft der Mundart zunächst beruht, für die Zusammengehörigkeit das beste Zeichen. Noch bestimmter erscheint dies in den Gränzen der Hauptmundarten, wie sie Kiepert zwischen fünf Hauptstämmen Deutschlands zieht, während Bernhardi in den entsprechenden Gränzen mehrere

Abweichungen hat (wie im nördlichen Elsaß, am Niederrhein, in Ober-Yssel) und nur an einer Stelle (in West-Tyrol) sich im Gegensatz zu den beiden vorgenannten der alten Gränze des Herzogthums Bayern anschließt. Nach sämmtlichen Angaben aber entspricht die Gränze der schwäbischen und bayerischen Mundart noch heut der alten Gränze beider Herzogthümer, wogegen die Gränze zwischen der Mundart der Schwaben und Alemannen zweifelhaft und bestritten, die der Burgunder anscheinend durch die alemannische Mischung verwischt ist. Oestlich an Franken anschließend, bildet der Nordgau des alten Bayern ein Uebergangsgebiet, das von Kiepert und Berghaus noch zu den oberdeutschen Mundarten, von andern nebst dem fränkischen Theile Böhmens zu den mitteldeutschen gezählt wird; zwischen Franken und Schwaben wird die Gränze im Osten des Neckars etwas nördlicher, westlich desselben etwas südlicher angenommen, als die alte Gränze der Herzogthümer. In Franken selbst erscheinen bei Berghaus die historischen Hauptabtheilungen dieses Stammes in den entsprechenden Mundarten des alten Ostfranken, Westfranken (nämlich Ober-Lothringen), Hessen und Rheinfranken, die letztere in drei Mundarten vertheilt. Am zweifelhaftesten ist die Gränze der Mundarten in Niederfranken (Nieder-Lothringen), wo aus der Stammesmischung der Franken und Sachsen ein deutscher Stamm hervorgegangen ist, welcher in Brabant entschieden, am Niederrhein entweder wie auf Bernhardi's Sprachkarte mit der nordwestlichen Hälfte, oder wie bei Kiepert und Berghaus zum größten Theil, oder wie bei Vandenhoven gänzlich zum Niederdeutschen gerechnet wird. Nördlich des Rheins ist es gleichfalls ein Anklang an die alte Gränze Niederfrankens, daß Berghaus den geldrischen Dialekt die Yssel abwärts (allerdings durch das ganze spätere Gelderland) erstreckt, und daß er dagegen dem Ysseldialekt die Grafschaft Bentheim anschließt; gewiß aber ist es ungerechtfertigt, wenn man hier annehmen will, daß die heutige Landesgränze, welche weder eine historische noch eine Stammesgränze ist, die Gränze der holländisch-friesischen Mundarten bilde. Sehr genau schließt sich die Gränze der fränkischen gegen die thüringischen und sächsischen Dialekte der alten Gränze Frankens an, namentlich auffallend zwischen der Eder und Weser, und auch die Gränze der Sachsen und Thüringer entspricht derselben, besonders wie sie Berghaus wiedergiebt, bis auf die Höhe des Harzes.

Vergleicht man hiermit die Betheiligung der Stämme und Mundarten an der Bevölkerung der einzelnen deutschen Staaten, so ergiebt sich, daß nur einige jetzt unter norddeutscher Militärhoheit verbundene Staaten sich auf das Gebiet eines deutschen Volkstammes oder einer der Haupt-Mundarten beschränken: die größten darunter das niedersächsische Mecklenburg, das fränkische Hessen-Darmstadt, dann allenfalls der königlich sächsische Staat, dessen Bevölkerung jedoch zu den gemischten Stämmen Deutschlands zählt, und unter dessen an die thüringer anschließenden Mundarten der vogtländer Dialekt auf Berghaus' älterer Karte zu den fränkischen Dialekten gerechnet wird. Dagegen enthält das oldenburgische Großherzogthum Bewohner sächsischer, friesischer und gemischter, sowie auch rheinfränkischer Abstammung, und enthalten Sachsen-Weimar, Sachsen-Meiningen, Sachsen-Coburg-Gotha theils thüringisches, theils fränkisches Land. Ferner ist Baden halb fränkisches, halb alemannisches und schwäbisches Land; mit Würtemberg, das fälschlich in der Regel gleich Schwaben gesetzt wird, ist ein Theil fränkisches Land verbunden, mit Bayern das östliche Schwaben und der verhältnißmäßig größere Theil des fränkischen Landes; das Königreich Niederland enthält außer den friesischen Bevölkerungen mit alt-friesischer, holländischer und oberysseler Mundart niederfränkische Bevölkerungen, welche die vlaemische, geldrische uud aachener Mundart reden. Am mannigfaltigsten ist die Verschiedenheit der Mundarten innerhalb der deutschen Bevölkerung des preußischen Staates, welcher von den 25 deutschen Mundarten, die Berghaus anführt, 6 ganz und 15 theilweise in seinen Gränzen umfaßt, und zu welchem außer drei Fünfteln aller Niederdeutschen zwei Fünftel der Mitteldeutschen und ungefähr der zwanzigste Theil der Oberdeutschen gehören, wobei jedoch die Betheiligung der Oberdeutschen in sofern eine beträchtlichere ist, als Theile derselben (und der Mitteldeutschen) in den brandenburgischen und preußenländer Territorien mit den Niederdeutschen zu einem Volkstamme verwachsen sind. Offenbar verkehrt ist es also, die thatsächlichen Bezeichnungen der Staaten auf die Volkstämme zu übertragen, nicht nur in Ansehung des preußischen Staates, dessen deutsche Bevölkerung selbstverständlich nicht als Preußen bezeichnet werden kann, sondern ebenso in Betreff des Königreichs Sachsen, dessen Einwohner dem Charakter ihrer Mundart nach nicht zum Stamm der Sachsen gehören, und in Betreff des Königreichs Bayern, von dessen Einwohnern wahrscheinlich nur drei Zehntel bayerisches Stammes sind.

Erst innerhalb größerer Vereinigungen deutscher Gebiete ist die Unterscheidung der deutschen Stämme mit gutem Erfolge durchführbar. Die kleinen Anfänge, welche in dieser Beziehung bei der Eintheilung Bayerns unter dem König Ludwig und annähernd bei der preußischen Provinzial-Eintheilung gemacht worden sind, hätten nicht allein hier nach der Gewinnung der neuen Provinzen fortgeführt werden können, sondern namentlich bot sich bei der Neubildung der norddeutschen Armee, deren Bereich in seinen 26 Millionen Deutschen zwei Drittel der Mitteldeutschen, wie der Niederdeutschen verschiedener Stämme und Mundarten begreift, und welche den Anschluß von weiteren $7\frac{3}{4}$ Millionen an Ober- und Mitteldeutschen erwartet, eine Gelegenheit, die neue Eintheilung an die deutschen Stammesgebiete anzuschließen; denn gerade in dem Kriegsdienste, in welchem die physische Beschaffenheit der Bevölkerung sich zeigt, kann die Stammeseigenthümlichkeit am besten ihren Ausdruck finden, und durch den Wetteifer der einzelnen Stämme die körperliche Tüchtigkeit eines jeden sich hervorthun.

Noch wichtiger wäre es, wenn die Stammesverschiedenheit, wie sie sich in den deutschen Mundarten darstellt, auf demjenigen Felde berücksichtigt würde, welches derselben nach dem Wesen der Sprache vorzugsweise angehört, in der geistigen Ausbildung des Volkes; wenn insbesondere diejenigen, welche den Volksunterricht ertheilen, die erforderliche Kenntniß der Mundart hätten, um diese beim Unterrichte mit dem Hochdeutschen zu vermitteln, wenn ferner auf den mittleren Unterrichts-Anstalten jedes Stammgebietes eine gründliche Unterweisung in der betreffenden Mundart Platz griffe. Es würde hierdurch nicht allein die Verstandes-Thätigkeit der Nation bedeutend erhöht und durch die Vermittelung des stammhaften mit dem nationalen das Nationalgefühl selbst gehoben werden, sondern namentlich würde dieses Eingehen auf die örtlichen Besonderheiten da von Wichtigkeit sein, wo die deutschen Stammesgebiete von den Staatengränzen durchschnitten werden. Durch die Pflege der Volksmundarten würde dem holländischen Particularismus der bisherige geistige Halt genommen und dem Niederländer die Zusammengehörigkeit mit Deutschland zum Bewußtsein gebracht werden, wie schon jetzt südwärts seiner Gränzen die Pflege des vlaemischen Dialektes durch vaterländisch gesinnte Geister die Annäherung an Nord-Niederland zur Folge gehabt und den früher behaupteten Gegensatz zwischen der vlaemischen und holländischen Sprache widerlegt hat. Es würde hierdurch ferner das Gefühl der Zusammengehörigkeit an den Gränzen der neutralen Staaten befestigt werden, was gerade bei einer dauernden Verbindung mit Fremden zu gemeinsamem Staatswesen im vollen deutschen Interesse liegt. Namentlich aber würde dieses Gefühl durch das diesseitige Beispiel da stärker hervorgerufen werden, wo die angränzende deutsche Bevölkerung sich unter fremder Herrschaft befindet und ihre herrliche, der andern an Ursprünglichkeit und Reichthum weit überlegene Sprache von dem herrschenden Fremden als Patois betrachtet, herabgesetzt und verachtet und im Namen Frankreichs und der Civilisation verdrängt und unterdrückt wird.

Die Pflege alles dessen, wodurch die Zusammengehörigkeit der Deutschen diesseit und jenseit der Staatengränze klargestellt wird, wirkt am besten den widerlichen Ausflüssen eines falschen und künstlichen Nationalgefühls entgegen, wie sie zuletzt bei dem lützemburger Streit durch deutschfeindliche Hetzereien auf der einen und durch ebenfalls particularistische Ueberhebung auf der anderen Seite herbeigeführt wurden. Durch diese Pflege würde vielmehr eine innere Verbindung begründet und erhalten werden, welche sich in fruchtbringender Weise, nämlich in der Vermeidung des Haders Deutscher mit Deutschen, da bewähren würde, wo die Umgestaltung bestehender Verhältnisse, wie wir sie nach kürzeren oder längeren Perioden bald hier, bald dort erfolgen sehen, der deutschen Nation nachtheilig zu werden droht und die Deutschen auf den Schutz ihrer Stammesbrüder hinweist. In solcher Weise hat sich diese innere Verbindung in Schleswig bewährt, und so ist sie heut namentlich an den Gränzen Frankreichs ein Bedürfniß der deutschen Nation, sowohl wo diese die Gränzen des alemannischen und westfränkischen Stammes, als wo sie die des vlaemischen Stammes durchschneidet.

Ueberhaupt aber muß die richtige Beachtung und Pflege deutsches Wesens in dem politisch geeinigten Deutschland dahin führen, daß bei allen politischen Fragen, bei welchen Veränderungen der bestehenden Verhältnisse in Aussicht sind, der Antheil der deutschen Nation wahrgenommen und Bedacht genommen wird, die freie Entwickelung der Deutschen im Auslande durch auf Gegenseitigkeit beruhende Verträge zu sichern, daß in Betreff derjenigen Staaten, wo die Deutschen in größeren Massen mit anderen Nationen verbunden sind, die Gleichberechtigung der verschiedenen Nationen gewahrt bleibt, und daß, wenn eine solche Verbindung ohne Nachtheil der Deutschen nicht bestehen kann, die Verbindung aufgelöst und das Deutsche dem Deutschen wiedergegeben wird. Und gerade an derjenigen Stelle, wo heut die deutsche Nationalität am meisten gefährdet erscheint, wird die Veranlassung zur Sicherung der Deutschen am reichlichsten geboten, da das eroberungssüchtige Kriegsgeschrei, welches zu den anderthalb Millionen Deutschen, von welchen die Verleugnung ihrer Nationalität gefordert wird, weitere deutsche Territorien an der Schelde, der Mosel, dem Rheine hinzufügen will, und die herrschsüchtige Anmaßung, welche selbst die Einigung nationaldeutscher Staaten unter sich nicht dulden will, die deutschen Regierungen überzeugen muß, daß die Festsetzungen, welche herrlichste Theile deutsches Bodens und Volks in die Hände eines deutsch-feindlichen Staates — nach Schenkendorf's Wort die Bundesfahne in Feindes Hand — legten, ohne daß die Nationalität der Bevölkerung und damit die Würde der deutschen Nation selbst gewahrt worden wäre, die Quelle fortdauernder Erniedrigung und Gefahr geworden sind.

Die deutsche Nation ist eine friedliebende, und eine Nation, welche wie die deutsche über die verschiedensten Nationalgebiete zerstreut ist und alle Jahr einen neuen Theil ihrer Kinder unter die Fremden hinausschickt, muß die Liebe zum Frieden in sich tragen; aber sie darf gerade deshalb nicht vergessen, daß den ihrigen auch dieser Friede nicht nur in äußeren Dingen, sondern vor allem in der Freiheit, deutsch zu denken, das heißt in ihren Sprachverhältnissen, gesichert bleiben muß. Der innere Ausbau deutscher Staaten und staatlicher Vereinigungen darf nicht die Gemüther derer, welche in diesen Staaten wohnen, so allein beschäftigen, daß diejenigen darüber vergessen werden, welche außerhalb derselben leben, und deren nationale Zugehörigkeit, wenn auch nur eine geistige, doch deshalb nicht minder eine wahrhafte ist. Was diese trifft, sollte vielmehr gerade in denjenigen Theilen, welche sich deutsches Staats-Lebens erfreuen, als ein der ganzen Nation zugefügtes Uebel aufgefaßt werden, und es sollte überall da, wo ein Staat Maaßregeln trifft, welche die Schädigung der deutschen Nationalität und namentlich die Schmälerung des deutschen Nationalgebietes zum Ziele haben, die deutsche Staaten-Vereinigung ihm das Wort entgegenhalten, welches ein vor hundert Jahren geborener deutschester Mann aus der Seele der deutschen Nation heraus gesprochen hat, — ein Wort, dessen Kraft in den deutschen Gemüthern auch die schlimmste Zeit des Haders überdauerte, und dessen Verwirklichung im nationalen Sinne gerade in unserer anscheinend auf das äußerliche gerichteten Zeit die edlere und würdigere Aufgabe des deutschen Volkes bildet:

Das **ganze** Deutschland soll es sein!

Tabellarischer Theil.

Ergebnisse der Nationalitäts-Ermittelungen in den einzelnen Staaten.

Die Schätzungen für das Herzogthum Schleswig, — die Zählungsaufnahmen aus dem königlich preußischen Staate, — aus dem königlich sächsischen Staate, — die Ermittelungen aus den europäischen Ländern des russischen Reiches, — aus den Ländern der österreichisch-ungarischen Monarchie, — die Zählungsaufnahme aus der schweizerischen Eidgenossenschaft, — aus dem Königreich Italien, — aus dem Königreich Belgien; — historische Gliederung des deutschen Sprachgebietes in Frankreich; — Nationalitäts-Tabelle für die Staaten Europa's.

I. Herzogthum Schleswig.

Tabellarische Zusammenstellung des Zahlenergebnisses verschiedener Schätzungen der Sprachverhältnisse im Herzogthum Schleswig, aus Bergsöe, Clement, Allen, Geerz, Biernatzki, der dänischen Gendarmerie-Aufnahme, der Karte der Reichstagswahl, den Erklärungen über die Schulsprache u. a.

Erläuterung.*) Die für die vorstehende Tabelle benutzten Schätzungen sind theils Nationalitäts-Karten verschiedener Art, theils Schriften und Nachrichten über die Nationalitäts-Verhältnisse des Herzogthums Schleswig entnommen, die ersten vier solchen von dänischer, die folgenden vier von deutscher Seite. Sie sind hier sämmtlich auf den Umfang des Herzogthums seit 1864 und auf die Volkszahlen von 1860 zurückgeführt, so daß den Zahlen der Volkszählung von 1860 die an Dänemark abgetretenen 13 Gemeinden und Theile von 10 gemischten Gemeinden ab- und dagegen die von Dänemark abgetretenen Theile 32 bisher gemischter Gemeinden hinzugerechnet sind (13,092 Einwohner); die Bevölkerungszahl stellte sich hiernach um 7490 Einwohner geringer als in der alten Begränzung. In der Tabelle sind nur die beiden von der Sprachgränze durchschnittenen Propsteien Tondern und Flensburg von den südlicheren (deutschen) und den nördlicheren (dänischen) Theilen unterschieden; sie entsprechen annähernd den Aemtern Tondern (incl. Lygum, excl. der Lundtoft-Harde) und Flensburg (incl. Gelting) und bez. den jetzt so benannten Kreisen. Die Schätzung ist nach ganzen Gemeinden, bez. Kirchspielen, erfolgt, da nur für diese die Bevölkerungs-Zahlen vorlagen.

*) Die nachfolgenden Tabellen sind größtentheils in den Jahren 1863 und 64 aufgestellt, in den folgenden Jahren aber nach den inzwischen veröffentlichten und sonst dem Verfasser von verschiedenen Seiten her freundlich zugesandten Materialien revidirt und ergänzt worden; dies war, wie aus den Erläuterungen zu ersehen ist, hauptsächlich in Betreff der Schätzungen für das Herzogthum Schleswig, der Berechnungen und Zählungen für das russische Reich und dessen baltische Provinzen insbesondere, der Special-Tabellen für Böhmen und Schlesien und der Nachrichten für das Elsaß der Fall. Im ganzen hat der Verfasser versucht, noch alle bis zum Jahresschlusse 1868 erschienenen Materialien in die betreffenden Tabellen und Erläuterungen hinein zu verarbeiten; darüber hinaus ist er, wie schon Seite 40 erwähnt wurde, insofern gegangen, als er durch das Erscheinen von Ficker's Völkerstämmen im Frühjahr 1869 und die noch rechtzeitige Zusendung dieses Werkes in den Stand gesetzt wurde, die Tabelle für die österreichische Monarchie nebst den besonderen Zusammenstellungen für die einzelnen Kronländer in der dort angegebenen Weise zu vervollständigen.

Tabelle I. **Herzogthum Schleswig.**

Schätzungen der Nationalitätsverhältnisse

(zurückgeführt auf die Bevölkerungszahlen von 1860 und den Territorialbestand von 1864 ab).

Quelle für die Schätzung.	Landestheil.	Deutsche Gemeinden (Kirchspiele) (über 9 Zehntel Deutsche). Gemeinden	Deutsche Gemeinden: Einwohner	Ueberwiegend deutsche Gemeinden (7 bis 9 Zehntel Deutsche). Gemeinden	Ueberwiegend deutsche Gemeinden: Einwohner
1. Aus **Bergsöe**'s den Danske Stats Statistik nach Wimpfen's Geschichte des Herzogthums Schleswig	Nord-Schleswig	—	—	—	—
	Probstei Tondern	—	—	20	19 691
	„ Flensburg	—	—	1	19 682
	Süd-Schleswig	92	156 868	—	—
	Herzogthum Schleswig	**92**	**156 868**	**21**	**39 373**
	Wimpfen's angegebene Zahlen sind	.			.
	Ebendaselbst: Bergsöe's Zahlen nach Paulsen:	.	(142 000)	.	(36 341)
2. Nach **Allen**'s antischleswig-holstein. Fragmenten (aus Clement's Gegenschrift entnommen)	Nord-Schleswig	—	—	—	—
	Propstei Tondern	22	21 261	—	—
	„ Flensburg	—	—	2	23 091
	Süd-Schleswig	88	152 187	13	16 253
	Herzogthum Schleswig	**110**	**173 448**	**15**	**39 344**
	Allen's angegebene Zahlen sind	.	(143 134)		(33 552)
3. Dänische **Gendarmerie-Aufnahme** von 1856	Nord-Schleswig (nicht aufgenommen)	—	—	(1)	(681)
	Propstei Tondern	19	19 095	1	964
	„ Flensburg	12	17 342	9	29 654
	Süd-Schleswig	99	165 971	2	2 469
	Herzogthum Schleswig	**130**	**202 408**	**13**	**33 768**
4. Nationalitäts-Karte nach d. **Reichstagswahl** vom 12. Februar 1867 (dän. Qu.)	Nord-Schleswig	—	—	—	—
	Propstei Tondern	20	19 270	9	9 167
	„ Flensburg	7	11 091	13	15 348
	Süd-Schleswig	101	168 440		.
	Herzogthum Schleswig	**128**	**198 801**	**22**	**24 515**
5. **Geerz**, Sprachkarte von Schleswig (erschienen 1838)	Nord-Schleswig	1	531	2	1 660
	Propstei Tondern	21	20 655	3	3 944
	„ Flensburg	1	3 409	19	44 091
	Süd-Schleswig	93	158 812	5	6 707
	Herzogthum Schleswig	**116**	**183 407**	**29**	**56 402**
6. **Biernatzki**, Sprachkarte von Schleswig vom Jahre 1848	Nord-Schleswig	1	531	3	9 672
	Probstei Tondern	20	19 691	—	—
	„ Flensburg	1	3 409	19	44 091
	Süd-Schleswig	94	160 255	5	5 716
	Herzogthum Schleswig	**116**	**183 886**	**27**	**59 479**
7. **Clement**, die südjütische Nationalität (gegen Allen 1849)	Nord-Schleswig	1	681	1	979
	Propstei Tondern	18	17 922	6	6 677
	„ Flensburg	13	17 689	7	28 417
	Süd-Schleswig	99	165 971	—	—
	Herzogthum Schleswig	**131**	**202 263**	**14**	**36 073**
	Clement's angegebene Zahlen sind	.	.	.	.
8. Schätzung für die einzelnen Gemeinden auf den Zustand von 1864 (deutsche Qu.)	Nord-Schleswig (50,00 Qu.-M.)	—	—	1	681
	Propstei Tondern (33,43 „)	21	20 655	1	606
	„ Flensburg (18,45 „)	22	49 132	3	2 467
	Süd-Schleswig (62,09 „)	100	167 728	1	712
	Herzogthum Schleswig (163,97 „)	**143**	**237 515**	**6**	**4 466**
9. Nach d. vorstehenden Schätzung hätten die einzelnen Theile des Herzogth. enthalten bei Zugrundelegung d. 1848er Theilungspläne	nach dem dänischen Theilungsplane: der dänische Theil	15½	45 377	1	681
	nach dem dänischen Theilungsplane: der deutsche Theil	126½	192 128	5	3 785
	nach dem englischen Theilungsplane: der dänische Theil	11½	38 510	1	681
	nach dem englischen Theilungsplane: der deutsche Theil	130½	199 005	5	3 785
	nach dem preußischen Theilungsplane: der dänische Theil	11½	38 510	1	681
	nach dem preußischen Theilungsplane: der deutsche Theil	130½	199 005	5	3 785
0. **Bez. der Kirchen- u. Schulsprache ...... wurden behandelt als:**	nach dem Zustand bis 1851 (Biernatzki ꝛc.)	155	250 812	12	27 713
	nach den Verordnungen von 1851 und 52.	110	173 523	1	19 682
	nach den Verordnungen von 1864	156	254 278	10	23 736

Deutsch und dänisch stark gemischte Gemeinden (gleich) (5 bis 7 Zehntel Deutsche).		(3 bis 5 Zehntel Deutsche).		Ueberwiegend dänische Gemeinden (1 bis 3 Zehntel Deutsche).		Dänische Gemeinden (Kirchspiele) (unter 1 Zehntel Deutsche).		Ueberhaupt		Ungefähre Rechnung der Nationalität der Einwohner.	
Gemeinden	Einwohner	Gemeinden	Einwohner	Gemeinden	Einwohner	Gemeinden	Einwohner	Gemeinden	Einwohner	Deutsche (incl. Friesen)	Dänen
1			681	6	19 853	86	97 613	93	118 147	4 310	113 837
—			—	4	5 798	33	32 675	57	58 164	15 927	42 237
—			—	18	24 958	9	12 534	28	57 174	20 739	36 435
—			—	5	6 707	4	4 865	101	168 440	158 997	9 443
1			**681**	**33**	**57 316**	**132**	**147 687**	**279**	**401 925**	**199 973**	**201 952**
.				.	.			.	(338 000)	(165 000)	(173 000)
.			.	.	(45 461)		(113 256)	.	(338 000)	(143 000)	(195 000)
—			—	3	17 039	90	101 108	93	118 147	3 408	114 739
—			—	10	12 946	25	23 957	57	58 164	23 851	34 313
—			—	26	34 083	—	—	28	57 174	25 791	31 383
—			—	—	—	—	—	101	168 440	165 190	3 250
—			—	**39**	**64 068**	**115**	**125 065**	**279**	**401 925**	**218 240**	**183 685**
—			—	.	(48 250)	.	(113 256)	.	(338 192)	(153 000)	(209 200)
—			—	(3)	(17 039)	(89)	(100 427)	93	118 147	(3 953)	(114 194)
1			288	4	6 788	32	32 029	57	58 164	21 370	36 794
2			5 946	5	4 232	—	—	26	57 174	44 880	12 294
—			—	—	—	—	—	101	168 440	167 822	618
3			**6 234**	**12**	**28 059**	**121**	**132 456**	**279**	**401 925**	**238 025**	**163 900**
—	—	8	21 357	40	49 060	45	47 730	93	118 147	20 427	97 720
6	8 063	5	5 967	5	4 437	12	11 260	57	58 164	34 655	23 509
2	1 995	4	23 694	2	5 046	—	—	28	57 174	36 469	20 705
—	—	—	—	—	—	—	—	101	168 440	160 954	7 486
8	**10 058**	**17**	**51 018**	**47**	**58 543**	**57**	**58 990**	**279**	**401 925**	**252 505**	**149 420**
3			17 039	—	—	87	98 917	93	118 147	10 879	107 268
1			2 854	1	1 419	31	29 292	57	58 164	25 521	32 643
2			1 632	1	1 167	5	6 875	28	57 174	39 731	17 443
1			452	1	1 757	1	712	101	168 440	164 756	3 684
7			**21 977**	**3**	**4 343**	**124**	**135 796**	**279**	**401 925**	**240 887**	**161 038**
2			9 027	1	1 304	86	97 613	93	118 147	13 045	105 102
2			3 818	6	6 877	29	27 778	57	58 164	22 976	35 188
2			1 632	5	7 360	1	682	28	57 174	41 010	16 164
—			—	1	1 757	1	712	101	168 440	165 179	3 261
6			**14 477**	**13**	**17 298**	**117**	**126 785**	**279**	**401 925**	**242 210**	**159 715**
2	13 145	4	9 768	18	22 632	67	70 942	93	118 147	17 824	100 323
—	—	1	2 854	5	3 373	27	27 338	57	58 164	25 080	33 084
—	—	3	3 644	1	682	4	6 742	28	57 174	42 016	15 158
—	—	2	2 469	—	—	—	—	101	168 440	166 955	1 485
2	**13 145**	**10**	**18 735**	**24**	**26 687**	**98**	**105 022**	**279**	**401 925**	**251 875**	**150 050**
.		.	.			.	.	.	(350 000)	(258 750)	(91 250)
1	8 012	2	9 025	2	1 510	87	98 917	93	118 147	11 047	107 100
9	10 761	2	2 658	2	2 460	22	21 024	57	58 164	29 239	28 925
1	529	1	3 105	1	1 941	—	—	28	57 174	50 074	6 100
—	—	—	—	—	—	—	—	101	168 440	167 625	815
11	**19 302**	**5**	**14 790**	**5**	**5 911**	**109**	**119 941**	**279**	**401 925**	**258 985**	**142 940**
1	8 012	3	12 132	—	4 870	109	119 941	$133\frac{2}{2}$	191 013	56 833	134 180
10	11 290	2	2 658	1	1 041	—	—	$144\frac{2}{2}$	210 912	202 152	8 760
1	8 012	2	9 027	—	4 870	109	119 941	$128\frac{2}{2}$	181 041	50 036	131 005
10	11 290	3	5 763	1	1 041	—	—	$149\frac{2}{2}$	220 884	208 949	11 935
1	8 012	2	9 027	—	4 870	$97\frac{4}{2}$	109 506	$116\frac{6}{2}$	170 606	49 827	120 779
10	11 290	3	5 763	1	1 041	$8\frac{4}{2}$	10 435	$157\frac{6}{2}$	231 319	209 158	22 161
—	—	—	—	7	9 145	105	114 255	} 279	401 925		
—	—	—	—	55	84 799	113	123 911				
—	—	—	—	1	1 941	112	122 932				

Die ältesten Berechnungen sind die von Bergsöe in der Statistik des dänischen Staates, insofern diese auf Angaben von Paulsen und Wimpfen beruhen, welche sich auf den Bevölkerungstand des Jahres 1835 beziehen; die Schrift von Allen über die Sprache im Herzogthum Schleswig, sowie die Gegenschrift von Clement über die Verhältnisse der südjütischen Nationalität enthalten die Bevölkerungszahlen von 1845. Die in diesen drei Quellen angegebenen Zahlen sind in Klammern beigefügt, während der Gleichmäßigkeit wegen die ausführliche Darstellung der Behauptungen der betreffenden Verfasser in Zahlen nach der Volkszählung von 1860 erfolgt ist. Die Kategorien, welche Allen und Paulsen unterscheiden, entsprechen jedoch nicht den in der Tabelle gebrauchten durchgehenden Unterscheidungen der Mischungsverhältnisse; diese sind vielmehr folgendermaßen bezeichnet: Gemeinden mit dänischer Volksprache und meist deutscher Kirchen- und Schulsprache (hier als überwiegend dänisch rubricirt), und Gemeinden, in denen das Volk dänisch versteht und es theilweise noch spricht (hier als überwiegend deutsch rubricirt).

An Karten wurden zunächst die von Geerz und von Biernatzki benutzt, um den Unterschied in den Auffassungen von 1838 (Geerz's Ermittelungen) und von 1848 zu zeigen. Auch die dänische Gendarmerie-Aufnahme von 1856 ist nur einer kartographischen Darstellung entnommen, in welcher die fünf Haupt-Kategorien der Mischung unterschieden waren; die Zahlen selbst sind dem Verfasser nicht bekannt. Die Wahl-Nachrichten von 1867 beruhen gleichfalls auf einer Karte, welche von dänischer Seite bearbeitet worden ist. Nur die letztere Karte giebt die Procentantheile jeder Nation an der gesammten Bevölkerung (nämlich der Zahl der abstimmenden) an; bei allen übrigen Aufstellungen mußten ungefähre Durchschnittsantheile angenommen werden, in der Weise, daß die deutschen bez. dänischen Gemeinden dieser Nationalität ganz, die überwiegend deutschen oder dänischen mit 4 Fünfteln, die stark gemischten mit 2 Fünfteln (die gleichen mit der Hälfte) in Rechnung gestellt wurden. Bei den Zahlen aus der Gendarmerie-Aufnahme ist das besondere Verhältniß der einzelnen zu einem Kirchspiele gehörigen Ortschaften, jedoch nur schätzungsweise, unterschieden; bei der Schätzung zu Punkt 8 ist wie bei der zu Punkt 4 ein bestimmter Procentsatz für jede einzelne gemischte Gemeinde angenommen. Von dem Unterschiede zwischen deutsch und friesisch, welcher in den dänischen Quellen und bei Clement stark hervorgehoben, bei Geerz und Biernatzki gleichfalls berücksichtigt ist, wurde in der Tabelle ganz abgesehen, weil die Friesen einen Theil der deutschen Nation bilden.

Die dänische Gendarmerie-Aufnahme wurde durch Rescript vom 16. Januar 1856 ausgeschrieben; sie beschränkte sich auf diejenigen Theile, deren Sprachverhältniß zweifelhaft war, nämlich die Aemter Tondern, Flensburg und Husum. Für jeden Ort (Wohnplatz) sollte angegeben werden, wieviel Einwohner ausschließlich dänisch, deutsch oder beide Sprachen redeten; bei der letzteren Kategorie, wie groß darunter die Zahl der dänisch sprechenden und der deutsch sprechenden sei; ferner sollte in den ausschließlich deutschredenden Ortschaften angegeben werden, wie viele Einwohner sich in der dänischen Sprache verständlich zu machen vermöchten. Die Aufnahme selbst durfte nirgends zur Kenntniß der Bevölkerung gelangen. Für die Tabelle I. konnten somit nur für die genannten drei Aemter die Zahlen nach dem nationalen Charakter der Gemeinden und Wohnplätze berechnet werden; für Nord-Schleswig sind diejenigen Zahlen hinzugesetzt, welche der dänischen Auffassung jener Zeit zu entsprechen scheinen. Daß die Zahlen der Dänen verhältnißmäßig hoch ausgefallen sind, liegt darin, daß schon die kleinste dänische Beimischung berücksichtigt (und alsdann ein Fünftel der Bevölkerung in der Tabelle als dänisch gerechnet) worden ist.

Den dänischen Anschauungen war in der Tabelle auch die Nationalitäts-Karte anzuschließen, welche auf Grund der Reichstagswahlen vom 12. Februar 1867 angefertigt worden ist. Sie ist nach Urwahlbezirken für Nord- und Mittel-Schleswig aufgestellt unter Angabe sämmtlicher Kirchspiele; zur Ergänzung für Süd-Schleswig wurde die Gesammtzahl der in diesem Theile abgegebenen dänischen Stimmen benutzt. Daß diese Berechnung nicht das wirkliche Nationalitäts-Verhältniß, sondern nur die politische Gesinnung der abstimmenden Wähler ergiebt, ist selbstverständlich; es erscheinen namentlich die Beimischungen der fremden Nationalität sowohl im dänischen wie im deutschen Theile stärker, als dies bei Zugrundelegung des Sprachverhältnisses der Fall wäre. Die Haupt-Abweichungen von dem wirklichen Nationalitätsverhältniß (wie es zu 8. geschätzt ist) bestehen darin, daß Flensburg (Stadt und Land), Hadersleben, Christiansfeld, Adelby, Rüllschau, Karlum, St. Laurenz auf Föhr und Amrum als überwiegend dänisch, dagegen Hoyer, Ladelund, Medelby, Lygumkloster und Ravstedt als überwiegend deutsch erscheinen. — Noch eine zweite kartographische Darstellung dieser Verhältnisse ist vom dänischen Volksverein herausgegeben worden. Sie stellt das Wahlergebniß vom 31. August 1867 dar, im Vergleich mit dem vom Februar; die Nationalität ist so dargestellt, daß 10 Uebergangs-Schraffirungen vom Dänischen zum Deutschen angenommen sind, welche jedoch nicht auf die Wahlbezirke angewendet sind, sondern die mehr deutschen und mehr dänischen Theile in solchen Figuren angeben, daß der Umkreis jeder folgenden Gruppe die vorige mit umfaßt. Aus dieser Art der Darstellung ließ sich die Uebertragung in Zahlen nicht gut bewirken, weshalb sie unbenutzt gelassen ist. In Ansehung des Hauptergebnisses ist zu bemerken, daß dasselbe insofern dem Nationalitäts-Verhältniß etwas mehr entsprach, als Lygumkloster, Ravstedt, Ladelund und Medelby dänische, Rüllschau und Karlum deutsche Majorität hatten.

Die Schätzung, welche der Verfasser zu 8. hinzugefügt hat, kann ebenfalls auf Genauigkeit keinen Anspruch machen, sondern sie soll nur den thatsächlichen Zustand so wiedergeben, wie ihn der Verfasser nach genauer Beschäftigung mit dem Gegenstande für wahrscheinlich hält. Um hierbei eine bestimmte Grundlage für die Gewinnung von Zahlen oder Procentsätzen zu erlangen, hat derselbe die Erklärungen der Bevölkerung in Ansehung der Kirchen- und Schulsprache so benutzt, daß er in denjenigen Gemeinden, in welchen abgestimmt worden ist, die nicht abstimmenden zu vier Fünfteln den Dänen, die für deutsche Sprache stimmenden ebenfalls nur zu vier Fünfteln den Deutschen zugerechnet hat, — ein Verhältniß, welches sich aus der Annahme ergab, daß, wenn nicht wenigstens ein Fünftel der abweichenden Sprache angehörte, eine Abstimmung schwerlich würde vorgenommen worden sein, und welches zugleich in den Verhältnißsätzen dem wirklichen Zustande am nächsten zu kommen schien. Die Abstimmungs-Ergebnisse waren für Tondern (3216 Einwohner) 507 Stimmen für deutsche, 1 für dänische, 1 für beide Sprachen (die übrigen nicht abgegeben), für zehn Gemeinden des Amts Tondern (10,104 Einwohner) 1190 bez. 1254 für deutsche, 11 bez. 15 für dänische, 172 bez. 98 für beide Sprachen, 718 bez. 724 Stimmen nicht abgegeben, in den 6 Gemeinden der Wiesharde (7658 Einw.) 844 für deutsche, 195 für dänische, 52 für beide Sprachen, in Gravenstein 70 für deutsche und bez. für beide Sprachen, 50 für dänische Sprache.

Für die Darstellung des Ergebnisses, welches die Ausführung der Theilungspläne von 1848, wie sie von englischer, dänischer und königlich preußischer Seite aufgestellt wurden, gehabt haben würde, sind die Zahlen der Schätzung zu 8. benutzt. Die selbst in dem preußischen Vorschlage Dänemark noch zugestandenen deutschen Gemeinden sind die Stadt Flensburg (19,682 Einw.), der Flecken Glücksburg und sieben anglische Land-Kirchspiele (15,982 Einw.), sowie die erst 1864 an Schleswig gekommenen nordfriesischen Inseln Westerland-Föhr und Amrum mit der Nordspitze von Sylt (2846 Einw.); die nach dem preußischen Vorschlage zum deutschen Theile gezogenen 8 bis 12 dänischen Kirchspiele (mit 10,435 Einw.) sind die Schlux-Harde mit dem nördlichen Theil der Tonder-Harde und drei vormals theilweise jütische Kirchspiele längs der Widau.

Die Linie Tondern-Flensburg, welche als Theilungslinie oft genannt, jedoch nicht diplomatisch in Vorschlag gebracht ist, und welche im Amte Tondern der Widau folgt, Tondern nördlich umfaßt, dann der Scheidebek folgt und vom Amte Flensburg nur Bau auf der Nordseite läßt, theilt das Herzogthum Schleswig so, daß der südliche (deutsche) Theil etwa 98,6 Qu.-Meilen, 161 Gemeinden mit 258,353 Einwohnern (darunter etwa 246,630 Deutsche, 11,723 Dänen) enthält, der nördliche (dänische) Theil etwa 65,4 Quadrat-Meilen, 118 Gemeinden mit 143,572 Einw. (darunter etwa 12,350 Deutsche, 131,220 Dänen).

Unterscheidet man die Sprachgebiete nach der innerhalb jeder Gemeinde überwiegenden Nationalität, so kommen:

	Qu.-M.,	Gemeinden,	Einw.,	darunter Deutsche,	Dänen
auf das deutsche Sprachgebiet	95,4	160	261,283	249,383	11,900
„ „ dänische „	68,6	119	140,642	9,602	131,240

Die unterste Zusammenstellung zeigt, in welcher Weise die Sprachenfrage während der verschiedenen Perioden in Kirche und Schule gehandhabt worden ist. Bei Rubricirung der einzelnen Gemeinden sind für die Zeit bis 1850 Geerz's und Biernatzki's Angaben benutzt. Für die Zeit bis 1851 und seit 1864 ist Flensburg als rein deutsch gerechnet, obwohl daselbst eine kleine dänische Gemeinde war und ist; für die Zeit von 1851 bis 1864 ist es nur als überwiegend deutsch gerechnet, da die dänische Regierung diese Stadt zwar ausdrücklich als deutsche betrachtete und nicht dem gemischten Distrikte hinzurechnete, demungeachtet aber eine deutsche Unterrichtsanstalt daselbst danisirt hat. Nach dem Stande seit den Verordnungen von 1864 umfaßt der als deutsch (oder überwiegend deutsch) behandelte Theil des Herzogthums alle südlich der Linie Tondern-Flensburg belegenen Gemeinden und außerdem fünf in Nord-Schleswig belegene Gemeinden mit 18,699 Einw., wogegen das Kirchspiel Bau vor 1851 als überwiegend deutsch, nach der Verordnung von 1864 als überwiegend dänisch behandelt worden ist.

II. Preußischer S

Sprachtabelle vom preußischen Staate für das J
schaftsgruppen nach dem Antheile der Deutschen an
gen innerhalb der einzelnen Kreise. Hierzu vier
Sprachverhältniß aus den einzelnen Regierungsbezi
Königsberg, die zweite aus den Bezirken Danzig, M
berg, die vierte aus den Bezirken Oppeln, Breslau

Erläuterung. Aus der in Verbindung mit der statistischen Bevölkerungs-T
aufgestellten Liste der Wohnplätze hatte der Verfasser für die im Jahre 1863 ersch
Sprachkarte die Ortschaftsgruppen so ausgesondert, daß sie in Zehnteln der
mischung fortschreiten; wo die Mischung genau auf der Gränze zweier Gruppen
ist der betreffende Ort der weniger deutschen Gruppe zugerechnet worden. H
sah sich derselbe jedoch veranlaßt, von der umständlichen und wahrscheinlich oft
nauen Unterscheidung der beiden letzten Mischungstufen mit den geringsten Ant
deutscher Bevölkerung abzusehen; die in der nachstehenden Sprachtabelle am u
rechts stehende Gruppe enthält daher zwei Abtheilungen (nämlich die mit bis 1/1
die mit bis 2/10 deutscher Bevölkerung) in einer Summe. Was das Aufnahmev
betrifft, so war für die Bevölkerungs-Tabelle von 1861 die Angabe der Fami
sprache der Einwohner erfordert worden und zwar so, daß die Zahl der jede S
redenden Familien und ihrer Glieder angegeben werden sollte. Die Aufnahme er
sich jedoch nicht auf die Militärbevölkerung, und nur auf diejenigen außerde
Sprachen (bez. Dialekte), welche in Theilen des preußischen Staates als Vo
chen gesprochen werden (deutsch, polnisch, masurisch, kaszubisch, wendisch, czechisch,
risch, littauisch, kurisch, wallonisch). Als ungenügend sind die Aufnahme-Ergebniss
zwei Kreisen des Bezirks Danzig (Pommerellen) zu betrachten, weshalb die bes
vermerkte Correctur der Hauptsumme erfolgt ist.

Für die die geschichtlichen Zusammenstellungen der Aufnahmen aus den ostpreuß
westpreußischen, Posener und schlesischen Bezirken (Beilagen 1 bis 4) ist dasjenige M
benutzt, welches sich in amtlichen und Privat-Werken vorfand. Wo in diesen Zusa
stellungen nur die Hauptsummen angegeben sind, die Zahlen für die einzelnen
aber fehlen, waren die letzteren zwar aufgenommen, jedoch nicht veröffentlicht un
Verfasser nicht bekannt geworden. Zum Verständniß der Zahlen muß bemerkt w
daß die älteste Aufnahme von 1827 allgemein nach der Kirchensprache erfolgt ist
specielle Ermittelung der eine nicht deutsche Sprache redenden Einwohner fand d
nur in den Bezirken Gumbinnen und Oppeln (hier für 1828) statt. Die allg
Aufnahme von 1831, nachmals von Hoffmann bearbeitet, sollte dahin gehen, di
derjenigen anzugeben, welche sich bei öffentlichen Verhandlungen der deutschen S

ıfange bis 1865.

ufgestellt aus den Materialien zur Sprachkarte in neun Ort-
rung, mit Unterscheidung der historischen Landesabtheilun-
velche die Ergebnisse der verschiedenen Aufnahmen über das
reisen enthalten, die erste aus den Bezirken Gumbinnen und
:r und Köslin, die dritte aus den Bezirken Posen und Brom-
ß.

n und den deutschen Gottesdienst verstehen könnten; sie ergab für die Bezirke nnen und Oppeln, sowie für den südlichen Theil von Königsberg specielle Be-ngszahlen für jede Gemeinde; für Danzig, Marienwerder und Bromberg be- die Zahlen theilweise auf einer Art Zählung, theilweise auf Schätzung. In sind die Sprachaufnahmen seit 1828 regelmäßig fortgesetzt worden; die erste me mußte wegen offenbares Mißverständnisses bei einem Kreise kurzweg berich-rden. In Gumbinnen, für welchen Bezirk auch eine Ermittelung von zweifel- Werthe aus dem Jahre 1817 vorliegt, scheinen die Aufnahmen seit 1817 regel- fortgesetzt zu sein, doch findet sich nichts von denen der Jahre 1834 und 1840; 37 sind sie im dortigen Ortschafts-Verzeichniß abgedruckt.

Nit dem Jahre 1843 beginnen im Anschlusse an die Volkszählungen regelmäßige elungen in den meisten gemischten Bezirken, deren Ergebnisse von H. Berghaus iteren auch von Hundrich) in einzelnen Aufsätzen veröffentlicht, oder aber von ben gesammelt und dem Verfasser zur Benutzung für diese Arbeit über- worden sind. Am vollständigsten sind sie für 1849, wo sie alle gemischten e umfassen; sie liegen Berghaus' Abhandlungen in der Preußischen-Zeitung unde. Es fehlen aus der Periode 1843 bis 1855: 4 Aufnahmen aus dem e Breslau, 3 aus den Bezirken Bromberg, Köslin, Frankfurt, Aachen, 2 aus nwerder und Königsberg, 1 aus Danzig und Gumbinnen. Von den aus dieser Zeit denen Aufnahmen scheinen sich die Mehrzahl auf die Muttersprache der Bevölke-erichtet zu haben, da den Regierungen ausdrücklich der Zusatz einer solchen Co- in der Urliste anheimgestellt war; in den beiden posener Bezirken wurde jedoch n vorliegenden Aufnahmen die Zahl der nur deutsch redenden, der nur polnisch en und der beide Sprachen redenden ermittelt, ebenso bei den 1852er und 55er hmen im Bezirk Danzig.

ür 1858 wurden die Nachrichten über das Sprachverhältniß aus allen gemischten en vom Director des statistischen Bureau's, W. Dieterici, eingezogen und ihr Er- vom Director Engel in einer Arbeit veröffentlicht, welche sich an die frühere ann'sche Arbeit anschließt. Die Aufnahmen fehlen nur für den südlichen Theil Bezirks Königsberg und des Bezirks Aachen; für Danzig und den nördlichen Theil

(Fortsetzung auf S. 242.)

Tabelle II. **Preußischer Staat.** Landestheile nach der historischen Zusammengehörigkeit und der heutigen Kreiseintheilung.	Flächen-inhalt Q.-Meilen	Ortschaften mit über 9 Zehntel deutscher Bevölkerung. Ort-schaf-ten	Civil-Bevölkerung überhaupt	Civil-Bevölkerung mit deutscher Familien-Sprache	Ortschaft (bis mit deutscher Ort-schaf-ten	Civ. üb. ha
I. Preußen.						
A. Herzogthum Preußen.						
Kreise Königsberg, Fischhausen, Heiligenbeil, Prß. Eylau, Friedland, Rastenburg, Gerdauen, Wehlau, Stadt Königsberg	142,56	2 780	433 981	433 875	—	
Kreis Labiau	20,03	227	28 106	27 753	19	4
„ Memel (vorm. zu Klein-Littauen)	14,67	19	18 086	17 832	12	
a. Reg.-Bez. Königsberg, nördlicher Th. (Samland, Natangen 2c.)	177,26	3 026	480 173	479 460	31	5
Kreis Heidekrug	13,99	12	551	548	8	1
„ Tilsit	15,03	32	19 271	18 916	15	1
„ Niederung	17,41	133	12 470	11 944	51	5
„ Ragnit	21,79	131	12 227	12 089	39	3
„ Insterburg	22,02	347	50 142	49 713	42	5
„ Pillkallen	18,91	142	19 770	19 540	36	5
„ Stallupönen	12,42	177	30 129	29 602	33	5
Kreise Gumbinnen und Darkehmen	26,58	578	79 637	79 469	—	
Kreis Goldap nördlich der Goldap und des Czarner-Sees	11,68	134	19 494	19 300	13	2
b. Reg.-Bez. Gumbinnen, nördlicher Th. (Klein-Littauen)	159,83	1 686	243 691	241 121	237	30
Kreis Goldap, südlicher Theil	6,78	47	12 027	11 926	8	1
„ Angerburg	17,58	117	21 321	21 102	13	3
„ Oletzko	15,63	24	2 430	2 321	10	5
„ Lyk	19,85	4	56	55	1	4
„ Lötzen	16,56	11	3 601	3 427	5	
„ Johannisburg	31,80	15	268	265	5	2
„ Sensburg	22,46	16	1 286	1 230	11	
c. Rg.-B. Gumbinnen, südl. Th. (Masuren)	130,68	234	40 989	40 326	53	18
Kreis Ortelsburg	28,52	17	318	311	1	
„ Neidenburg	29,61	8	335	320	5	3
„ Osterode	28,00	68	10 969	10 699	4	2
Kreise Mohrungen und Prß. Holland	38,15	500	93 138	93 100	—	
d. Reg.-Bez. Königsberg (Oberland)	124,28	593	104 760	104 430	10	6
Kreis Rosenberg	18,92	162	32 586	32 229	12	4
„ Marienwerder (oberländer Antheil)	8,25	106	32 469	32 303	3	
„ Graudenz „ „	1,00	5	1 030	982	1	
e. Reg.-Bez. Marienwerder (Oberland)	28,17	273	66 085	65 514	16	5
Herzogthum Preußen	**620,20**	**5 812**	**935 698**	**930 851**	**347**	**66**
B. Marienburg und Ermeland.						
Kreis Allenstein	23,86	40	4 795	4 776	3	
„ Rössel	14,84	115	33 610	33 607	1	
Kreise Heilsberg und Braunsberg	37,48	346	99 350	99 338	—	
a. Reg.-Bez. Königsberg (Ermeland)	76,18	501	137 755	137 721	4	
Kreis Elbing	10,76	159	60 852	60 852	—	
„ Marienburg	15,13	168	54 256	54 114	1	
b. Reg.-Bez. Danzig (Land Marienburg)	25,89	327	115 108	114 966	1	
Kreis Stuhm	11,51	65	14 151	13 859	14	2
„ Marienwerder, marienbg. Antheil	1,43	11	1 089	1 057	2	
c. Rbz. Marienwerder (Land Marienburg)	12,94	76	15 240	14 916	16	2
Marienburg und Ermeland	**115,01**	**904**	**268 103**	**267 603**	**21**	**3**

…schaften mit über 7 …is mit 8) Zehntel …tscher Bevölkerung.			Ortschaften mit über 6 (bis mit 7) Zehntel deutscher Bevölkerung.			Ortschaften mit über 5 (bis mit 6) Zehntel deutscher Bevölkerung.			Ortschaften mit über 4 (bis mit 5) Zehntel deutscher Bevölkerung.		
…t-…f-…	Civ.-Bevölkerung		Ortschaften	Civ.-Bevölkerung		Ortschaften	Civ.-Bevölkerung		Ortschaften	Civ.-Bevölkerung	
	überhaupt	mit deutscher Famil.-Sprache		überhaupt	mit deutscher Famil.-Sprache		überhaupt	mit deutscher Famil.-Sprache		überhaupt	mit deutscher Famil.-Sprache
-	—	—	2	76	50	—	—	—	—	—	—
0	2 480	1 911	8	1 143	779	9	1 600	904	7	2 282	997
2	4 858	3 817	20	4 485	2 961	9	492	271	22	1 753	778
2	7 338	5 728	30	5 704	3 790	18	2 092	1 175	29	4 035	1 775
7	1 834	1 339	16	2 033	1 332	18	5 954	3 160	23	4 521	2 028
8	1 513	1 153	23	2 868	1 848	32	4 437	2 446	21	3 231	1 484
4	4 585	3 430	35	5 030	3 211	38	4 847	2 651	37	7 668	3 511
6	3 765	2 874	39	4 423	2 860	30	5 442	3 077	37	4 823	2 157
7	2 723	2 091	7	637	438	4	456	239	6	833	338
7	2 161	1 581	24	2 890	1 913	23	3 718	2 113	24	3 383	1 506
3	2 996	2 282	12	1 927	1 232	10	1 082	597	3	387	182
-	—	—	—	—	—	—	—	—	—	—	—
5	486	361	4	805	517	9	1 063	582	2	271	124
2	20 063	15 111	160	20 613	13 351	164	26 999	14 865	153	25 117	11 330
1	374	299	4	1 100	707	3	594	334	2	85	41
1	4 181	3 156	4	1 168	774	5	999	515	2	739	321
2	1 034	769	8	1 271	812	10	2 632	1 417	12	4 583	2 079
3	264	193	2	174	111	9	806	441	9	815	384
3	2 158	1 565	9	2 343	1 489	11	537	297	12	2 346	1 088
9	257	199	8	1 802	1 161	4	144	83	10	510	229
7	2 988	2 186	11	593	384	9	471	260	20	4 693	2 015
1	11 256	8 367	46	8 451	5 438	51	6 183	3 347	67	13 771	6 157
2	1 879	1 347	2	97	64	4	659	337	7	590	266
3	25	19	1	2 331	1 612	6	603	320	8	340	143
6	719	541	6	763	507	10	2 377	1 342	14	1 077	486
-	—	—	—	—	—	—	—	—	1	702	305
1	2 623	1 907	9	3 191	2 183	20	3 639	1 999	30	2 709	1 200
3	2 159	1 598	8	633	407	6	759	398	6	622	287
1	37	29	2	293	204	—	—	—	2	493	240
2	220	157	1	221	137	1	57	31	3	324	143
1	2 416	1 784	11	1 147	748	7	816	429	11	1 439	670
7	**43 696**	**32 897**	**256**	**39 106**	**25 510**	**260**	**39 729**	**21 815**	**290**	**47 071**	**21 132**
4	305	240	2	111	71	5	5 162	2 921	9	1 508	652
-	—	—	1	123	76	—	—	—	3	229	106
	—	—	—	—	—	—	—	—	—	—	—
4	305	240	3	234	147	5	5 162	2 921	12	1 737	758
-	—	—	—	—	—	—	—	—	—	—	—
1	76	57	2	584	404	—	—	—	—	—	—
1	76	57	2	584	404	—	—	—	—	—	—
4	597	453	8	3 372	2 146	7	1 497	798	7	1 452	620
3	425	326	4	377	239	2	114	65	2	376	185
7	1 022	779	12	3 749	2 385	9	1 611	863	9	1 828	805
2	**1 403**	**1 076**	**17**	**4 567**	**2 936**	**14**	**6 773**	**3 784**	**21**	**3 565**	**1 563**

Ortschaften mit über 3 (bis mit 4) Zehntel deutscher Bevölkerung.			Ortschaften mit über 2 (bis mit 3) Zehntel deutscher Bevölkerung.			Ortschaften mit höchstens zu 2 Zehntel deutscher Bevölkerung.			Z… al… O… scha…
Ortschaften	Civil-Bevölkerung überhaupt	Civil-Bevölkerung mit deutscher Familien-Sprache	Ortschaften	Civil-Bevölkerung überhaupt	Civil-Bevölkerung mit deutscher Familien-Sprache	Ortschaften	Civil-Bevölkerung überhaupt	Civil-Bevölkerung mit deutscher Familien-Sprache	
—	—	—	—	—	—	—	—	—	2
5	1 919	638	10	1 817	437	21	3 369	266	
28	2 317	785	27	2 252	571	217	16 976	1 151	
33	4 236	1 423	37	4 069	1 008	238	20 345	1 417	3
19	2 746	1 080	35	7 391	1 699	64	10 273	1 244	
30	7 176	2 552	37	8 044	2 034	63	9 932	1 114	
16	3 164	1 073	20	3 223	836	19	1 934	229	
45	8 250	2 822	32	4 057	1 035	38	2 775	328	
3	243	94	2	301	67	5	276	34	
22	3 400	1 111	14	1 554	391	29	2 038	235	
4	352	119	1	75	18	—	—	—	
—	—	—	—	—	—	—	—	—	
—	—	—	2	170	40	1	238	26	
139	25 331	8 851	143	24 815	6 120	219	27 466	3 210	3
—	—	—	—	—	—	4	742	79	
4	2 337	823	5	1 067	302	5	681	110	
11	2 525	851	22	5 304	1 261	51	11 020	1 367	
17	3 326	1 144	16	1 856	462	178	29 142	1 995	
17	4 042	1 388	21	5 746	1 409	56	13 239	1 217	
19	2 285	808	16	2 317	539	215	29 940	1 506	
30	4 106	1 418	17	3 483	765	135	24 105	2 014	
98	18 621	6 432	97	19 773	4 738	644	108 869	8 288	1
10	2 801	995	19	4 116	1 058	203	44 196	2 189	
8	834	285	12	2 042	499	175	33 627	1 924	
15	2 486	878	33	4 524	1 095	180	29 332	2 407	
—	—	—	—	—	—	—	—	—	
33	6 121	2 158	64	10 682	2 652	558	107 155	6 520	1
9	1 728	583	9	1 299	345	16	2 066	253	
—	—	—	—	—	—	—	—	—	
—	—	—	1	171	43	—	—	—	
9	1 728	583	10	1 470	388	16	2 066	253	
312	**56 037**	**19 447**	**351**	**60 809**	**14 906**	**1 675**	**265 901**	**19 688**	**9**
9	4 253	1 597	18	3 335	835	142	28 248	1 267	
3	888	326	6	3 544	885	26	5 638	499	
1	5	2	—	—	—	—	—	—	
13	5 146	1 925	24	6 879	1 720	168	33 886	1 766	
—	—	—	—	—	—	—	—	—	
1	397	153	1	442	118	—	—	—	
1	397	153	1	442	118	—	—	—	
8	2 089	735	14	4 311	1 108	44	9 280	1 060	
3	242	95	2	120	30	4	1 269	179	
11	2 331	830	16	4 431	1 138	48	10 549	1 239	
25	**7 874**	**2 908**	**41**	**11 752**	**2 976**	**216**	**44 435**	**3 005**	**1**

Civil-Bevölkerung						Landestheil.
mit deutscher Familiensprache.		mit nicht-deutscher Familiensprache.				
Anzahl	Pct. der Bevölkerung	Polen (Masuren, Kaßuben)	Czechen (Mähren)	Wenden	Preußen (Littauer, Kuren)	
433 925	100	101	—	.	31	Kr. Königsberg rc.
37 673	79,6	3	—	.	9 612	„ Labiau.
28 864	55,5	—	7	.	23 172	„ Memel.
500 462	93,8	104	7	.	32 815	Rbz. Königsberg nördlich.
13 459	36,9	15	.	.	23 054	Kr. Heidekrug.
32 916	56,7	6	.	.	25 160	„ Tilsit.
31 934	65,3	13	.	.	16 958	„ Niederung.
30 548	61,8	121	.	.	18 982	„ Ragnit.
57 743	94,6	9	.	.	3 329	„ Insterburg.
32 839	73,9	—	.	.	11 611	„ Pillkallen.
38 415	91,3	8	.	.	3 631	„ Stallupönen.
79 469	99,8	31	.	.	137	„ Gumbinnen rc.
22 675	99,2	162	.	.	1 692	„ Goldap nördlich.
339 998	76,4	365	—	.	104 554	Rbz. Gumbinnen nördlich.
14 909	89,3	1 785	.	.	8	Kr. Goldap südlich.
30 278	85,6	5 933	.	.	2	„ Angerburg.
15 234	42,1	20 747	.	.	3	„ Oletzko.
8 782	21,3	32 362	.	.	5	„ Lyk.
12 185	35,5	22 173	.	.	1	„ Lötzen.
7 062	17,6	33 192	.	.	10	„ Johannisburg.
10 651	25,2	31 514	.	.	—	„ Sensburg.
99 101	41,5	147 706	—	.	29	Rbz. Gumbinnen südlich.
6 602	12,7	48 097	.	.	.	Kr. Ortelsburg.
7 994	17,4	35 567	.	.	.	„ Neidenburg.
20 326	36,7	34 818	.	.	.	„ Osterode.
93 405	99,5	435	.	.	.	„ Mohrungen rc.
128 327	51,9	118 917	—	.	—	Rbz. Königsberg südlich.
40 182	86,3	6 353	.	.	.	Kr. Rosenberg.
33 164	98,3	575	.	.	.	„ Marienwerder oberl.
1 565	74,3	540	.	.	.	„ Graudenz desgl.
74 911	90,9	7 468	—	.	—	Rbz. Marienwerder oberl.
1.142 799	**73,5**	**274 560**	**7**	**—**	**137 398**	**Herzogthum Preußen.**
12 510	26,1	35 391	.	.	—	Kr. Allenstein.
35 591	79,4	8 548	.	.	—	„ Rößel.
99 340	100	9	.	.	6	„ Heilsberg rc.
147 441	77,0	43 948	—	.	6	Rbz. Königsberg erml.
60 852	100	—	—	.	.	Kr. Elbing.
55 174	98,3	955	2	.	.	„ Marienburg.
116 026	99,2	955	2	.	—	Rbz. Danzig marienb.
22 475	58,0	16 276	.	.	.	Kr. Stuhm.
2 518	57,2	1 886	.	.	.	„ Marienwerder.
24 993	57,9	18 162	—	.	—	Rbz. Marienwerder mar.
288 460	**82,1**	**63 065**	**2**	**—**	**6**	**Marienb. u. Ermeland.**

Tabelle II. (Fortsetzung). Landestheile nach der historischen Zusammengehörigkeit und der heutigen Kreiseintheilung.	Flächen-inhalt Q.-Meilen	Ortschaften mit über 9 Zehntel deutscher Bevölkerung.			Ortschaft (bis mit deutscher	
		Ort-schaf-ten	Civil-Bevölkerung überhaupt	Civil-Bevölkerung mit deutscher Familien-Sprache	Ort-schaf-ten	Civ üb ha
C. Land Kulm.						
Kreis Graudenz, kulmer Antheil	14,81	76	11 895	11 537	18	14
„ Löbau	18,11	4	54	53	6	
„ Straßburg	24,47	25	2 759	2 657	5	1
„ Thorn, kulmer Antheil	16,32	41	6 001	5 709	7	1
„ Kulm	16,27	70	9 594	9 033	15	3
Land Kulm (Reg.-Bez. Marienwerder)	**89,98**	**216**	**30 303**	**28 989**	**51**	**20**
D. Land Pommerellen.						
Stadt Danzig	0,32	5	72 280	72 256	—	
Kreis Danzig	20,44	149	55 916	55 347	4	1
„ Neustadt*	26,33	134	16 943	16 476	22	4
„ Karthaus	26,07	116	7 314	7 132	16	1
„ Berent	22,95	96	8 751	8 697	11	
„ Stargard*	25,50	51	15 700	15 328	17	3
a. Reg.-Bez. Danzig* (Pommerellen)	121,61	551	176 904	175 236	70	12
Kreis Marienwerder, pommerell. Antheil	7,63	4	4 157	3 970	2	
„ Schwetz „ „	28,19	99	12 323	11 913	37	5
„ Konitz „ „	40,22	119	19 919	19 641	14	1
„ Schlochau	38,88	294	45 513	45 418	1	
b. Rbz. Marienwerder (Pommerellen)	114,92	516	81 912	80 942	54	6
Land Pommerellen*	**236,53**	**1 067**	**258 816**	**256 178**	**124**	**18**
E. Lauenburg und Bütow.						
Kreis Lauenburg	21,70	368	38 699	38 656	1	
„ Bütow	11,80	135	17 819	17 738	2	
Lauenburg u. Bütow (Reg.-Bez. Köslin)	**33,50**	**503**	**56 518**	**56 394**	**3**	**1**
Preußen mit Lauenburg und Bütow*	**1095,22**	**8 502**	**1.540 438**	**1.540 015**	**546**	**109**
II. Preußischer Antheil an Groß-Polen.						
A. Netzedistrict.						
Kreis Schwetz, polnischer Antheil	0,82	—	—	—	—	
„ Konitz „ „	1,40	2	312	312	2	
„ Flatow	27,93	90	26 436	25 765	15	8
„ Deutsch-Krone	39,03	218	60 432	60 409	—	
a. Reg.-Bez. Marienwerder (Netzedistrict)	69,18	310	87 180	86 486	17	8
Kreis Czarnikau, Antheil	24,18	152	48 260	47 904	1	
„ Chodziesen „	18,01	107	28 712	28 019	8	4
„ Wirsitz	21,50	61	17 197	16 449	23	10
„ Bromberg	27,11	133	40 414	39 659	24	4
„ Inowraclaw	30,42	66	5 813	5 721	15	3
„ Wongrowiec, Antheil	1,15	1	26	26	1	
„ Schubin, „	19,89	67	6 332	5 872	28	5
„ Mogilno, „	6,19	8	558	543	5	
b. Reg.-Bez. Bromberg (Netzedistrict)	148,45	595	147 312	144 193	105	29
Netzedistrict.	**217,63**	**905**	**234 492**	**230 679**	**122**	**37**
B. Posen (vormaliges Südpreußen) diesseit der Demarcationslinie von 1848:						
a. Kreis Thorn, groß-polnischer Antheil (Reg.-Bez. Marienwerder, südpr. Th.)	4,22	24	2 543	2 501	5	

*) Aller Wahrscheinlichkeit nach sind im Kreise Neustadt etwa 9 614 Polen (Kaßuber
mehr in den einzelnen Ortschaften Polen sein. In allen entsprechenden Summen befinde

…tschaften mit über 7 (…is mit 8) Zehntel …tscher Bevölkerung.			Ortschaften mit über 6 (bis mit 7) Zehntel deutscher Bevölkerung.			Ortschaften mit über 5 (bis mit 6) Zehntel deutscher Bevölkerung.			Ortschaften mit über 4 (bis mit 5) Zehntel deutscher Bevölkerung.		
…t-…f-…	Civ.-Bevölkerung		Ort-schaf-ten	Civ.-Bevölkerung		Ort-schaf-ten	Civ.-Bevölkerung		Ort-schaf-ten	Civ.-Bevölkerung	
	über-haupt	mit deutscher Famil.-Sprache		über-haupt	mit deutscher Famil.-Sprache		über-haupt	mit deutscher Famil.-Sprache		über-haupt	mit deutscher Famil.-Sprache
5	2 471	1 850	11	1 166	738	15	3 314	1 760	16	4 730	2 057
5	167	122	8	606	384	7	4 264	2 346	19	3 949	1 892
5	2 493	1 864	13	6 344	4 281	20	7 717	4 521	22	2 567	1 137
9	14 046	10 745	6	2 618	1 766	11	1 934	1 036	16	4 248	1 929
9	930	715	14	1 295	858	17	12 059	6 962	15	1 485	676
3	**20 107**	**15 296**	**52**	**12 029**	**8 027**	**70**	**29 288**	**16 625**	**88**	**16 979**	**7 691**
–	—	—	—	—	—	—	—	—	—	—	—
9	2 468	1 829	5	841	521	4	877	461	5	1 295	568
2	1 319	968	14	3 273	2 182	17	3 289	1 784	27	4 104	1 836
1	2 567	1 996	14	1 692	1 031	11	1 051	560	27	3 756	1 616
6	1 854	1 397	17	3 696	2 432	14	4 819	2 503	16	2 017	884
1	2 961	2 288	25	3 925	2 554	17	2 390	1 312	26	3 554	1 467
9	11 169	8 478	75	13 427	8 720	63	12 426	6 620	101	14 726	6 371
9	167	123	6	703	475	6	826	446	8	2 050	948
2	3 395	2 555	24	7 036	4 399	22	7 502	4 021	27	3 736	1 680
7	414	310	7	833	560	16	2 168	1 236	17	2 463	1 121
1	36	28	—	—	—	3	827	468	4	958	455
9	4 012	3 016	37	8 572	5 434	47	11 323	6 171	56	9 207	4 204
8	**15 181**	**11 494**	**112**	**21 999**	**14 154**	**110**	**23 749**	**12 791**	**157**	**23 933**	**10 575**
1	96	76	1	149	101	1	96	57	2	40	18
5	1 184	903	1	21	13	1	265	141	1	266	120
6	**1 280**	**979**	**2**	**170**	**114**	**2**	**361**	**198**	**3**	**306**	**138**
6	**81 667**	**61 742**	**439**	**77 871**	**50 741**	**456**	**99 900**	**55 213**	**559**	**91 854**	**41 099**
–	—	—	—	—	—	1	17	10	—	—	—
–	—	—	—	—	—	2	224	114	2	387	180
7	6 060	4 385	8	978	618	11	3 430	1 841	6	1 779	816
–	—	—	—	—	—	—	—	—	—	—	—
7	6 060	4 385	8	978	618	14	3 671	1 965	8	2 166	996
5	633	473	2	1 114	747	1	203	118	1	531	228
5	774	605	5	3 142	2 064	7	5 052	2 808	4	1 153	513
4	3 904	2 948	16	5 168	3 296	5	1 368	734	11	2 668	1 223
9	4 026	2 999	17	2 141	1 389	20	6 065	3 404	24	4 123	1 837
8	1 028	786	9	1 149	754	15	10 985	6 105	25	3 711	1 664
1	445	354	1	1 481	948	1	108	58	1	287	139
4	5 573	4 296	11	849	546	14	8 248	4 311	20	2 613	1 160
3	146	114	2	117	79	6	905	497	13	4 346	1 860
9	16 529	12 575	63	15 161	9 823	69	32 934	18 035	99	19 432	8 624
6	**22 589**	**16 960**	**71**	**16 139**	**10 441**	**83**	**36 605**	**20 000**	**107**	**21 598**	**9 620**
3	230	175	3	170	114	3	1 342	745	2	273	127

…el Deutsche weniger, und im Kreise Stargard ungefähr 7 766 Polen (Kaßuben) mehr und
…chtiger 17 380 Polen mehr, Deutsche weniger als angegeben, nur in den Haupt-Summen

Ortschaften mit über 3 (bis mit 4) Zehntel deutscher Bevölkerung.			Ortschaften mit über 2 (bis mit 3) Zehntel deutscher Bevölkerung.			Ortschaften mit höchstens zu 2 Zehntel deutscher Bevölkerung.		
Ortschaften	Civil-Bevölkerung überhaupt	Civil-Bevölkerung mit deutscher Familien-Sprache	Ortschaften	Civil-Bevölkerung überhaupt	Civil-Bevölkerung mit deutscher Familien-Sprache	Ortschaften	Civil-Bevölkerung überhaupt	Civil-Bevölkerung mit deutscher Familien-Sprache
17	1 553	698	22	4 638	1 162	28	4 934	621
10	1 006	358	25	6 057	1 463	126	26 714	2 167
27	5 157	1 835	30	5 366	1 387	164	22 830	1 757
30	4 562	1 610	29	4 463	1 150	80	12 685	1 096
20	4 050	1 386	35	5 289	1 510	78	10 440	1 005
104	**16 328**	**5 887**	**141**	**25 813**	**6 672**	**476**	**77 603**	**6 646**
—	—	—	—	—	—	—	—	—
5	1 287	463	8	2 169	547	13	2 980	447
26	4 787	1 694	32	6 441	1 750	97	10 099	1 090
25	3 862	1 370	34	3 716	1 084	163	25 954	2 162
13	2 292	833	15	1 976	518	107	12 522	586
26	6 704	2 328	24	5 246	1 465	69	16 758	1 253
95	18 932	6 688	113	20 048	5 364	449	67 313	5 538
12	2 526	883	10	2 219	524	46	12 096	1 409
31	8 836	3 135	43	5 897	1 293	70	9 681	1 214
13	3 314	1 110	24	4 837	1 228	146	24 784	1 015
6	1 627	565	6	1 365	354	47	4 415	331
62	16 303	5 693	83	14 318	3 399	309	50 976	3 969
157	**35 235**	**12 381**	**196**	**34 366**	**8 763**	**758**	**118 289**	**9 507**
—	—	—	3	820	235	—	—	—
4	268	95	2	719	166	13	1 490	118
4	**268**	**95**	**5**	**1 539**	**401**	**13**	**1 490**	**118**
602	**115 742**	**40 728**	**734**	**134 279**	**33 718**	**3 138**	**507 718**	**38 964**
—	—	—	—	—	—	3	1 518	176
—	—	—	1	332	86	2	481	78
12	5 480	1 893	11	3 863	978	10	2 269	270
—	—	—	—	—	—	—	—	—
12	5 480	1 893	12	4 195	1 064	15	4 268	524
7	4 118	1 456	5	2 781	698	4	1 374	167
1	334	104	2	1 252	288	3	1 563	141
19	4 641	1 644	6	1 416	386	42	9 302	797
16	2 424	840	30	5 897	1 445	40	7 305	691
33	5 109	1 827	45	5 855	1 454	277	29 479	2 005
1	25	9	1	307	69	7	795	42
19	5 154	1 764	19	3 427	850	104	12 888	1 040
9	1 587	552	12	3 109	830	29	2 794	298
105	23 392	8 196	120	24 044	6 020	506	65 500	5 181
117	**28 872**	**10 089**	**132**	**28 239**	**7 084**	**521**	**69 768**	**5 705**
6	673	218	1	103	25	9	546	65

so viel Deutsche weniger. Bei diesen beiden Kreisen würden die Ortschaften nach dem N
für die Provinz Preußen und den ganzen Staat sind dieselben hinzu- bez. abgerechnet.

Civil-Bevölkerung						Landestheil.
mit deutscher Familiensprache.		mit nicht-deutscher Familiensprache.				
Anzahl	Pct. der Bevölkerung	Polen (Masuren, Kaßuben)	Czechen (Mähren)	Wenden	Preußen (Littauer, Kuren)	
33 350	67,8	15 927	.	.	.	Kr. Graudenz kulm.
8 956	20,8	34 059	.	.	.	„ Löbau.
20 416	36,2	35 961	.	.	.	„ Straßburg.
25 936	50,3	25 631	.	.	.	„ Thorn kulm.
24 876	48,6	23 471	.	.	.	„ Kulm.
113 534	**45,7**	**135 049**	—	—	—	**Land Kulm.**
72 256	100	24	.	.	.	St. Danzig.
61 396	88,7	7 846	.	.	.	Kr. Danzig.
31 877	57,9	*23 176	.	.	.	„ Neustadt.
18 608	36,2	32 740	.	.	.	„ Karthaus.
18 572	47,9	20 195	.	.	.	„ Berent.
30 732	50,9	*29 699	.	.	.	„ Stargard.
233 441	67,3	*113 680	.	.	.	Rbz. Danzig pommer.
8 807	35,6	15 972	.	.	.	Kr. Marienwerder pomm.
34 462	54,4	28 961	.	.	.	„ Schwetz desgl.
27 333	45,5	32 730	.	.	.	„ Konitz desgl.
47 691	87,0	7 130	.	.	.	„ Schlochau.
118 293	58,3	84 793	.	.	.	Rbz. Marienwerder pomm.
351 734	**63,9**	***198 473**	—	—	—	**Pommerellen.**
39 446	98,0	791	.	.	.	Kr. Lauenburg.
19 913	87,4	2 851	.	.	.	„ Bütow.
59 359	**94,1**	**3 642**	—	—	—	**Lauenb.-Bütow.**
1.955 886	**63,5**	***674 789**	**9**	—	**137 404**	**Preußen.**
186	12,1	1 349	.	.	.	Kr. Schwetz poln.
1 010	50,0	1 010	.	.	.	„ Konitz desgl.
43 758	74,6	14 937	.	.	.	„ Flatow.
60 409	100	23	.	.	.	„ Deutsch-Krone.
105 363	85,9	17 319	.	.	.	Rbz. Marienwerd. v. N.-D.
51 852	87,8	7 230	.	.	.	Kr. Czarnikau Theil.
38 633	83,3	8 315	.	.	.	„ Chodziesen desgl.
35 930	64,4	19 844	.	.	.	„ Wirsitz.
56 304	73,0	20 781	.	.	.	„ Bromberg.
23 172	34,8	43 308	.	.	.	„ Inowraclaw.
1 745	48,7	1 852	.	.	.	„ Wongrowiec Theil.
24 371	48,4	25 988	.	.	.	„ Schubin desgl.
5 383	37,8	8 873	.	.	.	„ Mogilno desgl.
237 390	63,6	136 191	.	.	.	Rbz. Bromberg v. N.-D.
342 753	**69,1**	**153 510**	—	—	—	**Netzedistrict.**
4 288	68,5	1 975	.	.	.	Kr. Thorn großpoln.

isse ungefähr um je drei Spalten weiter rechts rücken, bez. etwa 30 Pct. der Einwohner

Tabelle II. (Fortsetzung). Landestheile nach der historischen Zusammengehörigkeit und der heutigen Kreiseintheilung.	Flächen-inhalt Q.-Meilen	Ortschaften mit über 9 Zehntel deutscher Bevölkerung. Ort-schaften	Civil-Bevölkerung überhaupt	mit deutscher Familien-Sprache	Ortschafte (bis mit deutscher Ort-schaften	Civ. übe hau
Kreis Czarnikau, Antheil	3,90	10	2 818	2 752	1	
„ Chodziesen, „	2,13	8	1 604	1 583	1	
„ Wongrowiec, „	11,44	21	1 513	1 494	5	
„ Mogilno, „	2,13	8	454	445	5	
„ Schubin, „	1,31	—	—	—	—	
„ Gnesen, „	2,82	14	1 108	1 080	7	
b. Reg.-Bez. Bromberg, Antheil.	23,73	61	7 497	7 354	19	2
Kreis Birnbaum	23,73	162	29 659	29 330	8	1
„ Samter	20,03	45	5 202	5 076	3	3
„ Obornik	20,38	47	6 209	6 076	16	7
„ Meseritz	21,42	150	35 712	35 483	5	1
„ Bomst	18,98	79	28 477	26 659	9	1
„ Buk	17,48	40	13 325	13 243	3	
„ Posen	19,70	6	372	340	3	
Stadt Posen	0,30	—	—	—	—	
Kreis Schroda, Antheil	6,15	19	1 214	1 160	7	1
„ Kosten, „	14,34	14	5 245	5 032	1	
„ Schrimm, „	5,38	10	2 154	2 117	3	
„ Fraustadt, „	15,60	85	41 878	41 245	6	1
„ Kröben, „	3,42	25	19 992	19 547	2	2
„ Krotoschin, „	2,94	15	4 187	4 101	3	
„ Adelnau, „	1,93	—	—	—	—	
„ Schildberg, „	5,77	4	42	41	2	5
c. Reg.-Bez. Posen diesseit d. Dem.-Linie	197,55	701	193 668	189 450	71	28
Großpolen bis zur Demarcationslinie	**225,50**	**786**	**203 708**	**199 305**	**95**	**31**
C. Posen jenseit der Demarcationslinie von 1848 (vorm. proj. Hzth. Gnesen).						
Kreis Wongrowiec, Antheil	11,88	6	596	580	—	
„ Mogilno, „	9,65	6	216	208	2	
„ Gnesen, „	21,12	13	509	491	3	
a. Reg.-Bez. Bromberg, Antheil	42,65	25	1 321	1 279	5	
Kreis Schroda, Antheil	12,46	2	103	101	1	
„ Kosten, „	7,04	—	—	—	1	
„ Schrimm, „	13,66	2	85	85	7	1
„ Wreschen	12,75	2	97	88	1	
„ Pleschen	19,20	16	2 320	2 150	6	
„ Fraustadt, Antheil	2,21	3	170	169	1	
„ Kröben, „	15,25	9	382	371	2	
„ Krotoschin, „	14,95	12	2 206	2 148	2	
„ Adelnau, „	14,48	5	82	82	4	
„ Schildberg, „	11,83	9	128	125	5	
b. Reg.-Bez. Posen jenseit d. Dem.-Linie	123,83	60	5 573	5 319	30	3
Großpolen jenseit d. Demarcationslinie	**166,48**	**85**	**6 894**	**6 598**	**35**	**3**
Antheil an Großpolen	**609,61**	**1 776**	**445 094**	**436 582**	**252**	**73**
III. Preußischer Antheil an Schlesien und der Lausitz.						
A. Oberschlesien, preuß. Antheil.						
Kreis Rosenberg	16,32	15	180	177	1	
„ Lublinitz	18,25	5	36	35	3	
„ Groß-Strelitz	16,52	8	82	82	6	
„ Oppeln	25,93	19	14 090	13 593	7	1
„ Falkenberg, oberschl. Antheil	9,88	166	27 003	26 957	3	
„ Neustadt	14,56	49	38 590	38 335	3	
„ Kosel	12,43	13	4 298	4 292	2	

…schaften mit über 7 (bis mit 8) Zehntel deutscher Bevölkerung.			Ortschaften mit über 6 (bis mit 7) Zehntel deutscher Bevölkerung.			Ortschaften mit über 5 (bis mit 6) Zehntel deutscher Bevölkerung.			Ortschaften mit über 4 (bis mit 5) Zehntel deutscher Bevölkerung.		
…t-…f-…	Civ.-Bevölkerung überhaupt	Civ.-Bevölkerung mit deutscher Famil.-Sprache	Ortschaften	Civ.-Bevölkerung überhaupt	Civ.-Bevölkerung mit deutscher Famil.-Sprache	Ortschaften	Civ.-Bevölkerung überhaupt	Civ.-Bevölkerung mit deutscher Famil.-Sprache	Ortschaften	Civ.-Bevölkerung überhaupt	Civ.-Bevölkerung mit deutscher Famil.-Sprache
1	30	24	3	151	102	4	565	330	1	931	396
1	551	395	—	—	—	—	—	—	1	123	52
3	949	698	9	2 128	1 454	10	4 452	2 355	9	1 097	486
3	193	151	2	170	111	2	203	113	1	66	30
—	—	—	—	—	—	1	158	82	—	—	—
5	341	257	3	442	276	4	944	496	2	123	60
8	2 064	1 525	17	2 891	1 943	21	6 322	3 376	14	2 340	1 024
7	684	529	10	1 126	726	12	4 298	2 391	7	1 075	478
7	2 764	2 056	7	5 189	3 290	8	1 092	591	13	2 197	966
5	1 926	1 463	11	1 023	655	4	2 835	1 578	13	3 841	1 809
3	223	168	8	1 878	1 205	1	477	252	3	473	198
9	2 677	2 018	4	688	464	7	1 663	907	8	1 411	590
3	545	397	4	6 633	4 275	5	356	198	5	1 692	751
4	3 453	2 671	7	992	650	14	1 744	942	20	3 333	1 474
—	—	—	1	43 879	29 813	—	—	—	—	—	—
7	715	532	5	452	298	8	2 318	1 321	5	686	314
1	150	114	4	411	278	7	493	263	11	6 848	2 885
2	373	278	3	657	457	2	265	142	2	3 276	1 407
4	303	229	3	440	302	4	1 634	869	3	1 168	531
4	802	617	5	811	531	—	—	—	—	—	—
2	58	43	4	7 627	5 127	1	26	15	3	297	133
—	—	—	1	7 031	4 658	—	—	—	—	—	—
—	—	—	2	37	24	2	103	53	9	290	137
8	14 673	11 115	79	78 874	52 753	75	17 304	9 522	102	26 587	11 673
9	**16 967**	**12 815**	**99**	**81 935**	**54 810**	**99**	**24 968**	**13 643**	**118**	**29 200**	**12 824**
2	254	201	2	169	107	5	851	475	9	711	307
—	—	—	7	747	492	5	448	242	7	1 054	471
—	—	—	5	319	224	8	7 824	3 946	4	2 129	988
2	254	201	14	1 235	823	18	9 123	4 663	20	3 894	1 766
—	—	—	3	175	119	3	1 727	946	3	566	253
—	—	—	2	403	268	—	—	—	3	879	398
3	223	160	5	819	528	3	1 283	677	5	5 352	2 574
1	101	72	1	155	99	3	193	102	8	2 684	1 252
0	647	481	4	175	115	11	8 731	4 666	3	1 722	831
—	—	—	1	110	76	1	11	6	2	25	12
1	1 997	1 561	8	847	571	3	622	361	7	2 024	972
2	162	115	4	409	262	7	3 010	1 738	11	5 142	2 202
5	943	718	2	47	31	6	391	222	8	700	323
3	495	364	8	1 171	753	4	386	203	6	223	105
0	4 568	3 471	38	4 311	2 822	41	16 354	8 921	56	19 317	8 922
2	**4 822**	**3 672**	**52**	**5 546**	**3 645**	**59**	**25 477**	**13 584**	**76**	**23 211**	**10 688**
7	**44 378**	**33 447**	**222**	**103 620**	**68 896**	**241**	**87 050**	**47 227**	**301**	**74 009**	**33 132**
3	68	51	5	45	30	6	3 329	1 738	7	1 244	614
2	16	12	2	15	10	2	27	16	2	2 560	1 232
[illegible]	113	82	—	—	—	5	3 263	1 829	6	283	134
3	2 692	1 923	4	440	274	3	196	111	3	1 985	987
[illegible]	30	23	6	2 344	1 520	3	1 004	539	4	898	422
2	221	164	2	20	13	—	—	—	5	507	221
[illegible]	4	3	6	734	456	2	87	50	2	1 191	516

Ortschaften mit über 3 (bis mit 4) Zehntel deutscher Bevölkerung.			Ortschaften mit über 2 (bis mit 3) Zehntel deutscher Bevölkerung.			Ortschaften mit höchstens zu 2 Zehntel deutscher Bevölkerung.			3… a…
Ortschaften	Civil-Bevölkerung überhaupt	Civil-Bevölkerung mit deutscher Familien-Sprache	Ortschaften	Civil-Bevölkerung überhaupt	Civil-Bevölkerung mit deutscher Familien-Sprache	Ortschaften	Civil-Bevölkerung überhaupt	Civil-Bevölkerung mit deutscher Familien-Sprache	O… sch…
4	1 071	375	—	—	—	8	1 277	212	
—	—	—	—	—	—	9	1 808	165	
10	1 280	454	16	2 638	623	61	9 737	700	
6	612	222	4	533	148	9	1 169	72	
—	—	—	2	311	71	15	2 417	44	
7	854	277	2	278	69	13	1 226	84	
27	3 817	1 328	24	3 760	911	115	17 634	1 277	
13	2 784	971	11	2 024	475	29	3 926	274	
7	875	329	37	6 455	1 592	87	20 617	2 417	
18	7 167	2 562	18	3 415	841	85	13 004	1 270	
3	842	264	3	1 440	316	4	1 868	288	
2	604	194	8	3 008	796	51	13 854	1 049	
6	3 056	1 074	18	5 686	1 454	74	22 722	1 800	
31	5 676	2 020	33	8 176	1 992	151	26 629	2 232	
—	—	—	—	—	—	—	—	—	
3	478	187	7	844	217	31	6 523	466	
9	1 372	451	9	1 426	317	123	29 137	2 034	
6	1 977	801	2	1 443	410	29	6 273	469	
5	358	139	5	829	181	25	5 671	340	
—	—	—	2	347	81	7	1 058	82	
1	65	25	5	1 126	267	12	2 710	158	
—	—	—	1	1 929	531	8	3 921	165	
9	984	337	2	86	21	66	14 030	1 087	
113	26 238	9 354	161	38 234	9 491	782	171 943	14 131	2
146	**30 728**	**10 900**	**186**	**42 097**	**10 427**	**906**	**190 123**	**15 473**	**2**
13	1 316	438	18	4 632	977	95	16 884	1 187	
8	987	356	18	5 928	1 649	107	11 891	1 247	
7	2 352	781	20	3 519	934	173	31 328	1 678	
28	4 655	1 575	56	14 079	3 560	375	60 103	4 112	
4	921	322	4	3 462	919	188	26 066	1 258	
4	694	242	6	2 334	501	50	11 192	824	
7	2 335	856	4	324	81	121	25 069	1 353	
4	1 862	657	10	1 011	254	146	29 744	1 725	
15	1 702	586	12	2 250	559	206	40 775	2 161	
1	8	3	1	387	86	22	4 614	198	
2	730	249	13	4 903	1 152	166	35 057	2 153	
18	5 480	1 827	19	2 629	628	122	25 022	1 776	
6	354	131	14	1 823	577	181	37 488	2 161	
9	126	45	20	3 382	940	243	28 858	1 579	
70	14 212	4 918	103	22 505	5 697	1 445	263 885	15 188	1
98	**18 867**	**6 493**	**159**	**36 584**	**9 257**	**1 820**	**323 988**	**19 300**	**2**
361	**78 467**	**27 482**	**477**	**106 920**	**26 768**	**3 247**	**583 879**	**40 478**	**7**
9	274	95	14	698	174	273	39 432	2 565	
4	2 394	922	8	1 934	507	300	36 925	1 756	
8	4 260	1 564	9	1 314	356	233	47 193	1 935	
9	1 189	425	10	3 543	940	196	67 548	2 778	
3	563	207	1	37	10	16	2 299	220	
3	646	234	1	35	10	128	40 047	1 518	
14	2 286	803	7	311	83	187	49 045	2 681	

Civil-Bevölkerung						
mit deutscher Familiensprache.		mit nicht-deutscher Familiensprache.				Landestheil.
Anzahl	Pct. der Bevölkerung	Polen (Masuren, Kaßuben)	Czechen (Mähren)	Wenden	Preußen (Littauer, Kuren)	
4 216	61,4	2 655	.	.	.	Kr.-Theil Czarnikau.
2 314	54,8	1 911	.	.	.	" " Chodziesen.
8 727	35,9	15 596	.	.	.	" " Wongrowiec.
1 845	45,5	2 216	.	.	.	" " Mogilno.
197	6,8	2 689	.	.	.	" " Schubin.
3 330	54,0	2 835	.	.	.	" " Gnesen.
20 629	42,5	27 902	—	.	.	Rbz. Bromberg Antheil.
36 479	77,9	10 424	164	.	.	Kr. Birnbaum.
19 247	40,2	28 614	.	.	.	" Samter.
22 351	47,7	24 490	.	.	.	" Obornik.
39 374	88,8	4 974	.	.	.	" Meseritz.
33 852	63,0	19 875	.	.	.	" Bomst.
23 664	43,4	30 907	.	.	.	" Buk.
12 443	24,6	38 079	.	.	.	St. Posen.
29 813	67,7	14 066	.	.	.	Kr.-Theil Posen.
5 691	41,2	8 962	.	.	.	" " Schroda.
11 866	26,0	33 776	.	.	.	" " Kosten.
6 696	39,1	10 440	.	.	.	" " Schrimm.
45 467	84,0	8 674	.	.	.	" " Fraustadt.
22 582	90,0	2 519	.	.	.	" " Kröben.
9 999	61,5	6 246	.	.	.	" " Krotoschin.
5 354	41,6	7 527	.	.	.	" " Adelnau.
6 592	30,6	14 964	.	.	.	" " Schildberg.
331 470	56,0	264 537	164	.	.	Rbz. Posen diess. d. Dem.-L.
356 387	**54,8**	**294 414**	**164**	—	—	**Großpolen diess. d. Dem.-L.**
4 272	16,8	21 141	.	.	.	Kr.-Theil Wongrowiec.
4 686	22,0	16 610	.	.	.	" " Mogilno.
9 192	19,1	38 962	.	.	.	" " Gnesen.
18 150	19,1	76 713	—	.	.	Rbz. Bromberg jens. D.-L.
3 942	12,0	29 105	.	.	.	Kr.-Theil Schroda.
2 251	14,5	13 273	.	.	.	" " Kosten.
7 538	20,2	29 362	.	.	.	" " Schrimm.
4 351	12,1	31 612	.	.	.	Kr. Wreschen.
11 991	20,4	46 858	.	.	.	" Pleschen.
984	16,7	4 868	.	.	.	Kr.-Theil Fraustadt.
7 818	16,5	39 252	.	.	.	" " Kröben.
10 843	24,8	33 391	.	.	.	" " Krotoschin.
4 556	20,8	37 630	.	.	.	" " Adelnau.
4 170	12,0	30 578	85	.	.	" " Schildberg.
58 444	16,5	295 929	85	.	.	Rbz. Posen jens. d. Dem.-L.
76 594	**17,1**	**372 642**	**85**	—	—	**Posen jenseit d. Dem.-Linie.**
775 734	**48,6**	**820 566**	**249**	—	—	**Antheil an Großpolen.**
5 452	12,0	39 827	—	.	.	Kr. Rosenberg.
4 510	10,3	39 418	3	.	.	" Lublinitz.
6 026	10,7	50 044	490	.	.	" Groß-Strelitz.
22 485	24,1	69 275	1 599	.	.	" Oppeln.
30 459	87,5	4 355	—	.	.	" Falkenberg oberschl.
40 525	50,6	39 571	5	.	.	" Neustadt.
9 326	15,9	49 172	—	.	.	" Kosel.

Tabelle II. (Fortsetzung). Landestheile nach der historischen Zusammengehörigkeit und der heutigen Kreiseintheilung.	Flächeninhalt Q.-Meilen	Ortschaften mit über 9 Zehntel deutscher Bevölkerung.			Ortschaft… (bis mit … deutscher	
		Ortschaften	Civil-Bevölkerung überhaupt	Civil-Bevölkerung mit deutscher Familien-Sprache	Ortschaften	Civ. überha…
Kreis Tost-Gleiwitz	16,59	12	2 334	2 334	4	2
„ Beuthen	14,15	18	542	511	9	
„ Pleß	19,52	2	611	550	3	3
„ Rybnik	15,65	3	242	221	5	
„ Ratibor, nordöstl. Theil (polnisch)	9,17	4	153	153	3	12
„ „ südwestl. Theil (mährisch)	6,56	7	2 415	2 402	—	
„ Leobschütz	12,91	90	61 584	61 054	1	
Oberschlesien (Reg.-Bez. Oppeln).	**208,44**	**411**	**152 160**	**150 696**	**50**	**22**
B. Niederschlesien, preuß. Theil, mit Glatz.						
Kreis Kreuzburg	10,56	7	5 741	5 344	1	2
Kreise Neiße, Grottkau und Falkenberg niederschl. Antheil	24,06	282	131 981	131 979	—	
a. Reg.-Bez. Oppeln, niederschl. Theil	34,62	289	137 722	137 323	1	2
Kreis Namslau	10,80	34	9 179	9 168	4	1
„ Polnisch-Wartenberg	14,82	65	14 494	14 323	7	2
„ Brieg	10,98	146	41 061	40 935	3	
Breslau und 9 Kreise längs und nördlich der Oder	122,46	1 761	595 051	594 755	2	
8 schles. Kreise südlich der Oder	59,21	830	385 166	385 124	1	
Kreise Neurode, Glatz, Habelschwerdt	29,87	324	151 168	151 051	1	
b. Reg.-Bez. Breslau	248,14	3 160	1.196 119	1.195 356	18	6
c. Reg.-Bez. Liegnitz, mit Ausschluß des oberlausitzer Theiles	180,63	2 327	753 321	753 275	—	
Niederschlesien mit Glatz.	**462,14**	**5 776**	**2.087 162**	**2.085 954**	**19**	**9**
C. Ober-Lausitz, preußischer Theil.						
Kreis Hoyerswerda	16,19	32	8 166	8 151	6	
„ Rothenburg	21,28	146	29 723	29 485	4	
„ Görlitz, Theile der Kreise Lauban, Bunzlau, Sagan	31,44	305	109 894	109 865	—	
Ober-Lausitz (Reg.-Bez. Liegnitz).	**69,91**	**483**	**147 783**	**147 501**	**10**	**1**
D. Nieder-Lausitz, mit Kottbus, Peitz, Finsterwalde und Senftenberg.						
Kreis Kottbus	15,91	28	20 804	20 634	5	
„ Spremberg	5,71	13	7 362	7 219	3	
„ Kalau	18,18	205	35 540	35 452	8	2
Kreise Luckau, Lübben, Guben, Sorau	85,57	767	200 614	200 407	1	
Nieder-Lausitz (Reg.-Bez. Frankfurt).	**125,36**	**1 013**	**264 320**	**263 712**	**17**	**3**
Schlesien und Lausitz.	**867,10**	**7 683**	**2.651 425**	**2.647 863**	**96**	**36**
Die gemischten Landestheile des preußischen Staates	**2571,93**	**17 961**	**4.645 957**	**4.624 460**	**894**	**218**
Provinzen.						
Provinz Preußen	1135,12	8 333	1.582 643	1.572 608	565	117
„ Posen	536,21	1 442	355 371	347 595	230	64
„ Schlesien	741,74	6 670	2.387 105	2.384 151	79	32
„ Brandenburg	734,14	6 024	2.351 867	2.351 239	17	3
„ Pommern	548,64	6 823	1.362 486	1.362 327	3	1
„ Sachsen	460,63	4 887	1.946 003	1.945 997	—	
„ Westfalen (mit Jadegebiet)	368,21	7 179	1.604 578	1.604 517	—	
„ Rheinland mit Hohenzollern	508,29	13 764	3.228 577	3.227 674	7	
Der preußische Staat: Civilbevölkerung	**5103,97**	**55 122**	**14.818 630**	**14 796 108**	**901**	**219**
Dazu **Militärbevölkerung** in gleichmäßiger Vertheilung (0,0147273)					—	
Summe: Preußischer Staat in den Grenzen von 1861					—	

*) Die Franzosen nicht-wallonischen Dialekts sind nicht besonders gezählt, mithin
Skandinavier, Italiäner ꝛc. ist nicht ermittelt; die im preußischen Staat befindlichen

…t= …f= …n	…tſchaften mit über 7 …bis mit 8) Zehntel …tſcher Bevölkerung. Civ.=Bevölkerung überhaupt	mit deutſcher Famil.=Sprache	Ortſchaften mit über 6 (bis mit 7) Zehntel deutſcher Bevölkerung. Ort=ſchaf=ten	Civ.=Bevölkerung überhaupt	mit deutſcher Famil.=Sprache	Ortſchaften mit über 5 (bis mit 6) Zehntel deutſcher Bevölkerung. Ort=ſchaf=ten	Civ.=Bevölkerung überhaupt	mit deutſcher Famil.=Sprache	Ortſchaften mit über 4 (bis mit 5) Zehntel deutſcher Bevölkerung. Ort=ſchaf=ten	Civ.=Bevölkerung überhaupt	mit deutſcher Famil.=Sprache
7	11 241	8 688	3	123	81	3	31	18	5	93	40
0	5 772	4 593	9	9 315	6 192	8	10 774	6 223	10	1 387	621
2	31	24	6	48	33	1	10	6	3	64	28
2	232	183	5	46	30	5	3 092	1 828	7	3 708	1 713
5	121	94	3	203	130	2	118	66	2	117	49
1	4	3	2	6	4	—	—	—	4	89	41
2	214	165	1	33	22	—	—	—	3	937	410
7	**20 759**	**16 008**	**54**	**13 372**	**8 795**	**40**	**21 931**	**12 424**	**63**	**15 063**	**7 028**
2	19	14	2	22	14	6	96	53	6	100	45
-	—	—	—	—	—	—	—	—	—	—	—
2	19	14	2	22	14	6	96	53	6	100	45
4	1 149	902	4	2 029	1 384	7	759	396	14	2 568	1 141
5	383	281	6	881	600	6	1 159	608	9	861	381
2	1 488	1 144	—	—	—	1	289	153	—	—	—
4	637	468	2	570	377	2	1 979	1 098	1	98	48
-	—	—	—	—	—	1	160	85	1	257	113
-	—	—	1	24	16	—	—	—	—	—	—
2	3 657	2 795	13	3 504	2 377	17	4 346	2 340	25	3 784	1 683
-	—	—	—	—	—	—	—	—	—	—	—
4	**3 676**	**2 809**	**15**	**3 526**	**2 391**	**23**	**4 442**	**2 393**	**31**	**3 884**	**1 728**
3	2 880	2 280	3	2 227	1 454	—	—	—	2	275	120
4	255	193	4	1 491	979	7	1 317	707	9	1 148	535
-	—	—	1	227	157	—	—	—	1	540	260
9	**3 135**	**2 473**	**8**	**3 945**	**2 590**	**7**	**1 317**	**707**	**12**	**1 963**	**915**
3	517	392	3	121	77	1	15	8	1	691	307
	21	15	1	54	36	2	412	228	—	—	—
5	1 160	861	6	1 264	786	1	14	8	5	782	349
-	—	—	—	—	—	—	—	—	—	—	—
	1 698	**1 268**	**10**	**1 439**	**899**	**4**	**441**	**244**	**6**	**1 473**	**656**
	29 268	**22 558**	**87**	**22 282**	**14 675**	**74**	**28 131**	**15 768**	**112**	**22 383**	**10 327**
3	**155 313**	**117 747**	**748**	**203 773**	**134 312**	**771**	**215 081**	**118 208**	**972**	**188 246**	**84 558**
	86 677	65 323	448	78 849	51 359	471	104 552	57 725	566	93 987	42 084
	38 088	28 887	211	102 472	68 164	224	82 037	44 517	291	71 570	32 009
	27 570	21 290	77	20 843	13 776	70	27 690	15 524	106	20 910	9 671
	1 698	1 268	10	1 439	899	4	441	244	6	1 473	656
	1 280	979	2	170	114	2	361	198	3	306	138
	—	—	—	—	—	—	—	—	—	—	—
	—	—	—	—	—	—	—	—	—	—	—
3	101	77	1	20	14	1	5	3	1	150	68
	155 414	**117 824**	**749**	**203 793**	**134 326**	**772**	**215 086**	**118 211**	**973**	**188 396**	**84 626**
	—	—	—	—	—	—	—	—	—	—	—
	—	—	—	—	—	—	—	—	—	—	—

…hredende gerechnet. Nach den engliſchen Aufnahmen befanden ſich im preußiſchen Staat
…rſonen griechiſch=ruſſiſcher Confeſſion wurden gezählt) ſind größtentheils unter den Polen

Ortschaften mit über 3 (bis mit 4) Zehntel deutscher Bevölkerung.			Ortschaften mit über 2 (bis mit 3) Zehntel deutscher Bevölkerung.			Ortschaften mit höchstens zu 2 Zehntel deutscher Bevölkerung.			Za al O scha
Ortschaften	Civil-Bevölkerung überhaupt	Civil-Bevölkerung mit deutscher Familien-Sprache	Ortschaften	Civil-Bevölkerung überhaupt	Civil-Bevölkerung mit deutscher Familien-Sprache	Ortschaften	Civil-Bevölkerung überhaupt	Civil-Bevölkerung mit deutscher Familien-Sprache	
4	1 242	422	8	4 971	1 289	208	53 382	2 887	
16	9 012	3 113	33	13 251	3 201	229	95 461	7 340	
6	5 316	1 801	1	8	2	160	66 244	3 168	
7	3 361	1 017	6	649	153	223	55 999	2 490	
3	122	44	6	4 049	860	116	42 171	1 670	
1	8	3	8	849	187	81	37 437	1 520	
1	54	19	6	4 177	1 055	23	11 070	1 194	
88	**30 727**	**10 669**	**118**	**35 826**	**8 827**	**2 373**	**644 253**	**33 722**	**3**
8	423	148	12	3 739	963	154	25 900	1 866	
—	—	—	—	—	—	—	—	—	
8	423	148	12	3 739	963	154	25 900	1 866	
3	129	42	12	4 024	897	63	13 534	1 381	
11	1 854	610	14	2 690	633	114	25 464	1 647	
2	1 620	616	2	63	15	16	4 263	315	
—	—	—	—	—	—	—	—	—	1
1	69	27	1	147	44	4	2 164	123	
—	—	—	1	447	116	5	3 288	198	
17	3 672	1 295	30	7 371	1 705	202	48 713	3 664	3
—	—	—	—	—	—	—	—	—	2
25	**4 095**	**1 443**	**42**	**11 110**	**2 668**	**356**	**74 613**	**5 530**	**6**
3	628	226	5	1 291	337	105	15 154	933	
10	2 588	814	14	2 924	714	52	9 633	924	
—	—	—	—	—	—	—	—	—	
13	**3 216**	**1 140**	**19**	**4 215**	**1 051**	**157**	**24 787**	**1 857**	
1	164	50	7	3 985	895	85	31 349	1 835	
5	916	325	5	1 125	284	32	7 287	632	
3	616	213	2	576	141	24	4 866	315	
—	—	—	—	—	—	1	594	30	
9	**1 696**	**588**	**14**	**5 686**	**1 320**	**142**	**44 096**	**2 812**	**1**
135	**39 734**	**13 840**	**193**	**56 837**	**13 866**	**3 028**	**787 749**	**43 921**	**11**
1 098	**233 943**	**82 040**	**1 404**	**298 036**	**74 352**	**9 413**	**1.879 346**	**123 363**	**34**
616	121 627	42 734	742	137 038	34 406	3 149	511 042	39 435	15
343	72 314	25 371	464	102 622	25 679	3 223	579 065	39 889	6
126	38 038	13 252	179	51 151	12 546	2 886	743 653	41 109	10
9	1 696	588	14	5 686	1 320	142	44 096	2 812	6
4	268	95	5	1 539	401	13	1 490	118	6
—	—	—	—	—	—	—	—	—	4
—	—	—	—	—	—	—	—	—	7
1	15	6	2	130	31	82	10 288	768	13
1 099	**233 958**	**82 046**	**1 406**	**298 166**	**74 383**	**9 495**	**1.889 634**	**124 131**	**71**
—	—	—	—	—	—	—	—	—	
—	—	—	—	—	—	—	—	—	71

1861: 1 685 Engländer (welche unter den Deutschredenden ganz oder großentheils enthalten. Die Zahl der Deutschen ermäßigt sich hiernach auf ungefähr 15.925 000.

Civil-Bevölkerung						
mit deutscher Familiensprache.		mit nicht-deutscher Familiensprache.				Landestheil.
Anzahl	Pct. der Bevölkerung	Polen (Masuren, Kaßuben)	Czechen (Mährer)	Wenden	Preußen (Littauer, Kuren)	
17 817	23,5	58 092	—	.	.	Kr. Tost-Gleiwitz.
31 903	21,9	113 741	—	.	.	„ Beuthen
8 413	10,1	67 312	—	.	.	„ Pleß.
7 810	11,6	59 710	16	.	.	„ Rybnik.
13 670	23,0	45 698	?	.	.	„ Ratibor nordöstlich.
4 160	10,2	(?) 10	36 638	.	.	„ Ratibor südwestlich.
64 391	81,9	1 775	12 428	.	.	„ Leobschütz.
266 947	**27,9**	**638 000**	**51 179**	—	—	**Oberschlesien.**
10 292	27,0	27 863	8	.	.	Kr. Kreuzburg.
131 979	100	2	—	.		„ Neisse ꝛc.
142 271	83,2	27 865	8	—	.	Rbz. Oppeln niederschles.
16 619	52,4	18 316	—	—	.	Kr. Namslau.
20 833	41,8	27 734	1 224	—	.	„ Wartenberg.
43 826	88,5	5 692	—	—	.	„ Brieg.
597 532	99,7	1 727	6	4	.	„ Militsch ꝛc.
386 276	99,3	1	2 604	—	.	„ Strehlen ꝛc.
152 016	97,6	4	3 650	—	.	„ Glatz ꝛc.
1.217 102	95,8	53 474	7 484	4	.	Rbz. Breslau.
753 275	100	26	1	19	.	„ Liegnitz, Antheil.
2.112 648	**96,0**	**81 365**	**7 493**	**23**	—	**Niederschlesien.**
13 959	44,8	—	—	17 210	.	Kr. Hoyerswerda.
35 258	70,5	—	7	14 745	.	„ Rothenburg.
110 282	100	—	—	379	.	„ Görlitz ꝛc..
159 499	**83,1**	—	**7**	**32 334**	—	**Oberlausitz.**
24 867	57,5	—	—	33 582	.	Kr. Kottbus.
9 309	53,1	—	30	8 518	.	„ Spremberg.
39 910	85,1	—	—	6 987	.	„ Kalau.
200 523	96,6	—	—	784	.	„ Luckau ꝛc.
274 609	**84,6**	—	**30**	**49 871**	—	**Niederlausitz.**
2.813 703	**76,6**	**719 365**	**58 709**	**82 228**	—	**Schlesien und Lausitz.**
5.545 323 [richtiger 5.527 943]	**69,0** [68,8]	**2.214 720** [richtiger 2.232 100]	**58 967**	**82 228**	**137 404**	**Gemischte Landesth.**
1.988 798	72,3	707 821	9	.	137 404	Prov. Preußen.
666 083	45,4	801 272	249	.	.	„ Posen.
2.539 094	75,9	719 365	58 679	32 357	.	„ Schlesien.
2.362 136	97,9	16	30	49 875	.	„ Brandenburg.
1 365 292	99,7	3 677	—	.	.	„ Pommern.
1.945 997	100	1	5	.	.	„ Sachsen.
1.604 517	100	—	2	.	.	Wallonen: 59.
3.229 359	99,7	16	6	.	.	„ 10 729.
15.701 276	**86,2**	**2.232 168**	**58 980**	**82 232**	**137 404**	„ ***10 788.**
231 234	.	32 874	870	1 211	2 024	„ 159.
***15.932 510**	**86,2**	***2.265 042**	**59 850**	**83 443**	**139 428**	„ ***10 947.**

Die Zahl der gleichfalls unter den Deutschen enthaltenen, vereinzelt vorkommenden

Beilage 1 zu Tabelle II.

Aufnahmejahr.	Sprache oder Nationalität.	Heidekrug	Tilsit	Niederung	Ragnit	In- bu
1817	Deutsche	.	.	.	.	
	Promille	.	.	.	.	
1825	Deutsche	6 446	19 283	18 711	17 140	30
	Promille	231	516	501	522	7
1831	Deutsche	.	.	.	.	
	Promille	.	.	.	.	
1837	Deutsche	6 679	23 646	25 898	20 586	46
	Promille	256	497	547	520	
1843	Deutsche		.	.	.	
	Promille	.	.	.	.	
1846	Deutsche	.	.	.	.	
	Promille	.	.	.	.	
1849	Deutsche	.	.	.	.	
	Promille	.	.	.	.	
1852	Deutsche	10 947	29 176	28 857	27 519	54
	Promille	338	552	614	581	
1858	Deutsche	12 338	32 259	29 715	29 373	55
	Promille	350	564	631	602	
1861	Deutsche	13 459	32 916	31 934	30 548	57
	Promille	369	567	653	618	
1817	Preußen	.	.	.	.	
	Polen	.	.	.	.	
1825	Preußen	16 502	18 057	18 336	15 522	10
	Polen	—	660	291	192	
1831	Preußen	.	.	.	.	
	Polen	.	.	.	.	
1837	Preußen	19 407	23 894	19 303	19 024	
	Polen	—	—	118	—	
1843	Preußen	.	.	.	.	
	Polen	.	.	.	.	
1846	Preußen	.	.	.	.	
	Polen	.	.	.	.	
1849	Preußen	.	.	.	.	
	Polen	.	.	.	.	
1852	Preußen	21 434	25 418	17 982	19 799	
	Polen	11	30	27	40	
1858	Preußen	22 870	25 053	17 333	19 297	
	Polen	36	8	14	26	
1861	Preußen	23 054	25 160	16 958	18 982	
	Polen	15	6	13	121	

Regierungs-Bezirk Gum

Stallupönen	Gumbinnen	Darkehmen	Goldap	Angerburg	Oletzko	Lyk	Lötzen
.	.	.	.	.	.	.	.
.	.	.	.	.	.	.	.
20 430	33 651	20 373	17 412	11 756	4 734	3 296	2 959
779	992	854	699	483	201	112	138
.	.	.	22 236	16 820	4 381	3 879	3 146
.		.	761	598	158	120	137
28 961	39 648	26 651	25 516	20 834	6 266	3 635	3 086
849	998	950	805	698	221	116	127
.	.	.	.	.	.	.	.
.	.	.	.	.	.	.	.
.	.	.	.	.	.	.	.
.	.	.	.	.	.	.	.
.	.	.	.	.	.	.	.
.	.	.	.	.	.	.	.
33 462	41 412	32 484	32 712	26 559	11 110	6 583	13 593
869	992	986	871	811	345	174	454
35 481	42 748	34 476	36 439	28 668	13 654	7 571	11 287
896	995	996	920	831	394	194	343
38 415	44 340	35 129	37 584	30 278	15 234	8 782	12 185
913	998	999	912	836	421	213	355
.	.	.	.	.	.	.	.
.	.	.	.	.	.	.	.
5 435	254	2 992	3 559	66	22	5	—
356	19	485	3 940	12 535	18 828	26 144	18 449
.	.	.	1 119	—	—	—	—
.	.	396	5 845	11 332	23 299	28 675	19 841
5 124	85	1 068	2 854	4	7	6	6
36	8	339	3 333	8 994	22 074	27 718	21 207
.	.	.	.	.	.	.	.
.	.	.	.	.	.	.	.
.	.	.	.	.	.		.
.	.	.	.	.	.	.	.
.	.	.	.	.	.		.
.	.	.	.	.	.	.	.
5 389	302	314	2 021	76	5	1	—
17	4	159	2 930	6 193	21 060	30 555	16 353
4 093	216	116	1 348	2	4	1	3
10	1	22	1 811	5 852	20 982	31 319	21 969
3 631	64	73	1 700	2	3	5	1
8	.	31	1 947	5 933	20 747	32 362	22 173

Sprachverhältniß in der vormaligen Provinz Ost-Preußen.

binnen.			Regierungs-				
Johannisburg	Sensburg	Ueberhaupt	Memel	Labiau	Rastenburg	Rössel	Allenstein
.	.	177 798					
.	.	443					
2 146	3 769	229 531					
70	144	506					
2 435	3 209	?	?	?	28 715	27 399	4 906
75	100	?	?	?	912	842	158
3 695	4 921	304 934					
112	146	544					
.	.	354 906	.	.	.	.	.
.	.	571	.	.	.	.	.
.	.	[373 600]	19 051	30 305	36 920	32 521	9 610
.	.	[592]	416	676	986	851	245
	.	366 975	.	.	.		.
.	.	600	.	.	.	.	.
5 152	8 377	390 909					
140	221	611					
7 256	4 935	412 453	28 717	34 336			
186	125	617	567	736			
7 062	10 651	439 099	28 864	37 673	39 786	35 591	12 510
176	252	635	555	796	998	794	261
.	.	91 301					
.	.	108 401					
—	5	102 134					
28 552	22 391	132 842					
—	—	?					
30 201	28 753	138 342	—	—	2 786	5 125	26 302
—	—	113 120	.	.	.	.	.
29 386	28 796	142 009					
.	.	121 640	.	.	.	.	.
		140 537	.	.	.	.	.
	.	117 969	26 645	14 454	—	—	—
	.	[139 000]	133	48	543	5 681	26 718
.	.	107 262	.	.	.	.	.
.	.	137 423	.	.	.	.	.
—	4	110 175					
36 857	29 489	138 780					
11	—	106 533	22 626	10 578	—	—	—
31 738	34 548	148 375					
10	—	104 583	23 172	9 612	—	—	—
33 192	31 514	148 071	7	3	80	8 548	35 391

…den-…rg	Osterode	Mohrungen u. Pr. Holl.	Heilsberg, Braunsberg	Die übrigen Kreise	Ueberhaupt	Ost-Preußen.	Aufnahmejahr.
Königsberg.							
							1817
							1825
246	11 811	66 315	77 011	288 055	?		1831
75	361	989	1 000	1 000	776		
							1837
	.	.	.	.	638 664	993 570	1843
	.	.	.	.	786	696	
439	16 518	80 664	86 590	336 156	664 273	[1.037 273]	1846
85	374	998	1 000	1 000	792	[707]	
	.	.			666 169	1.033 144	1849
	.	.	.	.	795	710	
							1852
							1858
994	20 326	93 405	99 340	394 139	776 230	1.215 929	1861
74	367	995	1 000	1 000	799	780	
							1817
							1825
					fehlt		1831
631	20 903	741	—	—	121 170	259 512	
	.	.	.	.	[33 143]	[146 263] (Hoffm. Schtz.) fehlt	1837
	.	.	.	.	40 023	161 663	1843
	.	.	.	.	133 905	274 442	
—	—	—	—	3	41 102	159 071	1846
163	27 623	132	—	79	132 947	[271 947]	
	.	.	.	.	29 741	137 003	1849
	.	.	.	.	142 463	279 686	
					fehlt		1852
					fehlt		
—	—	—	—	27	33 247	139 780	1858
					fehlt		
—	—	—	6	31	32 821	137 404	1861
567	34 818	435	9	21	162 976	311 047	

Beilage 2 zu Tabelle II.

Aufnahmejahr.	Sprache oder Nationalität.		Regierun[g…]			
			Elbing	Marienburg	Danzig Stadt	Danz[ig] Lan[d]
1831	Deutsche		44 406	44 468	54 660	47 6
		Promille	1 000	994	1 000	95
1843	Deutsche		.	.	.	.
		Promille	.	.	.	.
1849	Deutsche		.	.	.	.
		Promille	.	.	.	.
1852	Nur deutsch sprechende		59 215	50 598	61 349	53 4
	Deutsche (incl. ½ beide)		59 248	52 920	61 349	57 8
		Promille	999	956	1 000	89
1855	Nur deutsch sprechende		58 423	50 164	63 142	53 7
	Deutsche (incl. ½ beide)		58 448	52 055	63 142	58 0
		Promille	999	968	1 000	90
1858	Nur deutsch sprechende		59 721	51 106	67 652	55 3
	Deutsche (incl. ½ beide)		59 751	52 942	67 652	59 6
		Promille	999	964	1 000	90
1861	Deutsche		60 852	55 174	72 256	61 3
		Promille	1 000	983	1 000	88
1867	Deutsche (incl. Militär)		noch nicht veröffentlicht			
		Promille	.	.	.	.
1852	Deutsch und polnisch sprechend	Anzahl	66	4 625	—	8 9
		Promille	1	84	—	13
1855		Anzahl	51	3 781	—	8 6
		Promille	1	70	—	13
1858		Anzahl	61	3 672	—	8 4
		Promille	1	67	—	12
1831	Polen		—	253	—	2 4
		Promille	—	6	—	4
1843	Polen		.	.	.	.
		Promille	.	.	.	.
1849	Polen		.	.	.	.
		Promille	.	.	.	.
1852	Nur polnisch sprechende		16	114	—	2 2
	Polen (incl. ½ beide)		49	2 437	—	6 6
		Promille	1	44	—	10
1855	Nur polnisch sprechende		2	168	—	2 2
	Polen (incl. ½ beide)		28	2 058	—	6 5
		Promille	1	32	—	10
1858	Nur polnisch sprechende		1	128	—	2 4
	Polen (incl. ½ beide)		32	1 964	—	6 6
		Promille	1	36	—	10
1861	Polen		—	957	—	7 8
		Promille	—	17	—	11
1867	Polen (incl. Militär)		noch nicht veröffentlicht			

* Die Zahlen fi[…]

Ergebniß der verschiedenen Aufnahmen über das

k Danzig.				Regierungs=			
Karthaus	Berent	Stargard	Ueberhaupt	Stuhm	Rosenberg	Marien= werder	Schwetz
10 895 374	13 154 569	9 051 263	239 596 759	18 938 698	26 190 836	32 130 779	27 150 652
. .	. .	. .	296 701 780	. .	. .	. .	. .
. .	. .	. .	309 042 786	. .	. .	. .	. .
9 740	11 749	10 145	266 001				
14 272 337	15 686 478	17 781 334	297 829 714	20 731 569	35 513 822	40 778 691	33 052 543
10 900	12 483	11 113	270 152				
15 882 353	16 672 482	19 383 346	302 955 712				
11 349	13 653	12 068	281 584				
17 360 365	18 040 489	20 743 352	316 382 714	21 909 586	38 166 856	42 896 701	33 858 544
18 608 362	18 572 479	30 732 509	349 467 753	22 475 580	40 182 863	44 489 707	34 648 533
. .	. .	. .	. .	. .	. .	. .	. .
9 064 214	7 875 240	15 271 287	63 656 153				
9 963 221	8 379 242	16 539 295	65 606 157				
12 021 253	8 775 238	16 350 284	69 597 157				
18 249 626	9 966 431	25 314 737	76 135 241	8 187 302	5 145 164	9 120 221	14 510 348
. .	. .	. .	73 497 220	. .	. .	. .	. .
. .	. .	. .	86 839 214	. .	. .	. .	. .
23 567	13 184	27 783	87 451				
28 099 663	17 122 522	35 418 666	119 279 286	15 715 431	7 709 178	18 223 309	27 795 457
24 179	13 811	28 343	90 009				
29 160 647	18 001 518	36 612 654	122 812 288				
24 209	14 455	29 120	92 102				
30 219 635	18 843 511	37 295 648	126 901 286	15 482 414	6 441 144	17 923 299	28 373 456
32 740 638	20 195 521	*29 699 (491)	*114 637 247	16 276 420	6 353 137	18 433 293	30 310 467
.	.	.	.	.	.	.	.

lständig.

Sprachverhältniß in den westpreußischen Bezirken und Köslin.

Bezirk Marienwerder.

Konitz	Schlochau	Graudenz	Löbau	Straßburg	Kulm	Thorn	Flatow
12 262	28 801	21 512	4 313	11 965	20 027	22 251	29 644
350	883	654	159	341	612	646	822
.	.	.	.	.	.	.	.
.	.	.	.	.	.	.	.
.	.	.	.	.	.	.	.
.	.	.	.	.	.	.	.
24 012	42 021	33 410	5 582	17 498	23 108	26 236	38 139
442	868	679	149	336	501	504	723
27 749	45 515	33 572	8 128	19 169	24 292	27 755	41 115
467	863	673	202	351	525	516	733
28 343	47 691	34 915	8 956	20 416	25 950	29 150	43 758
457	870	680	208	362	503	534	746
noch nicht veröffentlicht			.	.	.	.	.
.	.	.	.	.	.	.	.
22 788	3 810	11 383	22 780	23 143	12 662	12 229	6 422
650	117	346	841	659	388	354	178
.	.	.	.	.	.	.	.
.	.	.	.	.	.	.	.
.	.	.	.	.	.	.	.
.	.	.	.	.	.	.	.
30 322	6 392	15 758	31 800	34 518	23 021	25 769	14 622
558	132	321	851	664	499	496	277
31 716	7 201	16 331	32 007	35 408	21 994	26 081	15 016
533	137	327	798	649	475	484	267
33 740	7 130	16 467	34 059	35 961	25 636	25 441	14 937
543	130	320	792	638	497	466	254
noch nicht veröffentlicht			.	.	.	.	.

	West-Preußen	Regierungs-Bezirk Köslin.					Aufnahme-jahr.
berhaupt		Lauenburg	Bütow	Stolp	Die übrigen Kreise	Ueberhaupt	
292 531 658	532 127 699						1831
350 464 613	647 165 680	29 082 907	15 627 900	64 952 986	293 281 1 000	402 942 986	1843
372 481 608	681 523 676	33 029 928	17 544 905	70 265 972	317 786 999	438 624 985	1849
393 030 610	690 859 651					fehlt	1852
fehlt						fehlt	1855
422 695 622	739 077 660	38 314 986	18 022 815	79 805 997	357 401 1 000	493 542 990	1858
441 382 625	790 849 676	39 446 980	19 913 874	83 815 1 000	372 065 1 000	515 239 993	1861
. .	. .	42 073 979	22 504 905	90 118 997	395 750 999	550 445 993	1867
							1852
							1855
							1858
152 179 342							1831
221 547 387	305 044 320	?3 000 93	?1 746 100	890 14	58 —	5 694 14	1843
240 174 392	327 013 324	2 564 72	1 834 95	2 013 28	216 1	6 627 15	1849
251 644 390	360 314 349					fehlt	1852
fehlt						fehlt	1855
253 973 378	380 874 340	548 14	4 097 185	236 3	— —	4 881 10	1858
264 766 375	379 403 324	791 20	2 851 126	34 —	— —	3 676 7	1861
.	.	906 21	2 360 95	237 3	570 1	4 073 7	1867

Beilage 3 zu Tabelle II.

Aufnahmejahr.	Sprache oder Nationalität.	Birnbaum	Samter	Obornik	Meseritz
1831	Deutsche	26 740	10 823	14 849	27 578
	Promille	806	330	420	834
1843	Nur deutsch sprechend	29 030	7 814	10 416	29 351
	Deutsche incl. ⅔ beide Spr.	31 943	13 425	19 013	32 400
	Promille	789	332	456	855
1846	Nur deutsch sprechend	29 691	9 485	9 519	30 190
	Deutsche incl. ⅔ beide Spr.	34 462	14 884	20 706	33 253
	Promille	832	347	477	853
1849	Nur deutsch sprechend	30 401	10 252	12 119	30 638
	Deutsche incl. ⅔ beide Spr.	33 722	14 851	19 378	33 839
	Promille	802	349	469	845
1852	Nur deutsch sprechend	31 475	9 305	12 078	31 876
	Deutsche incl. ⅔ beide Spr.	35 083	15 552	20 223	35 458
	Promille	798	359	478	860
1855	Nur deutsch sprechend	31 287	10 385	12 594	32 569
	Deutsche incl. ⅔ beide Spr.	35 531	16 592	20 713	36 231
	Promille	808	324	482	864
1858	Nur deutsch sprechend	32 358	10 865	13 865	32 874
	Deutsche incl. ⅔ beide Spr.	36 445	16 967	21 590	36 819
	Promille	798	376	491	853
	Deutsche (2te Aufnahme)	35 246	19 401	19 555	36 799
	Promille	775	430	450	853
1861	Deutsche	36 479	19 247	22 351	39 374
	Promille	779	402	477	888
	Nur deutsch sprechend	.	.	.	.
	Deutsche incl ⅔ beide Spr.	.	.	.	.
1843	Deutsch und polnisch sprechend	4 369	8 416	12 895	4 573
1846		7 157	8 099	16 780	4 594
1849		4 982	6 898	10 888	4 801
1852		5 412	9 371	12 217	5 373
1855		6 366	9 310	12 178	5 494
1858		6 131	9 153	11 587	5 917
1861		.	.	.	.
1831	Polen	6 439	22 760	20 598	5 488
1843	Nur polnisch sprechend	7 064	24 234	18 388	3 959
	Polen incl. ⅓ beide Spr.	8 520	27 039	22 686	5 483
1846	Nur polnisch sprechend	4 563	25 322	17 123	4 193
	Polen incl. ⅓ beide Spr.	6 949	28 022	22 716	5 724
1849	Nur polnisch sprechend	6 668	25 412	18 349	4 147
	Polen incl. ⅓ beide Spr.	8 329	27 711	21 978	5 747
1852	Nur polnisch sprechend	7 070	24 603	18 057	3 985
	Polen incl. ⅓ beide Spr.	8 874	27 727	22 129	5 776
1855	Nur polnisch sprechend	6 304	24 386	18 200	3 889
	Polen incl. ⅓ beide Spr.	8 426	27 489	22 259	5 820
1858	Nur polnisch sprechend	7 159	25 067	18 497	4 165
	Polen incl ⅓ beide Spr.	9 203	28 118	22 359	6 137
	Polen (2te Aufnahme)	10 437	25 684	24 394	6 157
1861	Polen	10 588	28 614	24 490	4 974
	Nur polnisch sprechend	.	.	.	.
	Polen incl. ⅓ beide Spr.	.	.	.	.

* Deutscher Abkunft angeblich 13 485, polnischer Abkunft angeblich 47 680.

Ergebniß der verschiedenen Aufnahmen über das

Regierungs-Bezirk

Buk	Posen Land	Posen Stadt	Schroda	Kosten	Schrim	Fraustadt	Kröben
4 400	8 985	19 669	6 499	6 407	5 792	42 671	23 967
359	263	702	164	156	142	854	412
3 281	3 308	9 621	3 496	5 506	4 811	40 580	20 776
8 579	10 970	21 872	7 483	10 747	11 974	43 373	27 037
388	248	609	171	214	249	803	418
4 800	2 414	8 894	3 212	6 604	4 807	40 908	20 930
0 515	9 927	24 666	8 063	11 269	12 279	44 449	27 828
416	215	649	176	213	240	792	404
5 153	2 902	15 410	3 530	6 312	4 821	41 762	21 897
0 488	10 198	26 213	7 687	11 623	11 886	44 751	28 181
410	224	690	171	215	238	788	407
4 299	3 595	10 800	3 543	6 360	5 006	42 665	22 514
0 252	10 531	26 118	7 913	12 158	12 128	46 131	29 263
400	230	684	172	218	236	785	407
5 374	3 096	12 016	3 652	6 806	5 289	43 072	21 990
1 073	10 708	27 947	8 033	13 649	12 411	46 695	29 219
422	230	683	173	239	241	788	413
6 415	4 365	12 428	3 283	6 795	6 033	43 077	22 102
2 178	11 418	28 391	8 048	14 054	12 604	46 778	28 941
432	239	688	177	228	244	782	417
0 394	?11 418	?24 599	8 249	13 739	13 003	45 644	28 314
397	239	?596	179	232	252	763	407
3 664	12 443	29 813	9 633	*14 117	14 234	46 451	30 400
434	246	677	202	231	263	774	421
.	4 130	.	3 881	6 547	.	43 470	22 876
.	11 796	.	8 273	13 850	.	46 879	29 691
7 946	11 493	18 377	5 980	7 861	10 744	4 189	9 391
8 573	11 269	23 658	7 276	6 997	11 208	5 312	10 347
8 003	10 944	16 204	6 235	7 967	10 598	4 483	9 426
8 929	10 404	22 977	6 555	8 697	10 683	5 199	10 123
8 549	11 418	23 897	6 572	10 264	10 683	5 435	10 844
8 645	10 580	23 944	7 148	10 888	9 856	5 552	10 259
.	11 499	.	6 588	10 954	.	5 113	10 223
5 727	25 082	9 760	31 916	34 707	34 899	7 288	34 218
5 781	29 803	7 672	34 405	36 829	32 564	9 302	35 650
1 079	33 634	13 798	36 403	39 449	36 145	10 698	38 780
5 995	32 561	5 475	35 398	39 359	35 102	9 928	37 685
8 853	36 317	13 361	37 823	41 691	38 838	11 699	41 134
6 767	31 644	6 350	35 208	39 747	34 493	10 513	38 076
9 435	35 292	11 751	37 286	42 403	38 026	12 007	41 216
7 353	31 873	4 432	35 138	40 757	35 614	10 930	39 350
0 329	35 341	12 091	37 323	43 656	39 175	12 663	42 724
5 843	32 064	5 013	35 477	39 930	35 611	10 768	37 992
8 693	35 870	12 979	37 668	43 351	39 172	12 580	41 607
6 269	32 837	4 881	35 773	41 432	35 696	11 186	37 149
9 151	36 364	12 862	38 156	45 061	38 981	13 037	41 569
0 935	?36 364	?16 653	37 955	45 376	38 582	14 171	41 196
0 907	38 079	14 066	38 067	*47 049	39 802	13 542	41 771
.	34 893	.	37 230	43 654	.	11 410	39 072
.	38 726	.	39 426	47 315		13 114	42 480

Sprachverhältniß im Großherzogthum Posen.

Posen.						Re	
Krotoschin	Adelnau	Schildberg	Wreschen	Pleschen	Ueberhaupt	Czarnikau	Chodziesen
15 790	4 580	2 900	4 560	4 470	267 043	34 661	28 427
333	114	60	153	98	372	821	853
10 143	1 279	667	1 239	9 276	225 340		
17 632	6 377	7 637	4 718	9 276	324 786		
307	130	138	133	167	383		
8 645	1 644	1 099	394	1 734	221 844	40 615	33 012
18 530	6 945	7 828	4 836	9 139	341 963	45 504	38 971
303	133	136	131	155	380	807	855
11 185	1 967	707	538	1 930	238 448	41 428	32 739
18 968	7 229	7 344	5 027	8 925	344 929	46 317	38 694
311	138	135	137	155	390	804	855
10 955	1 943	1 339	550	2 580	238 242		
18 692	7 271	7 571	4 643	8 713	352 057		
306	142	135	129	159	392		
10 743	1 750	2 160	867	3 294	245 054		
18 584	7 244	7 935	4 865	9 065	361 327		
313	146	146	136	169	401		
10 193	2 415	1 785	1 378	3 070	251 729		
18 370	7 736	8 436	5 256	9 355	368 557		
316	156	153	148	175	406		
20 204	10 398	14 755	4 905	11 036	371 740	49 559	39 087
347	210	267	138	206	409	774	792
20 842	9 910	10 762	4 351	11 991	389 914	56 068	40 947
343	180	191	121	204	411	850	800
.	.	1 924	1 132	.	.		
.	.	8 555	4 646	.	.		
11 234	7 647	10 455	5 218	.	149 169		
14 827	7 951	10 094	6 063	11 108	180 179	7 333	8 938
11 675	7 894	9 955	6 733	10 493	156 721	7 434	8 933
11 606	7 992	9 348	6 139	9 199	170 722		
11 762	8 241	8 663	5 997	8 657	174 409		
12 265	7 982	9 976	5 817	9 428	175 242		
.	.	9 946	5 271	.	.		
31 687	35 521	45 131	25 142	41 043	449 913	7 563	4 908
36 030	39 949	44 133	28 976	46 378	473 228		
39 775	42 198	47 618	30 715	46 378	522 951		
37 602	42 435	46 316	29 821	46 261	488 343	8 452	3 615
42 544	45 085	49 681	32 042	49 964	548 403	10 896	6 594
38 104	42 443	43 866	29 324	45 114	489 963	8 770	3 654
41 996	45 074	47 184	31 568	48 612	542 203	11 215	6 632
38 459	41 344	44 482	29 191	43 167	489 350		
42 328	44 008	47 598	31 237	46 233	546 257		
36 924	39 509	43 681	28 825	41 764	479 960		
40 845	42 256	46 567	30 824	44 650	538 096		
35 736	39 134	43 382	28 342	41 087	481 605		
39 824	41 795	46 707	30 281	44 230	540 019		
37 990	39 134	40 388	30 632	42 549	536 840	14 451	10 293
39 637	45 157	45 627	31 612	46 858	560 715	9 885	10 226
.	.	44 519	29 560	.	.		
.	.	47 834	31 317	.	.		

† Der Abstammung nach angeblich 51 798 Deutsche 3 006 Juden (also 1 500

…s-Bezirk Bromberg.							Provinz Posen.	Aufnahme-jahr.
…	Ino-wracl.	Won-grow.	Schubin	Mogilno	Gnesen	Ueber-haupt		
5	16 624	6 168	16 081	7 650	11 068	168 052	435 095	1831
	397	175	483	292	262	515	416	
								1843
7	10 800	6 389	14 373	3 021	3 806	158 241	380 085	1846
2	19 097	14 033	22 446	10 434	10 995	225 751	567 714	
	300	277	459	281	201	491	421	
4	10 741	5 745	14 301	2 768	3 482	158 283	396 731	1849
6	18 841	12 670	21 415	9 179	10 519	226 193	571 122	
	298	275	465	266	204	496	428	
						fehlt	—	1852
						fehlt	--	1855
								1858
	21 194	13 230	22 776	11 214	10 296	246 596	618 336	
	332	259	444	300	195	500	441	
4	23 172	14 744	24 568	11 914	12 522	276 169	666 083	1861
	348	276	462	301	231	534	455	
								1843
	12 445	11 466	12 110	11 119	10 784	101 265	281 444	1846
	12 150	10 388	10 671	9 616	10 555	101 866	258 587	1849
								1852
								1855
								1858
								1861
	25 656	29 162	17 248	18 568	31 150	158 341	608 254	1831
								1843
	40 467	32 759	22 353	23 006	37 372	193 188	681 531	1846
	44 615	36 581	26 390	26 712	40 967	226 943	775 346	
	40 432	29 969	21 072	22 175	37 572	188 432	678 395	1849
	44 482	33 432	24 629	25 380	41 090	222 387	764 590	
						fehlt		1852
						fehlt		1855
								1858
	42 587	37 897	28 509	26 194	42 471	246 852	783 692	
	43 308	38 589	28 677	27 699	41 797	240 806	801 521	1861

Beilage 4 zu Tabelle II.

Aufnahme-jahr.	Sprache oder Nationalität.	Rosenberg	Lublinitz	Groß-Strelitz	Oppe
1828	Deutsche	2 765	3 162	1 781	13 7
	Promille	87	113	56	22
1831	Deutsche	2 329	1 898	2 646	13 2
	Promille	78	61	78	21
1834	Deutsche	2 771	2 307	2 823	13 9
	Promille	90	70	70	21
1837	Deutsche	3 069	2 338	3 049	15 1
	Promille	83	69	81	22
1840	Deutsche	4 140	2 639	3 605	17 0
	Promille	102	67	83	22
1843	Deutsche	4 436	2 771	5 314	18 4
	Promille	106	68	119	22
1846	Deutsche	4 562	2 886	3 752	19 9
	Promille	105	69	78	23
1849	Deutsche	4 836	3 405	4 228	18 8
	Promille	114	83	87	22
1852	Deutsche	5 160	3 720	4 820	19 1
	Promille	117	89	94	2[illegible]
1855	Deutsche	5 011	3 690	3 829	19 [illegible]
	Promille	118	89	75	2[illegible]
1858	(Breslau nur deutsch sprechend)	.	.	.	.
	Deutsche (bei Breslau + ½ beide)	5 652	3 522	4 213	20 4
	Promille	128	84	79	2[illegible]
1861	Deutsche	5 452	4 510	6 026	22 4
	Promille	120	103	107	24
1867	Deutsche	5 602	5 414	8 903	25 [illegible]
	Promille	120	120	146	2[illegible]
1828	Polen	28 814	24 953	29 948	45 4
	Czechen	4	—	67	1 [illegible]
1831	Polen und Czechen	29 550	29 348	31 390	48 [illegible]
1834	Polen	31 966	30 425	33 272	49 [illegible]
	Czechen	7	3	335	1 [illegible]
1837	Polen	33 996	31 659	34 274	52 [illegible]
	Czechen	9	3	288	1 [illegible]
1840	Polen	36 572	36 463	39 260	58 [illegible]
	Czechen	5	2	449	1 [illegible]
1843	Polen	37 543	38 089	38 976	61 [illegible]
	Wenden, Czechen	4	4	417	1 [illegible]
1846	Polen	38 761	38 777	44 154	62 [illegible]
	Wenden, Czechen	6	8	392	1 [illegible]
1849	Polen	37 750	37 505	43 969	62 [illegible]
	Wenden, Czechen	6	25	369	1 [illegible]
1852	Polen	38 809	38 337	45 956	66 [illegible]
	Wenden, Czechen	2	—	47	
1855	Polen	38 429	37 592	46 738	64 [illegible]
	Wenden, Czechen	1	15	408	1 [illegible]
	Poln. u. deutsch sprechende	.	.	.	.
1858	Nur polnisch sprechende	.	.	.	.
	Polen (bei Breslau + ½ beide)	38 631	38 277	49 020	66
	Wenden, Czechen	—	7	437	1 [illegible]
1861	Polen	39 827	39 418	50 044	69 [illegible]
	Wenden, Czechen	—	3	490	1 [illegible]
1867	Polen	40 990	39 650	50 573	72
	Czechen	—	—	525	1 [illegible]

Regierungs-Bezirk

Neustadt	Kosel	Tost-Gleiwitz	Beuthen	Pleß	Rybnik	Ratibor	Leobschütz
28 161	9 921	5 308	3 415	2 653	3 603	6 971	45 117
503	278	115	82	57	94	117	779
28 898	7 223	6 623	2 300	4 041	2 445	8 304	47 381
506	193	135	52	80	61	132	805
29 189	11 821	5 531	2 500	3 647	3 786	8 216	47 391
490	286	108	53	59	90	126	799
31 811	13 270	6 597	3 510	4 358	4 308	11 058	51 143
514	293	124	65	81	93	149	804
35 476	19 703	8 247	7 332	8 632	4 810	14 619	53 716
517	396	140	107	138	87	178	796
35 515	21 792	8 510	10 735	8 669	5 653	16 383	55 263
509	419	139	144	135	99	187	794
37 167	22 967	10 227	12 886	8 787	5 459	16 566	58 309
510	424	159	153	126	101	181	810
37 945	10 497	10 736	11 780	9 020	5 540	16 264	56 294
519	201	171	139	145	100	186	795
39 207	8 745	11 608	16 416	8 631	5 727	16 190	58 572
517	163	177	175	134	99	180	807
37 927	8 202	12 649	20 597	9 469	6 053	17 082	58 611
508	157	188	194	144	104	189	801
.	.	.	.	.	.	.	.
38 834	12 647	15 147	27 931	10 951	21 630	16 971	61 379
509	230	210	208	156	233	179	813
40 525	9 326	17 817	31 903	8 413	7 810	17 830	64 391
506	159	235	219	111	116	188	819
42 559	11 309	21 459	44 496	10 088	8 576	20 492	66 941
503	178	262	231	118	120	183	823
27 766	25 825	40 511	38 352	43 987	34 972	50 921	5 060
16	—	147	11	5	2	1 822	7 760
28 259	30 158	42 532	42 324	46 515	37 836	54 427	10 225
29 309	29 509	45 331	44 723	49 123	38 505	55 118	3 507
3	—	329	15	—	12	1 961	9 217
30 133	31 807	46 364	50 194	49 412	41 988	61 029	3 757
1	—	145	17	—	—	2 290	8 698
33 201	30 283	50 589	61 431	53 890	50 458	39 637	3 983
—	—	142	26	—	16	29 699	9 766
34 515	30 229	52 526	63 887	55 642	51 445	40 623	4 090
4	—	131	14	8	74	30 020	10 166
35 689	31 265	53 838	71 223	61 056	53 803	41 737	3 628
10	—	133	16	10	31	33 441	10 094
35 199	41 719	52 057	73 001	53 057	49 700	39 042	3 652
2	19	88	13	15	66	32 193	10 896
36 663	44 985	54 074	77 857	52 870	52 353	39 759	2 762
4	52	61	6	1 684	42	34 218	11 278
36 663	44 183	53 990	85 533	54 663	52 323	39 902	3 151
1	20	41	6	1 659	35	33 416	11 038
.	.	.	.	.	.	.	.
.	.	.	.	.	.	.	.
37 501	42 231	56 943	106 297	60 290	41 460	42 499	2 572
6	47	15	26	32	8	35 312	11 567
39 571	49 172	58 092	113 741	67 312	59 710	45 708	1 775
5	—	—	—	—	16	36 638	12 428
42 100	52 289	60 388	147 894	75 148	62 569	61 363	4 573
—	1	3	—	—	11	29 841	9 868

Sprachverhältniß in der Provinz Schlesien.

Oppeln.			Regierungs-Bezirk				
Kreuzburg	Grottkau, Neiße	Ueberhaupt	Wartenberg	Namslau	Brieg	Oels	Trebnitz
7 107	97 314	255 383					
267	999	373					
6 559	100 567	257 852					
235	1 000	361					
7 775	101 666	266 399					
253	1 000	359					
8 285	105 903	290 168					
262	1 000	364					
8 805	111 848	330 099					
249	1 000	368					
9 140	114 553	348 094	.	.	.	.	.
249	1 000	375	.	.	.	.	.
9 567	118 222	364 175	.	.	.	.	.
251	1 000	371	.	.	.	.	.
9 905	118 198	350 892	.	.	.	.	.
267	1 000	367	.	.	.	.	.
9 125	123 179	363 990	.	.	.	.	.
247	1 000	365	.	.	.	.	.
9 097	121 891	366 562	.	.	.	.	.
252	1 000	365	.	.	.	.	.
.	.	.	11 854	8 847	38 366	59 056	52 245
10 126	122 731	406 950	22 506	17 082	43 214	59 361	52 522
275	1 000	381	473	500	899	995	993
10 292	127 641	409 218	20 833	16 619	43 826	61 078	50 895
270	1 000	363	418	476	885	996	987
12 581	137 778	457 545	noch nicht veröffentlicht				
309	1 000	368					
19 488	80	418 437					
41	10	10 904					
21 361	—	456 348					
21 972	29	468 691					
31	9	13 120					
23 238	30	495 362	[30 862]	[21 156]	[6 981]	—	—
40	8	12 679					
26 533	29	525 395					
36	4	41 570	[ ]	—	—	—	—
27 519	23	540 402					
27	3	42 292	.	.	.	.	.
28 503	6	568 582	.	.	.	.	.
25	1	45 736	.	.	.	.	.
27 220	—	559 848	.	.	.	.	.
21	1	45 271	.	.	.	.	.
27 849	25	584 293	.	.	.	.	.
24	—	49 445	.	.	.	.	.
26 979	9	590 248	.	.	.	.	.
22	—	48 270		.	.	.	.
.	.	.	19 305	16 469	9 696	610	690
.	.	.	17 580	8 851	—	1	5
26 636	—	612 849	26 233	17 085	4 848	306	350
12	—	49 037	1 084	—	—	2	—
27 863	2	665 865	27 734	18 316	5 692	217	668
8	—	51 187	1 224	—	—	—	—
28 156	—	742 153	noch nicht veröffentlicht				
—	—	41 611					

…a u.		Reg.-Bezirk Liegnitz.				Provinz Schlesien.	Aufnahmejahr.
…n	Ueberhaupt	Hoyerswerda	Rothenburg	Die übrigen Kreise	Ueberhaupt		
							1828
							1831
							1834
							1837
							1840
	fehlt	12 074	28 624	813 598	854 296		1843
	—	439	667	999	966		
	fehlt	12 279	30 125	832 162	874 566		1846
	—	433	673	999	966		
	907 716	.	.	.	881 081	2.139 689	1849
	949	.	.	.	966	750	
	fehlt	13 380	33 366	862 040	908 786		1852
	—	446	694	999	966		
	fehlt	12 845	34 091	853 586	900 520		1855
	—	429	697	999	965		
…0	1.149 016						1858
…0	1.176 236	13 300	34 554	854 557	902 411	2.485 597	
	956	435	700	999	965	767	
…5	1.217 102	13 959	35 258	863 557	912 774	2.539 094	1861
	952	448	705	1 000	966	759	
		nicht aufgenommen					1867
							1828
							1831
							1834
…-	[59 000] Hoffmann's Schätzung						1837
							1840
…]	[6 948] Hundrich's Schätzung						1843
	.	15 644	14 267	490	30 401		
	fehlt						1846
	?	16 061	14 628	507	31 196		
	41 152	—	—	—	—	601 000	1849
	7 343	.	.	.	31 635	84 249	
	fehlt	—	—	—	—		1852
	?	16 636	14 700	445	31 781		
	fehlt	—	—	—	—		1855
	.	17 223	14 826	466	32 515		
…-	54 441						
…-	26 597						1858
…-	53 818	—	—	—	—	666 667	
…3	5 734	17 307	14 809	465	32 581	87 352	
…0	53 474	—	—	26	—	719 365	1861
…4	7 488	17 210	14 752	399	32 361	91 036	
		nicht aufgenommen					1867

des Bezirks Breslau unterscheiden sie die drei vorbezeichneten Kategorien der Sprache lich auch die beide Sprachen redenden), für Posen wurde diese letztere Art der Aufnahme der neuen, bei welcher Sprache und Nationalität angegeben werden sollte, wiederu behalten, so daß hier für 1858 zwiefache Aufnahmen vorliegen; im Frankfurter richtete sich die Aufnahme auf die Abstammung, sie scheint jedoch in den einzelnen sen nicht gleichmäßig behandelt zu sein. In den Zusammenstellungen sind da, wo di nahmen auch die beide Sprachen redenden angeben, die betreffenden Zahlen zur fähren Schätzung der Zahl aller Deutschen bez. Polen so getheilt worden, daß im herzogthum Posen 2 Drittel der zweisprachigen, in Preußen und Schlesien die derselben als Deutsche gerechnet sind; doch sind die denselben zu Grunde liegenden len durchweg mitgetheilt. Die besonderen Notizen über die Sprachverhältnisse i zelnen Kreisen des Großherzogthums Posen im Jahre 1861 sind den veröffent Kreisbeschreibungen entnommen.

Im Regierungsbezirk Frankfurt, welcher in den vier Beilagen nicht vork ergaben die Aufnahmen:

vom Jahre	im Kreise:	Cottbus,	Sprem-berg,	Kalau,	Lübben,	Sorau,	Guben,	Luckau,	
1843	Wenden:	33,703	9,183	12,563	1,048	3,277	451	41	6
1849	"	—	—	—	—	—	—	—	6
1858	"	34,220	9,049	10,103	12,427	10,116	513	—	7
1861	"	33,582	8,518	6,987	17	203	564	—	4

Im Reg.-Bezirk Aachen wurde die Zahl der Wallonen 1827 auf 9859, 184 10,512, 1849 auf 10,318, 1858 auf 699, 1861 auf 10,788 ermittelt. Von den nahmen über das Sprachverhältniß, welche mit der Volkszählung von 1867 erfolg und welche sich wahrscheinlich auf die ganze Provinz Preußen, den Bezirk Oppel die gemischten Kreise der Bezirke Köslin, Breslau, Frankfurt und Aachen erstre ben, konnten nur diejenigen Ergebnisse benutzt werden, welche bis zum Dru Werkes durch die betreffenden Bezirks-Regierungen veröffentlicht worden waren.

Bährend die Beilagen 1 bis 4 sich lediglich an die Bezirks- und Kreis-Einthei-
nschließen, ist in der Haupt-Zusammenstellung neben derselben die historische Zu-
ensetzung der gemischten Landestheile berücksichtigt; als solche sind die Provinzen
en, Posen, Schlesien, die sieben südwestlichen Kreise des frankfurter Bezirks, welche
sentlichen die Nieder-Lausitz enthalten, und die Kreise Lauenburg und Bütow des
s Köslin behandelt. Die Zusammenstellung unterscheidet innerhalb derselben drei
en: 1. das Land Preußen im weitesten Sinne (nämlich das Herzogthum Preußen,
and und Marienburg, Kulm, Pommerellen und Lauenburg-Bütow); 2. den preußi-
Antheil an Groß-Polen (den Netzedistrict, den außerdem diesseit der Demarcations-
on 1848 gelegenen Theil, und das jenseitige vormals großpolnische Land); 3. Schlesien
ausitz (Ober-Schlesien, Nieder-Schlesien und Glatz, Ober-Lausitz, Nieder-Lausitz).
istorischen Begränzungen dieser Landestheile sind innerhalb derselben genau inne
en, so die Gränzen des Herzogthums Preußen, ferner die zwischen Pommerellen
Großpolen, zwischen der Ober-Lausitz und Schlesien. Dagegen sind die Abweichun-
r historischen Gränzen von den Kreisgränzen zwischen den gemischten Landesthei-
nd den übrigen Landestheilen des preußischen Staates (also von Groß-Polen
Pommern und die Neumark Brandenburg, von Schlesien und der Nieder-
gegen die übrigen Theile der Provinz Brandenburg nicht berücksichtigt und di
rgreifenden Parcellen weder zugerechnet noch ausgeschieden worden.

Nach der überwiegenden Nationalität der einzelnen Ortschaften besteht der preußi-
im Umfange von 1861 aus folgenden Sprachgebieten:

			Qu.-M.,	Ortschaften,	Einwohner,	darunter Deutsche
es Sprachgebiet		mit	4072,89	58,207	15,825,220	15,555,488
hes	"	"	923,57	11,488	2,357,400	324,900
ches	"	"	37,02	372	88,414	9,460
hes	"	"	10,25	140	61,892	5,124
sches	"	"	57,09	991	147,556	35,652
isches	"	"	3,15	86	10.738	886

III. K

Nationalitäts-Verhältnisse im Königreich Sachse
Bezirke in zehn Ortschaftsgruppen nach dem Anthei
1864 und 1867 und Zusammenstellungen für die La

Erläuterung. Die Angaben über die Nationalität werden im Königreich sen lediglich durch die in den Zählungs-Formularen (Haushaltungszetteln) g Frage erhoben: Ob Wende. In der vorstehenden Zusammenstellung sind die Z für die Deutschen einfach durch Abrechnung der Wenden gewonnen. Für 184 die Zahlen für sämmtliche Ortschaften im ersten Theile der von Dr. Engel her gebenen Statistik des Königreichs Sachsen publicirt. Für 1861 waren einerse Zahlen für diejenigen Ortschaften, in denen die wendische Bevölkerung mindeste Zehntel der ganzen Bevölkerung beträgt, anderseits die Zahlen der Wenden in de zelnen Bezirken von Seiten des kgl. sächsischen statistischen Bureaus dem Verfasse getheilt; aus der Verbindung beider und den publicirten Bevölkerungszahlen i Tabelle zusammengestellt worden. — Die nachträglich hinzugesetzten Haupt-Ergebni Aufnahmen von 1864 und 1867 sind gleichfalls theils den gefälligen Mittheil theils den Veröffentlichungen des kgl. sächsischen Bureaus entnommen.

Nach der überwiegenden Nationalität der Ortschaften bestand das Königreich sen im Jahre 1861 aus

	Qu.-M.	Ortsch.	Einw.,	davon Deutsche	W
dem deutschen Theil mit	249,4	2504	2,173,070	2,162,515	
dem wendischen Theil mit	22,4	322	55,170	8,752	

Es schien am passendsten, den Ergebnissen für die königlich sächsische Lausi diejenigen Zahlen anzuschließen, welche die Nationalitäts-Verhältnisse in der ganzen L übersehen lassen; es sind daher die bezüglichen Zahlen aus der Zusammenstellu den preußischen Staat hierher übernommen, wobei hier, der Gleichmäßigkeit auch die Mischungsgruppen bis zu höchstens 1 Zehntel deutschen Einwohnern u 1 bis 2 Zehntel deutschen Einwohnern unterschieden worden sind.

Außerdem ist hier eine Zusammenstellung der Bevölkerung des norddeutschen B und des Zollvereins angeschlossen, wenngleich eine solche nothwendig unvollkomme fallen mußte, weil außer in dem kgl. preußischen und dem kgl. sächsischen

Sachsen.

Aufnahmen von 1849 und 1861, dargestellt für die einzelnen
hen Bevölkerung, nebst den Haupt=Aufnahmeergebnissen für
r Norddeutschland überhaupt.

Nachrichten über die Nationalität bei den Zählungen nicht gesammelt werden,
die Zahl der sporadisch vorkommenden Nicht-Deutschen, welche schon im sächsi-
nd preußischen Staate nur für bestimmte Nationalitäten ermittelt wird, in den
n Staaten in keiner Weise bekannt ist. Nur für die Zahl der Engländer geben
England erfolgenden Aufnahmen der zur Zählungszeit (Frühjahr 1861) im Aus-
befindlichen dortigen Staats-Angehörigen einen gewissen Anhalt. Die Zahl der-
war von den englischen Consulaten auf 2954 im preußischen Staate mit den annec-
Staaten, 595 im königlich sächsischen, 1717 in den übrigen norddeutschen Staa-
usammen also in Norddeutschland auf 5266, im darmstädtischen auf 144, im ba-
auf 386, im würtembergischen auf 351, im bayerischen auf 261, zusammen
utschen Zollverein auf 6409 ermittelt; diese werden zum größten Theil die eng-
Familiensprache reden, desgleichen ein großer Theil der im Zollverein lebenden
nerikanischen Staatsangehörigen. — Nach den Ermittelungen, welche 1867 in Be-
er Staatsangehörigkeit im preußischen Staate (in dessen neuestem Umfange) statt-
en haben, stellte sich damals die Zahl der Engländer auf 4605, der nordameri-
en Staatsbürger auf 2784, der Angehörigen skandinavischer Staaten auf 6637
4960 in Schleswig), der russischen (meist Deutsche und Polen) auf 8691, der
chischen Staatsangehörigen auf 13,790, der Schweizer auf 2337, der französischen
90, der belgischen (Deutsche und Wallonen) auf 3178, der italiänischen auf 653,
r Angehörigen anderer nicht rein deutscher Staaten auf 693. Unter den Ange-
n deutscher Staaten, welche zu einer der in den Tabellen nicht erwähnten frem-
ationen gehören, würden namentlich die Ueberreste der Franzosen in einzelnen
sischen Colonien und der an einzelnen Stellen des preußischen Staates wohnen-
geuner in Betracht kommen. Im ganzen ist anzunehmen, daß von den für die
hen verbleibenden 34,015,000 Einwohnern des deutschen Zollvereins noch etwa
26,000 als anderer Familiensprache angehörig abzurechnen sein würden.

———

Tabelle III. **Königreich Sachsen.** Landestheile.	Ortschaften mit über 9 Zehntel deutscher Bevölkerung.			Ortschaften m 8 (bis 9) Z deutscher Bevö	
	Ort-schaf-ten	Einwohnerzahl		Ort-schaf-ten	Einwo
		über-haupt	excl. Wenden		über-haupt
Aufnahme von 1849.					
Gerichtsbezirk Bautzen	88	44 034	43 876	4	11 378
" Kamenz	33	13 678	13 611	—	—
" Löbau	149	139 874	139 364	3	1 342
" Stolpen	39	24 149	24 076	—	—
Königl. sächs. Antheil der Ober-Lausitz	**309**	**221 735**	**220 927**	**7**	**12 720**
Aufnahme von 1861.					
Bezirk Bischofswerda	25	18 133	18 005	3	169
" Bautzen	—	—	—	1	495
" Kamenz	31	13 429	13 319	4	725
" Königswarte	—	—	—	—	—
Bezirke Königsbrück, Neusalz, Pulsnitz	75	45 676	45 450	—	—
Bezirk Schirgiswalde	16	12 937	12 856	—	—
" Löbau	33	20 874	20 540	3	1 166
" Weißenberg	—	—	—	—	—
Bezirke Zittau ꝛc. (7 Bezirke)	114	123 277	122 978	—	—
Königl. sächs. Antheil der Ober-Lausitz	**294**	**234 326**	**233 148**	**11**	**2 555**
Dazu königl. preuß. Anth. d. Ober-Lausitz	483	147 783	147 501	10	1 479
" " " " d. Nieder-Lausitz	1 013	264 320	263 712	17	3 661
Lausitz überhaupt	**1 691**	**646 429**	**644 361**	**38**	**7 695**
Aufnahme von 1849.					
Das übrige Königr. Sachsen (Mgr. Meißen)	3 164	1.603 074	1 601 536	5	768
Königreich Sachsen	**3 473**	**1.824 800**	**1.822 463**	**12**	**13 488**
Aufnahme von 1861.					
Das übrige Königr. Sachsen (Mgr. Meißen)	3 164	1.916 292	1.912 886	5	460
Königreich Sachsen	**3 458**	**2.150 618**	**2.146 034**	**16**	**3 015**

Aufnahmen von 1864 und 1867.

Bezirk Bischofswerda ....
" Bautzen ....
" Kamenz ....
" Königswarte ....
" Königsbrück, Neusalz, Pulsnitz .....
" Schirgiswalde ....
" Löbau ....
" Weißenberg ....
Die 7 andern oberlausitzer Bezirke ....
Das übrige Königreich Sachsen (Meißen) ..

Königr

…aften mit über …is 8) Zehntel …er Bevölkerung. Einwohnerzahl über-haupt	excl. Wenden	Ortschaften mit über 6 (bis 7) Zehntel deutscher Bevölkerung. Ortschaften	Einwohnerzahl über-haupt	excl. Wenden	Ortschaften mit über 5 (bis 6) Zehntel deutscher Bevölkerung. Ortschaften	Einwohnerzahl über-haupt	excl. Wenden	Ortschaften mit über 4 (bis 5) Zehntel deutscher Bevölkerung. Ortschaften	Einwohnerzahl über-haupt	excl. Wenden
616	446	5	1 264	1 016	3	674	422	12	1 661	737
—	—	—	—	—	—	—	—	—	—	—
362	282	1	618	428	1	212	111	—	—	—
220	168	—	—	—	2	1 684	978	1	93	45
1 198	**896**	**6**	**1 882**	**1 444**	**6**	**2 570**	**1 511**	**13**	**1 754**	**782**
476	366	—	—	—	4	620	333	1	22	11
11 948	9 249	1	366	230	3	410	219	3	356	159
245	182	1	273	168	3	548	305	3	678	301
—	—	—	—	—	—	—	—	—	—	—
—	—	—	—	—	—	—	—	—	—	—
404	300	—	—	—	2	1 694	935	2	170	79
101	78	1	218	139	4	662	376	1	592	274
1 172	922	—	—	—	—	—	—	—	—	—
—	—	—	—	—	—	—	—	—	—	—
14 346	**11 097**	**3**	**857**	**537**	**16**	**3 934**	**2 168**	**10**	**1 818**	**824**
3 135	2 473	8	3 945	2 590	7	1 317	707	12	1 963	915
1 698	1 268	10	1 439	899	4	441	244	6	1 473	656
19 179	**14 838**	**21**	**6 241**	**4 026**	**25**	**5 692**	**3 119**	**28**	**5 254**	**2 395**
—	—	—	—	—	—	—	—	—	—	—
1 198	**896**	**6**	**1 882**	**1 444**	**6**	**2 570**	**1 511**	**13**	**1 754**	**782**
—	—	—	—	—	—	—	—	—	—	—
14 346	**11 097**	**3**	**857**	**537**	**16**	**3 934**	**2 168**	**10**	**1 818**	**824**

1864 …ohner,	darunter	Wenden,	Promille	1867 Einwohner,	darunter	Wenden,	Promille
478	„	1 630	76	22 371	„	1 630	73
729	„	23 922	608	38 917	„	23 197	596
860	„	7 832	328	24 480	„	7 470	306
493	„	6 419	857	7 417	„	5 996	808
352	„	170	4	48 001	„	170	4
465	„	2 006	115	18 169	„	1 969	108
220	„	3 815	135	28 987	„	3 690	122
810	„	4 812	707	6 847	„	4 826	705
479	„	323	3	127 373	„	279	2
108	„	2 930	1	2.101 024	„	2 668	1
994	„	**53 760**	**23**	**2.423 586**	„	**51 895**	**21**

Ortschaften mit über 3 (bis 4) Zehntel deutscher Bevölkerung.			Ortschaften mit über 2 (bis 3) Zehntel deutscher Bevölkerung.			Ortschaften mit über 1 (bis 2) Zehntel deutscher Bevölkerung.			Ortsch… höchstens deutscher …	
Ortschaften	Einwohnerzahl überhaupt	Einwohnerzahl excl. Wenden	Ortschaften	Einwohnerzahl überhaupt	Einwohnerzahl excl. Wenden	Ortschaften	Einwohnerzahl überhaupt	Einwohnerzahl excl. Wenden	Ortschaften	Ei… üb… h…
17	3 459	1 208	37	6 520	1 607	54	7 498	980	137	19
—	—	—	—	—	—	—	—	—	—	
7	1 634	551	7	1 654	410	17	3 746	656	11	1
3	727	257	5	693	155	4	477	74	5	
27	**5 820**	**2 016**	**49**	**8 867**	**2 172**	**75**	**11 721**	**1 710**	**153**	**22**
6	1 079	374	3	342	86	—	—	—	2	
11	3 532	1 161	33	4 685	1 199	47	6 071	938	60	9
4	541	197	9	1 100	286	8	1 422	172	32	4
3	1 513	497	2	262	64	11	1 541	228	30	4
—	—	—	—	—	—	—	—	—	—	
—	—	—	4	416	111	5	1 014	182	1	
3	947	308	4	654	232	4	1 035	161	5	
2	641	210	4	1 277	310	10	1 993	283	9	1
—	—	—	—	—	—	—	—	—	—	
29	**8 253**	**2 747**	**59**	**8 736**	**2 288**	**85**	**13 076**	**1 964**	**139**	**20**
13	3 216	1 140	19	4 215	1 051	34	7 579	1 027	123	17
9	1 696	588	14	5 686	1 320	29	8 149	1 182	113	35
51	**13 165**	**4 475**	**92**	**18 637**	**4 659**	**148**	**28 804**	**4 173**	**375**	**73**
—	—	—	—	—	—	—	—	—	—	
27	**5 820**	**2 016**	**49**	**8 867**	**2 172**	**75**	**11 721**	**1 710**	**153**	**22**
—	—	—	—	—	—	—	—	—	—	
29	**8 253**	**2 747**	**50**	**8 736**	**2 288**	**85**	**13 076**	**1 964**	**139**	**20**

Zusammenstellung für den norddeutschen Bund und den Zollverein (Zahlen von 1861.)

Hierzu 19 kleinere norddeutsche Staate…
Der preußische Staat im Umfange vo…
Hannover, Kassel, Nassau, Frankfurt, …
Schleswig, Holstein, Lauenburg .....
Der preußische Staat m…
Die darmstädtische Provinz Ober-Hesse…
Die Staaten des nordd…
Das übrige darmstädtische Gebiet ....
Bayern, Würtemberg, Baden ....
Lützemburg ....
Die Staaten des deutschen Zollvere…

Zahl aller Ort= aften	Einwohnerzahl: überhaupt	darunter Deutsche: Anzahl	darunter Deutsche: Promille	Wenden	Landestheile.
361	96 999	60 616	625	36 383	Bez. Bautzen.
33	13 678	13 611	995	67	" Kamenz.
198	151 299	142 995	945	8 304	" Löbau.
61	28 613	25 789	901	2 824	" Stolpen.
653	**290 589**	**243 011**	**836**	**47 578**	**Sächs. Ober-Lausitz.**
46	20 965	19 323	925	1 642	Bez. Bischofswerda.
163	37 108	13 960	377	23 148	" Bautzen.
97	23 567	15 720	667	7 847	" Kamenz.
46	7 405	1 020	140	6 385	" Königswarte.
75	45 676	45 450	995	226	" Königsbrück rc.
31	16 660	14 464	867	2 196	" Schirgiswalde.
59	27 246	23 157	850	4 089	" Löbau.
26	6 584	1 807	276	4 777	" Weißenberg.
114	123 277	122 978	998	299	" Zittau rc.
657	**308 488**	**257 879**	**836**	**50 609**	**Sächs. Ober-Lausitz.**
719	191 840	159 499	831	32 341	Preuß. Ober=Lausitz.
224	324 510	274 609	846	49 901	" Nieder=Lausitz.
600	**824 838**	**691 987**	**839**	**132 851**	**Lausitz überhaupt.**
169	1.603 842	1.602 203	999	1 639	Uebriges Königreich.
826	**1.894 431**	**1.845 214**	**974**	**49 217**	**Königreich Sachsen.**
169)	1.916 752	1.913 288	998	3 364	Uebriges Königreich.
826	**2.225 240**	**2.171 267**	**976**	**53 973**	**Königreich Sachsen.**
....	3.030 992	3.030 992	1 000	—	
....	18.491 220	15.932 510	862	83 443	
....	3.191 749	3.191 749	1 000	—	
....	996 788	853 848	856	—	
aten.	**22.679 757**	**19.978 107**	**881**	**83 443**	
....	299 231	299 231	1 000	—	
....	**28.235 220**	**25.479 797**	**902**	**137 416**	
....	557 577	557 577			
....	7.779 836	7.779 836			
....	197 731	197 731			
and).	**36.770 364**	**34.014 841**	(incl. sporadisch wohnende Nicht=deutsche).		

IV.

Zusammenstellung verschiedener Ermittelungen u Gouvernements in Europa, aufgestellt auf Grund d Jahre 1834 bis 1861; hierzu zwei Beilagen, betreff Kreisen von Livland, Ehstland, Kurland und Littau in den baltischen Provinzen für 1858 bis 1867, sowie ischen Provinzen, zweitens die Vertheilung der Deut Ortschaften aus dem Jahre 1851.

1. Die bedeutendsten Untersuchungen über die Nationalitäts-Verhältnisse im schen Reiche sind die von P. Köppen, deren Ergebniß mit seiner ethnograp Karte im Jahre 1852 veröffentlicht worden ist. Sie beruhen auf Auskunft der behörden über die Zahl der Nicht-Russen nach den Bevölkerungszahlen von 1834. zelne Theile seiner Untersuchungen waren schon vorher (1840 bis 1850) in beso Abhandlungen, meist unter Angabe von Zahlen für einzelne Gouvernementstheile, h gegeben, indem Köppen 10 Jahre lang an den Materialien zur Karte gesammelt dieselben betreffen insbesondere die finnischen Stämme des nördlichen Rußlands u Ostseeprovinzen, den lettisch-littauischen Stamm und die Deutschen im petersburger vernement. Die Zahlen sind bei Köppen für jedes einzelne Gouvernement gegeb den diesseitigen Zwecken schien jedoch eine solche Angabe nicht nothwendig, vi konnten die groß-russischen und kasaner Gouvernements in einer Summe zusammen werden, da (mit Ausnahme von Moskau) die Zahl der Deutschen in denselben v nißmäßig gering ist. Das halb groß-russische, halb finnische Gouvernement Pete (letzteres wegen Ingermanlands) und das halb großrussische, halb kleinrussische Wo sind dagegen in unserer Tabelle besonders aufgeführt. Die Folge der Gouvern ist so gewählt, daß die einstmaligen Ordensländer, die sogenannten deutschen provinzen, beginnen, dann die bis zur Theilung Polens zu diesem Reiche ge Gouvernements, nämlich Littauen, das vormals littauische Weiß-Rußland und d mals polnische Klein-Rußland folgen, dann Groß-Rußland, dann das östliche Rußland, von welchem Tschernigow und Poltawa bis 1667 zu Polen gehörten, die vormals krimisch-tartarischen (jetzt neu-russischen) Gouvernements mit dem ei nischen Land der zaporoger Kosaken, das Land der donischen Kosaken und zule vormals astrachanisch-tartarischen Gouvernements. Ciscaucasien ist nicht in Betr zogen, sondern als außereuropäisches Gouvernement betrachtet.

Köppen's Aufstellung giebt die Völker Rußlands in ethnographischer Glie so daß unter den eigentlichen Finnen 8 verschiedene Stämme, nämlich die T mit den Ehsten, Woten und Liven (656,335) und die Karelier mit den Ijoren, koten und Auramoiset (261,849), ferner an sonstigen finnischen Völkerschaften die jeden, Lappen, Jugern, Permier (4 Stämme, 314,484) und Wolga-Finnen (3 S 1,075,269) unterschieden werden. Unter den Tartaren unterscheidet er 4 Stämm

Reich.

gen der Nationalitäts-Verhältnisse der kaiserlich-russischen von Köppen, Buschen, Erckert, Matthäi, Graß ꝛc. für die die Verbreitung der Deutschen und Letten in den einzelnen Zählungsergebnissen und Angaben der statistischen Comités t's Atlas und den Gouvernements-Beschreibungen der littau- nigreich Polen nach Köppen's Ermittelungen für die Kreise und

n weißer Rasse führt er außer den Deutschen und Schweden, den Rumänen, Grie- Arnauten (1328 in Beßarabien) und Franzosen (250 ebendaselbst), den Littauern en Latyschen (Letten), den Juden, den Armeniern, den Polen, Bulgaren und n (angeblich nur 1383) auch 646 Perser, 290 Grusiner, 130 Tscherkessen, 10 In- 8,247 Zigeuner, an Völkern gelber Rasse außer den Finnen und Tartaren auch cken (108,939), Bucharen, Karakalpaken, Chiwinzen und Turkmanen auf. Für achstehende Zusammenstellung kam es nur darauf an, die europäischen Nationen terscheiden; deshalb sind sowohl die Zahlen für die einzelnen Volkstämme, als ie für außereuropäische Nationen zusammengefaßt worden.

Köppen's Zahlen enthalten nur die Nicht-Russen; die Zahl der Russen müßte sich llständigen Angaben durch Subtraction ergeben; es sind jedoch für einige Volk- e bei einzelnen Gouvernements Köppen's Zahlen unvollständig und statt derselben zeichen gesetzt. Um nun nicht ganz übermäßige Differenzen zu ziehen, sind statt ragezeichen gewisse Minimalbeträge in Ansatz gebracht: für die Deutschen beim ernement Kowno (10,000), für die Rumänen bei Podolien (20,000), für die eigent- Finnen bei Groß-Rußland (2000), für die übrigen Finnen bei Ssamara und urg (4000), für die Tartaren bei Groß-Rußland, Ssamara und Orenburg (3000), ndere Völker weißer Rasse bei Ssaratow (100), für andere Völker gelber Rasse roß-Rußland, den Don-Kosaken und Orenburg (400), für die Polen, hinsichtlich deren n's Ermittelungen am lückenhaftesten ausgefallen waren, bei Kowno, Wilna, , Mohilew, Witebsk, Astrachan, Orenburg (250,500), im ganzen 290,000; außer- nd die Angaben beim Gouvernement Petersburg nach Köppen's Abhandlung über ewohner dieses Gouvernements um 3434 Engländer und 3623 Franzosen ergänzt n. Demungeachtet sind die hinzugefügten Angaben für die Zahlen der Russen noch als Maximalbeträge anzusehen.

. In Buschen's Werk über die Bevölkerung Rußlands finden sich zwei Ta- über die Nationalität. Die eine bezieht sich nur auf die neun bis zur Theilung s zum polnischen Reich gehörigen Provinzen und giebt die Zahl der unter der gehörigen Bevölkerung derselben befindlichen Polen, Littauer, Russen, Juden und ingewanderten (d. h. der Deutschen, Rumänen und Tartaren) an; diese Zahlen sind einer neuen Aufnahme (angeblich der von 1858) entnommen und verhältniß glaubwürdig, sie stehen jedoch hinter der bei dieser Revision ermittelten Gesamm kerung erheblich zurück. Die andere Tabelle bei Buschen entspricht der Köppe Aufstellung und enthält gleichfalls nur die Zahlen der Nicht-Russen, diese aber auch n Ausnahme der Polen; es fehlen in derselben ganz die Zahlen für die Gouvernements Ssi und Ssamara. Für den größten Theil der Angaben sind die Köppen'schen Zahle fach reproducirt und abgerundet (also die Zahlen von 1834), selbst in Betreff d den, deren Zahl doch seitdem sehr zugenommen hatte; dagegen sind sie an ein Stellen, namentlich beim Gouvernement Ssaratow, erhöht, und Buschen selbs an, daß einige bei Köppen eingeschlichene Fehler nach neueren Daten ausge seien. Im ganzen beträgt Buschen's Vervollständigung (bei Abrechnung der den oder verminderten Summen) gegen 250,000 Nicht-Russen. Außerdem sagt B daß die Zahlen für die Finnen und Tartaren mindestens um ein Zehntel zu seien, womit er wohl meint, gegen den Bevölkerungstand von 1858, also denje welcher der Tabelle für die vormals polnischen Provinzen zu Grunde liegt. E man die fehlenden Summen für die beiden vorerwähnten Gouvernements und f Polen nach den Köppen'schen Zahlen (mit zusammen etwa 550,000 Nicht-Russen), so sich auch hier gewisse Hauptsummen für alle Nicht-Russen ziehen. Was die Zahl der betrifft, so hätte diese für die nicht vormals polnischen Gouvernements nur durch traction von den Bevölkerungszahlen von 1834 gewonnen werden können; diese ungefähr 32,790,000 statt der Köppen'schen 34,040,000 ergeben. Für die pol (westrussischen) Provinzen insbesondere giebt Buschen die Zahl der Russen auf 5,9 an, statt daß hier Köppen's allerdings unvollständig ermittelte Zahlen auf 7 mehr schließen ließen, während umgekehrt die Zahl der Nicht-Russen in diesen Pro bei Buschen um 1,393,000 höher nachgewiesen ist, als oben nach Köppen's Ang

3. In der dritten Aufstellung ist versucht, nach Köppen's und Buschen's A eine annähernde Berechnung für den Bevölkerungstand von 1858 aus ren, welcher letztere den sonstigen Angaben in Buschen's Werk zu Grunde liegt. wenig eine solche Berechnung den Anspruch machen kann, zutreffende Resultate z ben, so muß sie doch nothwendig richtigere geben, als die Wiedervorführung alte len gegenüber einer ganz neuen Bevölkerungszahl. Der Berechnungsgrundsatz wa die Zahl der jeder Nation angehörigen in der Regel gleichmäßig, nämlich so n Gesammtbevölkerung des Gouvernements, zugenommen habe; derselbe wurde insoweit modificirt, als die Angaben hinsichtlich der Confessions-Verhältnisse welche die Zahlen bei Buschen mitgetheilt sind, mit dieser Annahme in Widerspr stehen schienen. Im einzelnen ist also folgendermaßen gerechnet worden: Die für die Juden, Armenier und für die Tartaren nebst anderen Völkern gelber Ra den Zigeunern sind den Religionsangaben entnommen, so daß für die der Tartaren, golen, Zigeuner die ermittelte Zahl der Muhamedaner und Heiden genommen ist; di also Minimalzahlen. Von den Russen, Südslawen, den finnischen Völkern mit schluß der eigentlichen Finnen, den Rumänen, Griechen und Albanesen ist voraus daß sie nur unter den Einwohnern griechischer Confession, von den Polen, daß sie nu den Römisch-Katholischen, von den Schweden, daß sie nur unter den Evangelische den eigentlichen Finnen, daß sie unter den Evangelischen (697,000, davon 7 im Gouv. Petersburg) oder Griechisch-Katholischen, von den Deutschen, daß sie den Evangelischen (483,700) und Römisch-Katholischen (75,400), von den Letten sie unter den Evangelischen (754,000), Griechisch-Katholischen (333,000) und R Katholischen (1,528,500) enthalten sein könnten. Wo sich hierüber hinaus Kat vorfanden, sind diese als Polen angenommen worden; die Zahlen für die Polen halb der alt-polnischen Provinzen sind also Maximalzahlen, und es können da

Deutsche (bis 28,800) begriffen sein. Für die Zunahme der Deutschen in den süd-
hen und Wolga-Gouvernements liegen bei Köppen auch Nachrichten aus dem Jahre
vor, nach welchen die Zahl der deutschen Colonisten in Beßarabien 19,139, Cher-
4,298, Taurien 31,866, Jekaterinoslaw 19,656, Ssamara 71,440, Ssaratow
5 betrug. Für 1858 wird die Zahl der Deutschen in den vier ersten Gouverne-
auf 136,813 angegeben; die Specialangaben, welche sich in Matthäi's Werk über
utschen Ansiedelungen in Rußland finden, stellen sich für diese vier Gouvernements
982 höher; sie sind wahrscheinlich von 1861. Für Ssaratow und Tschernigow sind
häi's Angaben, anscheinend für 1861, benutzt, aber verhältnißmäßig reducirt worden;
samara konnten sie nicht benutzt werden, da sie um 31,900 höher gingen, als die
elte Zahl der Evangelischen und Katholiken daselbst. In den Gouvernements
o und Witebsk sind die Evangelischen halb als Letten, halb als Deutsche gerechnet,
l sie nach Buschen fast alle Deutsche sein würden; in solchen Gouvernements, wo bei
n Letten und Ehsten nicht vorkommen, sind die Evangelischen als Deutsche ge-
t. — Die Zahlen der Engländer, welche der englische Census von 1860 ergeben
ind, da sie in den russischen Bevölkerungs-Summen schwerlich enthalten sind, in
nern hinzugesetzt [ ]. — Die Juden auf diejenigen Nationen zu vertheilen, deren
he sie reden, fehlte leider das Material; die darunter begriffenen Talmudisten
,407) würden zum großen Theile den Deutschen, theilweise auch den Polen hin-
en, die Karaiten (nur 5725, meist in Taurien) großentheils den Tartaren.
Die Abtretung eines Theils von Beßarabien wird eine Aenderung der Vertheilung
ationalitäten in dieser Provinz zur Folge gehabt haben, so daß sich vielleicht für
der Antheil der Rumänen, Bulgaren, Russen an den Einwohnern griechischer
ssion anders gestellt hat; es fehlt jedoch das Material, um eine entsprechende Be-
ung vorzunehmen.

. Aus dem Werke von Matthäi, die deutschen Ansiedelungen in Rußland,
s eine sehr schätzbare Sammlung von Nachrichten über die Zahl der Deutschen
t, sind die Summen, die aus den dortigen Einzelzahlen hervorgehen, hier an-
ssen. Sie sind von Matthäi verschiedenen Quellen entnommen, hinsichtlich der
schen Gemeinden aus Busch's Materialien zur Geschichte und Statistik dieser Ge-
n, welche 1862 erschienen, jedoch dem Verfasser nicht zugänglich geworden ist.
dem sind bei Matthäi die Einwohnerzahlen der Mennoniten- und Separatisten-
ien, sowie die römisch-katholischen Colonien in den hauptsächlich interessirenden
rnements angegeben, auch die Zahl der Deutschen in einer Anzahl von Städten
bei jedem Gouvernement theilt jedoch Matthäi zunächst dieselben Zahlen mit, die
i Erckert finden, obwohl diese mit seinen nachfolgenden Specialangaben mitunter
kem Widerspruch stehen. Da die Angaben aus den baltischen Provinzen fehlen,
s dem Gouv. Kowno zu summarisch und lückenhaft waren, um miteingerechnet
rden, die Angaben für Petersburg, wo über 42,000 Deutsche sind, und für ver-
ne Städte ganz, für andere theilweise fehlen, so kann es nicht auffallen, daß die
mtzahl der Deutschen aus Matthäi's Werk noch nicht 400,000 beträgt.

. Der Berechnung zu 3, welche die früheren Nachrichten gewissermaßen zusammen-
st zu 5 Erckert's Aufstellung in dem Tableau ethnographique für 1858/9 gegen-
stellt. Woher Erckert seine Nachrichten genommen hat, wieweit er dieser Berech-
wirkliche Aufnahmen, abgeleitete Rechnungen, bloße Schätzungen zu Grunde ge-
at, muß dahin gestellt bleiben. Es ist jedoch anzunehmen, daß seine Schätzungen
bloß ungefähre sind; denn in seinem Atlas der vormals polnischen Provinzen sind
agungen für das Nationalitätsverhältniß in jedem Kreise gemacht, welche, wenn
nur nach großen Procent-Abtheilungen erfolgt, doch voraussetzen, daß er in jedem

(Fortsetzung auf S. 256).

Tabelle IV. Russisches Reich.

Quellen.	Volkstämme.	Baltische Provi[nzen] Ehst-land	Livland
1. **Köppen**, Ethnographische Karte von Rußland (Zahlen der Revision für 1834).	Deutsche	10 000	51 340
	Skandinavier (und Engländer)	4 714	425
	Rumänen (und Franzosen)	—	—
	Griechen und Albanesen	—	—
	Letten (incl. Littauer)	—	318 872
	Juden	—	532
	Armenier	—	—
	Zigeuner und andere Völker weißer Rasse	—	6
	Finnen (Tschuden, Woten, Ehsten, Liven, Karelier)	252 608	355 238
	Wolga-Finnen, Permier u. andere finnische Stämme	—	—
	Tartaren und andere Völker gelber Rasse	12	—
	Polen	13	3 213
	Südslawen (Bulgaren und Serben)	—	—
	Nicht-Russen überhaupt	**267 347**	**729 626**
	Mithin bleiben als Russen	14 853	10 474
	Gesammt-Bevölkerung	**282 200**	**740 100**
2. **Buschen**, Rußlands Bevölkerung (ältere und neuere Zahlen, 1834 bis 1858).	Letten und Littauer	—	319 000
	Rumänen	—	—
	Juden	—	500
	Finnische Völker	253 000	355 000
	Tartaren und Mongolen	—	—
	Eingewanderte (Deutsche, Griechen, Tartaren rc.)	15 000	58 000
	Polen und Bulgaren	—	[3 000]
	Nicht-Russen überhaupt	**268 000**	**735 500**
	Russen (in den polnischen Provinzen)	?	?
3. Versuch der Uebertragung der Köppen'schen Zahlen für die russischen und baltischen, der Buschen'schen für die vormals polnischen Provinzen auf den Bevölkerungstand nach der Revision von 1858 unter Berücksichtigung der Aufnahmen über die Confession.	Deutsche	10 870	61 270
	Skandinavier und Engländer	5 100	507
	[außerdem Engländer]		[256]
	Rumänen (und Franzosen)	—	—
	Griechen und Albanesen	—	—
	Letten (incl. Littauer)	—	380 547
	Juden	458	1 052
	Armenier	—	2
	Finnische Völker	274 566	423 948
	Tartaren, Mongolen, Zigeuner rc.	25	22
	Polen	827	3 833
	Bulgaren und Serben	—	—
	Nicht-Russen überhaupt	**291 846**	**871 181**
	Russen	11 632	12 500
	Gesammt-Bevölkerung	**303 478**	**883 681**

4. Zahl der Deutschen in den einzelnen Colonien und Städten von Groß- und Klein-Rußland nach Matthäi (Material aus Busch: Geschichte und Statistik d. evang.-luth. Gemeinden, Zahlen bis 1861).

Evangelische Colon[ien]
Römisch-katholische
D[...]
Zahl der Colonist[en]

…ische-Gouvernements.			Vormals polnisches Klein-Rußland.			Vormals littauisches Weiß-Rußland.		
…no	Wilna	Grodno	Wolhynien	Podolien	Kiew	Minsk	Mohilew	Witebsk
…000]	765	5 355	4 000	1 126	1 200	330	200	1 300
—	—	—	—	—	—	—	—	—
—	—	—	—	[2]7 429	—	—	—	—
—	—	—	—	50	—	—	—	—
…35	138 320	2 338	—	—	—	—	—	142 497
…01	69 821	99 592	195 350	150 485	103 326	88 880	83 715	47 649
—	—	—	—	—	—	—	—	—
…69	107	83	143	464	880	257	424	607
—	—	—	—	—	—	—	—	9 936
—	—	—	—	—	—	—	—	—
…15	1 874	849	—	46	—	2 120	—	—
…000]	[80 000]	82 689	150 000	100 000	100 000	[80 000]	[20 000]	[50 000]
—	—	—	—	—	—	—	—	—
…20	**290 887**	**190 906**	**349 493**	**279 600**	**205 406**	**171 587**	**104 339**	**251 989**
…80	470 713	600 794	964 607	1.268 600	1.254 394	863 213	742 261	465 711
…00	**761 600**	**791 700**	**1.314 100**	**1.548 200**	**1.459 800**	**1.034 800**	**846 600**	**717 700**
…33	418 880	201 897	20 535	—	38 026	64 149	945	139 295
—	—	—	—	(?) 42 000	—	—	—	—
…37	76 802	94 219	183 890	195 847	225 074	96 981	102 855	62 628
—	—	—	—	—	—	—	—	[10 000]
…	ſ. u.	ſ. u.	—	—	—	ſ. u.	—	—
…27	3 318	6 814	5 208	(?) 1 428	1 655	2 892	387	10 189
…89	154 386	193 228	174 100	209 234	83 351	116 789	27 238	63 432
…86	**653 386**	**496 158**	**383 733**	**448 509**	**348 106**	**280 811**	**131 425**	**285 544**
…52	184 688	293 489	1.042 694	1.170 485	1.370 250	736 175	719 229	428 651
…54	902	5 564	4 999	1 780	1 632	527	381	5 079
—	—	—	—	—	—	—	—	—
—	—	—	—	45 585	—	—	—	—
—	—	—	—	55	—	—	—	—
…98	439 903	228 937	22 225	—	43 786	62 004	988	155 176
…37	76 802	94 219	183 890	195 847	225 074	96 981	102 855	62 628
—	—	—	10	—	—	—	—	—
—	—	—	—	—	—	—	—	11 060
…18	2 416	1 250	209	45	23	2 365	6	31
…18	162 135	219 107	164 417	220 906	90 903	112 905	38 854	70 628
—	—	—	—	—	—	—	—	—
…25	**682 158**	**549 077**	**375 750**	**464 218**	**361 418**	**274 782**	**143 084**	**304 602**
…62	193 958	332 804	1.152 578	1.284 248	1.582 916	711 689	741 556	477 139
…87	**876 116**	**881 881**	**1.528 328**	**1.748 466**	**1.944 334**	**986 471**	**884 640**	**781 741**
…iten		1 172	4 288	1 113	—	69	62	—
....		—	—	—	—	—	—	—
… überhaupt ..		**4 565**	**4 760**	**1 615**	**2 309**	**69**	**62**	?
....		6	36	2	—	2		—

Groß-Rußland mit Ingermanland und Kasan.			Klein-Rußland östlich des Dnepr.			Neu-russische Gouv (vormals tartarisch b		
Petersburg	22 großrussische Gouvernements	Woronesch	Charkow	Poltawa	Tschernigow	Beßarabien	Cherson	Ta
50 953	13 873	1 900	650	800	1 500	10 200	31 700	2
9 590	—	—	—	—	—	—	168	
3 623	—	—	—	—	—	406 432	75 000	
—	—	—	—	—	1 791	4 681	3 500	
2 000	458	—	—	—	—	—	—	
—	58	—	—	16 140	18 400	42 380	22 870	
170	—	—	—	—	—	2 353	1 990	
254	9 017	2 586	1 166	775	457	18 738	2 516	
106 667	193 683	—	—	—	—	—	—	
—	1 191 145	—	—	—	—	—	—	
—	575 864	—	—	—	—	—	—	27
19 149	—	—	—	—	—	733	850	
—	—	—	—	—	—	64 825	11 568	
192 406	**1.984 098**	**4 486**	**1 816**	**17 715**	**22 148**	**550 342**	**150 162**	**32**
808 594	22.881 002	1.502 714	332 184	1 603 885	1.277 852	169 658	615 638	19
1.001 000	**24.865 100**	**1 507 200**	**1.334 000**	**1.621 600**	**1.300 000**	**720 000**	**765 800**	**52**
2 000	—	—	—	—	—	—	—	
—	—	—	—	—	—	410 000	75 000	
—	—	—	—	17 000	19 000	50 000	23 000	
108 000	100 800 [184 000]	—	—	—	—	—	—	
—	507 970 [68 000]	—	—	—	—	—	—	27
75 000	38 410 [300]	4 500	1 800	2 000	4 000	20 000	?35 000	5
[19 003]	?	?	—	—	—	70 000 [1 000]	?10 000 [1 000]	
204 000	**1.899 480**	**4 500**	**1 800**	**19 000**	**23 000**	**551 000**	**144 000**	**33**
?	?	?	?	?	?	?	?	
54 978	16 000	2 430	968	1 219	2 280	25 716	46 704	4
10 348 [1 198]	— [1 510]	—	—	—	—	—	370 [503]	
3 909	—	—	—	—	—	510 342	94 991	
—	—	—	—	—	2 014	5 874	4 433	
2 158	528	—	—	—	—	—	—	
1 567	9 491	279	247	26 511	31 611	79 125	74 557	1
287	296	—	25	—	—	2 533	2 851	
115 200	1.593 414	—	—	—	—	—	—	
2 191	805 651	228	11	23	3	6	102	28
15 173	14 920	? 556	?1 058	?1 160	1 073	1 425	9 064	
—	—	—	—	—	—	81 358	14 652	
205 811	**2 440 300**	**3 493**	**2 309**	**28 913**	**36 981**	**706 379**	**247 724**	**36**
877 280	26.374 747	1.927 366	1.580 262	1.790 197	1.434 885	212 728	779 735	32
1.083 091	**28.815 047**	**1.930 859**	**1.582 571**	**1.819 110**	**1.471 866**	**919 107**	**1.027 459**	**68**
3 565	611	1 453	—	285	1 532	25 091	22 842	3
161	—	—	—	—	663	1 290	20 146	
3 726	**7 945**	**1 753**	—	**972**	**2 379**	**26 381**	**45 783**	**4**
17	2	1	—	1	7	27	48	

Land der donischen Kosaken.	Astrachanische Gouvernements.				Rußland überhaupt.	Volksstämme.
	Astrachan	Ssaratow	Ssamara	Orenburg		
11	250	62 500	46 900	1 034	382 036	Deutsche.
—	—	—	—	—	14 904	Skandinavier ꝛc.
—	—	—	—	—	522 342	Rumänen ꝛc.
—	20	—	—	—	48 101	Griechen ꝛc.
—	—	—	—	—	1.588 993	Letten.
—	—	—	—	—	1.060 132	Juden.
—	5 272	—	—	—	28 676	Armenier.
538	760	485	697	85	49 425	Zigeuner ꝛc.
—	—	—	—	—	920 184	Eigentliche Finnen.
—	48	84 862	106 836	18 178	1.401 409	Wolga-Finnen ꝛc.
21 320	192 598	49 985	100 303	635 216	1.856 874	Tartaren ꝛc.
—	200	—	—	300	728 035	Polen.
—	—	—	—	—	78 485	Bulgaren ꝛc.
21 869	**199 148**	**197 932**	**254 736**	**654 813**	**8.680 596**	**Nicht-Russen.**
618 431	59 352	1.111 732		1.116 587	40.785 904	Russen.
640 300	**258 500**	**1.564 400**		**1.771 400**	**49 456 500**	**Gesammt-Bevölkerung.**
—	—	—	—	—	2 346 000	Letten.
—	—	—	—	—	[538 000]	Rumänen.
—	—	—	—	—	1.290 000	Juden.
—	—	280 000	[105 000]	63 000	[2.463 000]	Finnische Völker.
2 000	200 000	115 700	[100 000]	640 000	[1.909 000]	Tartaren ꝛc.
1 000	6 000	70 000	[47 000]	1 100	[608 000]	Eingewanderte.
—	—	—	—	—	[1.172 000]	Polen, Bulgaren.
3 000	**206 000**	**465 700**	**252 000**	**704 100**	**10.326 000**	**Nicht-Russen.**
?	?	?	?	?	[39.740 000]	Russen.
23	375	108 858	77 422	1 034	559 231	Deutsche.
—	—	—	—	—	16 333	Skandinavier ꝛc.
					[3 467]	
—	—	—	—	—	667 650	Rumänen ꝛc.
—	75	—	—	—	63 953	Griechen ꝛc.
—	—	—	—	—	2.625 347	Letten
—	230	19	128	19	1.425 784	Juden.
—	5 303	—	2	—	33 303	Armenier.
—	—	181 600	225 450	16 070	2.844 190	Finnische Völker.
21 825	247 995	50 570	156 764	967 209	2.548 558	Tartaren ꝛc.
? 14	235	7 428	—	410	1.192 653	Polen.
—	—	—	—	—	99 176	Bulgaren ꝛc.
21 862	**254 213**	**348 475**	**459 766**	**984 742**	**12.076 178**	**Nicht-Russen.**
875 008	223 279	1.287 660	1.070 273	1.051 839	47 254 574	Russen.
896 870	**477 492**	**1 636 135**	**1.530 039**	**2.036 581**	**59.330 752**	**Gesammt-Bevölkerung.**
—	—	93 416	74 662	—		Deutsche.
—	—	22 202	34 657	—		
—	—	**115 618**	**109 319**	—	**397 867**	
—	—	57	116	—	480	

Tabelle IV. (Fortsetzung.)		Baltische Prov	
Quellen.	Volkstämme.	Ehstland	Livland
5. Erckert, Tableau ethnographique (Zahlen angeblich für 1859).	Deutsche	25 000	95 000
	Skandinavier	6 000	500
	Rumänen	—	—
	Griechen	—	—
	Letten	—	360 000
	Juden	—	800
	Armenier	—	—
	Finnische Völker	260 000	410 000
	Tartaren, Mongolen ꝛc.	—	—
	Zigeuner, Perser ꝛc.	—	—
	Polen	—	3 000
	Bulgaren, Serben	—	—
	Nicht-Russen überhaupt	**291 000**	**869 300**
	Russen	12 000	1 000
	Gesammt-Bevölkerung	**303 000**	**884 000**

	Nationen.	Berechnun Buschen n 1860 (mit — Baltisch Provinze
		1.
6. Zusammenstellung der Ergebnisse verschiedener Schätzungen der Nationalitäts-Verhältnisse im russischen Reiche einschl. Polen und Finnland — aus Köppen, Buschen und Graß einerseits und Erckert anderseits — für den Bevölkerungstand von 1860.	Deutsche	118 0
	Skandinavier und Engländer	5 9
	Romanische Völker, auch Griechen, Albanesen	-
	Letten (einschl. Littauer)	859 7
	Juden	27 6
	Finnische Völker	714 8
	Tartaren, Mongolen, Armenier, Zigeuner	
	Polen	19 5
	Bulgaren, Serben	-
	Russen	43 6
	Gesammt-Bevölkerung	**1.789 5**

*) Anmerkung. In den so eben erschienenen **Renseignements sur la Popula** völkerung des Großfürstenthums Finnland nach der Nationalität auf 15 bis 1.600 0

…nische Gouvernements.			Vormals polnisches Klein-Rußland.			Vormals littanisches Weiß-Rußland.		
…no	Wilna	Grodno	Wolhynien	Podolien	Kiew	Minsk	Mohilew	Witebsk
000	1 000	8 000	5 000	1 500	1 500	380	300	9 500
—	—	—	—	—	—	—	—	—
—	—	—	—	42 000	—	—	—	—
—	—	—	—	200	—	—	—	—
000	410 000	50 000	—	—	—	—	—	140 000
950	76 000	95 500	188 300	195 000	225 000	97 500	103 000	62 500
—	—	—	—	400	—	—	—	—
—	—	—	—	—	—	—	—	10 000
400	2 800	1 500	—	—	—	3 000	—	—
175	120	80	150	470	880	260	430	600
000	185 000	225 000	165 000	205 000	75 000	185 000	40 000	70 000
—	—	—	—	—	—	—	—	—
525	**674 920**	**380 080**	**358 450**	**444 570**	**302 380**	**286 140**	**143 730**	**292 600**
000	202 000	502 000	1.169 000	1 303 000	1.642 000	700 000	740 000	490 000
000	**876 000**	**882 000**	**1.527 000**	**1.748 000**	**1.944 000**	**986 000**	**884 000**	**783 000**

…rhältnisse in Rußland mit den baltischen Provinzen.					Nationalitäts-Verhältnisse im Großfürstenthum Finnland*).	
Die baltischen Provinzen nach Graß, Schätzung für 1860 – 61.				Hierzu das übrige Rußland (Col. 2), mithin Rußland überhaupt (2 u. 6)	Köppen's Zahlen für 1835/40	Dieselben auf den Bewohnerstand von 1860 erhöht:
Ehstland	Livland	Kurland	Baltische Prov. zus.			
3.	4.	5.	6.	7.	8.	9.
18 079	65 124	47 868	131 071	583 450	363	450
5 279	400 [256]	—	5 679 [256]	18 881	136 612 [129 520]	248 952 [136]
—	298	49	347	746 582	—	—
–	368 370	464 484	832 854	2.651 007	—	—
—	1 201	28 186	29 387	1.455 993	—	—
275 001	427 336	2 313	704 650	2.890 876	1.103 061 [172 279]	1.470 062
44	21	73	138	2 633 586	—	—
28	4 032	14 917	18 977	1.215 885	—	—
–	–	—	—	101 160	—	—
13 469	50 518	16 535	80 532	48.237 728	[42 759]	26 432
311 900	**917 402** [256]	**547 425**	**1.803 891**	**60.535 148**	**1 412 315**	**1.746 032**

von Ignatius, dem Director des statistischen Bureau's zu Helsingfors, wird die Be-
nnischer, etwa 250 000 schwedischer Sprache, 4 000 Russen, 1 000 Deutsche (in Wiborg

Groß-Rußland mit Ingermanland und Kasan.			Klein-Rußland östlich des Dnepr.			Neu-russische Gouv (vormals tartarisch b…		
Petersburg	22 großrussische Gouvernements	Woronesch	Charkow	Pultawa	Tschernigow	Bessarabien	Cherson	Ta…
55 000	16 900	2 600	700	900	1 900	22 000	50 000	2
8 000	—	—	—	—	—	—	200	
—	—	—	—	—	—	620 000	95 000	
200	—	—	—	—	2 000	3 000	3 500	
3 000	1 000	—	—	—	—	—	—	
2 000	3 250	—	—	25 500	30 000	65 500	61 200	
500	300	—	—	—	—	2 000	3 000	
113 000	1.288 500	—	—	—	—	—	—	
3 500	1.421 100	—	—	—	—	—	—	5
250	8 960	2 600	1 170	775	460	17 500	2 500	
18 000	—	—	—	—	—	1 000	1 000	
—	—	—	—	—	—	45 000	11 500	
203 450	**2.740 000**	**5 200**	**1 870**	**27 175**	**34 360**	**776 000**	**227 900**	**10**
879 000	26.066 000	1.926 000	1.580 000	1.792 000	1.438 000	145 000	799 000	28
1.082 000	**28 806 000**	**1.931 000**	**1.582 000**	**1.819 000**	**1.472 000**	**921 000**	**1.027 000**	**38**

Nationalitäts-Verhältnisse im Königreich Polen nach der topographisch-statistischen Skizze.							Russi… Re… mit … und Fi… (Col. 2… 16 zusa…
Bevölkerungszahlen für 1856.						Königreich Polen, Zahlen für 1860	
Gouv. Augustowo	Gouv. Lublin	Gouv. Radom	Gouv. Warschau	Gouv. Plock	Ganzes Königreich Polen		
10.	11.	12.	13.	14.	15.	16.	1…
23 706	6 582	6 634	184 335	38 161	264 236	269 620	85…
?	?	?	?	?	?	50 [154]	26…
?	?	?	[4 204]	?	4 204	2 040	74…
212 604	8	4	2 444	398	215 458	254 069	2.90…
100 007	127 545	94 595	183 370	65 904	571 421	615 007	2.07…
—	—	—	—	—	—	—	4.36…
?	?	[574]	?	?	574	589	2.63…
[259 616]	[618 529]	[807 338]	[1.298 091]	[434 571]	3.418 145	3.470 785	4.68…
—	—	—	—	—	—	—	10
12 619	207 428	—	2 112	500	222 669	228 306	48 49…
613 562	**960 092**	**909 145**	**1.674 576**	**539 534**	**4.696 919**	**4.840 620**	**67 12…**

und Helsingfors), 1 000 Lappen und eine Anzahl Zigeuner angegeben. Auf den Bevö… weniger, dagegen 34 000 Finnen und 500 Deutsche mehr als die obenstehende Berechnu…

Land der donischen Kosaken.	Astrachanische Gouvernements.				Rußland überhaupt.	Volkstämme.
	Astrachan	Ssaratow	Ssamara	Orenburg		
20	300	110 000	80 000	1 500	610 000	Deutsche.
—	—	—	—	—	15 000	Skandinavier.
—	—	—	—	—	770 000	Rumänen.
—	30	—	—	—	47 000	Griecheu.
—	—	—	—	—	2.240 000	Letten.
—	250	—	—	—	1.390 000	Juden.
—	5 800	—	—	—	35 000	Armenier.
—	800	100 000	141 000	20 000	2.346 000	Finnische Völker.
23 600	205 500	70 700	226 500	1.090 800	3.099 700	Tartaren ꝛc.
400	500	380	710	85	48 000	Zigeuner ꝛc.
—	—	—	—	—	1.220 000	Polen.
—	—	—	—	—	60 000	Bulgaren ꝛc.
24 020	**213 180**	**281 080**	**448 210**	**1.112 385**	**11 880 000**	**Nicht-Russen.**
873 000	263 500	1.354 500	1.081 000	895 000	47.120 000	Russen.
897 000	**477 000**	**1.636 000**	**1.529 000**	**2.007 000**	**59.000 000**	**Gesammt-Bevölkerung.**

…täts-Verhältnisse im russischen Reich nach den Zahlen in Erckert's Tableau ethnographique (für 1858—59).

…d …e …n …en	Baltische Provinzen	Königreich Polen	Großfürstenthum Finnland	Das russische Reich überhaupt	Die nebenstehenden Zahlen um 2 Procent erhöht ergeben für 1860:	Nationen.
	19.	20.	21.	22.	23.	
…00	180 000	300 000	5 000	915 000	933 300	Deutsche,
…00	6 500	—	185 000	200 000	204 000	Skandinavier ꝛc.
…00	—	—	—	817 000	833 300	Romanische Völker.
…00	830 000	220 000	—	2.460 000	2.509 200	Letten.
…00	23 300	600 000	—	1.990 000	2.030 000	Juden.
…00	672 000	—	1.431 000	3.777 000	3.853 000	Finnische Völker.
…00	600	575	—	3.183 000	3.247 000	Tartaren, Zigeuner ꝛc.
…00	16 000	3.420 000	—	4.640 000	4.733 000	Polen.
…00	—	—	—	60 000	61 200	Bulgaren, Serben.
…00	36 000	224 000	15 000	47.359 000	48.306 000	Russen.
…00	**1 764 000**	**4.764 000**	**1.636 000**	**65 400 000**	**66.710 000**	**Gesammt-Bevölkerung.**

1860 reducirt ergiebt diese Schätzung ungefähr 12 000 Schweden und 22 500 Russen

Quelle.	Landestheil.	Kreis.	zu über 9 Zehntel den ... Zahl	Einwohner überhaupt	Deut...
1. Ehstland, Schätzung des statistischen Comité's (nach d. Ständeverzeichnissen) f. 1856/58.	Ehstland	Harrien	—	—	
		Wierland	—	—	
		Jerwen	—	—	
		Wieck	—	—	
		überhaupt	—	—	
2. Livland, Zählung in den Städten vom 3. März 1867, ergänzende Schätzung für das Land und ganz Oesel (nach den Ständeverzeichnissen).	Ehstnisch-Livland	Oesel	—	—	
		Dorpat	—	—	
		Werro	—	—	
		Pernau	—	—	
		Fellin	—	—	
		überhaupt	—	—	
	Lettisch-Livland	Riga	—	—	
		Wolmar	—	—	
		Wenden	—	—	
		Walk	—	—	
		überhaupt	—	—	
3. Kurland, Zählung vom 16. März 1863 in Kurland und Semgallen (nach der Muttersprache).	Semgallen	Doblen (Mitau)	—	—	
		Bauske	2	437	
		Friedrichstadt	—	—	
		Illuxt	—	—	
		überhaupt	**2**	**437**	
	Kurland	Tuckum	—	—	
		Talsen	2	2 190	2
		Goldingen	—	—	
		Windau	—	—	
		Hasenpoth	—	—	
		Grobin (Libau)	—	—	
		überhaupt	**2**	**2 190**	**2**

4. Littauen. a. Gouvernement Kowno.

Quellen und Nationen.	Kreise:	Rosienny.	T...
Littauer nach **Köppen** (Bevölk. von 1834 c. 81,5 Pct. der Bevölkerung von 1858), einschl. Szamaiten und Letten.	Anzahl	82 848	9
	Pct der Bevölkerung	68	
Littauer nach Angaben der **geograph.** Gesellschaft.	Anzahl	70 109	9
Littauer nach **Erckert's** Atlas von Polen.	Pct. der Bevölkerung	über 80	üb
Nationalitätsverhältniß der Familien nach der **Beschreibung des Gouv. Kowno.**	Zahl aller Familien	23 597	1
	Darunter littauische.	16 264	1
	" deutsche	1 858	
	" jüdische	4 455	
	" slawische	1 020	
Hiernach betrug bei gleicher Größe der Familien die Zahl	der Littauer (rund)	105 300	10
	der Deutschen (rund)	11 000	

… in den einzelnen Theilen von Livland, Ehstland, Kurland und

Städte und Flecken										
…hntel deutsch		zu 7 bis 8 Zehntel deutsch			zu 6 bis 7 Zehntel deutsch			zu 5 bis 6 Zehntel deutsch		
…nwohner			Einwohner			Einwohner			Einwohner	
…t	Deutsche	Zahl	überhaupt	Deutsche	Zahl	überhaupt	Deutsche	Zahl	überhaupt	Deutsche
—	—	—	—	—	—	—	—	2	15 442	8 400
—	—	—	—	—	1	1 464	1 000	—	—	—
—	—	—	—	—	1	1 084	700	—	—	—
—	—	—	—	—	1	1 486	1 000	—	—	—
—	—	—	—	—	**3**	**4 034**	**2 700**	**2**	**15 442**	**8 400**
—	—	—	—	—	—	—	—	—	—	—
—	—	—	—	—	—	—	—	—	—	—
—	—	—	—	—	—	—	—	—	—	—
—	—	—	—	—	—	—	—	—	—	—
—	—	—	—	—	—	—	—	1	3 091	1 556
—	—		—	—	—	—	—	**1**	**3 091**	**1 556**
	—	—	—	—	—	—	—	—	—	—
—	—	—	—	—	—	—	—	—	—	—
—	—	—	—	—	—	—	—	—	—	—
—	—	—	—	—	—	—	—	—	—	—
—	—	—	—	—	—	—	—	—	—	—
—	—	—	—	—	2	23 202	15 133	—	—	—
—	—	1	4 021	3 204	—	—	—	—	—	—
59	2 950	—	—	—	—	—	—	1	4 201	2 231
—	—	2	3 215	2 480	—	—	—	—	—	—
59	**2 950**	**3**	**7 236**	**5 684**	**2**	**23 202**	**15 133**	**1**	**4 201**	**2 231**
98	2 772	—	—	—	—	—	—	—	—	—
67	2 064	—	—	—	—	—	—	—	—	—
—	—	2	4 879	3 760	—	—	—	—	—	—
26	1 148	1	3 701	2 687	—	—	—	—	—	—
50	2 591	—	—	—	—	—	—	—	—	—
20	1 564	2	11 320	8 886	—	—	—	—	—	—
61	**10 139**	**5**	**18 900**	**15 333**	—	—	—	—	—	—

Poniewicz.	Kowno.	Wilkomirz	Nowo-Alexandrow.	überhaupt
94 379	40 907	97 171	87 011	501 584
92	41	80	75	62,3
102 699	48 933	80 798	79 808	562 789
über 80	50 bis 80	über 80	über 80	806 000
21 311	17 336	18 276	14 175	133 547
16 859	10 824	13 327	9 866	97 054
414	540	36	2	3 330
2 346	3 895	3 190	2 185	23 680
692	2 077	1 723	2 122	8 483
101 300	78 000	110 100	100 900	717 000
2 500	3 900	300	—	21 200

Anmerkung.

Unter den slawischen Familien sind 3 131 polnische, 5 169 russische. Die Polen sind nach Erckert in den Kreisen Kowno und Wilkomirz 5 bis 10 Pct., in den übrigen 1 bis 5 Pct. der Bevölkerung; die Russen sind 1 bis 5 Pct. in den Kreisen Nowo-Alexandrow, Kowno und Wilkomirz.

Nach **Matthäi** sind in Alt-Schagarn 2 400, in Tauroggen und der Umgegend 4 865, in Kowno 638 Deutsche, außerdem Deutsche in Birsen und zugehörigen Ortschaften, an der Muhs, am Alkischek, in Poniewicz und Synagollen.

Städte und Flecken									
zu 4 bis 5 Zehntel deutsch			zu 3 bis 4 Zehntel deutsch			zu 2 bis 3 Zehntel deutsch			Ei
Zahl	Einwohner überhaupt	Einwohner Deutsche	Zahl	Einwohner überhaupt	Einwohner Deutsche	Zahl	Einwohner überhaupt	Einwohner Deutsche	überhaupt
—	—	—	—	—	—	—	—	—	15 442
—	—	—	—	—	—	—	—	—	1 464
—	—	—	—	—	—	—	—	—	1 084
—	—	—	—	—	—	—	—	—	1 486
—	—	—	—	—	—	—	—	—	**19 476**
1	3 442	1 500	—	—	—	—	—	—	3 442
1	20 780	8 877	—	—	—	—	—	—	20 780
1	2 076	1 003	—	—	—	—	—	—	2 076
—	—	—	1	9 288	3 626	—	—	—	9 288
—	—	—	—	—	—	—	—	—	3 091
3	**26 298**	**11 380**	**1**	**9 288**	**3 626**	—	—	—	[1] **38 677**
2	102 792	47 851	—	—	—	—	—	—	102 792
2	3 442	1 597	—	—	—	—	—	—	3 442
1	3 123	1 497	—	—	—	—	—	—	3 123
—	—	—	1	3 546	1 136	—	—	—	3 546
5	**109 357**	**50 945**	**1**	**3 546**	**1 136**	—	—	—	[1] **112 903**
—	—	—	—	—	—	—	—	—	23 000
—	—	—	—	—	—	—	—	—	4 458
—	—	—	—	—	—	—	—	—	7 660
1	535	229	—	—	—	2	2 505	695	6 255
1	**535**	**229**	—	—	—	**2**	**2 505**	**695**	**41 373**
—	—	—	—	—	—	—	—	—	3 398
—	—	—	—	—	—	—	—	—	4 837
—	—	—	—	—	—	—	—	—	4 879
—	—	—	—	—	—	—	—	—	11 027
—	—	—	—	—	—	—	—	—	3 150
—	—	—	—	—	—	—	—	—	13 240
—	—	—	—	—	—	—	—	—	**40 531**

b. Gouvernement Wilna.

Quellen und Nationen.	Kreise:	Troki.
Littauer nach **Köppen** (Bevölk. von 1834, c. 86,9 Pct. der Bevölkerung von 1858)	Anzahl	49 237
	Procent der Bevölkerung	53
Littauer nach **Erckert's** Atlas von Polen.	Procent der Bevölkerung	über 90
Littauer nach der **Gouvernements-Beschreibung.**	Anzahl	.
[Ergänzende Schätzung für die übrigen Kreise].	Anzahl	[95 000

Nach dem statistischen **Wörterbuch** sind im Gouv. Wilna 420 000 (48 Pct. der (bei Buschen unter den Eingewanderten begriffen). Als Anzahl der Deutschen hat K Wilna gehörigen Deutschen auf 1 000 an, ebenso hat Erckert 1 000 Deutsche. Nach d völkerung. Die Polen machen nach Erckert in allen Kreisen außer Troki und Swienc leika, Oszmiana, Lida über 20, im Kreise Swiencany über 5, in Wilna und Troki üb

…nementsbeschreibungen und anderen Quellen.

	Land.		Stadt und Land zusammen.				Anmerkungen.
	Einwohnerzahl		Einwohnerzahl				
				darunter			
…n	überhaupt	darunter Deutsche	überhaupt	Deutsche	Letten	andere Nationen	
—	80 179	800	95 621	9 200	.	.	
—	80 036	1 500	81 500	2 500		.	
—	42 442	400	43 526	1 100		.	
—	75 207	900	76 693	1 900	.	.	
—	**277 864**	**3 600**	**297 340**	**14 700**	.	**282 640**	
—	50 553	500	53 995	2 000	.	.	
…4	135 333	2 200	150 920	8 900	.	.	
…3	72 493	700	74 050	1 500	.	.	
…5	59 254	1 000	66 220	3 700	.	.	
6	109 681	1 000	111 990	2 200	.	.	
…8	**427 314**	**5 400**	**457 175**	**18 300**	**3 000**	[2] **435 875**	
…8	89 594	2 900	166 690	38 800	.	.	
…1	89 906	700	92 490	1 900	.	.	
…0	115 859	1 500	118 200	2 600	.	.	
…1	85 419	900	88 080	1 800	.	.	
…0	**380 778**	**6 000**	**465 460**	**45 000**	**373 000**	[3] **47 460**	
…3	68 537	1 909	91 537	17 042	71 404	3 091	
…1	48 127	2 361	52 585	5 966	46 312	307	
…4	50 349	1 726	58 009	6 907	49 165	1 927	
…2	50 661	1 899	56 916	5 303	31 484	20 029	
…0	**217 674**	**7 895**	**259 047**	**35 218**	**198 365**	[4] **25 464**	
…2	45 680	1 958	49 078	4 730	44 123	225	
…3	51 404	2 616	56 241	6 697	49 483	61	
…6	54 736	3 771	59 615	7 531	51 814	270	
…6	30 632	1 314	41 659	5 149	33 564	2 946	
…8	49 757	2 820	52 907	5 411	47 289	207	
…3	42 499	1 915	55 739	12 365	42 513	861	
…8	**274 708**	14 494	**315 239**	**41 883**	**268 786**	[5] **4 570**	

1) Die bei der Zählung ermittelten Zahlen sind in den Hauptsummen auf ¾, den ungefähren Bevölkerungstand von 1860, reducirt.

2) Nach der Zählung sind in den Städten ohne Arensburg (Oesel) 16 240 Ehsten, 3 324 Russen, 401 andere.

3) In den Städten 26 635 Russen, 1 942 Ehsten, 4 125 andere (meist Polen).

4) Darunter sind 16 757 Russen (12 575 im Kreise Illuxt, 2 588 in Mitau, 976 in Jacobstadt) und 8 629 Polen (7 548 im Kreise Illuxt, 1 056 allein in der Stadt Illuxt).

5) Darunter sind 1 366 Russen, 502 Polen, 2 546 Liven (Letten), letztere im Kreise Windau.

6) Die Juden in Kurland (15 591) und Semgallen (18 178) reden deutsch; sie machen in den Städten mit Ausnahme von Mitau und Jacobstadt, Windau und Libau und in den meisten Flecken die Mehrheit der Deutschredenden aus.

Swiencany.	Lida.	Oszmiana.	Wileika.	Disna.	überhaupt.
43 760	12 441	.		.	138 320
29	13	.		.	18,2
50 bis 90	20 bis 50	20 bis 50	unter 20	unter 20	410 000
.	.		30 000	.	46,0 Pct.
[80 000]	[55 000]	[60 000]	.	[15 000]	418 880

…ngefähr entsprechend Buschen's Angaben, 185 000 Russen, 80 000 Juden, 2 400 Tartaren … 646 (Eingewanderten überhaupt); **Matthäi** giebt die Zahl der zum lutherischen Kirchspiel …s-Beschreibung sind die Littauer 46,0, die Polen 12,3, die Russen 31,7 Procent der Be-…ocent der Bevölkerung aus, die Russen im Kreise Disna über 50, in den Kreisen Wi-

(Noch 4. Littauen.) c. Vom Gouvernement Grodno der Kreis Gr

Nach **Köppen** sind im Kreise Grodno nur 1 513 Littauer; nach **Erckert** sind 50 000 Littauer leben, nicht vereinbar ist; nach der **Gouv.-Beschreibung** sind nur 2 000 55 000. Nach dem **statistischen Wörterbuch** sind 10 Pct. der Einwohner dieses Kreises R den Kreisen Slonim und Wilkowiszki mit 192 000 Einw. 12 Pct. und im Kreise Soko Gouv.-Beschreibung giebt die Zahl der Fremden im Kreise Grodno auf 335 an, die der

Beilage 2 zu Tabelle IV.

Kreise und Regierungsbezirke.	Bezeichnung der hauptsächlichen historischen Bestandtheile der heutigen Kreise.
Kreise Maryampol, Kalwarya, Seyny ..	Littauen ....
Kreis Augustowo	Littauen und Podlachien........
„ Lomza	Mazowien (Warszawa)........
Reg.-Bez. Augustowo ..	—
Kr. Ostrolenka, Pultusk, Przasnysz, Mlawa	Mazowien (Warszawa)........
Kreis Plock	Mazowien (Plock) ....
„ Lipno........	Kujawien (Dobrzyn) ....
Reg.-Bez. Plock	—
Kreis Wloclawck........	Kujawien (Brzesc)........
„ Konin	Groß-Polen (Kalisz) ....
„ Kalisz	Groß-Polen (Kalisz) ....
„ Wielun	Groß-Polen (Wielun) u. Klein-Polen (Kraf.)
„ Piotrkow........	Groß-Polen (Sieradz)........
„ Sieradz	Groß-Polen (Sieradz)........
„ Lenczyca........	Groß-Polen (Lenczyca) ....
„ Gostynin	Mazowien (Rawa)........
„ Lowicz	Mazowien (Rawa)........
„ Rawa........	Mazowien (Rawa)...
„ und Stadt Warszawa........	Mazowien (Warszawa) ....
„ Stanislawow	Mazowien (Warszawa) ....
Reg.-Bez. Warszawa ..	—
Kreis Siedlce	Mazowien (Warszawa) und Podlachien ....
„ Biala........	Podlesien (Weiß-Rußland) ....
„ Hrubieszow, Krasnystaw u. Zamosc	Russinien (Chelm) und Klein-Polen (Lublin)
„ Lublin, Lukow, Radzyce	Klein-Polen (Lublin)........
Reg.-Bez. Lublin.....	—
Kreise Kielce, Opatow, Opoczew, Radom, Sandomierz, Stopnica	Klein-Polen (Sandomir)........
„ Miechow und Olkusz	Klein-Polen (Krakow)........
Reg.-Bez. Radom.....	—
Königreich Polen .	—

Anmerkung. Im Jahre 1856 war die Zahl der Deutschen im Königreich 6 582 in Lublin, 6 634 in Radom), 1860 waren im ganzen 269 620 Deutsche (vgl. Ta Nach Zeitungsnachrichten sollen im Jahre 1867 356 806 in Polen ansässige, außerdem

Unter den angeblich nur 236 680 Mitgliedern der lutherischen Gemeinden im Zahl der Lutheraner im Königreiche Polen hatte sich zwischen 1860 (wo dieselbe etwa 28 mit den vorerwähnten Nachrichten für 1867 nicht vereinbar ist). Hiernach hätte also mährischen Brüdern und etwa 11 000 Römisch-Katholischen bestanden.

der Bevölkerung, was jedoch mit Erckert's Angabe, nach welcher im Gouv. Grodno
dem statistischen Wörterbuch sind sie 50 Pct. (der etwa 110 000 Einwohner), also etwa
5 Pct. Polen. Die Angaben des stat. Wörterbuches (nach welchem die Littauer auch in
inw 50 Pct. ausmachen) scheinen denen der Buschen'schen Tabelle zu entsprechen Die
34; nach **Matthäi** ist in diesem Kreise eine deutsche Colonie mit 163 Einwohnern.

Vertheilung der Deutschen im Königreiche Polen nach Köppen's

tschen vertheilen sich nach ihrer absoluten Anzahl innerhalb jeder Ortschaft auf:

Ortschaften mit 100 bis 199 Deutschen.		Ortschaften mit 200 bis 499 Deutschen.		Ortschaften mit 500 bis 999 Deutschen.		Ortschaften mit 1000 bis 1999 Deutschen.		Ortschaften mit 2000 und mehr Deutschen.	
Ortschaften	Zahl der Deutschen	Ortschaften	Zahl der Deutschen	Ortschaften	Zahl der Deutschen	Ortschaften	Zahl der Deutschen	Ortschaften	Zahl der Deutschen
11	1 411	8	2 723	6	5 066	—	—	—	—
3	355	1	466	—	—	—	—	—	—
2	260	1	290	—	—	—	—	—	—
16	**2 026**	**10**	**3 459**	**6**	**5 066**	—	—	—	—
14	1 874	6	1 756	—	—	—	—	—	—
10	1 392	7	1 781	1	591	—	—	—	—
27	3 545	14	3 907	2	1 108	—	—	—	—
51	**6 811**	**27**	**7 444**	**3**	**1 699**	—	—	—	—
11	1 337	5	1 186	—	—	—	—	—	—
20	2 689	11	3 058	3	1 860	—	—	—	—
17	2 571	8	2 671	1	816	1	1 643	—	—
4	522	2	546	—	—	1	1 518	—	—
13	1 817	14	3 782	4	2 240	—	—	—	—
14	2 034	4	1 167	1	609	2	2 987	—	—
12	1 755	8	2 018	2	1 175	4	5 736	2	10 717
16	2 110	11	2 983	1	758	—	—	—	—
16	2 324	6	1 634	—	—	—	—	—	—
11	1 282	4	1 529	—	—	—	—	—	—
16	2 088	8	2 068	—	—	—	—	1	6 131
7	883	5	1 218	—	—	—	—	—	—
157	**21 412**	**86**	**23 860**	**12**	**7 458**	**8**	**11 884**	**3**	**16 848**
3	388	3	1 226	—	·	—	—	—	—
—	—	—	—	—	—	—	—	—	—
6	830	—	—	—	—	—	—	—	—
6	805	1	292	—	—	—	—	—	—
15	**2 023**	**4**	**1 518**	—	—	—	—	—	—
6	798	3	809	—	—	—	—	—	—
1	114	—	—	—	—	—	—	—	—
7	**912**	**3**	**809**	—	—	—	-	—	—
246	**33 184**	**130**	**37 090**	**21**	**14 223**	**8**	**11 884**	**3**	**16 848**

(davon 28 706 im Gouvernement Augustowo, 38 161 in Plock, 184 355 in Warszawa,
rt, welcher sonst die Zahlen von 1858 benutzt, giebt jedoch schon 300 000 Deutsche an.
ehend anwesende Deutsche gezählt worden sein.
, welche bei **Busch** erwähnt werden, waren im Jahre 1865 etwa 210 800 Deutsche; die
1865 angeblich um 45 000 durch Auswanderung nach Rußland vermindert (was jedoch
che Bevölkerung Polens aus gegen 251 000 Lutherischen, den 7 900 Reformirten und

5. Polnisch-Livland.

Der bis zur ersten Theilung Polens bei diesem Reiche verbliebene Theil vo
des Gouvernements Witebsk. Dieselben enthielten nach Köppen's Abhandlung über den
cent der Einwohnerzahl dieser Kreise, welche bei der Revision von 1834 auf 87 092,
drei Kreisen zwischen 50 und 80 Procent der Einwohner aus, die Deutschen 1 bis 5
über 5 Procent, die Russen in Dünaburg und Luzin gleichfalls über 10, im Kreise Res

Angaben für die Kreise und Ortschaften aus dem Jahre 1851.

Deutsche Bevölkerung des Königreichs Polen im Jahre 1851.		Die Ortschaften mit mindestens 100 Deutschen vertheilen sich n							
		über 8 Zehntel der Einwohner Deutsche.		über 7 Zehntel (bis 8 Zehntel) der Einwohner Deutsche.		über 6 Zehntel (bis 7 Zehntel) der Einwohner Deutsche.		über 5 Zehntel (bis 6 Zehntel) der Einwohner Deutsche.	
Ortschaften	Zahl der Deutschen	Ortschaften	Zahl der Deutschen	Ortschaften	Zahl der Deutschen	Ortschaften	Zahl der Deutschen	Ortschaften	Zahl der Deutschen
388	15 602	19	8 400	—	—	—	—	1	100
71	1 556	1	100	—	—	—	—	—	—
30	1 046	—	—	—	—	1	290	—	—
489	**18 204**	**20**	**8 500**	—	—	**1**	**290**	**1**	**100**
258	8 044	19	3 507	—	—	—	—	—	—
213	7 231	10	2 602	—	—	—	—	—	—
326	15 529	23	5 296	3	402	6	1 326	2	386
797	**30 804**	**52**	**11 405**	**3**	**402**	**6**	**1 326**	**2**	**386**
81	4 422	8	1 338	—	—	5	803	1	110
323	15 554	17	4 368	3	772	4	500	3	489
69	9 145	9	2 017	1	136	1	190	5	1 776
81	3 522	1	1 518	—	—	—	—	1	310
77	9 101	19	5 963	—	—	1	131	1	237
120	8 819	15	5 917	—	—	1	186	3	468
144	23 953	16	11 450	1	306	—	—	2	5 893
218	11 222	16	2 722	3	497	2	623	1	277
129	7 198	14	2 541	—	—	2	313	1	249
58	4 362	7	1 732	—	—	2	230	1	142
160	13 411	17	3 107	1	155	2	205	2	420
60	3 351	9	1 597	—	—	—	—	1	110
1 520	**114 060**	**148**	**44 270**	**9**	**1 866**	**20**	**3 181**	**22**	**10 481**
36	2 168	6	1 614	—	·	—	—	—	—
9	41	—	—	—	—	—	—	—	—
25	1 297	1	161	—	—	—	—	—	—
32	1 648	4	591	—	—	—	—	—	—
102	**5 154**	**11**	**2 366**	—	—	—	—	—	—
26	4 947	7	1 299	—	—	1	200	-	—
29	426	—	—	—	—	—	—	—	—
155	**5 373**	**7**	**1 299**	—	—	**1**	**200**	—	—
3 063	**173 595**	**238**	**67 840**	**12**	**2 268**	**28**	**4 997**	**25**	**10 967**

Für die vormals kgl. preußischen, 1807 an Rußland abgetretenen Kreise
nements Grodno unter 257 000 Einw. angeblich 67 500 Polen, 30 233 Juden, 156 525
52 500 Russen zählen, wird die Zahl der Eingewanderten (Deutschen) in der Gou
Deutsche nach Ortschaften specificirt mit den Specialzahlen: 923, 712, 709, 451, 921
Zahl der Deutschen für 1860 im vormals kgl. preußischen Antheil auf über 254 000, in

Die Zahl der Littauer war nach Köppen's älteren Zahlen 112 562 im Kreis
erhöht, in diesen Theilen 150 000, bez. 88 500 und 6 500 Littauer ergeben würden; im

ch=Livland) begreift die heutigen Kreise Dünaburg, Luzin und Reszica (Rositten) stamm 47 759, bez. 46 362 und 48 376 Littauer (Letten), d. h. etwa 56, 70, 65 Pro= 77 435 ermittelt worden war. Nach Erckert machen die Littauer in den genannten en sind nach Erckert in den Kreisen Dünaburg und Luzin über 10, im Kreise Reszica cent der Einwohner.

…n Antheile der Deutschen an der Gesammtbevölkerung:						Zahl der lutherischen Deutschen für 1865 (Busch Geschichte und Statistik der Evang. Augsburg. Gemeinden) n. Kirchspielen	Kreis.
über 3 Zehntel (bis 4 Zehntel) der Einwohner Deutsche.		über 2 Zehntel (bis 3 Zehntel) der Einwohner Deutsche.		höchstens 2 Zehntel der Einwohner Deutsche.			
Ortschaften	Zahl der Deutschen	Ortschaften	Zahl der Deutschen	Ortschaften	Zahl der Deutschen		
—	—	1	113	4	587	19 345	Maryampol rc.
—	—	1	446	2	255	793	Augustowo.
1	136	1	124	—	—	1 112	Lomza.
1	**136**	**3**	**683**	**6**	**842**	**21 250**	
1	123	—	—	—	—	12 354	Ostrolenka rc.
—	—	—	—	3	409	7 190	Plock.
1	123	3	452	—	—	15 006	Lipno.
2	**246**	**3**	**452**	**3**	**409**	**34 550**	
—	—	-	---	2	272	4 394	Wloclawek.
—	—	1	213	3	894	26 783	Konin.
3	420	1	123	4	2 177	15 286	Kalisz.
1	155	1	106	3	497	5 181	Wielun.
5	631	2	246	2	398	6 784	Piotrkow.
2	226	—	—	—	—	23 110	Sieradz.
3	473	1	268	2	442	27 910	Lenczyca.
1	758	—	—	2	525	10 840	Gostynin.
—	—	—	—	1	103	3 590	Lowicz.
1	100	—	—	—	—	3 464	Rawa.
—	—	—	—	1	6 131	15 320	Warszawa.
1	248	—	—	—	—	1 838	Stanislawow.
17	**3 011**	**6**	**956**	**20**	**11 439**	**144 500**	
—	—	—	—	—	—	1 690	Siedlce.
—	—	—	—	—	—	—	Biala.
2	263	—	—	2	248	—	Hrubieszow rc.
1	104	1	110	1	292	4 150	Lublin rc.
3	**367**	**1**	**110**	**3**	**540**	**5 840**	
1	108	—	—	—	—	4 300	Kielce rc.
1	114	—	—	—	—	360	Miechow rc
2	**222**	—	—	—	—	**4 660**	
25	**3 982**	**13**	**2 201**	**32**	**13 230**	**210 800**	

alystok (Podlachien) und Sokol (Littauen), welche nach der Beschreibung des Gouvern Procentsätzen im statistischen Wörterbuch aber etwa 147 000 Polen, 8 000 Littauer, f 3 304 angegeben. In Busch's Materialien dagegen (bei Matthäi) werden hier 3 462 2, 12. Mit Einrechnung dieses Landestheils (des vorm. Gouv. Bialystok) stellt sich die chen (West=Galizien) auf etwa 18 000.

3 406 in Kalwarya, 4 948 in Seyny, welche Zahlen auf den Bevölkerungstand von 1860 betrug die Zahl der Littauer auch nach Erckert nur zwischen 5 und 10 Pct. der Einw.

Kreis bestimmte Summen für jede Nation angesetzt hatte. Erckert berechnet für di schen etwa 50,000 mehr, und zwar bei den Ostseeprovinzen, wo die von ihm ange Summen nach den anderweiten Ermittelungen gewiß zu hoch sind; für die R hat er etwa 106,000, für die Tartaren und Mongolen 600,000, für die Polen mehr, dagegen für die Letten 385,000, für die Finnen 500,000, für die Sü 40,000, für die Juden 35,000, die Griechen 17,000, die Russen 135,000, im 330,000 Einwohner weniger. Die letztere Differenz liegt hauptsächlich in der ni Angabe für das Gouvernement Taurien, das bei Erckert 300,000 Einwohner, d 240,000 Tartaren, 42,000 Russen, weniger zählt. Die Differenz zwischen den der Finnen und Tartaren wird theilweise dadurch erklärt, daß die Tschuwaschen, Köppen als Wolga-Finnen rechnet und auf 430,000 angiebt (meist in großrussisc kasaner Gouvernements, dann in Ssamara ꝛc.), von Erckert als Tartaren gerechnet

6. Für die baltischen Provinzen lag dem Verfasser eine Zusammenstellun welche der Professor Graß zu Dorpat in der baltischen Wochenschrift (Jahrgang Nr. 1) veröffentlicht hat; sie ergiebt die Zahlen für jede Nationalität nach d völkerungstand von 1860 für Ehstland, 1861 für Livland und Kurland. Für rechnung der Zahlen jeder Nation auf das Jahr 1860 ist diese Zusammenstell benutzt, daß zu derselben die aus der Berechnung zu 3 entnommenen Zahlen übrigen Gouvernements mit einem Bevölkerungszusatz von 2 Procent gesetzt s

Für das Königreich Polen liegen Zahlenangaben der Nationalitäts-Verh aus den Jahren 1856 und 1860 vor; die ersteren sind nach den einzelnen Go ments getrennt, jedoch ohne Unterscheidung der Russen und Polen, sie sind de in Leipzig erschienenen Schrift „das Königreich Polen" entnommen, einer stark feindlichen Schrift, welche angeblich aus amtlichen Quellen geschöpft hat.

Für Finnland hat Köppen auf seiner ethnographischen Karte dieses Lan Zahlen nach dem Bevölkerungstande von 1835 und bez. 1840 angegeben, hierbe außer der Zahl der Schweden, Finnen und Lappen (nur 1245) noch 129,5 Schweden mit Finnen gemischt und 42,759 als Russen mit Kareliern gemi zeichnet. Danach lassen sich die Nationalitäts-Zahlen für den Bevölkerungsta 1860 nur durch gleichmäßige Theilung dieser gemischten Zahlen annähernd schä

Neben die hiernach ermittelten Hauptsummen für Rußland (einschließlich der b Provinzen, Polens und Finnlands, also für das ganze russische Reich) für 1860 entsprechenden Zahlen aus Erckert's Zusammenstellung (1858/9) gesetzt, welche zelnen Positionen dem wirklichen Bestande der Nationen näher, in ander weniger nahe kommen werden; zur Vergleichung mit den vorstehenden Zahlen (sind sie (in Sp. 23) um 2 Pct. (auf den ungefähren Stand von 1860) erhöh Juden mußten auch hier, wie dies bei Köppen, Erckert, Buschen geschehen, als b Nation aufgeführt werden, da für die Untervertheilung derselben auf die deutsc nische oder andere Sprachen jeder Maaßstab fehlte.

7. In der ersten Beilage sind die besonderen Angaben für die Vertheil Deutschen innerhalb der baltischen Provinzen auf die einzelnen Kreise und zwar mi scheidung der Städte so zusammengestellt, daß die Mischungsgruppen nach Zehn Bevölkerung unterschieden sind. Für Ehstland lag hierzu eine Schätzung für vision (Zählung) von 1856 bis 1858 vor, welche vom statistischen Comité zu ausgegangen, und bei welcher die Zahl der Deutschen nach den Ständeverzei annähernd bestimmt ist; sie bleibt in den Hauptsummen hinter denen von Gr namentlich hinter denen von Erckert zurück. Eine weitere Angabe dieses Comité's die Zahl der Deutschen für das Jahr 1864 auf 18,000 unter überhaupt 309,38

Für Livland liegt das Resultat der neuen in den Städten und Flecken des Fest-
s ausgeführten Zählung vor, welche für diese im ganzen 150,680 Einw. ergeben
während die alljährlich fortgeführten Bevölkerungszahlen für das Jahr 1861 erst
umme von 105,766 Einwohnern in denselben ergaben. Um die Resultate vergleich-
u machen, sind die 1867 ermittelten Zahlen für die Nationalität der städtischen Be-
ung (für 1861) auf $^3/_4$ der gezählten Summe reducirt, und sind denselben für das platte
und Oesel geschätzte Summen hinzugefügt, welche aus den Ständeverzeichnissen
ähnlich, wie vom statistischen Comité in Ehstland geschehen,) abgeleitet sind. Das
niß entspricht ungefähr der obigen nach Köppen ausgeführten Schätzung der Zahl
Deutschen, bleibt dagegen hinter den Angaben von Graß etwas, hinter denen von
t bedeutend zurück.

Für Kurland mit Semgallen liegt die Zählung vom März 1863 vor, deren
niß hinsichtlich der Gesammtbevölkerung, wie hinsichtlich der Zahl der Deutschen
ähr den Zahlen bei Graß gleichkommt, dagegen über die nach Köppen ausgeführte
hnung etwas hinausgeht und wiederum in Ansehung der Zahl der Deutschen hin-
rckert's Schätzung zurückbleibt. Diese Zählung richtete sich auf die Nationalität
evölkerung, welche nach der Muttersprache angegeben werden sollte.

Für die zum alten Littauen und zum vormals polnischen Livland gehörigen Kreise
n sich eine Anzahl besonderer Angaben über die Nationalität vor, welche auf der
Beilage gleichfalls zusammengestellt sind. Sie sind theils Köppen's An-
in seiner Schrift über den littauischen Volkstamm (Bulletin der Petersburger
mie, Theil 8) entnommen, wobei jedoch zu berücksichtigen ist, daß die betreffenden
n bei einzelnen Kreisen ganz fehlen, bei anderen unvollständig sind; theils sind
us dem statistischen Wörterbuch, dessen Data mit den bei Buschen für die
als polnischen Provinzen mitgetheilten übereinstimmen, theils aus den russischen
vernements-Beschreibungen (für Kowno, Wilna und Grodno), theils aus
rt's Atlas der vormals polnischen Landestheile entnommen. (S. übrigens die
rkungen zu dieser Beilage.)

3. Für das Königreich Polen liegt außer den obenerwähnten Angaben für 1856
1860 aus dem anonymen Werk „das Königreich Polen, topographisch-statistische
e, Leipzig, 1864", dessen Material angeblich auf genauen officiellen Berichten be-
eine Arbeit von Köppen über die Zahl und Vertheilung der Deutschen im
reich Polen vor. Die Angaben über die Zahl derselben sind von den Ortsbehörden
zwar nach dem Bevölkerungstande von 1851 erstattet worden. Sie sind von
n so publicirt, daß die Zahl der Deutschen in jedem Kreise und die Zahl der
aften, in denen sie wohnen, angegeben sind; außerdem giebt Köppen noch ein Ver-
ß der Orte, in denen über 100 Deutsche leben, mit der Zahl der letzteren. Aus
Specialangaben ist die zweite Beilage aufgestellt. Die Zahl der Littauer
Gouv. Augustowo ist in Köppen's Abhandlung über den littauischen Volkstamm
. der Akademie, Th. 8) angegeben. Die Vertheilung der Ortschaften nach dem
ungsgrade der deutschen Bevölkerung (rechts nach Zehnteln) ist nur als ein Ver-
u betrachten, da dem Verfasser weder Bevölkerungszahlen für dasselbe Aufnahme-
noch für denselben Umfang der Gemeinden zu Gebote standen. Eine vortreffliche
alstatistik für die kirchlichen Verhältnisse der lutherischen Gemeinden giebt das
e Werk von Busch; in demselben wird auch die Nationalität der Eingepfarrten
in Zahlen, theils in Bruchtheilen angegeben; die Zahlen für die Gemeinden sind
ch in der letzten Spalte so zusammengestellt, daß die Gemeinde jedesmal dem Kreise
chnet ist, in welchem der Pfarrort liegt. (S. auch die Anmerkungen zu dieser
ge).

V. Oesterreichi

Zusammenstellung verschiedener Berechnungen un
rischen Kronländer, aufgestellt aus den Angaben für
Czörnig's Ethnographie und Handbüchlein und in
Nationalitäts-Verhältnisse der Bezirke und Ortscha
graphie und die der Kreise Oesterreichs, Steiermar
die Nationalitäts-Verhältnisse der Bezirke und O
Königreichs nach Phrosinus, Schnabel und Ficker, d
österreichischen Schlesiens nach Ficker und die der K
täts-Verhältnisse der Comitate Ungarns, Kroatien
Statistik von Ungarn und nach Ficker's Völkerstämm

Erläuterung. Die verschiedenen in der Tabelle V enthaltenen Bevölkerungs
beruhen auf einer und derselben Aufnahme, welche nur wiederholentlich übera
und mit anderen Zählungen in Verbindung gesetzt ist. Nach Angabe der Czörni
Ethnographie erfolgten die ersten Erhebungen im Jahre 1847 durch die administr
Unterbehörden, nach eigens dazu vorbereiteten Formularen und Instructionen, und
über die Nationalität der Bewohner jedes einzelnen Ortes im Anschluß an d
Jahresschlusse vorangegangene Zählung. Die Ergebnisse wurden 1848 bei der
Eintheilung der Kronländer benutzt. Von da ab erfolgte eine genaue Revisio
Prüfung in Ansehung der ethnographischen Zugehörigkeit, bei welcher für die W
dina und Istrien neue Erhebungen nothwendig erschienen und stattfanden. Di
mulare und Instructionen, nach welchen die Aufnahme geschah, sind nicht veröffen
aus der Ethnographie, S. 23 bis 86, geht jedoch hervor, daß die Sprache die
liche Grundlage bildete. Nach Inhalt der Vorrede ist indeß auch die Tracht und
der Bevölkerung bei der Aufnahme berücksichtigt worden. Auch ist man bei de
vision der Aufnahme-Ergebnisse dahin gekommen, einen Gegensatz zwischen den e
graphischen und den Sprach-Verhältnissen anzunehmen; dies ist insofern geschehe
die größeren Orte in Böhmen, Mähren und Schlesien, in welchen man deuts
häufig mehr deutsch als czechisch spricht, und welche auf der ersten Ausgabe von
nig's Sprachkarte als gemischt bezeichnet waren, der ethnographischen Zugehö
wegen als rein czechisch bezeichnet worden sind. Aehnlich ist vielleicht gegenüber dem M
rischen verfahren, da die Vorrede gleichfalls hervorhebt, daß dieses vor 1848 g
Ausdehnung auch in Gegenden erlangt habe, wo keine Magyaren wohnen, we
ethnographische Karte nicht berücksichtigen dürfe. Die Juden sind nicht nach der S
auf die Nationalitäten vertheilt, sondern es ist nur gesagt, daß ihre Gemeinden in B
sowie auch in Galizien und der Bukowina deutsche Sprachinseln bilden, und

che Monarchie.

gen der Nationalitäts-Verhältnisse der österreichisch-unga-
1843 bis 1868 bei Häufler, Stricker, Hain, Brachelli, in
lkerstämmen; hierzu vier Beilagen, enthaltend: erstens die
onlandes Oesterreich unter der Enns nach Czörnig's Ethno-
nd des Küstenlandes nach Ficker's Völkerstämmen, zweitens
es Königreichs Böhmen nach Ficker und die der Kreise des
Nationalitäts-Verhältnisse der Bezirke und Ortschaften des
ens und Galiziens nach demselben, viertens die Nationali-
Militärgränze in den Jahren 1840 und 1857 nach Fenyes'

sich zwar der Mehrzahl nach der deutschen, aber auch häufig der slawischen,
ischen und italiänischen Landessprache bedienen. Dagegen sind wiederum nicht
nationalisirten Nachkommen einer bestimmten Nation dieser grundsätzlich zugerech-
a unter den Italiänern in Süd-Tirol auch romanisirte Deutsche, unter den
bergern germanisirte Romanen, unter den Slowaken (Czechen) angeblich 89,120
sirte Deutsche und 23,920 slowakisirte Ruthenen enthalten sind; bei Istrien ist
daß die italiänisirten Kroaten an der Westküste und die kroatisirten Italiäner
tern „zum Theil" ihre Muttersprache vergessen haben. Die Bemerkungen, daß
Nieder-Oesterreich zerstreut wohnenden Kroaten und Slowaken so germanisirt
nd sich so wenig durch charakteristische Sitten und Gebräuche unterschieden, daß
ographisch nicht ausgeschieden seien, ferner daß in Wien, welches einen völlig
n Charakter bewahre, eine ethnographische Aufnahme nicht erfolgt sei, zeigen
lls, in welcher Weise die Ermittelungen aufgefaßt worden sind. Die Erklärung
lkertafel in der Ethnographie, daß die in Wien und den Landstädten lebenden
, Romanen und Magyaren in ihrer Vereinzelung nicht ausgeschieden werden
, und daß dagegen die unter den Slawen, Romanen und Magyaren in den
denen Kronländern vereinzelt lebenden Deutschen dem herrschenden Volkstamme
hlt worden seien, lassen schließen, daß man daselbst eine allgemeine Individual-
me nicht vorgenommen hat; eine Ausnahme hiervon macht vielleicht die Woiwo-
it dem Banat. Aus dem Umstande, daß die veröffentlichten Zahlen der einzel-
tschaften in Nieder-Oesterreich öfters runde Summen enthalten (9 runde Summen
38 Specialzahlen), und daß die Zahlen für die Einwohner, welche der von der
nden Nationalität abweichenden Nation angehören, in den einzelnen Bezirken
öhmen, Schlesien und West-Galizien oft runde Summen sind, läßt sich gleichfalls
n, daß die Zahl der zu einer abweichenden Nationalität gehörigen Individuen

von den Behörden in verschiedener Weise ermittelt worden ist, theils durch Sch entweder in runder Summe oder in einem bestimmten Procentantheile, theils wirkliche Aufrechnung der nach Ansicht der Behörden zu der betreffenden Spra hörigen Personen, wobei dann das Ergebniß der letzten Zählung zu Grunde worden ist. Mit diesem Sachverhältniß ist auch Ficker's Angabe vereinbar, d Jahre 1846 und im Jahre 1850 von Seiten der politischen Behörden die Nachw der Sprachen-Rubrik bei der Conscription jeder Gemeinde erfolgt sei. Inwiewe der Zählung von 1857, welche in Ansehung der einheimischen Bevölkerung durch haltungslisten geschah, auf diesen Listen selbst Notizen über das Sprachverhältniß g und zu diesem Zwecke benutzt sind, ist nicht bekannt. Die Zahlen über die Nat tät für 1857 beziehen sich allerdings gerade auf die einheimische Bevölkerung; d gemeine Formular enthielt jedoch die betreffende Frage nicht, und in Czörnig's büchlein, in welchem diese Zahlen veröffentlicht wurden, heißt es, daß dieselbe den früheren Erhebungen berechnet seien; wirkliche Erhebungen bei der Volksz können mithin nur in einzelnen Theilen, also nur ausnahmsweise stattgefunden h

In der Tabelle V sind hintereinander sechs Nationalitätsberechnungen mitg welche von österreichischen Statistikern auf Grund der vorerwähnten Aufnahme führt worden sind. Die Nationen sind hier in der Weise unterschieden, welch Zwecke zu entsprechen schien, nämlich so, daß neben die Deutschen die Juden sind, die mindestens in den deutschen Kronländern als Deutsche zu betrachten sind. den Slawen sind diejenigen Hauptstämme unterschieden, auf welche es bei Bespr der deutschen Verhältnisse ankommt; die Südslawen sind in einer Summe zusa gefaßt. Unter den letzteren stellt sich die Zahl der Bulgaren, welche eine eigene bilden, in der Uebersicht zu 1 auf 10,400, zu 2 auf 13,780, zu 3 auf 24,100, auf 22,987, zu 7 auf 24,030 (sie leben größtentheils in der Woiwodina). Unt übrigen südslawischen Stämmen (den Serben, Kroaten und Slowenen) sind nach nig's Ethnographie (Uebersicht 4) 1,145,278 Slowenen, nach seinem Handb 1,156,641, darunter 421,398 in Krain, 198,451 im Küstenland, 52,379 in U 2400 in Kroatien, 20,000 unter der Militärbevölkerung. Die Zahlen für die G denen die Macedo-Wlachen beigerechnet sind, und für die Albanesen stehen in d sammenstellung in einer Zeile; die zu 4 und 7 bei der Militärgränze und Dal und die zu 7 bei Ungarn aufgeführten sind Albanesen, die übrigen Griechen. den in der letzten Zeile aufgeführten sind zu 2 und 3 17,384, zu 4 15,996, zu 7 Armenier; die übrigen sind Zigeuner, sie kommen zu 7 nur in den ungarischen ländern vor.

Bei der Unterscheidung der Kronländer mußte die jeweilige Eintheilung halten werden. In den ersten beiden Zusammenstellungen (Häufler und Stricker) sind die Bukowina unter Galizien, die Woiwodina, Kroatien und Slawonien unter Ungarn griffen; Siebenbürgen enthält hier die vier ungarischen Comitate, nicht aber seine Militär In der dritten und vierten Zusammenstellung (Hain und Czörnig's Ethnographie) f drei vorbenannten Kronländer besonders angegeben; Siebenbürgen enthält seine Militär mit, die bei dem Kronland Militärgränze abgeht; Kroatien enthält die bis dah garische Murinsel mit, dagegen gehört Syrmien, ein Theil Slawoniens, zur W dina. In der fünften und siebenten Zusammenstellung (Brachelli und Czörnig's büchlein) sind die Woiwodina und die Murinsel, sowie die vier vorher bei Sieb gen begriffenen Districte wieder zu Ungarn, Syrmien wieder zu Kroatien ge

Häufler und Brachelli (1 und 5) erwähnen die Militär-Bevölkerung übe nicht, die vier anderen Zusammenstellungen geben dieselbe nur im ganzen nach den d begriffenen Nationen, nicht nach den einzelnen Kronländern. Da unter der M bevölkerung auch solche aus dem lombardisch-venetianischen Königreich enthalten war, aber durchweg in Abrechnung kommen mußte, so ist der entsprechende Antheil d

chen Nation bei 2, 3, 4 und 7 von den Summen des Militärs in Abzug ge-
t, nämlich zu 2 (Stricker) und zu 3 (Hain) mit 51,600 Italiänern und Furla-
für 1846, zu 4 (Czörnig's Ethnographie) mit 67,600 Italiänern für 1850, zu
zörnig's Handbüchlein) mit 26,400 Italiänern für 1857.

Die der ersten Darstellung, welche zu Häufler's Sprachkarte der österreichischen
archie im Mai erschien, zu Grunde liegenden Zahlen sind der Conscription
ung) von 1843 entnommen. Für Ungarn, wo diese Zählung nicht ausgeführt
, ist die runde Summe von 10½ Millionen angesetzt; die geistliche Conscription
842/43 ergab daselbst 10,545,962 Einwohner; Häufler sagt jedoch, er habe sich
Ungarn auf die Angaben gestützt, welche aus den einzelnen Pfarrorten über die
nalität der Pfarrkinder in den Diöcesan-Schematismen vorlagen. Von der Ein-
erzahl Nieder-Oesterreichs sind bei Häufler 130,000 Einwohner Wien's außer
cht gelassen, als Einwohner aus anderen Provinzen, deren Nationalität nicht er-
t ist; diese fehlen daher sowohl bei diesem Kronlande, wie in den Hauptsummen
ationen.

Die bei Stricker in der Germania, Theil III., Seite 127—29 im Januar 1850
heilten Zahlen, welche derselbe auch dem Text zu Bernhardi's Sprachkarte bei-
hat, beruhen auf der Zählung von 1846. Die erste Nachricht über das
niß derselben unter Berücksichtigung der vorangegangenen Nationalitäts-Ermitte-
gab die ebendaselbst mitgetheilte Zusammenstellung S. 120—22, welche der Her-
der aus Wien erhalten hatte; da diese an vielen Incorrectheiten litt, so wurde
h die inzwischen auch in der Augsburger-Zeitung erschienene berichtigte Aufstellung
ufgenommen. Aber auch diese letztere stimmt in sich nicht völlig überein; die Ge-
zahlen sind hier aus den mitgetheilten Einzelzahlen aufgestellt, welche gegen die
Germania abgedruckten bei den Deutschen um 920, den Polen um minus 2000,
n Südslawen und in der Hauptsumme um minus 8348 abwichen.

In Hain's Handbuch der Statistik des österreichischen Kaiserstaats sollten nun
ich dieselben Zahlen wiedererscheinen, da Hain seine Angaben gleichfalls auf die
ng von 1846 stützt. Man sieht aber, daß das zwei weitere Jahre fortgesetzte
um über diesen Gegenstand, bei welchem Hain, ebenso wie vorher Häufler, in
g's Auftrage thätig war, Aenderungen der ermittelten Zahlen zur Folge hatte;
echnete Hain die Zahlen der Nationen auf den neuen Umfang der Kronländer
r.

Die Zählung von 1850/1 bildet die Grundlage der Völkertafel in Czörnig's
ographie Band I., S. 74 bis 86, welche 1857 erschien; die Zahlen beziehen sich
e ortsanwesende Bevölkerung und sind nach den Zählungsergebnissen „annäherungs-
vertheilt. Von diesen Zahlen gilt vorzugsweise das Eingangs erwähnte, was
örnig's Vorrede und in der Ethnographie selbst hinsichtlich der Behandlung dieses
standes gesagt worden ist, namentlich also, daß die zerstreut unter anderen
nen sich aufhaltenden im ganzen nicht berücksichtigt sind.

Hinter der Aufstellung aus Czörnig's Ethnographie sind in der Tabelle V die Zahlen
agyaren aufgenommen, welche Fenyes in seiner Statistik von Ungarn berechnet
d später in ähnlicher Weise, nämlich gleichfalls aus den Kirchenmatrikeln, be-
haben soll. In seiner Statistik von Ungarn liegen für die ungarischen Kronlän-
llständige Angaben für die einzelnen Nationen und die einzelnen Comitate vor,
für die vierte Beilage benutzt worden sind. Die für die beiden späteren Termine
das Magazin für die Literatur des Auslandes bekannt gewordenen Angaben beziehen
gegen nur auf die Zahl der Magyaren; dennoch war es angemessen, dieselben
ufzunehmen, damit das Verhältniß zwischen den Ermittelungen und Annahmen der
ichischen amtlichen Statistik und denen der ungarischen Privatstatistik zur An-
ng gebracht werde.

In Brachelli's Geographie und Statistik des Kaiserthums Oesterreich, welche erschien, sind schon die Bevölkerungszahlen der Zählung von 1857 benutzt und für die ortsanwesende Gesammt-Bevölkerung (S. 110), wobei jedoch das M außer Betracht gelassen ist. Seine Bevölkerungszahlen nach der Zählung vom 31. ber 1857 für die effective, d. h. ortsanwesende Bevölkerung weichen jedoch von in Czörnig's Handbüchlein von 1861 ab. Im Nachtrage zu demselben Werke Brachelli dann auch die von Czörnig berechneten Zahlen in den Hauptsummen wie er auch in den besonderen Text zu den einzelnen Kronländern für mehrere de die Czörnig'schen Zahlen aufgenommen hat. Danach scheinen auch seine Zahlen für die rischen Kronländer den amtlichen Berechnungen entnommen zu sein; wenigstens st die Summen für die betreffenden vier Kronländer zusammengenommen mit den nig'schen Hauptsummen der einheimischen Bevölkerung und der Juden überein, und a die anderen Nationalitäten stimmen sie sehr annähernd, indem Brachelli, der fü garn und die Woiwodina runde Summen giebt, nur bei den Slawen 1991 w bei den Romanen 976, den Magyaren 657, den Deutschen 446 mehr hat, als Cz Diese Uebereinstimmung gestattet die Vergleichung der Zahlen für die ein Nationen im alten Umfange der Kronländer mit denen im neuen Umfange der Auf diese Weise ließen sich die entsprechenden Zahlen für die Woiwodina angeben, in der Tabelle neben den Zahlen aus Czörnig's Handbüchlein in Klammern eingetrage Die Vergleichung der Zahlen bei Siebenbürgen, welches bei Brachelli die vier rischen Districte mitenthält, ergiebt, daß deren einheimische Bevölkerung (246,531) 1631 Deutsche, 4640 Juden, 183,700 Ost-Romanen, 52,100 Magyaren enthalte ben würde; und eine Vergleichung seiner Angaben für Kroatien-Slawonien im Umfange (also mit der Murinsel, aber ohne Syrmien) ergiebt, daß der damalig fang des Kronlandes, welcher 11,340 einheimische Bewohner weniger enthielt, al spätere, nach den einzelnen Nationen 7470 Deutsche, 790 Czecho-Slawen, 2757 ben und Kroaten und 1770 Magyaren weniger, 91 Juden und 1356 anderer Na mehr enthalten haben würde, als dessen gegenwärtiger Umfang.

In dem Handbüchlein giebt Czörnig eine neue Völkertafel, wobei aber di len jeder Nation nicht innerhalb der anwesenden, sondern innerhalb der einheimi Bevölkerung ermittelt sind, wahrscheinlich weil angenommen wurde, daß eigentli solche nationalen Unterschiede, die innerhalb der einheimischen Bevölkerung hervor bei den Erhebungen selbst berücksichtigt seien; die mitgetheilten Zahlen sind, n Anmerkung auf S. 46 besagt, „auf Grundlage der Erhebungen von 1846 bis 18 die Daten der Volkszählung vom 31. October 1857 mit Rücksicht auf den wärtigen Bestand der einzelnen Länder berechnet".

Demnächst hat der Verfasser zwei weitere Nationalitäts-Berechnungen hinzug In der ersten (zu 8) ist versucht, die Zahlen für die einheimische Bevölkerung ergänzen, daß die nicht einheimischen Anwesenden nach Maaßgabe der Vertheilu Nationalitäten in ihren Heimathländern in Zugang gestellt wurden. Es erschien die halb nöthig, weil die sogenannte einheimische Bevölkerung keine wirkliche Bevölker zahl ist. Die auf diese Weise gefundenen Zahlen lassen jedoch die von der herrsc Nationalität abweichenden Nationen in der Regel viel zu zahlreich erscheinen; den den näher gelegenen und den der gleichen Nationalität angehörigen Theilen zieh der Regel mehr Personen herbei, als aus den ferneren und fremder Nationalität an gen Theilen der betreffenden Länder. Hinsichtlich der Juden sind die vorigen wiederholt. In Betreff der Heimathverhältnisse der Ausländer (nicht-österreic Staatsangehörigen) fehlen die Angaben aus halb Ungarn, der Woiwodina, Dal und acht deutschen Kronländern; nach den vorliegenden Angaben stellte sich die der anderen als den schon bezeichneten Nationalitäten angehörigen Staatsfremde gegen 3000 (Franzosen, Engländer 2c.).

Die zweite Berechnung (zu 9) bezieht sich auf den **Bevölkerungstand** am Jahres- 1861, so wie sich derselbe nach der in Ficker's Jahrbuch von 1864 angegebenen lkerungs-Vermehrung der dazwischenliegenden Jahre gestellt hat. Sie entspricht dem Umfange der Kronländer und ist nach dem (modificirten) Maaßstabe des Hand- ins erfolgt, und zwar in der Weise, daß die aufgenommenen Zahlen zwischen der)ung der Zahlen von Czörnig's Handbüchlein (7) auf den vermuthlichen Stand ctsanwesenden Bevölkerung zu Ende 1861, und der Erhöhung der durch die Be- htigung des Heimathlandes der nicht einheimischen Anwesenden modificirten n aus demselben Handbüchlein (also der Berechnung zu 8) die Mitte halten; da steren Zahlen die Summen für die ansässigen Nationen zu hoch, die letzteren die- zu niedrig ergeben, ist, um irgend welche annähernde Zahlen zu erhalten, der schnitt beider genommen.

lls Anhang ist zunächst die Zusammenstellung mitgetheilt, welche **Ficker** in seinen **erstämmen der österreichisch-ungarischen Monarchie** veröffentlicht hat, elche die Zahlen für die verschiedenen Nationen auf den ungefähren (geschätzten) Be- ungstand von 1868 (oder 1869) berechnet. Die Summen belaufen sich zusammen n angenommenen Betrag von 36 Millionen Einw.; in Ansehung der Zunahme stellt sich e verschiedenen Nationen ein sehr abweichender Maaßstab heraus, wenigstens zeigt Vergleich mit den Czörnig'schen Zahlen für 1857 eine Vermehrung bei den Südslawen n 6, den Zigeunern von 7, den Italiänern von 8, den Czechen, Polen und Rumänen 0, den Magyaren und Armeniern von 11, den Juden von 12, den Deutschen von 16 Pct., was sich keinesweges schon dadurch erklärt, daß Ficker, wie aus den Bei- 1, 3 und 4 hervorgeht, bei einigen Kronländern (Oesterreich unter der Enns, mark und den ungarischen Kronländern) schon für das Jahr 1857 etwa 20,000 che, 26,000 Czechen, 12,500 Polen, 19,000 Rumänen rc. weniger, und dagegen) Südslawen, 44,500 Ruthenen, 21,000 Magyaren mehr zu rechnen scheint, als ig annahm. Theilweise werden die Differenzen vielmehr darin ihren Grund haben, icker auf die **ganze** anwesende Bevölkerung zurückgeht und hierbei in ähnlicher ewiß mitunter zutreffenderer Weise, als es dem Verfasser möglich war, den Antheil emden Nationen unter den nicht heimathberechtigten in Betracht zieht. Dennoch diese Tabelle, da sie auf einen so bedeutend höheren, durch keinen Census er- en Bevölkerungstand hinausgeht, mehr als irgend eine der vorerwähnten als ung zu betrachten sein. Unter den Südslawen sind 1,260,000 Slowenen und) Bulgaren gerechnet, unter den Ost-Romanen auch die Griechen (3200) und esen (3500); unter den andern Völkern sind außer 1,167,500 Juden, 18,000 Ar- n, 156,000 Zigeunern noch angeblich 26,200 Franzosen, Engländer, Türken rc. en.

ls ein zweiter Anhang ist hier ferner eine Zusammenstellung angeschlossen, welche Gegenstande nach von den sonstigen tabellarischen Aufstellungen dieser Arbeit lich abweicht: die Zahl der Schüler in den höheren und mittleren **Unterrichts- lten** der österr.-ungar. Monarchie nach ihrer **Muttersprache**, genauer die Zahl tudirenden an den Universitäten und in den theologischen Lehranstalten und der r der Gymnasien, Realgymnasien und Realschulen. Obwohl dieselbe nur den vier- tlen Theil der Staatseinwohner enthält, schienen die Zahlen derselben, als die einzi- elche in dem österreichischen Staatsgebiete durch directe Ermittelung tn neuer Zeit nen worden sind, zur Beleuchtung der Nationalitäts-Verhältnisse zu wichtig, als re Berücksichtigung unterlassen werden konnte; allerdings muß in Betreff der- an das erinnert werden, was Ficker in Ansehung ihrer Zuverlässigkeit in seinen stämmen ausspricht, nämlich daß „selbst Studirende an den Hochschulen sich der llung dieser Rubrik ihres Nationales weigern, und daß die Ziffern der deutschen er slawischen oder magyarischen Schüler eines und desselben Gymnasiums im

Laufe mehrerer Jahre ganz verschiedene Procentsätze ergeben, je nachdem die L
der Aufnahme jener Daten in den Händen eines Angehörigen der einen oder de
deren oder der dritten Nationalität liegt." Die hier vorliegende Aufstellung ist de
gaben des neuesten statistischen Jahrbuches der österr.-ungar. Monarchie,
1869, entnommen und enthält meist die Zahlen für das Jahr 1867 (Winter 186
jedoch ergänzungsweise auch solche aus den Jahren 1866 und 1865, nämlich für g
Kategorien von Unterrichtsanstalten in einzelnen ungarischen Kronländern. Die
letzten Zeile zusammengefaßten 202 andern Nationen angehörigen Schüler sind 7
menier, je 40 Griechen, Franzosen und Engländer, 10 Skandinavier und ein Tü

Das gleichfalls während des Druckes dieser Arbeit erschienene fünfte Heft
ungarischen Statistik (vom März 1869) giebt die Zahl der Studirenden der
versität und der Schüler der Ober- und Unter-Gymnasien in Ungarn und Kr.
auf 30,804 an, darunter angeblich 22,884 Magyaren. In demselben Hefte sind
dem sehr schätzbare Angaben enthalten, welche sich auf die Nationalität der Schül
Volksschulen im Königreich Ungarn beziehen und welche sogar in Betreff der
der zu den einzelnen Nationen gehörigen Bevölkerungstheile gewisse theils max
theils minimale Schätzungen zulassen. Die betreffenden Zahlen sind in Klammern
diejenigen des vorerwähnten zweiten Anhanges gesetzt, welche sich auf die Muttersp
der Schüler der höheren und mittleren Unterrichts-Anstalten im Königreich Unga
ziehen. Es waren nämlich unter 917,590 Schülern 177,335 deutsche, 466,356 m
rische, 184,356 slawische (d. h. czechische und ruthenische), 34,232 serbische, 55,26
mänische, 43 fremde, so daß 193 Promille der Schüler deutsch, 508 magyarisch
czecho-slawisch 2c., 37 serbisch, 60 rumänisch waren. Außerdem waren jedoch
310,582 schulpflichtige Kinder, welche die Schulen nicht besuchten. Nimmt man n
daß die deutschen Kinder die Schulen sämmtlich besuchten, und daß die die S
nicht besuchenden Kinder sich verhältnißmäßig auf die übrigen Nationen vertheilte
würden unter den schulpflichtigen Kindern 144,4 Promille deutsch, 539 magyarisch
czecho-slawisch 2c., 40 serbisch, 64 rumänisch sein, und auf die Bevölkerungsza
Königreichs Ungarn für 1861 reducirt, ließen diese Ansätze auf mindestens 1,49
Deutsche, höchstens 5,575,000 Magyaren, ferner 2,192,000 Czechoslawen un
thenen, 413,000 Serben und 662,000 Rumänen schließen.

In den Beilagen 1 bis 3 sind die Specialzahlen für die national-gemischte
zirke dreier Kronländer (Oesterreichs, Böhmens und Schlesiens) zusammengestel
welchen der Grad der nationalen Mischung der einzelnen Ortschaften unterschiede
den konnte; die betreffenden Angaben beruhen auf Veröffentlichungen und Mitt
gen von Czörnig und Ficker. Denselben sind dann die Summen für die Natio
den einzelnen Kreisen von fünf weiteren Kronländern angeschlossen, aus denen di
zelzahlen für die Bezirke und Ortschaften nicht gegeben werden konnten; diese
zahlen sind nach den Procentsätzen in Ficker's Völkerstämmen angegeben, bez. be
worden.

Am vollständigsten sind die Angaben in Betreff des Kronlandes Oesterreich
der Enns in der Beilage 1; sie sind aus der ethnographischen Statistik dieses
in Czörnig's Ethnographie, Band I., S. 661 bis 667 zusammengestellt. Die
zahlen entsprechen denen der Völkertafel in der Ethnographie. Für die Hauptstadt
hat Czörnig am Schluß des Werkes eine Schätzung der Nationalität nach dem Geburt
der Einwohner gegeben, welche die Bevölkerungszahlen von 1856 zu Grunde le
Zahlen derselben sind hier beigefügt, und es ist dann zum Vergleich noch diejenige Zusa
setzung der Bevölkerung angeschlossen, welche sich ergiebt, wenn man auf Gru
Angaben S. 673 2c. der Ethnographie die nicht einheimische Bevölkerung Wien'
den Antheilen jeder Nation an der Bevölkerung des betreffenden Landes auf di
zelnen Nationalitäten vertheilt. Nach beiden Berechnungen, wie auch nach F

ung, würde Wien der dritten Mischungsgruppe (219, 246 bez. 250 Promille Deutsche) angehören; der Sprache nach ist der Antheil der Nicht-Deutschen jeden- geringer.

Den Zahlen der Ethnographie sind Ficker's Angaben für die Kreise des bezeichneten andes mit Ausschluß von Wien beigefügt. Als bereits diese Arbeit in den Druck n war, erschien das mehrerwähnte Werk des Direktors **Ficker**: die Völkerstämme terr.-ungarischen Monarchie, ihre Gebiete, Gränzen und Inseln, Wien 1869. In Werke giebt Ficker eine Tabelle, welche die **Procentantheile** jeder Nation alb jedes Kreises enthält; die Original-Zahlen, aus welchen dieselbe reducirt ist, r nicht mit. Für die Zwecke unserer Zusammenstellungen schien es jedoch unent- h, auch die Originalzahlen möglichst genau zu kennen; es sind dieselben daher en Angaben für die einheimische Bevölkerung in der großen Veröffentlichung von annähernd berechnet worden. Hierbei haben sich mehrfache Verschiedenheiten die Hauptsummen herausgestellt, von welchen nun nicht bestimmt gesagt werden ob solche Berichtigungen sind, welche Ficker selbst in den früheren Czörnig'schen vorgenommen hat, oder ob eine oder die andere derselben auf einem Versehen be- Eine solche Abweichung findet sich auch in Ansehung des Kreises unter dem Wiener- wo Ficker 27,600 Czecho-Slawen mehr hat; vielleicht ist dies die geschätzte derselben in den Vorstädten Wien's (mit 120,000 Einw.), einschließlich deren sich für und dessen Umgebung die Summe von 120,000 Czechen und Slowaken ergiebt, Ficker in seiner Bevölkerung Oesterreichs (für 1857) annimmt. Dagegen rech- rselbe auf S. 90 der Völkerstämme für das ganze Kronland unter 2 Millionen hnern (gegen vorher 1,680,000) nur 132,000 Czechen, was 111,000 für 1857 chen würde.

Hinzugefügt sind ferner die Zahlen für die einzelnen Kreise in **Steiermark**, und dem **Küstenland**, da hinsichtlich dieser drei österreichischen Kronländer die alitätsverhältnisse innerhalb der einzelnen Kreise wesentlich verschieden sind, in rsteren beiden sogar die Kreis-Gränzen den nationalen Gränzen nahe kommen. em Kronlande Steiermark ergiebt sich hier wiederum eine Differenz, insofern s Procentantheil 10,000 Slowenen mehr und so viel Deutsche weniger voraus- hier könnte ein Rechnungsfehler vorliegen, denn nach Ficker's Angaben für den en Bevölkerungstand machen die Deutschen nicht bloß 62,45, sondern wiederum ei Czörnig) 63,8 Pct. der Bevölkerung aus. Für das Küstenland sind auch in g's Ethnographie die einzelnen Theile unterschieden; nur für die Italiäner in und Istrien und für die Juden im Küstenlande sind die Zahlen zusammengefaßt. Triest und bez. dem Kr. Görz weichen Czörnig's Summen um etwa 22,500 (Ita- oder Slowenen?) von den Bevölkerungszahlen des amtlichen Tabellenwerkes ab.

Für die Beilagen 2 und 3 (**Böhmen** und **Oesterr.-Schlesien**) konnten die ngsgruppen nur in Betreff der **Anzahl der Ortschaften**, nicht aber in An- der Einwohnerzahl derselben, noch der Zahl der darunter befindlichen Deut- angegeben werden. Die Zahl der Ortschaften jeder Mischungsgruppe im nörd- Böhmen, Oesterr.-Schlesien und dem west-galizischen Kreise Wadowice verdankt erfasser der gefälligen Mittheilung des Directors der k. k. administrativen Sta- ebenso die Zahl der Czechen und Polen in den einzelnen **Bezirken** derselben Lan- ile. Die außerdem in diesen beiden Beilagen mitgetheilten Einwohnerzahlen (d. Zahl der einheimischen und die der ortsanwesenden Bevölkerung der einzelnen e), sowie die Zahl der Juden in denselben und der Flächeninhalt der einzelnen e sind dem großen statistischen Tabellenwerke der Volkszählung von 1857 ent- n. Diese Materialien zusammengehalten ergeben durch Subtraction der Zah- r die bezeichneten fremden Nationen ziemlich genau auch die Zahl der Deutschen betreffenden Bezirken.

Für die Beilage 2 lag das Material nur für die **nördlichen Theile** von B
dem Verfasser vor. Um jedoch die überwiegend deutschen Bezirke Böhmens von den
wiegend czechischen Bezirken getrennt übersehen zu können, sind die übrigen Theile
annähernder Schätzung der Zahlen für die betreffenden Nationalitäten derjenige
zirke hinzugefügt worden, deren Aussonderung für die Unterscheidung der deutschen L
theile erforderlich war; es ist also die Zahl der Czechen in 4 Bezirken des Kreises Pil
des Kreises Pisek und 4 des Kreises Budweis nach den Procent-Klassen geschätz
den, welche in **Ficker's** Werk über die Bevölkerung des Königreichs Böhmen
theilt waren. Nach demselben enthalten nämlich die genannten 10 Bezirke me
88 Procent Deutsche unter der christlichen Bevölkerung, und zwar insbesondere d
zirk Neuern 98, die Bezirke Gratzen und Neu-Bistritz 96 Pct.; für die übrigen k
gehörigen Bezirke sind 3 im Kreise Pilsen mit 93, 2 im Kreise Budweis mit 92,
Kreise Pisek mit 88 Pct. Deutschen angesetzt. Die örtliche Sonderung der beiden
nen ist jedoch insofern eine schärfere, als die Sprachgränze auch noch 12 Bezirke
schneidet, in denen die Deutschen zwischen 34 und 57 Pct. der Bevölkerung ausm
zu dieser Mischung gehören in Nord-Böhmen die überwiegend deutschen Bezirke R
Königinhof und Polic, und die überwiegend czechischen Böhmisch-Aicha (Kr. Jung-
lau), Reichenau (Kr. Königgrätz), ferner in Süd-Böhmen Polna (Kr. Czaslau, 2
Einwohner, wahrscheinlich mit ebenso vielen Deutschen als Czechen), Bischof-T
Taus und Manetin (Kr. Pilsen, 63,221 Einw.), Budweis, Krumau und Ne
(Kr. Budweis, 90,906 Einw.), Leitomyschl (Kr. Chrudim, 51,189 Einw.), Sch
hofen und Prachatic (Kr. Pisek, 64,900 Einw., die letzteren beiden am wenigsten de
Rechnet man von 12 dieser 14 Bezirke (excl. Polna und Budweis, deren deutscher
im czechischen Gebiete eingeschlossen ist) nur $^2/_3$ zu dem Theile der überwiegender
tionalität und innerhalb derselben $^9/_{10}$ zu der überwiegenden Nationalität selb
stellen sich die Summen für den deutschen Theil auf 334,2 Qu.-Meilen, 1,698,81
wohner (einheimischer Bevölkerung), nämlich 1,646,268 Deutsche incl. 18,764 Jude
52,543 Czechen, für den czechischen Theil auf 609,5 Qu.-Meilen, 3,071,882 Einw
nämlich 2,871,004 Czechen und 208,778 Deutsche incl. 67,575 Juden; bei de
rechnung, welche vorn im Text ausgeführt ist, stellt sich das deutsche Gebiet auf
Qu.-M. und etwa 1,739,000 einheimische oder 1,696,000 ortsanwesende Bevölkerung
Als Bezirke mit zwischen 25 und 15 Pct. deutscher Bevölkerung sind in Ficker's Böh

---

*) Der Verfasser möchte hier auf einige Ungenauigkeiten hinweisen, welche vorn im
Abschnitte des beschreibenden Theiles (S. 104 bis 119) vorgekommen sind. Dieselben fin

1) in den Citaten: Es muß nämlich S. 107 Zeile 7 und 18 von oben, S. 108 Z.
10 von unten Beilage 3 (statt 2), ferner S. 109 Z. 1 v. ob., 110 Z. 14 v. unten u
Z. 14 v. u. Beilage 2 (statt 3), ferner S. 109 Z. 18 v. ob. und 3 v. u. Beilage 2 (
und S. 104 Z. 5 v. ob. statt auf der Beilage 4: in der Erläuterung (S. 242) heißen

2) in den Namen: S. 108 Z. 20 v. u. lies Littau, S. 111 Z. 9 v. ob. W.-T
ebend. Z. 1 v. u. Litschau, S. 116 Z. 16 v. ob. Deutsch-Brod, S. 118 Z. 17 v. u. Krieger

3) in den Zahlenangaben: Der Verfasser erhält bei nochmaliger Durchsicht der Mat
für die einzelnen Theile Deutsch-Böhmens folgende Zahlen: für den sudetischen Theil (S
56 Qu.-M., 700 Ortsch., 436,000 Einw. (muthmaßliche Bevölkerung des Jahres 186
den meißnischen (S. 110) 82,7 Qu.-M., 1228 Ortsch., 554,000 Einw., für den fränkischen (
146,3 Qu.-M., 1651 Ortsch., 631,000 Einw., für den bayerischen (S. 112) 55,3 Qu.-M
Ortsch., 170,000 Einw., so daß sich das zusammenhängende deutsche Sprachgebiet (m
schluß der Schönhengstler) auf 340,3 Qu.-M., 4310 Ortsch., 1.791,000 Einw. stellt, mit
13½ Qu.-M. und 68,000 Einw. höher als angenommen. Diese würden vom czechischen
gebiet (S. 112 Z. 7 und 3 v. unten und S. 119 Z. 15 v. ob.) abgehen, wodurch sich d
theil der Deutschen an der Bevölkerung des letzteren Gebietes (S. 119 Z. 18 und 14
um ein Procent ermäßigen würde; auch diese Berechnung kann selbstverständlich nur a
gefähre Schätzung gelten. S. 106 Z. 21 v. ob. lies 3500 (statt 6200) Czechen.

en Theile dieses Landes Deutsch-Brod (Kr. Czaslau, 25,500 Einw.), Pilsen und dein (Kr. Pilsen, 56,675 Einw.) und Policzka (Kr. Chrudim, 31,325 Einw.) ührt, als Bezirke mit zwischen 9 und 1 Procent deutscher Bevölkerung Pribislau Czaslau, 17,861 Einw.), Wittingau und Schweinitz (Kr. Budweis, 37,115 Ein- r), Karolinenthal, Smichow, Rakonic (Kreis Prag, 87,022 Einw.), Prestic, u, Rokican (Kr. Pilsen, 100,547 Einw.), Pardubitz, Holic (Kr. Chrudim 51,800), Pisek, Wodnian, Netolic (Kr. Pisek, 66,329 Einw.).

Die Schlußsummen der Bevölkerungszahlen des Kronlandes weichen von den in ig's Handbüchlein und in Ficker's Böhmen angegebenen insofern ab, als sie 2400 n weniger und 2400 Deutsche mehr enthalten; diese Zahl liegt in einer Differenz Kreise Jung-Bunzlau. Auch sind in den hier angegebenen Summen der Deutschen rsonen anderer Nationalität mitbegriffen; sie konnten nicht ausgeschieden werden, Bezirke, in denen sie gezählt worden, nicht angegeben waren.

Am Schlusse der Beilage 3 sind die Zahlen, welche Ficker für die einzelnen Kreise er Schrift über die Bevölkerung Böhmens mittheilt, mit denen zusammengestellt, Schnabel in seinen Tafeln zur Statistik Böhmens 1847 veröffentlicht hat, und nton Phrosinus' Angaben für das Jahr 1700, wie sie sich bei Schneller (Ge- von Böhmen, Bd. III.) angegeben finden. Schnabel's Zahlen (auch bei Stricker, Ger- Bd. II., S. 14 mitgetheilt) gründen sich auf die im Anfange des Jahres 1847 von den nbehörden gemachten Verzeichnisse. Da seitdem eine veränderte Kreiseintheilung ihrt worden ist, so erschien es nothwendig, das Verhältniß annähernd zu be- n, in welchem die früheren Kreise auf die heutigen Kreise vertheilt worden sind.

n der Beilage 3 sind ähnlich wie beim preußischen Staate die historischen Be- eile des österreichischen Schlesiens unterschieden. Hinzugefügt sind die Nationali- erhältnisse in den 8 westlichen Bezirken des Kreises Wadowice (West-Galizien), denen des anschließenden, zum polnischen Nationalgebiete gehörigen Ober- iens ähnlich sind. Ungefähr diese acht Bezirke gehörten unter dem Titel des Her- ms Auschwitz und Zator zum deutschen Bundesgebiet; genauer giebt Brachelli nfang desselben auf 38,4 (österr.) Qu.-Meilen, 222 Ortsch., 173,682 Einwohner an. erner sind hier Ficker's Angaben für die Procentantheile der einzelnen Nationen an nheimischen Bevölkerung der Kreise in Mähren und Galizien angeschlossen, auch hier der besseren Uebersicht wegen auf die wirklichen Bevölkerungszahlen berechnet sind. Hierbei ergiebt sich für ganz Galizien eine Differenz gegen zörnig'schen Angaben, insofern 2800 Deutsche und 12,300 Ruthenen mehr, da- 15,100 Polen weniger herauskommen. Bei den Deutschen könnte man vermuthen, Fehler vorliege, da Ficker's Hauptsumme mit Czörnig's Zahl übereinstimmt; dem jedoch einerseits die Specialzahlen für die Bezirke entgegen, anderseits der Um- daß Ficker für den heutigen Stand die Zahl der Deutschen in Galizien noch höher (auf 3,17 Pct. der Bevölkerung) annimmt. In Ansehung der Ruthenen die für die Kreise berechnete Zahl mit dem bei Ficker angegebenen Antheile der- an der Bevölkerung des ganzen Kronlandes; es scheint also hier durch Ficker achträgliche Berichtigung der Zahl in Czörnig's Handbüchlein vorgenommen zu sein.

Die Beilage 4 enthält diejenigen Specialangaben für die ungarischen Kronländer, zur Veröffentlichung gelangt sind. Davon sind die aus Fenyes' Statistik önigreichs Ungarn v. J. 1843 (S. 56 bis 58 b.) entnommenen Original-Zahlen. ben sind jedoch nach der Art der Gewinnung nothwendig ungenau. Fenyes selbst n, daß er dieselben für Ungarn aus den Diöcesan-Schematismen für die Jahre bez. 1840 in der Weise zusammengestellt habe, daß die Bevölkerungszahl der nden derjenigen Sprache zugerechnet worden sei, welche in den Diöcesan-Schema- als die herrschende angegeben sei. Eine Ausnahme habe er nur in zwei Fällen t, um der Gerechtigkeit willen: bei den birkalaer katholischen Pfarrgemeinden sei

(Schluß auf S. 280.)

Tabelle V. **Oesterreichisch-ungarische Monarchie.**

Quellen.	Nationen.	Vormals zu Oe f Unter-Oesterreich	 Ober-Oesterreich und Salzburg
1. Häufler, Sprachenkarte der österreichischen Monarchie (Mai 1845, Zahlen der Conscription von 1843).	Deutsche Anzahl	2.167 000	s. vorst.
	Deutsche Promille d. Bevölk.	934	"
	Juden	3 000	"
	Deutsche nebst Juden: Promille	935	"
	Czechen, Slowaken	—	"
	Polen	—	"
	Ruthenen, Russen	—	"
	Serben, Slowenen, Bulgaren	17 864	"
	Slawen überhaupt	17 864	"
	Rumänen	—	"
	Italiäner und Ladiner	—	"
	Magyaren	—	"
	Griechen	—	"
	Armenier, Zigeuner	—	"
		[130.000]	"
	Gesammt-Bevölkerung	**2.317 864**	s. vorst.
2. Stricker, Germania Theil III von 1850 und Text zu Bernhardi's Sprachkarte (Bev.-Zahlen von 1846).	Deutsche Anzahl	1.474 067	856 694
	Deutsche Promille d. Bevölk.	987	1 000
	Juden	4 296	—
	Deutsche und Juden: Promille	989	1 000
	Czechen, Slowaken	11 803	—
	Polen	—	—
	Ruthenen, Russen	—	—
	Serben, Slowenen, Bulgaren	4 233	—
	Slawen überhaupt	16 036	—
	Rumänen	—	—
	Italiäner und Ladiner	—	—
	Magyaren	—	—
	Griechen, Albanesen	—	—
	Armenier, Zigeuner	—	—
	Gesammt-Bevölkerung	**1.494 399**	**856 694**
3. J. Hain, Handbuch der Statistik des österreichischen Kaiserstaats von 1852 (Zahlen für 1846).	Deutsche Anzahl	1.472 226	856 694
	Deutsche Promille d. Bevölk.	985	1 000
	Juden	4 296	—
	Deutsche und Juden: Promille	989	1 000
	Czechen, Slowaken	11 513	—
	Polen	—	—
	Ruthenen, Russen	—	—
	Serben, Slowenen, Bulgaren	6 364	—
	Slawen überhaupt	17 877	—
	Rumänen	—	—
	Italiäner und Ladiner	—	—
	Magyaren	—	—
	Griechen, Alban., Arm., Zigeuner	—	—
	Gesammt-Bevölkerung	**1.494 399**	**856 694**

de gehörige (deutsche und deutsch-slawische) Kronländer. — Civilbevölkerung.

sche Länder.				Böhmische Länder.			Summe der deutschen Bundes-Länder
nthen	Krain	Küsten-land	Tirol und Vorarlberg	Böhmen	Mähren	Schlesien	
3 792	ſ. vorſt.	ſ. vorſt.	557 450	1.170 000	645 667	ſ. vorſt.	5.487 657
265	"	"	657	271	288	"	458
3 000	"	"	500	70 000	40 000	"	116 500
268	"	"	658	287	306	"	467
—	"	"	—	3.065 232	1.372 771	"	4.438 003
—	"	"	—	—	183 729	"	183 729
—	"	"	—	—	—	"	—
5 604	"	"	—	—	—	"	1.229 920
604	"	"	—	3.065 232	1.556 500	"	5.851 652
—	"	"	—	—	—	"	—
4 081	"	"	290 227	—	—	"	394 308
—	"	"	—	—	—	"	—
—	"	"	—	—	—	"	—
—	"	"	—	13 500	—	"	13 500
0 477	ſ. vorſt.	ſ. vorſt.	**848 177**	**4.318 732**	**2.242 167**	ſ. vorſt.	**11.993 617**
0 821	ſ. vorſt.	9 385	529 419	1.727 950	751 325	ſ. vorſt.	6.259 861
332	"	19	617	397	334	"	518
2	"	3 530	978	70 037	40 064	"	118 907
332	"	26	618	414	352	"	527
—	"	—	—	2.549 975	1.327 120	"	3.888 898
—	"	—	—		131 422	"	131 422
—	"	—	—	—	—	"	—
3 963	"	320 202	—	—	663	"	1.201 935
963	"	320 202		2.549 975	1.459 205	"	5.222 255
—	"	1 555	—	—	—	"	1 555
—	"	165 429	328 853	—	—	"	494 282
—	"	—	—	—	—	"	—
—	"	—	—	—	—	"	—
—	"	—	—	—	—	"	—
4 786	ſ. vorſt.	**500 101**	**859 250**	**4.347 962**	**2.250 594**	ſ. vorſt.	**12.096 860**
3 033	37 788	9 385	529 419	1.679 151	493 492	222 616	6.164 136
700	81	19	617	386	276	478	509
—	2	3 530	978	70 037	37 117	2 947	118 907
700	81	26	618	402	297	484	519
—	—	—	—	2.598 774	1.253 320	93 561	3.957 168
—	—	—	—	—	—	146 878	146 878
—	—	—	—	—	—	—	—
544	428 419	320 202	—	—	663	—	1.213 934
544	428 419	320 202	—	2.598 774	1.253 983	240 439	5.317 980
—	—	1 555	—	—	—	—	1 555
—	—	165 429	328 853	—	—	—	494 282
—	—	—	—	—	—	—	—
—	—	—	—	—	—	—	—
3 577	**466 209**	**500 101**	**859 250**	**4.347 962**	**1.784 592**	**466 002**	**12.096 860**

Ost- u. West-Galizien	Bukowina	Ungarische Kronländer: Ungarn	Banat und Woiwodina	Kroatien und Slawonien	Siebenbürgen
130 000	s. vorst.	986 000	s. vorst.	s. vorst.	250 668
26	"	94	"	"	118
303 568	"	250 000	"	"	—
87	"	117	"	"	—
—	"	2.200 000	"	"	—
2.146 640	"	—	"	"	—
2.300 000	"	350 000	"	"	—
—	"	1.460 000	"	"	400
4.446 640	"	4.010 000	"	"	400
97 000	"	930 000	"	"	1.287 340
—	"	—	"	"	—
3 000	"	4.281 500	"	"	520 170
—	"	10 000	"	"	—
—	"	32 500	"	"	60 000
4.980 208	s. vorst.	**10.500 000**	s. vorst.	s. vorst.	**2.118 578**
133 000	s. vorst.	1.156 400	s. vorst.	s. vorst.	250 000
25	"	105	"	"	115
346 702	"	265 620	"	"	7 000
91	"	129	"	"	118
2 182	"	1.822 730	"	"	—
2.001 143	"	—	"	"	—
2.619 138	"	475 310	"	"	—
—	"	1.492 000	"	"	200
4.622 463	"	3.790 040	"	"	200
140 626	"	1.029 680	"	"	1.290 000
—	"	4 000	"	"	—
5 446	"	4.708 260	"	"	566 500
—	"	10 000	"	"	—
5 384	"	36 000	"	"	69 000
5.253 621	s. vorst.	**11.000 000**	s. vorst.	s. vorst.	**2.182 700**
100 000	25 000	836 710	351 730	7 960	250 000
21	67	97	235	9	106
335 071	11 581	249 760	16 270	2 590	7 000
89	98	126	246	12	109
345	1 837	1.804 710	26 860	1 160	—
1.994 802	4 000	—	—	—	—
2.441 771	180 417	471 190	7 120	—	—
—	—	196 949	429 790	855 261	200
4.436 918	186 254	2 472 849	463 770	856 421	200
—	140 626	566 750	416 930	—	1 369 911
—	—	—	—	4 000	—
—	5 446	4.469 700	232 730	5 830	667 150
3 160	2 224	30 980	14 960	60	69 000
4.875 149	**371 131**	**8.626 749**	**1 496 390**	**876 816**	**2.363 261**

Dalmatien	Summe der außerdeutschen Kronländer	Militär-bevölkerung	Oesterreichisch-ungarische Monarchie	Nationen.
—	1.552 168	.	7.039 825	Deutsche.
—	81	.	226	.
—	553 568	.	670 068	Juden.
—	109	.	247	.
—	2.200 000	.	6.638 003	Czechen.
—	2.146 640	.	2.330 369	Polen.
—	2.650 000	.	2.650 000	Russen.
251 340	2.607 706	.	3.837 626	Serben 2c.
251 340	9.604 346	.	15.455 998	.
—	2.414 340	.	2.414 340	Rumänen.
154 514	154 514	.	548 822	Italiäner.
—	4.858 670	.	4.858 670	Magyaren.
—	10 000	.	10 000	Griechen.
—	92 500	.	106 000	Armenier, Zigeuner.
405 854	**19.240 106**	.	**31.233 723**	**Gesammt-Bevölkerung.**
—	1.580 737	128 286	7.968 884	Deutsche.
—	79	291	244	.
410	620 219	—	739 176	Juden.
1	110	291	267	.
—	1.834 502	96 300	5.819 700	Czechen.
—	2.001 143	37 700	2.170 265	Polen.
—	3.094 448	50 100	3.144 548	Russen.
374 725	2 730 149	69 300	4.001 384	Serben 2c.
374 725	10.660 242	253 400	15.135 897	.
—	2.664 237	20 700	2.686 492	Rumänen.
28 500	32 934	5 400	533 616	Italiäner.
—	5.386 273	32 500	5.418 773	Magyaren.
1 005	12 293	—	12 293	Griechen.
—	110 384	600	110 984	Armenier, Zigeuner.
404 640	**20.067 369**	**440 886**	**32.605 115**	**Gesammt-Bevölkerung.**
—	1.612 737	128 286	7.905 159	Deutsche.
—	80	260	242	.
410	623 219	—	742 126	Juden.
1	111	260	265	.
—	1.844 502	96 300	5.897 970	Czechen.
—	1.998 802	37 700	2.183 380	Polen.
—	3.100 498	50 100	3.150 598	Russen.
395 273	2.740 697	69 300	4.023 931	Serben 2c.
395 273	9.684 499	253 400	15.255 879	.
—	2.618 237	20 700	2.640 492	Rumänen.
14 300	18 734	5 400	518 416	Italiäner.
—	5.386 273	32 500	5.418 773	Magyaren.
1 005	122 677	600	123 277	Andere Volkstämme.
410 988	**20.066 376**	**440 886**	**32.604 122**	**Gesammt-Bevölkerung.**

Tabelle V. (Fortsetzung).		Vormals zu … Oest…	
Quellen.	Nationen.	Unter-Oesterreich	Ober-Oesterreich und Salzburg
4. Czörnig, Ethnographie Band I von 1857 (nach den Zählungsergebnissen von 1851 annäherungsweise vertheilt).	Deutsche: Anzahl	1.515 284	852 323
	Deutsche: Promille der Bevölk.	985	1 000
	Juden	4 460	—
	Deutsche und Juden: Promille	988	1 000
	Czechen, Slowaken	11 843	—
	Polen	—	—
	Ruthenen, Russen	—	—
	Serben, Slowenen, Bulgaren	6 460	—
	Slawen überhaupt	18 303	—
	Rumänen	—	—
	Italiäner und Ladiner	—	—
	Magyaren	—	—
	Griechen, Albanesen	—	—
	Armenier, Zigeuner	—	—
	Gesammt-Bevölkerung	**1.538 047**	**852 323**
5. Fenyes, Anzahl der Magyaren aus den Kirchenmatrikeln.	Nach der Statistik d. Königreichs Ungarn, Zahlen für 1840	.	.
	Nach Zeitungsberichten: Zahlen für 1856	.	.
	Nach Zeitungsberichten: Zahlen für 1864	50 000	—
6. H. Fr. Brachelli, Geographie und Statistik des Kaiserthums Oesterreich von 1861, S. 110 (Zahlen für 1857).	Deutsche: Anzahl	1.649 800	864 930
	Deutsche: Promille der Bevölk.	972	1 000
	Juden	6 500	—
	Deutsche und Juden: Promille	975	1 000
	Slawen überhaupt	40 830	—
	Rumänen, Italiäner, Ladiner	—	—
	Magyaren	—	—
	Andere Volkstämme	—	—
	Gesammt-Bevölkerung (anwesende)	**1.697 130**	**864 930**
7. Czörnig, Handbüchlein von 1861, auf Grund der Erhebungen von 1846/51 für die Volkszählung von 1857 (einheimische Bevölkerung) berechnet.	Deutsche: Anzahl	1.341 770	828 487
	Deutsche: Prom. d. anwes. Bev.	798	970
	Deutsche: „ d. einheim. „	980	1 000
	Juden	6 999	4
	Deutsche u. Juden Promille: d. anwes. Bev.	802	970
	Deutsche u. Juden Promille: d. einheim. „	986	1 000
	Czechen	12 270	—
	Polen	—	—
	Ruthenen, Russen	—	—
	Serben, Slowenen, Bulgaren	6 870	—
	Slawen überhaupt	19 140	—
	Rumänen	—	—
	Italiäner und Ladiner	—	—
	Magyaren	—	—
	Griechen, Albanesen	1 225	—
	Armenier, Zigeuner	565	—
	Einheimische Bevölkerung	**1 369 699**	**828 491**
	Anwesende Bevölkerung	1.681 697	854 219

…e gehörige (deutsche und deutsch-slawische) Kronländer. — Civilbevölkerung.

…sche Länder.				Böhmische Länder.			Summe der deutschen Bundes-Länder
…then	Krain	Küsten-land	Tirol und Vorarlberg	Böhmen	Mähren	Schlesien	
489	37 626	13 551	528 739	1.693 832	497 654	209 512	6.214 204
700	81	25	616	386	276	478	509
—	2	4 756	944	70 612	37 437	2 763	120 974
700	81	34	61	402	297	484	519
—	—	—	—	2.621 450	1.264 027	88 068	3.985 388
—	—	—	—	—	—	138 243	138 243
—	—	—	—	—	—	—	—
735	426 328	334 789	—	—	720	—	1.227 782
735	426 328	334 789	—	2.621 450	1.264 747	226 311	5.351 413
—	—	2 795	—	—	—	—	2 795
—	—	187 025	328 520	—	—	—	515 545
—	—	—	—	—	—	—	—
—	—	—	—	—	—	—	—
—	—	—	—	—	—	—	—
224	**463 956**	**542 916**	**858 203**	**4.385 894**	**1.799 838**	**438 586**	**12.204 931**
.	.	.	.	.	.	.	.
.	.	.	.	.	.	.	.
—	—	—	—	—	—	—	50 000
000	36 500	13 000	531 000	1.793 000	511 000	210 400	6.511 630
388	80	24	606	380	272	470	505
—	2	5 010	980	81 200	40 500	2 700	136 896
388	80	33	607	397	294	476	516
600	420 830	332 190	—	2.846 110	1.327 300	234 400	5.703 000
—	—	189 220	344 280	—	—	—	533 500
—	—	—	—	—	—	—	—
—	—	—	—	—	—	—	—
600	**457 332**	**539 420**	**876 260**	**4.720 310**	**1.878 800**	**447 500**	**12 885 026**
558	29 783	8 150	525 092	1.766 372	483 518	234 843	6.090 379
396	66	16	617	375	259	528	477
714	62	16	607	370	257	508	488
—	—	3 713	548	86 339	41 529	3 280	142 418
396	66	23	618	394	282	536	486
714	62	23	608	388	280	515	499
—	—	—	—	2.925 982	1.351 982	92 326	4.382 560
—	—	—	—	—	—	131 602	131 602
—	—	—	—	—	—	—	—
767	437 058	331 042	—	—	1 000	—	1 237 983
767	437 058	331 042	—	2.925 982	1.352 982	223 928	5.752 145
—	—	2 900	—	—	—	—	2 900
—	600	161 726	339 913	—	—	—	502 239
—	—	—	—	—	—	—	—
—	—	—	—	—	—	—	1 625
—	—	—	—	—	—	—	583
325	**467 441**	**507 931**	**865 553**	**4.778 693**	**1.878 029**	**462 051**	**12 492 289**
456	451 941	520 978	851 016	4.705 525	1.867 094	443 912	12.765 611

Andere (ungarische und slawische) Kronländer. — Civil

Ost- u. West-Galizien	Bukowina	Ungarische Kronländer: Ungarn	Banat und Woiwodina	Kroatien und Slawonien	Siebenbürgen
93 387	25 592	756 420	335 080	7 903	219 374
20	67	96	239	9	106
312 962	11 856	227 940	15 507	2 519	6 220
89	98	116	246	12	109
455	1 844	1.704 312	25 607	1 130	—
1.864 101	4 008	—	—	—	—
2.281 839	144 982	440 600	6 777	—	—
—	—	179 668	409 686	847 090	207
4.146 395	150 834	2.324 580	442 070	848 220	207
—	184 718	526 760	397 459	—	1.201 785
—	—	—	—	3 995	—
—	5 586	4.000 266	221 845	5 732	585 342
—	—	6 288	2 820	87	—
2 733	2 240	22 008	11 440	—	60 544
4.555 477	**380 826**	**7.864 262**	**1.426 221**	**868 456**	**2 073 472**
—	—	4.048 298	231 169	2 651	528 141
—	8 128	5.452 721	249 298	6 003	832 907
—	15 000	5.314 200	—	40 000	832 000
92 000	29 680	1.102 400	{ vorstehend	7 660	223 300
20	64	114	[die Zahlen	9	102
336 500	17 000	361 200	nach Czörnig	3 800	16 400
93	101	151	stehn unten]	13	110
4.180 520	184 960	2.822 400	.	844 000	220
—	221 100	966 210	.	4 060	1.260 200
—	7 000	4.382 000	.	5 800	617 000
—	2 500	45 040	.	80	63 000
4 612 120	**462 240**	**9.679 250**	.	**865 400**	**2.180 120**
114 293	37 855	1.221 714	[368 000]	24 470	200 364
25	83	123	.	28	104
25	85	124	.	28	104
448 973	29 187	393 105	[23 203]	5 041	14 152
123	147	163	.	34	111
122	150	165	.	34	111
600	1 850	1.613 944	.	6 590	1 378
1.981 076	4 470	—	.	—	—
2.085 431	188 288	423 873	.	—	390
—	—	593 625	.	811 757	830
4.067 107	194 608	2.631 442	[431 000]	818 347	2 598
—	175 679	1.171 676	[422 000]	50	1.104 322
—	—	—	.	487	—
—	7 400	4 333 987	[267 000]	12 770	517 577
30	—	250	.	80	370
2 463	2 366	63 593	[13 364]	1 611	87 790
4.632 866	**447 095**	**9.815 767**	**[1.526 105]**	**862 856**	**1.927 173**
4.597 470	456 920	9.900 785	[1.540 049]	876 009	1.926 797

Dalmatien	Summe der außerdeutschen Kronländer	Militärbevölkerung	Oesterreichisch-ungarische Monarchie	Nationen.
—	1.475 631	168 800	7.858 635	Deutsche.
—	80	291	251	
394	577 877	—	698 851	Juden.
1	111	291	273	.
—	1.742 170	126 700	5.854 258	Czechen.
—	1.868 109	49 500	2.055 852	Polen.
	2.874 198	65 900	2.940 098	Russen.
378 676	2.606 785	91 300	3.925 867	Serben 2c.
378 676	9.091 262	333 400	14.776 075	.
—	242 444	27 300	2.451 745	Rumänen.
13 701	18 080	7 300	543 720	Italiäner.
—	4.823 756	42 800	4.866 556	Magyaren.
944	11 290	—	11 290	Griechen.
—	98 965	800	99 765	Armenier, Zigeuner.
393 715	**18.521 306**	**580 400**	**31.306 637**	**Gesammt-Bevölkerung.**
—	4.813 509	.	.	Magyaren.
	6.555 124	.	.	
--	6.201 200	.	6.251 200	
—	1.496 400	.	8.008 030	Deutsche.
—	78	.	248	.
396	735 826	.	872 722	Juden.
1	116	.	276	.
399 000	9.321 000	.	15.024 000	Slawen.
15 230	2.593 800	.	3.127 300	Rumänen.
—	5.018 000	.	5.018 000	Magyaren.
1 000	116 000	.	116 000	Andere Volkstämme.
415 626	**19.281 026**	.	**32.166 052**	**Gesammt-Bevölkerung.**
—	1.637 096	150 200	7.877 675	Deutsche.
—	85	259	242	.
—	85	260	244	.
318	891 180	9 850	1.043 448	Juden.
1	131	276	274	.
1	132	277	277	.
—	1.634 182	116 000	6.132 742	Czechen.
--	1.985 546	42 500	2.159 648	Polen.
—	2.697 982	54 500	2.752 482	Russen.
369 310	2.640 899	77 000	3.955 882	Serben 2c.
369 310	8.958 609	290 000	15.000 754	.
—	2.592 953	47 500	2.643 353	Rumänen.
45 000	45 487	6 600	554 326	Italiäner.
—	4.876 634	70 500	4.947 134	Magyaren.
1 000	3 655	—	5 280	Griechen.
—	157 843	3 795	162 221	Armenier, Zigeuner.
415 628	**19.163 457**	**578 445**	**32.234 191**	**Einheimische Bevölkerung.**
404 499	19.227 402	579 989	32.573 002	Anwesende Bevölkerung.

Tabelle V. (Schluß).

Quellen.	Nationen.	Vormals zu Oest Unter-Oesterreich	 Ober-Oesterreich und Salzburg
8. Versuch der Ergänzung der Angaben von 1857 für die einheimische Bevölkerung auf die Gesammtbevölkerung aus den Nachrichten über das Heimathland.	Deutsche: Anzahl	1.475 948	844 455
	Deutsche: Promille der Bevölk.	878	988
	Juden	6 999	4
	Czechen, Slowaken	145 070	7 200
	Polen	6 520	—
	Ruthenen, Russen	3 440	—
	Serben, Slowenen, Bulgaren	14 780	970
	Slawen überhaupt	169 810	8 170
	Rumänen	5 480	—
	Italiäner und Ladiner	3 140	1 290
	Magyaren	17 140	250
	Andere Volkstämme	3 180	50
	Gesammt-Bevölkerung.	**1.681 697**	**854 219**
9. Schätzung für 1861 auf den neuen Umfang der Kronländer (mittlerer Durchschnitt der Berechnung nach Czörnig's Handbüchlein und der Ergänzung der Angaben aus den Nachrichten für das Heimathland).	Deutsche: Anzahl	1.603 451	853 414
	Deutsche: Promille der Bevölk.	928	994
	Juden	8 040	—
	Deutsche und Juden Promille	932	994
	Czechen (incl. Slowaken)	82 300	3 600
	Polen	3 300	—
	Russen (Ruthenen)	1 700	—
	Serben, Slowenen, Bulgaren	12 000	500
	Rumänen	2 800	—
	Italiäner und Ladiner	1 600	700
	Magyaren	8 800	100
	Andere Volkstämme	3 000	—
	Anwesende Bevölkerung.	**1.726 991**	**858 314**
Erster Anhang. Ad. Ficker, approximative Berechnung für 1868, veröffentlicht in den Völkerstämmen der österr.-ungarischen Monarchie.	Deutsche	1.797 000	894 000
	Promille der Bevölkerung	898	1000
	Nord-Slawen	136 000	—
	Süd-Slawen	13 000	—
	Ost-Romanen	2 300	—
	West-Romanen	3 000	—
	Magyaren	10 000	—
	Juden, Zigeuner, andere Nationen	38 700	—
	Gesammt-Bevölkerung.	**2.000 000**	**894 000**
Zweiter Anhang. Muttersprache der Schüler der mittleren und höheren Unterrichtsanstalten, 1867 nach dem stat. Jahrbuch der österr.-ungarischen Monarchie [und bez. der Schüler der Volksschulen in Ungarn].	Deutsche	8 271	1 951
	Czecho-Slawen	572	20
	Polen	209	—
	Ruthenen, Russen	89	—
	Slowenen, Kroaten, Serben	245	—
	Rumänen	105	—
	Italiäner, Ladiner	139	4
	Magyaren	563	2
	Griechen, Franz., Engl., Arm. 2c.	61	2
	Schülerzahl überhaupt.	**10 254**	**1 979**

…e gehörige (deutsche und deutsch-slawische) Kronländer. — Civilbevölkerung.

…che Länder.				Böhmische Länder.			Summe der deutschen Bundes-Länder
…then	Krain	Küsten-land	Tirol und Vorarlberg	Böhmen	Mähren	Schlesien	
716	30 390	11 790	523 848	1.745 960	490 330	224 662	6.234 306
397	67	23	604	376	263	506	487
—	—	3 713	548	86 339	41 529	3 280	142 418
750	450	2 090	540	2 869 366	1.327 215	91 310	4.451 181
—	—	—	—	1 000	3 800	123 280	134 840
—	—	—	—	530	780	930	5 980
450	419 671	330 975	340	540	1 370	—	1.244 976
200	420 121	333 065	880	2.871 436	1.333 165	215 520	5.836 977
—	—	2 860	—	250	430	—	10 320
540	1 430	168 550	335 740	280	140	100	514 450
—	—	150	—	760	1 400	220	22 280
—	—	850	—	500	100	130	4 860
456	**451 941**	**520 978**	**851 016**	**4.705 525**	**1.867 094**	**443 912**	**12.765 611**
343	30 608	10 521	522 658	1.831 056	506 100	238 920	6.513 317
701	66	19	605	371	260	508	492
—	—	3 950	550	90 030	43 210	3 410	149 200
701	66	26	606	389	282	515	504
400	200	1 100	300	3.021 100	1.393 700	95 400	4.601 800
—	—	—	—	500	2 000	132 400	138 300
—	—	—	—	200	400	500	2 900
800	430 900	351 400	100	200	1 200	—	1.282 700
—	—	3 000	-	100	200	—	6 700
300	800	175 200	339 900	200	100	—	520 500
—	—	100	—	400	700	100	11 400
—	—	900	—	400	100	—	4 500
843	**462 508**	**546 171**	**863 508**	**4.944 186**	**1.947 711**	**470 730**	**13.231 317**
000	32 000	24 000	540 000	2.000 000	530 000	256 000	7.020 000
388	66	42	604	377	257	512	495
—	—	—	—	3.200 000	1.480 000	239 000	5.055 000
000	450 000	359 000	—	—	1 000	—	1.342 000
—	600	3 700	—	—	—	—	6 600
—	400	180 000	353 000	—	—	—	536 400
—	—	—	—	—		—	10 000
—	—	13 300	1 000	100 000	49 000	5 000	207 000
000	**483 000**	**580 000**	**894 000**	**5.300 000**	**2.060 000**	**500 000**	**14.177 000**
557	167	205	2 224	5 177	2 904	1 018	24 243
1	—	1	12	9 190	2 458	245	12 520
—	—	—	5	17	8	155	397
—	—	1	1	1	—	—	94
162	984	368	8	20	2	—	2 474
—	—	37	—	3	1	—	148
6	20	1 137	752	6	1	—	2 203
—	—	4	6	9	3	—	612
—	—	15	34	2	—	—	116
726	**1 171**	**1 768**	**3 042**	**14 425**	**5 377**	**1 418**	**42 807**

Andere (ungarische und slawische) Kronländer. – Civil

Ost- u. West-Galizien	Bukowina	Ungarische Kronländer: Ungarn	Banat und Woiwodina	Kroatien und Slawonien	Siebenbürgen
117 657	37 703	1.245 710	[370 546]	29 110	201 335
26	83	126	.	33	104
448 973	29 187	393 105	[23 203]	5 041	14 152
3 420	1 930	1.633 460	.	8 680	3 240
1.960 420	10 500	5 500	.	—	420
2.062 970	193 210	430 480	.	510	1 020
—	—	599 510	.	813 018	1 270
4.026 810	205 640	2.668 950	[437 500]	822 208	5 950
520	174 460	1.177 390	[424 000]	1 110	1.099 820
150	—	1 820	.	1 130	—
460	7 480	4.347 730	[269 800]	15 670	517 750
2 900	2 450	66 080	[15 000]	1 740	87 790
4.597 470	**456 920**	**9.900 785**	**[1.540 049]**	**876 009**	**1.926 797**
125 741	40 517	1.293 991	[386 902]	28 428	210 160
25	83	125	.	31	104
474 970	31 360	411 840	[24 300]	5 350	14 800
122	148	165	.	37	112
2 100	2 000	1.703 200	[26 400]	8 100	2 400
2.084 700	8 000	2 900	—	—	200
2.194 300	205 000	448 000	[6 000]	200	700
—	—	625 800	[423 200]	863 100	1 100
300	188 108	1.232 000	[443 700]	700	1.153 100
100	—	900	—	800	—
200	7 900	4.553 500	[282 800]	15 100	541 600
2 900	2 600	68 200	[15 800]	1 800	91 500
4.882 311	**485 477**	**10.340 331**	.	**923 578**	**2.015 560**
		[8.486 531]	[1.609 102]	[911 406]	[2.272 430]
165 000	45 000	1.500 000		30 000	235 000
32	86	136		31	111
4.544 000	223 000	2.200 000		8 000	2 000
—	—	600 000		908 000	1 000
100	205 000	1.300 800		200	1.200 400
—	—	—		1 000	—
—	8 000	4 820 000		15 000	573 000
494 900	40 000	499 200		7 800	104 600
5.204 000	**521 000**	**10.920 000**	[Ungarn, Schülerzahl]	**970 000**	**2.116 000**
1 007	376	3 816	[177 335]	74	961
29	3	1 962	[184 356]	17	1
6 232	225	36		5	5
2 183	241	340		114	1
1	—	771	[34 232]	1 427	3
—	276	1 026	[55 268]	—	1 626
1	—	4		2	—
5	—	20 909	[466 356]	18	1 267
—	15	3	[43]	1	67
9 458	**1 136**	**28 867**	**[917 590]**	**1 658**	**3 931**

Dalmatien	Summe der außerdeutschen Kronländer	Militär-bevölkerung	Oesterreichisch-ungarische Monarchie	Nationen.
80	1.671 555	150 599	8.056 460	Deutsche.
—	87	260	247	.
318	891 180	9 850	1.043 448	Juden.
—	1.662 170	116 320	6.229 671	Czechen.
—	1.976 840	42 610	2.154 290	Polen.
—	2.688 590	53 650	2.748 220	Russen.
358 691	2.634 117	78 210	3.957 303	Serben ꝛc.
358 691	8.961 717	290 790	15.089 484	.
—	2.594 230	47 630	2.652 180	Rumänen.
44 340	47 560	6 620	568 630	Italiäner.
—	4.897 120	70 700	4.990 100	Magyaren.
1 070	164 040	3 800	172 700	Andere Volkstämme.
404 499	**19.227 402**	**579 989**	**32.573 002**	**Ges.-Bevölkerung.**
—	1.736 078	150 200	8.399 595	Deutsche.
—	86	260	247	.
300	939 050	9 850	1.098 100	Juden.
1	133	277	280	.
—	1.728 700	116 000	6.446 500	Czechen.
—	2.095 800	42 500	2.276 600	Polen.
—	2.848 400	54 500	2.905 800	Russen.
382 000	2.757 900	77 000	4.117 600	Serben ꝛc.
—	2.719 500	47 500	2.773 700	Rumänen.
46 900	48 200	6 600	575 300	Italiäner.
—	5.124 900	70 500	5.206 800	Magyaren.
1 100	170 100	3 795	178 395	Andere Volkstämme.
430 300	**20 168 628**	**578 445**	**33.978 390**	**Ges.-Bevölkerung.**
—	2.020 000	140 000	9.180 000	Deutsche.
—	95	280	255	
—	6.989 000	170 000	6.730 000 2.380 000 3.104 000	Czechen. Polen. Russen.
392 000	2.833 000	55 000	4.230 000	Serben ꝛc.
1 500	2.855 000	40 800	2.902 400	Rumänen ꝛc.
56 000	57 500	6 000	599 900	Italiäner.
—	5.421 000	75 000	5.506 000	Magyaren.
500	1.147 500	13 200	1.367 700	Juden, Zigeuner ꝛc.
450 000	**21.323 000**	**500 000**	**36.000 000**	**Ges.-Bevölkerung.**
2	6 357	—	30 600	Deutsche (Schüler).
2	2 017	—	14 537	Czechen.
—	6 506		6 903	Polen.
—	2 879	—	2 973	Russen.
698	3 557	—	6 031	Serben.
—	2 941	—	3 089	Rumänen.
161	170	—	2 373	Italiäner.
—	22 200	—	22 812	Magyaren.
—	86	—	202	Andere Volkstämme.
863	**46 713**	—	**89 520**	**Schüler-Zahl überhaupt.**

Oesterreich unter der Enns. Quelle: Czörnig's Ethnographie, Zahlen von 1851. Bezirke und Kreise.	Flächeninhalt in geogr. Qu.-Meil.	Ortsgemeinden mit ü deutscher Bevö	
		Gemeinden	Einwohner
Bezirke Litschau und Schrems	10,62	57	32 784
17 andere Bezirke	81,09	480	214 626
Kreis Ober-Mannhardsberg	**91,71**	**537**	**247 398**
Bezirke Feldsberg und Zistersdorf	13,08	45	39 636
Bez. Groß-Enzersdorf und Marchegg	13,60	35	13 768
11 andere Bezirke	58,93	310	214 480
Kreis Unter-Mannhardsberg	**85,61**	**390**	**267 884**
Kreis Ober-Wienerwald: 18 Bezirke	**102,15**	**333**	**239 370**
Bezirk Mödling	4,09	21	21 480
Bez. Haimburg, Bruck, Ebreichsdorf	13,15	48	41 212
18 andere Bezirke	62,31	237	264 163
Kreis Unter-Wienerwald	**79,55**	**307**	**326 855**
Hauptstadt Wien	**1,06**	**1**	**431 145**
Kronland Oesterreich unter der Enns.	**360,08**	**1 568**	**1.512 666**

Hauptstadt Wien: Czörnig's Schätzung nach der Aufnahme von 1856 auf Grund der Er
" " Berechnung nach der gleichen Aufnahme bei Voraussetzung der gleich chen, 300 Engländer ꝛc.) . . . .
" " und Umgebung, Ficker, Oesterreichs Bevölkerung, S. 32 (die Kroaten

Oesterreich und Steiermark. Quelle: Ficker's Völkerstämme. (Kreise.)	Procent-Antheil der Nationen nach Ficke			
	Deutsche	Czechoslawen	Kroaten	Slowenen
Kronland Oesterreich unter der Enns.				
Kreis unter dem Wienerwald	88,73	10,36	0,90	—
Kreis ober dem Wienerwald	100,00	—	—	—
Kreis unter dem Mannhardsberg	95,95	2,65	1,40	—
Kreis ober dem Mannhardsberg	98,99	1,01	—	—
Summe: Oesterreich u. d. E. ohne Wien	**95,80**	**3,88**	**0,62**	—
Herzogthum Steiermark.				
Stadt und Kreis Gratz	96,06	—	—	3,94
Kreis Bruck	100,00	—	—	—
Kreis Marburg	5,16	—	—	94,84
Summe: Steiermark	**62,45**	—	—	**37,55**

ältniß in den einzelnen Theilen von Oesterreich unter der Enns,

Ortsgemeinden mit über 8 bis … Zehntel deutscher Bevölkerung.			Ortsgemeinden mit über 5 bis 6 Zehntel deutscher Bevölkerung.			Ortsgemeinden mit über 4 bis 5 Zehntel deutscher Bevölkerung.		
Gemeinden	Einwohner	darunter Deutsche	Gemeinden	Einwohner	darunter Deutsche	Gemeinden	Einwohner	darunter Deutsche
—	—	—	1	488	268	—	—	—
—	—	—	—	—	—	—	—	—
—	—	—	**1**	**488**	**268**	—	—	—
—	—	—	—	—	—	—	—	—
—	—	—	1	1 133	652	4	1 546	666
—	—	—	—	—	—	—	—	—
—	—	—	**1**	**1 133**	**652**	**4**	**1 546**	**666**
—	—	—	—	—	—	—	—	—
—	—	—	—	—	—	—	—	—
1	302	242	1	400	240	—	—	—
—	—	—	—	—	—	—	—	—
1	**302**	**242**	**1**	**400**	**240**	—	—	—
—	—	—	—	—	—	—	—	—
1	**302**	**242**	**3**	**2 021**	**1 160**	**4**	**1 546**	**666**

das Geburtsland der Einwohner. (Die Bevölkerungszahl enthält die ganze Bevölkerung
lung nach dem Antheil jeder Nation an der einheimischen Bevölkerung des betr. Landes
. . . .
nd Russen, weiter 3 000 Italiäner, 10 000 Magyaren, 1 000 Rumänen und 20 000 Aus

…mt-…ung …7	Einheimische Bevölkerung 1857	Nach den Procent-Antheilen berechnen sich die Zahlen für die einzelnen Nationen innerhalb der einheimischen Bevölkerung:					
		Deutsche (ohne Juden)	Juden (deutsche)	Czecho-Slawen	Kroaten	Slowenen	Griechen, Armenier
…70	288 154	255 055	699	29 770	2 600	—	30
…25	241 982	241 963	19	—	—	—	—
…97	287 077	275 435	42	7 600	4 000	—	—
…83	267 487	264 765	22	2 700	—	—	—
…75	**1.084 700**	**1.037 218**	**782**	**40 070**	**6 600**	—	**30**
	n. Czörnig:	?	782	12 270	6 870	—	?
…72	447 468	429 820	—	—	—	17 630	18
…92	181 306	181 306	—	—	—	—	—
…07	381 302	19 680	6	—	—	361 616	—
…73	**1.010 076**	**630 806**	**6**	—	—	**379 246**	**18**
	n. Czörnig:	640 806	6	—	—	369 246	18

sowie von Steiermark, Tirol und dem Küstenlande.

Ortsgemeinden mit über 3 bis 4 Zehntel deutscher Bev.			Ortsgemeinden mit über 2 bis 3 Zehntel deutscher Bev.			Ortsgemeinden mit über 1 bis 2 Zehntel deutscher Bev.		
Gemeinden	Einwohner	darunter Deutsche	Gemeinden	Einwohner	darunter Deutsche	Gemeinden	Einwohner	darunter Deutsche
2	977	357	2	1 308	308	1	636	136
—	—	—	—	—	—	—	—	—
2	**977**	**357**	**2**	**1 308**	**308**	**1**	**636**	**136**
1	528	174	—	—	—	1	1 152	117
2	628	223	2	395	99	4	1 498	239
—	—	—	—	—	—	—	—	—
3	**1 156**	**397**	**2**	**395**	**99**	**5**	**2 650**	**356**
—	—	—	—	—	—	—	—	—
1	2 910	952	—	—	—	—	—	—
—	—	—	1	1 204	296	1	870	147
—	—	—	—	—	—	—	—	—
1	**2 910**	**952**	**1**	**1 204**	**296**	**1**	**870**	**147**
—	—	—	—	—	—	—	—	—
5	**5 043**	**1 706**	**5**	**2 907**	**703**	**7**	**4 156**	**639**

(einschl. außerdem 6 000 Polen und Russen, 6 000 Italiäner, 6 000 Magyaren, 500 Rum

(außerdem 3 850 Polen, 2 800 Russen, 2 200 Italiäner, 10 500 Magyaren, 3 200 Rumä

. . . .

länder) . . . .

Tirol und Küstenland. Quelle: Ficker's Völkerstämme. (Kreise.)	Procent-Antheil der Nationen nach Fick				
	Deutsche	Italiäner Ladiner, Furlaner	Serben, Kroaten	Slowenen	R...
Tirol und Vorarlberg.					
Stadt und Kreis Innsbruck	100,00	—	—	—	
Kreis Brixen..................	91,53	8,47	—	—	
Kreis Trient..................	1,92	98,08	—	—	
Kreis Bregenz	100,00	—	—	—	
Summe: Tirol und Vorarlberg	**60,70**	**39,30**	—	—	
Kronland Küstenland.					
Stadt und Gebiet Triest	8,17	36,81	0,68	53,79	
Kreis Görz..................	1,10	32,15	—	66,75	
Kreis Istrien	—	30,78	56,24	12,00	
Summe: Küstenland	**1,62**	**32,10**	**26,28**	**39,36**	

Nach Czörnig's Ethnographie enthielten 1850 die einzelnen Theile des Küstenlandes: [die eingeklammerten Zahlen entsprechen dem Zählungsergebniß von 1850/51]

Nach Hain zählte 1846 Triest sammt Gebiet unter 80 300 Einw. 8 000 Deutsche, 3 060 Juden, 43 940 Italiäner, 25 300 Slowenen.

…mit bis 1 Zehntel …evölkerung.		Zahl aller Orts-gemeinden	Einwohnerzahl				Bezirke 2c.
…in- …ner	darunter Deutsche		einheimische überhaupt	darunter Deutsche (incl. Juden)	Czechen	Kroaten (Süd-Slawen)	
—	—	63	36 193	33 833	2 360	—	Litſchau 2c.
—	—	480	214 626	214 614	12	—	17 andere Bez.
—	—	**543**	**250 819**	**248 447**	**2 372**	—	Ob.-Mannhardsb.
…54	217	53	47 770	40 144	7 513	113	Feldsberg 2c.
…54	19	49	19 422	15 652	—	3 770	Enzersdorf 2c.
—	—	310	214 480	214 480	—	—	11 andere Bez.
…08	**236**	**412**	**281 672**	**270 276**	**7 513**	**3 883**	U.-Mannhardsb.
—	—	333	239 370	239 370	—	—	Ob.-Wienerwald.
—	—	23	24 390	22 432	1 958	—	Mödling.
—	—	54	46 486	44 109	—	2 377	Haimburg 2c.
—	—	237	264 163	264 163	—	—	18 andere Bez.
—	—	**314**	**335 039**	**330 704**	**1 958**	**2 377**	U.-Wienerwald.
—	—	**1**	**431 145**	**431 145**	—	—	Wien.
…08	**236**	**1 603**	**1.538 047**	**1.519 744**	**11 843**	**6 460**	Gеſ.-Zahl.
…erer Nationen)		1	480 000	362 000	83 000	13 000	Wien.
…ſen, 500 Grie-		1	469 221	366 671	72 240	6 060	
. . . . .		—	596 221	432 000	120 000	10 000	Wien u. Umgeb.

…nt- …rung …7	Einheimische Bevölkerung 1857	Nach den Procent-Antheilen berechnen ſich die Zahlen für die einzelnen Nationen innerhalb der einheimiſchen Bevölkerung:					
		Deutsche (ohne Juden)	Juden	Italiäner, Ladiner, Furlaner	Serben, Kroaten	Slowenen	Griechen, Rumänen
…83	211 711	211 685	26	—	—	—	—
…81	222 905	204 017	6	18 882	—	—	—
…20	327 332	6 300	1	321 031	—	—	—
…32	103 605	103 090	515	—	—	—	—
…16	**865 553**	**525 092**	**548**	**339 913**	—	—	—
…07	76 783	6 000	3 301	27 056	500	39 526	400
…43	196 276	2 150	411	62 970	—	130 745	—
…28	234 872	—	1	72 300	132 091	28 180	2 300
…78	**507 931**	**8 150**	**3 713**	**162 326**	**132 591**	**198 451**	**2 700**
…96]	(? 94 926)	12 051	? 4 232	51 695	—	26 948	—
…10]	(?215 080)	1 500	? 524	49 552 27 044	—	136 460	—
…10]	.	—	—	58 734	132 503	38 878	2 795

Beilage 2 zu Tabelle V.

Böhmen: Kreise und Bezirke, gesondert nach der vorwiegenden Nationalität. (Quelle: Ficker's Angaben für 1857.)		Zahl der (			
		mit unter 10 Pct. Czechen	11 bis 30 Pct. Czechen	31 bis 50 Pct. Czechen	5 b 70 Cze
A. Ueberwiegend deutsche Bezirke.					
Vom Kreise Chrudim:	Bezirk Landskron	20	1	—	-
Vom Kreise Königgrätz:	Bezirk Grulich	24	—	—	-
	„ Königinhof (gemischt)	41	1	2	-
	„ Polic (gemischt) ...	31	—	—	-
	„ Braunau	24	—	—	-
	Ueberhaupt 4 Bezirke ..	120	1	2	-
Vom Kreise Jiczin:	Bezirk Trautenau (gemischt)	55	—	—	-
	Bezirke Marschendorf, Schatzlar, Hohenelbe, Arnau ..	127	—	—	-
	Bezirk Rochlitz (gemischt) ..	12	—	—	-
	Ueberhaupt 6 Bezirke ..	194	—	—	-
Vom Kr. Jung-Bunzlau:	Bezirke Reichenberg, Gablonz, Kratzau, Friedland	153	—	—	-
	Bezirk Morchenstern (gem.)	8	—	2	-
	Ueberhaupt 5 Bezirke ..	161	—	2	-
	16 sudetische Bezirke (Summe) ..	**495**	**2**	**4**	-
Weiter Kr. Jung-Bunzlau:	Bez. Gabel, Dauba, Niemes	156	—	—	-
Vom Kreise Leitmeritz:	14 deutsche Bezirke	632	—	—	-
	Bezirk Wegstadtl (gemischt)	32	3	—	-
	„ Leitmeritz (gemischt)	90	—	—	-
	„ Lobositz (gemischt) ..	48	—	—	-
	Ueberhaupt 17 Bezirke.	802	3	—	-
Vom Kreise Saaz:	7 deutsche Bezirke	253	—	—	-
	27 meißnische Bezirke (Summe) ..	**1 211**	**3**	—	-
Weiter Kreis Saaz:	7 deutsche Bezirke	377	—	—	-
Kreis Eger:	19 Bezirke	935	—	—	-

Vom Kreise Pilsen: (hier und bei den folgenden Kreisen ist d. Mischung d. Ortschaften nicht bekannt, die Zahl d. Czechen ist nach der Mischungsklasse der ganzen Bezirke geschätzt)

2 deutsche Bezirke (Hostau und Ronsberg) ....

Bezirke Mies, Weiß-Tuschkau u. Stab (zwischen

Bezirk Neuern (98 Pct. Deutsche) ....

32 fränkisc

Vom Kreise Pisek: Bezirke Berg-Reichenstein u. Winterberg (minde

Vom Kreise Budweis: 2 deutsche Bezirke (Ober-Plan und Hohenfurt).

Bezirke Gratzen und Neu-Bistritz (96 Pct. Deu

Bezirke Kaplitz und Kalsching (zwischen 88 un

8 bayerisc

Ueberhaupt überwiegend deu

Nationalitäts-Verhältniß in den einzelnen Kreisen

91 bis … Pct. …echen	über-haupt	Fläche in geogr. Qu.-Ml.	Factische Bevölkerung 1857 (ohne Militär)	Einheimische Bevölkerung 1857: überhaupt	darunter Czechen	darunter Deutsche 2c.: Deutsche incl. Juden 2c.	Juden insbesondere	Die Deutschen sind Promille der Bevölkerung
9	34	5,09	33 043	35 930	11 270	24 660	—	686
1	25	2,36	14 400	14 420	230	14 190	17	984
18	65	3,27	26 785	27 129	10 480	16 649	174	614
20	58	4,01	25 295	26 047	10 350	15 697	64	603
—	24	3,39	21 532	21 753	—	21 753	7	1 000
39	172	13,03	88 012	89 349	21 060	68 289	262	764
4	59	5,06	31 731	31 014	2 460	28 554	36	920
—	127	6,92	51 527	52 912	200	52 712	34	996
11	23	2,60	16 899	18 345	7 200	11 145	5	608
15	209	14,58	100 157	102 271	9 860	92 411	75	903
—	153	15,31	135 128	133 923	—	133 923	37	1 000
—	12	1,75	16 839	16 608	770	15 838	14	964
—	165	17,06	151 967	150 531	770	149 761	51	995
63	**580**	**49,76**	**373 179**	**378 081**	**42 960**	**335 121**	**388**	**895**
—	156	13,15	57 191	62 950	—	62 950	114	1 000
—	632	38,72	314 262	317 273	—	317 273	2 056	1 000
—	35	2,53	12 758	12 948	860	12 088	292	934
10	100	4,42	31 275	29 024	2 900	26 124	38	900
12	64	3,37	16 734	15 422	4 550	10 872	343	704
22	831	49,04	375 029	364 667	8 310	356 357	2 729	977
1	254	20,72	97 514	98 447	340	98 107	539	997
23	**1 241**	**82,91**	**529 734**	**526 064**	**8 650**	**517 414**	**3 382**	**984**
—	377	30,28	117 174	112 393	—	112 393	4 262	1 000
—	935	79,29	352 195	373 087	—	373 087	6 833	1 000
….	103	6,24	25 635	29 784	—	29 784	556	1 000
tsche)	153	15,83	45 283	46 562	3 150?	43 412	1 584	933
….	39	3,59	12 136	15 147	300	14 847	316	980
irke.	295	25,66	83 054	91 493	3 450?	88 043	2 456	962
ie)..	**1 607**	**135,23**	**552 423**	**576 973**	**3 450?**	**573 523**	**13 551**	**994**
tsche)	172	14,67	40 766	43 977	5 230?	38 747	338	881
….	189	12,80	28 662	29 092	—	29 092	156	1 000
….	89	9,62	31 548	34 055	1 350?	32 705	275	960
he) .	192	11,60	31 465	33 579	2 690?	30 889	5	930
irke.	470	34,02	91 675	96 726	4 040?	92 686	436	958
ie)..	**642**	**48,69**	**132 441**	**140 703**	**9 270?**	**131 433**	**774**	**934**
ait..	**4 070**	**316,59**	**1.587 777**	**1 621 821**	**64 330**	**1.557 491**	**18 095**	**960**

und Bezirken des Königreichs Böhmen.

Böhmen: Kreise und Bezirke, gesondert nach der vorwiegenden Nationalität.		Zahl der … mit unter 10 Pct. Czechen	11 bis 30 Pct. Czechen	31 bis 50 Pct. Czechen	… 70 … Cz…
B. Ueberwiegend czechische Bezirke.					
Kreis Leitmeritz:	Bez. Libochowitz u. Raudnitz	—	—	—	
Vom Kr. Jung-Bunzlau:	Bez. Böhmisch-Aicha	29	1	1	
	„ Weißwasser	12	—	—	
	„ Jung-Bunzlau	—	—	—	
	„ Nimburg	—	—	—	
	„ Münchengrätz, Turnau, Sobotka, Benadek, Eisenbrod	—	—	—	
	Ueberhaupt 9 Bezirke..	41	1	1	
Vom Kreise Jiczin:	Bez. Neu-Paka..........	7	5	2	
	„ Starkenbach........	7	—	—	
	8 andere Bezirke	—	—	—	
	Ueberhaupt 10 Bezirke..	14	5	2	
Vom Kreise Königgrätz:	Bez. Reichenau	44	—	—	
	„ Neustadt a. d. Mettau	18	—	—	
	„ Senftenberg........	13	—	—	
	„ Jaromirz	9	—	—	
	„ Nechanic, Königgrätz, Adler-Kostelec, Dobruska, Nachod	—	4	—	
	Ueberhaupt 9 Bezirke..	84	4	—	
Vom Kreise Chrudim:	Bez. Wildenschwert......	9	—	—	

Die übrigen 10 Bezirke (von diesen liegen Zahlen für die Ortschaften nicht vor) ...

U…

Kreis Czaslau ganz (14 Bezirke) ....

„ Tabor ganz (16 Bezirke) ....

„ Budweis ohne die 6 überwiegend deutschen Bezirke (9 Bezirke)............

„ Pisek ohne die 2 „ „ „ (11 „)............

„ Pilsen ohne die 6 „ „ „ (12 „)............

Stadt Prag...

Kreis Prag { ohne den Bezirk Melnik (19 Bezirke)..................

Kreis Prag { Bezirk Melnik insbesondere (er enthält auch eine deutsche u. eine zu 3 V…

Vom Kreise Saaz: Bezirk Laun...............................

Ueberwiegend czechische Bezirke über…

Ganz Böhmen, S…

1 Pct. und darüber Czechen	überhaupt	Fläche in geogr. Qu.-M.	Factische Bevölkerung 1857 (ohne Militär)	Einheimische Bevölkerung 1857: überhaupt	darunter Czechen	Deutsche (incl. Juden 2c.)	darunter Juden	Die Deutschen sind Promille der Bevölkerung
92	93	8,34	36 362	38 182	36 227	1 955	1 865	51
83	114	3,57	24 715	24 991	14 055	10 936	36	437
28	40	4,32	15 764	15 161	12 124	3 037	137	200
76	77	5,11	29 993	28 987	27 087	1 900	1 399	66
48	50	4,36	20 336	21 811	21 111	700	376	32
372	372	17,58	103 003	109 414	108 429	985	985	90
607	653	34,94	193 811	200 364	182 806	17 558	2 933	88
46	62	3,60	30 467	30 439	25 210	5 229	9	172
25	32	3,28	29 925	29 839	24 638	5 201	1	174
437	437	32,61	174 348	180 339	177 671	2 668	2 667	15
508	531	39,49	234 740	240 617	227 519	13 098	2 677	54
42	91	5,50	31 854	33 442	20 200	13 242	260	396
45	63	3,98	22 760	23 136	17 043	6 093	23	263
48	65	5,90	31 525	34 465	29 046	5 419	319	157
59	70	4,02	28 218	27 155	23 289	3 866	126	142
335	339	21,45	138 423	139 792	138 041	1 751	1 251	12
529	628	40,85	252 780	257 990	227 619	30 371	1 979	118
37	46	3,53	27 478	27 842	22 405	5 437	17	195
.....	756	52,36	290 748	297 011	265 326	29 685	3 585	100
zirke..	802	55,89	318 226	322 853	287 731	35 122	3 602	188
.....	1 069	71,73	354 677	374 910	349 366	25 544	10 691	68
.....	1 381	84,15	334 548	367 975	355 632	12 343	11 939	34
.....	546	48,43	178 284	181 714	141 782?	39 932	1 501	219
.....	867	66,24	258 077	275 415	251 321?	24 094	4 883	84
.....	810	64,25	275 563	301 300	255 482?	45 818	4 990	152
.....	1	0,15	142 588	71 922	40 213	31 709	7 706	441
.. ..	1 242	99,30	482 458	467 030	450 384	16 646	12 363	36
tschaft)	90	6,95	30 568	29 987	28 873	1 114	514	37
.....	69	6,40	25 066	26 613	24 262	2 351	601	88
e mit.	**8 782**	**627,11**	**3.117 748**	**3.156 872**	**2.859 217**	**297 655**	**68 244**	**95**
e mit.	**12 852**	**943,70**	**4.705 525**	**4.778 693**	**2.923 547**	**1.855 146**	**86 339**	**388**

(Noch Beilage 2).

Anton Phrosinus (czechische Quelle), Angaben von

	Damalige Kreise.	Verhältnisse der Nationa in denselben.
Zusammenstellung der Angaben von **Phrosinus, Schnabel** und **Ficker** über die Nationalitätsverhältnisse in Böhmen.	Pilsen	fast gleich: D.: Plan, Tepel, Teinitz; Cz. Kl
	Elbogen.	ganz d. (in einigen Ortschaften beide Sprach
	Saaz	deutsch, nur Laun und 4 Dörfer bei Kahden
	Leitmeritz	halb deutsch (um Aussig), halb czechisch (um
	Jung=Bunzlau .	¼ deutsch (Leippa), ¾ czechisch . . . .
	Königgrätz . . .	czechisch; deutsche Städte am Riesengebirge (
	Chrudim.	czechisch; deutsche Ansiedler in einigen Dörfer
	Czaslau	czechisch . . . .
	Bechin.	¼ mit Deutschen gemischt (Budweis, Kaplitz,
	Moldau	czechisch . . . .
	Prachin	¼ deutsch am Gebirge (Krobolt, Wallern, K
	Beraun	czechisch . . . .
	Kaurzim.	czechisch, einige deutsche Ansiedler . . . . . .
	Rakonitz u. Schlan	czechisch . . . .

Beilage 3 zu Tabelle V.

Schlesien: Landestheile und Bezirke, gesondert nach der vorwiegenden Nationalität. Quelle: Ficker's Angaben für 1857.	Zahl der Ortschafte unter 10 Pct. Slawen	 11 bis 30 Pct. Slawen	 31 bis 50 Pct. Slawen	 51 bis 70 Pct. Slawen	 71 bis 90 P Sla
A. Ueberwiegend deutsche Bezirke:					
a. Niederschlesischer Theil: Jauernig, Weidenau, Freiwaldau, Zuckmantel	108	—	—	—	—
b. Mährischer Theil: Hotzenplotz	41	—	—	—	—
c. Oberschlesischer (altmährischer) Theil: Fürstenthum Jägerndorf 2c.: Olbersdorf, Jägerndorf, Freudenthal, Benisch	103	—	—	—	—
Fürstenthum Troppau: Odrau	19	—	—	—	—
Wagstadt	8	—	2	2	—
Wiegstadtl	17	—	2	1	—
Ueberwiegend deutsche Bezirke überhaupt.	**296**	–	**4**	**3**	
B. Ueberwiegend czechische Bezirke:					
Oberschlesischer (altmährischer Theil): Fürstenthum Troppau: Königsberg	3	—	—	2	—
Troppau, Stadt	—	—	1	—	—
Troppau, Bezirk . . .	5	1	1	1	—
Fürstenthum Teschen: Friedek.	—	—	—	—	—
Ueberwiegend czechische Bezirke überhaupt.	**8**	**1**	**2**	**3**	—

	Kreise.	Einwohnerzahl: überhaupt	Einwohnerzahl: Czechen	Einwohnerzahl: Deutsche	Die Deutschen sind Promille der Bev.
Rokitzan	Klattau	176 207	110 531	65 676	373
	Pilsen	219 440	81 872	137 568	627
. . . . .	Elbogen . . .	250 611	—	250 611	1 000
. . . . .	Saaz	154 701	12 446	142 155	920
. . . . .	Leitmeritz . . .	404 108	30 381	373 727	925
. . . . .	Jung Bunzlau	452 903	215 063	237 840	530
enau)	Bidschow . . .	285 833	209 561	76 272	265
	Königgrätz . .	371 917	240 639	131 278	353
. . . . .	Chrudim . . .	328 113	244 027	84 086	256
. . . . .	Czaslau . . .	258 211	239 942	18 269	71
hisch . .	Bechin (Tabor)	230 752	192 381	38 371	167
. . . . .	Budweis . . .	243 792	129 521	114 271	473
ch	Prachin (Pisek)	283 741	219 409	64 332	227
. . . . .	Beraun	195 138	189 111	6 027	31
. . . . .	Kaurzim . . .	213 109	203 809	9 300	44
. . . . .	Rakonitz . . .	184 195	172 019	12 176	66
	Stadt Prag .	102 733	36 687	66 046	643
	überhaupt	**4.355 504**	**2.527 399**	**1.828 105**	**420**

Nationalitätsverhältniß in den einzelnen Theilen des

...über-haupt	Flächeninhalt geogr Qu.-M.	Factische Bevölkerung 1857 (ohne Militär)	Einheimische Bevölkerung: über-haupt	darunter Czechen	darunter Polen	darunter Deutsche: Deutsche einschl. Juden	darunter Deutsche: Juden insbesondere	Antheil der Deutschen Promille
...8	14,31	63 044	70 653	—	—	70 653	96	1 000
...1	3,97	23 750	28 690	—	—	28 960	880	1 000
...3	15,49	71 180	75 404	—	—	75 404	99	1 000
...9	2,02	9 479	10 325	—	—	10 325	—	1 000
...6	3,17	15 386	17 816	4 520	—	13 296	9	746
...7	3,68	13 177	14 917	4 390	—	10 527	2	705
...4	**28,33**	**196 016**	**217 805**	**8 910**	—	**208 895**	1 086	**959**
...0	3,34	15 520	15 568	12 042	—	3 526	16	227
...1	0,20	13 861	10 241	5 000	—	5 241	47	512
...1	5,84	29 808	31 316	28 739	—	2 577	67	82
...8	7,85	32 516	33 167	32 335	710	122	122	4
...0	**17,23**	**90 905**	**90 292**	**78 116**	**710**	**11 466**	**252**	**126**

Angaben für Januar 1847. Verhältniß der damaligen Kreise zur heutigen Eintheilung			
nach der überwiegenden Kreisangehörigkeit der heutigen Bezirke.		nach der überwiegenden Nationalität der betreffenden Bezirke.	Kreise.
10	vom Kreise Pilsen	4 deutsch, 6 czechisch	Pilsen . .
8	„ Pilsen, 6 vom Kr. Elbogen	8 „ 6 „	Eger. . .
13	„ Elbogen	13 „	
13	„ Saaz	12 „ 1 „	Saaz . .
17	„ Leitmeritz, 2 von Saaz (Dux, Bilin)	18 „ 1 „	Leitmeritz .
17	„ J.-Bunzlau, 1 Leitm., 1 Prag (Melnik)	9 „ 10 „	J.-Bunzlau
13	„ Jiczin, 1 Königgrätz, 1 Czaslau	3 „ 12 „	Jiczin . .
12	„ Königgrätz, 3 von Jiczin	7 „ 8 „	Königgrätz .
12	„ Chrudim	1 „ 11 „	Chrudim .
10	„ Czaslau	10 „	Czaslau. .
10	„ Tabor, 2 von Budweis	1 „ 11 „	Tabor . .
13	„ Budweis	5 „ 8 „	Budweis .
13	„ Pisek	2 „ 11 „	Pisek . .
6	„ Prag, 5 Tabor (einstm. Moldau-Kr.)	11 „	Prag . .
6	„ Prag, 1 von Tabor, 3 Czaslau	10 „	
7	„ Prag, 1 von Leitmeritz (Raudnitz)	8 „	
Stadt Prag		1 „	Stadt Prag
		83 „ 125 „	überhaupt

österreichischen Schlesiens, sowie Mährens und Galiziens.

Schlesien: Landestheile und Bezirke, gesondert nach der vorwiegenden Nationalität. Quelle: Ficker's Angaben für 1857.	Zahl der Ortschafte[n] unter 10 Pct. Slawen	11 bis 30 Pct. Slawen	31 bis 50 Pct. Slawen	51 bis 70 Pct. Slawen	71 bi[s] 90 P[ct.] Sla[wen]
C. Ueberwiegend polnische Bezirke:					
Oberschlesischer (altschlesischer) Theil, vorm. Fürstenthum Teschen: Oderberg	—	—	—	—	—
Teschen	—	1	—	—	—
Freistadt, Skotschau, Schwarzwasser, Jablunkau	—	—	—	—	—
Bielitz	2	5	3	1	—
Ueberwiegend polnische Bezirke überhaupt.	**2**	**6**	**3**	**1**	—
Kronland Schlesien (Summe).	**306**	**7**	**9**	**4**	[illegible]
Außerdem westlicher Theil des Kreises **Wadowice in West-Galizien:**					
(vormals zum deutschen Bunde gehör. Herzogthümer Auschwitz und Zator.) Bezirk Biala	—	4	3	—	—
„ Oswiecim	—	—	—	1	—
„ Kenty	—	—	—	3	—
„ Andrichau	—	—	—	1	—
„ Wadowice	—	—	—	2	—
„ Saybusch, Slemien u. Milowka	—	—	—	—	—
Summe dieser Bezirke	—	**4**	**3**	**7**	—

Ficker, Böhmens Bevölkerung, Angaben für 1857.

Einheimische Bevölkerung.						
		Deutsche				
überhaupt	Czechen	einschl. der Juden	Promille der Bev.	Deutsche (ohne Juden)	Juden	andere Nationen
392 793	258 932	133 860	339	126 414	7 446	1
373 087	—	373 083	1 000	366 250	6 833	4
237 453	24 602	212 841	896	207 439	5 402	10
402 849	44 537	358 302	889	353 708	4 594	10
413 845	185 976	227 862	551	224 764	3 098	7
342 888	237 379	105 507	308	102 755	2 752	2
347 339	248 679	98 654	282	96 413	2 241	6
358 783	299 001	59 779	167	56 177	3 602	3
374 910	349 366	25 539	68	14 848	10 691	5
367 975	355 632	12 339	34	11 939	400	4
278 440	145 822	132 616	476	130 679	1 937	2
319 392	256 551	82 833	197	57 612	5 221	8
497 017	479 257	17 748	36	12 877	4 871	12
71 922	40 213	31 706	441	24 000	7 706	3
4.778 693	**2 925 947**	**1.852 669**	**388**	**1.766 330**	**83 339**	**77**

	Flächeninhalt: geogr. Qu.-M.	Factische Bevölkerung 1857 (ohne Militär)	Einheimische Bevölkerung.					
						darunter Deutsche		
…er-haupt			über-haupt	darunter Czechen	darunter Polen	Deutsche einschl. Juden	Juden insbesondere	Antheil der Deutschen Promille
6	2,68	16 335	12 565	3 000	9 439	126	126	10
7	6,34	40 133	38 485	2 300	32 467	3 718	718	97
6	20,79	73 943	77 335	—	76 718	617	617	8
8	3,82	26 580	25 569	—	12 268	13 301	471	520
7	**33,63**	**156 991**	**153 954**	**5 300**	**130 892**	**17 762**	**1 932**	**115**
1	**93,50**	**443 912**	**462 051**	**92 326**	**131 602**	**238 123**	**3 280**	**515**
3	4,24	27 464	26 577	—	16 386	10 191	741	383
7	3,70	19 171	19 402	—	16 469	2 933	1 933	151
0	4,41	22 973	23 998	—	19 733	4 265	765	170
8	4,88	20 643	22 112	—	20 570	1 542	1 172	71
6	4,38	21 511	22 030	—	19 556	2 474	674	112
1	20,95	65 578	69 472	—	68 583	889	789	13
5	**42,56**	**178,339**	**183,591**	—	**161,297**	**22,294**	**6,174**	**122**

Mähren und West-Galizien. Landestheile. (Kreise.) Quelle: Ficker's Völkerstämme.	Procentantheile der Nationen nach Ficker:				
	Deutsche	Czecho-Slawen	Polen	Ruthenen	andere Nationen
Markgrafschaft Mähren:					
Stadt Brünn	48,14	51,86	—	—	—
Kreis Brünn	18,54	81,46	—	—	—
„ Olmütz	46,39	53,61	—	—	—
„ Neu-Titschein	23,40	76,60	—	—	—
„ Hradisch	0,68	99,32	—	—	—
„ Znaim	51,56	47,94	—	—	0,50
„ Iglau	13,29	86,71	—	—	—
Summe: Mähren	**26,33**	**73,62**	—	—	**0,05**
Kronland West-Galizien:					
Stadt Krakau	37,61	—	61,88	0,23	0,28
Kreis Krakau (u. Bochnia)	2,05	—	97,95	—	—
„ Wadowice	6,09	—	93,91	—	—
„ Sandec	3,60	—	78,76	17,64	—
„ Tarnow	1,05	—	98,28	0,67	—
„ Rzeszow	1,96	—	94,72	3,32	—
Westgalizien	.	.	.	.	.

Beilage 4 zur Tabelle V.

Na

Ungarische Kronländer. Landestheile (Kreise, Comitate 2c.).	Flächeninhalt nach Ficker's Jahrbuch	Bevölkerung nach den Diöcesan-Schematismen	Deutsche	
			Zahl	Promille der Bevölkerung
Pest und Ofen	3,42	511 260	116 098	227
Comitat Pest-Pilis-Solt	194,00			
„ Bacz-Bodrog	186,82	458 622	91 200	198
„ Gran	19,95	61 346	6 733	110
„ Neograd	79,31	181 841	1 042	6
„ Hont	46,36	103 326	8 138	79
„ Bars	48,53	122 748	12 900	105
„ Sohl	51,36	95 928	—	—
„ Liptau	41,01	79 753	—	—
„ Arva	37,73	91 049	—	—
„ Thurocz	20,89	45 715	3 090	67
„ Trenczin	83,91	275 561	—	—
„ Neutra	104,43	345 546	15 731	46
„ Preßburg incl. Stadt	78,30	269 153	44 962	167
Kreis diesseit der Donau	**996,02**	**2.641 848**	**299 894**	**114**

…sche …lke- …ng …67	Einheimische Bevölkerung	Nach den Procentantheilen für die einzelnen Nationen berechnen sich die Summen innerhalb der einheimischen Bevölkerung auf					
		Deutsche (ohne Juden)	Juden	Czecho-Slawen	Polen	Ruthenen	andere Nationen
…3 809	33 454	16 000	215	17 239	—	—	—
…7 761	406 531	73 180	11 806	321 545	—	—	—
…4 818	434 745	199 280	5 161	230 304	—	—	—
…1 539	269 111	62 180	3 363	203 560	—	—	—
…1 501	302 402	2 000	8 287	292 115	—	—	—
…3 620	204 543	101 370	7 938	93 760	—	—	1 000
…9 046	227 243	29 568	4 759	192 916	—	—	—
…7 094	**1.878 029**	**483 518**	**41 529**	**1.351 982**	—	—	**1 000**
…1 086	34 210	8 000	12 937	—	13 163	50	60
…2 626	311 472	6 040	16 432	—	289 000	—	—
…9 007	287 937	17 053	7 871	—	263 013	—	—
…9 759	272 965	9 400	12 154	—	205 411	46 000	—
…3 470	317 280	3 040	28 583	—	283 727	1 930	—
…1 137	314 587	5 660	25 991	—	273 356	9 580	—
…3 085	**1.538 451** richtiger	**49 193** 46 393	**103 968**	—	**1.327 670** 1.330 470	**57 560**	**60**

…erhältniß in den einzelnen Theilen Ungarns, Kroatiens und der

…nen nach Fenyes' Statistik von Ungarn (aus den Jahren 1839 — 41).

…n …ken)	Ruthenen	Serben, Kroaten	Slo-wenen	Bulgaren	Rumänen	Magyaren	Griechen	Andere Natio-nen
21	—	11 113	—	—	—	328 685	300	—
15	—	177 699	—	—	—	172 577	400	—
20	—	—	—	—	—	46 984	69	—
10	—	—	—	—	—	118 203	71	—
00	—	—	—	—	—	44 059	15	—
84	—	—	—	—	—	36 213	5	—
28	—	—	—	—	—	—	—	—
34	—	—	—	—	—	—	—	—
16	—	—	—	—	—	—	—	—
84	—	—	—	—	—	—	—	—
81	—	—	—	—	—	—	—	—
63	—	—	—	—	—	51 300	52	—
18	—	—	—	—	—	92 450	39	—
74	—	**188 812**	—	—	—	**890 471**	**951**	—

Oſt-Galizien. Landestheile. (Kreiſe.) Quelle: Ficker's Völkerſtämme.	Procentantheile der Nationen nach Ficker:				
	Deutſche	Czecho-Slawen	Polen	Ruthenen	andere Nationen
Oſt-Galizien:					
Stadt Lemberg.	18,14	—	69,04	12,58	0,24
Kreis Lemberg	8,28	—	31,81	59,90	0,01
„ Przemysl	2,80	—	28,66	69,14	—
„ Zolkiew	1,99	0,28	19,38	78,35	—
„ Zloczow	3,05	—	23,55	73,39	0,01
„ Brzezan	1,47	—	22,11	76,36	0,06
„ Tarnopol	1,90	—	33,40	64,70	—
„ Czortkow	0,66	—	23,59	75,71	0,04
„ Sanok	0,85	—	45,20	53,95	—
„ Sambor.	3,62	—	15,17	81,21	—
„ Stry	4,36	—	7,51	88,12	0,01
„ Stanislau	1,03	—	14,26	84,52	0,19
„ Kolomea	1,16	—	8,83	89,38	0,63
Oſt-Galizien . .	.	.	.		
Summe: Beide Galizien	**2,72**	**0,02**	**47,07**	**50,14**	**0,05**

nach den

Militärgränze nach Fenyes' Statiſtik und nach Ficker's Völkerſtä

Procentantheil der einzelnen Nationen nach Ficker (Völkerſtämme der öſterr.-ungariſchen Monarchie).									Factiſche Bevölkerung 1857 (theilweiſe ungenau)	Einheimiſche Bevölkerung 1857	Na
Deutſche	Czechen, Slowaken	Ruthenen	Kroaten, Serben	Slowenen (Bulgaren)	Dako-Romanen	Magyaren	Griechen, Albanesen, Italiäner	Armenier, Zigeuner			Deutſ
56,36	**5,22**	—	**1,77**	—	**0,19**	**36,09**	**0,23**	**0,14**	**186 945**	**125 463**	**60 4**
14,26	10,66	—	1,43	—	—	73,06	—	0,59	451 274	438 889	60 7
26,07	3,20	0,47	31,79	—	0,06	37,76	0,01	0,64	527 077	528 345	134 3
12,45	11,97	—	—	—	—	75,32	—	0,26	65 265	63 216	7 6
1,23	37,09	—	—	—	—	60,31	—	1,37	182 340	179 243	2 1
4,37	52,42	0,04	—	—	—	42,67	—	0,50	112 494	110 293	4 7
12,76	55,13	—	—	—	—	31,53	—	0,58	138 846	140 556	17 5
1,85	97,59	—	—	—	—	0,19	—	0,37	91 472	92 927	1 7
—	99,43	—	—	—	—	0,57	—	—	72 415	76 182	
0,06	99,87	—	—	—	—	0,04	—	0,03	72 124	76 287	
14,42	83,77	—	—	—	—	1,34	—	0,47	42 107	43 889	6 0
0,38	99,13	—	—	—	—	0,42	—	0,07	227 971	240 820	8
3,91	82,48	—	—	—	—	13,49	—	0,12	317 893	319 196	11 4
16,91	48,64	—	—	—	—	34,37	—	0,08	291 619	285 454	44 7
11,64	**45,96**	**0,10**	**6,85**	—	**00,1**	**35,00**	—	**0,44**	**2.592 897**	**2.595 297**	**292 0**
					nach den Procent-Antheilen für den Kreis						289 5

ſche ke- g 7.	Einheimiſche Bevölkerung	Nach den Procentantheilen für die einzelnen Nationen berechnen ſich die Summen innerhalb der einheimiſchen Bevölkerung auf					
		Deutſche (ohne Juden)	Juden	Czecho-Slawen	Polen	Ruthenen	andere Nationen
384	55 662	6 000	22 586	—	22 826	4 170	80
626	119 519	9 280	7 515	—	35 630	67 084	10
547	237 884	6 050	21 903	—	60 600	149 331	—
361	239 306	4 250	25 328	600	41 470	167 658	—
037	276 241	7 090	43 795	—	54 740	170 596	20
085	234 823	3 090	24 720	—	46 450	160 440	123
115	241 953	4 100	26 555	—	71 950	139 378	—
849	375 912	1 600	32 824	—	57 330	184 058	100
287	316 887	2 600	22 677	—	132 970	158 640	—
289	271 347	8 970	23 437	—	37 600	201 340	—
909	248 537	9 640	27 541	—	16 600	194 736	20
024	294 583	2 680	34 929	—	37 020	219 454	500
872	281 731	2 550	31 195	—	22 120	224 286	1 580
385	**3.094 415**	**67 900**	**345 005**	**600**	**637 306**	**2.041 171**	**2 433**
450	**4.632 866**	**117 093**	**448 973**	**600**	**1.964 976**	**2.098 731**	**2 493**
r das Kronland		114 293	w. o.	w. o.	1.968 576	2.097 931	w. o.
nach Czörnig		114 293	w. o.	w. o.	1.981 076	2.085 431	w. o.

ſterreichiſch-ungariſchen Monarchie.

chen, wa- en	n Procentſätzen berechnen ſich die Zahlen für die einzelnen Nationen innerhalb der einheimiſchen Bevölkerung auf							Landestheile.
	Ruthenen	Kroaten, Serben	Slowenen (Bulgaren)	Dako-Romanen	Magyaren	Griechen, Albaneſen, Italiäner	Armenier Zigeuner	
5 600	—	**2 000**	—	**200**	**38 600**	**250**	**150**	**Peſt-Ofen.**
5 370	—	6 090	—	—	310 956	—	2 500	Peſt-Pilis-Solt.
6 500	2 430	163 880	—	300	194 660	60	3 300	Bacz-Bodrog.
7 360	—	—	—	—	46 340	—	160	Gran.
4 130	—	—	—	—	104 186	—	2 470	Neograd.
7 206	40	—	—	—	46 571	—	543	Hont.
5 626	—	—	—	—	43 250	—	800	Bars.
0 611	—	—	—	—	180	—	340	Sohl.
2 734	—	—	—	—	420	—	—	Liptau.
2 830	—	—	—	—	30	—	20	Arva.
5 384	—	—	—	—	560	—	200	Thurocz.
5 536	—	—	—	—	950	—	160	Trenczin.
0 899	—	—	—	—	39 280	—	340	Neutra.
8 651	—	—	—	—	90 900	—	220	Preßburg.
2 837	**2 470**	**169 970**	—	**300**	**878 283**	**60**	**11 053**	**Kreis dieſſeit der Donau.**
2 937	"	170 370	—	"	870 283	60	"	

Beilage 4 (Fortsetzung). Ungarische Kronländer. Landestheile (Kreise, Comitate 2c.).	Flächeninhalt nach Ficker's Jahrbuch	Bevölkerung nach den Diöcesan-Schematismen	Deutsche Zahl	Deutsche Promille der Bevölkerung
Comitat Oedenburg incl. Stadt	60,07	192 685	77 200	401
„ Wieselburg	35,32	58 361	39 491	677
„ Raab	25,71	94 224	5 412	57
„ Komorn	53,92	134 098	5 414	40
„ Veszprim	75,68	185 167	23 412	126
„ Stuhlweißenburg	75,49	168 387	14 566	86
„ Eisenburg	91,46	274 229	96 120	350
„ Zala	88,91	273 949	3 522	13
(darunter die Murinsel)	(13,01)	.	.	.
„ Somogy	119,36	212 261	8 204	39
„ Baranya	92,50	233 850	64 183	275
„ Tolna	66,17	183 386	54 010	295
Kreis jenseit der Donau	**784,59**	**2.014 007**	**394 828**	**192**
Comitat Abaujvar mit Kaschau	52,18	166 195	9 470	56
„ Torna	11,23	27 592	—	—
„ Borsod	64,39	183 184	1 000	5
„ Heves und Außer-Szolnok	119,79	272 530	1 210	4
„ Gömör	74,81	170 962	2 312	14
„ Zips (ohne Städte)	.	152 723	34 603	227
(mit den 16 Städten)	66,05	.	.	.
„ Saros	68,85	197 285	3 000	15
„ Zemplin	112,52	277 494	1 750	6
„ Unghvar	55,50	110 003	—	5
„ Beregh	67,70	119 151	2 531	21
Kreis diesseit der Theiß	**693,02**	**1.677 189**	**55 876**	**33**
Comitat Ugocsa	21,63	48 170	300	1
„ Marmaros	188,08	166 503	6 860	41
„ Szathmar	106,29	235 821	14 975	63
„ Szabolcs	108,39	208 281	1 590	8
„ Bihar mit Gr.-Wardein	201,27	435 098	1 500	3
„ Bekes	62,18	153 018	4 000	3
„ Csanad	30,13	69 162	2 000	29
„ Arad	109,22	226 408	17 087	76
„ Csongrad	60,29	130 051	2 500	19
Summe der ungarischen Comitate	**887,48**	**1.672 512**	**50 812**	**30**
Comitat Temes (Temesvar)	107,67	304 187	85 449	281
„ Torontal (Gr. Beczkerek)	124,66	322 246	80 864	251
„ Krasso (Lugos)	94,99	215 632	15 252	71
Temeser Banat	**327,32**	**842 065**	**181 565**	**216**
Comitat Kraszna	20,88	40 303	—	—
„ Mittel-Szolnok	40,22	88 595	—	—
„ Zarand	23,56	34 580	472	14
District Kövar	19,80	45 345	1 317	29
Incorporirte siebenb. Districte	**104,46**	**208 903**	**1 789**	**8**
Kreis jenseit der Theiß	**1319,26**	**2.723 480**	**234 166**	**86**

…ch Fenyes' Statistik von Ungarn (aus den Jahren 1839—41).

…n …en)	Ruthenen	Serben, Kroaten	Slowenen	Bulgaren	Rumänen	Magyaren	Griechen	Andere Nationen
—	—	24 900	—	—	—	84 022	18	—
—	—	9 413	—	—	—	7 601	6	—
—	—	420	—	—	—	86 212	168	—
…00	—	—	—	—	—	118 822	114	—
…53	—	—	—	—	—	150 702	—	—
…11	—	3 866	—	—	—	141 168	200	—
—	—	16 932	28 861	—	—	127 473	20	—
—	—	49 120	12 000	—	—	202 874	143	—
	.	.	.	.	.	.	.	.
…00	—	12 158	—	—	—	186 200	50	—
—	—	38 639	—	—	—	128 932	—	—
…00	—	1 563	—	—	—	122 923	—	—
…64	—	**156 131**	**40 861**	—	—	**1.357 708**	**715**	—
…20	15 121	—	—	—	—	99 002	—	—
…00	1 500	—	—	—	—	24 903	—	—
…00	5 200	—	—	—	—	164 044	655	—
…23	—	—	—	—	—	266 561	420	—
…90	4 315	—	—	—	—	89 330	5	—
…99	25 435	—	—	—	—	—	—	—
	.	.	.	.	.	.	.	.
…33	66 691	—	—	—	—	—	18	—
…40	90 250	—	—	—	—	101 826	120	—
…33	58 901	—	—	—	—	32 121	35	—
…50	65 069	—	—	—	—	45 960	—	—
…48	**332 482**	—	—	—	—	**824 747**	**1 253**	—
—	18 560	—	—	—	7 872	19 459	—	—
—	84 396	—	—	—	53 655	12 513	—	—
…00	4 364	—	—	—	69 823	136 948	—	—
…00	3 101	—	—	—	1 423	175 645	109	—
…15	—	—	—	—	156 728	269 665	120	—
…92	—	—	—	—	8 580	94 366	214	—
…32	—	—	—	—	18 400	42 069	—	—
…23	—	1 325	—	—	170 038	34 115	141	—
—	—	1 594	—	—	—	123 854	300	—
…72	**110 421**	**2 919**	—	—	**468 519**	**908 633**	**883**	—
…94	—	22 848	—	3 000	183 228	4 560	400	150
…00	—	114 360	—	9 000	56 738	50 332	200	6 000
—	—	7 714	—	—	191 158	1 200	—	—
…54	—	**144 922**	—	**12 000**	**431 124**	**56 092**	**600**	**6 150**
—	—	—	—	—	25 087	15 022	—	—
—	—	—	—	—	55 358	32 607	—	—
—	—	—	—	—	31 558	2 550	—	—
—	—	—	—	—	40 517	3 511	—	—
—	—	—	—	—	**152 520**	**53 690**	—	—
…26	**110 421**	**147 481**	—	**12 000**	**1.070 163**	**1.018 415**	**1 483**	**6 150**

Procent-Antheil der einzelnen Nationen nach Ficker (Völkerstämme der österr.-ungarischen Monarchie).									Factische Bevölkerung 1857 (theilweise ungenau)	Einheimische Bevölkerung 1857	Na…
Deutsche	Czechen, Slowaken	Ruthenen	Kroaten, Serben	Slowenen (Bulgaren)	Dako-Romanen	Magyaren	Griechen, Albanesen, Italiäner	Armenier, Zigeuner			Deutsc…
44,28	—	—	12,89	—	—	42,83	—	—	212 580	212 826	91 5…
72,34	0,49	—	14,53	—	—	12,51	—	0,13	76 621	72 145	50 4…
6,79	0,28	—	0,34	—	—	92,13	—	0,46	89 970	89 278	5 7…
10,17	7,63	—	—	—	—	81,97	—	0,23	132 180	132 572	12 9…
18,46	—	—	1,66	0,56	—	79,32	—	—	189 204	190 427	33 1…
15,24	1,43	—	1,46	—	—	81,21	—	0,66	181 415	177 466	26 1…
36,68	—	—	5,76	12,55	—	44,62	—	0,39	290 372	296 489	105 9…
1,71	—	—	21,77	5,59	—	70,89	—	0,04	282 506	278 661	4 5…
.	.	.	.	.	.	.	.	.	[57 121]	[55 940]	.
8,51	—	—	5,64	—	—	85,26	—	0,59	251 926	250 835	20 5…
33,22	—	—	18,24	—	—	47,99	—	0,55	262 290	258 350	84 4…
34,59	0,02	—	0,72	—	—	64,35	—	0,32	215 881	215 658	71 7…
23,98	**0,62**	—	**8,50**	**2,49**	—	**64,09**	—	**0,32**	**2.184 945**	**2.174 707**	**507 2…**
									n.d.Pct.Anth. f.d.Kreis		503 2…
9,59	29,32	8,68	—	—	—	51,66	—	0,75	148 154	143 548	12 7…
0,42	6,83	5,62	—	—	—	86,08	—	1,05	18 214	18 647	…
0,56	2,81	3,54	—	—	—	92,04	—	1,05	174 429	170 296	9…
0,98	0,08	—	0,01	—	0,01	97,98	—	0,94	289 368	282 952	2 7…
2,72	44,76	0,81	—	—	—	50,87	—	0,84	158 008	159 293	4 3…
.	.	.	.	.	.	.	.	.	.	.	.
33,09	53,49	12,05	—	—	—	0,83	—	0,54	159 905	166 331	53 9…
0,82	47,08	48,89	—	—	—	2,46	—	0,75	146 333	155 032	1 1…
1,20	13,07	45,56	—	—	—	39,53	—	0,64	245 269	244 233	2 6…
0,57	18,76	57,19	—	—	—	23,00	—	0,48	98 607	100 004	5…
3,24	1,20	58,52	—	—	—	36,58	—	0,46	129 827	129 888	3 8…
5,60	**21,52**	**21,96**	**0,00**	—	**0,00**	**50,16**	—	**0,76**	**1.568 114**	**1.570 224**	**82 7…**
									n.d.Pct.Anth. f.d.Kreis		82 6…
1,91	0,16	38,02	—	—	13,69	44,06	—	2,16	54 597	54 426	9…
1,94	0,08	57,81	—	—	30,98	8,79	—	0,40	184 472	185 427	3 2…
9,23	1,17	1,99	—	—	36,65	49,54	—	1,42	249 000	249 771	21 8…
1,55	4,94	1,63	—	—	1,35	89,88	—	0,65	165 664	164 609	2 3…
0,78	1,03	0,24	—	—	45,67	51,37	—	0,91	519 699	514 971	3 9…
5,14	18,21	—	—	—	8,73	67,40	—	0,52	202 687	202 098	10 2…
1,24	20,89	—	—	—	20,78	56,47	—	0,62	97 053	94 443	1 1…
8,38	0,13	—	1,80	—	68,93	18,65	—	2,11	255 197	254 315	20 9…
0,64	0,52	—	—	—	—	98,84	—	—	186 752	185 964	1 1…
.	.	.	.	.	.	.	.	.	**1.915 821**	**1.906 024**	**65 8…**
29,43	0,64	—	9,21	(1,61)	54,25	3,54	—	1,32	320 168	314 180	91 2…
31,47	0,94	—	33,71	(2,41)	15,79	14,69	—	0,99	389 692	386 055	120 1…
6,56	0,87	—	0,42	(3,93)	86,14	1,44	—	0,64	234 180	230 245	15 0…
.	.	.	.	.	.	.	.	.	**944 040**	**930 480**	**226 4…**
0,08	1,41	—	—	—	60,76	36,78	—	0,97	59 435	58 840	
0,72	—	—	—	—	67,26	30,91	—	1,11	85 911	85 678	6…
1,29	—	—	—	—	95,78	0,67	—	2,26	49 975	50 106	6…
1,51	0,48	—	—	—	92,97	3,93	—	1,11	51 602	51 907	7…
.	.	.	.	.	.	.	.	.	**246 923**	**246 531**	**2 0…**
9,87	**2,76**	**4,20**	**5,46**	(0,78)	**38,73**	**37,19**	—	**1,01**	**3.106 084**	**3.083 035**	**294 2…**
									n.d.Pct.Anth. f.d.Kreis		295 3…

en Procentsätzen berechnen sich die Zahlen für die einzelnen Nationen innerhalb der einheimischen Bevölkerung auf

chen, owa- ken	Ruthenen	Kroaten, Serben	Slo- wenen (Bulga- ren)	Dako- Romanen	Ma- gyaren	Grie- chen, Alba- nesen, Ita- liäner	Armenier, Zigeuner	Landestheile.
—	—	26 360	—	—	86 600	—	—	Oedenburg.
340	—	10 120	—	—	8 720	—	90	Wieselburg.
240	—	290	—	—	78 535	—	400	Raab.
9 700	—	—	—	—	104 067	—	300	Komorn.
—	—	2 960	1 020	—	142 420	—	—	Veszprim.
2 450	—	2 500	—	—	139 258	—	1 130	Stuhlweißenburg
—	—	16 640	36 250	—	128 889	—	1 130	Eisenburg.
—	—	58 422	15 009	—	190 356	—	100	Zala.
.	.	.	.	.	.	.	.	.
—	—	13 620	—	—	206 068	—	1 430	Somogy.
—	—	46 360	—	—	121 986	—	1 400	Baranya.
440	—	1 500	—	—	133 187	—	660	Tolna.
170	—	**178 772**	**52 279**	—	**1.340 086**	—	**6 640**	**Kreis jenseit der Donau.**
970	—	178 372	"	—	1.344 686	—	"	
880	11 500	—	—	—	68 507	—	1 000	Abaujvar.
210	1 000	—	—	—	15 213	—	190	Torna.
520	5 630	—	—	—	148 073	—	1 700	Borsod.
220	—	30	—	30	268 464	—	2 580	Heves.
730	1 300	—	—	—	80 411	—	1 330	Gömör.
.	.	.	.	.	.	.	.	.
137	19 630	—	—	—	1 350	—	880	Zips.
250	69 835	—	—	—	3 510	—	1 070	Saros.
560	99 660	—	—	—	86 455	—	1 400	Zemplin.
720	51 000	—	—	—	20 510	—	440	Unghvar.
420	69 150	—	—	—	43 223	—	540	Beregh.
647	**328 705**	**30**	—	**30**	**735 716**	—	**11 130**	**Kreis diesseit der Theiß.**
347	324 005	"	—	"	739 816	—	"	
80	18 930	—	—	6 820	21 938	—	1 070	Ugocsa.
140	96 748	—	—	51 870	14 720	—	670	Marmaros.
770	4 720	—	—	86 880	117 420	—	3 360	Szathmar.
600	2 500	—	—	2 020	136 841	—	1 000	Szabolcs.
170	1 200	—	—	229 260	257 884	—	4 570	Bihar.
230	—	—	—	17 370	134 087	—	1 030	Bekes.
270	—	—	—	19 170	52 088	—	570	Csanad.
320	—	4 500	—	172 100	46 521	—	5 260	Arad.
920	—	—	—	—	178 717	—	—	Csongrad.
500	**124 098**	**4 500**	—	**585 490**	**960 216**	—	**17 530**	
980	—	28 550	(5 000)	168 100	10 970	—	4 100	Temes.
600	—	128 724	(9 200)	60 267	56 100	—	3 790	Torontal.
000	—	960	(9 000)	197 018	3 300	—	1 460	Krasso.
580	—	**158 234**	**(23 200)**	**425 385**	**70 370**	—	**9 350**	
810	—	—	—	35 060	21 230	—	560	Kraszna.
—	—	—	—	56 240	25 850	—	930	Mittel-Szolnok.
—	—	—	—	47 933	340	—	1 130	Zarand.
240	—	—	—	46 978	1 980	—	560	Kövar.
050	—	—	—	**186 211**	**49 400**	—	**3 180**	
130	**124 098**	**162 734**	**(23 200)**	**1.197 086**	**1.079 986**	—	**30 060**	**Kreis jenseit der Theiß.**
630	125 698	163 334	(23 400)	1.159 086	1.112 786	—	30 260	

Beilage 4 (Schluß).

Ungarische Kronländer. Landestheile (Kreise, Comitate ꝛc.).	Flächeninhalt nach Ficker's Jahrbuch	Zahlen: Bevölkerung nach den Diöcesan-Schematismen	Deutsche: Zahl	Deutsche: Promille der Bevölkerung	[Spalte am Rand abgeschnitten]
(Die 16 Zipser-Städte)	(S. vorher)	33 223	27 373	824	
Jazygien und Kumanien	85,98	179 123	—	—	
Haiducken-District	17,55	61 032	—	—	
Littorale (Fiume)	(S. u.)	42 762	2 000	47	
Die freien Districte	**109,44**	**316 140**	**29 373**	**93**	
Königreich Ungarn	**3896,33**	**9.372 664**	**1 014 137**	**108**	**24**
District Fiume	9,86	(S. oben)		.	
Comitat Agram	104,07	282 282	1 000	4	
„ Warasdin	34,49	131 305	—	—	
„ Kreuz	30,31	70 281	—	—	
Königreich Kroatien	178,73	483 868	1 000	2	
Comitat Pozega	44,95	74 470	1 000	13	
„ Verovitice	83,62	146 048	3 500	24	
„ Syrmien	42,86	100 562	1 600	16	
(darunter Ruma und Illok)	.	.	.	.	
Königreich Slawonien	171,43	321 080	6 100	19	
Kronland Kroatien-Slawonien	**350,16**	**804 948**	**7 100**	**9**	
Regiment 1., 3., 4., 7.	145,30				
Ottoczaner Regiment (2)	51,20				
Zweites Banal-Regiment (8)	25,10	498 947	—	—	
Kreuzer Regiment (5)	29,30				
St. Georg-Regiment (6)	37,60				
Broder Regiment (9), Slawonien	35,54				
Gradiskaner Regiment (10), Slawonien	30,30				
Kroatisch-slawonische Gränze	354,34	259 153	4 126	16	
Peterwardeiner Regiment (Syrmien, 11)	56,50				
Titeler Bataillon (Baczka, 15)	16,74				
Deutsch-Banater Regiment (12)					
Serbisch-Banater Regiment (14)	181,80	250 485	26 155	163	
Romanen-Banater Regiment (13)					
Syrmisch-Banater Gränze	255,04				
Kronland Militär-Gränze	**609,38**	**1.008 585**	**30 281**	**30**	
Land der Ungarn	642,82				
„ „ Szekler	215,40	(1.513 315)	(222 159	(147)	(
„ „ Sachsen	155,44				
(Vormalige Siebenbürger-Gränze)	—	(180 894)	—	—	
Kronland Siebenbürgen	**997,51**	**1.694 209**	**222 159**	**131**	
Ungarische Kronländer überhaupt	**5853,38**	**12.880 406**	**1.273 677**	**99**	**24**

…ch Fenyes' Statistik von Ungarn (aus den Jahren 1839—41).

…n …en)	Ruthenen	Serben, Kroaten	Slowenen	Bulgaren	Rumänen	Magyaren	Griechen	Andere Nationen
…0	—	—	—	—	—	—	—	—
—	—	—	—	—	—	178 742	230	—
—	—	—	—	—	—	60 573	81	—
—	—	40 390	—	—	—	200	67	—
…0	—	**40 390**	—	—	—	**239 515**	**378**	—
…2	**442 903**	**533 174**	**40 861**	**12 000**	**1.070 163**	**4.330 857**	**4 780**	**6 150** (Franzosen)
—	—	280 969	—	—	—	—	—	—
—	—	130 831	—	—	—	—	—	—
—	—	70 136	—	—	—	—	—	—
—	—	481 936	—	—	—	—	—	—
—	—	73 247	—	—	—	—	—	—
…0	—	139 225	—	—	—	2 451	—	—
…0	—	95 882	—	—	—	2 500	—	—
…0	—	308 354	—	—	—	4 951	—	—
…0	—	**790 290**	—	—	—	**4 951**	—	—
—	—	498 947	—	—	—	—	—	—
…8	—	250 179	—	—	—	—	300	1 600 (Albanesen)
…6	—	73 955	—	—	141 381	3 250	200	—
…4	—	**823 081**	—	—	**141 381**	**3 250**	**500**	**1 600**
—	—	—	—	—	(916 015)	(368 540)	(400)	(3 798)
—	—	—	—	—	(74 983)	(105 911)	—	—
—	—	—	—	—	**990 998**	**474 451**	**400**	**3 798** (Armen.)
…6	**442 903**	**2.146 545**	**40 861**	**12 000**	**2.202 542**	**4.813 509**	**5 680**	**11 548**

Procent-Antheil der einzelnen Nationen nach Ficker (Völkerstämme der österr.-ungarischen Monarchie).									Factische Bevölkerung 1857 (theilweise ungenau)	Einheimische Bevölkerung 1857	Na
Deutsche	Czechen, Slowaken	Ruthenen	Kroaten, Serben	Slowenen (Bulgaren)	Dako-Romanen	Magyaren	Griechen, Albanesen, Italiäner	Armenier, Zigeuner			Deutsc
(S. vorher)		.	.	.	.	.	.	.	.	.	.
0,07	0,01	—	0,02	—	0,01	98,69	—	1,20	203 713	208 139	1
0,36	0,08	—	—	—	0,08	97,67	—	1,81	58 248	58 902	2
(S. unten)		.	.	.	.	.	.	.	.	.	.
0,15	**0,02**	–	**0,01**	—	**0,01**	**98,51**	–	**1,30**	**261 961**	**267 041**	**3**
13,08	**16,60**	**4,84**	**5,45**	**0,56** (0,25)	**12,34**	**46,23**	—	**0,65**	**9.900 946**	**9.815 767**	**1.237 0**
									n.d.vorst.Procentsätzen		1.232 7
									nach Czörnig		1.221 7
0,06	—	—	98,99	—	—	0,09	0,86	—	55 414	54 800	
0,13	—	—	99,07	0,63	—	0,11	0,01	0,65	276 902	272 735	3
0,16	—	—	99,23	0,51	—	0,09	—	0,01	151 740	151 599	2
0,15	—	—	99,04	0,05	—	0,73	—	0,03	61 274	60 866	1
.	.	.	.	.	.	.	.	.	545 330	540 000	7
2,48	1,83	—	94,65	—	—	1,04	—	—	68 037	66 057	1 6
6,80	1,27	—	88,27	—	—	3,01	—	0,65	157 538	153 024	10 3
11,48	0,50	—	80,00	—	0,05	6,84	—	1,13	105 915	103 475	11 8
.	.	.	.	.	.	.	—	.	(68 932)	(67 280)	.
.	.	.	.	.	.	.	—	.	331 490	322 856	23 7
2,85	**0,43**	—	**94,56**	**0,28**	**0,01**	**1,55**	**0,06**	**0,26**	**876 820**	**862 856**	**24 4**
									nach Czörnig		
—	—	—	100,00	—	—	—	—	—	270 366	275 928	
0,57	—	—	99,15	—	—	—	0,28	—	66 436	67 809	4
0,68	—	—	99,32	—	—	—	—	—	59 831	58 324	4
—	0,35	—	99,65	—	—	—	—	—	64 572	63 626	
0,74	0,50	—	98,51	—	—	0,25	—	—	79 745	78 536	6
0,93	—	—	99,07	—	—	—	—	—	76 668	75 186	7
—	—	—	100,00	—	—	—	—	—	57 246	56 408	
0,31	0,09	—	99,54	—	—	0,03	0,03	—	674 864	675 817	2 1
6,92	0,78	—	90.15	—	—	—	2,15	—	92 525	89 614	6 2
6,76	—	—	91,36	—	—	1,88	—	—	27 010	26 605	1 8
17,34	6,12	—	52,07	—	20,39	4,08	—	—	98 201	98 066	17 0
2,88	1,27	—	50,06	—	45,56	0,23	—	—	87 196	86 696	2 5
10,32	1,64	–	0,35	—	87,69	–	—	—	85 126	85 274	8 8
9,40	2,38	–	51,74	—	34,76	1,22	0,50	—	390 058	386 255	36 3
3,62	**0,93**	–	**82,15**	—	**12,64**	**0,46**	**0,20**	—	**1.064 922**	**1.062 072**	**38 4**
									nach Czörnig		38 4
4,63	0,05	0,03	—	(0,05)	76,17	14,78	—	4,29	.	.	.
0,44	—	—	—	—	14,77	81,60	0,04	3,15	.	.	.
38,43	—	—	—	—	47,78	7,01	0,07	6,71	.	.	.
.	.	.	.	.	.	.	.	.	.	.	.
10,82	**0,03**	**0,01**	—	**(0,02)**	**57,55**	**26,98**	**0,02**	**4,57**	**1.925 825**	**1.927 173**	**206**
									nach Czörnig		200 3
.	.	.	.	.	.	.	.	.	**13.768 513**	**13.667 868**	**1.506 7**
									2) nach den Procentsätzen für die Kronländer		1.502 4
									3) nach Czörnig....................		1.484
									Differenz von 1 gegen 3...............		+ 21 8
									Differenz von 2 gegen 3...............		+ 17

en Procentsätzen berechnen sich die Zahlen für die einzelnen Nationen innerhalb der einheimischen Bevölkerung auf								
…chen, …wa- …en	Ruthenen	Kroaten, Serben	Slo- wenen (Bulga- ren)	Dako- Romanen	Ma- gyaren	Grie- chen, Alba- nesen, Ita- liäner	Armenier, Zigeuner	Landestheile.
.	.	.	.	.	.	.	.	.
20	—	40	—	20	203 194	—	2 470	Jazygien.
40	—	—	—	40	55 522	—	1 030	Haiducken.
.	.	.	.	.	.	.	.	.
60	—	**40**	—	**60**	**258 716**	—	**3 500**	**Freie Districte.**
9 444	**455 273**	**513 546**	**52 279** **(23 200)**	**1.197 676**	**4.331 387**	**310**	**62 533**	**Königreich Ungarn.**
3 944	455 873	513 546	52 279 (23 700)	1.163 676	4.354 987	310	61 633	
3 944	423 873	518 046	52 379 (23 200)	1.171 676	4.333 987	250	63 593	
—	—	54 240	—	—	50	467	—	Fiume.
—	—	269 190	1 700	—	300	20	151	Agram.
—	—	149 822	770	—	140	—	20	Warasdin.
—	—	59 951	30	—	440	—	20	Kreuz.
—	—	533 203	2 500	—	930	487	191	.
1 290	—	61 865	—	—	690	—	—	Pozega.
1 900	—	133 574	—	—	4 550	—	1 000	Verovitice.
500	—	82 115	—	50	7 000	—	1 200	Syrmien.
.	.	.	.	.	.	.	.	.
3 690	—	277 854	—	50	12 240	—	2 200	.
3 690	—	**811 057**	**2 500**	**50**	**13 170**	**487**	**2 391**	**Kroatien-Slawonien.**
6 590	—	809 357	2 400	—	12 770	567	1 611	
—	—	275 973	—	—	—	—	—	Reg. 1, 3, 4, 7.
—	—	67 209	—	—	—	200	—	" 2.
—	—	57 924	—	—	—	—	—	" 8.
220	—	63 405	—	—	—	—	—	" 5.
400	—	77 336	—	—	200	—	—	" 6.
—	—	74 484	—	—	—	—	—	" 9.
—	—	56 405	—	—	—	—	—	" 10.
620	—	672 686	—	—	200	200	—	Kroat.-Slaw. Gr.
700	—	80 514	—	—	—	1 945	—	Reg. 11.
—	—	24 305	—	—	500	—	—	Bat. 15.
6 000	—	51 043	—	20 000	4 000	—	—	Reg. 12.
1 100	—	43 329	—	39 513	200	—	—	" 14.
1 400	—	300	—	74 713	—	—	—	" 13.
9 200	—	199 491	—	134 226	4 700	1 945	—	Syrm.-Ban. Gr.
9 820	—	**872 177**	—	**134 226**	**4 900**	**2 145**	—	**Militär-Gränze.**
9 820	—	865 377	—	140 826	4 900	1 925	424	
.	.	.	.	.	.	.	.	Land der Ungarn.
.	.	.	.	.	.	.	.	" " Szekler.
.	.	.	.	.	.	.	.	" " Sachsen.
.	.	.	.	.	.	.	.	.
578	**190**	—	**(430)**	**1.100 822**	**516 177**	**370**	**87 590**	**Siebenbürgen.**
1 378	390	—	(830)	1.104 322	517 577	370	87 790	
3 532	**455 463**	**2.196 780**	**54 779** (23 630)	**2.432 774**	**4.865 634**	**3 312**	**152 514**	**Ungarische Kronländer überhaupt.**
8 032	456 063	2.196 780	54 779 (24 130)	2.398 774	4.889 234	3 312	151 614	
1 732	424 263	2.192 780	54 779 (24 030)	2.416 874	4 869 234	3 512	153 014	
8 200	+ 31 200	+ 4 000	(— 400)	+ 15 900	— 3 600	— 200	— 500	
3 700	+ 31 800	+ 4 000	(+ 100)	— 18 100	+ 20 000	— 200	— 1 400	

nämlich die ungarische Sprache als herrschende angegeben, und dann erst komm deutsche; er habe jedoch dieselben zu den deutschen gerechnet; umgekehrt habe er i 164 griechisch-katholischen Gemeinden, in denen die ungarische Sprache nach der nischen oder walachischen erwähnt sei, nur ein Drittel der Bevölkerung als Ungarn gere

Die Originalzahlen für die einzelnen Comitate, wie sie Fenyes' Statistik mit stimmen an verschiedenen Stellen nicht mit den Hauptsummen, wahrscheinlich in von Druckfehlern. Wo sich die Stelle der einzelnen Fehler mit Sicherheit auf ließ, sind, um die Uebereinstimmung herzustellen, die Comitats- und Kreissumme geändert worden (so bei den Haupt-Einwohnerzahlen der Baczka und von Abau ferner sind, wo die Comitatszahlen in sich stimmten, die Hauptsummen der Nationen Kronländern entsprechend geändert (750 Magyaren zu-, 600 Serben, 150 Slowaken ab net); dann sind, wo die Kreissummen von den übrigen abwichen, diese geändert worde bei in den Summen für den Kreis diesseit der Theiß 1000 Juden, für den Kreis jenseit der 600,000 Magyaren zugerechnet wurden); endlich sind, wo die Comitatszahlen für die Na abwichen, diese geändert (nämlich 10,000 Magyaren bei Stuhlweißenburg ab-, Rumänen bei Torontal zu-, ferner 3725 Rumänen bei der Banater-Gränze ab-, Serben daselbst zugerechnet). Dagegen konnten die weiter vorgefundenen Differ nämlich daß die Einzelzahlen des Kreises jenseit der Donau zusammen 3410 wenig des Comitats Baranya 300 Einwohner weniger, ferner die Summen desselben für die Deutschen 3294, für die Juden 520, die Magyaren 780 weniger, für die ben 880 mehr ergaben, und daß die Einzelzahlen des Kreises diesseit der Theiß Haupt-Bevölkerungszahl und bei den Juden insbesondere 1000 weniger ergaben, ni seitigt werden, weil die Stelle des Fehlers sich nicht vermuthen ließ.

In derselben Beilage sind ferner die Procentantheile der Nationen ange wie sie in Ficker's Völkerstämmen der österreichisch-ungarischen Monarchie theilt sind. Die Originalzahlen sind von Ficker nicht angegeben, ließen sich al aus den Procentantheilen rückwärts berechnen. Hierbei bestand jedoch die bes Schwierigkeit, daß die Bevölkerungszahlen von 1857 nur nach der damals besta Eintheilung bekannt sind, welche inzwischen wieder aufgehoben, und an deren die alte Eintheilung eingeführt ist. Bei Ficker's Rechnungen liegen nun die B rungszahlen der heutigen Begränzung zu Grunde, welche jedoch anscheinend bis jet nirgends publicirt worden sind. Bei der Berechnung der Bevölkerungszahlen mus daher der Verfasser darauf beschränken, diejenigen Veränderungen, bei welchen (bez. halbe) Bezirke hinüber- und herübergelegt sind, zu berücksichtigen (so die Tyrnau, Baan, Oszlan von Neutra zu Preßburg, Trenczin und Bars, Totis un und bez. Muszla von Gran zu Komorn und umgekehrt) und die zusammeng Comitate (Pest, Bihar, Heves-Szolnok) zusammen, die getrennten Comitate (T Arva, Abauj-Torna, Beregh-Ugocsa, Bekes-Csanad) auseinander zu legen, ferner bei den Veränderungen in Kroatien-Slawonien; für den Haiduckenbezirk wurden drei Viertel der Bevölkerung des Bezirks Haidu-Dorog und Püspök-Ladany ge das übrige Viertel zu Szabolcz, bei der Abgränzung von Pozega und Agra Bezirk Moslavina mit der halben Bevölkerungszahl zu beiden gerechnet. Klein derungen sind dagegen in den Bevölkerungszahlen nicht berücksichtigt (insbesond Hinüberlegung von 12 Ortschaften von Veszprim zu Zala, von einigen Orts von Pest-Solt zu Jazygien, von Komorn zu Raab, von 4 Ortschaften von Pr zu Neutra, 3 von Bekes zu Arad, 2 von Marmaros zu Ugocsa, je einer von C Bekes, Szathmar, Hont zu bez. Bekes, Heves, Bihar und Bars). Daß unter Verhältnissen die Comitatzahlen für die einzelnen Nationen nicht mit den a Procentantheilen für die Kreissummen und für das Kronland Ungarn berechneten nstimmen, kann nicht auffallen. Die Kreissummen stehen um 5500 Deutsche, Ruthenen, 38,000 Rumänen niedriger, um 12,100 Czechen, 600 Serben, 200 Bulgaren, 0 Magyaren und 200 Zigeuner höher als die Summen für die einzelnen Comitate zu-engenommen; die nach den Procentantheilen von ganz Ungarn berechneten Zahlen stehen wa 4000 Deutsche, 34,000 Rumänen, 1000 anderer Nationen niedriger, um circa 15,000 en, 24,000 Magyaren höher als die Summen der Zahlen für die einzelnen Comitate. Wo Berechnungen übereinstimmen, wie bei den Serben, den Ruthenen und annähernd auch en Deutschen und Slowaken, ist wohl anzunehmen, daß Ficker in der That mehr sche (11,000), mehr Ruthenen (31,000) und weniger Südslawen (4000) und aken (50,000) annimmt als Czörnig (Ficker rechnet nämlich die Sotaken nicht als vaken, sondern als Ruthenen); in Ansehung der Differenz der Angaben Czörnig's Ficker's in Betreff der Rumänen (- 8000 bis + 26,000) und der Magyaren 1,000 bis – 2000) fehlt es an jeder Erklärung. Die kleinen Verschiedenheiten en Ficker und Czörnig bei Kroatien-Slawonien (mehr Serben 2c., weniger Czechen), Nilitärgränze (mehr Serben, weniger Rumänen) und Siebenbürgen (mehr Deutsche, er Rumänen 2c.) haben vermuthlich in anderen Annahmen Ficker's ihren Grund.

Wahrscheinlich ebenfalls den Czörnig'schen Berechnungen entlehnt sind die Zahlen, e Brachelli in seiner Geographie und Statistik der österreichischen Monarchie en fünf Verwaltungsgebieten des Königreichs Ungarn (sowie auch, wie oben er-t, bei der Woiwodina) angiebt. Nach denselben waren: im Verwaltungsbezirk enburg 464,000 Deutsche, 64,416 Juden, 165,000 Slawen, 5100 Zigeuner, die zahl Magyaren; im Verwaltungsbezirk Pest 170,000 Deutsche, 66,189 Juden, 0 Slawen, die Mehrzahl Magyaren; im Verwaltungsbezirk Preßburg 87,500 sche, 84,938 Juden, 410,700 Magyaren, die Mehrzahl (also etwa 1,080,000) en; im Verwaltungsbezirk Kaschau 76,000 Deutsche, 99,512 Juden, 760,000 en (darunter 390,000 Ruthenen), 58,000 Rumänen, 8300 Zigeuner, 350,000 yaren; im Verwaltungsbezirk Groß-Wardein 60,000 Deutsche, 50,116 Juden, 0 Slawen, 500,000 Rumänen, 16,500 Zigeuner, die Mehrzahl Magyaren, — im n im damaligen Umfange des Kronlandes, also excl. der Woiwodina, der Mur- und der vier siebenbürger Districte: 860,000 Deutsche, 365,171 Juden, 2,202,000 en, 565,000 Rumänen, 4,016,000 Magyaren.

Besondere Angaben für die einzelnen Comitate des vormaligen kaschauer Ver-ngsgebietes enthält Oppenheimer's Abhandlung über die Colonisirung Ungarns. nd aus Schwab entlehnt und entsprechen nur theilweise den Czörnig'schen Zahlen; demselben waren

	Deutsche	Juden	Slowaken	Ruthenen	Magyaren	Zigeuner
omitate Zips	57,000	3,000	112,000	—	1,300	.
„ Gömör	4,200	300	73,000	—	80,000	150
„ Saros	2,900	11,000	116,000	30,000	2,000	600
„ Torna	70	800	1,800	—	17,000	.
„ Abauj	6,000	10,000	45,000	.	73,000	1000
„ Zemplin	2,600	25,000	105,000	33,000	90,000	1400
„ Unghvar	500	11,000	17,000	60,000	22,000	400
„ Beregh	3,700	10,000	.	66,000	45,000	400
„ Ugocsa	1,000	5,000	.	30,000	13,000	1100
„ Marmaros	6,200	15,000	100	101,000	12,000	1000
im ganzen also	84,670	91,100	469,900	320,000	355,300	6050

7000 bez. 45,000, somit zusammen 52,000 Rumänen in den beiden letztgenannten taten, mit welchen sich die Gesammtsumme für den Verwaltungsbezirk Kaschau auf ,000 (statt 1,356,829) Einwohner stellt.

VI. K

Sprachverhältnisse im Königreich It

Erläuterung. Innerhalb des vormaligen Königreichs Sardinien hat b Zählung am Jahresschlusse 1857 eine Aufnahme der Sprachverhältnisse stattgefund dem in der Haushaltliste die gewöhnlich gesprochene Sprache angegeben werden eine Angabe, die jedoch nur dann erfordert wurde, wenn die gesprochene Sprach die Landessprache wäre. Fast gleichzeitig, nämlich im Oktober 1857, fand die Zä in den österreichischen Provinzen Italiens statt, auf welche Czörnig nachmals fü Handbüchlein die Angaben für die einzelnen Nationen berechnete. Beide Aufn sind in der umstehenden Tabelle mitgetheilt, die erstere nach dem Ergebniß der it schen Zählung, die andere nach den Angaben in Czörnig's Handbüchlein und nach auf diese gegründeten Berechnung, entsprechend derjenigen, welche in der Tabelle die österreichischen Kronländer unter Nr. 8 für 1857 zur Anwendung gebracht ist. beziehen sich auf den Umfang des venetianischen Gebietes seit 1859; vorangeschic denselben die vorher für die Lombardie und das Venetianische berechneten Zahle Czörnig's Ethnographie und aus Hain's Statistik. Die bei Czörnig erwähnten Deutschen sind ausdrücklich als die deutschredenden in den sette und tredici muni bezeichnet; die Deutschen in den karnischen Alpen sind nicht genannt.

Die Sprachaufnahme im italiänischen Königreich wurde bei der zu Ende stattgefundenen Volkszählung für den ganzen Bestand des Reiches wiederholt ur Ergebniß mit denjenigen Unterscheidungen der Sprache veröffentlicht, welche die T angiebt. In dem erläuternden Texte zu der amtlichen Veröffentlichung sind au die Gemeinden zusammengestellt, welche nicht der italiänischen Volksprache ange die hauptsächlichen Zahlenangaben für dieselben sind in der umstehenden Tabelle b einzelnen Landestheilen rechts hinzugefügt.

Die hier vorkommenden acht Gemeinden deutscher Sprache sind:

im Val d'Ossola: Formazza 574 Einwohner, darunter 571 Deutsche, und Salec sämmtlich deutsche Einwohner;

im Val Sesia: Alagna 594 Einwohner, darunter 540 Deutsche, und Rimella deutsche Einwohner, dann die gemischte Gemeinde Macugnago 627 Einw., ter 187 Deutsche;

im Val d'Aosta: Gressoney-la-Trinité 205 Einw., darunter 197 Deutsche, Gre

Italien.

den Aufnahmen von 1857 und 1861.

St. Jean 810 Einw., darunter 744 Deutsche, und die gemischte Gemeinde ssime 1392 Einw., darunter noch 327 Deutsche.

Zur Vervollständigung der Angaben für 1861 sind die Zahlen für das venetianische t hinzugefügt, wie solche sich bei derjenigen Art der Berechnung, welche für die ichischen Kronländer zu 9 der Tabelle V ausgeführt worden ist, auf den im österchen statistischen Jahrbuch angegebenen Bevölkerungstand am Jahresschluß 1861 n haben.

In der Zusammenstellung der statistischen Aufnahmen in den italiänischen Ländern 358, welche vom statistischen Bureau dieses Königreichs veröffentlicht worden ist, auch die unter fremder Herrschaft stehenden Theile Italiens mitbehandelt. Sie sen aus dem österreichischen Staate außer dem Venetianischen den Kreis Trient as ganze Küstenland. Beim Trentino sind auch die Zahlen nach dem Sprachverse angegeben, so wie sie aus der Aufnahme von 1857 berechnet worden sind; dieser Aufnahme hatte der Kreis Trient bei 327,332 einheimischer (bez. 321,270 nwesender) Bevölkerung nur 6300 Deutsche, einen Juden, also 321,031 Italiäner, ter die italiänisirten Deutschen mitbegriffen sind. Für das Küstenland sind die eren Zahlen für das Sprachverhältniß nicht mitgetheilt; was aus Czörnig's, Hain's Ficker's Angaben für die drei Kreise desselben entnommen werden konnte, ist in Beilage 1 zur Tab. V zusammengestellt. Die vier italiänischen (bez. furlaner) Bedes Kreises Görz, welche nach Czörnig's Karte in unmittelbarem Zusammenhang em italiänischen Sprachgebiete stehen, enthielten 1857: 60,830 Einwohner.

Außer diesen österreichischen Theilen sind in der amtlichen italiänischen Statistik zu n gerechnet: von Frankreich die Insel Corsica (1861: 252,889 Einwohner); von chen Besitzungen: Malta; von der Eidgenossenschaft: der Canton Tessin (die Zahür diesen Canton und die Gesammtzahlen für die italiänischen Gemeinden der eiz sind in der Tab. VII und der Erläuterung zu derselben angegeben); ferner an ndigen italiänischen Staaten: der päpstliche Staat (1853: 692,106 Einwohner, n bis 1861 ist jedoch die Einwohnerzahl von Rom allein um 9000 gewachsen), Republik San Marino (die Schätzungen der Volkszahl stehen zwischen 5700 und Einw.) und das Fürstenthum Monaco (1887 Einwohner).

Tabelle VI. Königreich Italien.

Quelle.	Landestheile (Provinzen).	Einwohnerzahl überhaupt	It…
1. Sardinische Volkszählung am Jahresschluß 1857.	Provinz Aosta	82 285	
	„ Torino	841 924	
	„ Novara	573 392	
	Andere Provinzen Piemonts	1.537 928	1.
	Piemont überhaupt	**3.035 329**	**2.**
	Ligurien und Nizza	890 111	
	Savoien	548 094	
	Festland des Königreichs Sardinien	**4.473 534**	**3.**
2. Italiänische Volkszählung am Jahresschluß 1861.	Bezirk Aosta	81 884	
	Provinz Torino (excl. Aosta)	860 108	
	„ Novara	579 385	
	darunter Val d'Ossola	33 767	
	„ Val Sesia	32 250	
	„ Cuneo	597 279	
	„ Alessandria	645 607	
	Piemont überhaupt	**2.764 263**	**2.**
	Ligurien	771 473	
	Lombardie	3.104 838	3.
	Parma	474 598	
	Modena	631 378	
	Romagna, Marche, Umbria	2.436 683	2.
	Toscana	1.826 334	1.
	Neapolitanische Provinzen	6.787 289	6,
	Sicilien	2.392 414	2.
	Sardinien	588 064	
	Königreich Italien überhaupt	**21.777 334**	**21.**

	Einwohnerzahl überhaupt
3. Oesterreichische ethnographische Aufnahme für das lombardisch-venetianische Königreich in den Gränzen bis 1859.	
Nach **Hain's Statistik** (Zahlen für 1846) — Lombardie	2.670 833
Nach **Hain's Statistik** (Zahlen für 1846) — Venedig	2.257 200
Nach **Czörnig's Ethnographie** (Zahlen für 1850) — Lombardie	2.744 118
Nach **Czörnig's Ethnographie** (Zahlen für 1850) — Venedig	2.279 999
4. Oesterreichische ethnographische Aufnahme für das lombardisch-venetianische Königreich in den Gränzen bis 1866.	
Nach **Czörnig's Handbüchlein**, Schätzung für die einheimische Bevölkerung (Zahlen für 1857)	2.453 735
Berechnung auf die anwesende Bevölkerung (mit Berücksichtigung der Aufnahme über das Heimathland)	2.472 456
Gemischte Berechnung auf den Bevölkerungstand von 1861	2.554 785
Summe **Königreich Italien mit Einschluß von Venedig** (Zahlen f. 1861)	**24.332 119**

…ch der Sprache.				Gemeinden mit nicht italiänischer Bevölkerung.			
…ft…e	Deutscher Sprache	Englischer Sprache	Anderer Sprache	Volksprache.	Zahl der Gemeind.	Einwohnerzahl überhaupt	darunter zur bezeichneten Volkspr.
7	1 014	—	—				
0	215	108	66				
0	2 884	25	12				
4	55	23	22				
1	**4 168**	**156**	**100**				
2	490	1 520	518				
1	228	276	21				
4	**4 886**	**1 952**	**639**				
7	1 299	1	—	Deutsche	3	2 407	1 071
				Französische	73	81 884	76 736
1	257	153	60	Französische	49	50 713	42 633
5	2 518	55	18				
4	890	—	—	Deutsche	3	1 280	837
9	1 454	—	—	Deutsche	2	1 598	1 544
4	12	4	29				
0	44	4	72				
6	**4 220**	**217**	**179**				
0	225	533	498				
1	877	165	177				
7	39	6	18				
2	41	23	8				
8	169	98	116				
0	419	1 576	1 185				
4	1 894	2 288	55 525	Griechische	9	31 284	20 268
				Albanesische	17	36 923	33 213
8	246	604	22 547	Albanesische	5	23 315	22 240
9	13	36	7 078	Catalanische	1	8 419	7 039
5	**8 143**	**5 546**	**87 331**	Ueberhaupt fremder Volksprache	**159**	**235 416**	**205 581**

Franzosen	Deutsche	Engländer	Slowenen (und andere)	Juden (Italiäner)	Italiäner im österr. Militär
—	—	—	—	2 965	51 700
—	12 036	—	26 317	4 760	
—	—	—	—	3 018	67 600
—	12 084	—	26 676	4 788	
—	12 250	—	27 052	6 423	26 400
—	17 120	—	37 170	(unter den Italiänern mitbegriffen)	
—	15 150	[144]	33 150		
134 435	**23 293**	**5 690**	**120 481**		

VII. Schweiz

Sprachverhältnisse in den Cantonen und Bezirken
dargestellt in zehn Mischungsgruppen nach dem Ant

Erläuterung. Bei der Volkszählung vom 10. December 1860 erfolgte di nahme der Sprache in der Weise, daß der Zählungsagent bei Abholung der Haus zettel dieselbe zu notiren hatte; die Notiz wurde jedoch nur für die Fälle verlan ein Haushalt eine von der im Ort gebräuchlichen abweichende Sprache rede, od verschiedene Sprachen an einem Orte in starkem Verhältniß vertreten seien. Die schiedenheit der Sprache innerhalb des Haushalts blieb unbeachtet. In der auf der betreffenden Volkszählung zusammengestellten Tabelle sind die Gemeinden nach Verhältniß der deutschen Nationalität (nach Zehnteln der Mischung) geordnet, und außer der Zahl der Familien die der Einwohner angegeben; in den Hauptsummen sind auch die Zahlen der Deutschen innerhalb der Einwohnerzahl nach dem verh mäßigen Antheil der deutschen Familien innerhalb jeder Landesabtheilung ange Die Gesammtzahl der Deutschen berechnet sich hiernach auf 1,764,761, wogegen f französische Nation 577,613, für die italiänische 129,930, für die rhätoromanische 3 für andere Sprachen nur 100 Einwohner verbleiben.

Die Gemeinden, deren besondere Kenntniß wegen ihrer abweichenden Spr hältnisse von Wichtigkeit ist, sind folgende:

1) Deutsche (zu über 9 Zehnteln deutsche) Gemeinden in überwiegend deutschen oder stark gemischten Landestheilen; im Tessin: Bosco (342 Einwohne in Graubündten, im District Albula: Mutten, Kreis Alvaschein (125), Sch Kreis Belfort (227), Wiesen, Kreis Bergün (218); im Bezirk Hinterrhein: Kreis (283), Kreis Rheinwald (Hinterrhein, Medels, Nufenen, Splügen, Sufers, 129 im Kreise Schams Rongellen (49); im Bezirk Glenner: Vallandas und Versam-S (901) im Kreise Ilanz, Vals im Kreise Lungnez (755), Obersaxen im Kreise (794); im Bezirke Heinzenberg: Sils im Kreise Domleschg (358) und der Kreis (Safien und Tenna, 754), ferner im Kreise Thusis: Masein, Thusis, Tschappina, 1 (1501); im Bezirk Im-Boden: Felsberg und Tamins, Kreis Trins (1261); — in ton Bern, im Bezirk Biel: Bösingen und Wingelz, im Bez. Münster: Seehof und Schelten (la Scheulte); im Bezirk Delsberg: Ederschwyler und Roggenburg; Canton Freiburg, Kreis Greyerz: Jaun oder Bellegarde (668).

2) Zu mehr als 8 Zehnteln deutsche Gemeinden; in Graubündten im Unter-din: Samnaun im Kr. Remüs, im Bez. Heinzenberg: Fürstenau (Kreis Domleschg); Canton Freiburg, im Seekreis: Murten, Montilier, Monterchu, Klein-Guschelmu im Canton Solothurn: Nieder-Gerlafingen (Kr. Bucheckberg).

3) Zu mehr als 7 Zehnteln deutsche Gemeinden; im Canton Bern: Biel; Canton Freiburg, im Seekreise: Courtaman; — im Wallis: Zwischbergen (Bez. und Siders (Bez. Siders).

genossenschaft.

izerischen Eidgenossenschaft nach den Aufnahmen von 1860,
utschen an der Bevölkerung der einzelnen Gemeinden.

4) Zu mehr als 6 Zehnteln deutsche Gemeinden; in Graubündten, im Bez. Heinzen-
Pratwal (Kreis Domleschg); im Bez. Glenner: Termaus und St. Martin (Kreis
nez); — im Canton Freiburg, im Seekreis: Merlach (Meyriez) und Coussiberle; —
Wallis: Bramois oder Bremis (Bez. Sitten).

5) Zu mehr als 5 Zehnteln deutsche Gemeinden; im Canton Bern: Corgemont
Courtelary); — im Canton Freiburg: Greng (im Seekreis).

6) Zu mehr als 4 Zehnteln deutsche Gemeinden; in Graubündten, im Bez. Heinzen-
Kazis und Tartar (Kr. Thusis); — im Canton Bern: Leubringen (Bez. Biel), la
e (Bez. Courtelary), Court, Perrefitte und Roches (Bez. Münster); — im Canton
urg: Bärfischen oder Barberèche (Seekreis), Pierrafortscha (Saanekreis); — im
s: Sitten.

7) Zu mehr als 3 Zehnteln deutsche Gemeinden; in Graubündten: im Münster-
usai und Val Paschun; im Ober-Engadin: Pontresina; im Bez. Albula: Filisur
Bergün); im Bez. Glenner: Ilanz (Kr. Ilanz); im Bez. Im-Boden: Bonaduz
Rhäzüns); im Bez. Heinzenberg: Flerden (Kr. Thusis); — im Canton Bern, im
Courtelary: Cortebert, Mt. Tramelan (Tramlingen), Pery, Romont, St. Imier
Immer), Sonceboz, Vauffelin (Vögelisthal), Villeret; im Bez. Münster: Bévilard,
boz, Chatelat, Eschert, Malleray, Monible, Reconviller, Sorvilier; — im Canton
urg, im Seekreise: Courtepin, im Saanekreis: Freiburg (10,464), Chesalles, Marly-
t; — im Canton Neuenburg, im Kreise Val-de-Ruz (Rudolfsthal): Paquier.

8) Zu mehr als 2 Zehnteln deutsche Gemeinden; im Canton Graubündten im
terthal: Fuldera; im Ober-Engadin: Samaden und St. Moritz; im Bez. Albula:
eu (Kr. Belfort); im Bez. Glenner: Strada (Kr. Ilanz); im Bez. Heinzenberg:
s (Kr. Domleschg); — im Canton Bern: Neuenstadt oder Neuveville; im Bez.
elary: Courtelary (1095), la Ferrière und Renan; im Bez. Münster: Chatillon,
endlin, Cremines, Grandval, Münster oder Moutier (1570), Pontenet, Saicourt, Sorne-
ouboz, Tavannes oder Dachsfelden; im Distr. Delsberg: Delsberg (2087) und Vermes
Pferdmund; — im Canton Freiburg: Courgevaux (Curwolf), Cressier (Grißach)
Wallenried im Seekreis, Grange-Paccot im Saanekreis; — im Canton Neuen-
im Kreise Val-de-Ruz: Boudevilliers, Fontaines, Saules; im Kreise Neuenburg:
udre, Enges, St. Blaise, Thiele, Voens-Maley, Wavre: — im Canton Waadt:
es oder Wiflisburg (Distr. Avenches); — im Wallis: Vayraz (Bez. Siders).

9) Zu mehr als 1 Zehntel deutsch-gemischte Gemeinden; in Graubündten, im
erthal: Cierfs, Münster (473), St. Maria, Val-Cava; im Engadin: Bevers,
s, Silvaplana (781 Einw., Kr. Ober-Engadin), Tarasp (395, Kr. Obertasna),
s (583, Kr. Remüs); im Bez. Albula: Bergün und Stuls (Kr. Bergün); im

Tabelle VII. **Schweizerische Eidgenossenschaft.**

Landestheile (Cantone und Bezirke).	Gemeinde mit über neun Zehnteln Einwohner deutscher Familien-Sprache.				Gemeinden mit über 8 bis 9 Zehnteln Einwohner deutscher Familien-Sprache			
	Gemeinden	Einwohnerzahl	Familien überhaupt	Familien deutscher Sprache	Gemeinden	Einwohnerzahl	Familien überhaupt	Familien deutscher Spr.
Canton Tessin	**1**	**342**	**77**	**76**	—	—	—	—
Bez. Moesa, Bergell, Bernina	—	—	—	—	—	—	—	—
„ Münster	—	—	—	—	—	—	—	—
„ Ober- u. Unter-Engadin	—	—	—	—	1	375	78	68
„ Albula	3	568	129	128	—	—	—	—
„ Hinterrhein	7	1 626	368	366	—	—	—	—
„ Vorderrhein	—	—	—	—	—	—	—	—
„ Glenner	4	2 450	564	553	—	—	—	—
„ Heinzenberg	7	2 613	591	588	1	244	46	39
„ Im Boden	2	1 261	300	296	—	—	—	—
„ Pleßur, Ober-, Unter-Landquart	51	28 462	6 391	6 300	—	—	—	—
Canton Granbündten	**74**	**36 980**	**8 343**	**8 231**	**2**	**619**	**124**	**107**
Vierzehn deutsche Cantone	**1 097**	**1.256 145**	**265 913**	**265 432**	**1**	**435**	81	**71**
Canton Bern südlich der Aar	366	371 032	72 343	72 027	—	—	—	—
Bez. Biel	2	1 691	348	333	—	—	—	—
„ Neuenstadt	—	—	—	—	—	—	—	—
„ Courtelary	—	—	—	—	—	—	—	—
„ Münster	2	276	53	51	—	—	—	—
„ Delsberg	2	507	116	111	—	—	—	—
„ Lauffen	12	5 195	1 101	1 091	—	—	—	—
„ Pruntrut u. Freibergen	—	—	—	—	—	—	—	—
Canton Bern	**384**	**328 701**	**73 961**	**73 613**	—	—	—	—
Bez. Sense	18	15 513	2 772	2 700	—	—	—	—
„ See	21	6 336	1 224	1 218	4	2 888	575	47
„ Saane	—	—	—	—	—	—	—	—
„ Broye, Glane, Greyerz, Vivisbach	1	668	122	122	—	—	—	—
Canton Freiburg	**40**	**22 517**	**4 118**	**4 040**	**4**	**2 888**	**575**	**47**
Bez. Chaux de Fonds, Locle	—	—	—	—	—	—	—	—
„ Val de Ruz	—	—	—	—	—	—	—	—
„ Neuchatel (Neuenburg)	—	—	—	—	—	—	—	—
„ Boudry, Val-Travers	—	—	—	—	—	—	—	—
Canton Neuenburg	—	—	—	—	—	—	—	—
Canton Waadt	—	—	—	—	—	—	—	—
Canton Genf	—	—	—	—	—	—	—	—
Bez. Visp, Brig, Goms, Leuk, Raron	93	26 519	5 541	5 496	—	—	—	—
„ Siders	—	—	—	—	—	—	—	—
„ Sitten	—	—	—	—	—	—	—	—
„ Herens, Entremont, Conthey, Martigny, St. Maur., Monthey	—	—	—	—	—	—	—	—
Canton Wallis	**93**	**26 519**	**5 541**	**5 496**	—	—	—	—
Schweizerische Eidgenossenschaft	**1 689**	**1.721 204**	**357 953**	**356 888**	**7**	**3 942**	**780**	**65**

…mit über …Einwohner …ien-Sprache. Familien über-haupt	…mit über …Einwohner …ien-Sprache. Familien deutscher Spr.	Gemeinden mit über 6 bis 7 Zehnteln Einwohner deutscher Familien-Sprache. Gemeinden	Gemeinden mit über 6 bis 7 Zehnteln Einwohner deutscher Familien-Sprache. Einwohnerzahl	Gemeinden mit über 6 bis 7 Zehnteln Einwohner deutscher Familien-Sprache. Familien überhaupt	Gemeinden mit über 6 bis 7 Zehnteln Einwohner deutscher Familien-Sprache. Familien deutscher Spr.	Gemeinden mit über 5 bis 6 Zehnteln Einwohner deutscher Familien-Sprache. Gemeinden	Gemeinden mit über 5 bis 6 Zehnteln Einwohner deutscher Familien-Sprache. Einwohnerzahl	Gemeinden mit über 5 bis 6 Zehnteln Einwohner deutscher Familien-Sprache. Familien überhaupt	Gemeinden mit über 5 bis 6 Zehnteln Einwohner deutscher Familien-Sprache. Familien deutscher Spr.	Gemeinden mit über 4 bis 5 Zehnteln Einwohner deutscher Familien-Sprache. Gemeinden	Gemeinden mit über 4 bis 5 Zehnteln Einwohner deutscher Familien-Sprache. Einwohnerzahl	Gemeinden mit über 4 bis 5 Zehnteln Einwohner deutscher Familien-Sprache. Familien überhaupt	Gemeinden mit über 4 bis 5 Zehnteln Einwohner deutscher Familien-Sprache. Familien deutscher Spr.
—	—	—	—	—	—	—	—	—	—	—	—	—	—
—	—	—	—	—	—	—	—	—	—	—	—	—	—
—	—	—	—	—	—	—	—	—	—	—	—	—	—
—	—	—	—	—	—	—	—	—	—	—	—	—	—
—	—	—	—	—	—	—	—	—	—	—	—	—	—
—	—	—	—	—	—	—	—	—	—	—	—	—	—
—	—	—	—	—	—	—	—	—	—	—	—	—	—
—	—	1	233	46	28	—	—	—	—	—	—	—	—
—	—	1	87	21	14	—	—	—	—	2	999	199	84
—	—	—	—	—	—	—	—	—	—	—	—	—	—
—	—	—	—	—	—	—	—	—	—	—	—	—	—
—	—	**2**	**320**	**67**	**42**	—	—	—	—	**2**	**999**	**199**	**84**
—	—	—	—	—	—	—	—	—	—	—	—	—	—
—	—	—	—	—	—	—	—	—	—	—	—	—	—
…127	874	—	—	—	—	—	—	—	—	1	474	99	44
—	—	—	—	—	—	—	—	—	—	—	—	—	—
—	—	—	—	—	—	1	973	187	100	1	275	56	27
—	—	—	—	—	—	—	—	—	—	3	1 145	232	99
—	—	—	—	—	—	—	—	—	—	—	—	—	—
—	—	—	—	—	—	—	—	—	—	—	—	—	—
—	—	—	—	—	—	—	—	—	—	—	—	—	—
…127	**874**	—	—	—	—	**1**	**973**	**187**	**100**	**5**	**1 894**	**387**	**170**
—	—	—	—	—	—	—	—	—	—	—	—	—	—
31	22	2	227	40	26	1	67	7	4	1	446	62	27
—	—	—	—	—	—	—	—	—	—	1	200	18	9
—	—	—	—	—	—	—	—	—	—	—	—	—	—
31	**22**	**2**	**227**	**40**	**26**	**1**	**67**	**7**	**4**	**2**	**646**	**80**	**36**
—	—	—	—	—	—	—	—	—	—	—	—	—	—
—	—	—	—	—	—	—	—	—	—	—	—	—	—
—	—	—	—	—	—	—	—	—	—	—	—	—	—
—	—	—	—	—	—	—	—	—	—	—	—	—	—
—	—	—	—	—	—	—	—	—	—	—	—	—	—
—	—	—	—	—	—	—	—	—	—	—	—	—	—
—	—	—	—	—	—	—	—	—	—	—	—	—	—
18	14	—	—	—	—	—	—	—	—	—	—	—	—
249	185	—	—	—	—	—	—	—	—	—	—	—	—
—	—	1	503	104	67	—	—	—	—	1	4 203	791	340
—	—	—	—	—	—	—	—	—	—	—	—	—	—
267	**199**	**1**	**503**	**104**	**67**	—	—	—	—	**1**	**4 203**	**791**	**340**
…425	**1 095**	**5**	**1 050**	**211**	**135**	**2**	**1 040**	**194**	**104**	**10**	**7 742**	**1 457**	**630**

Gemeinden mit über 3 bis 4 Zehnteln Einwohner deutscher Familien-Sprache.				Gemeinden mit über 2 bis 3 Zehnteln Einwohner deutscher Familien-Sprache.				Gemeinden mit über 1 bis 2 Zehnteln Einwohner deutscher Familien-Sprache.				…
Ge-mein-den	Ein-woh-ner-zahl	Familien überhaupt	Familien deutscher Spr.	Ge-mein-den	Ein-woh-ner-zahl	Familien überhaupt	Familien deutscher Spr.	Ge-mein-den	Ein-woh-ner-zahl	Familien überhaupt	Familien deutscher Spr.	Ge-mein-den
—	—	—	—	—	—	—	—	—	—	—	—	26
—	—	—	—	—	—	—	—	—	—	—	—	2
2	51	14	5	1	141	39	10	4	1 243	315	43	
1	277	71	23	2	773	176	39	5	1 759	454	70	1
1	253	64	22	1	364	86	18	2	467	109	19	2
—	—	—	—	—	—	—	—	3	709	188	33	1
—	—	—	—	—	—	—	—	—	—	—	—	
1	658	124	39	1	43	11	3	—	—	—	—	3
1	128	32	10	1	258	62	18	4	1 020	225	30	
1	622	126	40	—	—	—	—	2	1 842	352	46	
—	—	—	—	—	—	—	—	—	—	—	—	—
7	**1 989**	**431**	**139**	**6**	**1 579**	**374**	**88**	**20**	**7 040**	**1 643**	**241**	**12**
—	—	—	—	—	—	—	—	—	—	—	—	—
—	—	—	—	—	—	—	—	—	—	—	—	—
—	—	—	—	—	—	—	—	—	—	—	—	—
—	—	—	—	1	1 931	373	99	3	1 618	348	60	
8	8 772	1 690	565	3	4 161	857	220	3	4 123	850	147	
8	2 643	528	184	10	5 036	1 039	273	3	481	103	18	
—	—	—	—	2	2 643	542	150	4	2 478	524	60	1
—	—	—	—	—	—	—	—	—	—	—	—	—
—	—	—	—	—	—	—	—	—	—	—	—	5
16	**11 415**	**2 218**	**749**	**16**	**13 771**	**2 811**	**742**	**13**	**8 700**	**1 825**	**287**	**8**
—	—	—	—	—	—	—	—	—	—	—	—	—
1	201	35	13	3	948	180	46	—	—	—	—	
3	10 640	2 134	648	1	220	34	7	7	1 369	254	37	4
—	—	—	—	—	—	—	—	—	—	—	—	16
4	**10 841**	**2 169**	**661**	**4**	**1 168**	**214**	**53**	**7**	**1 369**	**254**	**37**	**21**
—	—	—	—	—	—	—	—	8	32 251	7 106	1 174	
1	389	68	21	3	1 367	276	68	9	5 315	1 130	173	
—	—	—	—	6	2 059	397	92	4	12 434	2 481	438	
—	—	—	—	—	—	—	—	4	3 662	773	91	2
1	**389**	**68**	**21**	**9**	**3 426**	**673**	**160**	**25**	**53 262**	**11 490**	**1 864**	**3**
—	—	—	—	1	1 756	357	80	4	1 404	301	35	38
—	—	—	—	—	—	—	—	—	—	—	—	4
—	—	—	—	—	—	—	—	—	—	—	—	—
—	—	—	—	1	153	25	6	—	—	—	—	1
—	—	—	—	—	—	—	—	—	—	—	—	
—	—	—	—	—	—	—	—	—	—	—	—	4
—	—	—	—	**1**	**153**	**25**	**6**	—	—	—	—	**6**
28	**24 634**	**4 886**	**1 570**	**37**	**21 853**	**4 454**	**1 129**	**69**	**71 775**	**15 513**	**2 462**	**1 22**

…öchstens …nwohner …Sprache.		Summe für alle Gemeinden.								
…amilien		Ge-mein-den	Einwohnerzahl		Familien					
…r-…pt	deut-scher Spr.		über-haupt	Deutsche (berech-net)	über-haupt	mit deutscher Fam.-Spr.	mit roman. Fam.-Spr.	mit italiän. Fam.-Spr.	mit franz. Fam.-Spr.	mit anderer Fam.-Spr.
480	**36**	**263**	**116 343**	**510**	**25 557**	**112**	**1**	**25 438**	**6**	—
772	35	28	11 832	149	2 772	35	22	2 714	1	—
15	—	8	1 476	223	383	58	325	—	—	—
713	103	23	9 905	1 204	2 492	303	2 178	10	1	—
114	22	27	6 619	921	1 502	209	1 200	92	1	—
307	10	20	3 512	1 664	863	409	451	3	—	—
362	3	7	5 922	13	1 362	3	1 359	—	—	—
595	16	38	10 996	2 880	2 440	639	1 791	8	2	—
314	15	24	6 614	3 542	1 490	798	690	2	—	—
401	16	7	5 375	1 812	1 179	398	778	1	2	—
—	—	51	28 462	28 057	6 391	6 300	64	19	8	—
393	**220**	**233**	**90 713**	**40 465**	**20 874**	**9 152**	**8 858**	**2 849**	**15**	—
—	—	**1 098**	**1.256 580**	**1.254 291**	**265 994**	**265 503**	**15**	**69**	**395**	**12**
—	—	366	371 032	369 422	72 343	72 027	—	15	298	3
—	—	4	8 138	6 468	1 574	1 251	—	7	316	—
108	8	5	4 116	832	829	167	—	1	661	—
363	51	19	21 665	5 589	4 303	1 110	—	7	3 186	—
301	26	34	12 413	3 161	2 556	651	—	1	1 904	—
325	53	23	12 441	1 719	2 707	374	—	—	2 333	—
—	—	12	5 195	5 148	1 101	1 091	—	—	10	—
41	106	54	32 141	505	6 741	106	—	—	6 635	—
438	**244**	**517**	**467 141**	**392 844**	**92 154**	**76 777**	—	**31**	**15 343**	**3**
—	—	18	15 513	15 110	2 772	2 700	—	—	72	—
39	29	43	14 462	9 318	2 893	1 864	—	—	1 029	—
76	34	61	24 236	3 706	4 816	735	—	3	4 078	—
95	109	161	51 312	1 138	10 417	231	—	—	10 186	—
10	**172**	**283**	**105 523**	**29 272**	**20 898**	**5 530**	—	**3**	**15 365**	—
30	79	12	36 630	5 711	8 036	1 253	3	16	6 764	—
74	18	17	8 312	1 331	1 748	280	—	5	1 453	—
28	12	15	16 394	2 688	3 306	542	—	11	2 753	—
45	161	30	26 033	1 189	5 518	252	—	12	5 254	—
77	**282**	**74**	**87 369**	**10 919**	**18 608**	**2 327**	**3**	**44**	**16 234**	—
64	**710**	**389**	**213 157**	**3 772**	**46 622**	**825**	**1**	**66**	**45 724**	**6**
58	**661**	**47**	**82 876**	**2 957**	**18 558**	**661**	**5**	**63**	**17 829**	—
—	—	94	26 623	26 388	5 559	5 510	—	38	11	—
93	25	17	8 302	1 018	1 767	216	—	19	1 532	—
46	1	7	7 964	2 109	1 541	408	—	28	1 105	—
73	45	49	47 903	216	9 973	45	—	49	9 879	—
12	**71**	**167**	**90 792**	**29 731**	**18 840**	**6 179**	—	**134**	**12 527**	—
32	**2 396**	**3 071**	**2.510 494**	**1.764 761**	**528 105**	**367 066**	**8 883**	**28 697**	**123 438**	**21**

Bez. Hinterrhein: Clugin, Andeer, Reischen (Kr. Schams); im Bez. Im-Boden: (1374) und Rhäzüns (Kr. Rhäzüns); im Bez. Heinzenberg: Paspels, Rodels, Sch (963 Einw., Kr. Domleschg), Portein (57, Kr. Thusis); — im Canton Bern, im Neuenstadt: Nods, Prelez (Prägelz), Dieße (Teß); im Bez. Courtelary: Cormoret vin, Sonvillier; im Bez. Münster: Belpraon, Corcelles, Rossemaison; im Bez. Dels Courroux oder Lütholdsdorf, Pleigne, Soyhière oder Sauggeren, Untervelier oder schwyler; — im Canton Freiburg, im Saanekreis: Bonnefontaine, Ferpicloz, G oder Zübenzach, la Corbaz, Montécu, Villarlod, Villars-sur-Glane; — im Canton W im Distr. Avenches: Cudrefin, Chabrey, Vallamand (1234); im Bez. Peterli Marnand (170); — im Canton Neuenburg, im Kreise Chaux-de-Fonds: Chaux-de- (16,778), les Eplatures, Planchettes, la Sagne; im Kr. Locle: Locle (9301), dessus, Plambots, Ponts; im Kreis Val de Ruz: Cernier, Chezard-St.-Martin, bresson, Geneveys-sur-Coffrane, Hauts-Geneveys, Savagnier, Valangin oder Val (535), Villars, Villiers; im Kr. Neuenburg: Neuenburg (10,382), Cornaux, Lan Marin; im Kr. Boudry: Areuse und Bevaix (zus. 859); im Kr. Val-Travers: vet und St. Sulpice (zus. 2804 Einw.).*)

Sondert man die einzelnen Sprachgebiete nach der vorherrschenden Sprac Bevölkerung jeder einzelnen Gemeinde, so stellen sich die Zahlen für dieselben:

für das deutsche Sprachgebiet auf etwa 435 Qu.-M., 1707 Gem., 360,56 milien (darunter 358,779 mit deutscher Sprache) und ungefähr 1,734,548 Einw (darunter ungefähr 1,725,510 deutscher Sprache);

für das romanische Sprachgebiet auf etwa 73 Qu.-M., 125 Gem., 9475 (darunter 737 mit deutscher Sprache) und ungefähr 40,591 Einw. (darunter un 3250 mit deutscher Sprache);

für das italiänische Sprachgebiet auf etwa 66 Qu.-M., 292 Gem., 28,34

*) Der Verfasser möchte hier wiederum auf einige Ungenauigkeiten hinweisen, welch im beschreibenden Theil und zwar auf dem zehnten Bogen (bei Besprechung der deutsch-it schen und deutsch-romanischen, sowie der deutsch-französischen Sprachgränze in der Eidge schaft) stehen geblieben sind; dieselben finden sich meist in den Ortsnamen. Es sind n folgende Worte zu berichtigen:

Seite 146, Z. 15 v. ob. lies der Mendel, Z. 17 v. ob. lies Sennale, Z. 19 v. lies angegebenen; — Seite 147, Z. 14 v. ob. lies Alveneu ist rc., Z. 20 v. o Trins, Z. 8 v. u. Vallaudas, Z. 1. v. u. Almens; — Seite 148, Z. 9 v. ob. lies leschg, Z. 18 v. u. lies im Thal Oberhalbstein (statt im Schamserthal); — Sei Z. 13 v. ob. lies Diablerets; — Seite 160, Z. 7 v. ob. lies Courrendlin, Z. u. Ederschwyler; Z. 14 v. u. 175 Qu.-Meilen, Z. 12 v. u. 393 Qu.-Meilen.

(darunter 71 mit deutscher Sprache) und ungefähr 128,263 Einw. (darunter
ihr 321 mit deutscher Sprache);
ür das französische Sprachgebiet auf etwa 175 Qu.-M., 947 Gem., 129,722 Fa-
(darunter 7479 mit deutscher Sprache) und ungefähr 607,152 Einw. (darunter
ihr 35,680 mit deutscher Sprache).
lach den am Schlusse der Tabelle beigefügten Bevölkerungszahlen würden sich
als den vier Landessprachen angehörige nur 21 Familien zu etwa 100 Perso-
nnerhalb des eidgenössischen Gebietes befunden haben; von diesen sind 18 als
h sprechend bezeichnet, die anderen drei als russisch, polnisch, magyarisch. Zum
ndniß dieser und anderer Zahlen der Tabelle muß jedoch hinzugefügt werden:
ie Zahl der bei derselben Volkszählung ermittelten großbritannischen Staatsange-
en sich auf 1202, der amerikanischen auf 425, der schwedischen und dänischen (incl. der
n deutschen Ländern Dänemarks) auf 351, der russischen und polnischen auf 560, der spa-
auf 68 belief; daß ferner italiänische Staatsangehörige sich daselbst 13,828, darunter
außerhalb Tessins und Graubündtens, 5142 allein in den fünf überwiegend fran-
en Cantonen befanden, französische Unterthanen, einschließlich der Savoyarden
er Elsäßer 46,534, darunter 8735 außerhalb der überwiegend französischen Can-
belgische 361 (307 in den überwiegend französischen Cantonen), Angehörige deut-
Staaten (einschl. der niederländischen und österreichischen) 51,554, darunter 184
nton Tessin, 614 im Canton Freiburg, 2230 im Waadtlande, 3078 im Canton
burg, 2096 im Canton Genf, 266 im Canton Wallis. Nach den Tabellen der
athberechtigung wurden innerhalb der fünf überwiegend franz. Cantone 57,870
rwiegend deutschen Cantonen, 493 in Graubündten, 887 in Tessin heimathberech-
gezählt, von den ersteren im Canton Neuenburg 24,575, im Waadtlande 18,523,
nton Freiburg 9482, im Canton Genf 4261, im Canton Wallis 1129; inner-
Graubündtens wurden 3238 in überwiegend deutschen, 26 in überwiegend fran-
en, 1086 im Canton Tessin heimathberechtigte gezählt. Innerhalb des Cantons
waren 264 in überwiegend deutschen, 34 in überwiegend französischen, 177 in Grau-
n heimathberechtigte; innerhalb der überwiegend deutschen Cantone wurden 7416
rwiegend französischen, 2267 in Graubündten, 634 im Tessin heimathberechtigte
t. So wenig angenommen werden darf, daß diese Personen durchweg der herr-
en Sprache ihres Landes oder Landestheils angehören, so zeigen sie doch, daß
ählung der einzelnen Personen die Zahl derjenigen Personen, welche eine von der
he des Orts abweichende Sprache redet, sich höher herausgestellt haben würde, als
abelle VII ersehen läßt.

VIII. K

Sprachverhältnisse in den Provinzen und Kreisen
zehn Mischungsgruppen nach dem Antheil der Deuts

Erläuterung. Bei der Zählung vom 15. Oktober 1846 wurde die A der Langue parlée in den Haushaltszetteln (Bulletins de Menage) erfordert. Se hat eine Zählung nach der Sprache erst 1866 stattgefunden; bei dieser wurde die A der gesprochenen Landessprachen (französisch, vlaemisch, deutsch) erfordert. Vo Resultaten der letzteren Aufnahme sind bis jetzt nur die Hauptergebnisse für die vinzen Ost-Flandern und Limburg veröffentlicht; in den Zusammenstellungen sind den Zahlen der eine der drei Sprachen redenden die Zahlen der mehrere der redenden besonders angegeben.

Nach den betreffenden Provinzialberichten waren
in Ost-Flandern von 806,301 Einwohnern: 746,332, welche nur deutsch, bez. vla
in Limburg „ 196,114 „ 174,414, „ „ „ „
sprachen, 51,691, welche außer vlaemisch oder deutsch auch französisch sprachen, 8
„ 12,806, „ „ „ „ „ „ „ „ , 7
welche nur französisch sprachen.

Ist das Sprachverhältniß 1866 noch dasselbe gewesen wie 1846, so würder den französisch und vlaemisch (oder deutsch) redenden
in Ost-Flandern nur 5860 oder 1/9 französischer, 45,830 deutscher (vlaemis
in Limburg „ 1119 „ 1/11 „ , 11,687 „ „
Nationalität sein.

Die in der Tabelle aufgeführten gemischten Gemeinden, sowie die Geme mit besonderem (von dem des Kreises abweichendem) Sprachverhältniß sind folge

1. Deutsche Gemeinden in wallonischen Landestheilen im Hennegau, Kr. Soi Bievene (3425 E., darunter 3153 D.), St. Pierre-Capelle (2247 E. 2203 D.), Kr. Everbecq (3855. 3757); — in der Pr. Lüttich, Kr. Lüttich: Fouron-le-Comte (1322); Kr. Verviers: Fouron-St. Pierre (486, 462), Fouron-St. Martin (1128) Gemmenich (1189, 1172), Homburg (1673,1534), Montzen (961, 937), T (540, 512); Kr. Waremme: Attenhofen (821, 818), Elixem (202, 197), Laer 352), Landen (986, 934), Neerhespen (346, 325), Neerlanden (331, 328), Neerw (406, 399), Overwinden (361, 337), Wezeren (169, 155); — in Lützemburg, Kreis A Attert, Aubange (Ibingen), Autelbas (Nieder-Eller), Bonnert, Girsch, Habergy (Herb gen), Hachy (Hersig), Heinsch, Hondelingen, Martelingen, Messancy (Metzingen?) bressart (Elcheroth), Thiaumont (Diedenberg), Törnich; — ferner neben Brüssel: derlecht (5966, 5375) und Etterbeck (3084, 2970).

2. Gemeinden mit über 8 Zehnteln deutscher Bevölkerung in der Provinz L burg: die Stadt Arlon (5405 Einw., 4514 D.); im Kreise Bastogne: Tintingen 630); — in der Prov. Lüttich, Kr. Verviers: Membach (751, 667), Moresnet

Belgien.

eichs Belgien nach den Aufnahmen von 1846, dargestellt in Bevölkerung der einzelnen Gemeinden.

Sippenaeken (400, 346); im Kr. Waremme: Houtain-l'Eveque (775, 697), Wa- 537, 435), Wange (186, 159); — um Brüssel: Molenbeck (12,065, 10,188), Gilles (4138, 3409); im Kr. Brüssel außerdem: Droogenbosch (599, 526); — in rov. Limburg, Kr. Hasselt: Borloo (2720, 2400), Ordange (246, 220), Freeren 428); Kr. Tongern: Sluse (465, 374); — in der Prov. Antwerpen: Hennixem 2533); — in West-Flandern, im Kr. Kortryk: Aalbeke (1831, 1480), Coyghem 719), Bossuyt (650, 563), Helchin (1078, 962), Rolleghem (2277, 1981); im Veurne: Moeres (245, 211); im Kreise Ypern: Wytschaete 2951, 2461).

Gemeinden mit über 7 Zehnteln deutscher Bevölkerung in der Prov. Lützemburg, astogne: Beho oder Bocholz (985, 714); — in der Prov. Lüttich, Kr. Verviers: raedt (475, 335); Kr. Waremme: Walsbetz (132, 94); — in der Prov. Henne- Kr. Soignies: Enghien oder Edingen (3933, 2815); — um Brüssel: Laeken (4019, Schaerbeck (6211, 4420); — in der Prov. Limburg, Kr. Tongern: Reckheim 1277); Kr. Hasselt: Fresin (197, 150); — in Ost-Flandern, Kr. Audenaerde; oder Ronße (12,197, 9365), Bierleghem (439, 346); — in West-Flandern, Kr. : Hollebeke (580, 442), Messines (1423, 1060), Neuve-Eglise (2606, 1958).

Gemeinden mit über 6 Zehnteln deutscher Bevölkerung nur die Stadt Brüssel die acht Vorstädte).

Gemeinden mit über 5 Zehnteln deutscher Bevölkerung bei Brüssel: Elsene oder (14,231, 7563); — im Kreise Arlon: Holdingen oder Halanzy (1550, 795); der Provinz und dem Kreise Lüttich: Mouland (536, 317); im Kr. Verviers: (3202, 1826), Baelen (2220, 1202); im Kreise Waremme: Rosoux-Crenwick 331).

Gemeinden mit über 4 Zehnteln deutscher Bevölkerung in der Prov. Lützemburg, astogne: Fauvillers (1076, 459); — im Hennegau, Kr. Soignies: Marcq (2263, — um Brüssel: St. Josse-ten-Noode (14,850, 7355); — in Westflandern, Kr. Zandvoorde (733, 300).

Gemeinden mit über 3 Zehnteln deutscher Bevölkerung nur Zetrud-Lumay (Kreis).

Gemeinden mit über 2 Zehnteln deutscher Bevölkerung im Kreise Lüttich: Tilleur 369); — im Hennegau, Kr. Soignies: Petit-Enghien (1906, 511); — in Ost- rn, Kr. Audenaerde: Russeignies (887, 200); — in West-Flandern, Kr. Kortryk: (2111, 509).

Gemeinden mit über 1 Zehntel deutscher Bevölkerung im wallonischen Lützemburg: ge (806, 124) und St. Hubert (2229, 224); — in der Prov. Lüttich, Kr. Ver- Henri-Chapelle (1365, 204); — im Hennegau, Kr. Ath: Ellezelles (5618, 588);

Tabelle VIII. **Königreich Belgien.** Landestheile (Provinzen und Kreise).	**Gemeinden mit über 9 Zehnteln deutscher Bevölkerung.**			**Gemeinden mit über 8 bis 9 Zehnteln deutscher Bevölkerung.**			**Ge… über … deutsc…**
	Gemeinden	Einwohnerzahl überhaupt	Einwohnerzahl deutscher Sprache	Gemeinden	Einwohnerzahl überhaupt	Einwohnerzahl deutscher Sprache	Gemeinden
Ueberwiegend vlaemische Provinzen:							
West-Flandern Kreis Ypern	32	84 690	82 911	1	2 951	2 461	3
„ Kortryk	35	118 364	116 620	5	6 667	5 705	—
6 andere Kreise	160	397 467	393 729	1	245	211	—
überhaupt.	227	600 221	593 260	7	9 863	8 377	3
Ost-Flandern, 6 Kreise	289	778 150	769 755	—	—	—	2
Antwerpen, 3 Kreise	145	403 344	395 389	1	3 010	2 533	—
Limburg, 3 Kreise	189	174 572	171 520	4	3 929	3 422	2
Süd-Brabant Kreis Löwen	107	169 918	165 542	—	—	—	—
Kreis Brüssel (excl. Stadt)	108	184 307	181 488	1	599	526	—
Stadt Brüssel mit 8 Vorstädten	2	9 050	8 345	2	16 203	13 597	2
Kreis Nivelles (Wallonisch-Brabant)	—	—	—	—	—	—	—
überhaupt.	217	363 275	355 375	3	16 802	14 123	2
Ueberwiegend wallonische Provinzen:							
Hennegau, 6 Kreise	3	9 527	9 163	—	—	—	1
Namur, 3 Kreise	—	—	—	—	—	—	—
Lüttich, Kreis Waremme	9	3 985	3 836	3	1 508	1 311	[illegible]
„ Lüttich	1	1 402	1 322	—	—	—	—
„ Huy	—	—	—	—	—	—	—
„ Verviers	6	6 019	5 750	3	1 678	1 460	[illegible]
überhaupt.	16	11 406	10 908	6	3 186	2 771	[illegible]
Lützemburg Kreis Bastogne	—	—	—	1	700	630	[illegible]
„ Marche	—	—	—	—	—	—	—
„ Neufchateau	—	—	—	—	—	—	—
„ Virton	—	—	—	—	—	—	—
„ Arlon (Deutsch-Lützemburg)	14	18 572	18 156	1	5 405	4 514	—
überhaupt.	14	18 572	18 156	2	6 105	5 144	[illegible]
Königreich Belgien.	**1 100**	**2.359 067**	**2.323 526**	**23**	**42 895**	**36 370**	**13**

Gemeinden mit über 6 bis 7 Zehnteln deutscher Bevölkerung.			Gemeinden mit über 5 bis 6 Zehnteln deutscher Bevölkerung.			Gemeinden mit über 4 bis 5 Zehnteln deutscher Bevölkerung.			Gemeinden mit über 3 bis 4 Zehnteln deutscher Bevölkerung.		
Gemeinden	Einwohnerzahl überhaupt	Einwohnerzahl deutscher Sprache	Gemeinden	Einwohnerzahl überhaupt	Einwohnerzahl deutscher Sprache	Gemeinden	Einwohnerzahl überhaupt	Einwohnerzahl deutscher Sprache	Gemeinden	Einwohnerzahl überhaupt	Einwohnerzahl deutscher Sprache
—	—	—	—	—	—	1	733	300	—	—	—
—	—	—	—	—	—	—	—	—	—	—	—
—	—	—	—	—	—	—	—	—	—	—	—
—	—	—	—	—	—	1	733	300	—	—	—
—	—	—	—	—	—	—	—	—	—	—	—
—	—	—	—	—	—	—	—	—	—	—	—
—	—	—	—	—	—	—	—	—	—	—	—
—	—	—	—	—	—	—	—	—	1	1 493	483
—	—	—	—	—	—	—	—	—	—	—	—
1	123 874	75 646	1	14 251	7 563	1	14 850	7 355	—	—	—
—	—	—	—	—	—	—	—	—	—	—	—
1	123 874	75 646	1	14 251	7 563	1	14 850	7 355	1	1 493	483
—	—	—	—	—	—	1	2 263	1 122	—	—	—
—	—	—	—	—	—	—	—	—	—	—	—
—	—	—	1	558	331	—	—	—	—	—	—
—	—	—	1	536	317	—	—	—	—	—	—
—	—	—	—	—	—	—	—	—	—	—	—
—	—	—	2	5 422	3 028	—	—	—	—	—	—
—	—	—	4	6 516	3 676	—	—	—	—	—	—
—	—	—	—	—	—	1	1 076	459	—	—	—
—	—	—	—	—	—	—	—	—	—	—	—
—	—	—	—	—	—	—	—	—	—	—	—
—	—	—	—	—	—	—	—	—	—	—	—
—	—	—	1	1 550	795	—	—	—	—	—	—
—	—	—	1	1 550	795	1	1 076	459	—	—	—
1	123 874	75 646	6	22 317	12 034	4	18 922	9 236	1	1 493	483

Gemeinden mit über 2 bis 3 Zehnteln deutscher Bevölkerung.			Gemeinden mit über 1 bis 2 Zehnteln deutscher Bevölkerung.			Gemeinden mit höchstens 1 Zehntel deutscher Bevölkerung.				
Ge-meinden	Einwohnerzahl		Ge-meinden	Einwohnerzahl		Ge-meinden	Einwohnerzahl		Ge-meinden	
	über-haupt	deut-scher Sprache		über-haupt	deut-scher Sprache		über-haupt	deutscher Sprache		übe[r-] hau[pt]
—	—	—	1	1 096	129	3	9 549	572	41	103
1	2 111	509	1	1 109	114	4	13 713	831	46	141
—	—	—	—	—	—	—	—	—	161	397
1	2 111	509	2	2 205	243	7	23 262	1 403	248	643
1	887	200	1	736	93	1	855	19	294	793
—	—	—	—	—	—	—	—	—	146	406
—	—	—	2	1 363	156	4	4 227	26	201	185
—	—	—	1	489	83	2	2 113	119	111	174
—	—	—	1	1 967	338	1	1 031	5	111	187
—	—	—	—	—	—	—	—	—	9	188
—	—	—	—	—	—	107	140 982	575	107	140
—	—	—	2	2 456	421	110	144 126	699	338	691
1	1 906	511	2	9 307	1 312	419	687 772	6 169	427	714
—	—	—	—	—	—	345	263 503	1 661	345	263
—	—	—	—	—	—	72	43 951	96	86	50
1	1 666	369	—	—	—	105	219 605	5 861	108	223
—	—	—	—	—	—	91	75 408	139	91	75
—	—	—	1	1 365	204	32	89 118	605	45	104
1	1 666	369	1	1 365	204	300	427 880	6 701	330	452
—	—	—	1	806	124	31	29 286	331	32	32
—	—	—	—	—	—	51	37 674	83	51	37
—	—	—	1	2 229	224	56	44 558	214	57	46
—	—	—	—	—	—	38	42 244	196	38	42
—	—	—	—	—	—	1	1 180	20	17	26
—	—	—	2	3 035	348	174	154 942	844	195	186
4	**6 570**	**1 589**	**12**	**20 467**	**2 777**	**1 360**	**1.706 769**	**17 522**	**2 524**	**4.337**

…ämmtliche Gemeinden.				Einwohnerzahl für den Jahresschluß 1861 (Reduction nach dem Maßstabe von 1861).		Flächeninhalt der Sprachgebiete (geogr. Qu.-M.)		Landestheil (Provinz).
…ohnerzahl								
die Deutschen sind Promille der Einwohner	französischer (wallon.) Sprache	englischer Sprache	anderer Sprache	Einwohner überhaupt	darunter deutscher Sprache	des deutschen (vlaem.)	des französischen (wallonischen)	
867	13 773	18	1					
869	17 830	55	—	642 354	606 938	56,51	2,44	West-Flandern.
991	2 777	961	37					
945	34 380	1 034	38					
983	13 231	211	44	804 630	790 951	54,44	0,20	Ost-Flandern.
980	7 045	766	621	458 679	449 161	51,63	0,00	Antwerpen.
950	9 347	13	2	196 816	186 825	43,36	0,63	Limburg.
955	7 692	92	2	184 635	176 374			
971	5 455	91	1	198 098	192 250	39,74	20,09	Brabant.
637	67 017	1 248	118	281 376	179 277			
4	140 383	22	2	148 239	604			
679	220 547	1 453	123	812 348	548 505			
29	693 538	42	36	825 216	24 349	0,77	67,07	Hennegau.
6	261 813	20	9	301 397	1 900	0,00	66,74	Namur.
113	44 466	—	—					
35	215 128	172	40	537 218	29 734	5,11	47,62	Lüttich.
2	75 263	4	2					
110	92 585	102	8					
54	427 340	278	50					
69	30 595	—	—					
2	37 585	6	—					
9	46 349	—	—	203 597	28 922	6,46	74,04	Lützemburg.
5	42 047	1	—					
879	3 222	—	—					
142	159 998	7	—					
578	1.827 141	3 824	923	4.782 255	2.667 290	258,02	278,83	Königr. Belgien.

Kr. Soignies: les-deux-Acren (3689, 724); — in der Prov. Brabant, Kr. Löw l'Ecluse oder Sluysen (489, 83); Kr. Brüssel: Saintes oder St. Renelle (1967, 3 — in der Prov. Limburg, Kr. Hasselt: Corswarem (468, 50); Kr. Tongern: Lar (895, 106); — in Ost-Flandern, Kr. Audenaerde: Orroir (736, 93): — in W Flandern, Kr. Kortryk: Espierres (1109, 114); Kr. Ypern: Houthem (1096, 1

10. Französische (wallonische) Gemeinden, welche zu deutschen Landestheilen geh zum Kreise Arlon: Rachecourt oder Rösig mit Meix-le-Tige, also Deutsch-Meisch (1 20); — zum Kreise Brüssel: Bierghes oder Bierk (1031, 5); zum Kreise Löw Neerheylissem (1331, 94) und Opheylissem (782, 25); — zur Provinz Limburg, Hasselt: Eben-Emael (1217, 8), Otrange (370, 0), Roclenge (957, 5), Wonck (1 13); — zu Ost-Flandern, Kr. Audenaerde: Amougies (855, 19); — zu West-F dern, Kr. Ypern: Warneton (5399, 234), Bas-Warneton (718, 5), Comines (3 333); Kr. Kortryk: Dottignies (3995, 367), Herdeaux (2106, 82), Luigne (1 60), Mouscron (6175, 322). Von deutschen Gemeinden umgeben liegen im K Waremme die angeblich wallonischen Gemeinden Overhespen (270 E.) und R dorp (117 E.).

In der Stadt Brüssel (ohne die Vorstädte) hatte am 15. März 1842 eine lung nach der Sprache stattgefunden, deren Resultat für die einzelnen Sectionen Stadt publicirt worden ist. Sie ergab für die beiden nordwestlichen Sectionen der Senne: 4345 französisch, 24,819 vlaemisch redende, für die drei mittleren Secti rechts der Senne: 14,795 französisch, 24,552 vlaemisch redende, für die drei o

idöstlichen) Sectionen: 22,451 französisch, 19,359 vlaemisch redende, im ganzen
1 Wallonen (Franzosen), 60,804 Vlaemen (Deutsche). Die Einwohnerzahl war
ls 114,177; der Antheil der Vlaemen betrug also 60,26 Pct.; nach der Zählung
846 betrug er, wenn man die sogenannten Deutschen, d. h. nicht Niederdeutschen
ebenso wie 1842 außer Rechnung läßt, ebensoviel, nämlich 60,29 Pct.

Nach der Zählung von 1846 begreift das deutsche (vlaemische) Sprachgebiet 1143
inden mit 2,581,975 Einw., darunter 2,473,701 Deutschen, das französische (wallo-
) Sprachgebiet 1381 Gem. mit 1,754,221 Einw., darunter 31,607 Deutschen.

Da seit 1846 bis zum Jahre 1861, auf welches die Angaben dieses Werkes sich
gsweise beziehen sollen, eine Ermittelung der Volksprache nicht stattgefunden hatte,
d in der Tabelle die Einwohnerzahlen für den Jahresschluß 1861 so angegeben,
e von der amtlichen Statistik des Königreichs berechnet worden sind, und ist da-
die Zahl der Deutschen so bezeichnet, wie sie sich nach dem Antheil an der Be-
ung von 1846 stellen würde.

Im Königreich Niederland (1861: 3,372,652 Einw.) hat eine Ermittelung
Sprachverhältnisse der Einwohner überhaupt noch nicht stattgefunden; nach den
ichten über den Geburtsort, welche bei der Zählung am Jahresschluß 1859
melt worden sind, waren unter 3,308,969 zur wirklichen, d. h. zur Gemeinde-
kerung gehörigen Einwohnern 36,547 in deutschen Staaten, 19,426 in Belgien,
in Großbritannien, 4932 in anderen (nicht besonders namhaft gemachten) Staaten
en.

IX. Das deutsche

Das deutsche Sprachgebiet im Elsaß und in Lothri
gruppen nach der Zeit und Art des Ueberganges unt
Büsching, Calmet, Chatellux, Kiepert, Lepage, Nab
gränze und der natürlichen Gränze Deutschlands, f
nach Nabert's und Derode's Angaben.

Erläuterung. Für den unter Frankreichs Herrschaft stehenden Theil des schen Sprachgebietes fehlt es an eigentlichen Aufnahmen über das Sprachverhä es mußte daher hier eine andere Art der tabellarischen Darstellung gewählt w Der Verfasser hat es versucht, das deutsche Sprachgebiet in Frankreich in seine t torial-historischen Bestandtheile zu zergliedern und diese so zusammenzustellen, der Umfang und die Vertheilung derselben innerhalb der heut bestehenden Landes theilung und anderseits ihre Verschiedenheit und Gleichheit in Ansehung der Zei der Art des Ueberganges derselben unter Frankreichs Herrschaft überblickt werden k in letzterer Beziehung sind die verschiedenen Landestheile in fünf Haupt- und Unterabtheilungen geschieden.

Zu diesem Behufe mußte zuerst das deutsche Sprachgebiet selbst besti abgegränzt werden, so daß es sich nach Flächenraum, Zahl der Geme und Bevölkerungszahl übersehen ließ. Eine solche Abgränzung bot beim nur an wenigen Stellen Schwierigkeit, wo das Verhältniß einzelner Gemeind zweifelhaft ist, daß sie für die frühere und jetzige Zeit als gemischt betrachtet den mußten. Schwieriger war diese Abgränzung in Lothringen; dort ist im allgen so verfahren worden, daß das ganze Gebiet der deutschen Ortsnamen als deu Sprachgebiet gerechnet worden ist mit Einschluß der doppelnamigen Orte (während im in der Regel die doppelnamigen Orte nicht als deutsch gerechnet sind). Von den d namigen sind jedoch diejenigen lothringer Orte, welche jenseit der Gränzen der maligen Allemagne im Anschluß der französisch-namigen gelegen sind, nur als halb d oder gemischt betrachtet und nur halb gerechnet worden; wie im einzelnen verfahren den, ist bei den betreffenden Gemeinden angegeben. Verschiedenheiten innerhalb de meinden sind in der Tabelle in der Weise berücksichtigt, daß dieselben in der Regel hierhin, halb dorthin gerechnet sind, und zwar sowohl hinsichtlich ihrer Zugehörigk verschiedenen Sprachgebieten, wie auch hinsichtlich ihrer Zugehörigkeit zu verschie Territorien.

Die Bevölkerungszahlen entsprechen der Zählung von 1861, die Fläch halts-Angaben für die einzelnen Gemeinden sind theils Chatellux' Werk über das N Departement entnommen, theils aus den Angaben für die Cantone annähernd ver theils aus der Karte berechnet. Für die Unterscheidung der früheren T

…iet in Frankreich.

…gestellt nach der heutigen Cantonal-Eintheilung in Gemeinde-
…ichs Herrschaft, auf Grund der Materialien bei Bernhardi,
…uber, Stoffel rc., unter Vergleichung mit der heutigen Sprach-
…eutsche Sprachgebiet im französischen Antheil an Flandern

…n sind bei den Departements Ober-Rhein, Nieder-Rhein und Vogesen in erster Linie …Huber's Alsace ancienne et moderne, für das Meurthe-Departement das historisch-…aphisch-statistische Werk des Archivisten Lepage über dieses Departement, für das …-Departement namentlich Chatellux' Territoire de la Moselle, ferner Büsching, D. …t u. a. benutzt worden. Für die Ermittelung der Ortsnamen in Lothringen …n außer den angegebenen Quellen Lepage's Ortsverzeichniß der Meurthe und Na-…kartographische Skizzen, sowie die französischen Generalstabs-Karten, die Homann'-…Karten u. a. benutzt. Für die Abgränzung des deutschen Sprachgebietes im El-…ind die Angaben in Stoffel's Ortsverzeichniß des Ober-Rheins, ferner bei Ristel-… Büsching, Kiepert, Bernhardi und Nabert verglichen worden.

…Da in Lothringen und Lützemburg die deutsche Sprachgränze bereits verschoben ist, … neben der Begränzung des deutschen Sprachgebietes in seinem alten Umfange die …ge Begränzung desselben in der Tabelle so berücksichtigt, wie sie Nabert auf … im Besitze von H. Berghaus befindlichen Skizze angiebt; es sind danach in der …e die Zahl der Gemeinden und Einwohner hinzugefügt, welche nach Nabert be-…französirt sein würden. Außerdem finden sich über die heutigen Sprachverhältnisse …utsch-Lothringen Nachrichten bei Lepage und bei Bernhardi.

…Weiter ist in der Tabelle eine Vergleichung mit dem Umfange des deutschen Sprach-…es nach der natürlichen Begränzung Deutschlands hinzugefügt, wobei als na-…e Gränzen die Wasserscheide des Rhone (Doubs) gegen den Rhein (Ill), der obe-…Mosel und Meurthe mit der Vesouze und Seille gegen die Saar, der französischen … gegen die deutsche Nied, der oberen Mosel mit der Orne gegen die Mosel unter-…der Orne-Mündung und der Maas gegen das untere Mosel-Gebiet gedacht sind, … die natürliche Gränze Deutschlands vom Jura bis zur Eifel außer der Nied an … Zusammenfluß und der Mosel an der Ornemündung kein Gewässer überschreitet.

…Außerdem ergiebt die Tabelle die Abweichungen des von uns angenommenen deut-…Sprachgebietes gegen die Begränzung der vormals als vorherrschend deutsch … bez. als vorherrschend französisch betrachteten Territorien, also gegen die Be-…ung der Herrschaften mit vormals überwiegend deutscher Landessprache gegen die …ormals überwiegend französischer Landessprache. Hierbei sind vom Elsaß die Herr-…n Belfort, Rougemont, Montreux, Florimont und Delle als französisch gerechnet, nicht aber die Herrschaften Mörsperg, Hohenack und Stein; von Lothringen sind der Allemagne auch die herzoglichen Besitzungen im Elsaß, ferner die in Deutsc ringen eingeschlossenen vormaligen Reichsherrschaften, dann der Antheil an Deutsch-L burg mit Rollingen, sowie die vormals bischöflich metzischen Herrschaften Albestroff, burg, Helferdingen, Hinckfingen, Hoblingen und Türkstein und die Grafschaft Ri als deutsch gerechnet, nicht aber das Fürstenthum Salm und die Kastellanei Mar

Hinsichtlich der einzelnen Landestheile ist folgendes zu bemerken:

In Betreff der Departements Haut-Rhin und Bas-Rhin.

Die Sprachgränze im Ober-Elsaß war für die heutige und die frühere Ze dieselbe anzunehmen, da Stoffel's Angaben mit denen von Büsching übereinsti Büsching sagt nämlich, daß in allen Orten der Herrschaft Rothenberg französi sprochen werde; er bezeichnet ferner das Meierthum Bretten als wälsches Meie und er sagt bei der Herrschaft Dattenried nur von Ober-Sept, daß dort deut sprochen werde. Hiernach ist anzunehmen, daß auch sämmtliche Ortschaften der schaft Blumberg und der Herrschaft Münsterol damals schon zum französischen S gebiet gehört haben, zu welchem sie nach Stoffel jetzt gehören.

Es verbleiben somit im Ober-Elsaß (Sundgau) folgende Theile der C des Departements Ober-Rhein dem französischen Sprachgebiet:

7 Gemeinden des Cantons Damerkirch (0,60 Qu.-M.), nämlich nach den Territorien von der Herrschaft Blumberg: Suarce (Schwerz) und Chavanatte (Schaffnatt) mit 621 Einw., — von der Herrschaft Münsterol, die bis zur Rev im Besitz des elsässischen Rittergeschlechts Reinach war: Chavannes-les-grands (Schaffnatt), Lutran (Lutter), Magny (Manglott), Romagny (Roth-Manglott 1073 Einwohnern — und das vormals dem College Colmar gehörige Valdieu im Gottesthal) mit 167 Einwohnern.

4 Gemeinden des Cantons Maasmünster (0,63 Qu.-M.), welche zur He Rothenberg gehörten, die bis 1681 im Besitz des Hauses Stadion war: Roug (Rothenberg), le Val-sous-Rougemont (im Thal), Petite-Fontaine (Klein-Brunn) magny (Welschenach) mit 2105 Einwohnern.

Der ganze Canton Fontaine (29 Gemeinden), enthaltend das vormal Herrschaft Traubach gehörige Meierthum Bretten: nämlich Bretten, Wälsch-bach (Eteimbes) und Bernhardsweiler (Bellemagne) mit 659 Einwohner einzigen drei Dörfer, mit welchen das französische Sprachgebiet hier in das gebiet des Ill hinüberreicht, und das gleichfalls zu Bretten gehörige Brecha (Bruckenswiller) mit 404 Einw., — das zur Herrschaft Thann gehörige, im sischen Sprachgebiet enclavirte Reppe (Rispach) mit 397 Einw., — von der He Rothenberg die Gemeinden Félon und St. Germain, sowie die zum Kirchspiel P gen gehörigen Dörfer Menoncourt (Mimingen), Eguenigue (Eglingen), Denney ringen) und la Collonge, sowie die halb zu Belfort gehörig gewesenen Ph (Pfäffingen) und Bessoncourt (Bischingen), — die belfortische Vogtei Ingelsod, näm Gemeinden Angeot (Ingelsod), St. Cosme (St. Coßmann), Vauthiermont (Wo berg), Bethonvillers (Bethweiler), la Grange und la Riviere, ferner la Chapell Rougemont (Welschen-Capelle), — den westlichen Theil der Herrschaft Münsterol, die drei Montreux (Alt-, Jung- und Schloß-Münsterol), Chavannes-sur-l'Etang (natt am Weyer), Foussemagne (Fießenen), Fontaine (Brunn), Frais und Cun — sowie das zu Belfort gehörige Petit-Croix (Klein-Kreuz).

Der ganze Canton Delle (27 Gem.), enthaltend die an das deutsche Obe (Seppois-le-haut im Canton Hirsingen) anschließende vormalige dattenrieder C Rechesy (Röschlitz) mit 833 Einw., — von der Herrschaft Blumberg: die Gemeinden mont (Blumberg), Courselles (Kurzell), Courtelevant (Herbsdorf) und Lepuix (

457 E., — von der Herrschaft Münsterol: Bretagne (Brett), — die Herrschaft Datten-
nämlich die Gemeinden Grosne (Welschengrün), Vellescot (Hahnedorf), Recou-
ce, Jonchery (Guntscherach), Faverois (Faverach), Bourogne (Böll) und südlicher
e (Dattenried), Lebetin (Liebthal), St. Dizier (St. Störgen), Feche-l'Eglise, Villars
c, Croix (vorm. Krütz), Bovon und die vormals halb zu Mümpelgard gehörigen
fer Montbouton und Beaucourt, — die Herrschaft Granweiler und Miserach: nämlich
ndvillars (Granweiler), Miseré (Miserach), Morvillars (Morsweiler) und Thian-
c, — sowie die dem Coll. Colmar gehörigen Orte Froide-Fontaine (Kaltenbrunn)
Brebotte (Bruderbach).

Der ganze Canton Giromagny (19 Gem.), in dessen östlichem Theil die doppel-
igen Gemeinden Bourg (Welschennest), Anjoutay (vorm. Anschatingen), Etueffont
und bas (Ober- und Nieder-Stauffen), la Madeleine (Magdalenen im Engel-
, beide Magny (Menglatt, Groß- und Klein-), Vescemont und Riervescemont
ssenberg und Hinter-Wessenberg) liegen, und in dessen westlichem Theile noch sechs
nnamen oder Namenentstellungen (Tscha, Cappeltscha, Sotta, Ober- und Nieder-
, Weites) vorkommen.

Der ganze Canton Belfort (32 Gem.), in welchem sich die vormals zu Rothen-
(Pfäffingen) gehörigen Orte Roppe (Rothbach) und Vertrigne (Würtringen), sowie noch
vorm. belfortischen Orte Chevremont (Geißenberg), Novillard (Neuweiler), Vezelois
swald), Eschène (zu den Eichen) und das vormals colmarische Charmois (Zarm-
r) an das doppelnamige Gebiet anschließen, die übrigen doppelnamigen (Kestenholz,
deldingen, Mörlingen, Andelnach, Banweiler und Grauersch) mehr vereinzelt liegen.

Der ganze hier zum französischen Sprachgebiet gehörige Theil des Dep. Haut-Rhin
lt 11,96 Qu.-M., 118 Gem., 59,242 Einw. Der hiervon ursprünglich nicht el-
che, sondern burgundische Theil begreift nach der älteren Grenze auf Spruner's
e die Grafschaft Belfort (mit Ausschl. der Vogtei Ingelsod), 49 Gemeinden mit
57 Einw., und den südlich der Herrschaft Granweiler (der Alle) gelegenen Theil der
schaft Dattenried, 9 Gem. mit 6754 Einw. Die übrigen 60 Gemeinden mit 24,431
v. (insbesondere die Herrschaften Rothenberg, Münsterol, Blumberg und Gran-
r) gehörten schon in früher Zeit zum Elsaß; dem vormaligen Gebiet der deutschen
essprache waren sie jedoch nicht zuzurechnen, da die Herrschaft Rothenberg später
Belfort im Gemisch lag und französisch sprach, die anderen drei aber von der fran-
h redenden Herrschaft Dattenried abhingen und mit dieser gemischt lagen.

Längs der angeführten Gränze ist auf einer nach Nabert's Skizze reducirten Karte
Uebergangsgebiet (vielleicht als vormals deutsch) bezeichnet, welches auf der franzö-
n Seite Bretten, Wälsch-Steinbach, Bernhardsweiler, Bruckensweiler, St. Coßmann,
thersberg, Angeot, Rougemont und le Val, auf der deutschen aber folgende Theile
ift:

vom Canton Damerkirch das vormals zur Herrschaft Altkirch gehörige Manspach,
Einw., und die vormals zur Herrschaft Traubach gehörigen Orte Damerkirch (Danne-
e), Retzwiller, Elbach, Ober- und Nieder-Traubach, Gebenatten, Hecken und Stern-
mit 3649 Einw.,

vom Canton Maasmünster die vormals zur Herrschaft Thann gehörigen Ober-
Nieder-Sulzbach (Soppe) und Mortzwiller mit 1682 Einw. und die vormals zur
schaft Maasmünster gehörigen Maasmünster (Massevaux), Sickert, Lauff und Sent-
mit 5562 Einw.

An der Südgränze des Elsasses sind im Canton Pfirt ebenfalls vier Gemeinden
Nabert als gemischt (oder französirt) bezeichnet; sie sind zugleich doppelnamig und
in Ermangelung genauerer Nachrichten als gemischt gerechnet. Es sind dies
rei Gemeinden, welche vormals die schon 1641 in den Besitz einer französischen
lie gelangte Herrschaft Mörsperg oder Morimont bildeten: Ottendorf (Courtavon),

Luffendorf (Levoncourt) und Ober-Larg (Welschen-Larg, nach Stoffel Lairdge a sprochen), 0,38 Qu.-M. und 1166 Einw., und die Gemeinde Groß-Lützel (Lucelle), n vormals zur dortigen Abtei gehörte und bis zur französischen Revolution von der desgränze durchschnitten wurde, mit 1385 E. Die ersteren liegen im Gebiet der die letztere an der Lützel, sie liegen also sämmtlich diesseit der natürlichen Gränze. J falls sind dieselben nicht völlig französisch, da im Band III. der Alsatia eine Erzäh in oberlarger Mundart vorkommt, welche den Uebergang von der baseler zur gäuer Mundart bildet; dafür, daß auch Luffendorf und Ottendorf nicht ganz französisch spricht der Umstand, daß diese Orte in den in der Alsatia mitgetheilten ober-elsässi Volksagen, und zwar mit ihrem deutschen Namen vorkommen; nach Bernhardi n Levoncourt französisch sein. Auch war die Grafschaft Mörsperg in Ermangelung rer Angaben zum Gebiet der deutschen Landessprache zu rechnen, da sie von der schaft Pfirt abhing.

Im nordwestlichen Theile des Dep. Haut-Rhin durchschneidet die Sprachgränz Cantone la Poutroye oder Schnierlach und St. Marie-aux-Mines oder Mar Der erstere entspricht im allgemeinen dem Urbisthal, von dem schon Büsching sagt die Einwohner romanisch reden; er erwähnt dabei fünf Gemeinden und nennt O (Urbis), jetzt 5259 Einw., la Poutroye (Schnierlach), 2567 Einw., Bonhomme (Die hausen), 1157 Einw., la Baroche (Zell), 2111 Einw.; außerdem gehört hierhin die meinde Freland (Urbach) 2056 Einw. Dieser ganze Canton bildete die zur vor zweibrückischen Grafschaft Rapoltstein gehörige Herrschaft Hohenack oder Hoheneck. Nabert's Skizze scheint dieser Freland und Urbis für theilweise deutsch zu halten, auch mit den Ortsnamen übereinstimmt; Zell liegt nach ihm im deutschen Sprachg ist dagegen nach den Ortsnamen und nach Kiepert's Annahme französisch und so in der Tabelle gerechnet; la Poutroye und Bonhomme sind gleichfalls französisch.

Im Canton Markirch sind im Leberthal die Gemeinden Markirch (St. M mit 12,332 Einw., Heilig-Kreuz (St. Croix), 3651 Einw., und Leberau (Liepvre), Einwohner, theils deutsch, theils französisch. Nach den Angaben Bernhardi's und Sto bildet der Landbach die Gränze, und zwar nach Stoffel so, daß der südlich dess gelegene Theil, welcher vormals zur Grafschaft Rapoltstein gehörte, deutsch ist; Nabert ist die Gränze so, daß der nördliche vormals zu Lothringen (zur Prevoté kirch) gehörige Theil deutsch ist, was auch mit den Ortsnamen und Kiepert's Ang übereinstimmt. Die ebenfalls vormals lothringische Gemeinde Deutsch-Rombach ist Nabert und Kiepert deutsch; die fünfte zum Canton Markirch gehörige Gemeinde weyer (Aubure) mit 344 Einw., welche vormals zur würtembergischen Herrschaft Ost gehörte, ist nach Kiepert gemischt, nach Nabert entweder französisch oder gemischt.

Vom Departement Bas-Rhin gehört im Canton Willer der obere Theil des W ler-Thales zum französischen Sprachgebiet. Hier reden nach Bernhardi und N von der Herrschaft Willer die doppelnamigen Gemeinden Orbay oder Urbeis am Gi Lalaye oder Lach (mit dem Scherthal), zus. 1776 E., und Fouchy oder Grub, welches mals zu den Besitzungen des Domkapitels Straßburg gehörte, mit 969 Einw., a dem von der Herrschaft Willer noch die deutschnamigen Gemeinden Steige (am bach) mit 1400 Einw. und Meißengott mit 934 Einw. jetzt französisch. Dagegen die weiter unterhalb bez. östlicher gelegenen Theile der Herrschaft Willer deutsch auch die doppelnamigen Ortschaften Willer (Villé), Erlenbach (Albé), St. Peter (Pierre-Bois), und ebenso die dortigen vormaligen Besitzungen des Domcapitels Einschluß der doppelnamigen Orte Neukirch (Neuve-Eglise) und Gereuth (Neubois

Vom Canton Willer gehört ferner ein Theil des Breusch-Thales zum fr sischen Sprachgebiet, die nordöstliche Hälfte der vormaligen Herrschaft Stein (la Roche), deren Einwohner schon Büsching als romanisch redend bezeichnet. den betreffenden, zum Canton Willer (Bas-Rhin) gehörigen Gemeinden sind vier do

: Bellefosse oder Belfuß (woselbst auch Stein), Belmont oder Schönberg, Foudan
Urbach mit zusammen 1296 Einw., sowie Blancherupt oder Blensbach mit 165 E.
es letztere zu den andlauischen Herrschaften gehörte); diese sind daher als französ-
sprechend gerechnet. Die fünfte nur deutschnamige Gemeinde Solbach mit 209
ohnern, welche im Anschluß der deutschnamigen Gemeinden der Herrschaft Stein
p. Vosges liegt, ist in Ermangelung bestimmter entgegengesetzter Angabe als deutsch
gerechnet.
Was die historische Rubricirung der einzelnen Theile des deutschen Elsasses
r Tabelle betrifft, so sind als 1648 an Frankreich gekommene Territorien alle
ichischen, d. h. unter der Landgrafschaft Elsaß gestandenen Herrschaften gerechnet
ießlich Hohen-Landsberg, im Nieder-Elsaß auch die 40 Reichsdörfer, die Besitzun-
er Abtei Neuburg und die Herrschaft Herrenstein. Als reunirte Territorien sind
den Reichstädten Colmar, Münster im Gregorienthal, Kaisersberg, Türkheim, Ros-
Ober-Ehenheim, Schletstadt, Hagenau, Weißenburg, welche 1681 unterworfen wur-
en Gütern der elsässischen Reichs-Ritterschaft und den Gebieten der Reichsstifter
ach und Maursmünster, auch die Herrschaft Willer (welche bis 1680 dem Hause
r gehörte), die Besitzungen des Seminars Straßburg (welche bis 1685 zur
tei Weißenburg gehörten) und die im Ober-Elsaß belegenen Lehnsherrschaften des
ums Basel gerechnet. — Von den unter französische Hoheit getretenen Territorien
n auf die (1697 an Frankreich abgetretene) Reichstadt Straßburg und deren Ge-
2½ Gemeinden mit 114,910 Einwohnern, auf die Besitzungen des Hochstifts und
omcapitels innerhalb dieses Departements 128⁶/₂ Gem. mit 141,143 Einw. —
ufe des 18. Jahrhunderts kamen ferner im Elsaß folgende Herrschaften aus dem
deutscher Reichstände in den französischer Unterthanen: die Reichsherrschaft Fleckenstein
chaft Ried und Herrschaft Sulz, 1720), die Herrschaft Niederbronn (bis 1764
ause Leiningen gehörig), die Reichsherrschaft Stein (Ban de la Roche, bis 1723
ause Zweibrücken gehörig) und die Herrschaft Reichshofen (bis 1761 dem Hause
urg-Lothringen gehörig). Die lothringer Prevotés im Elsaß, nämlich Markirch,
lt und die Herrschaft Sulzbach (im Gregorienthal), gehörten zwar nicht zur Allemagne,
jedoch wie alle zur Diöcese Straßburg gehörigen Theile deutsche Landessprache; wahr-
ch wird das Französische daselbst gleichzeitig wie in der lothringer Allemagne, nämlich um
eingeführt worden sein. Der zur Allemagne gehörige Antheil Lothringens an der
haft Saarwerden lag außerhalb des Elsasses. — Unter den Territorien, welche bis
unter französischer Hoheit sich im Besitz deutscher Reichstände befanden, sind also
em obigen das Bisthum Straßburg und die elsässische Reichsritterschaft nicht mit
en; dagegen sind hierhin gerechnet die Besitzungen von Pfalz-Zweibrücken, die
haften Lützelstein und Rapoltstein, die Aemter Bischwiller und Selz, die würtem-
he Grafschaft Horburg mit den Herrschaften Reichenweyer und Ostheim, das
e Amt Beinheim, die hessen-darmstädtische Grafschaft Hanau-Lichtenberg, die
ische Grafschaft Dagsburg, das bischöflich speiersche Amt Lauterburg, welches 1765
französische Hoheit gestellt wurde, und die Propstei Weißenburg nebst dem dem
en Orden gehörigen Dorfe Riedselz, ferner die hohenlohische Herrschaft Ober-
die den Sickingen gehörige Herrschaft Hohenburg und die den Dürkheim ge-
Herrschaft Schöneck. — Als bis zur Revolution zum deutschen Reich gehörige
rien sind das pfalz-zweibrückische Amt Kleeburg, welches erst 1788 unter franzö-
Hoheit gestellt wurde, ferner die salmische Herrschaft Diemeringen, die nassauische
haft Saarwerden nebst der Vogtei Drülingen und die dem Hause Stein gehörige
aft Aßwiller gerechnet, welche letzteren jedoch nicht zum Elsaß, sondern zu Loth-
(im weiteren Sinne) gehörten, außerdem auch die vormalige Reichstadt Mül-
, welche seit 1515 mit der Eidgenossenschaft verbündet war und 1798 von Frank-
annectirt wurde.

Von dem bezeichneten deutschen Sprachgebiet in diesen beiden Departement hörte also die Grafschaft Saarwerden, sowie Diemeringen und Aßwiller (41 Gemeinde 25,677 Einw.) nicht zum Elsaß. Dagegen gehörten zum deutschen Theil des El noch im Vogesen-Departement der straßburgische Theil des Breuschthales (5 Gem 5960 Einw.) und der untere Theil der Herrschaft Stein (4 Gem. mit 3568 Ei ferner im Meurthe-Departement ein Theil der pfalz-zweibrückischen Grafschaft Lütz (5 Gem. mit 1419 Einw.) und der größte Theil der leiningischen Grafschaft Dag (7 Gem. mit 8411 Einw.), so daß nach Ab- und Zurechnung dieser Landestheile deutsche Sprachgebiet des Elsasses 141 Qu.-M., $871^{19}/_2$ Gem. mit 1,00 Einw. begreift.

Zum französischen Sprachgebiet des Elsasses gehörten außer den beim Haut und Bas-Rhin angegebenen Theilen noch der westlichste Theil der Herrschaft W welcher den obersten Theil des Breuschthales (rechts der Breusch) ausmacht un ein Theil des Departements Vogesen ist (5 Gem. mit 4854 Einw.); mit Einschlu selben beträgt das französische Sprachgebiet des Elsasses $16^1/_2$ Qu.-M., 1 Gemeinden mit 90,753 Einw. Hierbei ist von den kleinen Abweichungen abge welche zwischen der Begränzung des Elsasses gegen Mümpelgard und der des Haut-Rhin gegen das Dep. Doubs stattgefunden haben, sowie selbstverständlich von de weichungen in der Begränzung gegen die schweizerische Eidgenossenschaft, zu welche dem vormals baseler Jura ein Theil der elsässischen Herrschaft Froberg (Montjoi legt ist.

In Betreff des Departements Vosges.

Der zum Dep. Vogesen gehörige Theil des Breuschthales, also der The Departements, welcher diesseit der natürlichen Gränze Deutschlands liegt, begreif den ganzen Canton Schirmeck und einen Theil des Cantons Saales oder Se Gem. mit 21,043 Einw. auf etwa $3^1/_2$ Qu.-M.

Von diesem Theile gehörten zum Elsaß:

1. Im Canton Schirmeck die deutschen Gemeinden Schirmeck, Wische, Ruß, Bere und Natzwiller mit 5960 Einw. (vormals zum Bisthum Straßburg), ferner di meinden Rothau, Neuwiller, Wildersbach, Waldersbach (in der vormaligen Herrschaft (mit 3568 Einw. Die ersteren sind jedenfalls noch deutsch, auch die letzteren si deutschnamige hier zum deutschen Theile gerechnet, da außer Büsching's Angabe, der Herrschaft Stein eine romanische Mundart geredet werde, eine bestimmte Na in dieser Beziehung fehlt (die Reduction aus Nabert's Skizze ist an dieser Ste deutlich; Kiepert nimmt gleichfalls an, daß diese Gemeinden deutsch seien).

2. Im Canton Saales die Gemeinden St. Blaise, Colroy-la-Roche, R (Roschbach), Neuburg-Brüsch und Saales (Sell) mit 4854 Einw.; sie bildeten de lichsten Theil der Herrschaft Willer und gehören dem französischen Sprachgebiete

Von dem Breuschthale gehörten dagegen zu Lothringen, nämlich insbes zum Fürstenthum Salm, welches bis 1792 deutsches Reichsland war:

1. Vom Canton Schirmeck die Gemeinde Vorbruck (la Broque) mit den d liegenden Orten Wackenau (Vacquenou) und Wackenbach, sowie (wahrscheinlich) m (Vipucelle) und Alspach (Albay), 2689 E., welche Gemeinde bei Nabert als vormals bezeichnet und hier zum deutschen Sprachgebiet gerechnet ist, — ferner Grand taine mit Framont, Freconrupt und Salm, 974 Einw.; von dieser Gemeinde i Kiepert Salm noch jetzt deutsch, weshalb ein Theil derselben zum deutschen Sprac gerechnet ist. In der letzteren Gemeinde würde auch das auf der Homann'schen bezeichnete Pfiffers zu suchen sein, von welchem sich heut nichts findet, vielleic Unsere-Frau-zum-See, wenn dies nicht vielmehr jenseit der Vogesenhöhe am Lac Meix lag. Die zwölfte Gemeinde dieses Cantons Raon-sur-Plaine (644 Einw.) überwiegend jenseit der Naturgränze im Gebiet der Meurthe.

2. Im Canton Saales die Gemeinden Plaine und Saulxure mit 1669, bez. 1329 . In diesen beiden Gemeinden finden sich Ortschaften mit deutschen, doppelten verdeutschten Namen, nämlich Quell oder Quevelles (bei Homann Gefel), Diespach, xpenay (verdeutscht Schampenau), Plaine (verd. Blen), Saulxure, bei Nabert und der Homann'schen Karte Holenbach, la Goutte oder Gutbrunn und Gouttern-e. Nabert bezeichnet Schampenau, Gutterngut, Diespach und Holenbach ausdrück-als deutschredend; die Gemeinde Saulxure und ein Theil von Plaine sind daher r Tabelle zum deutschen Sprachgebiet gerechnet*).

Jenseit der natürlichen Gränze, also jenseit der Vogesenhöhe, finden sich in n Departement im Anschluß des deutschnamigen Gebietes nur die deutschnamigen Wissembach und Gemeingut (Gemaingoutte) an der Straße vom Leberthale auf St. sie waren bis 1751 im gemeinschaftlichen Besitz von Lothringen und Salm. Aus ichten, welche Kiepert gesammelt hat, geht hervor, daß in Wissembach noch bis eses Jahrhundert deutsch gesprochen wurde, jetzt wird in beiden Orten nur franzö-gesprochen; in der Tabelle sind sie als vormals halb deutsch gerechnet. Aehnlich gegen die Moselquelle Büßang, welches schon im Jahre 1562 als französisch redend hnet wurde; vereinzelt liegen die Ortsnamen Rudeling, welches Calmet im Ban aize erwähnt, Balzweiler (Badonviller, bei Calmet Phalzweiler), Langstein und viller im Ban le Moine, welcher gleichfalls zu Salm und Lothringen gehörte, und ach oberhalb St. Dié; sie sind, ebenso wie die sonst im französischen Lothringen zelt vorkommenden deutschen Ortsnamen, für die Tabelle außer Betracht gelassen.

In Betreff des Departements Meurthe.

Die urkundlichen Nachrichten über die Ortschaften dieses Departements sind in ge's Dictionnaire de la Meurthe und seiner topographisch-statistischen Darstellung Departements in Ansehung der Ortsnamen und der früheren Territorial-Verhält-überaus reichhaltig gegeben; Irrthümer in Folge von Verwechselungen von Ort-en außerhalb des Departements mit solchen, die im Departement liegen, (so mit Ortschaft Aspach bei Sierk, Hasenburg bei Saaralbe, Metzing bei Püttlingen, Sul-bei Mörchingen, Kraufthal und Weyersheim im Elsaß), Irrthümer, die in einem n Werke fast unvermeidlich sind, kommen nur sehr vereinzelt vor und thun dem nmtwerthe dieser Arbeiten keinen Eintrag; vielmehr finden letztere unter den dem ßer bekannten entsprechenden Werken aus deutschen Staaten nicht ihres gleichen.

) Hiernach wird es Seite 174, Zeile 18--19 v. u. statt der Worte „sind die hier belege-rtschaften erst ꝛc." richtiger heißen: „ist die hier anschließende Ortschaft Salm ꝛc." Andere auigkeiten, welche in demselben Abschnitte bei Beschreibung des deutschen Gebietes in eich und Belgien (S. 161 bis 194) vorkommen, sind in den Ortsnamen folgende: S. 166 v. u. ist besser „Manglott", S. 179 Z. 7 v. ob. „Einschweiler", S. 188 Z. 10 v. u. g" zu lesen. S. 167 Z. 19 v. ob. muß es heißen „Sundgau", S. 173 Z. 13 v. u. häftsprache", S. 185 Z. 4 v. ob „Gründe (wie", S. 190 Z. 12 v. u. „erhobene" und 93 Z. 10 v. ob. „vom" (statt am) „Einflusse".

In Betreff der Zahlen finden sich gleichfalls einige Ungenauigkeiten, für welche es jedoch besonderen Berichtigung bedarf, da die der Tabelle entsprechenden Zahlen, also die ver-ßmäßig genauesten, welche vom Verfasser gegeben werden konnten, in der Erläuterung theilt sind. Dies ist besonders hinsichtlich des deutschen Sprachgebietes im Elsaß 71 Z. 2 v. unten) auf S. 294, in Betreff des vormaligen und jetzigen deutschen Sprach-es im französischen Antheil von Lothringen (S. 178 Z. 17 bis 13 v. u.; S. 181 Z. 12 Z. 11 und 1 v. u.; S. 182 Z. 1 v. ob., 14 und 5 v. u.) und von Lützemburg (S. 184 Z. 3 10 v. u.) auf S. 298 und 302, in Betreff des vormals und jetzt deutschen Gebietes anzösischen Antheil an Flandern (S. 192, Z. 5 v. u., S. 194 Z. 9 u. 10 v. ob.), auf 04 geschehen; andere kleinere Versehen in den Zahlen sind, daß es S 167 Z. 19 v. u. muß „14 Gemeinden", S. 185 Z. 15 „1427", S. 188 Z. 11 v. u. „586 Gemeinden".

Außer diesen Werken kamen für die historischen Verhältnisse und Ortsnamen
Ristelhuber's Alsace und D. Calmet, sowie die Homann'schen Karten in Betrach

Bei der Abgränzung des deutschen Sprachgebietes ist zum deutschen T
gerechnet: der ganze hierher gehörige Theil der Allemagne, welcher bis 1748 de
Landessprache hatte, wobei jedoch Dieuze und Mulcey, welche überwiegend französ
Namens zu sein scheinen, und Marthil, welches erst 1698 mit der Allemagne ve
den wurde, nur halb, Burlioncourt, welches gleichzeitig mit derselben verbunden w
gar nicht als deutsch gerechnet ist; ferner die 1661 von Lothringen an Frankreich
getretenen Herrschaften Saarburg und Pfalzburg mit einzelnen Dörfern der Allen
(von Lixheim und Dieuze). Dagegen sind die hierüber hinaus belegenen lothringer
schaften mit doppeltem Ortsnamen in der (einstmals metzischen) Kastellanei Marsal
in der Grafschaft Blamont, welche im Anschluß des deutschnamigen Gebietes liegen,
halb gerechnet; das doppelnamige Lezey, welches zum französischen Lothringen ge
ist gar nicht gerechnet. Die Grafschaft Rickfingen oder Rikingen, welche Lepag
Lehn der Allemagne bezeichnet, und welche sonst zu den bischöflich metzischen Landest
gerechnet zu werden pflegt, ist, soweit für die zugehörigen Orte deutsche Namen
kommen, zum deutschen Sprachgebiet gerechnet, so daß zwei zugehörige Dörfer je
bleiben, eine Ortschaft (Ibigny) nur zur Hälfte gerechnet ist. Von den bischöflich met
Herrschaften waren Albestroff und Freiburg ganz, Hoblingen (mit Ausnahme von
lioncourt), die Herrschaft Türkstein mit St. Georg aber so weit zum deutschen Sp
gebiete zu rechnen, wie die Ortsnamen deutsch waren. In Ansehung der vorma
Landessprache waren diese Herrschaften als deutsche zu betrachten; dagegen sind vo
Kastellanei la Garde nur einige offenbar deutschnamige Orte, nämlich Theile von
Gemeinden, hierher gerechnet.

Für die Richtigkeit dieser Auffassungen spricht namentlich das, was in Joan
Geographie dieses Departements (Paris, 1868) gesagt ist; es heißt daselbst: — I
Grafschaft Dagsburg und in demjenigen Theile des Bisthums Metz, welcher mi
Departement Meurthe vereinigt ist, wurde die deutsche Sprache allgemein gespr
und noch heute ist sie daselbst vorherrschend im Gebrauch. Vormals wurde die de
Sprache ausschließlich gesprochen in allen Orten, deren Namen deutsche F
hat, und selbst in einigen von denen, welche einen französischen Namen tr
so war zu Dieuze im Jahre 1593 die deutsche Sprache noch die gebräuchliche u
den öffentlichen Verhandlungen allein gültige &c. — Das letztere war nach anderen
zösischen Quellen, wie oben erwähnt, in der ganzen Allemagne, also auch zu Dieu
1748 der Fall. Joanne's Anführung in Betreff der metzer Herrschaften geht üb
wohl zu weit, da von denselben ein Theil jedenfalls nicht deutsch war; von Ba
kann keinerlei Anwendung deutscher Sprache präsumirt werden, auch nicht von Vi
Moyenvic, und die Kastellanei la Garde hat ebenfalls so überwiegend französische
namen, daß sie schwerlich vormals deutsch verwaltet worden ist; eher kann dies n
Kastellanei Marsal der Fall gewesen sein, welche in früher Zeit gleichfalls zu M
hörte. Ob die Herrschaft Chatillon als zum deutschen Theile des Bisthums g
betrachtet wurde, ist zweifelhaft; sie ist in der Tabelle in Ansehung der Landes
dazu gerechnet, da sie mit der überwiegend deutschen Herrschaft Türkstein v
den war.

Nach den historischen Bestandtheilen, deren Begränzung übrigens im ein
verschieden angegeben wird und vielfach wechselte, begreift das deutsche Sprachgebi
Meurthe-Departements folgende Territorien:

1. Vom Elsaß den größten Theil der Grafschaft Dagsburg (bis zur Revo
dem Hause Leiningen gehörig), nämlich die Gemeinden Abreschwiller oder Elbere
(mit Soldatenthal und acht deutschnamigen Mühlen und Höfen) und Weyer (
im Canton Lörchingen, Harreberg oder Hartberg (incl. Walerysthal), Hommert,

(mit Eigenthal und acht anderen deutschnamigen Orten), St. Louis oder Trois-
ines (bei Biberskirch) im Canton Saarburg — und Dagsburg (Dabo) selbst mit
iedenen deutschnamigen Höfen im Canton Pfalzburg, zusammen mit 8411 Ein-
ern;

ınd einen Theil der elsässischen Grafschaft Lützelstein (la-petite-Pierre), welche bis zur
ution dem Hause Pfalz-Zweibrücken gehörte, nämlich Berling, Hangwiller, Wesch-
Wintersburg und Zilling im Canton Pfalzburg mit zusammen 1419 Einw.

2. Einen Theil der lothringer Allemagne, zu welcher nach der Eintheilung
1698 (und 1594) folgende frühere Herrschaften und heutige Gemeinden gehörten:

Die Herrschaft Dieuze mit der Herrschaft Morsperg oder Mörsperg. Zur letzteren
te im Canton Albestroff: Altroff (Frey-Altorf), Lening (Leyningen), Lostorf, halb
efing oder Lauterfingen, Morsperg oder Mesprick (Marimont-le-haut), Nebing,
ing (mit Hibrich, Gertrudenwald und Speck), — im Canton Dieuze: Bassing,
ng (Küttingen), Guebling (Ginblingen), Guenestroff (Günderstorf), Rorbach,
wille (Widerstorff) mit Steinbach; — außerdem zur Herrschaft Dieuze im Canton
troff: Guinzeling (Geinslingen), Molring (Mollering), Mont-Didier oder Didersl-
Neufvillage oder Neuendorf, Torcheville oder Torschwiller (vormals Dorsweiler),
(Vahl, Wallen mit Waldhaus), — im Canton Dieuze: Dieuze selbst (die deutsche Be-
ung Thus kommt 1558 vor), Mellecey oder Mulcey (1584 alias Metzing bezeichnet)
er Beckmühle, ferner Bidestroff (Büderstorff), Blanche-Eglise (vormals Weißkirchen),
-Altroff mit Bedestroff, Domnon oder Dommenheim, Guebestroff (Gebersdorf),
lange (Geblingen), Kerprich-les-Dieuze (Kirsprich, Kirschberg, Cerisemont), Lidrezing
rsingen, mit Kutzeling, Dorthal und Ferienthal), Lindre basse und haute (Ober-
Nieder-Linde), Tarquimpol (vorm. Techenpful, mit Breite und Alteville oder Alt-
), Zommange (vorm. Simmeringen), — im Canton Finstingen: Angwiller (vorm.
fingen) und Bispingen, — im Canton Saarburg: Bühl (früher zur Herrschaft
eck, mit Rothhof, Muckenhof, Neuhof) und halb Imling (mit Petting und Za-
), — im Canton Chateau-Salins: Chateau-Voué oder Woez (vorm. Duricastel),
Berange), Conthil, Vuisse oder Wisse (auch Weiße mit Arlange, Köking und Bichel-
und halb Hampont (vorm. Hudingen), — im Canton Vic: Bathelemont (vor-
Battenberg), — im Canton Rechicourt: Assenoncourt (vorm. Essestorff) und Guer-
e (Germingen) mit Stranhof und Naker, — im Canton Delme: Marthil (564
.) mit Netz.

Ein Theil der Herrschaft Insming, welche 1698 von den Herrschaften Dieuze und
sperg getrennt wurde, nämlich im Canton Albestroff die Gemeinden: Insming
Amange), Rening, Hunskirch (Hunkirchen) und Wittersburg.

Ein Theil der Grafschaft Mörchingen (welche nach Büsching vormals, nämlich bis
? den Rheingrafen gehörte), hierzu im Canton Albestroff: Rodalben und halb
ering, — im Canton Dieuze: Zarbeling (Serbelingen), — im Canton Chateau-
s: Achain (vormals Eschen), Lidrequin (Liederkingen) mit Kelsing, Pevange
ngen), Riche (Reich oder Recklingen), Sotzeling (Sotzlingen) und halb Dalhain
heim).

Das Reichsfürstenthum Lixheim (einstmals Abtei, dann bis 1623 pfälzisch, dann
Lothringen, jedoch als besonderes Fürstenthum mit Pfalzburg vereinigt, 1702 mit
ingen verbunden) und die Herrschaft Saareck. Zu Lixheim gehörten im Canton
burg: Lixheim, Arschwiller (Artzweiler), Dannelburg, Guntzwiller, Heringen (Herange)
St. Louis-Heyersberg mit mehreren deutschnamigen Höfen), — im Cant. Finstin-
Bickenholz, Fleisheim, Hellering, Weckerswiller, Alt-Lixheim (Vieux-Lixheim), —
anton Saarburg: Biberskirch, Hartzwiller bei Nitting, Plaine de Walsch (Blin-
sch), Schneckenbusch (mit Ritterwald) und halb Hoff, — im Canton Lörchingen:
elange (Hermelingen) und Nitting, zusammen mit jetzt 7448 Einw.

Zu Saareck gehörten: im Canton Saarburg: Bruderdorff (oder Wenschwe Kerprich-au-Bois (Kirchberg), — im Canton Finstingen: Dolving (Dolfingen), L Stinzel mit Saareck, Saaraltroff (mit der Schnellenmühle) und halb Gosselming Alzing), im ganzen mit 2461 Einw.

Ferner die Reichsherrschaft Finstingen (vormals mit dem Erzmarschallamt ve den) mit den Unterherrschaften Geroldseck, Brackenkopf und Schwanenhals, welch 1751 theilweise Lothringen und Salm gemeinschaftlich gehörte. Sie enthielt im Ca Finstingen: Finstingen selbst (Vinstingen, Fenetrange), Berthelming, Bettborn, Hi heim, Mittersheim, Nieder-Stinzel mit Geroldseck, Postroff (Posdorf), Romelfing Wüschtgasse), Schalbach oder Schalkenbach und halb Gosselming, — im Canton Albes Inswiller (auch Emsweiler), Lhor oder Lahr, Münster (auch Waldmünster) mit U dorf, Vibersviller oder Weibersweiler und halb Lauterfingen, — im Canton Saar Diana-Capelle (eigentlich die Anna-Capelle), Haut-Clocher oder Hüterdorf (bei Büs Sittersdorf, mit St. Ulrich oder St. Oury, Saarelfingen, Zellenmühle 2c.), Lan (Langmath oder Langst, bei Büsching Langt) mit dem Tour du Stock, — im Ca Pfalzburg: Metling (mit Gränzhof), im ganzen mit 11,172 Einwohnern.

3. Einige vormals zum deutschen Theile Lothringens gehörige Territorien, w durch den vincenner Frieden an Frankreich abgetreten sind. Hierhin sind in der T gerechnet:

die Herrschaft Pfalzburg, welche 1594 unter den für sich bestandenen lothr Herrschaften aufgeführt ist; sie enthielt im Canton Pfalzburg die Gemeinden: P burg (Phalsbourg, vorm. Amershausen), Haselburg, Mittelbronn, Wiltsberg (Vils Lützelburg, Hültenhausen, sowie Garburg (Garrebourg), Dann mit Quatre-Vents Henridorf, später auch die vormals zu Lixheim gehörigen Dörfer: Bruwiller, Bur St. Johann-Kurzerode, Waltemburg, zusammen mit 9830 Einwohnern;

die Herrschaft Saarburg, welche sich 1594 gleichfalls unter den für sich bestan lothringer Herrschaften findet und einstmals zum Fürstbisthum Metz gehörte; sie en im Canton Saarburg die Stadt Kaufmanns-Saarbrück oder Saarburg, die Geme Bebing, Hesse, Reding mit Eich (vormals zu Saareck), halb Imling, halb Hof die vor 1661 zur Herrschaft Saareck gehörigen Dörfer Niederwiller und Homma (wahrscheinlich auch halb Bühl), — im Canton Lörchingen Hemming und wahrsche Neufmoulins oder Neumühlen; zusammen mit 7685 Einwohnern;

von der Herrschaft Dieuze im Canton Dieuze Gelucourt (vorm. Gisselfi mit Ormange und Kraftel (nach Lepage hatte Gelucourt zur Herrschaft Dieuze un Allemagne gehört, ehe es für den Haut-Chemin an Frankreich abgetreten wurde).

Außerdem ist hierhin die Grafschaft Rikingen gerechnet, da dieselbe nach Lepa Lehn der Allemagne war, sie findet sich jedoch in den Verzeichnissen der Allemagne aus achtzehnten Jahrhundert nicht mehr vor; sie gehörte bis 1669 dem Hause Leini Im Jahre 1719 begriff sie nach Lepage folgende Ortschaften, welche hier zum deu Sprachgebiet gerechnet sind, im Ct. Rechicourt: Rechicourt le Chateau, vorm. Rikinger Rixingen (hierzu Lansquenet und St. Blaise), Romecourt (vorm. Kinthaus), Azou (vormals Ausudingen, das auch bei der Kastellanei Freiburg erwähnt ist, mit A Gondrexange (vorm. Gundersingen, das auch unter den 1661 mit Saarburg abgetre Dörfern erwähnt wird, mit Kelsing), und das in Ansehung der vormaligen Spra hältnisse zweifelhafte Ibigny (vielleicht das vormalige Ibing) mit Hablutz, — Canton Lörchingen: die einst zur Herrschaft Türkstein gehörigen Orte Lorqui deutsch Lörchingen oder Lorking, mit Zufall) und la Neuveville, — im Canton S burg: Xouaxange, vorm. Zuaquesange (nach Nabert Schwarzingen), zusammen 3730 Einw., außerdem Sireckfingen, das Lepage für Sarixim bei Schwarzingen das jedoch wahrscheinlich das bei der Kastellanei la Garde erwähnte Xirxange i

4. Es verbleiben als deutschnamige Ortschaften des vormaligen Herzogt

ingen, welche nicht zu den deutschen Landestheilen des Herzogthums gehörten deshalb in der Tabelle nur halb als deutsch gerechnet sind), folgende:

nehrere Orte der vormaligen Kastellanei Marsal, welche 1594 ein für sich bestehen- heil Lothringens war und einstmals zum Fürstbisthum Metz gehörte, nämlich die 1661 Haut-Chemin abgetretenen Gemeinden Donnelay (einstmals Dunningen, gelegen unter Kakelberg, nahe dabei die vormalige Ravenmühle, Moulin de Romule) und Juve- 1594 Gerskirch), dann innerhalb der Gemeinde Marsal selbst die zugehörigen Orte -Betnack und Buschmühle, sämmtlich im Canton Vic (außerdem gehörten noch zu al und nach Auflösung der Allemagne zu Dieuze die Ortschaften Haraucoürt und Nedard);

erner von der Grafschaft Blamont an der Gränze von Rikingen im Ct. Rechicourt: und Foulcrey (auf den Homann'schen Karten Ellingen und Folkringen).

Die Ortschaft Lezey (vorm. Lietzeis, bei Calmet Alzey, le-vieil-Etang genannt) im n Vic, welche 1661 vom französischen Lothringen abgetreten wurde, und die Ort- Brehain (vormals auch Breheim) im Canton Delme, welche einst zu Metz, zum Herzogthum Bar gehörte, und an welche sich der deutsche Ortsname der Eremitage Halibac (nach Lepage gleich Heiligbach) in der Gemeinde Vanne- im Canton Chateau-Salins anschließt, sind nicht zum deutschen Sprachgebiet net:

. Von den fürstbischöflich metzischen Besitzungen sind beim deutschen Sprach- der Meurthe mitgerechnet:

Die Herrschaft Albestroff, enthaltend in demselben Canton: Albestroff oder Albes- und Givricourt (das letztere mit französischem Namen angelegt).

Ein Theil der Herrschaft Hincksingen, nämlich im Canton Albestroff: Benestroff Beswiller und halb Bermering, — und im Canton Finstingen die vormalige Jo- ter-Comthurei St. Johann-Bassel.

Die Kastellanei Freiburg, enthaltend im Canton Rechicourt: Fribourg oder Freiburg Albechaux, vorm. Alberschoffen, Meterquin, vorm. Muterchingen, und Binsing) und imberg oder Langenberg (mit Milbert und Menichguere), sowie das bei Rikin- erechnete Azoudange, — im Canton Saarburg Rhodes oder Roth (mit Adelhaus, iches und les Bachats) und wahrscheinlich Barchain (Barchlingen).

Die Herrschaft Hoblingen, enthaltend im Canton Chateau-Salins die heutigen Ge- eorte Haboudange (vorm. Hoblingen, bei Calmet Habeldingen), Bellange, Dede- vorm. Dietlingen) mit Zünder, Obreck (Obereck), halb Hampont (vorm. Hudingen) er Bruchmühle und Dalhain (vormals Dalheim, bei Lepage erklärt als Maison e Val); für die außerdem halb zu Hoblingen gehörige Ortschaft Burlioncourt ist eutscher Name bekannt, ebensowenig für die zeitweise zu Hoblingen gehörig ge- n, weiterhin im französischen Lothringen gelegenen Ortschaften Burthecourt und is.

Ferner der größere (im Saargebiet gelegene) Theil der Herrschaften Türkstein und eorg mit 6311 Einwohnern, nämlich im Canton Lörchingen: Aspach, Fraquel- vorm. Frankelfing, auch Erkelfingen), Hattigny (vorm. Hittingen, mit Risholz Noutter-Jacques und vier französischnamigen Höfen), la Frimbole (vorm. Lanfer- auch Leffelborn), Landange, St. Quirin (vorm. St. Curien) mit Lettenbach, die ries von St. Quirin (Halmoze, la haute Gueisse, Courtegain oder Willer, Heille, Rouge-Eau 2c.), Niderhoff (Niederhofen), Vasperwiller (einstm. Walprize, mit les ues) und Türkstein (Turquestain, vormals auch Turkquenstein, Durckstein, mit ville, Rupt-des-Dames, Blancrupt, Mane und Four); — im Canton Rechicourt: g (vorm. Herrensingen), Desseling (Desselingen), St. Georges, la-Haye-des- nds (bei Nabert Hagen) und das nördlich von Hagen gelegene Richeval, viel- dentisch mit dem bei der Herrschaft Hinksingen erwähnten; für das letztere ist ein

deutscher Name nicht bekannt, weswegen es nur halb zum deutschen Sprachgebiet g
net ist.

Endlich einige Gemeindetheile und Ortschaften der vorm. metzischen Kastella
Garde, nämlich Widlingen und St. Clement in der Gemeinde Gelucourt (im C
Dieuze), das doppelnamige Hellocourt oder la Broc (vorm. de Bruque) am
de Tüding und in der Gemeinde Maizieres (Canton Vic) die Ortschaften haute
basse Xirxange (vorm. Sireckſingen), Bagnesholtz und Moulin-de-Braidebourg.
diesen umfaßte die Kastellanei la Garde die Dörfer Bourdonnay, Ommerey, Ley,
und Xousse, sowie la Garde und Maizieres selbst, welche wohl sämmtlich nicht als
mals deutsch betrachtet werden können.

Es sind somit nur halb oder theilweise zum deutschen Sprachgebiet gerechn
Gemeinden Richeval, Ibigny, Foulcrey und Igney im Canton Rechicourt, Dieuz
Mulcey im Canton Dieuze, Hellocourt, Maizieres, Marsal im Canton Vic, M
im Canton Delme. Als jenseit der Sprachgränze belegen bleiben im Canton L
gen acht Gemeinden, davon vier mit 5662 Einw. vormals zur Herrschaft Türkstei
der mit dieser verbundenen Herrschaft Chatillon, vier mit 1302 Einw zur lothring
Grafschaft Blamont und bis 1751 theilweise zu Salm gehörig. Die ersteren sin
alt-türksteinische Cirey und Bertrambois, und in der Herrschaft Chatillon, welche
Kiepert den deutschen Nebennamen Seig führt, die Gemeinden Val-de-Bon-Moutie
Chatillon oder Seig selbst) und Petitmont; die letzteren sind Raon-les-l'Eau (vie
Renenispach im Register der H. Türkstein), St. Sauveur (vielleicht Salvebrun in
selben Verzeichniß), Tanconville und Parux; — im Canton Rechicourt liegen
Gemeinden mit 728 Einw. jenseit der Sprachgränze, Avricourt und Moussey,
vormals zur Grafschaft Rikingen gehörig; durch ihre Feldmarken fließt nach
der Ruisseau de Hembourg (von Hamburg, einem alten Ort der H. Türkstein). —
Canton Dieuze verbleibt nur St. Medard mit 276 Einwohnern, welches, wie ob
wähnt, zur Kastellanei Marsal gehörte und vielleicht, wie die meisten Orte derselbe
vormals zweisprachig betrachtet werden kann. — Vom Canton Chateau-Salins (verd
Salzburg) liegt der größere Theil (24 Gemeinden mit 10,397 Einw.) auf der fra
schen Seite.

Die heutigen Verhältnisse, oder vielmehr die Sprachverhältnisse, wie sie N
im Jahre 1844 feststellte, sind im Vergleich mit den früheren und mit der natü
Begränzung des deutschen Gebietes folgende:

Französirt sind die 12 obengenannten halb als deutsch gerechneten Geme
welche sämmtlich jenseit der Wasserscheide liegen; — ferner vom Canton Lörchi
Türkstein, la Frimbole, St. Quirin und les Metairies, welche im Saarthale, also
seit der natürlichen Gränze liegen; — vom Canton Rechicourt: Rechicourt, la
des-Allemands, Azoudange, Desseling, Fribourg, Romecourt, Assenoncourt, Guer
jenseit der Wasserscheide, ferner Langenberg und vielleicht (die benutzte Zeichnu
hier nicht deutlich) St. Georg, welche diesseit der Wasserscheide liegen; — vom
ton Saarburg diesseit der Wasserscheide: Roth und vielleicht Diana-Capelle, durch n
Nabert die Gränze zieht; — vom Canton Finstingen die beiden jenseit der W
scheide belegenen Dörfer Angwiller und Bisping; — vom Canton Dieuze, welche
jenseit der Wasserscheide liegt (die Cantongränze gegen Albestroff fällt mit der W
scheide zusammen), die Gemeinden Gelucourt, Guebestroff, Gueblange, Guene
Kerprich, Lidrezing, Lindre basse und haute, Blanche-Eglise, Rorbach, Tarqu
Vergaville, Zarbeling, Zommange, so daß von diesem Canton nur noch Kütting,
torff, Dommenheim, Bassing, Gebling und Burg-Altorf nach Nabert deutsch sind,
gleichfalls jenseit der Wasserscheide (am Werbach, Spinbach 2c.) liegen; — da
sämmtlichen oben angeführten Gemeinden des Cantons Chateau-Salins, sowie B
berg im Canton Vic. Es sind also vom deutschen Sprachgebiet im Meurthe-De

— nach der angenommenen Begränzung 163¹²/₂ Gem. mit 86,408 Einwohnern, Abrechnung des elsässer Antheils: 151¹²/₂ vormals lothringer Gem. mit 76,578 . — 45¹⁴/₂ Gem. mit 20,438 Einw. bereits französirt, so daß nach Nabert noch /₂ Gemeinden mit 56,140 Einwohnern in diesem Theile Lothringens deutsch sein en.

Dagegen wird in Lepage's Dictionnaire, welches sich auf die gleiche Zeit bezieht, lgenden Gemeinden ausdrücklich gesagt, daß sie deutsch seien: — Im Canton Pfalz- bei 19 Gemeinden; bei Pfalzburg selbst sagt er, die zugehörigen Weiler (les ts) seien deutsch; bei den übrigen sechs Gemeinden sagt er nichts, dieselben liegen mitten unter den ausdrücklich als deutsch bezeichneten. — Im Canton Finstingen 9 Gemeinden; nur bei Bisping, Angwiller und Bettborn hat er keine Angabe, orn liegt mitten zwischen den als deutsch bezeichneten Gemeinden, die beiden an- sind, wie oben erwähnt, französirt. — Im Canton Saarburg die Gemeinden erg, Hartzwiller, Haut-Clocher, Hoff, Hommarting, Langatte, Niederwiller, Plaine-de- ch, Reding, Schneckenbusch, Trois-Fontaines und Walscheid; von den übrigen 13 inden sagt er nichts, von diesen liegen Hommert, Bieberskirch, Bühl und Bruder- zwischen den als deutsch bezeichneten Gemeinden, dagegen Hesse, Imling, Bebing, range, Barchain und Kerprich südlich, südwestlich und westlich von Saarburg selbst. m Canton Albestroff bezeichnet Lepage die Gemeinden Altroff, Bermering, Givri- Hunskirich, Insming, Lening, Lhor, Luderfingen, Münster, Neufvillage und Re- als deutsche, die Gemeinden Albestroff, Benestroff, Guinzeling, Insviller, Lostorf, mont, Molring und Vahl als deutsch-französisch, Nebing als halb deutsch, Mont- r sei weniger deutsch als französisch; keine Angabe hat er bei Viberswiller, Virming, Vittersburg, welche diesseit der deutschredenden Orte Givricourt, Münster und g liegen, ferner bei Torschwiller, welches von angeblich deutsch-französischen Ge- en umgeben ist, und bei Rodalben, welches zwischen dem deutschredenden Berme- und der Cantongränze, also nach Nabert der heutigen Sprachgränze, liegt.

Mit Einschluß der von deutschredenden eingeschlossenen Gemeinden würde das deutsche chgebiet in den genannten vier Cantonen nach Lepage 77 Gem. mit 45,932, das chte im Canton Albestroff 10 Gemeinden mit 3212 Einw. enthalten; bei den Nabert noch deutschredenden 6 Gemeinden des Cantons Dieuze, 14 des Cantons ngen und 2 (bis 3) des Cantons Rechicourt hat Lepage keine Angabe des Sprach- ltnisses. Die bei Lepage im Canton Saarburg nicht als deutsch erwähnten Orte n nach Bernhardi französisch sein, da dieser sagt, daß von Vinstingen bis chwiller die Sprachgränze der Richtung des Bieberbaches, also der südlichen ng folge; Saarburg selbst ist nach Bernhardi französisch, nach Bädeker's andbuch ist es gemischt. Nach dem Berichte des französischen Unterrichts- isteriums vom April 1865 konnten in 76 Gemeinden des Meurthe-Departe- unter 46,508 Einw. nur 6820 französisch, und konnten von 6803 Schülern in ben Gemeinden 2402 gut, 2691 etwas, 1710 kein Französisch. Joanne behaup- aß Dank dem Eifer der akademischen Behörden und der Lehrer man heut kaum emeinden in den Cantonen Pfalzburg, Saarburg, Finstingen und Albestroff welche sich im täglichen Verkehr des Deutschen bedienen, was jedoch mit seiner n Angabe, nach welcher in Dagsburg und den vormaligen metzer Herrschaften noch das Deutsche vorherrsche, nicht zu vereinigen ist.

In Betreff des Departements Moselle.

Das deutsche Sprachgebiet ist in diesem Departement so abgegränzt, daß es die menhängenden deutschnamigen und bez. doppelnamigen Ortschaften umfaßt, mit luß der vereinzelt dazwischen liegenden Orte, für welche der deutsche Name nicht t ist. Die angenommene Begränzung desselben durchschneidet zwölf Gemeinden, welche entweder aus deutschnamigen und französischnamigen Ortschaften zusammengesetzt oder wo die deutsche Form des Namens unsicher ist (in welchem Falle sie auch nur gerechnet werden konnten). Ob hiermit der ganze Umfang des deutschen Sprachge erschöpft ist, bleibt zweifelhaft, da (außer einigen besonderen Erwähnungen bei Na Peigné und auf der Homann'schen Karte) als Quellen nur die Angaben von Chat und Calmet, also keine Ortsnamen aus der Zeit vor 1750 dem Verfasser vorli Die historischen Bestandtheile sind so unterschieden, wie sie in Chatellux Territoi la Moselle angegeben sind, zusammengehalten mit den Angaben bei Calmet und nar lich dem dort mitgetheilten Document, welches die Abänderungen in der Einthe des Herzogthums Lothringen bei Auflösung der Allemagne angiebt; es ist also in gemeinen die Zugehörigkeit zu den einzelnen Territorien um 1750 zu Grunde gelegt, bei den später französisch gewordenen die betreffende spätere Zeit.

Die historischen Bestandtheile des deutschen Sprachgebietes im Mosel-Departe sind hiernach folgende:

1. An bis zur Revolution zum deutschen Reich gehörigen Territorien z hierher die Grafschaft Kriechingen, welche dem Hause Wied-Runkel gehörte, enthalten Canton Falkenberg: Kriechingen (Crehange) mit Guindringen, Pontpierre (Steinbr und halb Teting-Metring, — im Canton Groß-Tännchen: Biding und halb Le — im Canton Bolchen: Momestroff und theilweise Denting und Niderwisse, — a dem nach Chatellux anscheinend einen Theil der Gemeinde Folschweiler im Ca St Avold (vielleicht Mertring?), zusammen mit etwa 3427 Einw.;

ein Theil der Grafschaft Bliescastel, welche dem Hause Leyen gehörte, enthc im Canton Saargemünd die Gemeinden Hundling, Lixing, Ruhling und Zetting 1944 Einwohnern;

und das damals zum österreichischen Lützemburg gehörige Dorf Manderen ir Sierk (703 Einw.).

2. Unter französischer Hoheit standen bis zur Zeit der Revolution folgende sitzungen deutscher Reichstände: Die markgräflich badische Herrschaft Rodema welche zum Herzogthum Lützemburg gehörte, bei Büsching aber unter Lothringen geführt wird; dieselbe enthält nach dem badischen Staatskalender von 1786 die gen Gemeinden Rodemachern (Rodemack), Groß-Breistorf, Gauwiese (Gavisse), Ko Ober-Kontz, Fixem, Rentgen oder Ringen (Ober- und Nieder-) und Süftgen (Z gen) mit 4497 Einw., sowie die zu Gemeinden anderes Namens gehörigen Ort ten Dodenhofen, Faulbach, Halingen, Himlingen, Husingen, Semmingen und Gan

Die Herrschaft Rollingen (Raville), welche dem Hause Wied-Runkel gehörte 1769 aus der österreichisch-lützemburger Hoheit unter französische Hoheit abgetreten n mit ihr war das Obermarschallamt des Herzogthums Lützemburg verbunden. Zu selben gehörten nach Chatellux im Canton Pange: die Gemeinden Raville (Rolli und theilweise Vaudoncourt (so auch bei Calmet, der deutsche Name fehlt bis je Waldendorf?), — im Canton Falkenberg: Baumbiderstorf und Hallering, — im ton Bolchen: Bruck, Bannay (bei Nabert Bösingen) mit Itzing und halb He zusammen mit etwa 2400 Einwohnern.

Die Herrschaft Welferding, welche dem Hause Leyen gehörte, und mit welche dieses im Jahre 1781 der französischen Hoheit unterwarf; sie begriff nach Chatell den Cantonen Saargemünd, St. Avold und Saaralbe die Gemeinden Bliesbruck, ferding, Wustweiler, Freyming und die Ortschaften Bliesschweyen und Heckenran zusammen mit etwa 4033 Einwohnern.

Die Herrschaft Püttlingen, bei Büsching als bis 1750 den Rheingrafen, späte Lancizolle) als dem Hause Löwenstein-Wertheim gehörig bezeichnet; sie wurde 159 Theil der Allemagne betrachtet. Dieselbe begriff nach einem Verzeichniß bei D. C in den Cantonen Saargemünd, Saaralbe, St. Avold und Forbach die Gemeinden ı, Gebenhausen, Nußweiler, Metzing und Theile der Gemeinden Lupershausen, weiler, Remering, Hilsprich, Holving und Pfarr-Ebersweiler mit etwa 5687 ohnern.

3. Vor der Revolution kamen ferner aus dem Besitz deutscher Reichstände: die Ge- de Beyren, Canton Kattenheim, welche (nebst Ganderen) 1769 vom österreichischen nburg an Frankreich abgetreten wurde (603 Einw.); — Carling in der Gemeinde al, Canton St. Avold, welches 1770 von Nassau an Frankreich abgetreten wurde; — die Herrschaft Forbach, insofern diese im Anfang des achtzehnten Jahrhunderts theilweise dem Hause Leiningen gehörte; sie wurde 1594 als Theil der Allemagne chtet; nach dem Verzeichniß bei Calmet enthielt sie im heutigen Canton Forbach Gemeinden Forbach, Alsting, Kerbach, Oetting, Klein-Rössel, Speicheren und die ndern Gemeinden gehörigen Ortschaften Ditschweiler, Gaubiving und Stiring, zu- en mit etwa 11,461 Einwohnern.

4. Im übrigen begriff die lothringer Allemagne um das Jahr 1750 in die- Departement 171 Gemeinden ganz, 29 theilweise, mit 134,340 Einw., und zwar nde frühere und bez. heutige Landestheile:

Von der Herrschaft Insming, welche 1698 von Dieuze und Morsperg abgezweigt im Canton Groß-Tännchen: Altripp, Klein-Tännchen (Petit-Tenquin), Dieffembach, ing und theilweise Hellimer, — im Canton Saaralbe Nelling (theilweise);

von der obenerwähnten Grafschaft Mörchingen im Canton Groß-Tännchen: Mor- (Mörchingen) mit Rode (Roth), Racrange (vorm. Racrangen, bei Calmet Rache- n), Wallerangen, Viller (auch Weiller), Harprich mit Bening und der Mutschmühle, ich mit der Gansbach-Mühle, Landroff und von der Gemeinde Suisse die Ortschaft -Suisse oder Ober-Sultzen.

Die Herrschaft Saargemünd, enthaltend im Canton Saargemünd 11 Gemeinden 2 theilweise, — im Canton Saaralbe die Gemeinde Richling und Theile von rich, Holwing und Nelling, im Canton Wolmünster Ober-Gailbach, im Canton Avold Kappel, im Canton Forbach Buschbach und Tenteling ganz, Stiring und bach theilweise.

Die Herrschaft Saaralbe (einstmals fürstbischöflich metzisch), zu welcher im Canton albe: Saaralbe selbst, Willerwald und Remering (theilweise) und im Canton Saar- nd: Grundweiler gehörten.

Die Herrschaft St. Avold und Homburg, einstmals fürstbischöflich metzisch, erst im ichniß der Allemagne von 1698 besonders aufgeführt; sie enthielt im Canton St. o: die Gemeinden St. Avold, Bening, Henriville, Host, Macheren, Seingbouse gebusch), Valmont und theilweise Pfarr-Ebersweiler, Folschweiler, Homburg (Hom- -le-haut), la Chambre (Kammer?), Spital (l'Hopital) und Marienthal in der Barst, — im Canton Groß-Tännchen: Freybusch (Freibouse), Lixing mit Eber- Magstadt (auch Marstadt), — im Canton Forbach: Cocheren, Folklingen, Mors- (sämmtlich nur theilweise), — im Canton Falkenberg: Vigneulles (Ober- und Nie- ilen).

Die Herrschaft Bolchen mit der Grafschaft Falkenberg. Davon enthielt die letztere dem Verzeichniß von 1594 im Canton Falkenberg: Faulquemont oder Falkenberg Golenholz und Bonnehauze oder Bonhaus), Adelange (Edlingen oder Odlingen), eling (vorm. Druttlingen, mit Redlach) und Wallen oder Wahl bei Falkenberg, — anton Groß-Tännchen Einschweiler (Einchviller, vorm. auch Ensweiller), — im on St. Avold: Gengweiler (Guenweiller), — im Canton Bolchen: Morlangen in Gem. Bionville;

außerdem gehörten zur Herrschaft Bolchen nach der Eintheilung vor 1750 im Canton en selbst: Boulay oder Bolchen, Coume (Kuhm?), Ebling (Eblange), Gerting, Gün- n (Guinkirchen), Halling, Ham-sous-Warsberg, Loutremange, Walmünster, Varize oder Weibelskirchen, Warsberg, Welwing, Wolmerange, Zimming mit Betting, theil die Gemeinden Holling und Teterchen, halb Roupeldange und in der Gemeinde troff die Ortschaft Mackeren, — im Canton Forbach: Rosbruck, Theding und M bach, — im Canton Busenweiler: Falck, Hargarten-aux-Mines, Neunkirchen, Rem und halb Filstroff; — im Canton Groß-Tännchen: Leyweiler und Wahl-Ebersing im Canton St. Avold: Dorthal (bis 1718 pfälzische Besitzung), — im Canton kenberg: Longeville-les-St. Avold oder Langweiler mit 7 anderen deutschnamigen lern, Landrefang, Marange mit Zondrange (Zündringen) und Hening, Fouligny (F gen) mit Yvrelin (Ueberling?) und Chevalin(?), Elvange (Elwingen), les-deux-Che (der deutsche Name ist nicht bekannt, vielleicht das bei Calmet erwähnte Schüm und Mainviller (auf der Homann'schen Karte Malwer, hinsichtlich der Sprachg zweifelhaft und darum nur halb zum deutschen Sprachgebiet gerechnet).

Die Herrschaft Busenweiler oder Bouzonville, welche in der Eintheilung der magne von 1698 neben Boulay besonders aufgeführt ist. Sie enthielt im gleichna Canton: Busenweiler mit Aydling ꝛc., Alzing, Anzeling, Berweiller, Bibiche mit dorf und Rodlach, Brettnach, Chateaurouge oder Rothdorf, les-deux-Chemery (der de Name ist dem Verfasser nicht bekannt), Colmen, Creuzwald, Eberswiller mit Isin Freistroff mit Diding ꝛc., Gerstling mit Nieder-Welling, Heining mit Ihn und Le Heistroff, Merten mit Bidling, Oberdorf, Remering, St. Bernhard, Tromborn, derching (Walderkingen?), Willing mit Gauweistroff und Schreckling, Wölfling, weise Dalstein und halb Filstroff, — im Canton Metzerwisse: die Exclave Reining der vormals lützemburgischen Gemeinde Wolstroff und Neudelangen in der Gem Aboncourt, — im Canton Sierk: die Gemeinden Flastorff, Gründorff, Kirsch, Kirschna Lamstroff mit Flatten, Remeling, Waldweistroff, Waldwisse, halb Merschweiller, Canton Falkenberg: Fletrange (Flesteringen) theilweise, — im Canton Bolchen: Bett Gomelange mit Colming, Megange (Mingingen), Piblange mit Drogny, Nar taine (bei Calmet auch Memersborn, vielleicht Naborsbrunn?), Northen mit Condé älteren Karten auch Conthen) und Pontigny (bei Peigné Niedbrucken), ferner Vill der Gem. Denting, Titting in der Gem. Holling und Alch in der Gem. Teterche im Canton Vigy von der Gemeinde Villers-Bettnach diese Ortschaft selbst mit E und Godchure oder Godscheuren, von der Gemeinde Charleville die Ortschaften Ni und Renange; — von der Herrschaft Siersberg gehörte innerhalb der franzö Gränzen zur Allemagne: Schwerdorf im Canton Busenweiler.

Von den später mit der Allemagne verbundenen, vormals selbständigen Terri liegen im Moseldepartement: ein Theil des Fürstenthums Lixheim, nämlich im C Rohrbach: Montbronn — und im Canton Saargemünd die drei Hambach (zusa 2916 Einw.);

die Reichsgrafschaft Bitsch (in der Beschreibung von Lothringen von 1594 b ders aufgeführt), enthaltend 46 Gemeinden mit 39,262 Einw. in den Cantonen B Rohrbach, Wolmünster (größtentheils) und Saargemünd (in letzterem Cantone nur weiler und Wölfling);

und vom französischen Antheil der Reichsgrafschaft Saarwerden: St. Johann- bach mit 1114 Einw. im Canton Saaralbe (der übrige Antheil Frankreichs, n Alt-Saarwerden und Bockenhain gehört zum Dep. Bas-Rhin).

Außerdem enthielt die Allemagne noch die folgenden Gemeinden und Gemeinde welche hier nicht zum deutschen Sprachgebiet gerechnet sind, da ihre deutschen N nicht bekannt sind. Im Canton Falkenberg: Hemilly 335 Einw. (und das obenern Mainviller 442 Einw.), ferner Many mit Marcourt (351 Einw.) und Arriance Einw.), — im Ct. Vigy: Charleville selbst und die Gemeinde les Etangs mit la yere (vielleicht Brüchen, welches in dieser Gegend bei Calmet erwähnt wird); hörten zur Herrschaft Bolchen, bez. Charleville zu Busenweiler.

5. Von der Allemagne war bereits 1661 an Frankreich abgetreten worden:
die Herrschaft Sierk, zu welcher 9³/₂ Gemeinden mit 7323 Einwohnern gehörten, näm-
n Canton Sierk: Sierk (Sierck) mit Rustorff, Apach, Hunting, Laumesfeld mit
nburg und Hargarten, Montenach und in der Gemeinde Kerling Ober-Sierk, —
anton Metzerwisse: Udren mit Lemestroff, Monneren, Kemplich, Aboncourt (Aben-
) theilweise, — im Canton Busenweiler: St. Franz und in der Gemeinde Dalstein
rtschaft Menskirch (sowie auch St. Hubert in der Gemeinde Willer-Bettnach im
n Vigy).

Ferner sind einige der 1661 vom Herzogthum Lothringen zum Haut-Chemin abge-
en Orte deutsches Namens, nämlich im Canton Bolchen: Ottonville (Ottendorf) mit
nge, halb Roupeldange und Rurange in der Gem. Günkirchen, — im Canton
: die Gem. Burtoncourt (Brettendorf) und Hessange in der Gem. Vigy, also 2
einden ganz, 3 theilweise mit zusammen etwa 1476 Einw.

Vom französischen Lothringen war nur Thicourt, bei Calmet: en allemand Die-
, mit der Menspach-Mühle (400 Einw., im Ct. Falkenberg) zum deutschen Sprach-
: zu rechnen; es gehörte bis zur Auflösung der Allemagne zum Amt Amance und
e dann mit dem Amte Bolchen verbunden.

6. Von den Besitzungen des Fürstbisthums Metz gehörten in diesem Departe-
zum deutschen Sprachgebiete: 20 Gemeinden ganz, 9 theilweise, zusammen mit
6 Einw.; die betreffenden Landestheile sind folgende:

Ein Theil der Herrschaft Albestroff, nämlich im Canton Saaralbe die Gemeinden
ng (oder Gueblange, mit Schweix, Wentzweiler ꝛc.), Hasenburg, Kappelkinger und
eiler.

Die Herrschaft Helferdingen (Helfedange), enthaltend im Canton Falkenberg die
inde Ginglingen mit Helferdingen, die halbe Gemeinde Teting-Metring und Dor-
in der Gemeinde Flestringen.

Der größere Theil der Herrschaft Hinckfingen (Hinquezange), enthaltend im Can-
Boulay die Gemeinde Hinkange (ursprünglich wohl Hinckfingen, nach welchem die
chaft genannt ist) mit Petringen, Bisten im Loch, Buschborn (Boucheporne), sowie
wisse in der Gemeinde Niederwisse, — im Canton Groß-Tännchen: Groß-Tänn-
selbst (Gros-Tenquin) mit Obrick, Barendorf (so heißt es noch bei Calmet, fran-
Baronville), Berg mit Witringen, Bertringen mit Linstroff, Bistroff, Bustroff,
off, Fremstroff bei Hellimer, Laning, Geßling mit Hemering, theilweise Hellimer
alb Lelling; — im Canton St. Avold: Altweiler, Porcelette (mit französischem
n angelegt), Barst theilweise und die Ortschaften Holbach (Gem. Homburg) und
ing (Gem. la Chambre). Vielleicht ist hierhin auch ein Theil der Gemeinde Ar-
urt im Canton Falkenberg zu rechnen, nämlich der deutschnamige Ort Besemille
dem (vielleicht auch deutschnamigen) Bouligny; außerdem hat der Ort Mussy-
que in der Gemeinde Charleville seiner Lage nach wahrscheinlich zu Hinckfingen
t, er kommt jedoch in dem Verzeichniß der Orte dieser Kastellanei nicht vor, und
eutscher Name dafür ist nicht bekannt.

7. Vom Stadtgebiet Metz waren gleichfalls einige Orte (3 Gemeinden ganz,
ilweise, mit zusammen etwa 1909 Einw.) zum deutschen Sprachgebiet zu rechnen,
ch eine Exclave im Canton Groß-Tännchen: Brulange (Brülingen) und basse
e (Nieder-Sultzen) in der Gemeinde Suisse, — das von deutschnamigen Orten
lossene Thouville im Canton Falkenberg, dessen deutscher Name dem Verf. nicht
t ist, — und Bionville, nach Nabert Bingendorf, in der gleichnamigen Gemeinde
antons Bolchen, — ferner vom Arrond. und Canton Metz: Hagendangen (Hagon-
) und in der Gemeinde Hauconcourt Amelangen.

8. Der im Jahre 1659 von Deutsch-Lützemburg abgetretene Theil enthält 56
inden ganz, 4 theilweise, mit etwa 47,038 Einw., nämlich:

Tabelle IX.
Deutsches Sprachgebiet in Frankreich.

Das deutsche Spra

Cantone, Arrondissements, Departements.		Flächeninhalt des deutschen Sprachgebietes in geogr. Qu.-M.	Landestheile, welche … thümern ꝛc. mit s… überwiegend fra… Sprache gehö… — zum Bisthum u. der R.-Stadt Metz (1630 franz.) — Gemeinden	Einwohnerzahl	zur Lot… Au… All… (16… — Ge… mei… de…
Arr. Weißenburg ...	6 Cantone	14,605	—	—	-
„ Zabern	7 Cantone	20,707	—	—	-
„ Straßburg	9 Cantone	26,238	—	—	-
„ Schletstadt	7 Cantone	22,282	—	—	-
	Canton Willer (Villé)	1,824	—	—	-
	Dep. Bas-Rhin ..	**85,656**	—	—	-
Arr. Colmar	11 Cantone	24,036	—	—	3
	Canton Markirch (St. Marie)	1,151	—	—	1
	Canton Schnierlach (la Poutroye).	0,433	—	—	-
Arr. Mülhausen	6 Cantone	17,170	—	—	-
	Canton Pfirt	3,576	—	—	-
Arr. Belfort	Ct. St. Amarin, Sennheim, Thann	7,151	—	—	-
	Damerkirch (Dannemarie)	1,606	—	—	-
	Masmünster (Massevaux)..........	2,201	—	—	-
	Belfort, Fontaine, Giromagny, Delle	—	—	—	-
	Dep. Haut-Rhin ..	**57,324**	—	—	4
	Haut- und Bas-Rhin (Elsaß) ..	**142,980**	—	—	4
Arr. St. Dié	Canton Schirmeck	1,507	—	—	-
	übriges Arr. St. Dié	0,680	—	—	-
Arr. Saarburg	Cantone Saarb., Pfalzb., Finstingen	11,458	3	747	-
	Canton Lärchingen (Lorquin)......	4,580	10	4 985	-
	„ Rikingen (Rechicourt)	2,865	$6\frac{3}{2}$	2 568	-
Arr. Dieuze	Canton Chateau-Salins	1,374	$4\frac{2}{2}$	1 448	-
	„ Albestroff	3,719	$3\frac{1}{2}$	1 552	-
	„ Dieuze.	3,142	$\frac{1}{2}$	203	-
	Cantone Vic und Delme..........	0,662	$\frac{2}{2}$	222	-
	Dep. Meurthe und Vosges	**29,987**	**$26\frac{9}{2}$**	**11 725**	
Arr. Saargemünd ..	8 Cantone	27,222	$17\frac{6}{2}$	11 078	-
Arr. Metz	Canton Bolchen	4,224	$3\frac{2}{2}$	2 949	-
	„ Falkenberg	2,962	$2\frac{3}{2}$	1 264	
	„ Pange..................	0,187	—	—	-
	„ Vigy	0,461	—	—	-
	„ Metz..................	0,497	$1\frac{1}{2}$	584	
Arr. Diedenhofen (Thionville)	5 Cantone	18,897	—	—	-
Arr. Briey	Canton Audun-le-roman	1,096	—	—	
	„ Longwy	0,984	—	—	-
Dep. Moselle		**56,533**	**$23\frac{1}{2}{}^{3}$**	**15 875**	**1**
Moselle, Meurthe, Vosges (Lothringen)		**86,520**	**$49\frac{2}{2}{}^{1}$**	**27 600**	**1**
Deutsches Sprachgebiet im Elsaß und Lothringen ..		**229,500**	**$49\frac{2}{2}{}^{1}$**	**27 600**	**1**

Außerdem deutsches Sprachgebiet in **Frankreichs Antheil an Flandern:**		[in der Grafschaf
im Arrondissement Dunkerque	14,215	—
„ „ Hazebrouck (größtentheils)	13,400	—
„ „ St. Omer (größerentheils)..... .	15,910	--
„ „ Boulogne (kleinerentheils).......	4,775	[26 Gem. 12
Ueberhaupt in den Departements Nord und Pas-de-Calais	**48,300**	**[26** Gem. **12**

sondert in seine historischen Bestandtheile, nach der Zeitdauer des

Erwerbungen Frankreichs in der Zeit von 1648 bis 1661.				Erwerbungen Frankreichs in der Zeit von 1679 bis 1697.				In der Zeit bis zur Revolution aus deutschem in französischen Besitz übergegangen.			
esterr. Landgrafschaft Elsaß und Landdrostei Hagenau, Reichsdörfer		Abtretungen von Deutsch-Lothringen (der Allemagne) und Deutsch-Lützemburg		Reunirte Territorien (R.-Städte, R.-Stifter, R.-Ritterschaft)		Unter Frankreichs Protection gestellte (R.-Stadt, Bisthum, Domcapitel Straßburg)		Deutsch-Lothringen (Allemagne, 1748 unter französische Verwaltung)		Einzelne Herrschaften im Elsaß und in Lothringen	
Gemeinden	Einwohnerzahl	Gemeinden	Einwohnerzahl	Gemeinden	Einwohnerzahl	Gemeinden	Einwohnerzahl	Gemeinden	Einwohnerzahl	Gemeinden	Einwohnerzahl
10	6 375	—	—	5	7 625	—	—	—	—	20	17 503
12	9 439	—	—	16	8 227	23	17 489	$1\frac{1}{2}$	2 326	2	1 641
25	17 473	—	—	$39\frac{1}{2}$	45 254	61	143 687	—	—	9	8 611
$\frac{1}{2}$	400	—	—	36	55 642	48	63 901	—	—	—	—
—	—	—	—	9	6 370	5	2 929	—	—	1	209
$47\frac{1}{2}$	**33 687**	—	—	**$105\frac{1}{2}$**	**123 118**	**137**	**228 006**	**$1\frac{1}{2}$**	**2 326**	**32**	**27 964**
35	37 102	—	—	29	68 640	18	28 047	—	—	—	—
—	—	—	—	—	—	—	—	—	—	—	—
—	—	—	—	—	—	—	—	—	—	—	—
23	97 058	—	—	3	4 997	—	—	—	—	—	—
$27\frac{3}{2}$	12 837	—	—	—	—	—	—	—	—	—	—
18	26 351	—	—	21	29 811	—	—	—	—	—	—
20	7 873	—	—	—	—	—	—	—	—	—	—
14	12 023	—	—	—	—	—	—	—	—	—	—
—	—	—	—	—	—	—	—	—	—	—	—
$37\frac{3}{2}$	**193 244**	—	—	**53**	**103 448**	**18**	**28 047**	—	—	—	—
$84\frac{4}{2}$	**226 931**	—	—	**$158\frac{1}{2}$**	**226 566**	**155**	**256 053**	**$1\frac{1}{2}$**	**2 326**	**32**	**27 964**
—	—	—	—	—	—	5	5 960	—	—	4	3 568
—	—	—	—	—	—	—	—	—	—	—	—
—	—	$20\frac{3}{2}$	17 333	—	—	—	—	$36\frac{3}{2}$	19 954	—	—
—	—	4	1 681	—	—	—	—	2	612	—	—
—	—	$3\frac{1}{2}$	2 231	—	—	—	—	2	984	—	—
—	—	—	—	—	—	—	—	$8\frac{2}{2}$	2 174	—	—
—	—	—	—	—	—	—	—	$22\frac{1}{2}$	9 575	—	—
—	—	$\frac{1}{2}$	406	—	—	—	—	$19\frac{2}{2}$	8 163	—	—
—	—	—	—	—	—	—	—	$1\frac{1}{2}$	521	—	—
—	—	**$27\frac{5}{2}$**	**21 651**	—	—	**5**	**5 960**	**$90\frac{9}{2}$**	**41 983**	**4**	**3 568**
—	—	1	366	—	—	—	—	$101\frac{1}{2}{}^{6}$	91 245	$6\frac{4}{2}$	11 931
—	—	$1\frac{2}{2}$	989	—	—	—	—	$22\frac{5}{2}$	11 431	—	—
—	—	—	—	—	—	—	—	$11\frac{3}{1}$	6 989	—	—
—	—	—	—	—	—	—	—	—	—	—	—
—	—	$1\frac{1}{2}$	487	—	—	—	—	$\frac{3}{1}$	376	—	—
—	—	2	1 073	—	—	—	—	—	—	—	—
—	—	$60\frac{7}{2}$	51 871	—	—	—	—	$37\frac{4}{2}$	24 299	1	603
—	—	2	1 051	—	—	—	—	—	—	—	—
—	—	—	—	—	—	—	—	—	—	—	—
—	—	**$67\frac{1}{2}{}^{0}$**	**55 837**	—	—	—	—	**$171\frac{2}{2}{}^{9}$**	**134 340**	**$7\frac{4}{2}$**	**12 534**
—	—	**$94\frac{1}{2}{}^{5}$**	**77 488**	--	—	**5**	**5 960**	**$261\frac{3}{2}{}^{8}$**	**176 323**	**$11\frac{4}{2}$**	**16 102**
$84\frac{4}{2}$	**226 931**	**$94\frac{1}{2}{}^{5}$**	**77 488**	**$158\frac{1}{2}$**	**226 566**	**160**	**262 013**	**$262\frac{3}{2}{}^{9}$**	**178 649**	**$43\frac{4}{2}$**	**44 066**

Grafschaft Guines und Ardres (1558 an Frankreich)		Grafschaft Oye und Calais (1558 an Frankreich)		Theil der Grafschaft Artois (1659 bis 1678 an Frankreich)	
—	—	—	—	—	—
—	—	—	—	—	—
12 Gem.	9 182 Einw.	5 Gem.	4 728 Einw.	67 Gem.	65 596 Einw.
16 „	13 178 „	4 „	31 180 „	6 „	3 006 „
28 Gem.	**22 360** Einw.	**9** Gem.	**35 908** Einw.	**73** „	**68 602** Einw.

Hiernach stellt sich der Antheil Frankreichs am

Einflusses der französischen Herrschaft.

Bis zur Revolution (bis 1790) im Besitz deutscher Reichsstände.				Ueberhaupt deutsches Sprachgebiet im Elsaß und Lothringen (zusammenliegendes Gebiet der deutschen Ortsnamen):		Vom nebenstehenden Sprachgebiete in Lothringen waren im Jahre 1844 nach Nabert bereits französirt:		Vergleich d…	
Besitzungen deutscher Fürsten und R.-Ritter unter französischer Suzeränetät		Besitzungen unter Reichs-Hoheit und Republik Mülhausen						Deutsches Sprachgeb… jenseit der natürli… Gränze:	
Gemeinden	Einwohnerzahl	Gemeinden	Einwohnerzahl	Gemeinden	Einwohnerzahl	Gemeinden	Einwohnerzahl	Gemeinden	Ei…
58	48 085	11	4 835	104	84 423	—	—	—	
70	41 510	$39\frac{1}{2}$	23 351	164	103 983	—	—	—	
$26\frac{1}{2}$	35 404	—	—	161	250 429	—	—	—	
$3\frac{1}{2}$	2 748	—	—	88	122 691	—	—	—	
—	—	—	—	15	9 508	—	—	—	
$157\frac{3}{2}$	**127 747**	**$50\frac{1}{2}$**	**28 186**	**532**	**571 034**	—	—	—	
45	44 104	—	—	130	182 376	—	—	—	
$\frac{1}{2}$	172	—	—	$1\frac{4}{2}$	11 218	—	—	—	
$\frac{2}{2}$	3 657	—	—	$\frac{2}{2}$	3 657	—	—	—	
—	—	2	47 550	128	149 605	—	—	—	
—	—	$\frac{1}{2}$	692	$27\frac{4}{2}$	13 529	—	—	—	
—	—	—	—	39	56 162	—	—	—	
—	—	—	—	20	7 873	—	—	—	
—	—	—	—	14	12 023	—	—	—	
—	—	—	—	—	—	—	—	—	
$45\frac{3}{2}$	**47 933**	**$2\frac{1}{2}$**	**48 242**	**$359\frac{10}{2}$**	**436 443**	—	—	—	
$202\frac{5}{2}$	**175 680**	**$52\frac{2}{2}$**	**76 428**	**$891\frac{10}{2}$**	**1.007 477**	—	—	—	
—	—	$1\frac{1}{2}$	3 014	$10\frac{1}{2}$	12 542	1	2 689	—	
—	—	$1\frac{1}{2}$	1 885	$1\frac{3}{2}$	2 613	$\frac{2}{2}$	728	$\frac{2}{2}$	
10	7 579	—	—	72	45 613	$3\frac{1}{2}$	1 307	2	
2	2 251	—	—	18	9 529	4	2 807	—	
—	—	—	—	$12\frac{4}{2}$	6 247	$9\frac{5}{2}$	4 738	$8\frac{4}{2}$	3
—	—	—	—	14	3 622	14	3 622	14	3
—	—	—	—	26	11 127	—	—	—	
—	—	—	—	$20\frac{3}{2}$	8 772	$14\frac{3}{2}$	6 466	$20\frac{3}{2}$	8
—	—	—	—	$1\frac{6}{2}$	1 498	$1\frac{6}{2}$	1 498	$1\frac{6}{2}$	1
12	**9 830**	**$2\frac{2}{2}$**	**4 899**	**$174\frac{16}{2}$**	**101 563**	**$46\frac{16}{2}$**	**23 855**	**$45\frac{14}{2}$**	**19**
$8\frac{8}{2}$	9 720	$5\frac{3}{2}$	2 742	156	127 082	8	4 009	9	4
$2\frac{1}{2}$	633	$1\frac{3}{2}$	835	35	16 837	3	1 630	—	
2	1 238	$2\frac{1}{2}$	1 794	$20\frac{3}{2}$	11 685	$3\frac{3}{2}$	1 026	$2\frac{1}{2}$	
$1\frac{1}{2}$	529	—	—	$1\frac{1}{2}$	529	$1\frac{1}{2}$	529	—	
—	—	—	—	$1\frac{3}{2}$	863	$1\frac{3}{2}$	863	—	
—	—	—	—	$3\frac{1}{2}$	1 657	—	—	$3\frac{1}{2}$	1
8	4 497	1	703	$115\frac{1}{2}$	84 627	$3\frac{3}{2}$	4 545	$4\frac{1}{2}$	2
—	—	—	—	7	3 559	4	1 500	2	
—	—	—	—	$6\frac{3}{2}$	3 279	$3\frac{3}{2}$	2 240	3	1
$21\frac{10}{2}$	**16 617**	**$9\frac{5}{2}$**	**6 074**	**$344\frac{10}{2}$**	**250 118**	**$26\frac{10}{2}$**	**16 342**	**$23\frac{3}{2}$**	**11**
$33\frac{10}{2}$	**26 447**	**$11\frac{7}{2}$**	**10 973**	**$518\frac{26}{2}$**	**351 681**	**$72\frac{26}{2}$**	**40 197**	**$68\frac{17}{2}$**	**31**
$235\frac{15}{2}$	**202 127**	**$63\frac{9}{2}$**	**87 401**	**$1409\frac{36}{2}$**	**1.359 158**	**$72\frac{26}{2}$**	**40 197**	**$68\frac{17}{2}$**	**31**

Vlaemisch-Flandern (1659 bis 1678 an Frankreich).		(Vlaemisches Sprachgebiet).		(davon französirt nach Derode)	
61 Gem.	110 177 Einw.	61	110 177	2	8 488
52 "	101 394 "	52	101 394	8	28 398
4 "	3 476 "	88	82 982	85	80 797
—	—	26	47 364	26	47 364
117 Gem.	**215 047 Einw.**	**227**	**341 917**	**121**	**165 057**
deutschen Sprachgebiet überhaupt auf .		**1 654**	**1.701 175**	**206**	**205 254**

Diesseit der … lands lieg… mit 1.36…

Nach **Derode** … **Lille** von 18… damals in … Antheil am … Flan…

e und ands.	Vergleich des nebenstehenden Sprachgebietes mit dem Gebiet der deutschen Landessprache vor der französischen Besitznahme.						Arrondissements, Departements.
ſiſches gebiet ſeit rlichen nze:	Vom deutschen Sprachgebiet gehörten zu Territorien mit französischer Landessprache		Vom französischen Sprachgebiet gehörten zu Territorien mit deutscher Landessprache		Vormaliges Gebiet der deutschen Landessprache:		
Einwohnerzahl	Gemeinden	Einwohnerzahl	Gemeinden	Einwohnerzahl	Gemeinden	Einwohnerzahl	
—	—	—	—	—	104	84 423	Weißenburg.
—	—	—	—	—	164	103 983	Zabern.
—	—	—	—	—	161	250 429	Straßburg.
—	—	—	—	—	88	122 691	Schletstadt.
6 540	—	—	9	6 540	24	16 048	"
6 540	—	—	**9**	**6 540**	**541**	**577 574**	**Dep. Bas-Rhin.**
—	—	—	—	—	130	182 376	Colmar.
9 348	—	—	$\frac{4}{2}$	9 348	5	20 566	"
9 493	—	—	$3\frac{2}{2}$	9 493	5	13 150	"
—	1	404	—	—	127	149 201	Mülhausen.
1 276	—	—	$\frac{4}{2}$	1 276	31	14 805	"
—	—	—	—	—	39	56 162	Belfort.
—	—	—	—	—	20	7 873	"
—	—	—	—	—	14	12 023	"
659	—	—	5	1 372	5	1 372	"
20 776	**1**	**404**	$8\frac{10}{2}$	**21 489**	**376**	**457 528**	**Haut-Rhin.**
27 316	**1**	**404**	$17\frac{10}{2}$	**28 029**	**917**	**1.035 102**	**Elsässer Departements.**
649	$1\frac{1}{2}$	3 014	—	—	9	9 528	St. Dié.
5 967	$\frac{3}{2}$	2 613	5	4 854	5	4 854	"
—	—	—	—	—	72	45 613	Saarburg.
—	—	—	4	5 662	22	15 191	"
—	$\frac{2}{2}$	464	$2\frac{3}{2}$	1 482	16	7 265	"
—	—	—	1	445	15	4 067	Dieuze.
—	—	—	—	—	26	11 127	"
—	$\frac{1}{2}$	203	$\frac{3}{2}$	1 792	$21\frac{1}{2}$	10 361	"
—	$\frac{5}{2}$	977	$\frac{1}{2}$	282	2	803	"
6 616	$3\frac{13}{2}$	**7 271**	$12\frac{5}{2}$	**14 517**	$188\frac{1}{2}$	**108 809**	**Meurthe und Vosges.**
—	$1\frac{1}{2}$	442	—	—	$154\frac{1}{2}$	126 640	Saargemünd.
	1	340	—	—	34	16 497	Metz
556	$2\frac{1}{2}$	680	$3\frac{1}{2}$	1 302	22	12 307	"
144	—	—	—	—	$1\frac{1}{2}$	529	"
1 064	—	—	$1\frac{1}{2}$	592	$3\frac{3}{2}$	1 455	"
—	$1\frac{1}{2}$	584	—	—	2	1 073	"
880	$2\frac{3}{2}$	2 654	—	—	$111\frac{3}{2}$	81 973	Diedenhofen.
1 091	5	2 508	—	—	2	1 051	Briey.
436	$6\frac{3}{2}$	3 279	—	—	—	—	"
4 171	$18\frac{7}{2}$	**10 487**	$4\frac{3}{2}$	**1 894**	$330\frac{5}{2}$	**241 525**	**Moselle.**
10 787	$20\frac{19}{2}$	**17 758**	$16\frac{7}{2}$	**16 411**	$518\frac{6}{2}$	**350 334**	**Lothringer Departements.**
38 103	$21\frac{19}{2}$	**18 162**	$33\frac{17}{2}$	**44 440**	$1435\frac{6}{2}$	**1.385 436**	**Elsaß und Lothringen.**
Deutsch-	dazu Vlaemisch-Flandern				**117**	**215 047**	
einden ern.	Vormaliges Gebiet der deutschen Landessprache in Frankreich .				**1555**	**1.600 483**	

4 Gemeinden mit 56 425 Einw. nur vlaemisch,
1 " " 42 566 " überwiegend vlaemisch,
3 " " 37 007 " halb vlaemisch, halb französisch,
8 " " 40 862 " überwiegend französisch,
1 " " 38 187 " nur französisch.

im Canton Diedenhofen: Thionville oder Diedenhofen, Algrange mit Batzen Herzange, Florange, Gandrange (mit Amneville und Boussange,) Hayange, Manom Mackenheim, Marspich mit Krummacker, Richemont (mit Bevange und Mondela Schremange mit Suzange, Uckange, Veymerange, Volkrange mit Metzange, Jütz Helpert und theilweise Fameck, — im Canton Sierk: Malling, Rethel, Nieder-G halb Merschwiller und theilweise Kerling, — im Canton Metzerwisse: Metzerwisse s Bettlainville oder Bettendorf mit Mancy, Buß mit Blettange und Landrevange, trange mit Immeldange, Büding rc., Büding mit Hackenberg rc., Distroff, Elz Guenange, Ham, Homburg an der Kanner, Illange, Inglange mit Halstroff, Kö machern, Luttange, Metzeresche, Rurange und theilweise Wolstroff, — im Canton Ka heim: Cattenom oder Kattenheim, Angwiller, Berg, Bust, Escherange, Evrange, Ga Hagen (Honne), Gr. Hettange, Mondorff mit Altwisse, Oeutrange, Püttlingen (P lange), Rochonvillers (oder Rosonviller), Rödchen (Roussy), Sentzig, Volmerange im Canton Busenweiler:' Dalem, — im Canton St. Avold die Exlave Betting';

im Canton Metz: Marange-Silvange und Talange;

im Canton Audun-le-Roman: Nilvange und Knutange.

Außerdem begriff der französische Antheil an Deutsch-Lützemburg nach Chat noch im Ct. Audun-le-Roman die Gemeinde Fontoy (1091 Einw.), für welche ein scher Name nicht bekannt ist; nach Homann gehörte dieselbe zum Herzogthum Bar

9. Vom Herzogthum Bar sind als deutschnamig zum deutschen Sprachge gerechnet: 13 Gemeinden ganz, 4 theilweise, mit zusammen 8441 Einwohnern, d im Canton Diedenhofen: die Gemeinde Rosselange, die Orte Beuvange, Clouange Evange in der Gemeinde Vitry, und die Orte Morlange und Remlange in der meinde Fameck; — im Canton Kattenheim: Ottange mit Nondkeil'; — im Ct. Au le-Roman die Gemeinden Audun-le-Tiche (nach Nabert deutsch Altheim), Hav Tressange mit Ludelange, Boulange (bei Calmet Bollingen), Lommerange mit La fange; — im Canton Longwy: Hussigny mit Godbrange, Redange, Russange, S (Saulnes), außerdem Tutange in der Gemeinde Thil und Cantelborn oder Kantelb in der Gem. Villerupt; ferner die mit der Grafschaft Longwy 1659 an Frankreich getretenen Orte Herserange und Martinsberg (Mont St. Martin).

Im Vergleich mit der heutigen Kreiseintheilung und der Naturgr stellt sich die angenommene Begränzung des deutschen Sprachgebietes im Mosel-D tement folgendermaßen:

Das Arrondissement Saargemünd gehört ganz zum deutschen Sprachgebiet liegt auch fast ganz innerhalb der natürlichen Gränzen Deutschlands, indem nur Canton Gr.-Tännchen die Gemeinden Mörchingen und Racheringen im Gebiet der G und die Gemeinden Harprich, Walleringen, Landorf, Sultzen, Brülingen, Destrich Barendorf im Gebiet der französischen Nied liegen.

Vom Arrondissement Metz gehört der Canton Bolchen ganz zum deutschen Sp gebiet und liegt innerhalb der natürlichen Gränze Deutschlands. Der Canton F berg wird von der oben angenommenen Sprachgränze so durchschnitten, daß noch 1 12 Gemeinden mit (gerechnet) 4266 Einw. jenseit derselben liegen; hierbei sind M viller (vormals zur Allemagne) und Arraincourt (vormals bischöflich metzisch) theil zum deutschen Sprachgebiet gerechnet, von welchen Mainviller (442 Einw.) noch die Arraincourt (308 Einw.) schon jenseit der Wasserscheide liegt. Von den anderen Gemeinden liegt noch Hemilly (335 Einw.), welches zur Allemagne gehörte, di der Wasserscheide im Gebiet der deutschen Nied; die übrigen liegen im Gebiet französischen Nied, so Many (351 Einw.) und Arriance (395 Einw.), welche Allemagne gehörten, Vatimont, welches zum französischen Lothringen, Holacourt, w zum Haut-Chemin gehörte, Vittoncourt, welches zum Bisthum Metz gehörte, und A court, Han-sur-Nied, Herny und Voimehaut, welche zum metzer Stadtgebiet geh

deutschen Sprachgebiet liegen (außer dem zweifelhaften Arraincourt) nur noch
urt (Diederich), welches zum französischen Lothringen, und Thouville, welches zur
stadt Metz gehörte, jenseit der Wasserscheide gegen die französische Nied.

Vom Canton Pange liegen diesseit der Naturgränze (im Gebiet der deutschen Nied)
emeinde Rollingen und die Gemeinde Vaudoncourt, von welcher ein Theil, nämlich
ormals zum Haut-Chemin gehörigen Ortschaften Leoville und Plappecourt, nicht
deutschen Sprachgebiet gerechnet ist. Vom Canton Vigy liegen ganz oder über-
nd diesseit der Wasserscheide die Gemeinden Burtoncourt, Charleville, Villers-Bett-
und Vigy, von denen die erstere ganz, die letzteren drei theilweise zum deutschen
chgebiet gehörten. Zur Gemeinde Charleville gehören nämlich außer den zum
hen Sprachgebiet gerechneten Orten Nidangen und Renangen noch Charleville
(vormals zur Allemagne) und Mussy-l'Eveque (vormals zum Fürstbisthum Metz
ig), zur Gemeinde Villers-Bettnach außer diesem mit Epangen und St. Hubert
hes, als dem Namen nach zweifelhaft, in der Tabelle außer Betracht gelassen ist)
Besey im Stadtgebiet von Metz; von der Gemeinde Vigy gehörte nur Hessange
als eine Ortschaft des Haut-Chemin) zum deutschen Sprachgebiete, nicht das vor-
metzische Vigy selbst. Unter den jenseit der natürlichen Gränze gelegenen Ge-
en ist auch die Gemeinde les-Etangs an der französischen Nied, welche vormals
llemagne gehörte.

Die vom Canton Metz zum deutschen Sprachgebiet gerechneten Gemeinden Ma-
-Silvange, Talange, Hagondange und die Ortschaft Amelange in der Gemeinde
oncourt liegen oberhalb der Ornemündung, mithin jenseit der natürlichen Gränze;
o die weiterhin nahe der Orne gelegene Gemeinde Rombas (bei Calmet Rombach),
e Nabert hier noch zum deutschen Sprachgebiet rechnet.

Vom Kreise Diedenhofen sind nicht zum deutschen Sprachgebiet gerechnet: die vor-
zum Herzogthum Bar gehörigen Gemeinden Ranguevaux, welches diesseit der Wasser-
e liegt, Grande- und Petite-Moyeuvre und ein Theil von Vitry (Vitry mit Juste-
), welche jenseit der Wasserscheide im Ornethale liegen, zusammmen mit 4263 Ein-
ern. Dagegen liegen vom deutschen Sprachgebiete dieses Arrondissements jenseit
Wasserscheide, nämlich im Ornethale und an der Mündung der Orne in die Mosel:
ormals lützemburgischen Gemeinden Buß (Bousse, Canton Metzerwisse), Richemont,
range, das vormals barische Rosselange und die zur Gemeinde Vitry gehörigen
Beuvange, Clouange und Evange.

Von den Gemeinden des Kreises Briey, welche zum deutschen Sprachgebiet gerech-
nd, liegen im Canton Audun-le-R. Knutange, Nilvange, Audun le-Tiche, Havange,
ange, und im Canton Longwy Hussigny, Redange, Russange diesseit der Sprach-
e, ebenso in demselben Canton die Gemeinden Thil mit Tutange und Villerupt
Kantelborn, welche nur theilweise deutsche Ortsnamen haben, und im Canton
n die Gemeinde Fontoy, welche nach Chatellux vormals zu Lützemburg gehörte.

Das deutsche Sprachgebiet im Mosel-Departement umfaßt also in der für die Ta-
angenommenen Begränzung vom Herzogthum Lothringen und den dazwischen lie-
n Herrschaften 258¹³/₂ Gemeinden mit 188,252 Einw.; das deutsche Sprach-
et in Lothringen überhaupt 452²⁹/₂ Gem. mit 296,134 Einw., von denen etwa
Gemeinden mit 57,466 Einw. im siebzehnten Jahrhundert, 292 Gemeinden mit
301 Einw. durch die Abtretung Lothringens, 72 bis 73 Gemeinden mit 48,067
. erst mit der Revolution aus deutschem Besitz gekommen sind.

Vom Herzogthum Lützemburg mit den anliegenden barischen und metzer Ortschaften
Gemeinden mit 61,866 Einw.) sind 10 Gem. mit 5803 E. erst nach der Besitz-
e Lothringens unter französische Herrschaft gelangt.

Innerhalb des so abgegränzten Sprachgebietes waren nach Nabert folgende Ge-
en im Jahre 1844 nicht mehr deutsch:

Im Canton Groß-Tännchen sämmtliche jenseit der Wasserscheide gelegenen Gem den mit Ausnahme der Gemeinde Wallerangen;

im Canton Falkenberg: Thouville und Thicourt, welche jenseit, Chemery Mainviller, welche diesseit der Wasserscheide liegen;

im Canton Bolchen: die Gemeinden Bionville (Bingendorf), Varize (Wei kirchen) und Condé-Northen, sämmtlich an der deutschen Nied;

ferner die vormals deutschen Ortschaften der Cantone Pange und Vigy, n gleichfalls auf der deutschen Seite, die ersteren im Gebiete der deutschen Nied, die l ren theils gegen die Nied, theils gegen die Kanner liegen.

Im Canton Metzerwisse sind Aboncourt und Bettlainville, beide diesseits ar Kanner gelegen, nach Nabert französirt;

im Canton Diedenhofen an vormals barischen Gemeinden Rosselange, ferner vange ꝛc. in der Gemeinde Vitry (beide längs der Orne), ferner Morlange und lange in der Gemeinde Fameck diesseit der Wasserscheide, und an vormals lützen gischen Gemeinden Herzange und Hayange, beide gleichfalls diesseit der Wassersch vielleicht sind sogar sämmtliche hier jenseit der natürlichen Begränzung belegenen Ge den, also auch Buß, Gandrange, Richemont, sowie die deutschen Ortschaften im ton Metz, zusammen mit 3516 Einw., nach Nabert als französirt anzusehen, i die benutzte Copie der Nabert'schen Zeichnung hier nicht völlig klar ist; nach an persönlichen Wahrnehmungen wird in diesen Gemeinden noch jetzt deutsch gespro weshalb das heutige Sprachverhältniß derselben in der Tabelle so angenommen is

Im Canton Audun-le-Roman sind nach Nabert: Bollingen und Lommera welche jenseit, Havange und Tressange, welche diesseit der Wasserscheide liegen, franz

im Canton Longwy die Gemeinde Hussigny und die Ortschaften Tutange Kantelborn, welche diesseit, und die Gem. Herserange und Martinsberg, welche jense Wasserscheide liegen, so daß hier jenseit der Wasserscheide nur Sonne noch deutsc

Von dem deutschen Sprachgebiet in Lothringen und Lützemburg sind mithin Nabert im Anschlusse des lützemburger Gebietes mindestens $9^4/_2$ Gem. mit 7935 eigentlichen Lothringen innerhalb des Moseldepartements $17^6/_2$ Gem. mit 8407 E innerhalb der drei lothringer Departements aber $63^{22}/_2$ Gem. mit 32,262 Einw. zösirt. Es würden mithin im eigentlichen Lothringen noch $389^7/_2$ Gem. mit 26 Einw. und im Lützemburgischen ꝛc. $71^5/_2$ Gem. mit 53,931 Einw., im ga **Lothringen** mit dem Antheil an Lützemburg in dessen historischem Umfange (als Einschluß der Grafschaft Saarwerden ꝛc., dagegen ohne Dagsburg ꝛc.) von $88^1/_2$ Qu $538^{26}/_2$ Gem. mit 358,000 Einw. noch $71^1/_4$ Qu.-M., $463^6/_2$ Gem. mit 317,803 als **deutsches** (oder überwiegend deutsches) Sprachgebiet verbleiben.

Bernhardi's Angaben über die heutige Sprachgränze sind weniger speciel die Nabert's. Sie stimmen mit denen des letzteren insofern, als Condé nach Ber französisch ist, Falkenberg und überhaupt die am rechten Ufer der deutschen Nie legenen Orte deutsch sind. Varize ist bei Bernhardi nicht besonders erwähnt, Bio zweifelhaft (nach einer Angabe deutsch, nach einer französisch). Ob Bernhardi mi ringen (Morange), welches ihm zufolge nach einer Angabe deutsch, nach der ander mischt ist, Morlange oder Morhange (Mörchingen) meint, ist nicht klar; seine Karte e allerdings das deutsche Sprachgebiet bis Mörchingen, in welchem Falle jens Wasserscheide außer dieser Ortschaft mindestens auch Racrange und Harprich deutsch sein würden. Von der Gemeinde Bettendorf im Canton Metzerwisse sagt hardi gleichfalls, daß sie nach einer Angabe deutsch, nach einer anderen französis die nächstliegende Ortschaft Altroff ist nach Bernhardi schon deutsch. Im vo lützemburgischen Gebiete ist nach Bernhardi Richemont (also wohl auch sämmtlich licher liegenden Gemeinden) französisch, das angränzende Hückingen (Uckange) einer Angabe gleichfalls französisch, nach der anderen deutsch; anderseits soll di barische Ortschaft Lommeringen gleichfalls nach einer Angabe bei Bernhardi deutsch, der andern französisch sein.

Außer dem Antheile Frankreichs am deutschen Sprachgebiet im Elsaß, in Lothringen Lützemburg bleibt noch derjenige Teil hdes deutschen und vormals deutschredenden etes zu erwähnen, welches in Flandern (im weitesten Sinne genommen) unter ösischer Herrschaft steht. Dasselbe ist nach der Zahl der Gemeinden und Einwohner er Tabelle IX unten hinzugefügt. Für die Abgränzung dieses vormals deutschen es hat der Verfasser die Skizze Nabert's benutzt, auf welcher dieser jedoch noch r gegangen ist, als hier in der Tabelle geschehen. Die betreffende Gränze hat haus auf seiner Sprachkarte von Deutschland ebensowohl veröffentlicht, wie die Nabert im Jahre 1844 bestandene (heutige) Sprachgränze.

Das vormals deutsche Gebiet daselbst besteht aus folgenden historischen Bestand-en der jetzigen Departements Nord und Pas-de-Calais.

Von dem französischen Flandern gehörte derjenige Theil, welcher links der Lys liegt, aemisch-Flandern), also die Arrondissements Dünkerke (vormals das Quartier freien Landes) und Hazebrouck (vormals das Quartier Kassel), letzteres Arron-ient mit Ausnahme der Gemeinde la Gorgue, nebst den vier vormals flandrischen einden im Arrondissement St. Omer (Pas-de-Calais): St. Omer-Kapelle, St. Fol-St. Mariekerque und Clairmarais, vormals ganz zum deutschen Sprachgebiet.

Ebenfalls gehörte ganz oder theilweise zum deutschen Sprachgebiet der vormals sche Theil des freien Landes, nämlich die Grafschaft Oye mit dem Stadtgebiet is und die mit diesem verbundene Grafschaft Guines und Ardres. Die vormalige schaft Oye enthielt die Gemeinden Oye, Vieille-Eglise, Nouvelle-Eglise, Guemps, erque im Canton Audruick und Marck mit Walde (vorm. Walldamm) im Canton is, mit zusammen 6932 Einwohnern; — das Stadtgebiet Calais mit St. Pierre und gatte hat 28,954 Einw. Die Grafschaft Ardres enthielt die Gemeinden Nordkerque, Zuidkerque im Canton Audruick und die Gemeinden Ardres, Recques, Guemy, Lander-Louches, Nielles, Autingues, Bremes, Balinghem und Redelinghem, mit zusammen Einw.; sie ist großentheils von deutschnamigen Orten der Grafschaft Artois um-. Die Grafschaft Guines enthielt im Canton Guines: Guines selbst (nach Na-Gingen), Pihen, Hames, Andres und Campagne, im Canton Marquise: Herve-en und St. Inglevert, im Canton Calais: Escalles, Peuplingue, Bonningues, Tricat, Nielles, Frethun, Coquelles, Coulogne und les Attaques, mit zusammen 30 Einwohnern; sie schließt sich nach Südwesten an meist vlaemischnamige Orte vormaligen Grafschaft Boulogne an.

In der Grafschaft Artois sind südlich der Lys vlaemische Ortsnamen gruppenweise eut; die zusammenhängende Masse derselben beginnt mit Quiestede, Ecques und em im Canton Aire oder schon mit den auf der Nordseite der Lys gelegenen Gemeinden es-Cohem, Roquetoire, Rebecq, Clarques und Herbelle, — dann westlicher mit em, Setques, Bayenghem, Affringhes, Vaudringhem, Ledinghem und Blequin, welche anton Lumbres, im Aa-Gebiet liegen, von welchem letzteren nur der von Lumbres auf-s liegende Theil nicht zum zusammenhängenden Gebiet der vlaemischen Ortsnamen t. Das so abgegränzte deutsche Sprachgebiet der Grafschaft Artois begreift den des Cantons Audruick (d. h. Alt-Rauch)), nämlich diese Stadt selbst nebst Polin-und Ruminghem, den Canton St. Omer (außer dem flandrischen Clairmarais), 3 nicht zur Grafschaft Ardres gehörigen Gemeinden des Cantons Ardres, sechs bis Gemeinden des Cantons Aire, 25 des Cantons Lumbres und im Canton Guines Gemeinden Licques, Hocquinghen, Herbinghen, Sanghen, Hermelinghen und Bouque-, im ganzen (bei Einrechnung der an der Nordseite der Lys liegenden Gemeinden) 68,302 Einwohnern.

In der vormaligen Grafschaft Boulogne ist die einstmalige Sprachgr unklar, da niederdeutsche Ortsnamen durch das ganze Arrondissement Boulogne noch über dasselbe hinaus zerstreut liegen. Eine mit dem übrigen deutschen Sprachg zusammenhängende Masse bilden auf der Nordseite die um Amblethuse und das Graunese gelegenen Orte: Meninghen, Wacquinghen, Beuvrequen, Bazinghen, S Audresselles, Audinghen, Tardinghen, Wissant, Audembert, Leubringhen und Leulin und nach Osten hin die bis Leulinghen, Ferques, Hardinghen, Colembert, Nabrin Brunembert und Lottinghen gelegenen Orte; sie enthalten zusammen 26 Gemei mit 12,291 Einw., nämlich die übrigen 5 des Cantons Guines, 7 im Ct. Desvres 14 im Canton Marquise. Mit Einrechnung dieser Orte der Grafschaft Boulogne n also das vormals vlaemische Sprachgebiet Frankreichs 53 Qu.Ml. 253 (mit 354,210 Einw. umfaßt haben, ohne dieselbe die am Schluß der Tabelle angeg Zahl, bei Abrechnung der Grafschaft Guines und des Gebietes von Calais 44,7 Qu 208 Gemeinden mit 299,785 Einwohnern (vgl. S. 194 Z. 9—14).

Von Derode's ausführlichen Angaben über die Sprachverhältnisse im vlaemi Flandern hat der Verfasser erst während des Druckes dieser Arbeit Kenntniß erha dieselben würden sonst ebenso im beschreibenden Theile (S. 192 unten) den Ang Nabert's über die heutige Sprachgränze substituirt worden sein (von denen sie übr nur an einzelnen Stellen abweichen), wie dies nun in der Tabelle IX nachträglic schehen ist. Ebenda sind auch die Zahlen für die Haupt-Mischungsgruppen hinzug welche sich aus Derode's Histoire de Lille S. 47—48 zusammengehalten mit d Sprachkarte für den Bevölkerungstand von 1861 ableiten ließen. Seine Nachri sind den Antworten entnommen, welche die Maires auf die ihnen von der histor Commission des Departements du Nord vorgelegten Fragen gegeben haben.

Nach Derode waren damals (Decbr. 1843) bereits französirt im Canton Bailleu Belle: Nieppe und Steenwerk; im Canton Merville: Neuf-Berquin, Estaires (vorm. gers), Merville (vorm. Meerghem) und Haverskerque; im Canton Hazebrouck: Thienne Renescure; ferner im Ct. Audruick: St. Folquin, und im Ct. Grevelingen: Grevel (Gravelines) selbst und Loon. Außerdem waren im Anschlusse des französisch red Gebietes bereits mehr französisch als vlaemisch im Ct. Belle: Vieux-Berquin, in Hazebrouck: Boeseghem und Blaringhem, im Ct. Bourbourg: Watten, Holque St. Pierre-Brouck, im Ct. Grevelingen: St. Georges. Nach Abzug dieser 18 beschränkt sich das vlaemische Gebiet auf 99 Gemeinden mit 168,111 Einw. I halb desselben ist nach Derode auch die Stadt Dünkirchen (Dunkerque, 32,113 E mehr französisch als vlaemisch (dagegen sind Merris und Wallon-Cappel nach D überwiegend vlaemisch, Steenbecque rein vlaemisch, vgl. S. 192 Z. 9 v. u.). Auße des vlaemischen Flanderns ist nach Derode noch die Vorstadt le-haut-Pont zu Omer (welches 22,001 Einw. hat) vlaemisch und sind die beiden nördlichsten a belgischen Gränze belegenen Gemeinden des Ct. Tourcoing, Hallewin und Ronc 15,751 Einw.), vlaemisch gemischt.

Hinsichtlich der Sprachmischung diesseit und jenseit der Sprachgränze, eit deren nach dem vorstehenden 23,88 Qu. M. 1430 16/2 Gemeinden mit 1,487,072 Ein-tern gelegen sind, fehlt es an zutreffendem statistischem Material. In Ansehung der eits lebenden Franzosen lassen nur die obenerwähnten Nachrichten des französischen usministeriums und Derode's Angaben für die Departements Meurthe und Nord hernde Schlüsse thun. Die Zahl derjenigen, welche innerhalb der deutschen Landes-Frankreichs dritten Sprachen angehörten, ist nach den Nachrichten über die Staats-hörigkeit auf ungefähr 1440 zu schätzen, darunter 500 Engländer, 350 Italiäner, Polen u. s. w.

Auf die Zahl der jenseit der Sprachgränze befindlichen Deutschen lassen die richten über die Staatsangehörigkeit, in Frankreich Nationalité genannt, annä-de Schlüsse thun, welche jedoch nothwendig Minimalzahlen ergeben. Nach dem us von 1861 waren nämlich in Frankreich 84,958 Angehörige deutscher Staaten (mit chluß von Oesterreich), 13,143 Niederländer, wahrscheinlich einschl. der Lützem-er, 34,749 Schweizer, 204,739 Belgier, ferner 76,539 Italiäner, 35,028 Spanier, 11 Engländer, 7357 Polen, 5020 Amerikaner, 1934 russische Unterthanen, 789 hörige skandinavischer Staaten, rc. Rechnet man von den Schweizern (nach dem hältniß der deutschen zur französischen Nation innerhalb der Schweiz) drei Viertel Deutsche, von den Belgiern nur ein Viertel (also 1 Vlaemen gegen 3 Wallonen, statt gen 3) als Vlaemen oder Deutsche, so würden von den Staatsfremden 175,350 deutschen Ländern sein. Folgende Departements würden so berechnet eine namhafte Deutsche enthalten: Seine 47,464, Nord 32,768, Mosel 15,884, Ober-Rhein 15, Nieder-Rhein 11,791, Ardennen 6895, Doubs 5080, Rhone 3283, Marne , Nieder-Seine 3015, Seine und Oise 2374, dann folgen Gironde, Meuse rthe, Oise, Rhonemündung, Seine und Marne, Pas-de-Calais. mit zwischen 2000 1000 Deutschen. Rechnet man das deutsche Sprachgebiet nach seinem Antheil an Departements ab, so würden jenseit der heutigen Sprachgränze 138,750 Staats-de aus deutschen Landestheilen verbleiben.

Nach den Angaben für die Kreis-Hauptorte, welche die Zahl der den deutschländischen ten (mit Ausschluß von Niederland) sowie der Schweiz und Belgien angehörigen ohner besonders aufführen, stellen sich die Minimalzahlen der Staatsfremden deutschen Landestheilen für Paris auf 39,300, Lille 5200, Lyon 2900, Besançon , Havre 1800, Metz 1500, Bordeaux 1400, Marseille und Reims 1100, Sedan Nancy 600, Rouen 500, Valenciennes 400, Dijon, Toulon, St. Denis, Mont-rd 300. Diese Zahlen sind für die Deutschen insofern zu hoch, als ein Theil Staatsfremden bereits die französische Sprache angenommen haben wird; sie sind anderseits zu niedrig, da die Holländer und die aus dem deutschen Theile Frank-hingezogenen Deutschen darin fehlen; die wirklichen Zahlen der Deutschredenden en sich durchschnittlich mindestens um die Hälfte höher belaufen als die vorstehend gebenen.

X. Die Nationen

Schätzung der Vertheilung der Bevölkerung der e… gung des Antheils der Deutschen und mit Unterscheid…

Erläuterung. Die umstehende Zusammenstellung entspricht im wesentlichen jenigen Materialien, welche in den vorstehenden Tabellen für die einzelnen Staaten gelegt sind; kleine Abweichungen in den Hauptzahlen, wie in den einzelnen Zahlen, ber in Berichtigungen und genaueren Schätzungen. Die Bevölkerungszahlen sin 1860 oder 1861 möglichst nach den aus dieser Zeit vorhandenen Zählungen geben; sie sind jedoch auf die Gränzen seit 1866 umgestellt (hieraus erklären sich mentlich die abweichenden Angaben beim preußischen Staate). Die Zahl der Deuts ist, wo sie zweifelhaft war, eher mit einem zu niedrigen Betrage angesetzt. Di insbesondere in Betreff der Deutschen in Frankreich der Fall, deren Zahl Brachell 1,900,000 schätzt, während sie in der umstehenden Tabelle (bei Abrechnung der 37,000 J in den deutschen Landestheilen) auf nur 1,520,000 angenommen ist. Dies ist ferner in sehung der Zurechnung der Juden der Fall, indem diese nur so weit sämmtlich als De gerechnet sind, als sie in Ländern mit deutscher Landessprache oder im geschlossenen schen Sprachgebiete wohnen, wogegen bei Berechnung der Zahl der Deutschen in sonstigen Theilen des russischen Reichs und der österreichisch-ungarischen Länder ders für die Spalte 4 nur ein Zusatz gemacht ist, welcher dem Antheil an der Gesa Bevölkerung entspricht; die hiernach unter den Deutschen in der 4. Spalte gerechneten J im ganzen 860,000, sind also nur ein geringster Betrag, dem bei richtiger Ermitt der Sprachverhältnisse noch 1 bis über 2 Millionen hinzutreten könnten.

Bei der Unterscheidung, oder richtiger bei dem Versuche der Unterscheidung der zelnen Nationen innerhalb jedes Staates, wie sie auf der rechten Seite der T ausgeführt ist, mußten daher die Juden von den Deutschen in Abzug gebracht we weil den oben angegebenen Minimalschätzungen gegenüber sich keine Maximalschätzu für ihre Zugehörigkeit zu anderen Nationen aufstellen ließen. Im übrigen sind be angewandten Classificirung nur die europäischen Nationen besonders aufgeführt hierbei solche, deren selbständige Nationalität zweifelhaft ist, mit den nächst verwa zusammengefaßt worden. So sind die Occitaner und Catalanen mit den Franzose sammengerechnet (die Zahl der Occitaner 2c. würde sich nach Berghaus' Gränzlinie i halb Frankreichs auf etwa 10,800 Taus., im ganzen also auf 14 Millionen belaufen sind ferner die Groß-Russen und die Ruthenen als eine Nation gerechnet (unter den R sind ungefähr 31¼ Millionen Groß-Russen, 3 Millionen Weiß-Russen oder Rußni 1½ Millionen Kosaken, 15⅘ Millionen Klein-Russen oder Ruthenen enthalten); e sind die Wenden (137 Tf.) mit den Czechen, die Slowenen (1,230 Tf.) mit den ben und Kroaten zusammengerechnet 2c.

Soweit die Summen für die verschiedenen Nationen nicht in den Tabellen IX und den zugehörigen Erläuterungen behandelt und die betreffenden Quellen

Staaten Europa's.

n Staaten nach der Nationalität mit besonderer Berücksichti-
inzelnen Volkstämme der deutschen Nation.

sind, hat der Verfasser vorliegende Ermittelungen über Sprache oder Nationalität en in Irland, finnische Stämme in Skandinavien), oder Angaben über die Sprachen (in Spanien, Frankreich, Groß-Britannien), oder solche Schätzungen benutzt, welche ltnißmäßig am glaubwürdigsten schienen (Brachelli's Schätzungen für die Zahlen Nationen in der europäischen Türkei, welche alsdann auf die angenommene Bevölkezahl reducirt worden sind, sowie in Griechenland, Rumänien, Serbien, theilweise in Spanien und Frankreich); für die Zahl der zerstreut lebenden in verschiedenen ten sind die mehrfach angeführten Zahlen des englischen Census, sowie Aufen über das Geburtsland oder Heimathland der gezählten Bevölkerung (in Nieder- Dänemark, Schweden, England, Frankreich, Rumänien) benutzt worden.

Bei der Unterscheidung der einzelnen deutschen Stämme sind neben den alten Hauptstämmen vier Mischstämme besonders aufgeführt, der sächsisch-fränkische am errhein und die Ober-, Mittel- und Niederdeutschen Ost-Deutschlands, welche sich einem Conglomerat verschiedener deutscher Stämme (je nach der vorwiegenden ischen, thüringer, sächsischen Abstammung) neugebildet haben.

Im Vergleich mit Berghaus' ethnographisch-statistischer Karte des deutschen Reichs ifen diese Stämme folgende deutsche Mundarten: die Alemannen die elsässer, schwarzer, schweizer Mundart (die elsässer Mundart ist enger begränzt, bei der schweizen sind die Burgunder abgerechnet, das Gebiet der Schwaben ist nach Norden falls enger begränzt); die Bayern enthalten nur die bayerische, tiroler und salzburger dart, wogegen die Gebiete der sudetischen, österreichischen (wiener) und kärnthner dart als vorwiegend oberdeutsche bezeichnet sind. Die Franken begreifen die eger- r (böhmische), oberpfälzer (nordgäuer), ostfränkische (mit der henneberger), rheinsche, mittelrheinische (frankfurter), hessische, westerwälder und lothringer (d. h. othringer, richtiger westricher oder moselländer) Mundart; die vorwiegend thüringen Mitteldeutschen die vogtländer, meißener (mit der erzgebirger und saalischen) und hlesische (d. h. niederschlesische) Mundart. Die fränkisch gemischten Niederdeutschen die Niederfranken (Nieder-Lothringer) begreifen die niederrheinische, aachener, gelderr und vlaemische Mundart (die gelderländer enger begränzt, die vlaemische weiter dehnt als bei Berghaus); die Friesen und sächsisch gemischten Friesen die holländ overyßeler, westfriesische und nordfriesische Mundart und die zwischenliegenden sischen Territorien; die Sachsen die westfälische, niedersächsische (genauer die oste und die nordsächsische, die letztere hier bis zum Haff gerechnet), sowie die magder (altmärker) Mundart; die vorwiegend sächsischen Niederdeutschen die brandenr, pommerische, sogenannte westpreußische (danziger) und die altpreußische, richtiger enländer Mundart. Die egerländer und oberpfälzer Mundart werden auch zu

Tabelle X. **Nationen und Staaten Europa's.** **Europäische Staaten.** (Folge nach der Anzahl der Deutschen, — Bevölkerungszahlen für 1860/61).	Einwohnerzahl und Zahl der Deutschen im Allgemeinen. Gesammt-Bevölkerung des betreffenden Staates. Anzahl überhaupt	Promille der Bevölk. Europa's	Anzahl der Deutschen in dem betreffenden Staate. Anzahl überhaupt	Promille der Bevölk. des Staats	Promille d. Deutschen in Europa	im zu… Burgunder
Königl. preußischer Staat (Gränzen seit 1866)	**22.737 000**	**80,1**	**20.022 000**	**881**	**378**	—
Oesterreichs deutsche Kronländer .	13.468 800	47,4	6.782 000	504	128	—
Galizien und Bukowina	5.464 600	19,5	191 000	35	4	—
Ungarische Kronländ. u. Dalmatien	15.045 000	53,0	1.651 000	110	31	—
Oesterreichisch-ungarische Monarchie	**33.978 400**	**119,7**	**8.624 000**	**254**	**163**	—
Königreich Bayern	4.657 700	16,4	4.656 000	1 000	88	—
" Niederland	3.372 700	11,9	3.366 000	998	64	—
" Belgien	4.782 300	16,9	2.667 000	558	50	—
" Sachsen	2.225 200	7,8	2.169 000	975	41	—
Schweizerische Eidgenossenschaft . .	2.510 500	8,8	1.765 000	703	33	787
Königreich Würtemberg	1.720 700	6,1	1.719 000	999	32	—
Kaiserthum Frankreich	**37.472 700**	**132,0**	**1.557 000**	**41**	**29**	—
Großherzogthum Baden	1.369 300	4,8	1.368 000	999	26	—
Russisches Reich mit Polen u. Finnland	**67.121 800**	**236,5**	**933 000**	**14**	**18**	—
Deutsche Kleinstaaten: Großhzth. Hessen-Darmstadt . .	820 400	2,9	819 000	998	15	—
Beide Großh. Mecklenburg . .	647 500	2,3	647 300	1 000	12	—
Großherzogthum Oldenburg . .	307 500	1,1	307 000	1 000	6	—
Herzogthum Braunschweig . . .	281 700	1,0	281 700	1 000	5	—
Stadt Hamburg	274 700	1,0	272 600	992	5	—
Herzogth. rc. Sachsen-Weimar, Meiningen, Gotha, Altenburg	742 200	2,6	742 000	1 000	14	—
Großherzogthum Lützemburg .	197 7 0	0,7	194 700	985	4	—
Herzogthum Anhalt	181 800	0,6	181 800	1 000	3	—
Beide Fürstenthümer Lippe . .	137 600	0,5	137 600	1 000	3	—
Stadt Bremen	98 600	0,3	98 300	996	2	—
Fstth. Reuß-Schleiz und Greiz .	125 500	0,4	125 500	1 000	2	—
Beide Fürstenth. Schwarzburg	136 800	0,5	136 800	1 000	3	—
Fürstenthum Waldeck	58 600	0,2	58 600	1 000	1	—
Stadt Lübeck	50 700	0,2	50 600	998	1	—
Fürstenthum Lichtenstein	7 200	0,0	7 200	1 000	.	—
Brittisches Reich	**29.486 400**	**103,9**	**41 000**	**1**	1	—
Königreich Italien	**24.332 000**	**85,7**	**23 300**	**1**	.	3
Königreich Dänemark	1.681 800	5,9	11 000	6	.	—
Fürstenthum Rumänien.	3.864 800	13,6	10 000	3	.	—
Königreich Schweden und Norwegen	5.477 000	19,3	? 3 000	.	.	—
Türkisches Reich	**10.587 000**	**37,3**	**? 2 000**	.	.	—
Königreich Spanien (u. Rep. Andorra)	**15.408 000**	**54,3**	**? 1 000**	.	.	—
Fürstenthum Serbien	1.078 000	3,8	? 800	.	.	—
Rom, Rep. S. Marino, Fstth. Monaco	708 500	2,5	? 700	.	.	—
Königreich Portugal	3.694 900	13,1	? 300	.	.	—
Königreich Griechenland	1.329 800	4,7	? 200	.	.	—
Fürstenthum Montenegro	195 000	0,7	—	—	—	—
Europa . .	**283.860 000**	**1000**	**53.000 000**	**187**	**1 000**	**790**
Darunter die deutschen Staaten-Vereinigungen:						
Deutscher Bund (Gränzen nach 1839)	45.698 000	161,0	38.043 000	832	718	—
Deutsches Reich (Gränzen von 1848)	50.008 000	176,1	40.917 000	818	772	—
Norddeutscher Bund	28.268 000	99,6	25.495 000	902	481	—
Deutsche Zollvereins-Staaten . . .	36.770 000	129,5	33.988 000	924	641	—

…ähre Vertheilung der Deutschen nach Stammesgruppen, in Tausenden geschätzt.

…che Stämme			Mitteldeutsche Stämme				Niederdeutsche Stämme				
…nden deutschen …biet		innerhalb fremder Sprachgebiete	im zusammenhängenden deutschen Sprachgebiet			innerhalb fremder Sprachgebiete	im zusammenhängenden deutschen Sprachgebiet				innerhalb fremder Sprachgebiete
Bayern	vorwiegend bayerisch		Franken	Thüringer	vorwiegend thüringisch		fränkisch-sächsisch	Friesen und friesisch-sächsisch	Sachsen	vorwiegend sächsisch	
—	**620**	**34**	**2 438**	**650**	**2 872**	**178**	**1 861**	**364**	**5 085**	**5 270**	**282**
1 400	3 584	334	610	—	545	—	—	—	—	—	—
—	—	108	—	—	—	50	—	—	—	—	10
—	275	943	—	—	—	125	—	—	—	—	257
1 400	**3 859**	**1 385**	**610**	—	**545**	**175**	—	—	—	—	**267**
1 400	—	—	2 629	—	—	—	—	—	—	—	—
—	—	—	—	—	—	—	800	2 502	—	—	—
—	—	—	26	—	—	3	2 599	—	—	—	38
—	—	—	—	—	2 167	—	—	—	—	—	—
—	—	47	—	—	—	—	—	—	—	—	—
—	—	—	208	—	—	—	—	—	—	—	—
—	—	80	340	—	—	40	130	—	—	—	70
—	—	—	509	—	—	—	—	—	—	—	—
—	—	300	—	—	—	154	—	—	—	—	400
—	—	—	790	—	—	—	—	—	—	—	—
—	—	—	—	—	—	—	—	—	643	—	—
—	—	—	34	—	—	—	—	52	220	—	—
—	—	—	—	—	—	—	—	—	281	—	—
—	—	—	—	—	—	—	—	—	267	—	—
—	—	—	212	383	141	—	—	—	—	—	—
—	—	—	194	—	—	—	—	—	—	—	—
—	—	—	—	—	130	—	—	—	—	50	—
—	—	—	—	—	—	—	—	—	137	—	—
—	—	—	—	—	—	—	—	—	98	—	—
—	—	—	—	—	125	—	—	—	—	—	—
—	—	—	—	137	—	—	—	—	—	—	—
—	—	—	10	—	—	—	—	—	48	—	—
—	—	—	—	—	—	—	—	—	51	—	—
—	—	—	—	—	—	—	—	—	—	—	—
—	—	—	—	—	—	—	—	2	—	—	39
—	1	19	—	—	—	—	—	—	—	—	—
—	—	—	—	—	—	—	—	—	—	—	11
—	—	10	—	—	—	—	—	—	—	—	—
—	—	—	—	—	—	—	—	—	—	—	3
—	—	2	—	—	—	—	—	—	—	—	—
—	—	1	—	—	—	—	—	—	—	—	—
—	—	1	—	—	—	—	—	—	—	—	—
—	—	1	—	—	—	—	—	—	—	—	—
—	—	—	—	—	—	—	—	—	—	—	—
—	—	—	—	—	—	—	—	—	—	—	—
—	—	—	—	—	—	—	—	—	—	—	—
2 800	**4 480**	**1 880**	**8 000**	**1 170**	**5 980**	**550**	**5 390**	**2 920**	**6 830**	**5 320**	**1 110**
2 800	4 204	368	7 634	1 170	5 801	108	2 077	338	6 660	3 261	—
2 800	4 204	368	7 634	1 170	5 980	164	2 077	416	6 830	5 320	235
—	620	34	2 950	1 170	5 435	178	1 861	416	6 830	5 320	282
1 400	620	34	7 024	1 170	5 435	178	1 861	416	6 830	5 320	282

Die Völker Europa's, nach der Abstammung gesondert, in

Germanische Völker:			Kymren und Kelten	Romanische Völker:						Letten, Littauer, Preußen	
Deutsche (mit Ausschluß der deutschen Juden)	Skandinavier	Angelsachsen		Spanier (einschl. der Portugiesen)	Franzosen, Occitaner, Catalanen	Italiäner und Rhätoromanen	Dakoromanen u. Macedowalachen	Griechen	Albanesen		Polen
19 718	**145**	**5**	—	—	**17**	?	—	—	—	**140**	**2 264**
6 632	—	1	—	—	1	527	7	2	—	—	141
168	—	—	—	—	—	—	192	—	—	—	2 121
1 600	—	—	—	—	—	49	2 574	1	3	—	3
8 400	—	**1**	—	—	**1**	**576**	**2 773**	**3**	**3**	—	**2 265**
4 597	—	—	—	—	? 2	?	—	—	—	—	—
3 302	—	2	—	—	? 5	—	—	—	—	—	—
2 666	—	4	—	—	2 111	—	—	—	—	—	—
2 167	—	1	—	—	—	—	—	—	—	—	1
1 761	—	1	—	—	572	172	—	—	—	—	1
1 708	—	?	—	—	? 1	—	—	—	—	—	—
1 520	1	30	1 100	21	34 245	326	—	1	—	—	7
1 344	—	? 1	—	—	1	—	—	—	—	—	—
854	262	6	—	—	6	—	675	65	1	2 860	4 687
790	—	—	—	—	? 1	—	—	—	—	—	—
643	—	—	—	—	—	—	—	—	—	—	—
306	—	—	—	—	—	—	—	—	—	—	—
281	—	—	—	—	—	—	—	—	—	—	—
267	?	2	—	—	?	—	—	—	—	—	—
736	—	—	—	—	—	—	—	—	—	—	—
194	—	—	—	—	? 3	—	—	—	—	—	—
180	—	—	—	—	—	—	—	—	—	—	—
137	—	—	—	—	—	—	—	—	—	—	—
98	—	—	—	—	—	—	—	—	—	—	—
125	—	—	—	—	—	—	—	—	—	—	—
137	—	—	—	—	—	—	—	—	—	—	—
58	—	—	—	—	—	—	—	—	—	—	—
51	—	—	—	—	—	—	—	—	—	—	—
7	—	—	—	—	—	—	—	—	—	—	—
41	40	27 185	1 900	17	101	40	—	1	—	—	5
23	—	6	—	2	142	24 020	—	21	56	—	—
11	1 666	1	—	—	—	—	—	—	—	—	—
10	—	1	—	—	? 1	?	3 500	6	—	—	—
3	5 416	1	—	—	—	—	—	—	—	—	—
2	—	2	—	—	? 1	? 4	470	943	1 370	—	10
1	—	4	—	11 580	3 205	2	—	—	—	—	—
1	—	—	—	—	—	—	106	—	—	—	—
1	—	1	—	—	2	695	—	—	—	—	—
—	—	2	—	3 680	2	—	—	—	—	—	—
—	—	4	—	—	1	5	26	980	300	—	—
—	—	—	—	—	—	—	—	—	—	—	—
52 140	**7 530**	**27 260**	**3 000**	**15 300**	**40 420**	**25 840**	**7 550**	**2 020**	**1 730**	**3 000**	**9 24[illegible]**
37 553	2	10	—	—	25	527	7	2	—	—	87
40 330	145	10	—	—	25	527	7	2	—	140	2 02
25 160	145	8	—	—	17	—	—	—	—	140	2 26
33 537	145	9	—	—	24	—	—	—	—	140	2 26

…n Einwohnern geschätzt.							Flächenraum in geogr. Quadratmeilen.			
Völker:			Juden (der deutschen und anderen Sprachen angehörig)	Andere Völker weißer Rasse (Basken, Armenier, Zigeuner, Mauren)	Finnische Völker (Magyaren, Finnen, Lappen, Permier, Wolga-Finnen)	Andere Völker gelber Rasse (Türken, Tartaren, Mongolen)	Fläche des betreffenden Staates.		Fläche, welche zu den deutschen Wohnsitzen zu rechnen.	
…en	Bulgarische Slawen	Russen und Ruthenen					Fläche überhaupt	Promille der Fläche Europa's	Fläche überhaupt	Promille der Fläche zu deutschen Wohnsitzen
—	—	**1**	**304**	?	—	—	**6392,4**	**35,5**	**5354,4**	**400**
…7	—	3	150	1	11	—	3604,5	20,0	2070,0	155
—	—	2 455	511	6	8	—	1615,6	9,0	32,0	2
…5	25	493	437	164	5 187	—	6085,8	33,8	525,0	39
…92	**25**	**2 951**	**1 098**	**171**	**5 206**	—	**11305,9**	**62,8**	**2627,0**	**196**
—	—	—	59	—	—	—	1380,1	7,7	1380,1	103
—	—	—	64	—	—	—	596,4	3,3	596,4	45
—	—	—	1	—	—	—	534,9	3,0	258,0	19
—	—	—	2	—	—	—	273,1	1,5	250,4	19
—	—	—	4	—	—	—	749,0	4,2	435,0	32
—	—	—	11	—	—	—	354,3	2,0	354,3	26
—	—	2	80	140	—	—	**9850,5**	**54,7**	**236,0**	**18**
—	—	—	24	—	—	—	278,1	1,6	278,1	21
1	100	48 520	2 071	94	4 360	2 560	**98680,0**	**548,2**	**620,0**	**46**
—	—	—	29	—	—	—	139,3	0,8	139,3	10
—	—	—	4	—	—	—	293,6	1,6	293,6	22
—	—	—	1	—	—	—	117,0	0,6	117,0	9
—	—	—	1	—	—	—	67,2	0,4	67,2	5
—	—	—	6	—	—	—	6,4	.	6,4	.
—	—	—	6	—	—	—	168,6	1,0	168,6	13
—	—	—	1	—	—	—	47,0	0,3	47,0	4
—	—	—	2	—	—	—	44,3	0,3	44,3	3
—	—	—	1	—	—	—	29,0	0,2	29,0	2
—	—	—	—	—	—	—	4,7	.	4,7	.
—	—	—	—	—	—	—	22,1	0,1	22,1	2
—	—	—	—	—	—	—	33,1	0,2	33,1	2
—	—	—	1	—	—	—	20,4	0,1	20,4	2
—	—	—	—	—	—	—	6,5	.	6,5	.
—	—	—	—	—	—	—	2,9	.	2,9	.
—	—	1	45	110	—	—	**5768,0**	**32,0**	**0,2**	.
…32	—	—	30	—	—	—	**5166,2**	**28,7**	**8,0**	**1**
—	—	—	4	—	—	—	2587,0	14,4	—	—
—	3	62	66	160	54	2	2197,0	12,2	—	—
—	—	1	5	1	50	—	13825,0	76,8	—	—
…10	4 117	12	115	351	—	1 380	**6175,0**	**34,3**	—	—
—	—	—	6	610	—	—	**9077,0**	**50,4**	—	—
…30	5	—	2	18	—	16	998,0	5,5	—	—
—	—	—	9	—	—	—	215,0	1,2	—	—
—	—	—	1	10	—	—	1562,0	8,7	—	—
—	—	—	7	5	—	2	953,0	5,3	—	—
…95	—	—	—	—	—	—	80,0	0,4	—	—
…0	**4 250**	**51 550**	**4 060**	**1 670**	**9 670**	**3 960**	**180 000**	**1000**	**13 400**	**1000**
…07	—	3	491	1	11	—	11 446	63,6	9 662	721
…07	—	4	588	1	11	—	13 158	73,1	10 649	795
—	—	1	335	—	—	—	7 538	41,9	6 417	479
—	—	1	452	—	—	—	9 676	53,8	8 556	639

den oberdeutschen, die aachener, niederrheinische und die preußenländer Mundart zu den mitteldeutschen Mundarten gerechnet.

Die zerstreut wohnenden Deutschen sind für die österreichisch-ungarische Mona nach den dortigen Ermittelungen, im übrigen nach ungefährer Schätzung, in der I nur nach der vorwiegenden Abstammung der deutschen Ansiedler in den betreffe Landschaften auf die Hauptgruppen der Ober-, Mittel- und Niederdeutschen vertheil

Die Flächeninhalts-Angaben (in der Tabelle zur rechten) sind an mehreren St nachträglich berichtigt worden, woraus sich kleine Differenzen gegen die Angabe zwölften Abschnitte des Textes (Gesammt-Ueberblick) ergeben. In Ansehung der zu deutschen Wohnsitzen gehörigen Fläche ist hier eine allgemeine Schätzung erfolgt, Oesterreich hauptsächlich nach Hain's Annahmen, für den preußischen Staat nach Zahl der überwiegend deutschen Ortschaften in jedem Kreise 2c. Die Abgränzung zusammenhängenden deutschen Sprachgebiets ist genauer vorn in den einzelnen Abschn angegeben; da jedoch auch hierzu (wie in den Flächeninhaltsangaben überhaupt) n trägliche Berichtigungen stattgefunden haben, so theilt der Verfasser noch diejenigen Za mit, welche für den Umfang des deutschen Sprachgebietes den Annahmen in der Ta entsprechen, indem er bittet, diese Mittheilungen zugleich als Berichtigungen der Za im zwölften Abschnitt (Gesammt-Ueberblick) zu betrachten, soweit eben bei Ermittelu so unsicherer Art von Berichtigungen die Rede sein kann.

Das Gebiet des preußischen Staates vertheilt sich auf die zusammenhängen Sprachgebiete (also mit Einschluß der anders sprechenden Enclaven) folgenderma

deutsches Sprachgebiet 5472 Qu.-M., 20,098 Ts. Einw., darunter 19,457 Deutsche, 641 Ts. fremder Nationen (vgl. S. 207, Z. 12 und 16 v. oben); — sk navisches Sprachgebiet $67^1/_2$ Qu.-M., 149 Ts. Einw,, darunter 14 Ts. Deutsche, Ts. Skandinavier; — preußisches 52 Qu.-M., 138 Ts. Einw., nämlich 63 Ts. Deu 75 Ts. Letten; — polnisches 788 Qu.-M., 2283 Ts. Einw., 483 Ts. Deutsche, Polen 2c.; — czechisches 10 Qu.-M., 58 Ts. Einw., 4 Ts. Deutsche, 54 Ts. Cze — französisches Sprachgebiet $2^3/_4$ Qu.-M., 11 Ts. Einw., darunter 1 Ts. Deu 10 Ts. Franzosen (vgl. S. 201 Z. 18 bis 12 v. u., S. 202 Z. 16 v. o. lies: „ statt an „Territorien").

Die fünf deutschen Mittelstaaten und 22 Kleinstaaten liegen ganz innerhalb geschlossenen deutschen Sprachgebietes; sie enthalten 3237 Qu.-M. mit 13,835 Ts. Ei worunter 13,772 Ts. Deutsche (vgl. S. 207, Z. 15 und 17 v. oben). Diese 28 Sta zusammen enthalten 9629 Qu.-M. mit 36,572,000 Einw. (vgl. S. 208 Z. 18 bis 16 v

Das zusammenhängende deutsche Sprachgebiet begreift:

innerhalb deutscher Staaten, im preußischen und den mit diesem militärisch verbund Staaten 8709 Qu.-M., 33,933 Tausend Einwohner, darunter 33,229 T. Deu

T. Polen, 140 T. Wenden und Czechen, 65 T. Preußen, 11 T. Franzosen, ꝛc.;
n Niederland, Lützemburg, Lichtenstein: 646 Qu.-M., 3,578 T. Einw., darunter
3 T. Deutsche, 8 T. Franzosen;
gemischten Staaten: in der schweizer. Eidgenossenschaft: 422 Qu.-M., 1726 T.
v., dar. 1717 T. D., 8 T. Franzosen (vgl. S. 209 Z. 8 v. u.); — in der österr.-
rischen Monarchie: 2125 Qu.-M., 6892 T. Einw., dar. 6632 T. D., 1 T. Polen,
T. Czechen, 91 T. Slowenen und Kroaten, ꝛc. (vgl. S. 210, Z. 3 u. 4 v. ob., die
imalzahlen für die Deutschen außerhalb ihres geschlossenen Sprachgebietes, S. 199,
) bis 17 v. ob., sind 1,358 T. in Ungarn ꝛc., 443 T. in den deutschen Kronlän-
. 191 T. in Galizien ꝛc.); — im Königreich Belgien: 258 Qu.-M., 2777 T. Einw.,
nter 2626 T. Deutsche, 148 T. Franzosen;
nicht deutschen Staaten: Frankreich: 236 Qu.-M., 1487 T. E., darunter 1367
)., 119 T. Franzosen (S. 210 unten); — in Italien und Groß-Britannien: 4 Qu.-
7 T. Einw., darunter 6 T. Deutsche;
erhaupt: 12,400 Qu.-M., 50,400 T. Einw., darunter 49,145 T. Deutsche (einschl.
T. Juden), 470 T. Polen, 265 T. Wenden und Czechen, 91 T. Slowenen und
ten, 65 T. Preußen (Letten), 295 T. Franzosen, 69 T. von anderen Nationen
S. 205 Z. 4 v. ob., S. 197 Z. 3 v. ob. und S. 203 Z. 2 u. 1. v. u.).
Die in Exclaven und sonst zerstreut wohnenden mindestens 3,855 T. Deut-
(einschl. 315 T. Juden, vgl. S. 197 oben) vertheilen sich nach den Annahmen der
lle X folgendermaßen auf die einzelnen Sprachgebiete:
ndestens 847 T. im polnischen Sprachgebiet mit 3350 Qu.-M., 8,560 T. Einw.,
nter mind. 6,860 T. Polen; — mind. 510 T. im magyarischen Sprachgebiet mit
50 Qu.-M., 5,600 T. Einw., dar. über 4,300 T. Magyaren; — mind. 508 T.
ussischen Sprachgebiet mit über 80,000 Qu.-M., höchstens 59,600 T. E., dar. etwa
0 T. Russen; — mind. 485 T. im czechischen Sprachgebiet mit 1560 Qu.-M.,
) T Einw., dar. etwa 6 Millionen Czechen (vgl. S. 197 Z. 13 v. u., S. 198
v. o. lies „eins zu zwölf"); — mind. 449 T. im rumänischen Sprachgebiet mit
4600 Qu.-M., über 8,700 T. Einw., darunter etwa 6,550 T. Rumänen; —
. 404 T. im serbisch-slowenischen Sprachgebiet mit etwa 4400 Qu.-M., gegen 8 Mil-
n Einw., dar. etwa 6,700 T. Serben und Slowenen; — mind. 270 T. im fran-
h-occitanischen Sprachgebiet mit höchstens 10,800 Q.-M., 41,830 T. Einw., dar.
40,070 T. Franzosen und Occitaner (vgl. S. 197 Z. 1 v. u.); — mind. 240 T.
ettischen Sprachgebiet mit etwa 2930 Qu.-M., über 3,730 T. Einw., dar. etwa
) T. Letten. Außerdem sind etwa 39 T. Deutsche im englischen, 37 T. im ehstni-
, 34 T. im italiänischen und rhätoromanischen, 28 T. im skandinavischen Sprach-
t, 4 Tausend Deutsche in den übrigen Sprachgebieten Europa's.

Druck von Gebr. Unger (Th. Grimm) in Berlin, Friedrichsstraße 24.

Kolibri 360 GmbH
Ferdinand-Jühlke-Straße 7
99095 Erfurt, Deutschland
produktsicherheit@kolibri360.de